FROCHOT

PRÉFET DE LA SEINE

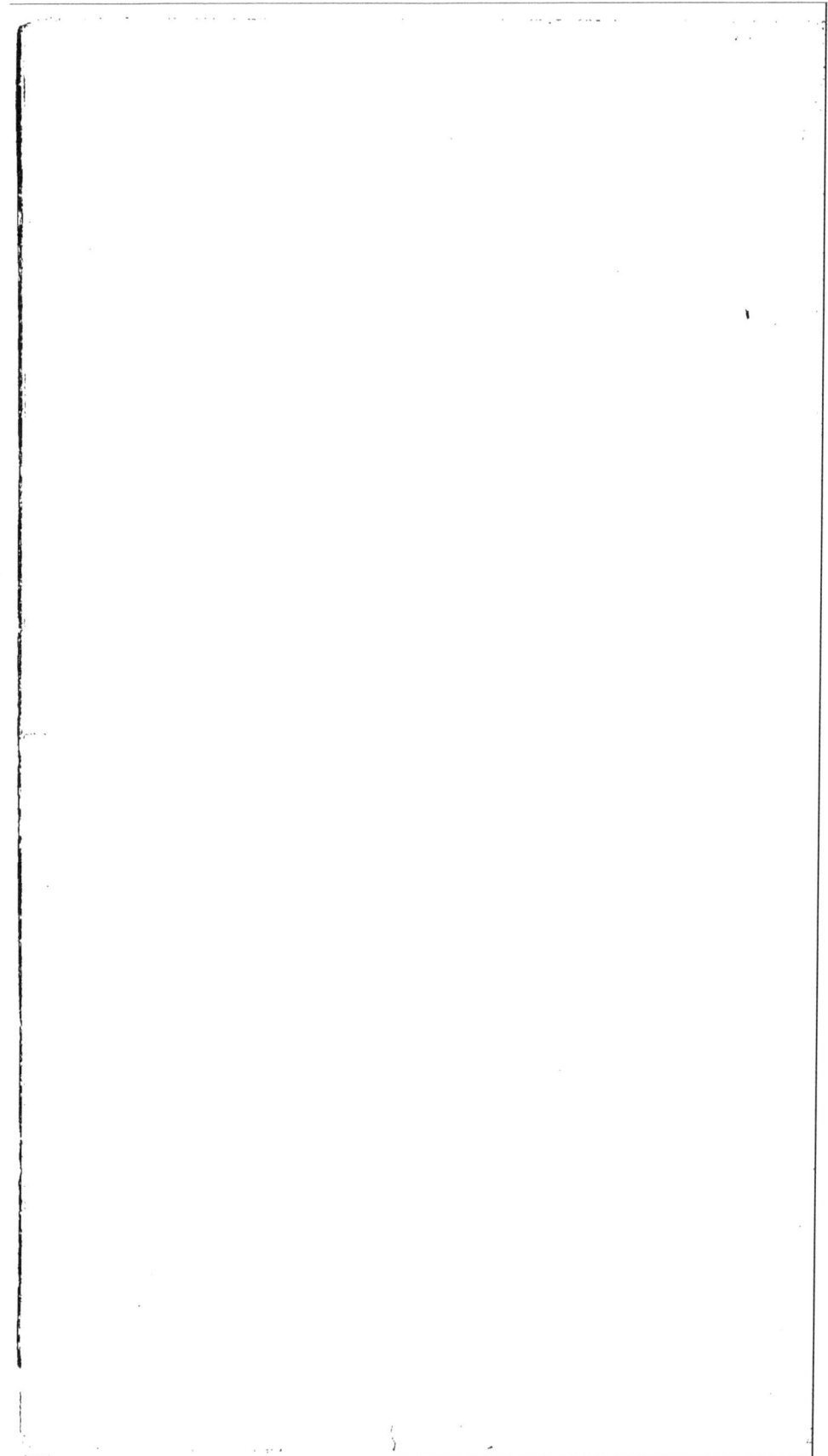

HISTOIRE ADMINISTRATIVE

(1789-1815)

FROCHOT

PRÉFET DE LA SEINE

PAR

LOUIS PASSY

ÉVREUX

DE L'IMPRIMERIE DE AUGUSTE HÉRISSEY

Rue du Meilet, n° 2

1867

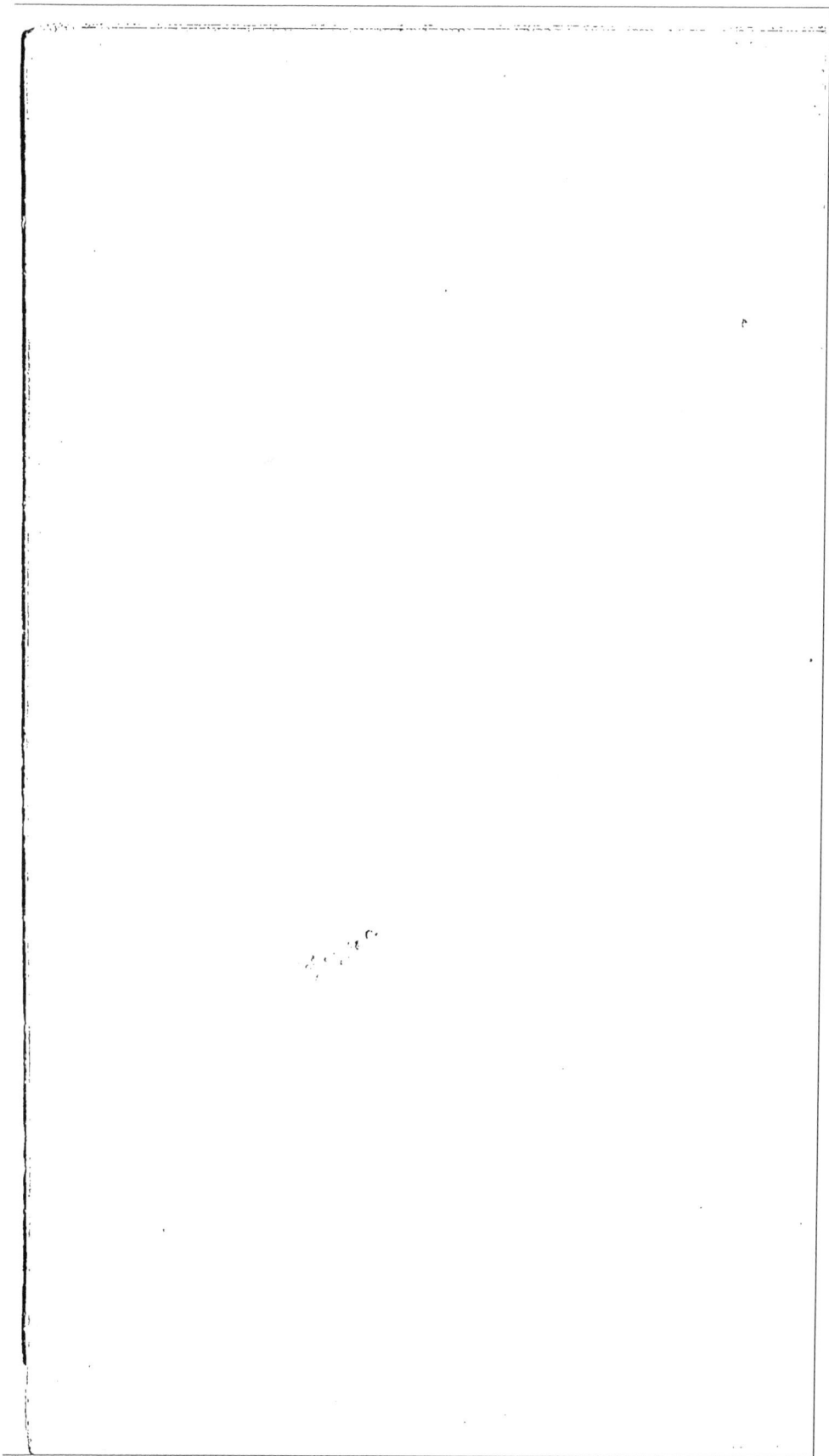

A MA SOEUR

MADAME ADOLPHE DAILLY

NÉE FROCHOT

INTRODUCTION

J'ai commencé ce travail avec l'espérance de remplir un devoir de famille, et je le termine avec l'assurance d'avoir fait une bonne action. Depuis bien des années, j'avais à cœur de donner à la petite-fille de Frochot, à ma sœur, un témoignage de mon tendre attachement. Je regarde maintenant comme un honneur d'avoir rendu hommage aux talents et à la probité d'un éminent citoyen.

De tous les genres littéraires, la biographie paraît un des plus faciles. On se figure qu'il suffit de raconter avec intelligence et fidélité, et l'on oublie souvent d'approprier au récit les qualités de celui qu'on veut juger. C'est pourtant dans l'accord du style et de la composition avec la nature du sujet et le caractère du personnage, qu'on trouve cette harmonie supérieure qui donne à un tableau le reflet de la vie. J'ai donc essayé de faire prévaloir dans cette étude la sincérité et la simplicité, qui étaient le caractère même de Frochot, l'ordre et la justice, qui sont les qualités essentielles d'un grand administrateur.

Ce livre n'est pas uniquement une biographie. La fortune a poussé Frochot dans les assemblées au moment où l'organisation administrative allait être renouvelée par les lois, et l'a ramené dans la pratique des affaires aussitôt que les lois ont été votées. En le suivant de l'Assemblée constituante au directoire de la Côte-d'Or, du Corps législatif de l'an VIII à la préfecture de la Seine, on assiste au laborieux enfantement de l'administration française. Je n'ai rien négligé pour développer ce point de vue général et en faire ressortir l'importance et l'étendue.

Peut-être le lecteur trouvera-t-il quelque agrément dans cet ouvrage : je suis tenté de croire qu'il y trouvera quelque profit. D'un bout à l'autre, il est composé, il est écrit sur des documents inédits, sur des papiers de famille, sur des pièces d'archives. Puisse-t-il paraître et demeurer, comme un témoin impartial et nouveau de la crise extraordinaire qui, sous le nom de Révolution française, transforma nos institutions ! Puisse-t-il un jour prendre place dans la bibliothèque de quelques bons juges, au-dessous mais auprès des *Mémoires d'un ministre du Trésor* !

LIVRE PREMIER

FROCHOT MEMBRE DE L'ASSEMBLÉE CONSTITUANTE

(1789-1791)

1

Discours de Frochot à la communauté d'Aignay-le-Duc,
le 13 mars 1789.

« Messieurs,

« La France apprête en ce moment un grand spectacle à
« l'univers. Ce vaste royaume dont les puissances de l'Eu-
« rope et du reste du monde enviaient naguère la splendeur,
« alarmé tout à coup de la situation embarrassante de ses
« finances, des variations de son crédit, de l'affaiblissement
« de son commerce, et de la surcharge déjà excessive de
« ses impositions, semble peut-être à nos rivaux avoir atteint
« ce dernier période de gloire au delà duquel il n'est plus
« qu'à descendre.

« C'est au milieu de cette crise fatale que les états géné-
« raux de la France vont être assemblés; mais c'est là que
« nous apprendrons à ces nations jalouses ce que peut pour
« sa régénération la volonté ferme et constante d'un grand

« peuple. C'est là, c'est dans cet heureux rapprochement du
« monarque et du peuple, que Louis XVI, ce prince si digne
« de gouverner une nation libre, connaîtra lui-même pour la
« première fois l'étendue de sa véritable puissance et qu'il
« en éprouvera tous les charmes. C'est là enfin que nous
« nous montrerons véritablement animés de l'amour de la
« patrie et jaloux de maintenir dans tout son éclat l'honneur
« et la gloire du nom français.

« Mais ce n'est pas seulement, Messieurs, pour aviser aux
« moyens de rétablir l'ordre dans les finances du royaume
« que Sa Majesté nous appelle auprès d'elle. Sa bonté pater-
« nelle s'étend encore à d'autres soins.

« Elle veut établir un ordre constant et invariable dans
« toutes les parties du gouvernement qui intéressent le bon-
« heur de ses sujets et la prospérité de son royaume.

« Son cœur, déjà ému du tableau d'une partie de nos
« misères, veut encore les connaître mieux ; il nous presse
« de déposer dans le sein de sa justice *nos plaintes et nos*
« *doléances*, de manière que, par une mutuelle confiance et
« un amour réciproque entre le souverain et ses sujets, il
« soit apporté le plus promptement possible un remède
« efficace aux maux de l'État, et que les abus de tout genre
« soient réformés et prévenus par de bons et solides moyens.

« Vous vous apercevez sans doute, Messieurs, que je
« vous retrace ici les expressions touchantes que nous avons
« lues dans la lettre de Sa Majesté pour la convocation des
« états généraux.

« Ah ! sans doute, le roi qui se montre avec une telle fran-
« chise l'ami du peuple a bien le droit de se reposer aussi
« sur cette confiance mutuelle, sur cet amour réciproque
« sans lesquels aucun bien n'est possible !

« Ah ! sans doute, la justice est sur le trône, et l'humanité

« y siége auprès d'elle; mais, Messieurs, est-ce assez de vou-
« loir le bien pour pouvoir l'opérer? Avec quelle rapidité la
« pensée se reporte de l'espérance à la crainte !

« Louis XVI veut rendre heureux son peuple; mais si nos
« plaintes ne lui étaient connues qu'imparfaitement, si elles
« étaient étouffées par le crédit de ces agents subalternes
« intéressés à la propagation des abus dont nous deman-
« derons la réformation; si ces hommes que nous avons
« vus marcher parmi nous sous l'étendard du patriotisme
« n'osaient cependant à la face de la nation défendre nos
« droits avec la même énergie; si l'aspect des gens puissants
« contre lesquels ils auront peut-être à lutter les rendait
« interdits, si enfin quelques considérations particulières
« pouvaient altérer leurs suffrages lorsque notre destinée
« reposera dans leurs mains, alors, Messieurs, que resterait-
« il à faire à la sollicitude de ce père commun qui nous
« rassemble autour de lui pour connaître nos maux et y
« remédier? Que deviendrait ce grand projet formé dans
« sa sagesse d'être heureux de notre félicité, et cette flat-
« teuse espérance que nous avons conçue d'être heureux
« par ses soins?

« Je crains de m'arrêter trop longtemps sur ces réflexions
« douloureuses : mais l'expérience ne nous a que trop appris,
« en effet, ce que peut sur les hommes faibles ou ambitieux
« l'idole du crédit et de l'autorité, et combien, soit qu'ils
« en espèrent, soit qu'ils la craignent, ils sont prêts à lui
« sacrifier leurs plus chers intérêts.

« C'est donc principalement du choix de ceux qui vous
« représenteront à la grande *Assemblée nationale* que dé-
« pend le succès de nos demandes; et puisque c'est ici que
« nous devons nommer ceux d'entre nous qui concourront à
« l'élection dans l'assemblée générale du bailliage, ceux qui

« seront chargés d'y présenter nos cahiers de *plaintes et*
« *doléances*, réfléchissons combien il nous importe que ces
« députés particuliers soient dignes de notre confiance et
« exempts de tout intérêt opposé au vœu général qui nous
« rassemble aujourd'hui. »

Ainsi parlait Nicolas-Thérèse-Benoist Frochot, prévôt royal
et président de l'assemblée de la communauté d'Aignay-le-
Duc, le vendredi 13 mars 1789.

II

Naissance de Frochot. — Ses études. — Son mariage. — Frochot notaire
et prévôt royal à Aignay-le-Duc. — Son élection à l'Assemblée constituante.

Frochot était né à Dijon en 1761. Des spéculations
malheureuses avaient ruiné sa famille. De cruelles infirmités
avaient arraché son père à la carrière du barreau. Il sentit
de bonne heure l'aiguillon de la nécessité. Il fit son droit et
entra dans l'étude d'un notaire nommé Chrestiennot. A
vingt-quatre ans, il s'éprit d'une fort belle personne, fille de
M. Petit, notaire à Aignay-le-Duc, et sœur d'un procureur
au parlement de Paris. Il sut lui plaire, l'épousa, quitta
Dijon et se fixa à Aignay, où les charges de prévôt royal et
de notaire se trouvaient vacantes. Il les acquit l'une et
l'autre vers 1785. Par l'autorité de son caractère et de sa
situation, par sa droiture, sa fermeté, son esprit de conciliation et la vivacité de ses opinions libérales, il devint
bientôt l'arbitre du pays.

Quelques jours avant la convocation des états généraux,
le 18 janvier 1789, les corporations de la ville de Dijon

adressèrent une requête au roi touchant l'organisation des états particuliers de la province de Bourgogne. Cette requête fut adressée à la communauté d'Aignay-le-Duc. Le 9 février, sur les conclusions de Frochot, qui seul prit la parole mais la garda longtemps, les habitants du bourg d'Aignay et les délégués des villages voisins confirmèrent ladite requête. Le procès-verbal de cette séance et le discours de Frochot furent imprimés et répandus dans les campagnes. Le moment des élections approchait.

Un mois après, le vendredi 13 mars, Frochot, en sa qualité de prévôt royal, ouvre et préside l'assemblée de la communauté d'Aignay. Il prononce le discours dont on vient de lire les principaux passages. Il fait approuver les cahiers de doléances qu'il a rédigés, et par acclamations est nommé député du bourg d'Aignay-le-Duc à l'assemblée électorale du bailliage de la Montagne. C'était un premier pas. Le 15, il arrive à Châtillon. Sous prétexte d'entendre une messe d'actions de grâces et secondé par le sieur Benoist, notaire à Frolois, il convoque dans l'église des Capucins les députés des communautés rurales ; mais, la messe terminée, il excite dans une adroite allocution les passions de ses auditeurs, et démontre sans peine que le tiers état doit être représenté par des habitants de la campagne et non par des habitants de la ville. Frochot touchait au but. Le 19 mars, trente-trois commissaires sont chargés de dresser les cahiers du bailliage. Frochot dirige la délibération, qui dure du jeudi 19 au lundi 23. Le tiers état s'arrête devant la royauté, qu'il maintient et respecte, mais il demande le retour périodique des états généraux, le vote par tête et non par ordre, le consentement indispensable de ces mêmes états à tout impôt et à toute mesure de finance, la responsabilité des ministres, et partant l'irresponsabilité du roi, l'abolition des lettres de cachet, la liberté de la presse, l'inviolabilité du droit de propriété, la rédaction d'un code civil, criminel et commercial, l'égalité de la justice, l'abolition des justices seigneuriales et des tribunaux d'exception, la suppression des corvées et de certains droits féodaux.

Les cahiers lus et l'appel des électeurs fait, on procéda, le 25, à l'élection d'un député aux états généraux. Frochot réunit tous les suffrages. « On s'arrêta, écrivit M. de Bruère, lieutenant général du bailliage, à la cent quarante-et-unième voix : car, sans cela, il les aurait toutes eues. » Comme le roi avait accordé au tiers état deux députés, on ouvrit un nouveau scrutin qui donna la majorité au sieur Benoist, avocat et notaire à Frolois. De son côté, la noblesse, présidée par le bailli d'épée, Lefebvre de Saint-Mesmin, avait élu le comte de Chastenay-Lanty, et le clergé, présidé par l'abbé de la Luzerne, Le Couturier, curé de Salives. Le 26, les trois ordres se réunirent, et les quatre députés du bailliage de la Montagne prêtèrent serment.

Les élections avaient été enlevées dans un mouvement d'opinion publique. Les candidats, soutenus par le bailli et le lieutenant général du bailliage, n'avaient pas même eu les honneurs d'une lutte. MM. de Saint-Mesmin et de Bruère cherchèrent à se venger. M. de Bruère écrivit à M. de Barentin, garde des sceaux, pour demander l'annulation des élections du tiers état. Il se fondait sur l'inexpérience et la pauvreté des deux députés. Frochot comptait vingt-huit ans et Benoist trente-six ; d'autre part, Frochot possédait à peine dix mille livres : « et il est à craindre, disait Bruère, que les communautés ne se mettent à contribution, dans l'aveugle enthousiasme qu'il a su leur inspirer. » En même temps, une lettre anonyme venait habilement soutenir ces dénonciations. L'auteur ne ménageait ni M. de Chastenay-Lanty, ni le curé de Salives; mais il poursuivait Frochot et Benoist des plus odieuses diffamations. « Il serait désirable, disait-il, que toutes les élections du bailliage de la Montagne fussent annulées, et les secrétaires des trois ordres autorisés à porter les cahiers à Paris et à remplacer les députés. » M. de Chastenay-Lanty n'hésita pas à prendre la défense et la responsabilité des élections. Il était de ces nobles qui eussent réuni toutes les voix du tiers état s'il n'eût été choisi par son ordre. Il était libéral, de bonne foi, aimant le progrès, le plus galant homme dans un salon, le père des pauvres dans son pays. Il écrivit à M. Necker. Il lui peignit l'état de l'opinion publique en Bourgogne, lui dénonça les intrigues de MM. de Saint-Mesmin et de Bruère, et le pria d'intervenir auprès de M. de Barentin. Toutes les élections du bailliage de la Montagne furent reconnues valables. Frochot retourna à Aignay, mit ordre à ses affaires et partit pour Versailles.

III

Frochot à Versailles. — Procession du 4 mai. — Séance royale. — Discours inédit de Mirabeau, rapproché des cahiers de la communauté d'Aignay-le-Duc. — Attitude de Frochot pendant la lutte du tiers état contre le clergé et la noblesse. — Serment du Jeu-de-Paume. — Séance royale du 23 juin.

Le 4 mai, un soleil splendide éclairait la procession des états généraux. On était en 1789 : on aurait pu se croire en 1614. A travers les rues de Versailles décorées de magnifiques tapisseries, s'avançaient au son de la musique royale les trois ordres revêtus des costumes consacrés par le cérémonial de France : le tiers état d'abord, en habit, en manteau, en culotte noire, les bas noirs, un chapeau noir, pas d'épée;

la noblesse, en habit de soie noire avec la veste de drap d'or, le manteau de soie brodé d'or, des bas blancs, la fraise de dentelles, un chapeau à la Henri IV garni de plumes blanches, l'épée au côté; puis le clergé, les cardinaux en chape rouge, les évêques en camail et soutane violette; enfin la cour, la reine, le roi. L'ancien régime passait : mais à peine le cortége eut-il envahi l'église de Saint-Louis qu'il s'agita dans une confusion tumultueuse. Une lutte s'engage. Le tiers état dispute bruyamment les places réservées à la noblesse et au clergé. « Il semblait, dit un témoin oculaire, qu'il y eût déjà un parti pris pour subvertir les bases de la monarchie française (1). »

Et en effet, chaque incident ramène le prétexte d'une usurpation nouvelle! Le lendemain, au fond de la grande salle de Versailles, sous un dais éblouissant, s'élève l'estrade royale. Le roi est sur son trône. Suivant l'usage, à droite le clergé, à gauche la noblesse, au fond le tiers état; mais, suivant l'usage aussi, le tiers état doit rester découvert. D'un seul geste, il se couvre (2). « L'Assemblée, établie pour faire des lois, avait prédit Mirabeau, n'en voudra pas recevoir du maître des cérémonies (3). »

Sinistre présage! Louis XVI ouvre la séance avec un accent de sincérité et de grandeur. M. de Barentin l'anime avec des effets oratoires. M. Necker la prolonge avec une fatigante monotonie. Debout, il achève, il module sa dernière phrase, il n'a pas déposé sur la table le cahier qu'il tient à la main. Du sein du tiers état un homme se lève : Louis XVI l'aperçoit et se lève en même temps; l'Assemblée

(1) *Journal du baron de Gauville.* Paris, 1864, p. 5.

(2) Alex. Lameth. *Hist. de l'Assemblée constituante.* Paris, 1828, t. 1, p. 4. —Em. Toulongeon, *Hist. de France*, Paris, 1801, t. 1, p. 22.

(3) Mirabeau. Première lettre à ses commettants. Post-scriptum.

se lève à son tour, et les cris de *vive le roi!* étouffent la
voix du comte de Mirabeau! Quelle est cette audace? Quelle
est cette violation nouvelle des lois de l'étiquette? Que voulait faire, que voulait dire le comte de Mirabeau? Il voulait,
et la cour en était prévenue (1), il voulait déposer aux
pieds du trône une humble supplique, et, par une démarche
aussi hardie que prévoyante, faire discuter et résoudre,
séance tenante, la grande question de la vérification des
pouvoirs en commun.

      « Sire, (2)

    « Vos fidèles communes supplient Votre Majesté de faire
« délibérer, préliminairement à toute séparation de cette
« assemblée, si les membres qui la composent doivent se
« diviser. Réunis par votre autorité, Sire, nous offrons la
« représentation nationale, autant du moins qu'une convoca-
« tion provisoire peut la donner. Présidés par Votre Majesté,
« nous avons, et nous avons seuls, le droit de régler la forme
« de nos délibérations; mais, Sire, vous avez incontestable-
« ment celui d'empêcher que cette grande question : *Les*
« *ordres doivent-ils se séparer ou rester unis?* soit résolue
« avant d'être jugée. Elle le serait, Sire, si vous souffriez
« que nous commençassions par nous séparer. L'état natu-
« rel de toute assemblée est, évidemment, la réunion de

---

(1) Pap. Frochot.

(2) Pap. Frochot. Cette pièce existe en double exemplaire. Le brouillon est
entièrement de la main de Mirabeau. La copie, qui devait probablement
être déposée sur la table des ministres, est simplement datée et signée par
Mirabeau. Sur la chemise qui renferme ces deux pièces, Frochot a écrit :
« Discours préparé pour le jour de l'ouverture des états généraux. Il ne fut
pas prononcé. Le roi s'y attendait, et aussitôt que les ministres eurent fini
de parler il se leva et rompit la séance. » Parmi les raisons qui ont forcé
Mirabeau à garder le silence, peut-être faut-il ajouter les murmures qui
l'accueillirent à son entrée dans la salle des états généraux.

« tous ses membres : ils sont essentiellement unis tant qu'ils
« ne se séparent pas. Pour décider s'ils se sépareront, il fal-
« lait certainement les réunir, mais certainement aussi il
« serait plus qu'étrange de les séparer pour savoir s'ils res-
« teront unis.

« Sire, les communes vous doivent la loi solennelle de
« bienfaisance et d'équité qui a placé enfin la nation dans
« les états généraux, et mis du moins en balance les pri-
« viléges de quelques classes avec les droits de tous les
« Français. Achevez votre ouvrage, ô Prince magnanime !
« vous avez eu la haute pensée, le sentiment vertueux
« de soumettre votre prérogative même à la discussion de
« ce peuple, de qui tout pouvoir émane sans doute, mais
« dont les acclamations vous donneraient le sceptre si déjà
« vous ne le possédiez. Pourriez-vous hésiter à faire exami-
« ner par ce même peuple les réclamations hautaines de
« certains privilégiés qui voudraient préjuger une question
« sur laquelle la volonté générale peut seule prononcer? Ne
« confiez pas aux préjugés des ordres ce qui doit être réglé
« par la raison de tous! Ne hasardez pas le fruit de la plus
« belle action de votre règne! Ne rejetez pas le seul moyen
« que vous ayez de connaître l'opinion, le vœu vraiment
« national! Il est digne de Votre Majesté de craindre d'influer
« par sa présence sur nos délibérations; mais si l'on est par-
« venu à élever quelques doutes dans son esprit sur la justice
« de nos demandes, les communes supplient Votre Majesté
« de permettre que cette grande discussion qui va décider
« du sort de cette Assemblée et peut-être de la monarchie
« soit débattue devant vous. Vous discernerez bientôt alors
« de quel côté sont la justice, la vérité, les bonnes inten-
« tions, le zèle pour le trône et l'amour pour votre personne
« sacrée.

« Je laisse ma supplication par écrit aux pieds du roi, et je
« demande acte de la réquisition que je fais, qu'elle soit
« insérée dans le procès-verbal de l'assemblée.

« Aux états généraux, le cinq mars mil sept cent quatre-
« vingt-neuf.

« Le comte DE MIRABEAU. »

Personne ne se faisait illusion sur la gravité des premières
démarches et l'importance des premières solutions. Vérifier
les pouvoirs en commun, c'était préjuger la question du vote
par tête : voter par tête et non par ordre, c'était donner la
majorité au tiers état; donner la majorité au tiers état,
c'était ruiner les priviléges : ruiner les priviléges, c'était
faire la révolution. Sur tous ces points, le tiers était unanime.
Ce n'était plus un ordre, c'était un homme. Cette supplique,
dont le roi avait prévenu l'explosion par un départ précipité,
résumait si bien l'opinion du tiers état qu'on la trouve pressentie, annoncée, demandée par les cahiers de la communauté d'Aignay-le-Duc. « Les commissaires procéderont
ensemble, avait écrit Frochot, à l'examen des titres d'admission qui leur seront remis par les députés des différents
ordres »... « Il faut, et il est d'une nécessité absolue, avant
de prendre séance pour délibérer sur aucun autre objet aux
états généraux de 1789, que les deux premiers ordres signent
la pétition du tiers état concernant l'opinion par tête; cette
matière a été tellement approfondie qu'il ne reste rien à
dire par le tiers état, ni à répondre par les deux autres
ordres. Il ne faut plus au tiers état que conserver sa fermeté et être inébranlable sur cet article fondamental de la
constitution (1). »

Ce n'est pas le lieu de retracer jour par jour l'histoire

_____

(1) Pap. Frochot.

de cette lutte de six semaines où le tiers état triomphe des résistances de la noblesse, des ruses du clergé et des indécisions de la cour; mais il nous faut marquer ici l'impression profonde, la séduction pour ainsi dire irrésistible qu'exercent dès l'abord sur Frochot l'éloquence et la personne elle-même de Mirabeau. Au milieu des motions et des adresses, des négociations et des votes, des discours et des arrêtés qui se succèdent comme des escarmouches avant une grande bataille, Mirabeau apparaît comme le chef invisible de l'assemblée. « Dans les ordres privilégiés, écrit-il à ce moment même, on dit que c'est mon insidieuse et funeste éloquence qui acharne les communes; dans les communes, on dit que par trop de zèle je perdrai la chose publique. Là, on cabale; ici, on intrigue; partout je suis le point de mire de la calomnie, et je vais mon chemin (1). » Mais en allant son chemin, Mirabeau allait la tête haute, la démarche altière, la voix et le geste du commandement. Frochot le suivait.

Deux fois pourtant, du 5 mai au 23 juin, deux fois ils se séparèrent. Le 29 mai, le roi ayant ordonné que les conférences entre le clergé et le tiers état fussent reprises, Mirabeau proposa de renouer les négociations et d'envoyer une députation au roi; Frochot, d'envoyer une députation au roi, mais de ne pas renouer les négociations. Mirabeau croyait plus habile d'agir; Frochot, plus digne d'attendre : et pourtant les jours suivaient les jours, et le lendemain retrouvait les partis enfermés dans le cercle des prétentions qu'ils avaient élevées la veille! Il fallait au plus vite sortir de cette impasse. Le tiers état essaya un coup d'autorité. « Il faut nous constituer, dit Mirabeau, nous en sommes tous d'accord; mais comment? sous quelle forme? sous quelle dénomina-

(1) Mirabeau. Lettres à Mauvillon, p. 462 et suiv.

tion? » et il proposait : « *représentants du peuple français.* » Frochot avait dans les discours prononcés à Aignay-
le-Duc, dans les cahiers du bailliage de la Montagne, qualifié
les états généraux d'*Assemblée nationale.* Il resta fidèle au
titre vague et majestueux qu'il avait choisi. Ces nuances,
qui étaient dans l'expression plus que dans le fond des opinions, s'éteignaient dans l'action, s'effaçaient dans le péril.
Le 20 juin, Mirabeau et Frochot, le fougueux tribun de la
Provence et le tranquille député de la Bourgogne, prêtaient
le serment du Jeu de Paume (1), qu'ils tenaient avec une
égale fermeté à la séance royale du 23.

Le 23 juin! quelle date et quels souvenirs! Frochot aimait
à évoquer en sa mémoire les tableaux divers de cette mémorable journée : il aimait à en redire les détails, à raconter
comment les maladresses involontaires du maître des cérémonies, comment la pluie à laquelle le tiers état avait été
maladroitement exposé une heure durant, comment le ton
arrogant du discours royal achevèrent d'aigrir et d'indigner
le tiers état tout entier. Trente ans après, il entendait encore
les acclamations de la noblesse et du clergé saluer le départ
du roi, puis tout à coup, dans cette grande salle vide et
sombre, un silence solennel tomber sur le tiers état immobile. Quelques minutes s'écoulent. M. de Brézé, le grand
maître des cérémonies, regarde; il attend, il hésite, il s'approche et prononce quelques paroles d'une voix basse.
« Plus haut, plus haut! crient plusieurs membres. » —
« Messieurs, reprend-il, vous avez entendu les ordres du
« roi. » Bailly répond : « Je ne puis séparer l'Assemblée
« sans l'avoir consultée. » M. de Brézé : « Est-ce là votre

(1) *Procès-verbal des séances de l'Assemblée nationale,* Paris, 1791,
in-4°, p. 38 et 39.

« réponse ? » — « Oui, monsieur, réplique Bailly. » — « Oui
« monsieur, reprend Mirabeau avec emportement, nous
« avons entendu les intentions qu'on a suggérées au roi, et
« vous, qui ne sauriez être son organe auprès des états
« généraux, vous qui n'avez ici ni place, ni voix, ni droit
« de parler, vous n'êtes pas fait pour nous rappeler son
« discours. Cependant, pour éviter toute équivoque et tout
« délai, je vous déclare que si l'on vous a chargé de nous
« faire sortir d'ici, vous devez demander des ordres pour
« employer la force. Allez dire à ceux qui vous envoient
« que nous sommes ici par la puissance du peuple, et que
« nous ne quitterons nos places que par la puissance des
« baïonnettes. » A ces mots, et comme un seul homme, le
tiers état se lève. M. de Brézé recule interdit (1). Ainsi la
royauté stupéfaite reculera devant l'Assemblée nationale sans
combattre et sans comprendre.

IV

Premières relations de Mirabeau et de Frochot. — Journées des 5 et
6 octobre. — Exil du duc d'Orléans. — Véritable rôle de Mirabeau dans
cette affaire. — Projet inédit de dénonciation. — Conseils de Frochot.
— Motion du 7 novembre.

Les événements se pressaient avec une effrayante rapidité.
Mirabeau s'emparait à tout moment de la tribune et imposait à ses amis et à ses ennemis la crainte de son audace et
l'étonnement de son talent. Frochot écoutait. Il ne voulait
être d'aucun parti, si ce n'est du parti de ses cahiers. Il se

(1) *Mém. de Mirabeau*, t. VI, p. 38, et Pap. Frochot.

tenait soigneusement à l'écart de toutes les intrigues : mais
l'isolement même auquel il se condamnait le rendait plus
propre qu'aucun autre à subir l'ascendant d'un Mirabeau.
Ardent quoique timide, résolu quoique discret, Frochot devait naturellement, après la réplique du 23 juin, après
l'adresse au roi pour le renvoi des troupes, après le discours
sur l'inviolabilité des lettres et la banqueroute, s'attacher à
celui qui se montrait de jour en jour le plus éloquent interprète de ses intimes convictions.

Les journées d'octobre arrivèrent. Quand un événement
est obscur, chacun prétend l'expliquer. On voit des complots
dans des mouvements, des calculs dans des hasards, l'action
des hommes dans l'enchaînement des faits. Les uns imputaient la marche subite de la populace de Paris et la sanglante invasion du palais de Versailles à la cherté du pain,
à la misère du peuple, à des excitations anarchiques ; les
autres, au banquet des gardes du corps, aux imprudences de
la cour, aux projets de contre-révolution. Entre ces deux
courants d'opinions contraires, coulait à grand bruit le torrent des récriminations personnelles. Mirabeau est coupable : il a harangué les femmes du peuple ! La Fayette est
coupable : il a dormi pendant le massacre des gardes du
corps ! Le duc d'Orléans est coupable : la foule a hurlé des
cris en son honneur !

On s'aperçut bientôt que La Fayette avait seul grandi dans
ces funestes journées. Le roi prisonnier, la cour éperdue, le
gouvernement sans défense s'étaient laissés conduire à Paris,
sous la protection des gardes nationales et de leur général
en chef. L'assemblée avait juré de suivre le roi dans la capitale de la révolution, confiant hardiment ses destinées à
celui qui représentait l'ordre et la force publique. La Fayette
avait reçu de l'anarchie une véritable dictature. Il s'empressa

de l'affermir. Son principal intérêt comme son premier soin fut d'écarter de lui, et de rejeter officiellement sur un autre, l'odieuse responsabilité des journées d'octobre. Personne n'était plus haï par la cour, personne n'était plus gênant pour La Fayette que le duc d'Orléans; personne, avec une plus riche indépendance et une plus redoutable popularité, ne pouvait être sacrifié avec plus d'éclat et d'avantage. La victime était désignée : on l'immola.

Le duc d'Orléans et La Fayette se rencontraient parfois dans les salons de madame de Coigny. Ils s'y rencontrèrent de nouveau sur l'ordre du roi. La Fayette fut sec, dur et impérieux : « Votre présence, dit-il au duc d'Orléans, est un obstacle à la paix publique. On abuse de votre nom pour exciter le désordre. Vous avez de grandes relations en Angleterre, vous y servirez utilement la France. Partez (1). » Partir, c'était donner prise aux soupçons, s'avouer dangereux, s'accuser coupable. Le duc d'Orléans se défendit, mais

---

(1) Il est certain que La Fayette n'avait contre le duc d'Orléans aucune espèce de preuve; mais, pour justifier sa conduite, il répandit, sur un adversaire incapable de se défendre, les bruits les plus calomnieux. On retrouve l'écho de ces bruits dans les *Mém. de La Fayette*, t. II, p. 357, où le duc d'Orléans semble s'accuser lui-même, et dans une dépêche de M. de Simolin, ministre plénipotentiaire de Russie, et datée du 19 octobre 1789 : « Il m'a « été assuré (notons que c'est la version de la cour et de La Fayette) que « M. de La Fayette est venu dans la nuit du mardi au mercredi trouver « ledit duc pour le prévenir de la découverte qui a été faite à l'Hôtel de Ville « du complot qui a amené les deux révolutions à Paris et à Versailles, dont « il a été le principal moteur. Son plan allait à faciliter le départ du roi de « Versailles, à faire éclater une guerre civile, et à se faire déclarer, par le « parti dont il disposait, lieutenant du roi. Loin de le nier et désavouer, il « est convenu de la vérité du fait, et a dit qu'il était coupable, mais qu'il « voulait parler au roi. M. de La Fayette l'a accompagné aux Tuileries. Le « roi a admis tous les deux devant lui et a parlé au duc très-durement. Ce « dernier s'est avoué coupable, et plus coupable que Sa Majesté ne le pensait. » (Feuillet de Conches. *Louis XVI, Marie-Antoinette*, etc. Paris, 1864, t. I, p. 267.) Pour réfuter cette version, au moins en ce qui touche les aveux du duc, il suffit d'invoquer le témoignage dédaigneux, mais cette fois sincère,

si mollement qu'il parut vaincu. Il ne l'était pas. Ses amis
lui persuadèrent aisément que la résistance était un devoir.
Dans la soirée, il écrivit à La Fayette qu'il se croyait obligé
de rester. La Fayette lui indiqua immédiatement une nouvelle entrevue, et après l'avoir sommé de tenir sa parole,
le conduisit chez le roi (1). Le prince écouta la sentence,
s'excusa, balbutia, protesta et parut céder une seconde fois.
Il hésitait à voir dans son exil un acte de magnanimité : il
n'osait y voir un acte de faiblesse.

Si la cour et La Fayette avaient un égal intérêt à compromettre le duc d'Orléans, Mirabeau n'en avait pas un qui fût
moindre à le disculper. Au commencement d'octobre, Mirabeau était beaucoup plus près du duc d'Orléans que de La
Fayette. Depuis longtemps il avait découvert dans La Fayette
le républicain : il n'avait pas deviné dans le duc d'Orléans
le conventionnel. Le prince lui semblait un auxiliaire utile;
le général, un chef impérieux. Mirabeau n'était pas du parti
du duc d'Orléans (car Mirabeau n'a jamais été que de son
propre parti); mais en même temps qu'il faisait entrer dans
ses combinaisons d'avenir le caractère et l'influence de son
royal collègue, il entrevoyait dans l'orgueil et les préjugés
de La Fayette des obstacles invincibles contre toute tentative
de cordiale alliance. Les amis du duc d'Orléans n'ignoraient
pas ces sentiments : le duc de Lauzun en particulier. Il se
rendit chez Mirabeau et lui demanda conseil.

C'était le lundi 12 octobre. La Marck était présent. Aux

de La Fayette lui-même. Il écrit à Mounier, le 19 octobre : « Je me suis
« expliqué nettement avec le duc d'Orléans. Le résultat de cette conversa-
« tion a été le départ du prince pour l'Angleterre; non que j'aie aucune
« preuve contre lui, car si j'en avais eu, je l'aurais dénoncé; mais il suffi-
« sait d'une inquiétude pour que j'encourageasse en lui son goût naturel
« pour les voyages. » *Mém. de La Fayette*, t. II, p. 416.

(1) *Mém. de La Fayette*, t. II, p. 355.

premières paroles, Mirabeau embrassa d'un coup d'œil les
périls de la situation. Inquiéter les amis de la liberté, isoler
de plus en plus le roi, consolider la dictature de La Fayette,
semer au dedans et au dehors de nouveaux germes de
défiance, tel était l'effet inévitable d'un départ sans motifs,
d'une condamnation sans accusation. « Mon avis, dit-il, est
très-net : il ne faut pas céder. M. de La Fayette prend des
airs de maire du palais qu'on ne peut supporter. Si M. le
duc d'Orléans veut bien se trouver après-demain à l'assemblée, j'attaquerai M. de La Fayette et je parlerai de manière
à déjouer tous ses projets (1). »

Le remords d'avoir gardé devant Louis XVI l'attitude rési-
gnée d'un coupable, la honte de s'être laissé vaincre par
l'insolence de La Fayette se disputaient l'esprit du duc d'Orléans, lorsque M. de Lauzun arriva et lui rendit compte de
son entrevue avec Mirabeau. Le prince retrouva quelque
énergie et prévint aussitôt La Fayette qu'il ne partirait pas.
La Fayette répliqua en lui assignant un troisième rendez-
vous chez le ministre des affaires étrangères. Que fit le duc
d'Orléans? Il obéit. M. de Montmorin parla avec beaucoup
de hauteur de l'obéissance qui est due aux ordres du roi ;
puis des ordres il passa aux prières, et finit par peindre
sous les plus sombres couleurs les catastrophes que la popularité du duc pouvait jusqu'à un certain point couvrir et
préparer. Le duc d'Orléans, épouvanté, succomba (2).
Comme un décret de l'Assemblée obligeait tout député
demandant un passeport à exposer les motifs de son absence,
M. de Montmorin écrivit au président une lettre qui donnait
à l'exil du prince l'apparence d'une mission librement accep-

---

(1) *Corresp. entre Mirabeau et La Marck*, t. I, p. 127. Conférez *Moniteur universel. Rapport sur les événements des 5 et 6 octobre*, 1789,
t. I, p. 590.

(2) *Mém. de La Fayette*, t. II, p. 355.

tée. Sans perdre une minute, un des aides de camp de La Fayette porta cette lettre à Versailles.

Pendant ce temps, le mardi, M. de Lauzun revenait chez Mirabeau. Il ignorait le troisième rendez-vous donné et accepté chez M. de Montmorin, mais il le pressentait, et ne cacha pas à Mirabeau les craintes que lui inspirait l'inconcevable irrésolution du duc d'Orléans. Mirabeau écrivit sur-le-champ à La Marck :

« M. de Biron sort de chez moi ; il ne part point ; il a re-« fusé parce qu'il a de l'honneur. Il ne sait pas encore s'il « est bien sûr que les autres partiront. Le pauvre prince est « leurré ou veut le paraître par l'espoir de la quadruple « alliance. Il est chargé d'une lettre du roi pour le roi d'An-« glerre. Il n'y a pas une preuve contre lui ; et quand il y en « aurait, il n'y en a pas. Ceci est trop impudent. Je vous l'ai « dit, cher comte, je ne courberai jamais la tête que sous « le despotisme du génie. A demain dans l'Assemblée natio-« nale. *Vale et me ama* (1). »

Les journées d'octobre avaient traîné le roi à Paris et devaient y installer quelques jours après l'Assemblée nationale. De Versailles à Paris, de Paris à Versailles, se croisait sans cesse une double file de voitures. La plupart des membres de l'Assemblée venait chercher des logements et pénétrer, s'il était possible, les causes encore ignorées des derniers événements. Frochot était descendu chez son beau-frère M. Petit. Comme tous ses collègues il fit une enquête, et se persuada que la disette seule avait soulevé le peuple de Paris. Ayant appris que Mirabeau était arrivé à l'hôtel de

---

(1) *Coresp. entre Mirabeau et La Marck*, t. 1, p. 363. Ce billet est daté à tort, soit par Mirabeau, soit par les éditeurs de sa *Correspondance*, du mercredi 14 octobre. Il est du 13, puisque Mirabeau y donne rendez-vous dans l'Assemblée nationale, le lendemain, à La Marck, et que Mirabeau parla dans la séance du mercredi 14 octobre.

Malte et qu'il y était retenu par une indisposition, il alla précisément le mardi soir prendre de ses nouvelles et lui donner les renseignements qu'il avait recueillis. Mirabeau était inquiet, agité, irrité. Il porta presque aussitôt la conversation sur la tyrannie de La Fayette, et trouva dans Frochot un contradicteur respectueux mais résolu. Mirabeau ne cacha pas que, dès le lendemain, il comptait attaquer « le dictateur » dans l'Assemblée nationale. Frochot ne lui dissimula pas qu'il commettrait une grande faute en ruinant le crédit de l'homme qui avait entre ses mains et la force armée et la paix publique. « De deux choses l'une, dit Frochot : si le duc d'Orléans demeure, pourquoi accuser La Fayette d'une conduite qu'il justifiera aisément par la volonté du roi, par des considérations d'un ordre supérieur, par les secrètes nécessités de la diplomatie? Si le duc d'Orléans part, c'est-à-dire s'il se reconnaît embarrassant ou coupable, pourquoi vous faire son avocat? Votre intérêt comme votre devoir est de tendre la main à La Fayette pour résister à l'anarchie et achever la constitution. » Tel était le sens des réflexions que Frochot se permettait d'opposer à la colère de Mirabeau. Que l'on daigne comparer le billet écrit à La Marck le mardi dans la journée et le projet de dénonciation composé le mardi dans la soirée, et l'on supposera aisément que les réflexions de Frochot firent sur Mirabeau une certaine impression! Il est évident que ce projet de dénonciation a perdu contre La Fayette les allures agressives que Mirabeau avait promises à M. de Lauzun, et qu'il tend principalement, et presque uniquement, à défendre et à dégager Mirabeau :

« Messieurs,

« J'ai l'honneur de vous prévenir que M. le duc d'Orléans « part ou même qu'il est parti ce matin pour l'Angleterre,

« muni d'une lettre du roi et sous le faux prétexte d'une
« commission controuvée, tandis que l'on répand avec affec-
« tation dans Paris et dans le royaume qu'il est l'auteur de
« tous les troubles et principalement des derniers, que toutes
« les preuves en sont acquises, et qu'il ne doit la permission
« de fuir qu'à la clémence du roi.

« Le duc d'Orléans, Messieurs, n'est pas seulement premier
« prince du sang : il est représentant de la nation, il est
« membre de cette assemblée ; il est votre justiciable en tout
« sens, et dans un temps surtout où la famille royale est
« sous plusieurs rapports l'objet d'une trop juste inquié-
« tude, il est impossible que vous fermiez les yeux sur son
« absence.

« Il est évident, Messieurs, que nous sommes le jouet des
« conjurés ou des calomniateurs. L'indiscipline, la fermen-
« tation, les excès de tout genre sont montés à un tel point
« que ce serait la plus haute des imprudences ou la plus
« insigne des prévarications que de laisser amortir impuné-
« ment des complots. Tout doit être éclairci, jugé, connu.

« J'ai, Messieurs, un droit plus particulier, s'il est possible,
« qu'aucun de mes collègues à vous le demander. Depuis
« des mois entiers on m'accuse d'être un des principaux
« agents de M. le duc d'Orléans, et, pour tout dire en un
« seul mot, son complice ; j'ai pu, j'ai dû mépriser ces
« dégoûtantes absurdités aussi longtemps qu'elles n'ont été
« que le perfide passe-temps de l'envie ou de la malignité.
« J'ai tâché de répondre par mes services, et j'ai regardé
« toutes ces machinations comme le véritable émolument de
« ma chevalerie ; mais aujourd'hui que le départ de M. le
« duc d'Orléans et les motifs qu'en donnent ses ennemis
« accréditent tous les bruits injurieux contre ce prince et
« ceux dont on a jugé à propos de composer son parti, je

« relève moi-même ces allégations, et je provoque les accu-
« sateurs au grand jour.

« Je demande donc que le président se retire le plus tôt
« possible vers le roi, et le supplie en votre nom de faire
« revenir M. le duc d'Orléans pour reprendre immédiatement
« ses fonctions, rendre compte de sa conduite si elle est
« inculpée, et subir contradictoirement avec ses accusateurs,
« quels qu'ils soient, le procès dont vous indiquerez l'objet,
« les formes et les juges (1). »

Le lendemain, mercredi 14 octobre, Mirabeau partit de
bonne heure pour Versailles. Il rencontra sur le pont de
Sèvres l'aide de camp du général La Fayette qui rapportait
à M. de Montmorin le passeport du duc d'Orléans. Il apprit
en même temps que le ministre avait écrit au président de
l'Assemblée nationale une lettre qui ruinait son projet de
dénonciation. Depuis une heure, la séance était ouverte
lorsqu'il entra dans l'Assemblée. On lui remit un billet de
M. de Lauzun qui lui annonçait le départ du duc d'Orléans.
Plusieurs de ses collègues l'entouraient. Il entra ou feignit
d'entrer dans une violente colère. « Lisez, dit-il, lisez : on
« prétend que je suis de son parti; je ne voudrais pas de lui
« pour mon valet. » Il se répandit en mille propos insolents, raconta les confidences de M. de Lauzun et débita le
discours qu'il avait préparé. Sa colère, toute naturelle
qu'elle fût, remplaçait avec avantage une dénonciation publique, et les injures dont il accablait la conduite du duc
d'Orléans étaient une manière d'échapper aux calomnies
que ses ennemis répandaient contre lui (2).

(1) Pap. Frochot. Ce projet de dénonciation, de la main de Mirabeau, est
couvert de ratures et de corrections. Il est inédit.

(2) *Corresp. entre Mirabeau et La Marck*, t. 1, p. 128. Conférez encore
Moniteur universel, t. I, p. 590.

Les événements donnèrent si promptement raison aux
sages conseils de Frochot que Mirabeau prit pour son jeune
collègue la plus sincère estime. M. de Menou ayant dénoncé
le départ du duc d'Orléans, l'Assemblée passa sans discussion à l'ordre du jour. D'ailleurs Mirabeau n'était pas homme
à perdre courage dans un embarras, ni son temps dans
les regrets. Ne pouvant plus ébranler La Fayette, il voulut
le dominer. Sans cesser d'être son adversaire, il devint
son allié. S'emparer du pouvoir en substituant le ministère
parlementaire de Mirabeau au ministère royal de Necker,
tel fut l'objet d'un accord inattendu. La seconde quinzaine
d'octobre 1789 s'écoula dans des combinaisons dont le
commencement de novembre devait voir l'éclatant échec.
Une cabale immense, dont Necker était l'âme, recruta ses
agents dans tous les partis de l'Assemblée nationale et fit
voter, au milieu des applaudissements, la funeste loi qui
interdisait à tout député, c'est-à-dire à Mirabeau, d'accepter
le ministère.

V

Rôle de La Marck et de Frochot dans la vie privée et publique de Mirabeau.

C'est dans le mois d'octobre 1789, au milieu des intrigues
et des émotions soulevées par les grandes scènes de Versailles, l'exil du duc d'Orléans, l'installation de l'Assemblée
nationale à Paris et la motion ministérielle du 7 novembre,
que Frochot et Mirabeau s'unirent du plus vif attachement.
A partir de ce moment, Mirabeau eut dans sa vie privée
deux amis : je dirai mieux, dans sa vie publique deux

témoins : La Marck à la cour de France, Frochot dans l'Assemblée nationale.

La Marck était à la fois un défenseur convaincu du gouvernement monarchique et le serviteur dévoué de la famille royale. Ses principes et ses sentiments n'étouffaient pas en lui le sens politique. A peine Français, presque désintéressé dans les intrigues des partis et les rivalités de personnes, dédaignant de paraître important, mais ambitieux d'être utile, La Marck se trouvait admirablement placé pour rapprocher Mirabeau du roi et de la reine. Un jour, Mirabeau dit à La Marck (c'était en juin 1789) : « Faites donc qu'au « château on me sache plus disposé pour eux que contre « eux. » La Marck retint la main de Mirabeau sans la serrer. Il le regarda longtemps, l'étudia de près, l'observa avec la finesse d'un diplomate qui veut exploiter un homme de talent ; mais comment résister à tant d'abandon, à tant de grâce, à tant de sincérité? comment échapper aux élans de la plus tendre familiarité et de la plus entraînante éloquence? La Marck s'émut. Éloignant tous les scrupules, il entra franchement dans une amitié dont il restait d'ailleurs le maître, et se fit à la cour de France le représentant du chef de la révolution.

Ce que Mirabeau avait trouvé dans La Marck pour négocier avec la cour, il le trouva dans Frochot pour négocier dans l'Assemblée. Même sympathie d'opinions monarchiques et libérales ; même sûreté de caractère, même esprit d'abnégation. Frochot ne pouvait offrir à Mirabeau l'avantage d'une grande fortune et de relations royales ; mais il lui apportait le secours d'une situation indépendante et d'une bonne renommée. S'il n'était pas influent, il n'était pas suspect. On connaissait d'avance ses votes et ses opinions. Les doctrines du tiers état n'avaient pas de plus chaud par-

tisan. Quoique timide et discret, il avait la parole juste et
ferme sur les choses et sur les personnes. Il professait publiquement la plus haute estime pour La Fayette, même devant
Mirabeau : la plus grande admiration pour Mirabeau, même
devant La Fayette. Par Talleyrand, qui le recevait à sa table,
il pénétrait dans le clergé ; par M. de Chastenay-Lanty,
dans la noblesse. Ses moyens d'action étaient bornés ; mais
son désintéressement était utile. A défaut de crédit, il pouvait donner son temps; à défaut d'autorité, son dévouement
et sa vie.

La carrière et les travaux de Mirabeau se divisent en
deux parts très-distinctes : l'une secrète, l'autre politique;
l'une diplomatique, l'autre oratoire ; la part de la cour et la
part de l'assemblée. Seul, Mirabeau composait les notes, les
rapports et les lettres que La Marck transmettait au roi, à
la reine, aux ministres ; mais les forces humaines ont des
limites, et la mission que se donnait Mirabeau n'en avait pour
ainsi dire pas. Si Mirabeau regardait comme une impérieuse
nécessité de ne confier à personne la rédaction des vues qu'il
exposait à la cour, il se faisait un devoir de tirer des travaux
d'autrui tout ce qui pouvait contribuer au triomphe de ses
idées. La France entière se disputait l'honneur de s'associer
à tant d'efforts. Chaque jour, la poste lui apportait [gratis
par décision royale] (1) une foule de lettres, de mémoires,
de discours, de documents de tout genre et de toute valeur.
Aucun n'était négligé. Tout était lu et analysé. Plusieurs
secrétaires remplissaient cette tâche et faisaient de la maison
de Mirabeau comme le ministère de l'Assemblée nationale.

Au-dessus de ce bureau de rédaction, dans lequel se
distinguaient à des degrés divers Pellenc, Étienne Dumont,

(1) *Mém. de Mirabeau*, t. VIII, p. 557.

Duroveray, Clavières, l'abbé Lamourette, Beyerlé, Comps, se groupaient dans un comité de censure les intimes amis, La Marck, Pellenc, Frochot. A chaque occasion importante, Mirabeau examinait devant eux s'il devait prendre part aux débats de l'assemblée, dans quel sens, dans quel but et jusqu'à quel point. Il demandait des conseils et s'y soumettait volontiers. Parfois, il est vrai, comme un soldat qui s'enivre au bruit du canon et à l'odeur de la poudre, il s'emportait au choc des contradictions et à la voix de ses adversaires; mais comme il n'entrait pas de calcul dans ses écarts, il s'en consolait aussitôt, pensant que ces écarts prouvaient son indépendance, et que son indépendance assurait sa popularité. La Marck, Pellenc, Frochot, tous trois d'un caractère froid et réfléchi, combattaient sans relâche ces mouvements impétueux que Mirabeau appelait ses *par delà*, et tantôt par des railleries, tantôt par des réprimandes le ramenaient dans ce bon sens supérieur qu'altérait de temps en temps la violence de ses passions.

A mesure que les circonstances fournirent des occasions plus fréquentes d'apprécier le mérite et le jugement de Frochot, Mirabeau donna à son jeune collègue de plus fortes marques de sa confiance. Il le pria en diverses rencontres de revoir les travaux de ses secrétaires; il le chargea même de critiquer un travail resté inédit sur la législation prussienne (1); il lui communiqua ses motions, ses projets de décret, ses plans de discours.

« M. de Mirabeau, écrivait Comps à Frochot, désire com- « muniquer à M. Frochot un projet de décret; il le prie de « passer ce matin chez lui avant l'assemblée. »

_____

(1) Sur la chemise qui contient le manuscrit, Frochot a écrit : « Cet « ouvrage est de Mirabeau; il n'a pas encore été imprimé. Il m'avait chargé « de revoir ce discours préliminaire pour y faire diverses corrections qu'il « a adoptées et dont il a conservé les minutes. »

« M. de Mirabeau prie M. Frochot de vouloir bien venir
« causer avec lui avant l'Assemblée. »

« M. de Mirabeau est fort inquiet sur la santé de M. Fro-
« chot. Il avait promis de venir hier au soir. Il voudra bien
« donner de ses nouvelles en venant prendre M. de Mirabeau
« pour aller à l'Assemblée. »

Voici maintenant quelques billets de la main même de
Mirabeau :

« Je voudrais bien que mon collègue Frochot vînt dîner
« avec moi, et pour cause. »

« Tenez donc la main, mon cher Frochot, à ce que j'aie
« feuille à feuille la copie de la procédure, que je veux
« mettre immédiatement sous presse. Passez-vous aujour-
« d'hui à l'Assemblée ? *Vale et me ama.* »

« Mon cher Frochot, prenez copie en entier de la déposi-
« tion de M. de La Fayette, n° 193. J'irai vous prendre à
« l'heure du dîner. *Vale et me ama.* »

« Mon ami, j'abuse de vous ; mais il faut encore un léger
« coup de collier et de bonne heure. Je me suis aperçu en
« relisant qu'il fallait beaucoup élaguer dans la première
« partie ; au reste, elle a eu un succès prodigieux et a été
« adoptée unanimement. Venez de bonne heure, je vous prie.
« *Vale et me ama* (1). »

A partir du mois de mai 1790, Frochot venait plusieurs
fois par semaine prendre Mirabeau avant la séance et le
conduisait à l'Assemblée (2). C'était dans ces entretiens
familiers que Mirabeau donnait à Frochot les missions les
plus délicates et recevait les plus utiles confidences ! Que
d'anecdotes Frochot eût pu nous conter ! que de faits il eût

(1) Pap. Frochot.
(2) *Mém. de Mirabeau,* t. VIII, p. 104.

pu éclaircir ! Et, sans parler des réflexions de Mirabeau sur les personnes et sur les événements, quel sujet d'étude que Mirabeau lui-même ! Si Frochot eût eu le loisir ou l'audace de fixer ses souvenirs dans le cours d'un simple récit, l'histoire contemporaine se fût enrichie des plus curieux mémoires. Nul n'était plus capable de nous donner du côté de l'Assemblée la contre-partie des révélations que La Marck a faites du côté de la cour, et dans les moindres détails et sous tous les aspects de nous peindre cette grande figure dont on n'embrasse aujourd'hui que le majestueux ensemble.

Il est constant que La Marck et Frochot ne furent pas seulement les confidents de Mirabeau. Ils furent aussi, je le répète, les témoins de sa vie publique. La Marck soutint dans ses efforts l'homme d'État conservateur. Frochot suivit dans ses succès le tribun populaire ; mais tous deux, sous le charme d'un irrésistible attachement, se consacrèrent du même cœur à la gloire de leur ami commun. Tous deux, en se dévouant, croyaient servir les intérêts qui leur étaient chers, et ils les servaient en effet ; car Mirabeau travaillait à fonder un gouvernement (ce que voulait La Marck) sur le terrain des réformes sociales (ce que voulait Frochot). « Je « serai ce que j'ai toujours été, *le défenseur du pouvoir* « *monarchique, réglé par les lois, et l'apôtre de la liberté,* « *garantie par le pouvoir monarchique.* » « Je suis l'homme « du rétablissement *de l'ordre* et non du rétablissement *d'un* « *ancien ordre.* » Voilà Mirabeau ; et pour remplir la tâche qu'il s'impose, pour exécuter les vues diverses qu'il embrasse, pour réunir, pour diriger les deux courants du passé et de l'avenir, au fond desquels tous les partis se débattent, il essaye ce que Necker et La Fayette n'ont pas osé ; il essaye d'être « *Richelieu sur la cour* » ; il sera ce que personne ne pouvait être si ce n'est lui : *Mirabeau sur l'As-*

semblée. Il a la sagacité politique qui prévoit ; il a l'éloquence populaire qui entraîne ; il a le talent ; il a la raison.
En vain cherche-t-on deux hommes en lui ! Il n'en est
qu'un : Mirabeau lui-même, travaillant avec la constance de
l'homme d'État et l'ardeur d'un tribun à réconcilier malgré
elles la Révolution et la Royauté.

Ainsi Mirabeau marchait droit son chemin vers un but
que ses yeux perçants entrevoyaient seuls, et que La Marck
et Frochot prenaient pour le leur ; mais quand au milieu de
sa brillante carrière la mort l'arrêta tout à coup, Mirabeau
sut d'un trait marquer l'unité de sa vie. Il dicta son testament et en remit l'exécution au grand seigneur qui l'avait
vu défendre le pouvoir, au modeste notaire qui l'avait
entendu proclamer la liberté. Est-ce un hasard ou n'est-ce
pas un enseignement ? A l'agonie et parlant à peine, Mirabeau
prit dans ses mains défaillantes et glacées la main de La
Marck et la main de Frochot et les serra en les unissant.
Ne semblait-il pas alors, par ce geste éloquent, confondre
dans une pensée suprême la double cause qu'il avait juré
de servir : la cause de l'ordre et de la Révolution ?

VI

Histoire de la discussion sur le droit de paix et de guerre. — Comment
  Frochot servit dans l'Assemblée les desseins de Mirabeau. — Comment
  cette discussion fut une lutte de personnes autant qu'une lutte de
  principes.

L'amitié agit en silence. Quand elle entre dans une vie,
elle s'y enfonce et s'y dérobe. C'est son charme, son secret
et son honneur. Comment énumérer tous les services que

Frochot rendit à Mirabeau, tous les témoignages de dévouement qu'il lui prodigua ! Est-ce une excuse, est-ce une raison pour ne pas tenter d'en fixer la mesure et le caractère ? Prenons comme exemple un des épisodes les plus célèbres de l'Assemblée constituante, la discussion sur le droit de paix et de guerre, et voyons si l'on ne pourrait pas en renouveler l'intérêt par des détails piquants dont Frochot aurait sa part.

Le 14 mai 1790, M. de Montmorin, ministre des affaires étrangères, annonça qu'un différend s'était élevé entre l'Espagne et l'Angleterre. Le gouvernement donna l'ordre d'armer quatorze navires et demanda à l'Assemblée des subsides pour faire respecter sa neutralité. « Personne ne « blâmera certainement les mesures prises par le roi, dit « Alexandre Lameth. Nous pouvons délibérer maintenant, « puisque les ordres sont donnés ; mais cette question inci- « dente amène une question de principes. Il faut savoir si « l'Assemblée est compétente et si la nation souveraine doit « déléguer au roi le droit de faire la paix ou la guerre. » Cette proposition souleva dans l'Assemblée une tumultueuse agitation. Mirabeau essaya à la fois de préjuger l'avenir en approuvant à l'instant même le message du roi, et de gagner du temps, en renvoyant l'examen de la question de droit au comité de constitution. Rewbell, Menou, d'Aiguillon insistent pour que la discussion s'engage sans renvoi, sans rapport, sans délai. Tandis que Mirabeau écoute et répond, Frochot prend l'avis de Le Chapelier et de plusieurs membres du comité de constitution. On convient de suivre le sentiment de l'Assemblée, qui paraît acquis au parti d'une délibération immédiate. « Je demande, dit Mira- « beau, à faire une simple proposition, qui ne vient pas « de moi, mais à laquelle je donne mon assentiment. Elle « consiste à approuver les mesures du roi et à ordonner que

« dès demain le débat commence sur la question constitu-
« tionnelle. » Le Chapelier appuie cette motion par quelques phrases embarrassées, et l'Assemblée l'adopte à une
très-forte majorité.

La carrière ouverte, tous les partis s'y précipitèrent avec
ardeur. Il semblait qu'à la décision de l'Assemblée fût attaché le salut de la constitution ou le salut de la royauté.
Le duc de Lévis, Malouet, Charles Lameth, Pétion, Mont-
losier, Robespierre, Clermont-Tonnerre, Volney, Maury,
Fréteau, Cazalès soutinrent tour à tour que le droit de
décider la paix et la guerre devait appartenir exclusivement,
les uns au roi, les autres au corps législatif. Toutefois, au
milieu de ces opinions absolues, se glissaient de temps en
temps certaines concessions qui étaient arrachées à tous
les orateurs par l'espérance de plaire, de toucher et de
vaincre.

Cette tendance générale à s'écarter des partis extrêmes
frappa Mirabeau, qui en fit la règle de sa conduite. Ses
ennemis ont beaucoup exagéré la facilité avec laquelle il
modifia, dans cette longue discussion, l'expression ou même
le fond de sa pensée. On ne s'est pas rendu compte des circonstances au milieu desquelles il se trouvait et du but qu'il
se proposait. Pour combiner le principe de la souveraineté
nationale avec l'existence de la monarchie, pour rendre au
roi la direction suprême de la force armée, sans laquelle
le pouvoir exécutif n'est rien, et pour l'obtenir de ceux-là
même qui prétendaient l'accaparer à leur profit, il n'était
pas nécessaire d'apporter l'inflexible rigueur d'un philosophe
qui veut imposer un système préconçu; il fallait, au contraire, déployer la souplesse d'un homme politique qui tire
d'une situation donnée et d'éléments divers la solution la
plus favorable à ses intérêts. Mirabeau conduisit cette discus-

sion comme un général conduit une campagne. Les quatre premiers jours, il se tait : il étudie le terrain, il épie les menées, il mesure la force de ses adversaires, il rallie autour de lui par de secrètes manœuvres une foule de petits bataillons, il s'assure l'appui d'une majorité. Frochot s'emploie avec ardeur dans cette tâche importante. Il ne connaît pas les termes de la motion, mais il affirme aux membres du comité de constitution que Mirabeau ne sacrifiera ni le roi, ni l'Assemblée, ni le pouvoir exécutif, ni le pouvoir législatif. Dans ces conjonctures, Le Chapelier attendra, et suivant les les occasions il soutiendra Mirabeau. La Fayette est plus explicite : il désire que la part du roi dans les délibérations sur la paix et la guerre soit prépondérante. Sieyès est immobile et muet. En vain Mirabeau le conjure de donner son avis; en vain il lui peint avec sincérité combien il est peu préparé à traiter un pareil sujet, à quel point il est nécessaire que les grands citoyens de l'Assemblée soient d'accord sur les principes fondamentaux de la constitution ! Sieyès résiste : il faut se compromettre, et sa prudence est inébranlable (1).

Lorsque Mirabeau eut ainsi passé la revue de son armée, lorsqu'il eut parcouru, reconnu, neutralisé ou conquis les diverses influences de l'Assemblée, il poussa une reconnaissance jusque sur les bancs de la gauche, qu'occupaient ses ennemis, les Lameth, Duport et Barnave.

Le 19 mai, la veille du jour où il devait parler, Mirabeau

(1) Il faut lire à la fin du discours de Mirabeau (20 mai) le passage relatif à Sieyès. Il est très-curieux. Consultez sur la conduite de Sieyès un billet de Mirabeau du 22 mai 1791, et une note excellente de La Marck. (*Correspondance entre Mirabeau et La Marck*, t. 1, p. 246.) Cette note débute par une pensée qui la résume : « Les hommes d'un grand talent, auxquels on suppose des principes fixes, sont aussi vacillants dans leur marche que les bonnes gens qu'ils abusent. »

vint s'asseoir derrière Alexandre Lameth : « Eh bien ! lui
« dit Lameth, nous allons donc être demain en dissenti-
« ment, car on assure que le décret que vous proposerez
« ne sera guère dans les principes... — Qui a pu vous dire
« cela ? s'écria Mirabeau ; je n'ai communiqué mon projet
« à personne. — Il ne tient qu'à vous de me détromper ;
« montrez-le-moi. — Si vous voulez nous coaliser, j'y
« consens, répondit Mirabeau en se penchant vers lui. —
« Mais nous sommes tous coalisés, reprit Lameth ; car toutes
« les fois que vous voudrez sincèrement la liberté et le bien
« public, vous nous trouverez toujours à côté de vous. —
« Ce n'est pas le lieu de nous expliquer, ajouta Mirabeau ;
« rendez-vous dans le jardin des Feuillants, je vous y sui-
« vrai. » Quelques instants après, Mirabeau remettait à
Lameth son projet de décret. Lameth le trouva obscur. On
convint de se revoir le soir même chez un collègue, Laborde
de Méréville. Duport et Barnave devaient être prévenus.

Mirabeau arriva à onze heures, donna son opinion et la
développa. On lui répondit : « Dépouiller l'Assemblée d'un
de ses droits, favoriser l'extension du pouvoir royal, c'est
travailler contre vous-même, c'est vous suicider. » Mirabeau
répliqua qu'il était engagé, et qu'il avait derrière lui la majorité. Lameth et Barnave le nièrent fortement : « Nous ne
« voulons que le salut du pays ; nous serons charmés de
« vous laisser la gloire de la journée, et nous nous bornerons
« à vous soutenir si vous adoptez une proposition conve-
« nue. » Mirabeau, appuyant toujours sur ses engagements,
finit par dire : « Je ferai tout ce qui dépendra de moi pour
« ne pas me séparer de vous. » Puis, se retournant vers
Lameth, il ajouta : « Je vous écrirai demain pour vous faire
« connaître à quelle résolution j'aurai dû m'arrêter. »

Le lendemain, Lameth recevait le billet suivant :

3

« Vous vous trompez sur le calcul des voix. Je suivrai la
« ligne moyenne : mais, quoi qu'il puisse arriver, je n'ou-
« blierai jamais la chevalerie de vos procédés. *Vale et me*
« *ama* (1). »

On ne croit pas à la sincérité des gens qui ont intérêt à
vous tromper. Mirabeau trompait les Lameth en leur disant
la vérité. Son parti était pris, son discours composé, son
décret rédigé. En recherchant un entretien avec ses adversaires, il n'avait d'autre dessein que de les adoucir et de les
pénétrer. En effet, dans la séance du lendemain (20 mai) il
prend la parole et, sans se livrer tout entier, il hasarde un
discours monarchique. S'il dit que le droit de faire la paix
et la guerre appartient à la nation, il en délègue·l'exercice
au roi : il réduit l'action du corps législatif à un blâme ou à
un refus de subsides, la guerre commencée, et il sème son
discours d'obscurités habiles, au milieu desquelles il peut
reprendre tout à coup des allures nouvelles et indépendantes. Jusqu'à la fin, et surtout à la fin, il s'excuse d'avoir
été obligé de parler; il dénonce le coupable silence de
Sieyès : « Je vous conjure d'obtenir son avis, d'arracher au
« découragement un homme dont je regarde le silence et
« l'inaction comme une calamité publique. » Il critique son
propre décret : « Je désire vivement qu'on le perfectionne,
« je désire que l'on en fasse un meilleur. » Il parle de sa
candeur et, par un dernier trait de fausse humilité, il hésite
à lire sa motion : « Vous voulez que je la lise ? Souvenez-
« vous que je n'ai fait que vous obéir ! Souvenez-vous que
« j'ai eu le courage de vous déplaire pour vous servir ! »
N'en doutons pas : ces hésitations sont des feintes; cette
modestie est une ruse. Mirabeau ne songe pas à changer de

_____

(1) Alex. Lameth. *Hist. de l'Assemblée constituante*, t. II, p. 280.

drapeau, mais à se ménager, au milieu de la bataille, une nouvelle base d'opérations.

Malgré toute sa prudence, Mirabeau s'est découvert. Les Lameth voient le point faible et l'attaquent hardiment. Le soir même, Barnave court aux Jacobins où il tombe face à face avec Mirabeau (1). Les deux adversaires se heurtent sans se blesser. La journée du 21 les ramène l'un contre l'autre et donne à Barnave l'espérance de la victoire.

« Le décret de M. de Mirabeau, s'écrie Barnave, est un piége. Sous prétexte d'assigner au pouvoir exécutif et au pouvoir législatif le genre de concours qui convient le mieux à la nature de chacun d'eux, il attribue au roi le droit de décider seul la paix ou la guerre, et prive le corps législatif de toute délibération directe. » — « Il est impossible que le pouvoir de « déclarer la guerre soit exercé concurremment et par le « roi et par les représentants du peuple. Cette concurrence « n'est autre chose qu'une confusion des pouvoirs politiques « et une anarchie constitutionnelle. Le corps législatif doit « exercer exclusivement le droit de déclarer la guerre et la « paix, le droit de conclure les traités. » Frochot prenait des notes. A ses côtés, Mirabeau écoutait. « Votre plume ! votre plume ! » s'écrie-t-il, et, saisissant la plume que tenait Frochot, Mirabeau trace quelques lignes (2) : « Il peut

---

(1) Alex. Lameth. *Hist. de l'Assemblée constituante*, t. II, p. 474.

(2) Sur la simple feuille de papier qui contient les notes suivantes, Frochot a écrit : « Notes prises par Mirabeau pendant que Barnave prononçait son discours sur le droit de paix et de guerre, et qui ont servi de texte à sa réplique improvisée du lendemain. » Mirabeau redit ses notes presque textuellement dans sa réplique, et les mots en italique sont empruntés à son discours.

« Vous avez dit : Nous avons institué deux pouvoirs distincts : L. P. L. « et L. P. E. (*le pouvoir législatif et le pouvoir exécutif*).

« L'un est chargé de (*d'exprimer la volonté nationale et*),

« L'autre de *l'exécuter*..... Ils ne doivent jamais se confondre.

parler maintenant, je le tiens (1). » Quand Barnave regagne
sa place, la gauche se lève, et la salle retentit d'applaudissements.

Mirabeau paraît vaincu. « Le grand nombre de membres
« de cette assemblée, reprend fièrement Mirabeau, qui
« paraissent séduits, persuadés ou convaincus par le dis-
« cours de M. Barnave, croient que ce discours triomphera
« de toutes les répliques, ou ils ne le croient pas. S'ils le
« croient, il me semble qu'on peut attendre de la générosité
« de leur admiration qu'ils ne craindront pas une réplique;
« s'ils ne le croient pas, leur devoir est de s'instruire. »

« Vous avez appliqué ces principes à la question de l'exercice du d. (*droit*
« *de la paix et de la guerre*).

« Vous avez dit : Il faut distinguer l'action de la volonté : l'action
« (*appartient*) au R. (*roi*); la volonté au pouvoir légis. (*législatif*). Ainsi,
« lorsqu'il s'agira de déclarer la guerre, cette déclaration étant un acte de
« volonté, ce sera au CORPS LÉGISLATIF à la faire.

« Après avoir posé et appliqué ces principes, vous vous en êtes servi pour
« faire la critique de mon décret.

« Je suivrai votre marche.

« Vous dites deux pouvoirs distincts : l'un pour l'action, l'autre pour la
« volonté. — Je le nie.

« Le pouvoir exécutif est distinct dans tout ce qui tient à l'action du
« pouvoir législatif.

« Mais il n'est pas vrai que le pouvoir législatif soit distinct du pouvoir
« exécutif dans l'expression de la volonté générale.

« Quels sont les organes de cette volonté? C'est tout à la fois l'assemblée
« des R. (*représentants*) ou le Corps législatif et le R. (*représentant*) du
« pouvoir exécutif. Le Corps législatif délibère, exprime la volonté générale.

« Le Rep. (*représentant*) du p. (*pouvoir*) ex. (*exécutif*) a le double
« droit de sanctionner la résolution du Corps lég. (*législatif*), et cette
« sanction consomme la loi, ou d'exercer le VETO, que la Convention lui a
« attribué pour un certain espace de temps, et la constitution veut que ce
« veto empêche durant ce période la résolution du Corps législatif d'être
« loi.

« Il n'est donc pas vrai que notre constitution ait établi deux pouvoirs
« distincts, même lorsqu'il s'agit d'exprimer la volonté générale.

« Nous avons au contraire deux pouvoirs distinctifs qui (*concourent*
ensemble dans la formation de la loi).»

(1) Pap. Frochot et *Mém. de Mirabeau*, t. VII, p. 264.

L'Assemblée relève cet insolent défi. Mirabeau quitte la séance calme et souriant. Il se promène longtemps avec Frochot dans le jardin des Tuileries. Il aborde Mme de Staël, et cause avec elle sur le ton le plus enjoué. Il est aussi gai, aussi tranquille que ses amis et ses alliés sont inquiets et agités.

Le discours de Barnave avait soulevé une émotion profonde que devait encore redoubler une ovation populaire. Beaucoup de membres, résolus la veille, se sentent ébranlés. Le Chapelier, entre autres, dit aux Lameth que le projet de Mirabeau est obscur et ne sera pas adopté. « Nous devrions convenir, ajoute-t-il, d'une rédaction précise (1).» Les Lameth acceptent avec joie, et l'engagent à venir le soir même chez Laborde. De nouveaux acteurs renouvellent la scène du 19. Lameth et Barnave répétent tout ce qu'ils ont dit à Mirabeau. Le Chapelier écoute, ne promet rien, si ce n'est de tenter le lendemain une motion qui ralliera tout le parti populaire.

Tandis que Le Chapelier confère avec les Lameth et Barnave, Paris se transforme en un club immense.

La plus vive agitation règne dans les jardins publics, au Palais-Royal, dans les cafés. Comme des cris de guerre, les noms de Barnave et de Mirabeau s'entrechoquent dans toutes les bouches. On vend, on distribue partout un pamphlet dicté par la haine des Lameth (2). *La grande*

(1) Alex. Lameth. *Hist. de l'Assemblée constituante*, t. I, p. 314.

(2) Ce pamphlet avait été rédigé par un nommé Lacroix, fils d'un procureur du roi à Châlons-sur-Marne. Une instruction faite à la requête de Mirabeau prouva que ce libelle avait été commandé par Lameth, Duport et Barnave, et distribué gratuitement à six mille exemplaires. (*Mém. de Mirabeau*, t. VII, p. 259, note.) Voici l'extrait d'une lettre inédite datée du 26 mai 1790, et qui a servi probablement de base à la plainte de Mirabeau : « Monsieur le comte, je vous écris avec la franchise et la simplesse d'un militaire peu versé dans cet art... J'ai été profondément affligé dimanche

trahison du comte de Mirabeau fait l'événement de la soirée et l'écho de la rue. Tous les indices d'un complot contre Mirabeau, tous les symptômes d'une manifestation contre l'Assemblée éclatent à la fois.

Frochot revient le soir même chez Mirabeau. Il avait le prétexte des notes qu'il avait prises pendant le discours de Barnave; mais au fond il cherchait une occasion de lui révéler l'effervescence menaçante de l'opinion publique. « Ne vous inquiétez pas, mon cher ami, lui dit Mirabeau; « cette alarme ne sera pas la dernière; mais, quoi qu'il « arrive, je serai toujours un bon, si ce n'est un grand « citoyen (1). »

Le lendemain (22 octobre), une foule immense se porta

« matin, me trouvant au café de Cuisinier, place du Pont Saint-Michel, en « entendant un jeune homme nommé Lacroix, auteur de ce libelle intitulé : « *Découverte de la trahison du comte de Mirabeau*. Ce jeune homme, « fils d'un procureur du roi de province, peu fortuné par la nombreuse « famille que le père a, s'est laissé gagner par les promesses de M. Barnave; « profondément affligé, dis-je, des propos indécents et incendiaires qu'il se « permettait particulièrement contre vous, ensuite contre MM. Le Chapelier « et de La Fayette, moi et plusieurs personnes, témoins de cela, lui témoi- « gnâmes notre surprise; mon frère, qui était jadis son ami, lui dit qu'il « s'exposait beaucoup en s'avouant publiquement l'auteur de cet ouvrage, et « que vous étiez en droit de le poursuivre. Il répond qu'il le désire, que ce « sera un moyen de faire sa fortune, que M. Barnave, chez lequel il va tous « les jours, lui a promis l'appui de MM. de Lameth, Biauzat, Robespierre, « d'Aiguillon; qu'il doit se présenter ces jours chez eux, qu'au reste, cet « imprimé n'avait pas paru sans avoir préalablement été vu de personnes « qui sauraient le mettre à couvert; qu'il avait encore oublié un fait qu'un « de ces Messieurs venait de lui fournir : qu'un jour, ayant eu mal à propos « une discussion avec l'un d'eux, vous avez été presque chassé du club des « Jacobins ; que ces Messieurs devaient le seconder pour répandre dans les « provinces cet imprimé, que Desmoulins leur avait déjà promis de le « mettre dans son numéro prochain, qu'on allait en multiplier les impres- « sions... »

(1) Pap. Frochot. Ce mot se retrouve à peu près textuellement dans une lettre écrite par Mirabeau quelques jours après. (*Lettres à Mauvillon*, p. 513.)

sur l'Assemblée. Cinquante mille personnes envahirent les Tuileries, les jardins des Feuillants et des Capucines, la place Vendôme, la rue Saint-Honoré. La populace demandait Barnave pour l'enlever en triomphe ; Mirabeau, pour le pendre. Un groupe désignait l'arbre qui devait être l'instrument du supplice. Un autre jurait de lanterner les ministres. Ici on parlait de mettre le feu aux Tuileries ; là, d'égorger les aristocrates (1).

Mirabeau était arrivé de bonne heure à l'Assemblée, accompagné, protégé par Frochot et quelques amis ; il avait traversé sans péril les rassemblements qui s'amoncelaient de toutes parts. Il entre : on lui remet le pamphlet des Lameth ; il jette les yeux sur le titre. « C'est bien, c'est « bien, dit-il, on ne m'emportera d'ici que triomphant ou « en lambeaux (2). » Rien n'a été négligé pour l'ébranler : tout concourt à l'affermir. La crainte ne saurait l'atteindre. Les efforts de ses adversaires tournent en sa faveur. Frochot parcourt l'assemblée et la trouve ce qu'elle était l'avant-veille. Les sympathies renaissent autour de celui qui semble la victime de son courage. Tous les souvenirs de division, de rivalité, de ressentiment se perdent dans la grandeur de l'intérêt commun. On ne discute plus, on se prépare à voter.

(1) *Corresp. entre Mirabeau et La Marck*, t. I, p. 170. Parlant des Lameth, Duport, Barnave, La Marck dit : « Leurs intrigues et leur rage provoquèrent dans la multitude des propos qui menaçaient la vie de Mirabeau. Les mémoires du temps ont tenu note de ce fait. Il est authentique, et je puis moi-même le certifier. »

(2) M. Lucas-Montigny, dans les *Mém. de Mirabeau*, t. VII, p. 260, conteste l'exactitude de ce mot. Nous ne voyons aucune raison pour le mettre en doute. Il n'exprime pas un sentiment de crainte, mais un sentiment de lutte. — Voyez même de Ferrières, t. II, p. 34, note des éditeurs. — Il faut ajouter que l'imagination de Mirabeau le portait à croire aux violences et aux crimes. Sur cette disposition d'esprit pendant la discussion sur le droit de paix et de guerre, conférez Lameth, *Hist. de l'Assemblée constituante*, t. II, p. 282.

Le Chapelier revient franchement au décret de Mirabeau, et lui communique des amendements que Mirabeau renvoie approuvés. La Fayette les accueille à son tour et avoue qu'il a dans sa poche un discours écrit (1). La ligue est renouée : chacun est à son poste : on n'attend plus qu'un coup d'éloquence.

D'Estourmel, Duquesnoy et Goupil ouvrent la séance ; mais Le Chapelier recommence la lutte. Mêlant l'éloge à la critique, il adopte le projet de Mirabeau, il l'amende, il l'éclaircit par des expressions nouvelles ; il l'abrège par une suppression heureuse ; il dit simplement ce qu'il veut dire et s'arrête. Un grand silence cache quelques instants l'émotion générale : mais on entend sur les bancs de la gauche gronder des murmures que couvrent aussitôt deux salves d'applaudissements (2). Duport voit le mouvement qui entraîne l'Assemblée et s'y jette. « Sur la proposition seule du roi, dit-il, le corps « législatif aura le droit de décider la guerre. » L'initiative au roi, voilà la concession ; la décision au corps législatif, voilà le principe. Mirabeau se lève avec une solennelle lenteur. L'Assemblée s'agite pour obtenir du calme, et bruit pour commander le silence. Dans les galeries, que remplissent les amis de Barnave, vole une longue et sourde rumeur.

— « Eh bien, dit Volney tandis que Mirabeau gravit les

(1) L'alliance de Mirabeau, La Fayette et Le Chapelier avait été pressentie et dénoncée dans les *Révolutions de Paris*, par Prudhomme, nº 47, p. 483 : « il est impossible, dit-il, de ne pas voir que ce plan était concerté avec MM. de Mirabeau, Le Chapelier et La Fayette. M. de Mirabeau se prêta, sans examen, à l'amendement de M. Le Chapelier, et M. de La Fayette avait *écrit* son discours, où il votait pour le projet *amendé*, ce qui suppose qu'il connaissait d'avance l'amendement. Sans doute, ces coryphées d'une portion du parti populaire avaient cru voir un concert dans l'autre section du même parti, et ils avaient voulu le contrebalancer. »

(2) « L'air d'activité que cet amendement donnait au corps législatif en cas d'hostilités séduisit si bien les patriotes que M. Le Chapelier fut couvert d'applaudissements, comme s'il avait dit précisément le contraire de ce que M. de Mirabeau avait proposé. » *Révol. de Paris*, nº 47, p. 483.

marches de la tribune : hier au Capitole, aujourd'hui à la roche Tarpéienne (1) ! » Mirabeau sourit, et se tournant vers les bancs où siégent ses ennemis :

« C'est quelque chose, sans doute, pour rapprocher les « oppositions que d'avouer nettement sur quoi l'on est « d'accord et sur quoi l'on diffère. Les discussions amiables « valent mieux pour s'entendre que les insinuations calom- « nieuses, les inculpations forcenées, les haines de la rivalité, « les machinations de l'intrigue et de la malveillance. On « répand depuis huit jours que la section de l'Assemblée « nationale qui veut le concours de la volonté royale dans « l'exercice du droit de la paix et de la guerre est parricide « de la liberté publique ; on répand les bruits de perfidie, de « corruption ; on invoque les vengeances populaires pour « soutenir la tyrannie des opinions. On dirait qu'on ne peut « sans crime avoir deux avis dans une des questions les « plus délicates et les plus difficiles de l'organisation sociale. « C'est une étrange manie, c'est un déplorable aveuglement « que celui qui anime ainsi les uns contre les autres des « hommes qu'un même but, un sentiment unique devraient, « au milieu des débats les plus acharnés, toujours rappro- « cher, toujours réunir ; des hommes qui substituent ainsi « l'irascibilité de l'amour-propre au culte de la patrie et se « livrent les uns les autres aux persécutions populaires.

« Et moi aussi on voulait, il y a peu de jours, me porter « en triomphe, et maintenant on crie dans les rues *la grande* « *trahison du comte de Mirabeau*... Je n'avais pas besoin « de cette leçon pour savoir qu'il est peu de distance du « Capitole à la roche Tarpéienne ; mais l'homme qui combat « pour la raison, pour la patrie, ne se tient pas si aisément

(1) Alex. Lameth *Hist. de l'Assemblée constituante*, t. II, p. 321.

« pour vaincu ; celui qui a la conscience d'avoir bien mérité
« de son pays et surtout de lui être encore utile ; celui que ne
« rassasie pas une vaine célébrité et qui dédaigne les succès
« d'un jour pour la véritable gloire ; celui qui veut dire la
« vérité, qui veut faire le bien public indépendamment des
« mobiles mouvements de l'opinion populaire, cet homme
« porte avec lui la récompense de ses services, le charme
« de ses peines et le prix de ses dangers ; il ne doit attendre
« sa moisson, sa destinée, la seule qui l'intéresse, la destinée
« de son nom, que du temps, ce juge incorruptible qui fait
« justice à tous. Que ceux qui prophétisaient depuis huit
« jours mon opinion sans la connaître, qui calomnient en ce
« moment mon discours sans l'avoir compris, m'accusent
« d'encenser des idoles impuissantes au moment où elles
« sont renversées, ou d'être le vil stipendié de ceux que je
« n'ai pas cessé de combattre ; qu'ils dénoncent comme un
« ennemi de la révolution celui qui peut-être n'y a pas été
« inutile et qui, fût-elle étrangère à sa gloire, pourrait là
« seulement trouver sa sûreté ; qu'ils livrent aux fureurs du
« peuple trompé celui qui depuis vingt ans combat toutes les
« oppressions et qui parlait aux Français de liberté, de
« constitution, de résistance, lorsque ces vils calomniateurs
« vivaient de tous les préjugés dominants. Que m'importe !
« ces coups de bas en haut ne m'arrêteront pas dans ma
« carrière. Je leur dirai : Répondez si vous pouvez ; calomniez
« ensuite tant que vous voudrez !

« Je rentre donc dans la lice, armé de mes seuls principes
« et de la fermeté de ma conscience. Je vais poser à mon
« tour le véritable point de la difficulté avec toute la netteté
« dont je suis capable, et je prie tous ceux de mes adver-
« saires qui ne m'entendront pas de m'arrêter, afin que je
« m'exprime plus clairement : car je suis décidé à déjouer les

« reproches tant répétés d'évasion, de subtilité et d'entor-
« tillage, et s'il ne tient qu'à moi, cette journée dévoilera le
« secret de nos loyautés respectives. M. Barnave m'a fait
« l'honneur de ne répondre qu'à moi : j'aurai pour son
« talent le même égard qu'il mérite à plus juste titre, et je
« vais à mon tour essayer de le réfuter. »

Mirabeau suit alors Barnave pied à pied, le pousse
d'argument en argument, le saisit corps à corps, le serre
et l'écrase sous les coups d'une pressante argumentation.
Puis, reprenant son propre décret, il l'examine, le développe, le commente article par article. Il déclare et s'efforce
de prouver que le texte de son décret est conforme aux
principes, et qu'il n'exclut pas le corps législatif de la délibération sur la paix et la guerre. Barnave a parlé de piége. A
chaque article, il demande : « Où est le piége ? Je ne connais
« qu'un seul piége dans cette discussion : c'est d'avoir
« affecté de ne donner au corps législatif que la décision de
« la guerre et de la paix, et cependant d'avoir par le fait
« exclu entièrement le roi de toute participation à l'exercice
« du droit de la paix et de la guerre. »—«Dans votre discours,
« dit-il encore, et sur ce point roule toute la discussion, vous
« attribuez l'énonciation de la volonté générale, à qui ? au
« *pouvoir législatif*; dans votre décret : au *corps législatif* ?
« Sur cela, je vous rappelle à l'ordre. Le *pouvoir législatif*
« n'est pas le *corps législatif*. Le pouvoir législatif est com-
« posé du corps législatif délibérant et du roi consentant et
« sanctionnant. » — « Voilà la ligne qui nous sépare. Que
« mon adversaire substitue dans son décret à ces mots : le
« *corps législatif*, ceux-ci : le *pouvoir législatif*, c'est-à-dire
« un acte émané des représentants de la nation et sanc-
« tionné par le roi, et nous sommes parfaitement d'accord. »
Mirabeau couronna son discours par une péroraison aussi

brillante qu'habile. Refusant d'établir un parallèle entre ses
adversaires et ses alliés, il se plut néanmoins à montrer
autour de lui, groupés comme aux premiers jours de la
Révolution, « tous les hommes modérés qui ne croient pas
« que la sagesse soit dans les extrêmes, et que le courage
« de démolir ne doive jamais faire place à celui de recon-
« struire ; ces énergiques citoyens qui, au commencement des
« états généraux, foulèrent aux pieds tant de préjugés, bra-
« vèrent tant de périls, déjouèrent tant de résistances pour
« passer au sein des communes ; ces tribuns du peuple que
« la nation comptera longtemps encore, malgré les glapis-
« sements de l'envieuse médiocrité, au nombre des libéra-
« teurs de la patrie ; ces hommes dont le nom désarme la
« calomnie et dont les libellistes les plus effrénés n'ont pas
« essayé de ternir la réputation ni d'hommes, ni de citoyens ;
« des hommes enfin qui, sans tache, sans intérêt et sans
« crainte, s'honoreront jusqu'au tombeau de leurs amis et
« de leurs ennemis. »

Mirabeau descend de la tribune, dit Ferrières, « au bruit
des applaudissements redoublés, laissant le dépit et la confusion sur le visage de Barnave et des Lameth (1). » Barnave
réclame faiblement la parole, et le président déclare la
discussion générale fermée.

Dans l'Assemblée, la bataille était gagnée ; au dehors elle
n'était pas finie. Des tribunes on jetait, par les croisées
entr'ouvertes, des bulletins qui suivaient les péripéties de
la séance et surexcitaient l'anxiété publique (2). La foule
répondait par des clameurs. Les députés de la gauche
allaient d'heure en heure promettre sur la terrasse des

(1) Ferrières, l. VI, t. II, p. 37.
(2) Alex. Lameth. *Hist. de l'Assemblée constituante*, t. II, p. 314.

Feuillants un scrutin populaire. Il fallait se donner à tout prix les apparences de la victoire. A ce point du débat, les deux opinions représentées par Mirabeau et Barnave se touchaient pour ainsi dire. Barnave et ses amis, après avoir voulu écarter le roi de la décision sur la paix et la guerre, devaient lui accorder l'initiative et la sanction. Mirabeau et ses alliés, après avoir essayé de réduire à un simple contrôle le droit du corps législatif, devaient l'élever à la délibération préalable. Tous cèdent à la pressante nécessité d'enlever la majorité; tous votent les mêmes articles pour faire croire et pour pouvoir dire que le décret est leur ouvrage. Désormais la discussion des principes ne couvrira plus qu'un combat d'amour-propre (1).

Sur le bureau du président sont déposés vingt-deux projets de décrets. Obtenir la priorité est un point capital. Cette dernière manœuvre est confiée à La Fayette, qui l'exécute son discours à la main. Il demande, il obtient la priorité pour le projet de Mirabeau, amendé par Le Chapelier : « Dans le « moment où l'on semble égarer le peuple sur une question « métaphysique, où ceux qui, toujours réunis pour la cause « populaire, diffèrent aujourd'hui d'opinion, en adoptant à « peu près les mêmes bases; dans le moment où l'on tâche « de persuader que ceux-là seuls sont ses vrais amis qui « adoptent tel décret, j'ai cru qu'il convenait qu'une opinion « différente fût nettement prononcée par un homme à qui « quelque expérience et quelques travaux dans la carrière « de la liberté ont donné le droit d'avoir un avis. J'ai cru

(1) Conférez les lettres échangées entre La Fayette et Charles Lameth. (*Révol. de Paris*, n° 47, p. 487 et suiv.) La Fayette dit à Lameth qu'il a voté le décret que lui La Fayette préférait. Lameth répond qu'il a adopté l'amendement d'Alexandre Lameth et de Fréteau. On sait que Mirabeau et son parti se rallièrent à cet amendement, dans lequel ils déclarèrent voir l'exposé de leurs principes.

« ne pouvoir mieux payer la dette immense que j'ai con-
« tractée envers le peuple qu'en ne sacrifiant pas à la popu-
« larité d'un jour l'avis que je crois être le plus utile (1). »
(On applaudit.) Le président lit le premier article du
décret de Mirabeau : « Le droit de faire la paix et la guerre
« appartient à la nation. » Alexandre Lameth se lève et
lance un dernier trait : « Il est nécessaire que cette délibé-
« ration ne paraisse pas avoir été concertée hors de cette
« salle. Je propose de dire : La guerre ne pourra être
« déclarée que par un décret du corps législatif, rendu sur
« la proposition formelle du roi. » Fréteau veut réunir la
déclaration faite par Mirabeau sur le droit souverain de la
nation à l'amendement de Lameth sur la délégation de ce
droit. On demande la question préalable. Camus s'emporte.
Mirabeau constate que son·projet renferme l'amendement :
« On s'obstine à ne pas voir dans mon décret ce qui y est et
« à prétendre que j'ai dit ce que je n'ai pas dit... Vous me
« permettrez de ne pas changer mon opinion en faveur des
« bienveillants qui depuis deux heures veulent faire croire
« au public que mon opinion n'est pas mon opinion. » Mais
Camus s'était écrié : « Le principe serait-il exprimé très-
« clairement par M. de Mirabeau, il n'y aurait pas d'incon-
« vénient à l'exprimer plus clairement encore.» L'Assemblée
ne résiste pas à cet argument et repousse la question préalable. Une nouvelle agitation accueille ce vote qui semble
consacrer l'amendement. A l'initiative du roi, Desmeuniers
joint la sanction. Si l'Assemblée vote l'initiative et la sanction, l'honneur est sauf. Mirabeau s'empare de l'amendement en changeant un mot, et le signe de ces paroles : « On
« n'aura pas de peine à croire que j'adhère de tout mon

(1) « La présence du général La Fayette à la tribune, la curiosité qu'il
« inspira ne permirent pas aux députés une demi-minute de réflexion. »
(Révol. de Paris, n° 47, p. 482.)

« cœur à cet amendement, pour lequel je combats depuis
« cinq jours. Si j'avais su plus tôt que tout ceci n'était
« qu'une lutte d'amour-propre, la discussion aurait été
« moins longue. » L'amendement est adopté, ainsi que
tout le reste du décret de Mirabeau, presque à l'unanimité.

La séance est levée. Les applaudissements de l'Assemblée
et des tribunes se confondent. La joie semble universelle.
Chacun cache ses blessures sous un visage riant. Tous les
partis s'attribuent la victoire. Les Lameth crient à la foule :
« La patrie est sauvée ! » et la foule les acclame. Mirabeau
dit à ses amis : « La monarchie est sauvée (1) ! » et l'Assemblée s'exalte dans l'orgueil d'avoir ajouté un nouveau titre
à la constitution (2).

(1) Le rôle des divers partis dans cette discussion est assez bien résumé
dans ce passage peu connu du *Journal du baron de Gauville*, p. 68 :
« Les Jacobins voulaient que le droit de paix et de guerre appartînt exclusivement à la nation. Nous voulions seulement qu'elle y participât quant
aux subsides; mais ils l'avaient promis au peuple, et le peuple était là qui
menaçait. Que fit le comte de Mirabeau?... Il voulut allier sa popularité
avec son ambition, son caractère avec son esprit. Il propose un décret qui
tenait aux deux partis, et c'est à lui que nous dûmes de ne pas en avoir un
tout opposé; et, sous le prétexte du premier membre du décret qui dit que
le droit de paix et de guerre appartient à la nation, phrase que les *enragés*
eurent soin de venir dire sur la terrasse des Feuillants, le peuple soldé crut
avoir ce qu'il désirait, tandis que le roi avait obtenu une partie de ce qui
lui appartenait. Il ne tint pas à nous qu'il n'en obtint davantage. Le comte
de Mirabeau joua toutes sortes de rôles dans une discussion qui dura aussi
longtemps : il alla même jusqu'à feindre d'adopter les idées de M. Barnave,
et l'on peut dire qu'il rendit, dans cette occasion, un service essentiel à la
monarchie. »

(2) Le vote de l'Assemblée n'apaisa pas les passions soulevées par cette
discussion célèbre. Pour en compléter le récit, il faut rappeler : 1° la correspondance échangée entre Charles Lameth et La Fayette (*Révol. de Paris*,
n° 47); 2° la polémique engagée entre Mirabeau et Alexandre Lameth au
sujet du véritable discours prononcé par Mirabeau : Lameth accusa Mirabeau
d'avoir falsifié son discours (Alex. Lameth, *Hist. de l'Assemblée constituante*, t. I, p. 470, et *Mém. de Mirabeau*, t. VII, p. 274); 3° les poursuites
dirigées par Mirabeau contre l'auteur du libelle : *La grande trahison du
comte de Mirabeau*. (*Mém. de Mirabeau*, t. VII, p. 259.)

VII

La discussion sur le droit de paix et de guerre réunit les chefs du parti constitutionnel dans la Société de 1789. — Caractère de cette société. — Frochot en fait partie. — Négociations relatives à la présidence de l'Assemblée nationale le jour de la Fédération. — Efforts de Frochot pour faire nommer Mirabeau président. — Mirabeau président en février 1791. — Mot de Mirabeau sur Frochot.

La discussion sur le droit de paix et de guerre parut unir sous la direction éloquente de Mirabeau les divers partis de l'Assemblée ; elle renouvela le sentiment des dangers que courait la paix publique, et fit comprendre la nécessité d'opposer à l'agitation populaire l'accord d'une majorité constitutionnelle. La Société de 1789 n'eut pas d'autre but (1). Elle se déclara, suivant les expressions de ses fondateurs, « une compagnie d'amis des hommes, une compagnie d'agents du commerce des vérités sociales, une compagnie destinée à développer le goût des sciences politiques (2). » Bailly, La Fayette, Mirabeau, Talleyrand, La Rochefoucauld, Le Chapelier, Sieyès, Pastoret, Frochot, tous ceux qui la composèrent dans les mois de mai, juin, juillet et août 1790, savaient très-bien qu'en s'unissant pour défendre la constitution par la discussion ils n'auraient pas la force de ceux

(1) Alex. Lameth. *Hist. de l'Assemblée constituante*, t. I, p. 429. — *Révol. de Paris*, n° 53, p. 19 et suiv.

(2) *Journal de la Société de 1789.* Le titre de journal convenait si peu au recueil publié sous les auspices de cette société que les rédacteurs crurent devoir le remplacer par cet autre, très-exact et très-fidèle : *Mémoires de la Société de 1789.* Ce recueil cessa de paraître vers le mois de septembre 1790. Dans le numéro d'août on trouve un éloquent morceau d'André Chénier : « Avis au peuple français sur ses véritables ennemis. »

qui s'unissaient pour continuer la révolution par la propa-
gande. Il était évident que la Société de 1789 n'enlèverait
pas au club des Jacobins son personnel et son influence, et
qu'elle tomberait comme tombent toutes les sociétés compo-
sées de gens honnêtes, riches, modérés, qui puisent leurs
moyens d'action dans le bon sens et les bonnes raisons, et
qui cherchent à éclairer le peuple dans le temps même où le
peuple ne veut rien écouter. Au fond, la Société de 1789,
magnifiquement installée au Palais-Royal, dans un local que
payait secrètement le ministère, ne fut pas un club mais
un cercle, où les constitutionnels cherchèrent à s'entendre
et à combiner des majorités. En effet, Duquesnoy, écrivant
aux ministres le 9 février 1791, et faisant la topographie
politique de l'Assemblée, notait le groupe distinct et important de la Société de 1789 : « Vient ensuite 89, à qui il
manque de l'énergie et des vues, mais dont la plupart des
membres sont honnêtes et veulent le bien... On ne peut pas
compter sur eux pour un mouvement, mais pour une suite
de sagesse et de bonne volonté (1). »

En mai 1790, lors de la discussion sur le droit de paix et
de guerre, le club des Jacobins était sous la domination
apparente des Lameth et sous l'influence secrète du duc
d'Orléans. Mirabeau n'avait aucune raison de le ménager (2).

---

(1) *Corresp. entre Mirabeau et La Marck*, t. III, p. 49.

(2) Les Jacobins ne virent pas sans une certaine inquiétude s'élever une
société qui comptait dans son sein les notabilités de l'Assemblée constituante.
Les meneurs, à cette époque, Lameth, Barnave et Laclos prirent une mesure
très-habile. Le club des Jacobins changea le nom menaçant de *Société de la
Révolution* contre le nom pacifique de *Société des Amis de la Constitution*. Comme les apparences suffisent au peuple, les Jacobins et les Quatre-
vingt-neuf parurent se confondre dans les mêmes principes et les mêmes
sentiments. En même temps, d'actives démarches, des prières, des somma-
tions détachèrent peu à peu de la Société de 1789 un certain nombre de
membres qui, pour divers motifs, s'en étaient éloignés. Sans s'éteindre tout

4

Il entra résolûment dans la Société de 1789 et y entraîna
Frochot. La Société de 1789 lui paraissait un levier pour
soulever l'Assemblée, un instrument pour consolider sa puissance. Bailly avait été nommé président en mai, La Rochefoucauld en juin, Mirabeau le fut en juillet (1). Par un
heureux hasard, le 14 juillet 1790 était le jour fixé pour la
fête nationale de la Fédération. Entre la présidence de la
Société de 1789 et la présidence de l'Assemblée nationale,
il y avait un abîme. Mirabeau vit un pas. Pour le franchir,

à fait, la société languit; et c'est probablement pour porter le dernier coup
à sa rivale affaiblie que le club des Jacobins nomma Mirabeau président le
30 novembre 1790. Dans les papiers de Frochot, se trouve la minute origi-
nale du discours que Mirabeau prononça en cette circonstance. (Conf. *Mém.
de Mirabeau*, t. VIII, p. 215.)

(1) Le *Journal de la Société de 1789* (juillet 1790) contient un discours
de Mirabeau qui, je crois, n'a pas été signalé. Il se termine par cette déclaration qui résume le caractère libéral et conservateur de la Société de 1789 :
« Nous faisons en effet profession de croire que le vrai courage enseigne
« la modération loin de l'exclure, qu'au lieu d'adopter ceux qui voulaient
« la paix publique par des exagérations incendiaires, les Amis de la Consti-
« tution doivent les regarder comme les plus redoutables ennemis, parce
« qu'ils la défigurent, la retardent et même la décrient ; que si l'audace et
« même l'impétuosité sont utiles pour conquérir une révolution, la mesure
« seule peut la consolider, et qu'enfin les conceptions sont encore plus
« nécessaires que les mouvements à l'établissement de la liberté publique. »
Il faut joindre ici un discours inédit adressé par Mirabeau, président de la
Société de 1789, aux Bretons députés à Paris pour assister aux fêtes de la
Fédération. Toutes les pièces publiées ici sont copiées sur les minutes origi-
nales de Mirabeau. « Braves citoyens, le nom de Breton fut dans tous les
« temps en Europe le cri de ralliement de la liberté. Les Bretons montrè-
« rent toujours ce courage indomptable, cette inflexible ténacité qui sont les
« premiers éléments du caractère de l'homme libre. Ils ont, dans cette Révo-
« lution, fourni un glorieux contingent de citoyens éclairés, forts et géné-
« reux. Par un exemple mémorable et une équitable compensation de
« l'éternelle justice, la province où l'aristocratie avait jeté les racines les
« plus profondes est celle qui a montré l'énergie la plus persévérante. Voilà
« vos titres à l'affiliation de cette société de frères, de concitoyens, d'amis.
« Donnez-leur souvent, avec le plaisir de vous voir parmi eux, l'occasion de
« vous témoigner l'estime et l'affection dont je ne suis en ce moment que
« le faible interprète. »

il tendit une main à Talleyrand, qui l'accepta, et l'autre à
La Fayette, qui la repoussa (1).

« Avant-hier, écrit Mirabeau à La Marck, le comité de
« La Rochefoucauld ayant pris à l'unanimité la résolution
« de me faire président après la Fédération (ce que j'a
« refusé), La Fayette prit à part Frochot, et après lui avoir
« montré toute l'humeur possible de la manière dont le pous-
« sait l'évêque d'Autun, pressé à son tour de dire à Frochot
« quel étrange motif pouvait le pousser à m'exclure seul,
« il a répondu ces propres mots : *M. de Mirabeau se conduit*
« *trop mal avec moi. J'ai vaincu le roi d'Angleterre dans*
« *sa puissance, le roi de France dans son autorité, le peuple*
« *dans sa fureur : certainement je ne céderai pas à M. de*
« *Mirabeau* (2). » Tandis qu'il essayait de gagner le comité
de La Rochefoucauld par Talleyrand et Frochot, Mirabeau travaillait la droite de l'Assemblée par l'archevêque
de Toulouse et le comte de La Marck; mais Cazalès, qui
était le candidat de la droite, ne se montra pas plus désintéressé que La Rochefoucauld. Rencontrant Mirabeau, le
26 juin au soir, il lui proposa cette singulière transaction.
Les aristocrates devaient nommer un président et la Société
de 89 un autre, c'est-à-dire Cazalès et Mirabeau, et les deux
partis s'engager à soutenir celui qu'un tirage au sort favo-
riserait (3). Ces propositions n'étaient pas sérieuses. Cazalès
tint bon. Abandonné par les constitutionnels et repoussé par
les nobles, Mirabeau vota pour M. de Bonnay que le roi
avait désigné aux suffrages de l'Assemblée. M. de Bonnay
réunit 307 voix; M. de Menou, candidat des Jacobins, 101;

(1) *Mém. de La Fayette*, t. II, p. 355.
(2) *Corresp. entre Mirabeau et La Marck*, t. II, p. 54.
(3) *Id.*, t. II, p. 60.

M. de La Rochefoucauld, candidat de la Société de 1789, 82 ; Cazalès, candidat de la droite, 47.

C'était le premier engagement d'une longue campagne.

De toutes les ambitions de Mirabeau, la plus vive et la plus naturelle fut, après un ministère, la présidence de l'Assemblée nationale. Dix-huit mois de travaux, une année de négociations et d'efforts, six semaines de lutte suffirent à peine pour emporter une récompense depuis longtemps méritée. Le jour de l'ouverture des états généraux, Mirabeau avait entendu s'élever autour de lui des murmures qui lui prédisaient l'avenir. La supériorité de ses talents fit taire les murmures, mais la violence de son langage entretint les préventions. « Je sais, disait-il en octobre 1789, que j'ai élevé devant moi un môle de préjugés et qu'il faudra du temps pour le détruire (1). » Il le savait, il le disait, et pourtant il ne l'apprit tout à fait que le 7 novembre, au mouvement de jalousie qui saisit l'Assemblée, lorsqu'il apparut sur le seuil du ministère (2). « Ah! s'écriait-il parfois, que l'immoralité de ma jeunesse fait de tort à la chose publique (3) ! »

Au mois de décembre, la situation parut meilleure, et les amis de Mirabeau reprirent sérieusement l'offensive. Mirabeau sortait de la présidence des Jacobins qu'il avait tenue avec courage; il avait gagné dans la droite quelques auxiliaires puissants; il était secrètement soutenu par la cour. «Dandré est président, écrit Mirabeau à La Marck le 22 décembre 1790; si ce n'était là qu'une grande faute pour l'Assemblée, patience; mais c'est en outre une intarissable source de désordres (4). » Le 3 janvier 1791, élection

---

(1) Alex. Lameth. *Hist. de l'Assemblée constituante,* t. I, p. 184.

(2) *Corresp. entre Mirabeau et La Marck,* t. III, p. 296

(3) *Id.,* t. I, p. 109.

(4) *Id.,* t. II, p. 411 et 412.

d'Emmery. « Il m'a manqué trois voix pour être président de première volée ; c'est le cas, mon bon ami, de l'enlever. Remuez un peu les bons aristocrates qui, du reste, m'ont à peu près tous porté (1). » On gagnait du terrain. Le 16, élection de l'abbé Grégoire : « Quant à la présidence dont je me bats l'œil, j'ai parlé très-vivement, et j'espère assez noblement, aux Jacobins, hier, pour les détourner de me porter, et ils y ont persévéré (2). » Mirabeau cachait son jeu. Plus que jamais il souhaitait le succès. Le samedi 29 janvier, il est élu.

Mirabeau se surpassa dans cette présidence célèbre. Ses discours aux auteurs lyriques, aux quakers, à la municipalité de Paris, aux docteurs agrégés, sa présence d'esprit, sa politesse et sa bienveillance étonnèrent l'Assemblée et ajoutèrent encore à sa réputation. On avait cru nommer un Mirabeau l'œil en feu, le sourire dédaigneux, la voix tonnante, le geste impérieux ; on trouvait un Mirabeau la parole douce et noble, l'attitude pleine de grâce et de dignité. Le président avait absorbé le tribun. De ses prédécesseurs, les uns avaient tout souffert, les autres n'avaient rien empêché. Mirabeau ne permit aucune injure, ne cassa pas une sonnette : il se fit écouter. Pour ramener l'ordre dans les débats, il rétablit l'ordre dans les esprits. La discussion était-elle interrompue, comme elle l'était à chaque instant, par une motion ou par un incident, il la replaçait d'un seul mot au point même où elle avait cessé. Il résumait : et ces résumés étaient l'œuvre de Frochot. Frochot prenait des notes pendant toute la séance, les classait dans la soirée, et les lisait le lendemain matin à Mirabeau, qu'une ophthalmie rendit

---

(1) *Corresp. entre Mirabeau et La Marck,* t. III, p. 1.
(2) *Id.,* t. II, p. 372.

presque aveugle pendant sa présidence. De tous côtés Mirabeau recevait des éloges, et à tous les éloges il répondait avec l'accent du cœur : « N'est-ce pas que Frochot et moi nous ne présidons pas mal (1) ? »

VIII

Vues et rôles de Mirabeau et de Frochot dans l'organisation administrative de la ville de Paris.

Frochot avait servi la fortune de Mirabeau dans l'Assemblée nationale. Il fut assez heureux pour seconder ses desseins en dehors même de cette Assemblée. La vie a de singulières rencontres, et les leçons de l'histoire donnent aux espérances des ambitieux un aliment inépuisable. Qui eût jamais pensé, en 1789, que ce jeune député au tiers état, pauvre, modeste et inconnu, devait douze ans après devenir le successeur de Bailly et le premier magistrat de la capitale? Par quel pressentiment ne cessa-t-il de s'occuper, sous l'impulsion de Mirabeau, des moyens de rétablir à Paris la paix publique, soit par des études sur la grave question des subsistances, soit par des travaux sur l'organisation municipale? Enfin par quel hasard le futur préfet de la Seine essaya-t-il de faire entrer Mirabeau dans les dignités du directoire départemental, comme s'il eût voulu préparer l'avenir en se donnant un illustre prédécesseur? La carrière est assez nouvelle pour qu'on la parcoure tout entière et qu'on y suive avec intérêt, tantôt seuls, tantôt ensemble, Frochot et Mirabeau.

(1) *Mém. de Mirabeau*, t. VIII, p. 279, note.

Au moment où les états généraux furent convoqués, Paris avait été divisé en soixante districts. Ces districts, ou plutôt les citoyens réunis dans ces divisions municipales, avaient nommé les Électeurs chargés à leur tour de nommer vingt députés. On sait comment, au milieu des mouvements populaires qui précédèrent la prise de la Bastille, chacun courut à son poste, les citoyens dans les districts, les Électeurs à l'Hôtel-de-Ville. Le 14 juillet, Flesselles, le dernier prévôt des marchands, tombait assassiné; Bailly était acclamé maire de Paris, et La Fayette commandant de la garde nationale. « Si la décence ne m'avait pas empêché de me montrer à « cause de la mort de mon père (le marquis de Mirabeau « était mort le 11), je suis sûr, dit un jour Mirabeau au « comte de La Marck, que j'aurais été nommé maire à la « place de Bailly (1). » Mirabeau regretta vivement une situation qui lui eût donné un rôle officiel vis-à-vis de la cour, un ascendant naturel sur le peuple, la surveillance et peut-être la direction des mouvements révolutionnaires. Pendant une quinzaine de jours, il espéra même, par l'entremise des districts, ressaisir le poste que les acclamations des Électeurs avaient confié à Bailly (2). Il proposa, le 23 juillet, de faire élire, sous la présidence d'un membre de l'Assemblée nationale, une commission chargée d'administrer la ville et d'étudier un projet d'organisation municipale (3). Chacun vit dans cette motion un moyen de s'emparer des districts, et par les districts de la mairie de Paris. Ces soupçons, couverts par quelques observations de Mounier, ruinèrent la motion de Mirabeau.

---

(1) *Corresp. entre Mirabeau et La Marck*, t. I, p. 95.
(2) Bailly, *Mém.*, t. II, p. 128 et 154.
(3) *Journal de Versailles*, 25 juillet, supplément, p. 119.

Cette motion était pourtant si naturelle, si opportune, si juste, que Bailly, dans le même moment et de son autorité privée, la mit à exécution. Il demanda aux districts de le confirmer dans les fonctions et dans le titre de maire de Paris, et les pria d'élire des délégués avec mandat expresse de préparer un plan d'organisation municipale. Les districts envoyèrent sur-le-champ cent vingt délégués, qui se constituèrent immédiatement sous le nom de Représentants de la commune, et se divisèrent en deux sections. Seize membres devaient rédiger le projet d'organisation municipale, et cent quatre administrer. Un peu plus tard, les cent vingt s'élevèrent à cent quatre-vingts. Bailly ne s'attendait pas à une élection prompte, à des résolutions décisives. Il fallut se résigner et se séparer des Électeurs de 1789.

Sur ces entrefaites, le 30 juillet, venant à l'Hôtel-de-Ville saluer l'assemblée des Électeurs et l'assemblée des Représentants de la commune qui siégeaient encore à côté l'une de l'autre, M. Necker demanda la grâce ou la liberté de M. de Besenval, récemment arrêté. Les Électeurs, dans un élan d'enthousiasme, déclarèrent « que la commune pardonnait à ses ennemis (1) ». Cette déclaration fut attaquée par les districts qui leur contestaient avec raison le droit de représenter la commune, et sur-le-champ fut déférée à l'Assemblée nationale par un arrêté du district de l'Oratoire. Mirabeau, qui avait inspiré ou dicté cet arrêté, soutint résolument que les Électeurs de 1789 n'avaient aucune qualité pour faire grâce, et que M. de Besenval devait être remis en prison (2). Il trouvait ainsi l'avantage de se concilier la faveur des districts en critiquant les Électeurs, et d'attaquer

(1) Bailly, *Mém.*, t. II, p. 171 et suiv.
(2) Bailly, *Mém.*, t. II, p. 181. — Ferrières, *Mém.*, t. I, p. 177.

M. Necker en défendant les principes. Cette fois l'Assemblée
nationale lui donna raison ; mais, le lendemain, Regnaud de
Saint-Jean-d'Angely proposa de défendre aux députés, c'est-
à-dire à Mirabeau, d'assister aux réunions des districts (1).
Mirabeau répliqua vigoureusement, et fit échouer la motion
de Regnaud. « Je demande, dit-il, quelle œuvre est plus
« digne d'un membre de cette assemblée que de chercher,
« de concert avec ses concitoyens, une forme municipale
« qui facilite la perfection de tous les détails et soulage
« le roi, ses serviteurs, l'Assemblée nationale, et promette
« à Paris des avantages si grands, si importants, si mul-
« tipliés ! »

Ainsi se dessinent très-nettement le rôle, les vues, les
espérances de Mirabeau dans cette première période de
l'organisation municipale de Paris. Quant à Frochot, il ne
s'occupe que des subsistances et envoie au comité de l'Assemblée des notes et des motions que le retour de M. Necker
rend inutiles.

Du 25 juillet 1789 au 21 mai 1790, depuis l'installation
des Représentants de la commune jusqu'à la loi d'organisation
municipale, s'écoule une période de confusion administrative
dont le caractère principal est la lutte des corps électoraux
et des corps administratifs, des districts et de leurs délégués.
Il ne faut pas oublier, que, après la prise de la Bastille, les
districts s'étaient constitués en assemblées permanentes, avec
présidents, vice-présidents, secrétaires, comités de police,
comité de subsistance, comité militaire, etc., et qu'ils n'a-
vaient cessé de faire la guerre aux Électeurs de 1789. Cette
guerre semblait devoir se terminer par la dissolution de
l'assemblée des Électeurs. Elle se perpétua sans relâche

(1) Bailly, *Mém.*, t. II, p. 155.

contre les deux assemblées que les districts eux-mêmes nommèrent pour les représenter.

La première assemblée, dite des Cent-quatre-vingts, au lieu d'expédier les affaires et d'administrer simplement en attendant que le plan d'organisation municipale fût discuté et adopté par les districts, s'avisa de faire des règlements. Les districts, voyant que leurs délégués usurpaient le pouvoir législatif, exercèrent, par représailles, le pouvoir exécutif. « La mésintelligence qui règne dans les districts, « disait le rédacteur des *Révolutions de Paris*, le 13 août, « la contradiction de leurs principes, de leurs arrêtés, de « leur police, leur désunion de sentiments avec le corps « municipal, offrent, depuis que le premier danger est passé, « le spectacle d'une épouvantable anarchie. Les districts « regardent les représentants comme leurs commis, dont ils « cassent les arrêtés quand bon leur semble (1). » Bailly essaya de porter remède à cet intolérable désordre. Il écrivit le 30 août aux districts une lettre, dans laquelle il exposa la nécessité absolue d'adopter provisoirement la partie du plan discutée par les Cent quatre-vingts touchant l'administration de la ville, et pria les districts de choisir trois cents électeurs, cinq par district, pour nommer un bureau administratif composé de vingt et un membres (2). Les Cent quatre-vingts se révoltèrent naturellement contre un projet qui les supprimait, et prirent un arrêté qui demandait aux districts d'élire, non pas trois cents *électeurs*, mais trois cents *délégués*, c'est-à-dire les Représentants de la commune, du conseil et du bureau de la ville, suivant le plan proposé. Rien ne fut changé; au lieu des Cent quatre-vingts, Bailly,

(1) *Révol. de Paris*, nᵒ 5. — *Révol. de Paris*, nᵒ 7.
(2) Bailly, *Mém.*, t. II, p. 317.

d'une part, et les districts de l'autre, se trouvèrent en présence de trois cents délégués. Les Trois cents suivirent exactement l'exemple des Électeurs de 1789, et des Cent quatre-
vingts. La même situation commandait naturellement la
même conduite.

Les Trois cents, constitués le 19, interdirent le 29 septembre aux districts tout acte d'administration, et s'effor-
cèrent aussitôt de concentrer en leurs mains les pouvoirs
législatif, exécutif, administratif et judiciaire (1). La lutte
se ralluma avec ardeur. Les districts ne cessèrent de soutenir que le pouvoir législatif municipal leur appartenait suivant les principes et les mandats, et que dans leur univer-
salité ils représentaient seuls la commune; enfin le district
des Cordeliers, présidé par Danton, prit en novembre 1789
un arrêté qui exigeait de ses délégués le serment de ne rien
décréter qui fût contraire à ses propres intérêts et qui n'eût
été sanctionné par la majorité des autres districts (2). Les
Trois cents déférèrent cet arrêté à l'Assemblée nationale,
qui en renvoya l'examen au comité des rapports.

Frochot traita la question dans un mémoire fort judicieux.
D'une part, il prouva très-aisément que le district des Cordeliers avait pu se croire autorisé, par l'absence de toute loi
contraire et par les déclarations formelles de Bailly, à conserver l'action permanente du mandant sur le mandataire.
« En effet, dit-il, dans la lettre de M. le maire aux districts,
« je lis ces propres mots : *La puissance législative réside en*
« *vous, et c'est à vous qu'il appartient de faire les lois par-*
« *ticulières à cette ville; les règlements, c'est à vous de les*
« *réformer et de veiller à leur exécution*; plus loin : *Vous*

(1) Bailly, *Mém.*, t. II, p. 376 et 398.
(2) *Révol. de Paris*, nº 19, p. 24, nº 20, p. 11.

« *avez les lumières comme le pouvoir*..... Il est très-
« naturel que les districts aient applaudi sans examen ulté-
« rieur à ces principes, qui répondaient peut-être parfaite-
« ment à leurs vues ; et alors ils n'ont pas dû avoir beaucoup
« de peine à se persuader que la *puissance législative résidait*
« *en eux.* Cependant, ajoutait Frochot, je ne pense pas que
« l'Assemblée consacre ce principe que la puissance législa-
« tive réside dans telle ou telle municipalité. Si une mesure
« aussi dangereuse pouvait s'accréditer, toutes ces puis-
« sances législatives éparses sur la surface du royaume
« feraient bientôt du peuple français autant de peuples qu'il
« y aurait de villes ou de districts qui voudraient s'en appro-
« prier une partie (1). » En fait, Frochot excusait les prétentions des districts ; en droit, il les condamnait. Une conclusion pratique était difficile à tirer. Sur la proposition de
Treilhard, l'Assemblée nationale ajourna indéfiniment la
discussion, « laissant d'ailleurs toutes choses en état. »
C'était livrer Paris à l'anarchie.

Précisons nettement la situation des partis et la portée
des principes contradictoires qui se disputaient l'organisation municipale de Paris.

Sieyès, Frochot, Mirabeau, l'Assemblée nationale disaient,
ou devaient dire : La souveraineté réside dans le peuple, mais
cette souveraineté s'exerce par la délégation. Les députés à
l'Assemblée nationale, délégués de la nation, représentent la
nation ; les délégués des districts, c'est-à-dire de la commune, représentent la commune. Les districts ne sont pas
des puissances constituées ayant des droits et des pouvoirs
séparés de ceux de la cité ; ce sont des divisions géographi-
ques, des cadres électoraux. Reconnaître aux districts une

(1) Pap. Frochot.

vie publique appuyée sur le droit de se convoquer, de délibérer et d'agir, c'est créer dans Paris soixante communes. Soixante assemblées perpétuellement actives sont des instruments de désordre entre les mains de quelques ambitieux. Si chaque partie d'une cité était mue par des impulsions diverses et conduite dans des buts différents, la paix publique et l'exécution des lois seraient à tout moment compromises. Une ville n'a qu'un intérêt : elle ne doit avoir qu'une administration, qu'une direction, qu'une loi.

Danton, Robespierre, les districts répondaient en invoquant Rousseau. La souveraineté ne peut être représentée. Elle consiste dans la volonté générale, et la volonté ne se représente point. Les députés ne sont pas les représentants du peuple, mais ses commissaires, et toute loi que le peuple n'a point ratifiée n'est point une loi : donc les districts qui sont le peuple ont la puissance législative. Il est vrai que l'Assemblée nationale suit le faux système de la souveraineté déléguée et non le principe vrai de la souveraineté active ; mais la forme, qui peut être la représentation, ne change pas le fond, qui est la souveraineté (car la souveraineté est inaliénable), et quand les citoyens délèguent à quelques-uns le soin de faire exécuter la loi, ils n'abdiquent pas, par ce fait, le droit imprescriptible de se réunir, de délibérer et d'agir.

Sous cet antagonisme d'opinions et de principes se cachaient des rivalités de personnes et d'intérêts. Le plan d'organisation municipale fut l'objet non pas des discussions les plus approfondies, mais des disputes les plus vives. Les passions furent poussées à ce point que l'Assemblée nationale, dans un décret du 14 décembre 1789, jugea prudent d'enlever aux districts et de s'adjuger la rédaction de la constitution municipale de Paris. Dépouillés de ce pouvoir législatif que Bailly et tant

d'autres leur avaient reconnu, hostiles au plan des Trois
cents qui les réduisaient au rôle de comices d'élections, les
districts déléguèrent de nouveaux députés pour dresser un
contre-projet. Bailly, qui avait toujours vécu en mésintelligence avec les Trois cents, fut assez faible pour présider
cette nouvelle réunion à l'archevêché, et pour présenter à
l'Assemblée nationale, au commencement d'avril, le plan
révolutionnaire des districts. Les Trois cents, qui en définitive étaient les vrais représentants de la commune, donnèrent leur démission (fin d'avril 1790) : mais la minorité
des districts protesta contre la majorité, et c'est au milieu
de cette lutte acharnée que l'Assemblée nationale entendit
le rapport présenté par Desmeuniers sur l'organisation municipale de Paris.

« Le comité, dit-il, a vu avec douleur plusieurs com-
« munes du royaume faire une fausse application des grands
« principes du pouvoir constituant et du pouvoir législatif;
« chercher leur force en elles-mêmes au lieu de la chercher
« dans la constitution et dans l'unité nationale; rappeler le
« régime des cités de la Grèce, comme si la France pouvait
« sans se dissoudre devenir un gouvernement fédératif;
« appeler les citoyens à des délibérations continuelles, sans
« faire attention que la sagesse ne dirigerait pas de pareilles
« assemblées; compter sur leur présence journalière comme
« s'ils n'avaient pas une famille et des affaires à soigner;
« annoncer comme le résultat de la majorité ce qui serait le
« caprice du petit nombre ; enfin réclamer pour le moment
« et pour l'avenir des droits de régler et de gouverner, qui
« ne se bornant pas au pouvoir municipal, attentent à
« l'autorité souveraine de la nation et au pouvoir du corps
« législatif. »

Ces paroles appelaient Robespierre à la tribune; il ne pou-

vait garder le silence, quand on condamnait la théorie de la
permanence des districts et les principes républicains de
la souveraineté nationale. « Qui de vous pourrait nous ga-
« rantir que, sans la surveillance active des sections, l'on
« n'aurait pas employé des moyens plus efficaces pour ralen-
« tir vos opérations ? Ne nous laissons pas séduire par un
« calme peut-être trompeur; il ne faut pas que la paix soit
« le sommeil de l'insouciance. Je ne m'étendrai pas davan-
« tage et je dois conclure du peu que j'ai dit; que dis-je? le
« peu : j'en ai trop dit pour ceux qui désirent voir le peuple
« nul. »

« M. de Robespierre, répondit Mirabeau, a apporté à la
« tribune un zèle plus patriotique que réfléchi; il a oublié
« que ces assemblées primaires toujours subsistantes seraient
« d'une existence monstrueuse. Dans la démocratie la plus
« pure, elles n'ont jamais été administratives. Comment ne
« pas savoir que le délégué ne peut entrer en fonctions
« devant le délégant? Demander la permanence des dis-
« tricts, c'est vouloir établir soixante sections souveraines
« dans un grand corps, où elles ne pourraient qu'opérer un
« effet d'action et de réaction capable de détruire notre
« constitution. Surtout ne prenons pas l'exaltation des prin-
« cipes pour le sublime des principes ! »

La loi du 21 mai 1790 ouvrit une troisième période dans
l'histoire administrative de la ville de Paris. Assurément,
on peut critiquer les vains efforts que fit l'Assemblée nationale pour associer, dans une juste mesure, l'autorité et la
liberté, les complications d'une hiérarchie électorale qui
devaient fatiguer les électeurs paisibles et livrer les scrutins
aux meneurs, l'impuissance d'un maire qui ne pouvait rien
pour le bien et pouvait tout pour le mal, la convocation des
sections autorisée par une exception dangereuse, dans des

occasions qu'on pouvait aisément faire naître, la publicité
des séances du conseil municipal et dix autres articles que
devait condamner une prompte expérience : mais il faut
aussi reconnaître que le nouveau régime inaugurait les vrais
principes du droit municipal. Le maire et les conseillers
municipaux tenaient directement leur mandat des citoyens
actifs, c'est-à-dire des habitants de Paris inscrits sur le rôle
des contributions pour une somme représentant au moins
deux journées de travail. Les soixante districts, redivisés en
quarante-huit sections, n'étaient pas des assemblées administratives, mais des cadres électoraux dans lesquels s'exécutaient les élections au conseil général de la commune, au
directoire du département, et à l'Assemblée législative. La
commune avait repris l'administration de ses biens et la
liberté de ses actes, sous la surveillance d'une assemblée
départementale qui intervenait dans les cas d'un intérêt et
d'un ordre supérieur. La commune effaçait alors le département, et le maire était le premier magistrat de la capitale.

On pouvait espérer que le calme renaîtrait bientôt dans
les esprits, et que cette loi rendrait à Paris le bienfait d'une
paix générale. Paris resta ce qu'il était, le théâtre et l'instrument de la révolution. Mirabeau ne se faisait aucune illusion : il s'en ouvrait à qui voulait l'entendre. Sans cesse
avec Frochot il énumérait les dangers dont Paris menaçait
l'ordre public et la constitution : il devinait la fatale destinée
d'un régime auquel Desmeuniers avait osé promettre l'éter-
nité : il souriait de la crédulité de ceux qui avaient cru
ensevelir les districts dans les sections : il prédisait leur
résurrection solennelle dans une émeute populaire! Sans
cesse il dénonçait Paris comme le foyer d'un incendie dont
les lueurs devaient éclairer la France, comme un gouffre où
s'engloutiraient tour à tour les défenseurs et les adversaires

de la Révolution! Mais à peine laissait-il sa pensée courir vers les secrets de l'avenir, à peine laissait-il son imagination glisser sur la pente rapide des pressentiments, qu'il s'arrêtait épouvanté, comme s'il avait sous les yeux les grandes journées de la Terreur (1).

« On ne peut, disait-il, on ne peut souffrir la dictature « populaire. La société serait dissoute si la multitude ou « plutôt la populace de Paris continuait à entraver l'auto- « rité des lois. »

Dès le mois d'octobre 1789, il écrivait dans une note à la cour : « Le roi est-il en sûreté? je ne le crois pas. Paris « même peut-il se sauver tout seul? non. Paris est perdu si « on ne le rappelle à l'ordre, si on ne le contraint pas à la « modération. Ses consommations le mettent à la merci du « reste du royaume, et sa perte inévitable serait dans la pro- « longation de sa tyrannique anarchie à laquelle n'ont d'in- « térêt que ses chefs trompés ou trompeurs, et jetés loin de « toute mesure par leurs propres excès (2). »

En juin 1790 : « Il ne faut pas croire que les provinces « soient, je ne dis pas à la température de Paris (peut-être « sont-elles encore plus exaltées), mais à son immoralité pro- « fonde, à son mépris pour la propriété, à son insatiable désir « de tout bouleverser, de tout prendre, de tout ravir (3). »

En 1790 : « Jamais autant d'éléments combustibles et de « matières inflammables ne furent rassemblées dans un tel « foyer. Cent folliculaires dont la seule ressource est le « désordre ; une multitude d'étrangers indépendants qui « soufflent la discorde dans tous les lieux publics ; tous les « ennemis de l'ancienne cour ; une immense populace accou-

(1) Pap. Frochot.
(2) *Corresp. entre Mirabeau et La Marck*, t. I, p. 368.
(3) *Id.*, t. II. p. 39.

« tumée depuis une année à des succès et à des crimes; une
« foule de grands propriétaires qui n'osent pas se montrer
« parce qu'ils ont trop à perdre; la réunion de tous les
« auteurs de la révolution et de ses principaux agents; dans
« les basses classes, la lie de la nation; dans les classes plus
« élevées, ce qu'elle a de plus corrompu : voilà ce qu'est
« Paris! Cette ville connaît toute sa force; elle l'a exercée
« tour à tour sur l'armée, sur le roi, sur les ministres, sur
« l'assemblée; elle l'exerce sur chaque député individuelle-
« ment; elle ôte aux uns le pouvoir d'agir, aux autres le
« courage de se rétracter, et une foule de décrets n'ont été
« que le fruit de son influence. Quelques hommes pervers
« croient peut-être que, dans une grande démocratie, les
« chefs de Paris seraient chefs du royaume; peut-être pen-
« sent-ils qu'en remplaçant l'autorité publique par des auto-
« rités partielles, une ville si imposante par sa masse n'aurait
« plus de contre-poids. Quels que soient leurs systèmes et
« leurs vues, il est certain que Paris sera la dernière ville
« du royaume où l'on remettra la paix (1). »

La foule aime le courage, la force et l'audace. Quoique
Mirabeau exprimât publiquement et fréquemment ses sentiments, ses craintes et ses projets, Paris, depuis le mois de
décembre 1790, ne cessa pas de le traiter avec la dernière
faveur et de le porter d'honneurs en honneurs. La présidence
de la société des Amis de la Constitution, la présidence de
l'Assemblée nationale, le grade de chef de bataillon dans la
garde nationale et la fonction de membre du directoire du
département de la Seine marquèrent successivement et
presque coup sur coup les degrés d'une popularité croissante.

L'élection de chef de bataillon fit explosion. La Fayette

(1) *Corresp. entre Mirabeau et La Marck*, t. II, p. 417.

appuyait, l'argent à la main, un de ses collègues, Laborde de
Méréville. Un mouvement de sympathie publique enleva
tout à coup les suffrages (1). Quelque flatteuse que fût cette
distinction, Mirabeau en ambitionnait une autre plus importante et plus nécessaire. La loi du 21 mai 1790 avait remis
à l'élection le choix de toutes les autorités de la ville de
Paris et du département de la Seine. Le 4 janvier 1791,
commencèrent les scrutins qui devaient constituer, six
semaines après, l'administration départementale. Le directoire du département de la Seine était alors l'objet des plus
hautes ambitions; il offrait aux membres de l'Assemblée
nationale un poste d'honneur et un poste d'action, une
retraite et une carrière. Mirabeau fut élu le quatorzième,
après Pastoret et Cérutti, en même temps que La Rochefoucauld et Talleyrand, avant Danton, Sieyès, Anson et
Garnier.

Membre du directoire, Mirabeau porta ses regards sur
le procurat syndical. Il croyait trouver dans cette magistra-
ture, dans ce ministère public, des armes pour combattre
au nom de la loi le désordre dans les esprits et l'émeute
dans la rue. Plusieurs de ses amis auxquels il avait fait
entrevoir ses courageux desseins, et Frochot entre tous,
s'empressèrent de le seconder. Frochot avait sur quelques
électeurs influents une action indirecte par son beau-frère
M. Petit, qui avait été secrétaire de M. de Flesselles, et était
resté l'ami de Bailly (2); il entretenait des relations suivies

(1) *Mém. de Mirabeau*, t. VIII, p. 273.
(2) Bailly dit dans ses *Mémoires*, t. II, p. 94, à la date du mardi
21 juillet : « Il y avait un secrétaire de la prévôté des marchands, qui ne
« l'était que depuis quelques mois. On me dit que communément il chan-
« geait avec le prévôt des marchands et que j'étais parfaitement libre d'en
« prendre un autre. Cependant on me dit beaucoup de bien de ce secrétaire,
« M. Petit . .. Il était homme de mérite et homme de bien : il me l'a

avec plusieurs députés de Paris et se trouvait très en mesure de sonder La Fayette. Malheureusement il ne tarda pas à s'apercevoir que La Fayette et La Rochefoucauld étaient maîtres de la situation et résolus à l'exploiter contre Mirabeau. Le 15 février, Pastoret fut élu. Sur 565 votants il réunit 441 voix ; Mirabeau 99 ; 15 voix furent perdues (1).

« Tant vaut l'homme tant vaut la terre, mon ami ; le pro-
« curat syndical, écrivit Mirabeau à Frochot, eût été tout
« dans des mains fermes ; il sera purement expéditionnaire,
« sinon expéditif, dans de frêles mains. Il reste une ressource
« à la ville de Paris ; je n'ai voulu que lui être utile parce
« que, ruinée par et pour la révolution, cette malheureuse
« cité sera sauvée par de grandes vues d'hommes d'Etat, ou
« ses convulsions souilleront la révolution et la chavireront
« peut-être, sinon pour le genre humain, du moins pour la
« France. D'après cela pouvez-vous me questionner ? Je
« voudrais bien dire quelque chose d'aimable pour M. Gar-
« nier, mais, 1° en voilà bien long pour un aveugle ; 2° je le
« boude : premièrement, d'avoir méconnu l'influence du pro-
« curat syndical ; secondement, d'avoir eu des doutes relatifs
« à moi et de ne pas les avoir éclaircis avec moi. *Vale et me*
« *ama*. Vendredi (2). »

« prouvé depuis dans plus d'une occasion..... Je me déterminai à le con-
« firmer dans sa place. » Bailly, craignant quelque embarras, crut prudent
de se séparer de lui. A la date du 1er août 1789, il dit : « Je l'annonçai à
« cet honnête homme avec les ménagements convenables. Il sentit mes
« raisons, ne m'en sut pas mauvais gré et n'a jamais laissé échapper une
« occasion de me marquer de l'estime. Il a acquis la mienne. » M. Petit,
avocat et procureur au parlement de Paris, secrétaire de la prévôté des marchands, fut membre du conseil général de la Seine, député au Corps législatif sous l'Empire, et créé par l'Empereur Napoléon Ier baron de Beauverger.

(1) *Moniteur universel*, 1791, p. 193, n° 48.
(2) Pap. Frochot. Inédit.

Ce billet, daté du vendredi 18 février 1791, est adressé à
M. Frochot, chez M. Garnier, rue des Vieilles-Étuves-Saint-
Honoré. Député suppléant de Paris, collègue de Mirabeau
dans le directoire du département, Garnier n'avait pas voulu
s'engager dans la question du procurat syndical; mais il ne
demandait pas mieux que de se faire pardonner en portant
Mirabeau à la présidence du directoire. Le scrutin lui réservait ainsi qu'à tous les amis de Mirabeau une nouvelle
déception. Sur trente-six membres du directoire trente-
quatre étaient présents : La Rochefoucauld réunit vingt-
trois voix.

« Mon Dieu, nous n'avons pas été plus heureux, écrivit le
« soir même Garnier à Frochot. La tourbe moutonnière,
« car il y en a partout, a pensé que la probité de M. de La
« Rochefoucauld lui tenait lieu de tous les talents, et il a eu
« la majorité. M. (*Mirabeau*) n'en a eu que neuf. Vous croyez
« bien que la mienne était de ce nombre. Ceux qui ont
« nommé M. de La Rochefoucauld ont dû être bien satisfaits
« de leur choix quand ils l'ont entendu bégayer et rester
« court dix fois de suite, pour dire une ou deux phrases à
« une députation. Je soupçonne même entre nous que cette
« nomination a été suggérée par le procurat syndical, qui
« aura craint, en nommant l'autre, que le président n'éclipsât
« le procureur syndic. Quoi qu'il en soit, empêchez bien
« qu'il ne donne sa démission. On ne boude pas tout un
« département; il faut qu'il soit le premier député de Paris
« à la première législature ; il a payé, depuis deux ans, les
« arrérages de sa conduite de jeunesse; mais voilà tous ses
« payements bientôt finis, et je le crois dans peu au courant
« de sa fortune en talent et en gloire. Je ne pense pas avoir
« rien dit sur ce que vous craigniez. Il m'a ramené et nous
« avons un peu causé sur la manière dont il a été mal servi ;

« mais ce n'était relatif qu'à Danton et à la manière gauche
« dont il a parlé pour lui (1).

« Je suis bien sincèrement tout à vous. Ce 19 (2). »

Une lettre de La Marck à M. de Mercy confirme ces
détails :

« M. de Mirabeau a manqué son élection pour les places
« de procureur syndic et de président du département de
« la Seine. Ce n'est pas qu'il ait perdu de sa popularité. La
« manière dont il a présidé l'Assemblée nationale l'a même
« plutôt augmentée; mais c'est que M. de La Fayette a em-
« ployé tout ce qui lui restait d'influence pour s'opposer à
« l'élection de Mirabeau. Celui-ci est toujours bien disposé,
« quoique la crainte de perdre sa popularité le fasse toujours
« hésiter à se mettre en avant (3). »

La Marck se trompait. Mirabeau n'hésite plus. Partout il
se prodigue en résistances courageuses, en sorties éloquentes, en mesures énergiques. Dans l'Assemblée, il repousse
avec la dernière vigueur le fameux projet de loi contre
l'émigration, et jette à ses ennemis cet ordre insolent : « Silence aux trente voix! » Il court aux Jacobins le soir même
(28 février). Il accepte avec Duport et Lameth un duel oratoire dont il sort victorieux. Il siége dans le directoire du
département qu'il domine. Pour rétablir l'ordre, il rédige
des proclamations au peuple et une adresse au roi : enfin,
le 1er mars, à la barre de l'Assemblée nationale, il fait au
nom du directoire cette déclaration solennelle :

« Le corps électoral du département de Paris, dit-il, a

---

(1) Voyez dans la *Corresp. entre Mirabeau et La Marck*, t. III, p. 82,
une lettre du 10 mars 1791. Il est évident et il était très-naturel que Danton
desservît Mirabeau.

(2) Pap. Frochot. Inédit.

(3) *Corresp. entre Mirabeau et La Marck*, t. III, p. 70.

« terminé ses élections, et l'administration est organisée.
« Nous sommes les enfants de la loi. C'est aux législateurs
« que nous devons notre premier hommage.....

« Nous placerons surtout au nombre de nos devoirs nos
« soins pour la tranquillité publique. De tous les débris des
« anciennes institutions et des anciens abus, s'est formé
« une lie infecte, un levain corrupteur que des hommes per-
« vers remuent sans cesse pour en développer tous les
« poisons. Ce sont des factieux qui, pour renverser la consti-
« tution, persuadent au peuple qu'il doit agir par lui-même,
« comme s'il était sans lois, sans magistrats. Nous démas-
« querons les coupables ennemis de son repos, et nous
« apprendrons au peuple que, si la plus importante de nos
« fonctions est de veiller à sa sûreté, son poste est celui du
« travail secondé par la paix de l'industrie active, et des
« vertus domestiques et sociales (1). »

Le dimanche 3 avril, une députation du directoire du
département de la Seine conduite par La Rochefoucauld,
président, et Pastoret, procureur général syndic, revenait à
la barre de l'Assemblée nationale. Mirabeau n'était plus.
« Huit jours sont à peine écoulés, dit Pastoret, depuis qu'as-
« sis au milieu de nous Mirabeau y présentait avec son élo-
« quente énergie les moyens de régénérer la tranquillité
« publique. »

Huit jours! Ainsi, jusqu'au dernier moment (2), Mirabeau
lutta pour le rétablissement de l'ordre. A cette heure, il n'a

_____

(1) *Mém. de Mirabeau*, t. VIII, p. 303. — *Moniteur universel*, 1791,
n° 94.

(2) Mirabeau assista le 21 mars pour la dernière fois aux séances du directoire. M. Lucas-Montigny (*Mém. de Mirabeau*, t. VIII, p. 312) regarde
comme perdus les procès-verbaux des séances du directoire. Ces procès-
verbaux existent aux archives de la préfecture de la Seine.

plus d'autre ambition que de donner des gages irrécusables
de ses sentiments. Plus de réserves, plus d'hésitations, plus
de craintes! L'orateur ne parle que pour faire valoir l'homme
d'action. Il appelle l'émeute l'émeute, et non pas la révolution. Il appelle les factieux des factieux, et non pas les amis
du peuple. Il voit monter peu à peu l'anarchie; il la fixe
d'un regard intrépide et n'attend qu'une occasion pour se
mesurer avec elle. « Paris m'attire, disait-il à Frochot, c'est
« le sphinx de la révolution; je voudrais lui arracher son
« secret. » Le sphinx l'eût dévoré.

IX

Maladie et mort de Mirabeau.

Tandis qu'il présidait l'Assemblée nationale, Mirabeau
avait témoigné à Frochot le désir de recueillir promptement
tous ses travaux. Il était sous le coup des plus sinistres pressentiments. Frochot lui avait promis son concours, et dans
les premiers jours de mars Mirabeau lui écrivait :
« Je devais avoir les substitutions samedi, et voilà lundi
« consumé sans substitutions; cependant, avant que de me
« servir de ce travail, il me faut encore le raccorder avec ce
« que j'ai préparé sur le droit de tester. En vérité, mon cher
« Frochot, M. Maret devrait bien se décider et me déli-
« vrer du moins du mal-être de l'incertitude. Je réclame
« un dernier mot. J'ai passé ce soir chez vous, pour vous
« voir d'abord, car il me semble que voilà longtemps que
« nous ne nous rencontrons plus; pour vous dire ensuite
« que j'ai beaucoup trop reculé sur le recueil de mes tra-

« vaux dans l'Assemblée nationale, et que si vous avez réel-
« lement quelque chose de préparé à cet égard, vous m'obli-
« geriez de me le remettre, car je vais décidément en avant
« sur cela. *Vale et me ama.* Lundi soir (1). »

On convint, en effet, que la publication serait dirigée par
Frochot et rapidement poussée par un jeune rédacteur du
Courrier de Provence, Étienne Méjean. La mort de Mirabeau
vint quelques jours après modifier ces résolutions. Nommé
exécuteur testamentaire, Frochot ne put partager l'honneur
d'un travail qui fut pourtant conduit à bonne fin dans le
cours de l'année 1793 (2).

Si Mirabeau prenait des mesures pour défendre sa mémoire, il n'en prenait aucune pour conserver sa santé. De
rapides angoisses, de longs étouffements, de subites fatigues,
des ophthalmies répétées, de violentes douleurs d'estomac et
d'entrailles l'avertissaient sans l'arrêter. Ses amis et lui-
même craignaient un empoisonnement. Frochot, en novembre 1790, et Pellenc, en décembre 1790, ayant pris
du café destiné à Mirabeau, étaient tombés malades (3).
« Si je croyais aux poisons lents, disait Mirabeau en jan-
« vier 1791, je me croirais empoisonné; je dépéris, je me
« consume à petit feu (4). » Ces soupçons étaient entretenus
par des révélations menaçantes. « Ni votre mari, ni le mal-

(1) Pap. Frochot. Inédit.

(2) *Collect. compl. des trav. de M. Mirabeau l'aîné.* Paris. 1793, t. I.
Epître dédicatoire à Messieurs les administrateurs des départements :
« Mirabeau m'avait désigné pour collaborateur, et sans doute pour guide,
M. Frochot, l'un de ses collègues à l'Assemblée nationale, son digne ami et
mon ami. Mais M. Frochot, devenu l'exécuteur testamentaire de Mirabeau,
a dû remplir d'autres obligations de sentiment et n'a pu m'aider dans ma
grande entreprise, quoiqu'il en eût pris avec moi l'engagement formel. »

(3) *Mém. de Mirabeau*, t. VIII, p. 426.

(4) Et. Dumont, *Souvenirs*, p. 166.

« heureux qui *n'a pas voulu*, écrivait-il à une femme qui
« lui avait révélé un projet d'assassinat, ne seront jamais
« compromis... Comps ne saura rien, Frochot rien, Pellenc
« lui-même ne sait quelque chose que parce que vous lui en
« avez parlé la première (1). »

Quoi qu'il en fût, Mirabeau changeait à la fois de visage
et de caractère. Un repos absolu et le régime le plus sévère
étaient devenus pour lui une question de vie ou de mort.
Il ne pouvait s'y soumettre. Entraîné dans un tourbillon de
plaisirs et d'affaires, il prodiguait une vie qu'il sentait pourtant lui échapper et qu'il n'avait pas la force de retenir. Un
souper imprudent l'abattit tout à coup. Il tomba dans un tel
état d'épuisement qu'il en fut épouvanté.

Le samedi 26 mars, il partit pour le Marais, assez jolie
maison de campagne située près d'Argenteuil. Il espérait
reprendre au grand air les forces qui lui échappaient. Dans
la nuit du samedi au dimanche, une crise de coliques et
d'étouffements lui annonçait, au milieu d'horribles souf-
rances, que ses jours étaient comptés (2).

Dimanche 27 mars. — On devait, à l'Assemblée, continuer le dimanche 27 mars la discussion du projet de loi sur
les mines. Mirabeau avait déjà parlé le 2. Il attachait à un
succès le prix du service qu'on rend à son meilleur ami. La
fortune de La Marck était très-engagée dans le débat. Mira-

(1) *Mém. de Mirabeau*, t. VIII, p. 425.

(2) Cabanis, *OEuvres compl.*, Paris, 1823, t. II, p. 23. Journal de la
maladie et de la mort d'Honoré-Gabriel-Victor Riquetti Mirabeau. Le récit
de Cabanis, très-précieux à tous les points de vue et surtout au point de vue
médical, sera le fond de tous les récits qu'on fera sur la mort de Mirabeau. Cependant les notes que La Marck et Frochot ont laissées permettent
de retracer avec plus de précision et avec des détails nouveaux un des
épisodes les plus célèbres de la Révolution. Quand même il n'eût pas été
nécessaire de classer et de compléter les dernières paroles de Mirabeau, la
conduite de Frochot a été trop honorable dans cette circonstance pour n'être
pas mise en pleine lumière.

beau quitta de bonne heure le Marais et arriva chez La
Marck avant l'ouverture de la séance, vers les neuf heures;
son visage était très-altéré. La Marck le supplia de ne pas
se rendre à l'Assemblée. « Mon ami, ces gens-là vous ruine-
« ront, répétait-il; je veux partir, vous ne parviendrez pas
« à me retenir. » La Marck voulut au moins l'accompagner;
Mirabeau refusa. Il sonna et demanda une bouteille d'un
certain vin de Tokay dont il avait bu plusieurs fois avec
plaisir : il en prit deux verres et monta en voiture (1). Ni sa
voix ni son esprit ne trahirent la nuit cruelle qu'il venait de
passer. Mirabeau parla longtemps et emporta le décret.

A défaut de Cabanis, son médecin ordinaire, il avait
donné rendez-vous sur la terrasse des Feuillants à un jeune
médecin nommé Lachèze. Il sortit de l'Assemblée, livide et
chancelant. « Vous vous tuez! s'écria Lachèze. — Peut-on
« faire moins, reprit Mirabeau, pour une si grande cause
« et pour l'amitié? » Une foule tumultueuse les entourait.
« Arrachez-moi d'ici, j'ai besoin de repos (2). » Mirabeau
regagna péniblement sa voiture. Dans le trajet, il pria Lachèze de ne le point quitter. Il se fit ensuite conduire chez
La Marck. « Votre cause est gagnée, dit-il, et moi je suis
mort (3) » : et il tomba sur un canapé. Après quelques
moments d'effusion, La Marck le souleva et le ramena chez
lui. Il le laissa aux mains dévouées de Lachèze et de Frochot.
On partit. Quelques amis, Champfort entre autres, les attendaient au Marais. Mirabeau essaya de dîner, mais toute la
soirée il demeura silencieux et accablé (4).

Lundi 28 mars. — Le lendemain matin, il fit à ses hôtes

(1) *Corresp. entre Mirabeau et La Marck*, t. III, p. 92.
(2) Cabanis, t. II, p. 25.
(3) *Corresp. entre Mirabeau et La Marck*, t. III, p. 92. — La Fayette.
Mém., t. IV, p. 47.
(4) Cabanis, t. II, p. 25.

les honneurs de sa nouvelle maison de campagne. Il se pro-
mena un peu et parla beaucoup. Les douleurs reparurent et
lui causèrent de nouvelles alarmes. Il voulut repartir sur-le-
champ pour consulter Cabanis (1). Pendant tout le voyage
il repassa en sa mémoire les divers incidents de sa vie,
racontant à Frochot, à Lachèze et à Champfort tous les
périls auxquels il avait échappé. « Je ne sais pas trop, disait-
« il à Champfort, si je dois m'en réjouir, car vous, Garat et
« Cabanis, vous auriez écrit sur moi un bon article de bio-
« graphie. » En arrivant à Paris, il apprit que Cabanis était
allé le chercher au Marais; il en fut vivement contrarié.
Lachèze lui conseilla un bain qui parut le soulager; il se
crut même assez fort pour entrer à la Comédie italienne. Il
en fut bientôt chassé par un nouvel et terrible accès. Sa
voiture n'était pas arrivée. Il fut contraint de se traîner
jusque chez lui, à pied, soutenu par Lachèze, suffoquant,
frissonnant, dans l'état le plus affreux (2). Lachèze envoya
aussitôt un exprès à Frochot et à Cabanis. Il était onze
heures du soir.

Mardi 29. — Frochot et Cabanis ne tardèrent pas à arriver. « Vous venez à temps, » dit-il à Frochot en lui serrant
la main; et il lui parla de notaire et de testament. « Mon
« ami, dit-il à Cabanis, je sens qu'il m'est impossible de vivre
« plusieurs heures dans de pareilles anxiétés; hâtez-vous,
« cela ne peut durer. » Tandis qu'on attendait le chirurgien
pour le saigner, qu'on préparait les vésicatoires et les sinapismes, Mirabeau semblait en proie à la plus vive inquiétude.
« Calmez-vous, lui dit Cabanis, vous allez être soulagé. —
« Je serais tranquille si l'on m'avait permis de remplir un

(1) Cabanis, t. II, p. 27, 29.
(2) Cabanis, t. II, p. 32, 34.

« important devoir. On vous dira ce que c'est. » Frochot
dit à Cabanis que Mirabeau avait demandé son notaire et
qu'il voulait à tout prix dicter son testament. Cabanis le
supplia d'attendre. « Songez, reprit le malade, que le sort
« d'un grand nombre de personnes en dépend. Demain, il
« sera peut-être trop tard (1). » Les remèdes ordonnés par
Cabanis eurent un plein succès. Le mardi matin, Frochot
était assis auprès de son lit. « Je suis mieux, dit Mirabeau ;
« mais convenez que vous avez eu bien peur. Mes amis et
« mes ennemis m'auraient peut-être regretté. Les envieux
« auraient dit hypocritement : C'est dommage (2). »

Pendant toute cette journée, le calme se soutint. Mirabeau
renaissait à l'espérance ; il témoignait à Cabanis sa joie et
sa reconnaissance. « Il est bien doux, répétait-il, de devoir
« la vie à un ami (3). » La soirée et la plus grande partie de
la nuit se passèrent sans accidents.

Mercredi 30 mars. — A la pointe du jour, Cabanis reconnut à divers symptômes l'approche d'une nouvelle crise.
Mirabeau se plaignait et s'inquiétait ; de la confiance il
retombait dans le découragement, du calme dans l'agitation.
« Mon ami, dit-il à Frochot, comptez-vous aller à l'Assem-
« blée ? — Si je puis vous être utile je resterai... — Oui,
« oui, restez près de moi, cela me fera le plus grand plaisir.
« On n'aime jamais tant ses amis qu'au moment de les quit-
« ter (4). »

Quelques instants après, il entendit le canon : « Sont-ce
« déjà les funérailles d'Achille (5) ? »

(1) Cabanis, t. II, p. 36.
(2) Pap. Frochot.
(3) Cabanis, t. II, p. 38.
(4) Pap. Frochot.
(5) Pap. Frochot.

Mirabeau fit ouvrir les fenêtres de sa chambre. Le soleil brillait. Des bouffées d'air tiède agitaient les rideaux de son lit; un instant il parut soulagé. « L'air et le soleil, dit-il, « voilà ce qui fait vivre; mais il faut encore des amis pour « faire aimer la vie (1); » et il regardait tendrement Frochot et Cabanis debout au pied de son lit.

La journée offrit une suite incessante de crises, presque aussitôt combattues et conjurées.

Le mercredi soir, la société des Amis de la Constitution envoya une députation; Mirabeau pria Frochot de la recevoir. Frochot lui rapporta très-exactement une phrase obligeante de Barnave. Mirabeau en fut touché; mais de Comps ayant appris et conté que les Lameth avaient refusé de faire partie de cette députation, Mirabeau en marqua le plus vif étonnement : « Je les savais bien maladroits, mais je ne les « savais pas si bêtes (2); » et il ajouta, faisant allusion à Charles Lameth, blessé dans un duel par M. de Castries : « Jugez combien une pareille conduite est inconcevable! « Dans le temps de la fameuse égratignure que vous savez, je

---

(1) Pap. Frochot.

(2) Pap. Frochot. — Le véritable mot ne s'appliquait pas à un Lameth, mais aux Lameth. Cabanis n'a pas voulu le révéler. On en a fait : « Je savais bien qu'il était un factieux, mais je ne savais pas qu'il fût un sot. » (*Mém. de Mirabeau*, t. VIII, p. 438); et l'on a fait tomber cette phrase sur Alexandre Lameth. (*Id.*, t. VIII, p. 438.) Or, ce n'est pas Alexandre, c'est Charles Lameth qui s'est battu contre M. de Castries, et dont Mirabeau était allé plusieurs fois prendre des nouvelles. La Marck (*Corresp.*, t. 1, p. 172) est d'accord avec Frochot, et dit que les Lameth refusèrent de faire partie de la députation des Jacobins. La version de Frochot est la bonne. Dans le *Contre-poison*, n° 35 (3 avril 1791), nous trouvons la note suivante : « Les Jacobins, qui ont tant envoyé de députations à M. Charles Lameth lorsqu'il était alité par sa faute, n'en ont envoyé qu'une au Démosthène de la France; et lorsque, de retour, elle a rapporté qu'il était encore en vie, on n'entendit aucun applaudissement. M. Lameth, qui avait été nommé membre de cette députation, avait refusé; ce qui n'est pas politique. »

« n'ai pas laissé passer un seul jour sans envoyer prendre de
« ses nouvelles ou sans en prendre moi-même. » Ces incidents
soulevèrent une conversation très-vive, très-animée, qui
roula sur la situation des affaires publiques. Mirabeau l'in-
terrompait par des prédictions sinistres; et comme on racon-
tait que l'avant-veille le peuple avait attaqué la maison où
les royalistes constitutionnels, les Clermont-Tonnerre, les
Malouet, les Fontanes tenaient leurs réunions, il s'écria :
« J'emporte avec moi le deuil de la monarchie (1)! »

Jeudi 31 mars. — Les paroles de Barnave, la conduite
des Lameth, le récit des violences populaires, le souvenir
des dangers que courait la royauté et les regrets d'une vie
qu'il eût voulu consacrer à la défense de l'ordre et de la
liberté excitèrent le malade au plus haut point et ramenèrent
les douleurs d'une troisième et terrible crise. Au milieu de
la nuit, les étouffements reparurent. Mirabeau défendit à
Frochot de réveiller Cabanis. Vers les cinq heures, les
spasmes se rapprochant avec un caractère alarmant, Cabanis,
prévenu, appliquait son traitement de saignée, de sinapismes
et de vésicatoires.

A la suite d'un spasme, Mirabeau cracha du sang.
« Attendez, dit-il à Frochot, voilà du sang; la saignée est
« justifiée : ils n'ont qu'à la blâmer maintenant (2). »

Quand il se sentit un peu ranimé : « J'ai bien souffert,
« dit-il à Cabanis en lui serrant la main; mais quelle for-
« tune pour moi que d'avoir un ami tel que Frochot? On ne

(1) Cabanis, t. II, p. 69, conteste ce mot célèbre. La Marck, t. I, p. 251,
le cite, mais ne paraît pas l'avoir entendu. Frochot écrit : « Le mot: J'emporte avec moi le deuil de la monarchie est très-vrai. Je ne me rappelle
pas la seconde partie de la phrase : Les factieux s'en partageront les lambeaux. » De cette réflexion, on peut conclure que Frochot était présent
quand la première partie de la phrase a été prononcée

(2) Pap. Frochot.

« peut soigner avec plus d'adresse... Si je revenais à la vie,
« je ferais un bon mémoire sur l'art d'être garde-malade ;
« c'est lui qui m'en a fourni les idées principales. Il m'a
« suggéré la pensée de quelques procédés mécaniques qui
« seraient très-utiles. — J'y compte, reprit Frochot en
« souriant, guérissez-vous pour me faire cet honneur et ce
« plaisir ! — Ah ! mes amis, répondit-il, vous savez bien que
« je n'en reviendrai pas (1). »

En effet, à partir de ce jour, quoiqu'il étouffât moins et
que le pouls fût meilleur, les médecins et tous ceux qui
l'entouraient le jugèrent perdu. Mirabeau, lui-même, ne se
fit plus d'illusions. Son courage prit un caractère plus élevé,
son imagination un tour plus vif, son caractère une douceur
incomparable. On eût dit qu'il se surveillait pour bien
mourir.

La Marck était le seul des amis intimes de Mirabeau qui
ne l'eût pas assisté dans les trois premiers jours de la
maladie. Par discrétion, il s'était tenu à l'écart (2). Le jeudi
matin, Mirabeau le demanda avec instance. La Marck, en
apercevant ce visage ravagé par la souffrance, ne cacha
pas à Cabanis et à Mme du Saillant, sœur de Mirabeau,
la douloureuse impression qu'il ressentait. Il plaida l'urgente
nécessité d'une consultation. Cabanis se rendit aussitôt et
désigna le docteur Antoine Petit, qui demeurait à Fonte-
nay-aux-Roses (3).

A la nouvelle d'une consultation, Mirabeau s'emporta.
« Je ne vous empêche pas, s'écria-t-il, de faire hors de ma
« chambre tout ce qu'il vous plaira ; mais je ne verrai per-

(1) Cabanis, t. II, p. 57. — Pap. Frochot.
(2) Cabanis, p. 49, 50.
(3) Cabanis, p. 52.

« sonne. Non, répétait-il à Cabanis, je ne verrai personne;
« vous avez eu tous les inconvénients de la maladie ; si je
« reviens à la vie, vous en aurez toute la gloire (1). » Comme
on le voyait très-animé, on se hâta de faire une diversion
et de reporter la conversation sur les affaires publiques, sur
l'Assemblée nationale et sur les secrets desseins des ministres
anglais. C'était un des sujets ordinaires de ses réflexions.
« Pitt, dit-il, est le ministre des préparatifs; il gouverne
« avec la menace plutôt qu'avec l'action. Si j'eusse vécu,
« je crois que je lui aurais donné du chagrin (2). »

On annonce le docteur Petit. Frochot, La Marck, Cabanis
renouvellent leurs instances; Mirabeau renouvelle ses refus.
Il faut céder. Cabanis se retire, s'excuse, fait à M. Petit
l'histoire de la maladie et conclut à une fièvre intermittente
maligne (3). Il propose le quinquina. M. Petit approuve tout,
ou plutôt ne désapprouve rien.

Pendant ce temps, La Marck était resté seul avec Mirabeau. Il gardait le silence; il avait reçu le matin même de
diverses personnes, et notamment de Duquesnoy et du comte
de Montmorin, des billets qui le suppliaient de mettre en
sûreté toute la correspondance de Mirabeau (4). Il ne savait
comment aborder un tel sujet, quand Mirabeau lui dit tout
à coup : « Mon ami, j'ai chez moi beaucoup de papiers com-
« promettants pour bien des gens, pour vous, pour d'autres,
« surtout pour ceux que j'aurais voulu arracher aux dangers
« qui les menacent. Il serait peut-être prudent de les dé-
« truire, mais je vous avoue que je ne puis m'y résoudre.
« C'est là que la postérité trouvera, je l'espère, la meilleure

(1) Cabanis, p. 53.
(2) Cabanis, p. 57.
(3) Cabanis, p. 53, 54.
(4) *Corresp. entre Mirabeau et La Marck*, t. III, p. 109 et 110.

6

« justification de ma conduite dans les derniers temps; c'est
« là qu'existe l'honneur de ma mémoire. Ne pouvez-vous
« emporter ces papiers, les mettre à l'abri de nos ennemis
« qui, dans le moment actuel, pourraient en tirer un parti
« si dangereux en trompant l'opinion publique? Mais pro-
« mettez-moi qu'un jour votre amitié saura venger ma
« mémoire en les livrant à la publicité. » La Marck répondit
sur-le-champ qu'il recevait ces ordres avec joie, et qu'il
partageait entièrement tous les sentiments de Mirabeau. Sans
plus tarder, La Marck et Pellenc ouvrent et vident le secrétaire, trouvent et prennent les papiers, en brûlent une partie,
et du reste font des paquets qu'ils transportent secrètement
chez La Marck (1). La Marck revint assez tard annoncer à
Mirabeau que ses désirs étaient remplis. Il était assis près de
la cheminée. Mirabeau l'appelle et lui tend la main. « Mon
« cher connaisseur en belles morts, êtes-vous content? » Ces
mots faisaient allusion à une conversation dans laquelle La
Marck avait soutenu que les plus belles morts étaient les
plus simples. La Marck ne put retenir ses larmes. Mirabeau
s'en aperçut. « Je ne saurais, écrivit La Marck, exprimer tout
ce qu'il trouva alors d'élévation et d'énergie dans son esprit,
de chaleur et d'élan dans son âme, pour me témoigner son
attachement (2). »

Sur ces entrefaites, Frochot entra. « N'est-ce pas, mon
« ami, lui dit-il en montrant La Marck dont le visage était
« baigné de pleurs, n'est-ce pas un spectacle bien touchant
« que celui d'un homme naturellement froid, qui ne peut
« cacher une douleur contre laquelle il s'arme vaine-
« ment (3)? »

(1) *Corresp. entre Mirabeau et La Marck*, t. I, p. 256.
(2) *Id.*, t. I, p. 259.
(3) Cabanis, t. II, p. 57. — Pap. Frochot.

Vendredi 1ᵉʳ avril. — La nuit fut très-mauvaise. Cabanis
avait annoncé à Mirabeau que sa maladie était une fièvre
intermittente maligne, qu'un premier accès avait éclaté dans
la nuit du samedi au dimanche, un second dans celle du
lundi au mardi, un troisième dans celle du mercredi au
jeudi, et qu'il fallait couper avec du quinquina l'accès qu'on
devait craindre pour la nuit du vendredi au samedi. Ces
explications donnèrent au malade quelques heures d'espoir;
malheureusement le quinquina ne fit aucun effet. Mirabeau
s'en aperçut; il appela Cabanis. « Vous avez raison, dit-il;
« mon sort sera décidé demain, je le sens (1). » Le pouls
baissait : les bras et les mains étaient glacés, la respiration
très-courte. Cabanis profita de l'épuisement du malade pour
le décider à voir M. Petit. Il fallut encore une certaine lutte
pour le convaincre ou plutôt pour le séduire, en peignant
M. Petit sous les couleurs d'un médecin philosophe (2).

Mirabeau reçut M. Petit le sourire sur les lèvres, avec un
effort de dignité et d'éloquence. « J'avais toujours pensé,
« lui dit-il, que lorsqu'on était assez heureux pour avoir un
« ami médecin, l'on ne devait être traité que par lui lors-
« qu'on était malade; mais vous êtes l'ami de tout le monde
« et tout le monde est votre ami. M. Cabanis a désiré con-
« férer avec vous sur mon état, parce que vous êtes de tous
« les médecins de ce pays-ci celui dont il fait le plus de cas.
« Je m'y suis prêté d'autant plus volontiers que dès long-
« temps je vous ai voué une estime particulière. Vous avez
« pour moi un caractère bien précieux. Au milieu des vices
« de la société vous êtes resté l'homme de la nature, et sans
« doute celui qui avait tant de bonnes choses dans le cœur

(1) Cabanis, t. II, p. 55.
(2) Cabanis, t. II, p. 56.

« et dans la tête eût été mon ami si je l'eusse connu. Vous
« êtes mon devancier dans la route de la vraie philosophie
« et de la vraie liberté. Je citais, il n'y a qu'un instant, votre
« belle réponse à un personnage important qui paraissait
« s'étonner que vous ne prissiez pas plus d'intérêt à la con-
« servation de son fils qu'à celle d'un autre enfant. Voilà,
« monsieur, ce qui m'a déterminé à vous voir (1). »

M. Petit répondit que l'ami était encore plus celui qui
aimait que celui qui était aimé, et qu'à ce titre il méritait
d'être regardé comme l'ami de Mirabeau. On releva doucement, on pansa les vésicatoires. Comme il se plaignait, le
chirurgien lui dit que beaucoup de malades étaient insen-
sibles à cette opération. « Assurément, dit Mirabeau, ces
« gens là n'étaient ni orateurs ni poëtes. » La visite paraissait achevée. — « Eh bien, que pensez-vous de mon état ?
« mais surtout soyez sincère ! » — « Vous n'êtes pas bien,
répondit M. Petit. » — « Mais croyez-vous me tirer d'affaire ? »
— « Nous l'espérons, mais nous ne promettons rien. » —
« J'aime que l'on me parle ainsi ; » puis, désignant un groupe
dans lequel se trouvait Frochot : « Voyez, monsieur, comme
« on s'empresse autour de moi, comme je suis servi ; vous
« croiriez que tout ce monde est à mes gages. Eh bien ! ce
« sont mes amis : voilà un de mes collègues. Il faut pourtant
« convenir que d'être ainsi aimé cela attache un peu à la vie.
« Sauvez-moi, je n'ai jamais été plus méchant que cela (2). »

Les médecins se retirèrent. « Le malade est perdu sans
« ressource, dit M. Petit à Cabanis. Faisons cependant ce
« que la circonstance indique (3). »

(1) J'ai suivi ici les notes de Frochot, qui s'accordent très-bien avec le
récit de Cabanis. Conférez Cabanis, t. II, p. 59.

(2) Pap. Frochot. Je suis encore ici le texte de Frochot. Conférez Cabanis,
t. II, p. 60.

(3) Cabanis, t. II, p. 59 et 60.

Pendant la consultation, Frochot, craignant que le soleil ne fatiguât Mirabeau, voulut baisser le rideau de son lit. « Non, non, laissez, dit-il, je sens que l'aspect de la lumière « est ce qu'il y a de plus doux après la présence de l'ami « qui nous soigne (1). » Quelques minutes après : « Fro- « chot, je vais faire mon testament ; j'ai des dettes et je n'en « connais pas la quotité précise. Je ne connais pas mieux la « situation de ma fortune, et pourtant j'ai plusieurs obliga- « tions impérieuses pour ma conscience et chères à mon « cœur, » et il s'arrêta. Frochot se hâta de confier à La Marck les inquiétudes de leur ami. « Allez lui dire que si « sa succession ne suffit pas aux legs qu'il médite, j'adopte « tous ceux que son amitié voudra bien me recommander. « Il faut qu'il ait encore un bon moment. » Frochot reporta à Mirabeau ces généreuses paroles. « J'aurais fait de même « pour lui, » répondit-il tranquillement (2).

Cabanis rentra. « Son mot est sévère, n'est-ce pas? » Mirabeau faisait allusion à M. Petit. « Je l'entends, vous êtes « moins décidé. Je suis porté à juger comme lui, mais je « me plais à croire comme vous (3). »

Dès le premier jour, la maladie de Mirabeau avait été un événement. A partir du mercredi, une foule compacte sta- tionna devant sa porte, tandis que ses parents, ses amis, ses collègues remplissaient du matin au soir la maison, la cour et le jardin. Les bulletins renouvelés d'heure en heure ne suffisaient plus à l'anxiété publique ; on les imprima. Cabanis raconta à Mirabeau qu'on avait barricadé la rue au-dessus et au-dessous de sa maison, afin que le bruit des voitures ne l'incommodât point. «Ah! oui, s'écria-t-il, un peuple si sen-

(1) Pap. Frochot.
(2) Pap. Frochot. — *Corresp. entre Mirabeau et La Marck*, t. I, p. 260. — Cabanis, t. II, p. 61.
(3) Cabanis, t. II, p. 61.

« sible et si bon était bien digne qu'on se dévouât à son ser-
« vice. Il m'eût été glorieux de lui consacrer ma vie. Je sens
« qu'il est doux de mourir au milieu de lui (1). »

Mirabeau reçut le même jour l'abbé Lamourette, évêque
de Lyon, et un peu plus tard l'évêque d'Autun, Talleyrand.
« On a bien de la peine à arriver jusqu'à vous, lui dit Talley-
« rand ; je suis venu comme le peuple de Paris trois fois par
« jour, à votre porte, et il y a deux heures que j'y attends
« de vos nouvelles avec lui (2). » — « Ah! je le sais bien!
« s'écria Mirabeau, pour le peuple, c'est toujours un grand
« jour que celui où l'on meurt (3). »

Il est possible que l'entretien de Mirabeau et de Talleyrand n'ait pas eu toujours lieu en présence de témoins; mais
il est certain que Frochot, La Marck, Pellenc et Cabanis y
prirent part tour à tour. Lorsque Talleyrand parla devant
l'Assemblée nationale de la dernière entrevue qu'il avait eue
avec Mirabeau, il s'exprima en ces termes : « La mort était
partout, si ce n'est dans l'esprit de celui que le danger le
plus imminent menaçait. Je ne m'arrêterai pas à l'émotion
que plusieurs de ses discours m'ont fait éprouver. M. Mirabeau dans cet instant était encore homme public (4). » Et
en effet, pendant toute la visite de Talleyrand, Mirabeau ne
cessa de s'entretenir des travaux de l'Assemblée. Comme on
lui disait que la loi sur les successions était à l'ordre du
jour, il témoigna la peine la plus vive de ne pouvoir en
suivre la discussion. Il demanda le discours qu'il avait composé sur ce sujet important, et chargea l'évêque d'Autun

---

(1) Cabanis, t. II, p. 58.

(2) Pap. Frochot. Une version un peu différente a été publiée dans les
Mém. de Mirabeau, t. VIII, p. 458.

(3) Pap. Frochot.

(4) *Moniteur universel*, 1791, n° 93, séance du 2 avril.

d'en donner lecture à l'Assemblée. « On dit que la conver-
« sation est nuisible aux malades, ce n'est pas celle-ci ; on
« vivrait comme cela délicieusement entouré de ses amis,
« et même on y meurt très-agréablement. Causons (1). »

Talleyrand était encore présent quand Mme de *** fit
prendre des nouvelles. « Je la remercie, dit-il à Cabanis,
mais on aime encore mieux ses amis que les belles, surtout
au lit de la mort (2). »

Deux heures s'étaient ainsi écoulées lorsqu'entra le notaire, M. de Mautort. Il était quatre heures. Mirabeau dicta un
long testament avec la plus grande liberté d'esprit. Il léguait
à M. de La Marck tous ses papiers, lettres, manuscrits touchant les affaires publiques ; à Cabanis les papiers touchant
la législation et la littérature. « Je veux que le triage de ces
papiers soit fait par MM. Cabanis, Frochot et Pellenc, sans
l'intervention d'aucun officier de justice. » Il légua au fils
d'un sieur Lucas, sculpteur, une rente dont le capital était
de 24,000 livres ; à Cabanis des livres et une boîte avec son
portrait ; à Pellenc une bague de 100 louis ; à Lamourette,
évêque de Lyon, les créances qu'il avait sur lui ; au sieur
Lachèze, son médecin, une bague de 50 louis ; à Mme de Nérah
une somme de 20,000 livres ; à Comps, son secrétaire, une
somme de 20,000 livres une fois payée ; à La Marck
toute sa vaisselle d'argent et tous ses baguiers. « Dans le cas
où ma vaisselle d'argent et mes baguiers ne vaudraient pas
ensemble 50,000 livres, je veux que cette somme de 50,000

(1) Pap. Frochot. Cabanis n'a presque pas parlé de la visite de M. de
Talleyrand. L'auteur des *Mém. de Mirabeau*, t. VIII, p. 458, dit que l'entretien de Mirabeau et de Talleyrand n'eut pas de témoins : c'est une erreur.
On lit dans les notes de Frochot : « Pendant que l'évêque d'Autun y était,
« nous entourions son lit : on conversait. »

(2) Pap. Frochot.

livres soit complétée entre les mains de M. de La Marck sur les autres effets de ma succession. » Il léguait ensuite à Teisch, son valet de chambre, une somme de 6,000 livres, et à tous ses domestiques une somme proportionnée au temps de leur service et à leurs gages; puis il institua M. du Saillant fils, son neveu, héritier et légataire universel. « Je nomme, ajoutait-il, pour exécuteur testamentaire M. de La Marck, et comme ses affaires personnelles ne lui permettraient peut-être pas de diriger seul celles de ma succession, je lui adjoins M. Frochot, mon collègue et mon ami, avec faculté à chacun d'eux d'agir seul en l'absence ou à défaut de l'autre. Je me flatte qu'ils voudront bien me rendre ce dernier office, et je veux que la saisine qui leur sera dévolue par la loi subsiste jusqu'au parfait apurement des affaires de ma succession. »

Seul Frochot n'était pas nommé dans le testament; il avait tout refusé.

Après le départ du notaire, Mirabeau s'aperçut que Comps n'était pas présent. Comps était le secrétaire et l'homme de confiance de Mirabeau. Il copiait ses notes à la cour et dirigeait sa maison. « Mon ami, dit-il à Frochot, priez Comps « de venir, il est temps que je lui fasse mes adieux. » Que se passa-t-il? Mirabeau lui fit-il jurer de ne point révéler ses relations avec la cour? le chargea-t-il de quelque secrète mission? lui dit-il simplement de touchantes paroles? Bientôt Comps sort de la chambre en proie au plus violent désespoir, sanglotant et criant : « Oui! oui! à la vie, à la mort (1). »

Tout semblait présager une quatrième crise. La poitrine s'engouait de plus en plus; la parole était saccadée et fébrile.

_____

(1) Pap. Frochot.

Cabanis prévint La Marck et Frochot que le danger grandissait d'heure en heure.

Samedi 2 avril. — Cabanis coucha sur une chaise longue à côté du malade. La femme Legrain, qui n'avait pas quitté Mirabeau depuis le commencement de la maladie, veilla debout. « Henriette, lui dit-il, tu es une bonne créature, tu « es près d'accoucher, et tu ne me quittes pas; tu te dois à « ta famille; va-t'en, je le veux (1). » Il parlait sans cesse ; il se plaignait du mouvement de ses idées qui devenait de plus en plus rapide et tournait au délire. Il dit à Cabanis : « Tu es un grand médecin, mais il y a un plus grand méde- « cin que toi, c'est celui qui a créé le vent que rien ne peut « arrêter, l'eau que rien ne peut empêcher de passer (2). »

Dès que le jour parut, et ce fut le dernier, il voulut faire sa toilette, se raser, se laver, se parfumer pour attendre la mort (3). Il appela son valet de chambre Teisch, et lui demanda comment il se portait; Teisch ne trouvait d'autre réponse que ces paroles : « Ah! monsieur! ah! mon cher « maître, je voudrais que vous fussiez à ma place. » — « Eh « bien, lui répliqua Mirabeau, je ne voudrais pas que tu « fusses à la mienne (4). »

La fièvre peu à peu disparut avec le jour. Il fit alors approcher son lit de la fenêtre, et comme le soleil commençait à luire : « Mon ami, dit-il à Frochot en souriant, si ce n'est « pas là Dieu, c'est son cousin germain (5). » Il le pria de lui

(1) *Mém. de Mirabeau*, t. VIII, p. 451.

(2) Cabanis, t. II, p. 55. — Pap. Frochot.

(3) Cabanis, t. II, p. 65. Conférez *Corresp. entre Mirabeau et La Marck*, t. II, p. 253. La Marck doute de ces allégations, que le délire de Mirabeau explique cependant très-naturellement. Peut-être Cabanis a-t-il exagéré l'expression : mais le fond semble vrai. Frochot n'était pas présent.

(4) Cabanis, t. II, p. 65. — Pap. Frochot.

(5) Pap. Frochot.

soulever la tête. « Je voudrais pouvoir te la laisser en
« héritage (1). »

Cabanis lui fit observer que l'accès avait duré toute la nuit,
qu'il n'était point terminé, et que la plus légère imprudence
le rendrait mortel. « Il est mortel! » dit-il. Mirabeau pria
Frochot d'appeler La Marck. Il désirait parler à Cabanis sans
témoins. « Nous sommes seuls, dit-il à Cabanis; je mourrai
« dans quelques heures ; donnez-moi votre parole que vous
« ne me quitterez plus. Je veux finir avec un sentiment si
« doux. » Cabanis pleurait. « Point de faiblesse indigne
« de vous et de moi, ajouta-t-il; c'est un moment dont il faut
« que nous sachions jouir l'un et l'autre : et puis tenez,
« promettez-moi que vous ne me laisserez pas souffrir des
« douleurs inutiles. »

La Marck entra. « J'ai de la peine à m'exprimer, dit-il à
« Cabanis ; croyez-vous que je serai en état de le faire un peu
« plus tard ?» — « Si vous êtes trop fatigué, reposez-vous ;
« mais si vous le pouvez, parlez dès à présent (2). » Il baissait à vue d'œil. « J'entends! » dit-il ; et il parla encore de
ses affaires particulières, des personnes qui lui étaient chères,
et de l'état des affaires publiques (3).

Frochot revint un peu plus tard ; Mirabeau se tourna vers
lui : « Eh bien! mon ami, c'est fini, je meurs aujourd'hui,
« vous n'avez rien voulu accepter de moi ; je vais disposer
« de vous. » Il lui prit les deux mains, et mit l'une dans celle
de La Marck, l'autre dans celle de Cabanis : « Je lègue à
« votre amitié Frochot : son tendre attachement mérite le
« vôtre (4). »

(1) Pap. Frochot. — *Mém. de Mirabeau*, t. VIII, p. 445.
(2) Cabanis, t. II, p. 66
(3) Cabanis avait recueilli ce dernier entretien, qui est resté inédit. (Cabanis. *OEuvres*, t. II, p. 66.)
(4) Cabanis, t II, p. 67. La version de Frochot est un peu plus brève :
« Vous n'avez rien voulu accepter de moi, je vous lègue à mes amis. »

A ces mots, il perdit la parole et l'agonie commença. Il
conservait toujours sa connaissance, et il répondait par des
signes aux marques d'amitié qu'on lui donnait. Les moindres
soins le touchaient ; il essayait de sourire. Quand un de ses
amis penchait son visage vers le sien, il faisait de son côté
des efforts pour l'embrasser. Alors qu'il ne parlait plus, le
mouvement de ses lèvres parlait encore.

Vers huit heures, les douleurs se réveillèrent. Cabanis lui
présenta de l'eau, du vin, de l'orangeade. Il refusa tout. Il
fit sur son drap le mouvement d'un homme qui veut écrire.
On lui donna une plume et du papier ; il écrivit : « Dormir ; »
en même temps il fermait les yeux et mettait un doigt sur sa
bouche. Cabanis feignit de ne pas l'entendre ; il fallut rapporter le papier et la plume, et il écrivit : « Croyez-vous que
« la mort ou l'effet qui m'en rapprochera le plus puisse pro-
« duire un sentiment dangereux ? » Voyant que Cabanis ne
répondait pas, il écrivit encore : « Tant qu'on a pu croire
« que l'opium fixerait l'humeur, on a bien fait de ne pas me
« le donner, mais maintenant qu'il n'y a plus de ressources
« que dans un phénomène inconnu, pourquoi ne pas tenter
« ce phénomène ? et peut-on laisser mourir son ami sur la
« roue pendant plusieurs jours peut-être (1) ? »

Les douleurs devinrent si violentes qu'elles pouvaient
causer la mort. Cabanis formula une potion calmante.
« Jurez-moi, s'écrie Mirabeau, recouvrant tout à coup la
« parole, que vous ne direz à personne ce que vous faites ! »
Il croyait que Cabanis lui donnait de l'opium. Dans le moment M. Petit entra. Il approuva le calmant. C'était une once
de sirop diacode, vingt gouttes de liqueur minérale d'Hoff-
mann, et deux onces d'eau de menthe distillée (2). Le phar-

(1) Cabanis, t. II, p. 68. — Pap. Frochot.
(2) D'après l'original de la potion. Sur cette ordonnance, Cabanis, t. II,

macien demeurait dans la rue; on ne prit que le temps
d'aller et de venir. Les douleurs croissaient toujours. « On
« me trompe, on me trompe! répète le malheureux agoni-
« sant. » — « On ne vous trompe pas! — la potion arrive!
« — j'ai vu l'ordonnance! — elle est partie! » — répondaient
« à la fois La Marck, Petit, Frochot et Cabanis. « Oh! les
« médecins, les médecins! » et se tournant vers Cabanis :
« N'étiez-vous pas mon médecin et mon ami! ne m'aviez-
« vous pas promis de m'épargner les douleurs d'une telle
« mort? voulez-vous que j'emporte le regret de vous avoir
« donné ma confiance (1) ? » Une convulsion le tourna violemment sur le côté droit. Saisissant alors la main de La
Marck, il leva les yeux au ciel, poussa un cri et expira. Huit
heures et demie sonnaient. M. Petit, debout au pied du lit,
dit : « Il ne souffre plus (2)! »

X

Liquidation de la succession de Mirabeau. — Comment Frochot ignora les
relations de Mirabeau avec la cour et resta convaincu de son innocence.
— Pétition de Frochot à l'Assemblée législative. — Décret qui met à la
charge du trésor public les frais du service funèbre de Mirabeau. —
Polémique entre Frochot et la famille de Mirabeau au sujet de ce décret.
— Lettre de Frochot à Barrère, président de la Convention.

La Marck ne s'occupa pas des affaires de Mirabeau. Tout
le poids en retomba sur Frochot. Les accusations de vénalité
avaient retenti avec tant d'éclat et s'étaient propagées avec

p. 68, dit : « M. Petit approuva le calmant, mais il préféra donner dans
l'eau simple le sirop diacode que j'avais ordonné dans une eau distillée. »

(1) Cabanis, t. II, p. 69.

(2) Cabanis, t. II, p. 69. On trouvera dans les *Mém. de Mirabeau*, t VIII.
de nombreux détails sur les obsèques de Mirabeau et sur l'impression extraor-

tant de force que Frochot tremblait d'en trouver quelque
indice. L'examen détaillé de la succession lui rendit toute
sécurité. Des rapports de Mirabeau avec la cour, nulle
trace. Les papiers les plus importants avaient été, dans la
soirée du jeudi, secrètement enlevés par Pellenc et La Marck,
et, lorsqu'en vertu du testament Cabanis et Frochot dépouil-
lèrent et se partagèrent la correspondance, ils ne trouvèrent rien, absolument rien qui excitât leurs soupçons.
D'autre part, la situation de la fortune était telle qu'on ne
pouvait supposer qu'un homme vendu pût vivre au milieu
de si grands embarras. Les dettes étaient divisées en une
foule de petits créanciers dont les réclamations incessantes
eussent été facilement apaisées par un grand secours. Tout
semblait confirmer l'innocence de Mirabeau et confondre
ses ennemis.

Pour bien comprendre la situation financière de Mirabeau
au moment de sa mort et les illusions que Frochot conserva toujours sur la moralité politique de son ami, il faut se
rappeler qu'au mois de juillet 1789 le marquis de Mirabeau
laissa en mourant à son fils une fortune de cinquante mille
livres de rente en terre et beaucoup de procès. Si Mirabeau
eût été un homme ordinaire, sage, prudent, personnel, il
eût d'abord songé à ses intérêts particuliers; il eût transigé
avec ses cohéritiers, terminé les procès, liquidé la succession paternelle; mais en avait-il le temps, le loisir, la liberté?
Pouvait-il renoncer à l'espoir de sauver la royauté dans la
révolution et par la révolution? Pouvait-il déserter son

dinaire que fit cette mort dans Paris. Nous noterons seulement un fait très-
curieux : c'est qu'on représenta, le 24 mai 1791, sur le théâtre de Monsieur
(théâtre Feydeau), une comédie en un acte et en prose, sous le titre de
Mirabeau à son lit de mort. Les principaux personnages étaient Talleyrand,
La Marck, Comps, Frochot, Cabanis et le docteur Antoine Petit. Cette pièce
de Pujoulx eut un grand succès; elle ne fut pas imprimée. (*Biogr. univ.
des contemporains*, t. 17, p. 151, art. Pujoulx.)

poste, abandonner le combat, renoncer à sa part de labeur, de danger et de gloire! « Je ne retirerai pas de quelque « temps un écu de la succession de mon père, disait-il à La « Marck, je n'ai pas le temps de m'occuper de mes affaires « particulières. Je manque tous les jours de l'argent néces- « saire même pour payer mon laquais (1). »

Tout autre eût reculé. Mirabeau eut le courage ou, si l'on veut, l'imprudence d'avancer. Il croyait en son génie. Il se persuada que l'avenir ne lui refuserait pas un poste élevé, et qu'il y trouverait des ressources suffisantes et l'occasion d'employer ses talents. Deux mois après, en septembre, il dit à La Marck : « Mon ami, il dépend de vous de me rendre un « très-grand service. — Parlez. — Je ne sais où donner de « la tête, je manque du premier écu, prêtez-moi quelque « chose. » La Marck lui donna un rouleau de cinquante louis; et Mirabeau ajouta : « Je ne sais quand je vous le « rendrai, je n'ai pas encore pu regarder à la succession de « mon père, et déjà mes parents me font des procès (2). »

Les journées des 5 et 6 octobre, en imposant à La Fayette et à Mirabeau une alliance passagère, semblaient devoir préparer une solution prompte et honorable. La Fayette dis- posait alors de la liste civile du roi. Il proposa une somme de cinquante mille francs ou une ambassade. Mirabeau les refusa. « J'ai rejeté avec toute la fierté requise, » écrit-il à La Marck le 21 octobre, « tout ce qui a trait à de l'argent. « J'avoue, cependant, de vous à moi, que voilà le point cri- « tique de mon affaire... Le passage est cruel, je suis étouffé « d'embarras subalternes qui dans leur masse font une assez « grande résistance... Je suis très-gêné dans mes rapports

---

(1) *Corresp. entre Mirabeau et La Marck*, t. I, p. 95.
(2) *Id.*, t. I, p. 101.

« sociaux et parce que je ne puis regarder à mes affaires, et
« parce que, tant que j'ai des projets d'ambition, je ne puis
« pas dissoudre mon atelier. Un grand secours, je ne puis
« l'accepter sans une place qui le légitime ; un petit me
« compromettrait gratuitement : là est le nœud (1). »

Cependant, le lendemain il se ravise ; il a refusé la somme
de cinquante mille francs que La Fayette lui proposait personnellement, il demande un secours de mille louis pour
payer son atelier : « Si mille louis vous paraissent indiscrets,
« ne les demandez pas ; mais telle serait mon urgente néces-
« sité. Il ne me convient ni d'être avide, ni d'être dupe. Je
« garde trois hommes du premier ordre, dont deux, si je ne
« les gardais pas, seraient déjà retournés en Angleterre. Or,
« certainement je me dérange en pure perte si c'est pour
« rien que je les garde ; et d'autant que je ne suis pas et
« que je ne puis pas être en jouissance de ma fortune per-
« sonnelle (2). »

Au milieu de ses aveux, Mirabeau voit les périls que court
le roi. Il sent la nécessité qui le presse ; il prend la violence
de ses désirs pour l'autorité de son crédit ; il croit toucher
le but suprême de son ambition : il est ministre si l'Assemblée permet aux députés d'être ministres. « Un génie éloquent vous entraîne et vous subjugue, s'écrie Lanjuinais,
et que ne ferait-il pas s'il était ministre ? » L'Assemblée
regarde, devine et repousse Mirabeau.

Le coup était cruel ; Mirabeau en demeura longtemps
abattu. Il ne voit pas de remède aux embarras qui l'étrei-
gnent ; il n'en cherche pas. Il se sent isolé et las. Sa sœur,
Mme du Saillant, tente alors de le réconcilier avec sa femme,

(1) *Corresp. entre Mirabeau et La Marck*, t. I, p. 396.
(2) *Id.*, t. I, p. 400.

la comtesse de Mirabeau (1). Mme de Mirabeau avait de la
fortune et un accord eût aplani bien des difficultés : mais
la Providence, qui semblait vouloir lui faire expier les vices
de sa jeunesse, ruina cette dernière espérance. Tous ses
efforts pour s'assurer des moyens d'existence échouent coup
sur coup. Il faut se résigner : il faut vivre avec le traitement
de député et les cinquante louis que le comte de La Marck
lui prête tous les mois.

Le moment approche, cependant, où Mirabeau, qui avait
eu le tort de se croire trop tôt nécessaire, devient indispensable. Effrayés de la gravité croissante des événements,
le roi et la reine prennent la résolution de vaincre leurs
répugnances et de s'attacher Mirabeau. La Marck se charge
de la négociation. Le roi payera les dettes, c'est-à-dire deux
cent huit mille livres; il assure une somme de six mille
livres par mois, enfin, il remet quatre billets de deux
cent cinquante mille livres au comte de La Marck, qui les
donnera à Mirabeau, à la fin de l'Assemblée nationale (2).
Mirabeau n'a rien demandé : il accepte tout. A ce moment
critique, Mirabeau témoigne-t-il quelque émotion, quelque
honte, quelque remords? Nullement. Mirabeau a reçu l'argent du roi « pour sauver le roi ». L'Assemblée ne lui
a pas permis d'être ministre avec portefeuille : il sera
ministre sans portefeuille; il aura des bureaux, des agents,
des secrétaires, et dans sa conscience son ministère s'ap-
pellera le ministère du salut public. Il n'a pas trahi sa
cause : il n'a pas vendu l'ombre de son indépendance : il n'a
pas vendu le reflet même de son caractère. Il « tonnera » à
son jour, à son heure, contre « les stupides coquins qui

(1) *Corresp. entre Mirabeau et La Marck*, t. I, p. 427.
(2) *Id.*, t. I, p. 164.

« offriront la contre-révolution, » et il écrira à La Marck, lui
le pensionnaire de Louis XVI : « J'ai tout promis, mais je
« n'ai promis autre chose que de servir selon mes principes.
« Ce n'est pas assez pour moi, mon cher comte, que d'avoir
« politiquement raison. Je veux que mes amis puissent tou-
« jours juger en cela, comme dans tout le reste, ma morale,
« et la cohérence de mes principes (1). »

Le secret était la première condition d'une semblable
transaction. De la pension mensuelle de six mille livres, des
dettes payées, du million promis et gardé par La Marck,
Frochot ne sut et ne pouvait rien savoir. Il trouva ce qu'il
comptait trouver, une fortune de cinquante mille livres de
rente engagée dans des hypothèques et dans d'interminables
procès. Cette fortune fut naturellement dévolue à M. du
Saillant, légataire universel et héritier de Mirabeau. On
disait, on affirmait que Mirabeau possédait l'hôtel dans lequel il habitait rue de la Chaussée-d'Antin, et la terre du
Marais. Il fallait bien trouver l'emploi des sommes immenses
qu'il était censé avoir reçues du roi. Quant à l'hôtel de la
rue de la Chaussée-d'Antin, il appartenait à la demoiselle
Julie Carreau, première femme de Talma, qui l'avait loué
deux mille quatre cents francs. La terre du Marais avait été
acquise, il est vrai, moyennant cinquante mille francs, le
15 février 1791 ; mais à la mort de Mirabeau, pas un denier
n'avait été payé. Restait donc à liquider la succession, à
exécuter le testament, à vendre le mobilier, à solder les
dettes et les legs. La bibliothèque était considérable : elle
produisit environ cent quarante mille livres; mais la vente
du mobilier ne donna pas ce qu'on espérait. Tout compte
fait, la succession mobilière se trouva en déficit de cin-

(1) *Corresp. entre Mirabeau et La Marck.* t. II, p. 267.

quante pour cent. Frochot réunit plusieurs fois les créanciers et parvint à leur faire accepter une sorte de concordat
qu'il cacha sous les apparences d'un hommage rendu à la
mémoire de Mirabeau.

Parmi les créanciers les plus pressés et les plus tenaces,
s'étaient distingués les fournisseurs de la pompe funèbre. Ils
réclamaient intégralement, en juillet 1791, la somme considérable de 7,621 livres. Frochot vit dans le payement de
cette dette un moyen de faire porter à l'Assemblée constituante le deuil de Mirabeau. Il s'adressa au comité de liquidation. Accablée de travaux et pressée par le temps, l'Assemblée ne put résoudre cette affaire. Frochot la reprit et la
soumit à l'Assemblée législative. Le 20 octobre 1791, il se
présenta à la barre et lut la pétition suivante :

« Messieurs,

« Chacun de vous, en s'asseyant dans ce sanctuaire de nos
« lois, a peut-être cherché des yeux, avec une sorte de
« respect, la place qu'occupait Mirabeau.

« Il n'est plus..... Du pied de cette tribune où la mort
« est venue l'enlever à la patrie, j'aurai pourtant le courage
« de vous parler de lui ; et telle est la profondeur des souve-
« nirs qu'il a laissés dans mon âme, et que ces lieux me
« retracent, que si j'avais à vous parler d'autre chose, je
« commencerais encore par vous parler de Mirabeau.

« Son collègue et son ami, je viens pour sa mémoire,
« ajouter à tous les éloges, répondre à toutes les calomnies
« par ce seul mot : *Il est mort insolvable.* Éloge inoui !
« mais précieux dans cette occurrence ; car il fallait encore
« que pour Mirabeau, et pour Mirabeau seul, ce fût un hon-
« neur de mourir dans cet état qui, pour les autres hommes,
« appelle des malédictions sur la tombe.

« Exécuteur de ses volontés dernières, je viens demander,
« au nom de ses créanciers, que le trésor public acquitte
« les frais de sa pompe funèbre. Elle fut digne d'un grand
« homme pleuré par son pays; elle fut trop grande pour sa
« fortune, et peut-être il n'est pas juste que des créanciers
« aient à gémir de la célébrité de leur débiteur.

« Mais, Messieurs, qu'ai-je besoin de vous parler ici de
« créanciers! Les honneurs rendus à la mémoire de Mirabeau
« deviendront-ils une dépense nationale par cela seulement
« qu'il est mort insolvable?

« Autrefois être rendu pompeusement à la terre semblait
« un privilége de l'homme riche et superbe. Celui-là cepen-
« dant laissait à peine des regrets dans le cercle étroit d'une
« famille. Le bienfaiteur du genre humain ne trouvait pas
« de quoi reposer sa cendre; et qui de nous, dans ces temps
« de fanatisme et de tyrannie, eût osé réclamer pour lui
« une sépulture honorable et tranquille? Alors nous ne
« connaissions que ces convois insolents, préparés à grands
« frais, beaucoup moins pour honorer les morts que pour
« flatter l'orgueil de quelques vivants; alors, suivant l'expres-
« sion de Mirabeau lui-même, nous ne savions porter que
« des deuils hypocrites.

« Aujourd'hui, grâce à la régénération de nos mœurs,
« une récompense est promise aux grands hommes par delà
« leur existence : la patrie, en pleurant Mirabeau, a dédié
« un temple à la reconnaissance envers les morts.

« C'est pour lui qu'ont été instituées en France les pre-
« mières funérailles publiques, ce *funus collativum* des
« Romains, où le sénat assistait en corps, et où la masse
« entière du peuple venait accompagner les tristes dépouilles
« des hommes qui l'avaient bien servi.

« Le sénat décernait ces honneurs et le trésor public en

« acquittait la dépense. Souvent aussi le peuple lui-même
« ordonnait l'appareil de cette fête lugubre, et à l'instant il
« se cotisait pour la rendre digne de l'ami qu'il avait perdu.
« En retournant dans nos foyers, après cette cérémonie, dit
« un ancien, nous en racontions les détails à nos enfants, et
« ce récit faisait germer dans leurs âmes le saint amour de la
« vertu.

« La France n'a pas voulu sans doute imiter à demi
« l'exemple des Romains ; et lorsque le peuple de Paris disait :
« Nous ne souffrirons pas que notre ami soit mort insolvable ;
« serait-il permis de penser qu'en ordonnant l'inhumation
« solennelle de Mirabeau, en assistant en corps à ses funé-
« railles, les représentants du peuple n'aient pas entendu
« que ce deuil national fût une dépense publique ?

« Des collègues et des amis purent négliger dans ce fatal
« instant ce qu'exigeait la régularité des décisions ; mais ils
« ne craignirent pas de porter trop loin la reconnaissance.

« C'est à vous, Messieurs, qu'il appartient de suppléer à
« ce silence. Vous savez quel fut Mirabeau : vous avez vu le
« regret des peuples.

« Pour moi, je n'aurais pas été l'ami de cet homme
« célèbre, sa voix mourante ne m'aurait pas confié l'exécu-
« tion de ses volontés dernières, que je remplirais encore,
« comme citoyen, le devoir dont je m'acquitte en ce
« moment. Le décret que je sollicite honorera également
« et la patrie et l'homme qu'elle a perdu : c'est moins un
« acte de générosité qu'un acte de justice ; car si les dépenses
« funèbres sont la charge ordinaire de l'héritier, quel autre,
« avant le peuple, recueille l'héritage d'un grand homme ? »

Deux salves d'applaudissements accueillirent ce discours.
Un membre demanda « que le procès-verbal mentionnât
dans les termes les plus honorables le discours de M. Fro-

chot. » Un autre membre, que l'État fît les frais de la sépulture de celui qui eût mérité d'être entretenu aux dépens de la nation. « Je convertis en motion, dit-il, la pétition de M. Frochot, et je demande que ma motion soit ajournée pour être discutée dans les délais prescrits par la constitution. » L'Assemblée accueillit par de nouveaux applaudissements cette proposition, et vota à l'unanimité l'impression du discours de Frochot.

Cette pétition provoqua un échange de lettres très-vives entre Frochot et Mme du Saillant, sœur de Mirabeau. Mme du Saillant se plaignit dans le *Journal de Paris* de l'épithète d'insolvable donnée à Mirabeau. « Mon frère laisse des dettes, « et un mobilier qui sera peut-être insuffisant pour les payer; « mais tous les scellés ne sont pas levés, et l'auteur de la « pétition, M. Frochot, qui se dit l'ami de mon frère, et qui « est son exécuteur testamentaire, ne devrait pas ignorer « que M. de Mirabeau a été doté dans son contrat de ma- « riage de plusieurs terres existantes dans leur entier lors de « sa mort, et d'une valeur bien au delà de ses dettes. On « dirait, à entendre le pétitionnaire, qu'il ne manque plus à « M. de Mirabeau, pour être un grand homme, que d'être « déclaré insolvable (1). » Frochot répondit : « Il ne tient « qu'à Mme du Saillant de me donner un démenti formel. « M. son fils est légataire universel de Mirabeau. Elle est sa « sœur. A de si beaux titres, ils peuvent l'un et l'autre ras- « surer dès aujourd'hui les créanciers de la succession, et « se porter garants envers eux de la totalité des créances... « Mais Mme du Saillant se permît-elle par la suite un pro- « cédé si généreux, il ne résulterait pas encore de là que « j'en aie imposé à l'Assemblée nationale. » Et il deman-

---

(1) *Journal de Paris*, 24 oct. 1791, n° 297.

dait si le mot d'insolvabilité s'appliquait dans le cas où des créanciers recevaient à peine cinquante pour cent du montant de leurs créances. « Je conçois fort bien que, pour « Mme du Saillant, Mirabeau eût été un beaucoup plus grand « homme s'il fût mort millionnaire. Mais certes, les amis « de sa gloire d'homme public, ceux qui avaient à défendre « sa mémoire contre des calomnies accréditées par sa famille « elle-même, ceux-là, dis-je, ont dû penser autrement (1). » Une nouvelle réponse de Mme du Saillant mit fin à cette polémique (2). Peut-être Frochot ne témoigna-t-il pas à M. et à Mme du Saillant tous les égards dus à l'héritier et à la sœur de Mirabeau (3). Peut-être eût-il mieux fait de les consulter d'abord, ou de les appeler au payement des dettes; mais on conçoit qu'il ait essayé de faire tourner l'insolvabilité de Mirabeau au profit de sa gloire, et qu'il ait été heureux de demander aux créanciers un sacrifice en quelque sorte patriotique, et à l'Assemblée un secours solennel. Il répondait ainsi aux accusations de vénalité dont Mirabeau était à ses yeux l'innocente victime, et il rendait à son ami un dernier hommage d'admiration et de reconnaissance.

Un jour viendra, et ce jour n'est pas éloigné, où les Tuileries seront envahies, l'armoire de fer ouverte, et Mirabeau

---

(1) *Journal de Paris,* 10 nov. 1791, nº 314.

(2) *Id.,* 18 nov. 1791, nº 322.

(3) Frochot était, au moment de la mort de Mirabeau, dans d'excellents termes avec sa famille. M. du Saillant fils lui écrivait, le 6 avril 1791 : « Nous avons eu l'honneur de passer chez vous hier, mon père et moi, « Monsieur, pour vous voir et vous renouveler notre reconnaissance des « marques d'amitié et des soins assidus que vous avez portés jusqu'au « dernier moment à mon oncle, dont les bontés et les souvenirs seront à « jamais gravés dans mon cœur. Nous avons eu bien du regret de ne pas « vous rencontrer. Je désire bien, en mon particulier, que vous vouliez me « donner quelque part à votre amitié; je serai toujours très-empressé de « vous prouver combien je la prise. »

accusé d'avoir conspiré avec le roi contre la révolution.
Alors, au milieu d'une immense clameur et d'universels
murmures, s'élèvera la voix pure, émue, courageuse de
Frochot : « J'ai été l'ami de Mirabeau, écrit-il à Barrère, et
« Mirabeau est accusé de conspiration ! Oui, j'ai été son
« ami, et je le suis encore de sa mémoire ; j'ai été son ami,
« et par cela même, j'ai droit de douter qu'il soit coupable !
« Jusqu'à présent, dans ce que j'ai lu du moins, il n'est que
« nommé ou désigné par des chefs ou des agents ; mais il ne
« s'est pas encore nommé lui-même, et je le crois innocent
« jusqu'à ce qu'il ait été convaincu.

   « Si pourtant il se trouvait coupable ! Eh bien ! à moi
« seul en France, peut-être, il serait permis de ne pas détes-
« ter sa mémoire, puisqu'il sut m'estimer assez pour ne me
« rendre ni le confident ni le complice d'un si détestable
« projet.

   « J'ai su ce que tout le monde savait ou soupçonnait à
« Paris et dans presque toute la France ; j'ai su que Mirabeau
« avait assez fréquemment des conférences avec les minis-
« tres ; mais je l'ai su dans un temps où la faiblesse, l'inertie
« et la malveillance de ces mêmes ministres paralysaient
« ou contrariaient les opérations de l'Assemblée consti-
« tuante ; dans un temps où il n'était pas un seul bon esprit
« qui ne sentît combien il importait de faire cesser l'irréso-
« lution ministérielle et de décider la marche des premiers
« agents de l'exécution des lois ; dans un temps enfin où, en
« supposant à Mirabeau, comme je l'ai toujours cru, la
« ferme intention de décider cette marche en sens direct de
« la révolution, il n'était personne qui ne dût désirer qu'un
« homme à qui l'on accordait aussi éminemment les grandes
« qualités d'homme d'État fût du moins le conseil des mi-
« nistres, lorsque l'entrée au ministère lui était interdite.

« Voilà ce que j'ai su ; et, d'après ce que Mirabeau m'en a
« dit lui-même plusieurs fois, j'ai eu lieu de penser que son
« influence n'avait pas été inutile dans des mesures approu-
« vées alors, quoiqu'assez souvent il se plaignît des sottises,
« c'était son mot, que le gouvernement faisait contre son
« avis.

« Quant au vaste plan de conspiration dont on parle
« aujourd'hui, je ne l'ai jamais connu ni dans son ensemble
« ni dans ses détails ; et, s'il est vrai que Mirabeau en fut le
« principal agent, ceux qui ont eu l'occasion de l'entendre
« s'expliquer sur moi trouveront dans l'opinion qu'il avait
« de mon caractère le motif de sa discrétion à mon égard.

« Mais c'est trop m'occuper de moi, lorsque Mirabeau est
« accusé et que l'opprobre de sa mémoire est à l'ordre du
« jour. Déjà je devrais être aux portes de la Convention
« nationale et réclamer le droit de le défendre ! »

XI

De la mort de Mirabeau à la fuite du roi. — Conduite de Frochot. — État
de l'opinion publique. — Situation de l'Assemblée. — Arrestation du
roi à Varennes. — Frochot suit le parti constitutionnel. — Rupture avec
les Jacobins. — Club des Feuillants. — Discours sur la révision de la
Constitution. — Anecdote sur les projets de Duport. — Fin de l'Assemblée constituante.

Pendant dix-huit mois (octobre 1789—avril 1791), l'amitié
de Mirabeau avait occupé et pour ainsi dire absorbé Frochot. Ces dix-huit mois ne furent perdus ni pour son esprit
ni pour sa fortune. Il était entré dans l'intimité de Mirabeau
jeune homme : il en sortit homme fait. Il avait acquis
une certaine expérience de la vie publique ; il avait orné

sa mémoire d'ineffaçables souvenirs. Pour remplir dignement son mandat, c'est-à-dire pour achever, pour défendre
la constitution, Frochot n'avait plus besoin de personne. La
place de Mirabeau resta vide dans l'Assemblée et dans son
cœur.

De la mort de Mirabeau à l'arrestation de Varennes, trois
mois s'écoulent.

L'Assemblée, fatiguée, vieillie, usée, se hâte lentement.
Les orateurs se taisent, les comités travaillent, les séances
se traînent languissantes au milieu des discussions théoriques. Plus de drame ! le grand acteur, Mirabeau, est mort.
Sous ces apparences pacifiques, personne ne désarme ; le
moment approche où l'Assemblée payera ses complaisances.
Hardie et agressive contre la royauté, elle s'est montrée
timide et faible devant le peuple de Paris. En le flattant elle
l'a corrompu, et la corruption engendre la licence et l'ingratitude.

Autour des Tuileries, autour de l'Assemblée grossit une
foule de plus en plus agitée ; tous les matins la presse insulte
le roi et l'Assemblée ; tous les soirs les clubs commentent
les bruits du matin. Le club des Cordeliers répond aux
audaces de la presse et donne le ton des violences. Le club
des Jacobins, qu'on appelle encore la *Société des Amis de
la Constitution*, se dérobe par une secrète manœuvre à
l'influence des membres de l'Assemblée, ses fondateurs (1).
Il échappe à Barnave, aux Lameth, à Duport, et devient la
proie, les uns disent du duc d'Orléans, les autres de Pétion
et de Robespierre. Les constitutionnels, Frochot en tête,
ont surpris l'intrigue : ils s'opposent à ces réceptions sans

_____

(1) Conférez Alex. Lameth, *Hist. de l'Assemblée constituante*, t. 1,
p. 419 et suivantes.

nombre et sans garantie qui changent en quelques mois et transforment le personnel de la société. Ils demandent qu'on suspende les entrées et qu'on nomme des commissaires. Les commissaires ne décident rien, et les réceptions recommencent; on propose dix fois un scrutin épuratoire, et dix fois la proposition est rejetée au milieu des applaudissements (1). La société des Amis de la Constitution compte en juin 1791 deux mille quatre cents membres, et la majorité est définitivement conquise dans les clubs et dans la presse aux ennemis publics et secrets de la constitution.

Telle était la situation des esprits lorsque tombe sur Paris un coup de tonnerre. Le roi s'est enfui. Ce n'était pas le roi qui s'enfuyait, c'était la constitution. En ordonnant d'arrêter l'un, l'Assemblée tente de ressaisir l'autre. Le hasard sert ses espérances. Louis XVI rentre à Paris comme un coupable entre Barnave et Pétion. Ici commencent les embarras. Le roi sera-t-il mis hors de cause, ou la fuite du roi sera-t-elle regardée comme un crime? Faut-il déclarer que le roi est inviolable, et lui rendra-t-on sur-le-champ le pouvoir qu'on lui a enlevé la veille? L'Assemblée n'a pas ce courage. Faudra-t-il donc proclamer que la royauté est incompatible avec la révolution, que le roi est l'ennemi de l'Assemblée, et faire un coup d'État qui mène à la république? L'Assemblée n'a pas cette audace. Rejetant à la fois les partis extrêmes, elle suppose que le roi a été enlevé, et que sa fuite, dont il n'est pas responsable, cache un projet de contre-révolution. Par cette fiction, elle sauve le roi en maintenant son arrestation; mais elle avilit la royauté en la suspendant. Elle ne s'aperçoit pas que cet interrègne habitue à la chute du règne

(1) *Journal des Amis de la Constitution,* par Laclos. in-8º, nos 35, 36 et 37.

et que les coups portés à la royauté retombent sur la constitution.

Si cette conduite est une faute, Frochot la partage (1). Il se rallie à cet expédient, qui tire les chefs de la majorité du plus grand embarras et semble conjurer les horreurs d'une guerre civile et étrangère (2). L'Assemblée tout entière avait conscience de sa faiblesse; elle sentait le terrain glisser sous ses pas. Elle se trouvait en présence de passions et d'opinions qui se traduisaient par des injures et des menaces. Elle voulait vivre en évitant les déchirements, maintenir son œuvre, l'achever à tout prix, et se dérober, avec tous les honneurs d'une paix solennelle, à la responsabilité d'un redoutable avenir.

Tandis que l'Assemblée essayait pour la première fois de contenir ce mouvement irrésistible qui jadis avait fait sa force et sa victoire, quelques hommes, un homme surtout, Robespierre, le suivait pour s'en emparer. Dédaigné, attaqué, battu dans l'Assemblée, il se vengeait au club des Jacobins, et s'était fait de cette tribune populaire un piédestal d'où il menaçait la représentation nationale. Pétion, Danton, Antoine lui prêtaient le secours de leurs voix, et faisaient retentir l'ancienne société des Amis de la Constitution des attaques les plus violentes et les plus perfides contre la constitution (3). On déclamait ainsi depuis un mois lorsque, le

(1) Parmi les papiers de Frochot se trouve une lettre qu'il se proposait d'adresser au roi. Dans cette lettre, il attaque violemment les conseillers perfides qui ont inspiré la fuite de Louis XVI.

(2) *Réponse de N.-Th.-B. Frochot* au libelle intitulé : *A la Société des Amis de la liberté et de l'égalité séante à Aignay*, p. 8.

(3) *Déclaration adressée par des Amis de la Constitution à une portion de leurs ci-devant frères encore réunis aux Jacobins* (Bibl. Imp., L⁴°, B,798 A.) « Quelques hommes, doués de trop de lumières pour que leurs faux « calculs ne puissent pas les faire soupçonner d'être coupables, sont venus « commander vos applaudissements en vous présentant un projet de répu-

13 juillet, Robespierre, faisant allusion au sort du roi, s'é-
crie : « Un des grands obstacles que l'Assemblée nationale
« rencontre à aborder de front cette question est l'accusation
« générale de républicanisme. On m'accuse au sein de l'As-
« semblée d'être un républicain. On me fait trop d'honneur :
« je ne le suis pas. Si on m'eût accusé d'être monarchiste,
« on m'eût déshonoré : je ne le suis pas non plus. J'obser-
« verai d'abord que, pour beaucoup d'individus, les mots de
« république et de monarchie sont absolument vides de sens.
« Le mot de république ne signifie aucune forme particu-
« lière de gouvernement : il appartient à tout gouvernement
« d'hommes libres qui ont une patrie. Qu'est-ce que la con-
« stitution française actuelle ? C'est une république avec un
« monarque. Elle n'est donc point monarchie ou république,
« elle est l'une et l'autre (1). » Deux jours après, Barnave
répliquait dans l'Assemblée nationale : « Je place ici la
« véritable question : allons-nous terminer la révolution ?
« Allons-nous la recommencer ? Si vous vous défiez une fois
« de la constitution, quel sera le point où vous vous arrê-
« terez ? que laisserez-vous à vos successeurs ? que feront-ils ?
« Il est donc vrai qu'il est temps de terminer la révolution ;
« que si elle a dû être commencée et soutenue pour la gloire
« et le bonheur de la nation, elle doit s'arrêter quand elle

« blique, que certains appelaient modestement un projet de salut de la chose
« publique. Ils vous ont demandé tous la destitution du roi ; quelques-uns une
« minorité au conseil électif ; quelques-autres une régence sans régent, une
« monarchie sans monarque. Des députés à l'Assemblée nationale, créateurs
« de cette société dont vous vous croyez peut-être encore membres, se sont
« présentés à votre tribune. A peine commençaient-ils à parler, que des
« clameurs insultantes ont étouffé leurs paroles de paix. Quelques-uns ont
« été personnellement outragés..... et accusés dans des feuilles menson-
« gères d'être les vils stipendiés d'une cour qu'ils méprisaient plus que vous. »

(1) *Journal des débats de la Société des Amis de la Constitution*,
in-4°, n° 26.

« est faite, et qu'au moment où la nation est libre, où tous
« les Français sont égaux, vouloir davantage, c'est recom-
« mencer à n'être pas libres et devenir coupables. » L'Assemblée couvrit d'applaudissements le discours de Barnave; mais
avant de passer au vote, avant de mettre Louis XVI hors de
cause, avant de sauver la constitution, Robespierre s'était
levé et avait protesté contre les décisions de l'Assemblée
nationale (1). C'était le signal de l'insurrection.

Paris tout entier entendit la voix de Robespierre. Le
jour même où l'Assemblée rendait son décret, le vendredi
15 juillet, quatre mille personnes, « portant dans leurs gestes
et dans leurs yeux l'énergie et la tranquillité qui conviennent
à des hommes libres (2), » envahirent ou entourèrent le club
des Jacobins. L'orateur de la députation, un jeune homme,
Sigaud, annonça que, le lendemain 16, une pétition serait
portée au Champ-de-Mars, et que la Société était invitée à
se joindre au peuple pour signer la déchéance du roi. On
remit au lendemain la lecture et la signature de la pétition;
mais le procès-verbal ajoute : « que l'on fera des milliers de
copies de cette pétition, qui seront envoyées à toutes les
sociétés patriotiques du royaume, pour être renvoyées à la
Société, munies chacune de cent signatures, et être ensuite
présentées à l'Assemblée nationale. » La mesure était comble.
Presque tous les députés membres du club des Jacobins rom-
pent à l'heure même avec les factieux. Les uns voient dans
ces mouvements l'action du parti républicain; les autres,
comme Frochot, une intrigue de la faction d'Orléans (3).

(1) Sept membres votèrent pour que le procès fût fait au roi. (*Réponse
de N.-Th.-B. Frochot*, p. 9.)

(2) *Journal des débats de la Société des Amis de la Constitution*, nº 27.

(3) Conférez *Mém. de La Fayette*. Paris, 1837, t. III, p. 103. « Le projet
« des anarchistes était si peu républicain que Brissot a avoué qu'il avait eu
« de la peine à obtenir de Laclos qu'on retranchât de la proclamation le nom

Tous sont d'accord pour une résistance immédiate, publique, courageuse.

Le 16 juillet, une circulaire annonce que « les membres de l'Assemblée nationale, fondateurs et membres de la société des Amis de la Constitution, séant aux Jacobins de Paris, ont arrêté de transporter leurs séances dans un autre lieu et de les continuer dans la maison des Feuillants, rue Saint-Honoré (1). » Il était temps. Le lendemain 17, la pétition est portée au Champ-de-Mars, sur l'autel de la patrie. Bailly déploie le drapeau rouge. La Fayette ordonne le feu. Le sang coule.

Cette journée fut une véritable victoire de l'Assemblée sur les clubs, des constitutionnels sur les républicains; mais cette victoire n'était que le prélude d'une guerre acharnée. On s'en aperçut bientôt à la fermeté hautaine avec laquelle

« du duc d'Orléans. » — *Réponse de N.-Th.-B. Frochot*, p. 13. « J'ai été « entraîné aux Feuillants par la persuasion intime que la pétition dite vul- « gairement *du Champ-de-Mars* était l'ouvrage de la faction d'Orléans. « Laclos passait pour en être l'auteur. On a dit depuis qu'elle était de « Brissot. N'importe, sans avoir vécu ni avec l'un ni avec l'autre, je n'ai « jamais estimé ni l'un ni l'autre. Je crus donc de bonne foi qu'il existait « alors dans la société des Jacobins de nombreux agents soit de Philippe « Capet (le duc d'Orléans), soit du ministère anglais, et que les uns ou les « autres, peut-être même tous ensemble, voulaient allumer en France les « torches de la guerre civile..... Je passai aux Feuillants avec deux cent « quatre-vingt-dix de mes collègues sur trois cents au plus. » A l'opinion de La Fayette et de Frochot on peut opposer avec succès : 1° que les partisans du duc d'Orléans et le duc d'Orléans lui-même passèrent aux Feuillants. et 2° que les meneurs et orateurs des Jacobins dans ces journées furent Danton, Pétion et Robespierre. Conférez Barnave, *OEuvres compl.* 1843, t. I, p. 147.

(1) Bibl. Imp., L. B⁴°, 797. Parmi les membres fondateurs des Feuillants on remarque : « Barnave, Barrère, Beauharnais, Boissy-d'Anglas, Bourdon, Broglie, Creuzé de la Touche, d'Aiguillon, Defermon, Dillon, Louis-Philippe d'Orléans, Duport, Frochot, Grégoire, La Fayette, Alex. et Charles Lameth, Lanjuinais, La Rochefoucauld, Lavie, Le Chapelier, Mollien, Noailles, Prieur, Regnaud de Saint-Jean-d'Angély, Sieyès, Salles, Talleyrand, Treilhard. » A la séance du 18, adhèrent : « Dandré, La Marck, Demarsay, Dupont de Nemours, Emmery, Liancourt, etc., etc. »

les Feuillants maintinrent leur séparation et repoussèrent les
avances des Jacobins (1). Si les Feuillants, fidèles à leurs
premiers desseins, avaient repris les traditions du comité
breton et formé une simple réunion de députés, les chefs
des Jacobins, Pétion, Danton, Robespierre, se fussent réjouis
d'une scission qui leur livrait un des plus puissants instruments de la révolution : mais quand ils virent, à la fin
de juillet, s'élever sous les auspices de l'Assemblée une
société composée de huit cents membres, tous déserteurs
des Jacobins, une société rivale, qui avait la prétention
d'être toujours la vieille société des Amis de la Constitution ;
quand ils virent, sur les trente membres qui formaient le
comité de correspondance, vingt-cinq passer avec le journal
aux Feuillants, ils se crurent perdus. Tout semblait en effet
présager aux constitutionnels, maîtres dans l'Assemblée et
vainqueurs dans la rue, la domination des sociétés affiliées.
En un instant s'évanouissent les illusions, en un instant s'en-
volent les espérances! Les Feuillants demandent aux sociétés
populaires de défendre avec eux la constitution. Les sociétés
populaires répondent qu'avec les Jacobins elles défendront
la révolution.

Les dangers qui environnaient de tous côtés la constitution
inspiraient à Frochot de graves pensées. Il savait bien que
les lois sont des digues inutiles contre le torrent des passions
populaires, mais il croyait indispensable de les établir. Tandis
que les partis s'acharnaient autour de la constitution inachevée, les uns pour la développer dans le sens républicain,

(1) *Réponse de N.-Th.-B. Frochot*, p. 14. « Dès la première séance des
Feuillants, il fut convenu, et même, à ce que je crois, positivement arrêté,
que les députés jacobins et autres y seraient seuls reçus, les premiers sans
examen, ceux-ci après présentation : mais que nul autre citoyen n'y serait
admis ; qu'ainsi cette société, ou plutôt ce comité, se dissoudrait avec l'Assemblée constituante..... » Au lieu de tenir cet engagement, le comité des
Feuillants s'accrut bientôt d'un grand nombre d'étrangers.

les autres dans le sens monarchique, la plupart pour la ruiner ou la refaire, Frochot travaillait à la consolider et à l'affermir.

Depuis longtemps il étudiait, au point de vue de la théorie et de la pratique, les meilleurs moyens de réviser une constitution, c'est-à-dire d'allier le principe de la souveraineté du peuple avec le respect des lois établies, et il était arrivé à cette conclusion que les nations n'ont point de droit quand on leur conteste celui de modifier la forme de leur gouvernement, et qu'il n'est pas de gouvernement quand les hommes peuvent le renverser au gré de leurs caprices ou de leur ambition. Après s'être exercé plusieurs fois sur ce sujet à la tribune des Feuillants, notamment le 21 août (1), il prononça le 31 du même mois un grand discours devant l'Assemblée nationale. « Ce discours, s'écria un député, Lavie, est digne de l'ami de Mirabeau (2). » L'Assemblée en ordonna l'impression et le renvoi au comité de con-

---

(1) *Journal du soir*, rédigé par M. Beaulieu, 2e année, no 229.

(2) Cabanis écrivit à Frochot la lettre suivante : « J'ai lu avec un grand « intérêt votre excellent discours. Je vous remercie sincèrement de cette « marque de souvenir. Je ne vous ferai pas une aussi belle lettre que celle « que vous avez reçue hier. Je ne dirai pas que l'ombre de Mirabeau était « à vos côtés. Je dirai avec plus de vérité que vous aviez Mirabeau dans la « tête et dans le cœur. Ce discours comptera pour votre gloire : il doit vous « laisser de vifs regrets. Votre timidité vous a commandé, et il fallait écouter « ce je ne sais quoi qui tourmente tout homme qui vaut quelque chose. « Cette agitation a dû être violente chez vous; mais à quelle époque avez- « vous été vaincu? Lorsque vous ne pouviez plus marcher sous l'aile de « notre ami et le caresser par vos succès. Ah! mon cher Frochot, que votre « ouvrage eût délicieusement affecté son âme! Toujours il parlait de vous « avec sentiment, et il en eût parlé aujourd'hui avec un noble orgueil! « Prenez, prenez avec transport la place que vos concitoyens viennent de « vous accorder! Voilà ce qui flatte vraiment plutôt que les perfides caresses « des grands du jour. Membre de votre département, vous en serez le chef « honorable! Après cette mission la troisième législature vous attend, et « c'est là que vous déjouerez de plats faquins sans talent et sans âme, en « montrant que Mirabeau savait choisir ses amis. » (Sept. 1791.)

stitution. Dans le cours de la discussion, Barnave, Tronchet
et Dandré se rallièrent aux conclusions de Frochot qui furent
en partie modifiées et en partie adoptées. Après avoir reconnu en principe que le peuple pouvait toujours réviser
sa constitution, mais qu'en fait le peuple français était invité
à ne pas faire une Convention avant trente ans, l'Assemblée décida que, si trois assemblées législatives votaient la
révision de certains articles de la constitution, la quatrième
assemblée ferait cette révision, et que de plus le nombre
des députés serait augmenté dans la proportion indiquée par
Frochot. Ces dispositions furent votées dans la séance du
2 septembre, après un discours de Thouret. On sait comment la Convention répondit à la prévoyance de l'Assemblée
constituante.

La révision de la constitution, ou plutôt le classement des
divers titres de la constitution, avait donné un nouvel
aliment à l'ardeur des partis. Les intrigues se croisaient
autour de Frochot, qui passait au travers sans s'émouvoir.
Un incident l'arrêta. L'Assemblée avait renvoyé son projet
sur les conventions nationales au comité de constitution. Duport lui ayant montré les résolutions adoptées par le comité,
Frochot reconnut aisément que le nouveau projet de décret
ne répondait nullement aux vues de la majorité et à ses
propres opinions. Un des articles même semblait entraîner
l'Assemblée vers le système des deux chambres. Frochot
en fit l'observation à Duport. « Eh bien! lui répliqua-t-il, si
telle est notre intention? » Frochot, qui avait rejeté en 1789
la proposition de Necker, et qui considérait encore une
seconde assemblée comme le refuge constitutionnel de l'aristocratie et la dernière ressource des privilégiés, dénonça
l'article suspect dans une petite brochure imprimée pendant
la nuit et distribuée le lendemain à l'ouverture de la

séance (1). Cette brochure contenait un contre-projet avec
des observations critiques. Duport, craignant un débat personnel et public, pria Thouret de défendre les résolutions
du comité, qui furent adoptées ; mais Regnaud de Saint-
Jean-d'Angély, relevant avec beaucoup d'habileté le contre-
projet de Frochot, fit voter l'article qui tendait à limiter
les droits des assemblées chargées de réviser la constitution (2).

Jusqu'à la dernière heure, la constitution fut donc un
champ de bataille entre ceux qui voulaient la paix et ceux
qui ne la voulaient pas. Jusqu'à la dernière heure, Frochot
soutint avec l'Assemblée que la révolution devait s'arrêter
dans la constitution qu'elle avait conquise. « Lorsque la
« *révolution est terminée*, » disait Le Chapelier, « lorsque la
« constitution de l'empire est faite, lorsqu'elle a délégué
« tous les pouvoirs publics, appelé toutes les autorités, alors
« il faut pour le salut de cette constitution que tout rentre
« dans l'ordre le plus parfait, et que rien n'entrave l'action
« des pouvoirs constitués ; que les délibérations et la puis-
« sance ne soient plus que là où la constitution les a placées ;
« que chacun respecte assez et ses droits de citoyen et les
« fonctions de délégués pour ne pas excéder les uns et ne
« pas entraver les autres. » Et Robespierre répondait :
« Quand je vois que la constitution naissante a encore des
« ennemis intérieurs et extérieurs ; quand je vois que les
« discours et les signes extérieurs sont changés, mais que
« les actions sont toujours les mêmes ; quand je vois l'in-
« trigue, la fausseté donner en même temps l'alarme, semer
« les troubles et la discorde ; quand je vois les chefs des

(1) *Réponse de N.-Th.-B. Frochot*, p. 17.
(2) *Moniteur universel*, 1791, p. 1149.

« factions opposées combattre moins pour la cause de la
« révolution que pour envahir le pouvoir et dominer sous le
« nom du monarque, je ne crois pas que la *révolution soit*
« *finie.* »

Tout l'avenir était dans cette contradiction. L'Assemblée
faisait son devoir, mais Robespierre avait raison. Jusqu'à la
fuite de Varennes, la révolution se concentra dans la haine
des abus et la ruine des priviléges. Après l'arrestation de
Louis XVI, elle s'étendit jusqu'à la haine des personnes
et à la ruine de la royauté. « En acceptant la constitution
vous avez fini la révolution, » disait Thouret à Louis XVI, et
le lendemain la révolution prenait dans l'Assemblée législative un nouvel essor.

L'Assemblée constituante se sépara triste, lasse et décou-
ragée. Elle avait fait une grande œuvre à défaut d'un ouvrage
durable; elle avait espéré fonder dans le présent, elle ne
devait fonder que dans l'avenir. Ce n'était pas sa faute. Les
révolutions sont des crises inévitables qui mettent d'accord
les lois et les mœurs, et qui règlent les changements opérés
par le temps dans l'état des esprits et les situations sociales.
Quoiqu'elles aient souvent beaucoup d'analogie avec les
maladies humaines, on ne peut cependant pas les couper
par la force ou par des décrets, comme on coupe la fièvre
avec de la quinine, ou un membre avec des instruments.
Il faut que le temps les prépare, les achève, les consomme;
il faut que tous ces grands remuements de passions et d'intérêts contraires s'apaisent et tombent, et que la lassitude
publique venant au secours de la justice, des générations
nouvelles interviennent et tranchent les prétentions des
combattants épuisés.

XII

Résumé des travaux de Frochot dans l'Assemblée constituante. — Son
caractère politique. — Influence de Mirabeau sur sa destinée.

En parcourant les discours et projets de discours, les
notes et motions, les lettres et documents laissés par Frochot
pendant cette Assemblée qui fut à la fois constituante et
nationale, il n'est pas difficile de résumer ses sentiments et
ses opinions, sa conduite et ses votes.

Dès l'ouverture des états généraux, il marche avec le tiers
état inébranlable et résolu. Il fonde le comité breton (1). Il
prête le serment du Jeu-de-Paume (2). C'est indiquer d'un
trait l'esprit des premières et décisives résolutions.

Au point de vue politique, Frochot partage les passions et
les illusions de l'Assemblée constituante. Il apporte dans ses
cahiers un principe : la souveraineté du peuple; un sentiment : le respect de la monarchie. Il tente de les concilier.
Le peuple déléguant le pouvoir législatif à une seule Assemblée, le pouvoir exécutif à un roi : tel est le système. Alors
pourquoi le veto absolu? pourquoi deux chambres? Frochot
recule devant la suprématie du pouvoir exécutif et la division
du pouvoir législatif. De toutes parts on proteste. Frochot
proteste contre les protestations, et pour rendre inattaqua-

(1) *Réponse de N.-Th.-B. Frochot*, p. 12. « J'ai été membre des Jaco-
« bins et même l'un des premiers, car à Versailles j'étais du comité breton,
« et comme tel je me trouvai l'un des cinquante ou soixante fondateurs de
« la société des Jacobins, après la translation de l'Assemblée constituante à
« Paris. »

(2) *Procès-verbal des séances de l'Assemblée nationale*, 1791. In-4°,
chap. XXXIX.

bles les conquêtes de 1789, il fixe dans son discours sur
la révision de la constitution les limites dans lesquelles
s'exercera désormais l'action du peuple souverain.

Le peuple est souverain, mais il ne doit pas administrer.
Il doit déléguer ses pouvoirs et non les exercer. Frochot
développe cette théorie d'ordre public dans un mémoire
sur les relations des districts de Paris et des représentants
de la commune, des corps électoraux et des corps délibérants. En administration il est plus conservateur qu'en
politique.

L'organisation judiciaire est l'objet de ses études favorites.
Il compose plusieurs discours qu'il ne prononce pas sur la
nomination et l'institution des juges. Il soutient avec la majorité de l'Assemblée que les juges doivent être nommés par
le peuple, et ne peuvent être infirmés par le roi. Il repousse
contre la majorité de l'Assemblée l'institution des tribunaux
d'appel. Il réorganise le notariat dans un projet de loi qui
est adopté par les comités de constitution et de judicature et voté par l'Assemblée sans discussion. Ce travail,
attribué sans raison à Mirabeau, fait à Frochot le plus grand
honneur (1).

Le droit civil attire et fixe son attention. Frochot rédige
des notes et même des motions aux Jacobins et à l'Assemblée

(1) Les comités de constitution et de judicature n'eurent pas le temps de
préparer tous les projets de loi qu'ils devaient soumettre à l'Assemblée
nationale. Ils acceptèrent assez souvent les travaux des membres de l'Assemblée qui ne faisaient pas partie du comité. C'est ainsi que le projet de loi
de Frochot devint le projet de loi des comités. C'est ainsi que Frochot en
donna lecture dans la séance du 17 septembre 1791, au nom des comités.
Sur son manuscrit Frochot a écrit : « Ce travail remis à Le Chapelier et
rapporté par lui a été adopté presque en entier. » En effet, dans la séance
du 18, Le Chapelier fit décréter la plus grande partie de la loi. (*Moniteur*,
17 et 20 septembre 1791, p. 1080 et 1093.)

sur les gens de couleur, les protestants, les juifs d'Alsace
et d'Avignon. Il y professe les principes les plus purs de
la tolérance, de l'égalité et de la liberté. Les choses l'occupent autant que les personnes. Il suit avec intérêt les
délibérations du comité féodal, auquel il fait des communications importantes sur l'exécution des arrêtés du 4 août. Il
monte même à la tribune, et dans la séance du 1ᵉʳ mars 1790
il demande la suppression des banalités.

Dans cette Assemblée vraiment nationale, où se débattaient
tous les systèmes, toutes les passions, toutes les idées et
tous les intérêts, quelle place occupait Frochot ? Quel était
l'homme ou les hommes dont l'esprit, la conduite et les sentiments s'accordaient le mieux avec les siens ? On est tenté
de répondre : Mirabeau ! mais Mirabeau, pour lequel Frochot
avait la plus vive admiration et la plus tendre amitié, était
par la pénétration et la sagacité tellement supérieur à ses contemporains qu'on ne peut en vérité le comparer à personne.
Si Frochot céda quelquefois dans des votes monarchiques à
l'éloquence entraînante de son ami, il n'en appartenait pas
moins à ce parti populaire, qui, selon l'expression même de
Mirabeau, « n'était ni populacier ni aristocrate. » Il se rattachait à ce groupe éminent de légistes et d'orateurs, à ces
hommes d'ordre, de droit et de bonne foi, à Thouret, à Dandré, à Target, à Le Chapelier, à Tronchet, à Duquesnoy, à
tous ceux qui voulaient la constitution contre tous les mécontents, et dont les noms sont en définitive les solides
gloires de l'Assemblée constituante.

Avec Le Chapelier surtout, Frochot a dans la conduite et
dans les doctrines une saisissante analogie. Tous deux, en
faisant une révolution sociale, font une révolution politique.
Tous deux, en détruisant les abus, brisent les ressorts de
l'ancien régime. Tous deux, en abattant les priviléges, démo-

lissent l'antique monument de la monarchie française. Au
milieu des décombres, ils s'improvisent architectes ; ils élèvent un édifice qu'il décorent du nom de constitution. De
toutes parts, on leur crie que cet édifice manque de proportions, de solidité, d'harmonie, qu'il convient à la royauté
comme à la république, qu'ils bâtissent au hasard, et qu'ils
ne pourront jamais placer la clef de la voûte. Critiqués, me-
nacés, insultés même, ils continuent tranquillement leur
ouvrage et répondent que « la révolution est légalement terminée par la constitution ». Des conseils on passe aux menaces ; des lois ils passent aux armes. Ils ont fondé le comité
breton, ils fondent le club des Feuillants ; ils ont commencé
contre la cour, ils finissent contre les clubs ; ils ont commencé par la liberté, ils finissent par l'ordre. Leur histoire
est l'histoire de l'Assemblée constituante.

« Il est très-vrai, écrivit un jour Frochot, que je n'ai pas
« fait grand bruit dans l'Assemblée constituante. A raison de
« cela, je devrais être fort tranquille aujourd'hui. N'ayant
« pas assez de talents pour rechercher les honneurs de la
« tribune, je me suis enveloppé dans une profonde obscurité ;
« si cette résolution ne fait pas honneur à mon esprit, elle
« fait du moins honneur à mon bon sens. C'est beaucoup de
« savoir, à vingt-huit ans, se ranger à sa place (1). » Frochot
était trop modeste ; il avait, par ses discours et ses projets de
loi sur les banalités, sur les notaires et sur la révision de la
constitution, conquis une place honorable ; mais il resterait
assurément à cette place, il y resterait confondu dans cette
foule d'hommes distingués que les contemporains estiment
et que l'histoire oublie, si l'amitié de Mirabeau ne tombait
sur lui comme un rayon de soleil. Cette amitié éclaire toute

(1) *Réponse de N.-Th.-B. Frochot*, p. 7.

sa vie ; elle fera ses périls, elle fera sa fortune. C'est elle qui, pendant la Terreur, armera ses ennemis et le conduira au pied de l'échafaud ! C'est elle qui le désignera à la bienveillance du premier consul et l'installera pour douze années dans la préfecture de la Seine! Tant il est vrai que les premiers pas décident de la vie, et qu'on n'est jamais impunément l'ami désintéressé d'un grand homme !

LIVRE DEUXIÈME

FROCHOT ADMINISTRATEUR DU DÉPARTEMENT DE LA COTE-D'OR

(1791 - 1799)

I

Arrêtons-nous un moment. Avant de lever la toile sur le drame de la Terreur, plaçons les décors et nommons les acteurs (1).

Aignay-le-Duc avait eu jadis une certaine importance.

(1) Les preuves du récit dans lequel nous allons nous engager ont été recueillies en grande partie par Frochot. Si Frochot n'eût pris la peine de rassembler sa correspondance, ses écrits et les écrits de ses adversaires, des copies authentiques d'actes administratifs, des procès-verbaux des séances de la société populaire d'Aignay, il serait impossible aujourd'hui de réunir la précieuse collection de pièces imprimées ou manuscrites que nous avons entre les mains. Nous avons trouvé dans les Archives de la Côte-d'Or et dans les Archives de l'Empire tout ce qui pouvait compléter nos recherches à un point de vue général, et faire d'un épisode local un morceau d'histoire générale. Nous ne citerons donc au bas des pages que les pièces imprimées ou les documents qui ne seraient pas tirés de notre collection.

Situé au fond d'un étroit vallon que traverse le ruisseau de l'Aignay, ce bourg devait son origine et son surnom à un ancien château des ducs de Bourgogne. Au moment de la Révolution, le château était ruiné et la ville en pleine décadence. Elle avait compté 500 feux. Elle n'en comptait plus que 168. Sous prétexte qu'Henri IV avait honoré Aignay du titre de ville, Louis XV y avait établi, depuis 1762, un impôt sur la viande et sur le vin. Cet impôt était affermé 800 livres. Aignay n'avait pourtant point d'hôtel de ville et de municipalité; c'était une simple communauté rurale. Le prévôt royal présidait les assemblées de la communauté, dont les comptes étaient rendus au subdélégué de l'intendant par trois syndics. D'autre part, les habitants d'Aignay étaient tenus de payer au roi des cens en argent, des redevances en nature, de faire des corvées de bras ou de charrues, et tous ces droits, joints au tarif de 1762, avaient diminué considérablement la valeur des fonds et augmenté la cherté de la vie. Cependant le bourg d'Aignay s'était imposé récemment une lourde charge. Il avait élevé une halle longue de cent pieds. Cette halle devait abriter les six foires accordées par Henri IV et favoriser le commerce de toiles et de cuirs qu'Aignay entretenait avec la Bourgogne (1). Au sein même de sa décadence, Aignay avait conservé l'orgueil de son ancienne prospérité.

Celui qui souffre est toujours prêt à suivre les révolutions. Aignay salua avec joie la convocation des états généraux. Pour exprimer ses vœux et plaider sa cause, la communauté des habitants choisit Frochot, que le tiers état du bailliage lui fit l'honneur d'adopter.

(1) Courtépée. *Descript. hist. et top. du duché de Bourgogne*, t. VI, p. 420. — Cahier des remontrances, plaintes et doléances des habitants de la communauté d'Aignay-le-Duc. 1789.

La révolution commencée, Aignay en reçut les contre-coups.

En juillet 1789, après la prise de la Bastille, un cri d'effroi remplit la France. Partout, au même moment, dans une épouvante universelle et soudaine, on signale un soulèvement de brigands. L'imagination populaire évoque une armée de fantômes. La France prend les armes. Le 28 juillet, d'accord avec les syndics d'Aignay, Caillard, directeur de la poste aux lettres et ami de Frochot, organise une milice bourgeoise. Un courrier apporte à franc étrier une sinistre nouvelle! Châtillon est menacé par trois mille brigands, et les autorités implorent un prompt secours. L'alarme se répand dans la campagne : les femmes, les enfants envahissent Aignay et campent sous les halles. La nuit s'écoule dans une confusion inexprimable. Le jour ramène un second courrier. Les brigands n'existaient pas : mais on a tremblé et la garde nationale est debout.

Pour maintenir l'ordre public et rassurer les esprits, il fallait au plus tôt constituer sur tous les points du territoire une autorité qui pût requérir la force militaire et se défendre au nom de la loi. Les municipalités seules pouvaient jouer ce rôle protecteur. « Elles sont d'autant plus importantes, « disait Mirabeau le 23 juillet 1789, qu'elles sont la base du « bonheur public, le plus utile élément d'une bonne consti- « tution, le salut de tous les jours, la sécurité de tous les « foyers, en un mot, le seul moyen possible d'intéresser le « peuple entier au gouvernement et de préserver les droits « de tous les individus. » Aussi l'Assemblée nationale dé-clare-t-elle que chaque ville, que chaque village aura sa municipalité, et que les citoyens actifs de la ville ou du village nommeront le conseil municipal et le maire (no-vembre 1789). Aignay exécute fort tranquillement les instructions de Frochot et les décrets de l'Assemblée. Caillard est élu maire.

Un peu plus tard (avril 1790), une société populaire se fonde, grâce à l'accord de Caillard, de l'abbé Mongin, cousin de Caillard, de Noël Rouhier, chirurgien à Beaunotte, et du curé de Quemigny.

La milice nationale, le conseil municipal, la société populaire, en un mot toutes les institutions d'Aignay s'établissent tour à tour sous l'influence des partisans de Frochot.

Les débats sur l'organisation administrative du royaume vinrent en même temps exciter au plus haut point l'attention publique et les vanités locales. Dois-je rappeler que la France était depuis plusieurs siècles coupée et recoupée en mille cadres divers, et que, pour tout dire, elle ressemblait à un grand échiquier dont chaque case était un régime ou une province? Étouffer cet esprit de province dans le sentiment d'une patrie commune, écraser sous le poids d'une masse une et indivisible tous les priviléges de juridiction et toutes les inégalités de territoire, centraliser dans les mains d'une administration populaire le gouvernement des affaires publiques, telle fut la mission de l'Assemblée nationale. Le royaume, affermi et consacré dans son unité politique, est reconstitué dans sa division administrative. La France est partagée en quatre-vingt-trois départements, les départements en districts, les districts en cantons.

A cette nouvelle, chaque ville brigue l'honneur de l'emporter sur sa voisine. Aignay délibère, pétitionne, intrigue pour commander au district qui sera taillé dans le bailliage de la Montagne.

Malgré les efforts de Frochot, l'Assemblée nationale décrète le 20 janvier 1790 que le département de la Côte-d'Or aura pour chef-lieu Dijon, et qu'il comprendra les districts de Dijon, Saint-Jean-de-Losne, Châtillon, Semur, Is-sur-Tille, Arnay-le-Duc et Beaune. Aignay reçoit le titre de chef-lieu de canton.

Le corps de la machine administrative était construit. Il ne restait plus qu'à compléter les rouages et à les mettre en mouvement. Ce mouvement pouvait partir d'en bas ou d'en haut, du peuple ou du roi. L'Assemblée nationale le fit partir du peuple. Par défiance contre la cour, par crainte d'une réaction, par haine contre la féodalité, la loi de 1790 confiait à des assemblées issues d'un scrutin populaire le soin d'administrer les départements et de remplacer les intendants, d'administrer les districts et de remplacer les subdélégués, d'administrer les communes et de remplacer les municipalités vénales. Les élus du pays étaient substitués aux officiers du roi. A tous les degrés, le pouvoir exécutif était livré à la nation dont la souveraineté, au lieu de planer sur les nouvelles institutions, s'abattait sur la pratique des affaires.

Le principe posé, on l'appliqua.

Le canton fut le cadre électoral; l'assemblée primaire, la réunion au chef-lieu du canton de tous les électeurs du canton. L'assemblée primaire se composait de tous les Français âgés de vingt-cinq ans, domiciliés depuis un an et payant une contribution directe de la valeur locale de trois journées de travail. Les électeurs du premier degré, que la loi qualifiait de citoyens actifs, se réunissaient au chef-lieu du canton notamment pour nommer les électeurs du second degré qui, à leur tour, se réunissaient au chef-lieu du département pour élire les députés à l'Assemblée nationale et les membres de l'administration départementale. La constitution de 1791 avait à peu près établi un suffrage universel à deux degrés.

Le mercredi 28 avril 1790, se tint à Aignay la première assemblée primaire. Neuf cents citoyens votèrent tour à tour dans l'église, commune par commune, le maire en tête. La campagne l'emporta sur le bourg, et fit passer neuf électeurs dont aucun n'était sur la liste des amis de Frochot. A la fin de mai, tous les électeurs réunis à Dijon nommèrent le conseil général et le directoire du département (1); puis les électeurs du district retournèrent au chef-lieu du district et composèrent l'administration du district, c'est-à-dire de l'arrondissement. En général, l'opinion publique avait donné la victoire moins aux hommes de 1789, aux anciens amis de Frochot, aux réformateurs de la veille, qu'aux hommes de 1790, aux partisans d'eux-mêmes, aux ralliés du lendemain. Ce fut, en Bourgogne du moins, le véritable caractère de ces élections.

Le peuple avait reçu de la constitution de 1791 la mission de constituer l'administration et les tribunaux. Après avoir choisi ses magistrats, il nomma ses juges. Le premier degré de la juridiction était l'excellente institution de la justice de paix. « Pourra-t-on confier, dit Thouret dans la séance du « 7 juillet 1790, un poste plus honorable que celui de juge « de paix? Je le demande à chacun de vous. De retour « dans votre département, ne croiriez-vous pas recevoir « une grande faveur si la confiance populaire vous appelait « à une place où l'honnête homme pourra faire tant de « bien (2) ? » Ces simples paroles touchèrent Frochot jusqu'au fond du cœur.

L'ancien prévôt d'Aignay n'eut plus d'autre ambition. Quand il fut nommé, on s'aperçut qu'il n'avait pas l'âge. La

---

(1) *Journal patriotique de la Côte-d'Or*, nᵒˢ 10 et 21.
(2) *Moniteur universel*, juillet 1790, nᵒ 190.

place était enviée; on protesta. Après quelques mois d'hésitations et de négociations, le directoire du département cassa
l'élection du 15 novembre 1790, et fixa une nouvelle épreuve
au 30 mai 1791. Par délégation spéciale et extraordinaire,
un commissaire de l'administration départementale présida
cette assemblée. Sa présence, loin d'intimider, anima les
électeurs qui confirmèrent leur premier vote aux cris répétés
de *Vive Frochot!* Entre les deux scrutins, Frochot avait
gagné ses trente ans, et le membre de l'Assemblée nationale
put être proclamé juge de paix (1).

II

Les partis et les hommes à Aignay-le-Duc. — Caillard, Mongin, Rouhier.

Voici le bourg d'Aignay avec sa municipalité, sa milice,
sa société populaire, sa justice de paix. A des institutions
nouvelles il faut des hommes nouveaux.

(1) « Vous ne pouvez plus vous en défendre, écrit-on d'Aignay à Frochot
« le 3 avril 1791, il faut absolument vous rendre aux vœux empressés et
« confirmés par une seconde et honorable épreuve des citoyens de notre
« canton. Ils ne voient que vous, ne désirent que vous pour être leur conci-
« liateur et l'interprète des lois auxquelles vous avez participé... D'après
« cela, parlons ouvertement d'affaires : dites-moi, mon cher ami, vous qui
« aimez les paisibles campagnes et qui savez sentir tout ce qu'elles offrent
« de satisfaisant à l'homme philosophe, qui comme vous n'est pas séduit
« par une trop grande ambition de la fortune, irez-vous, en vous expa-
« triant, chercher à remplir dans une terre étrangère un emploi quelconque,
« même le plus attrayant?... Connu avantageusement, désiré et chéri
« comme vous l'êtes de toute la classe des bons citoyens, le seul qui réu-
« nissiez toutes les qualités qui sont à désirer dans l'homme public, vous
« serez heureux dans notre canton, je vous en réponds, vous le serez. »
Cette lettre est signée CAILLARD.
On verra bientôt qu'il n'est pire ennemi qu'un ancien ami.

Lorsque, le 9 février 1789, la requête et la délibération des corporations du tiers état de la ville de Dijon, concernant le vote par tête, fut soumise à l'assemblée des notables d'Aignay-le-Duc : Petit, notaire royal ; Frochot, avocat et notaire royal ; Caillard, directeur des postes ; l'abbé Mongin ; Genreau, propriétaire du greffe ; Roydot, receveur des droits de la marque des toiles ; Roydot, marchand et syndic ; Siredet, cordonnier et syndic ; Converset, maître menuisier et syndic ; Courtois, sergent royal ; Renardet, serrurier ; Degon, Maltête, Damotte, Pajot, marchands, adhèrèrent à cette délibération. « Pendant les signatures, dit le procès-« verbal, Claude Mignard, praticien, et Claude Malnoury, « sergent royal, se sont retirés de l'assemblée et n'ont pas « signé (1). » Déjà se dessinaient les deux partis qui se disputèrent, en 1790 et en 1791, la réorganisation des services publics.

Frochot nommé député, Caillard demeura quelque temps l'oracle d'Aignay ; il fut nommé tour à tour commandant de la garde nationale, maire, président de la société populaire. Des maladresses compromirent son crédit. Claude Mignard, son adversaire, sut en profiter habilement. Grâce à son métier d'homme d'affaires et à sa famille très-considérable et très-ancienne, Mignard avait des relations dans tous les villages voisins. Le plus faible à Aignay, il était le plus fort dans le canton. Il triompha aisément dans les élections générales qui créèrent l'administration départementale. Lui-même entra d'emblée dans l'administration du district de Châtillon. De ce poste, il combattit Frochot ; non pas qu'il fût son ennemi, mais parce qu'il était l'ennemi de ses amis.

Frochot revenu, la constitution appliquée et la révolution

(1) Ce procès-verbal a été imprimé.

continuant, les groupes qui s'étaient formés pour diriger le
mouvement de 1789, ou plutôt pour en profiter, se rompi-
rent pour se refaire au gré de nouveaux intérêts et de nouvelles ambitions. Par une contradiction au premier abord
singulière mais cependant très-naturelle, le parti de Mignard,
qui pendant l'Assemblée nationale avait indirectement
combattu Frochot, se rapprocha de Frochot à mesure que
Frochot s'éloigna de Caillard. D'autre part, les anciens meneurs de Frochot commencèrent à l'abandonner quand ils
le virent s'abandonner lui-même et renoncer à une carrière
qu'ils comptaient exploiter. En s'installant à Aignay, Frochot ruinait leurs espérances. Il cessait d'être l'instrument et
devenait l'obstacle de leur fortune. Il parut inutile, importun,
odieux. Sa perte fut résolue. Faut-il nommer ces hommes à
l'âme ingrate ou basse, à la tête ardente et faible, les amis
de 1789 et de 1790, les adversaires de 1791 et de 1792,
les ennemis de 1793 et de 1794? Faut-il nommer Caillard,
Mongin, Rouhier, Pannont, Courtois?

Avant 1789, Caillard était un personnage. Juge dans plusieurs seigneuries, procureur fiscal dans beaucoup d'autres,
directeur de la poste aux lettres d'Aignay, il ne jurait que
par son frère, Antoine Caillard, pensionné du roi et secrétaire de M. de Saint-Priest (1). Protégé par M. de Chastenay-
Lanty qui l'employait dans ses affaires, soutenu par Frochot
dont il partageait les vues, il prit une part active aux élections de 1789. Les élections faites, il se posa dans le bailliage
de la Montagne comme le représentant des deux députés de
la noblesse et du tiers état. A l'un et à l'autre Caillard écrivait souvent; mais ni M. de Chastenay-Lanty ni Frochot

_____

(1) Antoine Caillard mourut en 1809. Il est l'auteur d'un *Catalogue des
livres de son cabinet.* In-8°, 1805. — Il ne partagea pas les opinions exagérées dans lesquelles la Terreur entraîna son frère.

n'avaient le loisir ou le désir de lui rendre compte de leur conduite. Caillard se piqua. « Caillard est réellement fâché, « écrivait un des amis de Frochot à la fin de 1791. Les « paquets que vous m'avez adressés ont probablement excité « son ire et la jalousie s'en est mêlée. Prenez sur vous « d'écrire plusieurs fois de suite. Ne nous brouillons pas tout « à fait. Madame Frochot est seule ; moi, je suis étranger. » A ce grief de jalousie, Caillard en ajoutait un autre. Sa sœur avait été forcée de le quitter, et Mme Frochot ne voulait pas recevoir la femme qui devait profiter de cette éclatante rupture. Le retour de Frochot aggrava la situation. Caillard n'osa pas imposer et ne sut pas dissimuler les petits scandales de sa vie. On l'abandonna. Il tomba dans une sombre mélancolie. Quand on est mécontent de soi, on est mécontent des autres, et l'on accuse tout le monde pour ne pas s'accuser soi-même. A mesure que l'opinion publique se montra plus scrupuleuse, Caillard se cacha davantage. Son dépit, sa colère s'exaltèrent dans la solitude et le poussèrent à des rêves de vengeance. La Terreur en fit une de ses créatures. De jacobin il devint sans-culotte, résolûment, mais secrètement, comme un homme qui se craint lui-même et qui a besoin de l'ombre pour frapper.

Georges Mongin, dont le nom est resté célèbre dans les annales révolutionnaires de la Côte-d'Or, était cousin de Caillard. Quoiqu'il prétendît être républicain de naissance et n'avoir jamais eu d'autre culte que celui de la patrie, Mongin était prêtre. Il avait oublié qu'à la prière de Frochot Talleyrand, évêque d'Autun, lui avait accordé le vicariat de Beaunotte (1). Il avait oublié que Petit, beau-père de Frochot, lui avait donné une commission de messes valant 500 livres.

(1) Beaunotte est un petit village près d'Aignay.

Il avait oublié les lettres qu'il avait écrites pour protester de son éternelle reconnaissance. Mongin disait donc sa première messe vers 1790, avec un revenu de 800 livres. Il criait alors : « Vive le roi ! vive la constitution ! » Mais le roi disparut, mais la constitution fut renversée, et Mongin de crier : « A bas les aristos ! A bas Capet ! » A la faveur de ces cris, il se glissa dans l'administration du district de Châtillon-sur-Seine, et, malgré la loi qui en écartait les prêtres, dans le comité de salut public. Dès lors, son ambition, son audace, son activité ne connurent plus de bornes. Frochot apprit de Mongin que certains hommes pardonnent moins les services que les injures ; mais Mongin apprit de Bernard de Saintes lui-même, du proconsul de la Terreur, que l'ambition trouve son châtiment dans l'ardeur qui la conduit au succès.

Après Caillard et Mongin, Rouhier. Noël Rouhier était chirurgien. Il avait beaucoup d'imagination et peu de caractère. Mongin, pendant son séjour à Beaunotte, avait pris sur lui un ascendant absolu. Il conserva cet ascendant en ravivant de vieilles haines qu'une succession avait soulevées entre les familles de Rouhier et de Frochot. Rouhier avait un frère, Nicolas Rouhier, ardent démagogue, jacobin enragé, qui dans son grenier de la rue Saint-André-des-Arts écrivit de Paris les plus furieux libelles, et aida Caillard et Mongin à terroriser la Côte-d'Or.

Autour du triumvirat de Caillard, de Mongin et de Rouhier, se remuaient : Renardet, serrurier ; Pannont, peintre en bâtiments ; Courtois, perruquier, et trois ou quatre hommes bavards et vaniteux que l'on pouvait conduire à la calomnie et qu'on eût conduits au crime avec une flatterie ou un verre de vin.

Qu'on ne se figure pas voir dans cette association un mouvement d'opinions politiques, un mobile d'utilité générale, un sentiment commun de patriotisme ? Non. Chacun poursuivait secrètement un but de domination ou de vengeance. « Il est bon d'humilier, » disait Mongin. « Vous êtes dessous, mettez-vous dessus, disait Danton, voilà toute la révolution. » Pourquoi donc Frochot fut-il dénoncé, persécuté, emprisonné ? Pourquoi ? Frochot l'a imprimé, et personne ne l'a démenti : parce que Caillard le soupçonnait « d'avoir parlé d'une certaine personne qui lui tenait de très-près ». Et Mongin ? Parce que la popularité de Frochot lui faisait ombrage et que le souvenir des services rendus lui était odieux. Et Rouhier ? Rouhier ! parce que le beau-frère de Frochot, Petit, avait recueilli une succession sur laquelle il comptait. Et Renardet ? Parce qu'il voulait être maire d'Aignay. Et Courtois ? Procureur de la commune. Et Pannont ? Ce que Renardet et Courtois lui auraient permis d'être ! L'envie avait donné des chefs aux sans-culottes : la peur leur donna des soldats.

III

Frochot juge de paix. — La déclaration de guerre à l'Autriche. — Éloge funèbre de deux volontaires d'Aignay (3 juillet 1792). — La patrie est en danger. — Adresse du conseil général de la Côte-d'Or à Louis XVI (28 juillet 1792). — Le 10 août. — Frochot donne sa démission de membre du conseil général. Il refuse d'être renommé juge de paix. — Découverte de la correspondance de Mirabeau dans l'armoire de fer. — Émeute à Aignay (9 décembre). — Frochot se porte défenseur de la mémoire de Mirabeau. — Adresse de la société populaire d'Aignay à la Convention (18 décembre 1792).

Quand, à la fin d'octobre 1791, Frochot revint à Aignay, les passions dont il devait être un jour l'innocente victime

attendaient l'anarchie pour fermenter et éclater. Il ne s'en
doutait pas. Il devinait des cœurs changés sous des visages
riants, mais il attribuait à l'absence l'embarras des premières relations. Que pouvait-on lui reprocher? Il revenait
pauvre comme il était parti. L'Assemblée nationale avait
supprimé l'office de prévôt. La voix populaire le lui avait
rendu sous le nom de justice de paix. Il ne demandait pour
toute récompense que le repos dans sa famille et la considération dans son pays.

Ce vœu était si modeste et si légitime que Frochot se
croyait sûr de l'atteindre. Nommé pour ainsi dire à l'unanimité, le 5 septembre 1791, membre du conseil général du
département de la Côte-d'Or (1), il fut accueilli à la session
de novembre par les marques les plus flatteuses d'estime. Ses
collègues le supplièrent d'entrer dans le directoire du département. Il opposa à leurs instances un refus inébranlable. Il
ne rêvait qu'à l'honneur d'exercer la justice et la police de
son canton. Nul, il faut l'avouer, n'en était plus digne. De
trois cents procès qu'il jugea en 1791 et 1792, six seulement
furent portés au tribunal d'appel et aucun ne fut cassé. Il
ne montra pas moins de vigilance et de fermeté dans la
répression des délits et dans l'apaisement des passions populaires. Une fois, de ses propres mains, il arracha le maire
Genreau à un groupe menaçant d'ouvriers ; une autre, il
sauva les moines du Val-des-Choux, qu'une partie de la garde
nationale d'Aignay avait arrêtés sans ordre, la nuit, par
un élan de patriotisme qui avait trouvé immédiatement sa
récompense dans les caves du monastère. En dehors de ses
fonctions, Frochot gardait une grande réserve.

La Société populaire avait été fondée sous ses auspices

(1) Frochot obtint 238 voix sur 242 votants.

(avril 1790). Tous les quinze jours, à l'origine, sous la présidence du curé ou du maire, on se réunissait pour lire à haute voix les journaux et disserter sur les opinions de chacun. « Vous nous affilierez avec la société des Amis de la « Constitution, écrivait Caillard à Frochot le 10 avril 1790 ; « le but est d'être des sentinelles vigilantes qui avertiront « nos chefs de tout ce qui se passera en contradiction et en « opposition des lois constitutionnelles auxquelles l'Assem- « blée travaille sans relâche. » Caillard tint parole et engagea la société dans la voie des dénonciations. A partir de 1791, la société d'Aignay envoya aux Jacobins de Paris des notes sur l'état des esprits, le taux des fortunes et les relations des personnes dans le district de Châtillon. A mesure que l'ancien régime et l'autorité royale perdirent du terrain dans les lois et dans l'opinion, et surtout depuis le jour où il se brouilla avec Frochot, Caillard imprima au club d'Aignay un mouvement de plus en plus révolutionnaire. Les choses en vinrent à ce point qu'après la fuite de Varennes, en juillet 1791, la société populaire demanda non-seulement la déchéance, mais la mort de Louis XVI. Dans le pamphlet où Caillard se vante d'avoir dès cette époque « sollicité le supplice du tyran qui sur l'échafaud a enfin payé le prix de ses forfaits », il fait cet aveu : « Ceux qui provoquèrent cette pétition ne sont pas les partisans actuels de Frochot (1). » Comment s'étonner que, revenant à Aignay, Frochot ait hésité à entrer dans une association qui passait son temps à dénoncer les vivants et à prier pour les morts, et qui avait, au risque d'anéantir la constitution qu'il avait faite, voté avec les Jacobins dont il s'était solennellement séparé ?

(1) *Déclaration authentique des vrais sans-culottes de la société populaire séante ci-devant à Aignay-Côte-d'Or, et actuellement à Beaunotte*. Dijon, an II, p. 8.

Pendant cinq mois, l'ancien membre de l'Assemblée constituante se déroba aux discussions de la société populaire. Après avoir siégé près de Mirabeau, Frochot n'éprouvait pas un irrésistible besoin de siéger près de Caillard. On taxait cette conduite de dédaigneuse, d'hostile, de coupable. Mille propos malveillants circulaient à la fois. Frochot fut prévenu. Il entra dans la société des Amis de la Constitution séante à Aignay-le-Duc au mois d'avril 1792.

Le roi et l'Assemblée venaient de déclarer la guerre à l'Autriche. Cette nouvelle retentit jusqu'au fond des campagnes et n'étonna personne. Un vague et irrésistible instinct précipitait la France dans une lutte sanglante. La guerre pouvait paraître imprudente, mais l'exaltation des esprits la rendait inévitable. On se figurait que la révolution n'était pas fondée dans les mœurs et dans les lois : on ne s'apercevait pas qu'elle était faite dans les intérêts et dans l'opinion. Beaucoup voulaient la liberté du monde pour assurer la liberté de la France. Beaucoup se livraient avec passion aux hallucinations d'un bonheur universel; mais la plupart calculaient sans mot dire, songeant à l'acquisition des biens nationaux et à l'abolition des droits féodaux. Des millions d'hommes étaient désormais intéressés, comme acquéreurs, comme héritiers, comme créanciers, à la ruine définitive des priviléges et des privilégiés, et si l'armée de Brunswick soulève d'un bout de la France à l'autre les innombrables volontaires de 1792, ce n'est pas seulement qu'elle souille le sol de la patrie, c'est qu'elle cache sous ses drapeaux les représentants détestés de l'ancien régime. Dès lors, que font les regrets de celui-ci, la trahison de celui-là, la haine des uns, la peur des autres? La France trouve des soldats, des fusils, des souliers, du pain. Rien n'est prêt, et d'un bond elle se jette en avant.

Aignay s'émeut d'une patriotique ardeur. En mai 1792, Frochot, nommé commissaire de recrutement, adressait aux gardes nationales du canton ces paroles où le sentiment de la justice et de la liberté n'étouffe pas l'accent de l'intérêt : « La gloire du nom français ordonne votre dévouement, « l'intérêt de chacun de nous l'exige. Pères, frères, fils, qui « que nous soyons, ceci est notre cause à tous. Il y va de « nos propriétés, de notre vie, de notre honneur, de notre « liberté. Vaincus, nous reprenons des fers, nous recevons « la mort, et par nous l'Europe est esclave. Vainqueurs, « nous assurons à jamais nos libertés, celles de nos derniers « descendants, et au milieu des douceurs de la paix nous « attendons le réveil des peuples. » A ces mâles conseils, les volontaires accourent. Petit, beau-frère de Frochot, s'enrôle malgré ses quarante-huit ans et jure de conduire le petit bataillon à la mort ou à la victoire. A la mort! car un mois à peine s'écoule, et Aignay pleure la perte de ses plus braves enfants : Nicolas Degon et Jean Converset ont péri dans l'affaire de Maubeuge.

Le 3 juillet, dans l'église d'Aignay, un service funèbre est célébré aux frais de la société des Amis de la Constitution, et Frochot a l'honneur de prononcer l'oraison funèbre de ses jeunes et infortunés compatriotes.

« Ils sont morts, dit-il, en combattant pour la liberté de « leur pays, les citoyens dont nous célébrons aujourd'hui la « mémoire! Ils ont péri! mais longtemps encore leurs noms « seront chers parmi nous. Ils ont péri! mais du moins ils « ont emporté dans la tombe l'idée consolante d'avoir servi « utilement la cause de leurs frères, et d'avoir préparé son « triomphe.

« Malheureux pères! les cris de votre douleur ont retenti « jusqu'au fond de nos âmes; mais, après ce premier tribut

« payé aux sentiments de la nature, combien vous avez dû
« vous enorgueillir d'avoir payé si honorablement votre
« dette à la patrie !

. . . .

« C'est ainsi, ce me semble, Messieurs, que nous nous
« sommes trouvés prêts pour effectuer la révolution, au jour
« même où les tyrans nous présumaient trop lâches pour la
« concevoir. Le sentiment de la liberté n'était que comprimé
« dans nos âmes; ils croyaient l'en avoir banni pour jamais.
« Nous demandions en secret une patrie, et ils pensaient
« nous avoir rendus incapables de la créer et de la servir.

« Enfin elle existe aujourd'hui ! A la voix de vingt mil-
« lions d'hommes, elle est sortie du milieu des décombres
« de la tyrannie de vingt siècles, et les despotes ont frémi à
« son aspect. Ils ont frémi, parce qu'ils savent que là où
« elle se montre, elle obtient l'amour et commande la
« reconnaissance : ils ont frémi, parce que cet amour est le
« germe ou le développement de toutes les vertus, et que là
« où il existe des vertus le règne des despotes est fini.

« O amour de la patrie ! puisqu'il est vrai que tu com-
« mandes l'amour de l'humanité, sois désormais l'unique
« objet de notre culte ! Il est si doux d'aimer son semblable !

« En vain les citoyens diront qu'ils aiment la patrie, s'ils
« ne sont en même temps actifs et laborieux. Cessant d'être
« utiles à leur pays, ils détruisent le pacte, ils renoncent à la
« protection commune; énervés par la mollesse, dégradés
« par l'oisiveté, ils sont déjà faibles : bientôt ils seront subju-
« gués, ils n'auront plus de patrie.

« En vain les citoyens diront qu'ils aiment la patrie, s'ils
« ne sont aussi les amis de la justice, les sectateurs de
« l'ordre, les incorruptibles gardiens des propriétés, les
« fidèles observateurs des lois.

« Sans justice, plus d'égalité parmi les citoyens; sans
« ordre, plus de sûreté; sans respect des propriétés, plus
« d'intérêt commun : le grand ressort de la machine politique
« est brisé; sans obéissance envers les lois, plus de société,
« le pacte est dissous, l'anarchie règne, l'autel de la patrie
« est renversé, et bientôt sur ses ruines s'élevera le mon-
« strueux édifice de la tyrannie.

« En vain les citoyens diront qu'ils aiment la patrie, s'ils
« ne sont encore les amis de l'humanité; c'est là une des
« clauses essentielles de l'association : mais le cœur en fit
« un besoin avant que le pacte en eût fait un devoir. Malheur
« donc à qui n'est pas l'ami des hommes! S'il dit qu'il aime
« sa patrie, il se ment à lui-même, il n'a point de patrie, il
« est seul dans l'univers.

« Vous tous, qu'une révolution sans exemple dans les
« fastes du monde appelle au culte de la patrie, sachez
« donc que si vous avez conquis la liberté par votre courage
« vous ne la conserverez que par vos mœurs; sachez que
« l'amour de la patrie n'est pas un vain nom, mais l'assem-
« blage de toutes les vertus (1). »

La patrie! voilà le mot qui règne sur la grande année de
1792; voilà le mot que porte l'autel dressé sur la place
publique de tous les villages; le mot qui donnera du courage aux poltrons, de l'audace aux timides, lorsque de lugu-
bres roulements de tambours annonceront à la France que
« LA PATRIE EST EN DANGER » ; le mot qui réunit tous les
esprits, qui échauffe tous les cœurs, qui remplit tous les

(1) *Discours prononcé par N.-Th.-B. Frochot dans le temple consacré
au culte des citoyens catholiques d'Aignay-Côte-d'Or, le 3 juillet 1792,
l'an quatrième de la liberté, pendant le service funèbre demandé par la
société des Amis de la Constitution, en mémoire de Nicolas Degon et
de Jean Converset, volontaires nationaux, citoyens d'Aignay-le-Duc,
morts dans l'affaire du 11 juin. Dijon, de l'imprimerie de Causse, M DCC XCII.*

discours, qui commande tous les actes, et qui bientôt volera
dans toutes les bouches :

> « Allons, enfants de la patrie,
> « Le jour de gloire est arrivé! »

Fallait-il donc, pour sauver la patrie, déchirer la constitution de 1791 et abolir la royauté? Paris le disait. La France
hésitait. Déjà, dans un véhément discours, Vergniaud, le
3 juillet, avait lancé cette accablante apostrophe à la face
de Louis XVI : « La constitution peut être renversée; mais
« vous ne recueillerez pas le fruit de votre parjure! Vous
« ne vous êtes pas opposé par un acte formel aux vic-
« toires qui se remportaient en votre nom sur la liberté;
« mais vous ne recueillerez pas le fruit de ces indignes
« triomphes! Vous n'êtes plus rien pour cette constitution
« que vous avez si indignement violée, pour ce peuple que
« vous avez si lâchement trahi! » A cet injurieux défi, à ces
prophétiques accents, l'Assemblée, au lieu de protester par
des murmures, avait répondu par des applaudissements. Le
moment fatal approchait.

Cependant Frochot ne pouvait encore séparer Louis XVI
de la constitution, et la constitution de la paix publique.
L'Assemblée constituante, après la fuite de Varennes, avait
gardé le roi soupçonné de trahison; l'Assemblée législative
devait le garder accusé d'incapacité. Il est vrai que l'étranger menaçait nos frontières, et que toutes les violences
de langage se justifiaient par les périls de la patrie; mais
Louis XVI n'avait-il pas lui-même déclaré la guerre? Ne
pouvait-on espérer, suivant la belle expression d'un député,
que « les feux de la discorde s'éteindraient aux feux du
« canon », et fallait-il donc pour vaincre ou pour mourir
avoir plus de confiance dans les hasards de l'anarchie que

dans l'exécution des lois? Tels étaient les sentiments qui agitaient Frochot lorsqu'au nom du conseil général de la Côte-d'Or il rédigea, le 28 juillet 1792, une dernière adresse à celui qui n'avait plus que le titre de roi :

« Le conseil général le dissimulerait en vain : si les corps « administratifs n'ont pas obtenu l'entière confiance qu'ils « méritaient ; s'ils n'ont pas opéré tout le bien qu'ils dési- « raient, les vacillations continuelles du gouvernement en « sont la cause principale. Jusqu'ici l'on dirait qu'il a « provoqué la défiance pour avoir le droit de s'en plaindre, « qu'il a voulu empêcher le bien pour prouver qu'il était « impossible.

« Aujourd'hui que tous les fonctionnaires publics sont à « leur poste, que toute la majesté du gouvernement est « déployée sur la surface de l'empire, il est temps de lui « donner une attitude plus imposante, et c'est de vous, Sire, « que l'impulsion doit partir.

« Que désormais une marche active et franche renverse « tous les obstacles, écarte tous les soupçons! Quel intérêt « plus grand commanda jamais un concert plus unanime de « moyens? La cause qu'il s'agit de défendre, Sire, n'est pas « tellement celle du peuple qu'elle ne soit aussi la vôtre.

« Roi par la constitution, vous ne pouvez régner que par « elle. Que les traîtres de l'intérieur parviennent à la chan- « ger, ou les ennemis du dehors à la détruire, le même « danger vous menace.

« Le maintien de la constitution tout entière, voilà votre « salut et le nôtre, et c'est aussi la ferme résolution du « peuple (1). »

Frochot avait rempli son devoir en ne désespérant pas

(1) Cette adresse, dont j'ai entre les mains le brouillon, a été imprimée.

publiquement du triomphe de la loi; mais la loi à cette
heure était un vain mot. De toutes parts, on en appelait
à la force, à la force seule. La lutte offrait une dernière
issue à des principes inconciliables, à des situations contradictoires, à des passions acharnées. Le 10 août 1792, la
royauté était emportée d'assaut et la constitution de 1791
ensevelie sous les débris du trône.

Que pouvait faire l'ancien membre de l'Assemblée constituante présidant une société créée pour défendre la constitution qu'on venait de déchirer? Que pouvait dire au fond
de son village un bon citoyen, ami de l'ordre public et de
l'honneur national? De Paris arrivaient les gémissements
épouvantables des égorgés de septembre et les odieuses provocations de Marat; de Valmy, de Jemmapes, les cris de victoire et le bruit du canon français. Frochot se tut et attendit.

Le 9 décembre 1792, une étrange nouvelle se répand
dans Aignay. Le roi est au Temple et, pour trouver les preuves d'une condamnation résolue, on a fouillé les Tuileries.
Dans une armoire de fer, on a découvert, avec les papiers
les plus compromettants, une partie de la correspondance de
la cour et de Mirabeau. La Convention a nommé une commission qui, par la voix de Ruhl, accuse Mirabeau. Manuel
parle, et la Convention, suspendant son arrêt, décide que
la statue de l'accusé sera voilée jusqu'au rapport du comité
d'instruction publique. A Aignay, quelle rumeur! Si Mirabeau a trahi la cause nationale, Frochot a dû la trahir avec
lui. Des groupes se forment. On lit, on relit, on commente,
on se dispute les journaux; on s'émeut, on s'échauffe, on
s'emporte. « Punissons les coquins, » dit l'un. « Vengeons-
nous, » dit l'autre. « Courons chez Frochot, » et la foule
se précipite. On frappe. Frochot se présente. En un instant,
il est renversé; on casse les carreaux, on déchire les livres,

on brise les meubles ; mais on respecte le buste de Mirabeau, qu'on pend à l'enseigne du cabaret voisin.

Le soir même, Frochot adressait deux lettres, l'une à Manuel pour le remercier, l'autre à Barrère pour le prévenir qu'il se portait le défenseur de la mémoire de Mirabeau (1). Le 25 décembre, Manuel disait : « Je rappelle que depuis « un mois un homme de génie est à la barre. Je demande « que l'acte d'accusation soit rédigé contre Mirabeau. Mira- « beau aura pour défenseur officieux le citoyen Frochot, « juge de paix. » La voix de Manuel se perdit dans l'anxiété publique. Qu'était la mémoire de Mirabeau pour l'Assemblée qui méditait la mort de Louis XVI ? Onze mois après, le 27 novembre 1793, la Convention, sur le rapport de Chénier, décrétait à l'improviste et à l'insu de Frochot la condamnation de Mirabeau.

Avant d'envoyer à Barrère et à Manuel les deux lettres qu'il venait d'écrire, Frochot les soumit au conseil de la commune ; puis il donna sa démission d'officier municipal. Le conseil répondit qu'il ne pouvait accepter cette démission, que personne n'avait le droit d'attaquer le désintéressement et la loyauté de Frochot, « que Brutus ne se serait « pas fâché du reproche de lâcheté, ni Titus de celui

(1) Cette lettre, imprimée à Dijon, chez Causse, est datée du 9 décembre 1792. Nous en avons cité, p. 103 et 104, un passage. Elle se termine par ce post-scriptum : « Le désordre qui règne dans cette lettre peint celui de mon « âme à l'instant où j'écris. Hier, on essayait de provoquer le peuple à mon « assassinat par ces mots affreux : « Tous ceux qui l'ont connu, il faudrait « les tuer sur-le-champ. » Et j'étais à vingt pas de là. Aujourd'hui, en ce « moment même, une jeunesse effrénée, après avoir violé mon domicile et « attenté à ma propriété, accroche à la potence une image que la justice « nationale respecte encore en la couvrant d'un voile ! Malheureux ! j'en « avais encore besoin de ce buste pour lire dans ses traits l'innocence de « mon âme et m'inspirer sa défense. Non, j'eus moins de douleur lorsqu'il « expira dans mes bras. O liberté ! comme on te déshonore ! »

« d'inhumanité. » Une déclaration fut rédigée dans ce sens
et signée par tous les membres du conseil, un seul excepté :
Caillard.

Malgré ces témoignages d'estime, Frochot crut nécessaire
de provoquer une manifestation dans le sein de la société
populaire. Depuis quatre mois, la Convention nationale
était réunie; depuis quatre mois la république était proclamée, et la société avait gardé sur ces grands événements
un dangereux silence. La présidence de Frochot expirait
avec l'année 1792. Il ne fallait pas laisser à des adversaires
menaçants l'avantage d'un prétexte ou l'apparence d'une
raison.

Frochot rédigea, fit voter et signer, le 18 décembre, une
adresse à la Convention qui, sous la forme d'une entière
adhésion, trahit les craintes et les réserves d'un esprit
juste et d'un cœur honnête. Il avait accepté la république
sincèrement, mais sans illusions. Il avait deviné qu'une nouvelle révolution plus terrible et moins féconde serait l'œuvre
de la nouvelle Assemblée constituante :

« Représentants du peuple,

« Vous avez rempli nos vœux en abolissant la royauté.

« Maintenant, nous attendons de vous une constitution
« qui prouve enfin à l'Europe qu'il peut exister aussi de
« grandes républiques.

. . . .

« Que les Français détestent la tyrannie, qu'ils se soient
« élevés au-dessus de tous les préjugés, qu'ils sentent la
« dignité de leur être et qu'ils aient changé la face de l'Eu-
« rope, qu'importerait tout cela? Ils n'auraient pas fait un
« pas vers la république s'ils n'avaient pas amélioré leurs
« mœurs.

« Les mœurs, voilà le véritable fondement des répu-
« bliques : c'est là ce qui leur assure la prééminence sur les
« autres formes de gouvernement ; mais c'est aussi ce qui
« rend leur établissement plus difficile et leur durée plus
« incertaine.

« Peut-être, à cet égard, il reste beaucoup à faire encore ?
« Une génération passe plus facilement de l'esclavage à la
« liberté que du vice à la vertu ; et ce n'est pas au milieu
« des orages de la révolution que les cœurs s'épurent et que
« les passions s'éteignent.

« Ce n'est pas assez de haïr les rois, il faut encore oublier
« leurs maximes ; ce n'est pas assez de vouloir la répu-
« blique, il faut avoir les vertus qu'elle exige. »

Demander que la Convention répande l'instruction et crée
des mœurs, et que sur la base de l'instruction et des
mœurs elle fonde la république ; demander qu'on exécute
les lois et qu'on soit juste, à la veille du supplice de
Louis XVI, à la veille des comités de salut public, à la veille
de la Terreur, n'était-ce pas dévoiler les périls de l'avenir
avec la plus prévoyante ironie ? Frochot pressentait l'orage.
Il tenta de se mettre à l'abri. Il avait déjà donné sa démission de membre du conseil général de la Côte-d'Or, lorsqu'un décret de l'Assemblée législative avait défendu de
cumuler ces fonctions avec celles de juge de paix. Il renonça
volontairement à la justice de paix et la remit, le 1er décembre 1792, à un de ses amis, Jacques Degon. Il donna même
sa démission d'officier municipal ; mais il fut obligé de la
reprendre. Il espérait par ces marques répétées de désintéressement désarmer les malveillances et satisfaire les ambitions qu'il entendait gronder autour de lui. Il pouvait dire
en toute sincérité : « Désirant être utile et me défiant de
« moi-même, je n'ai accepté aucune place par présomption.

« Je n'en ai refusé aucune par lâcheté. Je n'ai point fait
« de mal, j'ai fait le bien que j'ai pu. » Il devait ajouter :
« Quelques hommes, comptant sur ma chétive dépouille,
« m'avaient vu à regret rentrer dans mes foyers. Je savais
« leurs projets. J'ai tout fait pour échapper à leur haine.
« Difficilement on eût été plus sage, il est impossible d'avoir
« été plus malheureux (1). »

IV

Histoire de la Société populaire d'Aignay-le-Duc. — Premières luttes.
— Réforme de la Société. — Démission de Frochot (1ᵉʳ janvier-
1ᵉʳ juillet 1793).

Quoique Frochot eût livré à la convoitise de ses adversaires toutes les fonctions dont la confiance publique l'avait
investi, il n'en demeurait pas moins le personnage important
d'Aignay. Cette supériorité, reconnue par tous et subie par
quelques-uns, était, dans un temps où la théorie de l'égalité
couvrait les calculs de l'envie, une source intarissable de
passions et de haines. Frochot ne pouvait donc échapper à
la lutte qu'il s'efforçait de conjurer, et dont la société populaire fut à la fois le prétexte et le théâtre.

Au moment où Caillard reprenait la présidence de la société populaire (janvier 1793), la France s'affaissait dans
le découragement. La crise sévissait depuis quatre années
sans lueur d'espérance et de repos. La constitution de 1791
avait promis la paix et la prospérité ; elle n'avait donné que

(1) Réponse de N.-Th.-B. Frochot au libelle intitulé : *A la Société des
Amis de la liberté et de l'égalité*, p. 24.

la guerre et la misère. Le peuple, dont on avait proclamé solennellement la souveraineté, se cachait pour ne pas l'exercer. « L'ennui et le dégoût, dit Marat en décembre 1792, rendent les assemblées désertes. » — « La permanence des sections, avoue Robespierre, est inutile : les ouvriers ne peuvent y assister. » Les mêmes symptômes de fatigue éclataient dans tous les départements. Comme les sections de Paris, la société populaire d'Aignay traînait des séances vides à de longs intervalles. A moins qu'il ne s'agît de dénonciation, chacun restait chez soi ; si l'on venait, on ne savait que faire. Frochot, il faut l'avouer, n'avait mis aucune ardeur à tirer la société de cette léthargie. Ce qui était un effet de l'apathie générale fut tourné à faute personnelle. Le curé de Bure accusa secrètement Frochot d'avoir ruiné la société populaire et glissa son nom dans une liste de suspects. Frochot para cette calomnie en imposant à ses adversaires l'embarras de sa personne et l'activité de son esprit.

Dans une séance du mois d'avril 1793, Frochot prit la parole : « La société tombe en décadence. Un peu plus de pré-« voyance eût préservé de cette dissolution. Tout le monde « ne peut venir dans la semaine. Chacun a son travail, ses « occupations : n'en accusons pas nos concitoyens. Tel qui a « préféré de labourer son champ a ce jour-là bien servi la « patrie. Je propose que les séances soient fixées au dimanche « et non au mardi, et qu'un ordre du jour soit fixé. » Malgré les protestations des curés et les réclamations de Caillard, Frochot est prié de résumer dans un rapport écrit les moyens de régénérer la société.

Frochot n'avait pas sur la condition des sociétés populaires d'autres doctrines que l'Assemblée constituante. Il avait déclaré que l'opinion du peuple était souveraine, pourvu qu'elle s'exerçât dans les limites de la constitution. Il s'aperçut trop tard que cette opinion publique adulée, exaltée, n'entendait souffrir aucune contrainte et prétendait jouer un rôle permanent dans le cadre des sociétés populaires. En vain l'Assemblée avait protesté par la voix éloquente de Le Chapelier; mais à côté des autorités constituées, et sous la forme d'innombrables associations reliées entre elles par un esprit commun d'envahissement, se forma un gouvernement irresponsable et mobile, qui sur chaque point du territoire eut plus de puissance efficace que les organes de la loi, que les administrations et les tribunaux. Détourner ces sources toujours bouillonnantes sur des terrains qu'elles pussent fertiliser, et les empêcher surtout de se réunir pour former un irrésistible torrent, en un mot, porter l'ardeur des sociétés populaires vers les discussions théoriques et leur interdire de s'associer pour contrôler l'action du pouvoir exécutif, n'était-ce pas à la fois donner des gages à la liberté et à la paix publique?

« Les sociétés populaires, dit-il, ne doivent être ni des « autorités administratives, ni des corps délibérants. La so- « ciété de Paris est composée de plus de trois mille membres. « Elle compte plus de quinze cents affiliations. Elle n'en est « pas moins, dans l'ordre politique, beaucoup moins que l'as- « semblée primaire du canton d'Aignay. Dans les sociétés « populaires, les membres n'y exercent que des facultés « naturelles. Chacun est là, parce qu'il lui plaît d'y être et « qu'on a voulu l'y recevoir. Il y est non comme citoyen, « mais comme homme. Dans les assemblées primaires, les « membres y exercent des droits politiques. Chacun est là, « parce qu'il doit y être : il parle, il agit comme citoyen « plus que comme homme. Les sociétés populaires doivent « donc être définies des cercles d'amis qui, usant de la « liberté naturelle et civile, se rassemblent pour conférer

« paisiblement entre eux et s'instruire des choses qui les
« intéressent en commun ou en particulier. » .... « Cepen-
« dant, citoyens, ne croyez pas (il parlait en avril 1793)
« que je vous propose de tourner uniquement votre attention
« vers des objets spéculatifs ; je n'entends pas que vous per-
« diez de vue le cours des événements politiques, qui se
« succèdent chaque jour avec une étonnante rapidité. Mais
« j'ai pensé que notre éducation politique et le développe-
« ment de la morale sociale devaient à beaucoup d'égards
« nous occuper particulièrement et devenir le principal
« objet de notre institution. »

Caillard sentit toute la portée d'une théorie qui enlevait
au club d'Aignay son action politique, et condamnait indirectement la domination des Jacobins de Paris. Excité par les
curés, qui voyaient avec le plus vif déplaisir le jour des
séances changé, Caillard invoqua un prétexte futile et tint à
son domicile la séance suivante. C'était une infraction au
règlement. On espérait que Frochot brouillé avec Caillard
n'oserait se présenter et qu'on pourrait en son absence revenir sur la décision prise et le règlement voté. Le curé de
Bure demande en effet la parole et commence en pleine
sécurité un violent discours contre Frochot. Tout à coup la
porte s'ouvre et Frochot paraît. Le curé se trouble, s'arrête
et s'asseoit. Le juge de paix, Jacques Degon, indigné, le
somme d'achever son discours. Le curé, pâle de colère,
répète vaguement ce qu'il avait affirmé. « Parlez, parlez !
« s'écrie Frochot. Au lieu de me faire la petite guerre dans
« les cabarets et les sacristies, parce que je n'y suis pas,
« attaquez moi hardiment, franchement. Je suis ici pour
« vous répondre. » Le curé de Bure se tait, et Caillard
déclare l'incident vidé. Plus d'espoir ! il faut exécuter le
nouveau règlement.

L'ordre du jour de la séance suivante (22 mai 1793) appelait la discussion sur le premier article de la déclaration des droits de l'homme. « Les droits de l'homme en société « sont : l'égalité, la liberté, la sûreté, la propriété, la garan- « tie sociale et la résistance à l'oppression. » Caillard présidait. Il offre la parole. Point de réponse. Il renouvelle sa question. Silence général. Il sourit et croit déjà que l'indifférence ruinera le règlement que la ruse n'a pu révoquer. Il compte sans Frochot, qui monte à la tribune et l'occupe pendant une grande heure. Caillard honteux, battu, dévore sa colère : il laisse à Frochot l'avantage d'occuper les séances et même de rédiger une adresse à la Convention à propos des événements du 31 mai. Sous les apparences de la résignation, il cherche une occasion de se venger. Quinze jours à peine s'écoulent et la vengeance éclate.

Laissons parler Caillard et ses amis : « Reçu dans cette « société dont il n'était pas digne, ce fut lui, Frochot, et « toujours lui qui se trouva l'objet de l'ordre du jour. Par « des entraves artificieusement préparées, il sut neutraliser « la pétulance républicaine, qui jusqu'alors avait dirigé la « majorité. La société ne fut plus qu'une réunion d'hommes « placés là pour l'entendre et ne rien faire. Las de cette « inaction avilissante, quelques-uns provoquèrent coura- « geusement un scrutin épuratoire, qui déblayât la société « du modérantisme dont elle avait été souillée (1). »

Le scrutin épuratoire, c'était l'expulsion de Frochot.

Courtois fit cette proposition le 14 juin 1793. « J'appuie « la proposition de Courtois, dit Frochot, et je demande à « mon tour que le scrutin ait lieu sur-le-champ. »

(1) *Déclaration authentique des vrais sans-culottes de la société populaire séante ci-devant à Aignay-lo Duc*, p. 10.

« Je m'oppose à cet amendement, reprend Courtois. Nous
« ne sommes que trente membres. Il reste encore quinze
« membres que je me charge de faire venir. »

« Vous vous chargez de les faire venir, réplique Frochot ;
« tant mieux : plus on sera nombreux et plus je serai con-
« tent. » D'un accord unanime, les deux partis fixent au
30 juin le jour de la bataille, et le président promet d'adresser une circulaire à tous les membres de la société.

Caillard, voyant que la situation prenait une certaine gravité, s'en réjouissait et s'en effrayait à la fois. Pour être plus
libre dans ses intrigues, il avait fait élire président Noël
Rouhier, chirurgien à Beaunotte. Il voulait bien perdre Frochot, mais sans lutter avec lui. Il voulait bien conduire la
plume de Rouhier, mais sans encourir la responsabilité de
la signature. C'est ainsi qu'une circulaire datée du 27 juin,
vraisemblablement rédigée par Caillard mais signée par Rouhier, désignait clairement Frochot à la vindicte publique :
« Je ne vous dirai pas, frères et amis, de bien réfléchir sur
« la nécessité d'un scrutin épuratoire, parce que votre sans-
« culottisme vous l'a fait apercevoir depuis longtemps ; mais
« je ne puis vous taire la douleur profonde que mon tendre
« cœur et celui de tous nos bons frères ressentent de voir
« s'élever dans le sein de cette société une division qui ne
« peut que lui devenir funeste. Des scènes de fureur vien-
« nent souiller nos séances. Le personnel enlève audacieuse-
« ment le temps qu'elle avait consacré à de sages discussions
« sur les dangers sans cesse renaissants où ses ennemis
« l'exposent. Vous connaissez la lâcheté de ceux qui se sont
« rangés dans les lignes impures des despotes coalisés ! Ils
« ne sont que méprisables : mais ceux de l'intérieur, ces
« traîtres qui, engraissés des débris de la royauté ou des
« trésors de la patrie, veulent la ramener sous la plus hon-

« teuse tyrannie, eh bien ! frères et amis, les manœuvres
« de ces perfides ne devraient-elles pas faire l'objet de nos
« plus chères sollicitudes ? Ne souffrez pas que notre société
« soit avilie ; venez, et que dans une heureuse réunion de
« tous les membres il soit pris les mesures sévères que
« nos règlements permettent de mettre en usage pour écar-
« ter de la société tous les membres qui en seraient jugés
« indignes, en cherchant à y introduire des principes
« feuillantistes, modérantistes, ou tous autres anti-républi-
« cains. »

Le 30 juin, presque tous les membres de la société,
soixante environ, répondirent à l'appel de Rouhier. Une foule
considérable, attirée par la foire, près de quatre cents personnes, avait envahi la salle. D'assez longs débats s'engagèrent d'abord sur l'ordre des dénonciations et sur la procédure du scrutin épuratoire. « Pourquoi tant de lenteurs?
« s'écrie tout à coup Frochot ; il serait étrange que l'objet
« de la séance fût un secret pour moi, tandis qu'il n'en est
« un pour personne. La circulaire du président, la remise de
« la dernière séance, le bruit public, les persécutions que je
« subis depuis huit mois, tout m'apprend qu'il s'agit de moi,
« et de moi seul. Je prends la parole. » Après avoir exposé
en quelques mots les intrigues de ses adversaires, il examine
les accusations dont il est l'objet. A-t-il été royaliste? Si l'on
regarde comme un crime d'avoir voté la constitution monarchique, il rappelle qu'il a commis ce crime avec la France
entière. Est-il royaliste quand même? Depuis que la République est proclamée, il s'est soumis à la volonté du peuple
qu'il respectera toujours, et il forme les vœux les plus sincères, les plus vifs, pour un gouvernement qui doit faire
régner la liberté au milieu des bonnes mœurs. Est-il en
correspondance avec des royalistes? Caillard, en sa qualité

de directeur de la poste, attestera le contraire. A-t-il essayé
de dissoudre la société populaire ? La société répondra seule.
A-t-il fabriqué de faux assignats, reçu de l'argent du roi,
partagé les dons patriotiques? Il repousse ces absurdes calomnies par des faits irrécusables, par des preuves écrites. « Mais
« pourquoi, citoyens, pourquoi cette rage? pourquoi ces
« persécutions? Je vais vous l'apprendre. Il y a dans Aignay,
« comme dans toute la France, deux sortes d'hommes : les
« intrigants et les peureux. Les peureux ont été attaqués par
« les intrigants. Pour s'en débarrasser, les peureux ont cher-
« ché une pâture à donner aux intrigants. Pour détourner
« leur attention, ils l'ont fixée sur moi. Je suis devenu leur
« plastron. Cette conduite peut être fort adroite ; mais à
« coup sûr elle n'est pas loyale. Au surplus, la peur excuse
« bien des choses, et moi qui, heureusement, n'ai jamais
« été atteint de cette pitoyable maladie, je déclare fran-
« chement que je n'ai pas la force de conserver du ressen-
« timent contre un poltron, tel mal qu'il m'ait fait, tel mal
« qu'il ait voulu me faire.

« C'est peut-être l'occasion de faire ma profession de foi
« sur mes adversaires. Je méprise ceux qui se cachent pour
« calomnier dans l'ombre. Je déplore l'extravagance de ceux
« qui, pour servir des intérêts qui leur sont étrangers, pren-
« nent la peine de proclamer toutes les absurdités qu'on
« leur souffle sur mon compte. Les premiers sont des lâches,
« les seconds des dupes. »

Et il terminait ainsi : « Citoyens, vous de qui l'amitié me
« console et dont l'estime m'honore, ne craignez pas que
« toutes ces tracasseries, toutes ces calomnies, toutes ces
« atrocités dont je viens de me plaindre devant vous ; ne crai-
« gnez pas, dis-je, qu'elles changent rien à mon caractère
« et à ma conduite ; ne craignez pas que l'impression dou-

« loureuse dont elles sillonnent mon âme altère en rien
« mon patriotisme et mes sentiments civiques. Les efforts
« des méchants peuvent bien dégrader la liberté, mais ne
« l'arracheront pas de mon cœur. Son amour y est trop
« bien gravé par principes pour qu'il puisse en sortir par
« dépit. Tout jeune que je suis encore, j'ai un peu l'expé-
« rience des hommes, et je vois leurs passions tout autre-
« ment que mes ennemis ne le pensent ; ils ne se doutent
« pas que je trouve dans la nature même des choses l'excuse
« de leur fureur ; ils ne savent pas que je regarde l'existence
« des êtres malfaisants comme un malheur inévitable, peut-
« être même nécessaire, et qu'au fond je ne m'en plains
« pas plus que de trouver au pied de nos plus beaux édifices
« des insectes venimeux. »

Des applaudissements accueillent ces nobles paroles, et la
société commence le scrutin épuratoire au milieu de la plus
vive agitation. Sur soixante votants, six votent l'exclusion
de Frochot. On les connaissait d'avance : Caillard, Noël
Rouhier, Pannont, Courtois, Renardet et le curé de Bure.
De nouveaux applaudissements éclatent de toutes parts. Frochot s'avance vers le bureau : « La société vient de me
« rendre justice ; mais trois ou quatre membres ont annoncé
« que s'ils ne parvenaient pas à me chasser de la société ils
« se sépareraient. Citoyens, au premier mot de scission, je
« me retire. Je demande que cette déclaration soit inscrite
« au procès-verbal. »

Rouhier et ses amis ne pouvaient se consoler de la victoire
de Frochot. Ils tentèrent de la lui arracher par un faux procès-verbal. Le secrétaire osa déclarer « que la question de
l'épuration du citoyen Frochot avait été ajournée à une autre
séance ; » puis, sur l'ordre de Rouhier, il convoqua une
quinzaine de membres timides ou gagnés une heure avant

l'heure ordinaire. Le hasard déjoua ce nouveau complot.
Frochot et l'un de ses amis, Michelot cadet, voyant la porte
de la salle entr'ouverte, s'approchent et écoutent. Le secrétaire lisait le procès-verbal. Frochot se précipite et en exige
impérieusement la rectification. Le bureau résiste. « C'est
une infamie! » s'écrie Michelot, et il s'élance hors de la
salle. Quelques minutes se passent en imprécations. Michelot
ramène des amis. Les coups de poing vont succéder aux
injures, lorsque Frochot, dominant le tumulte, s'écrie :
« Citoyens, puisqu'on veut faire de moi une pomme de dis-
« corde, je donne ma démission. Je la donne, mais je de-
« mande extrait du procès-verbal pour rendre compte de
« ma conduite et de la vôtre aux membres qui ne sont pas
« présents. » Rouhier, Caillard et l'abbé de Bure avaient
reconquis la société populaire.

V

La Constitution de 1793 soumise au peuple. — Frochot président de
l'assemblée primaire (14 juillet). — Commencement de la Terreur.

La conduite qu'avait tenue Frochot au milieu de ces
intrigues ne tarda pas à recevoir une récompense publique.
La Convention venait de décréter la constitution de 1793 et
de proclamer les droits de l'homme et du citoyen. L'assemblée primaire du canton d'Aignay, convoquée le 14 juillet
1793 pour accepter ou pour refuser l'œuvre de la Convention, élut Frochot président.

Dès que le bureau fut constitué, Frochot fit prévenir le
cortége que l'assemblée primaire l'attendait dans l'église

d'Aignay. En tête marchaient les commissaires des municipalités. Dix-huit jeunes filles, vêtues de blanc et ornées de
ceintures tricolores, les suivaient. Sur un brancard de
feuillage, décoré d'emblèmes républicains et couronné par
le bonnet de la Liberté, les plus jolies filles du canton portaient l'acte constitutionnel. Un détachement de la garde
nationale fermait la marche. Le cortége prit place dans
l'église au bruit des salves d'artillerie, et une jeune fille
récita un discours auquel le président répondit galamment.
La garde nationale s'étant retirée, le secrétaire de l'assemblée lut les articles de la constitution et la déclaration des
droits de l'homme et du citoyen. La lecture achevée, l'assemblée, d'une seule voix, entonna des chants patriotiques :
mais les chants et les acclamations ne suffisaient pas. On
vota et, à l'unanimité des quatre cent dix-sept votants, la
constitution de 1793 fut acceptée. Après avoir chargé Claude
Seroin, huissier, de porter à la Convention le procès-verbal
de cette séance, l'assemblée, aux cris de : *Vive la République!* se rendit au pied de l'arbre de la liberté « pour y
célébrer par des hymnes l'allégresse de ce beau jour (1) ».

Le même enthousiasme, feint ou sincère, éclata partout
où l'on ne se battait pas. Beaucoup pensaient trouver dans
l'avénement de la loi le présage d'une paix prochaine et
d'une réconciliation générale. La Convention seule avait le
secret de l'avenir. Cette constitution improvisée en quelques
jours n'était qu'une vaine pâture jetée à l'impatience publique, un compromis pour attendre quelques semaines
encore l'occasion de la dictature.

En juin et juillet 1793, la jeune république succombait

(1) Procès-verbal de l'assemblée primaire du canton d'Aignay-le-Duc, le
14 juillet 1793.

sous le poids des plus pressants dangers. La guerre civile et
la guerre étrangère la déchiraient à la fois. L'heure était
solennelle, et la Convention, pour se sauver, ne semblait
avoir d'autre ressource que de faire un pacte avec la mort;
mais ce pacte avec la mort peut devenir, si la France y
consent, un pacte avec la victoire! La Convention croit voir
la France dans les délégués des assemblées primaires. Elle
ne les traite pas comme des hôtes qui lui apportent une
simple réponse; elle les flatte comme des complices qu'elle
veut séduire. Elle n'ose prendre la responsabilité des violences qu'elle médite; elle attend le signal des résolutions
qu'elle a prises. Les délégués des assemblées primaires
deviennent entre les mains de Danton et de Hérault de
Séchelles les acteurs de la grande scène qui décrète la
Terreur. Trois jours, ils siégent pêle-mêle avec la Convention : trois jours, ils remplissent le côté droit de l'Assemblée,
« afin, dit-on, qu'ils le purifient. » Par un hasard médité,
Barrère trace devant eux le tableau des périls de la République. Par une audace préparée, l'un des délégués répond
à Barrère : « Il n'est plus temps de délibérer, il faut agir; »
et il demande la levée en masse de tous les Français et
l'arrestation de tous les suspects. A cette voix étrangère, la
Convention obéit. « Que les mots que vous venez de proférer,
« s'écrie le président, retentissent dans tout l'empire comme
« le tonnerre de la vengeance et de la destruction ! » —
« Oui, reprend Danton, oui, répondons à leurs vœux :
« *Les députés des assemblées primaires viennent d'exercer*
« *parmi nous l'initiative de la Terreur*. Je demande que la
« Convention, qui doit être maintenant pénétrée de toute sa
« dignité, car elle vient d'être revêtue de toute la force
« nationale, je demande que par un décret elle investisse
« les commissaires des assemblées primaires du droit de

« dresser l'état des armes, des subsistances, des munitions,
« de faire un appel au peuple, d'exciter l'énergie des citoyens
« et de mettre en réquisition quatre cent mille hommes.
« C'est à coups de canon qu'il faut signifier la constitution
« à nos ennemis. C'est l'instant de faire ce grand et dernier
« serment, que nous nous vouons tous à la mort ou que
« nous anéantirons les tyrans. » L'Assemblée tout entière
jure de vaincre ou de mourir (1).

Ainsi s'ouvrit véritablement, le 12 août 1793, cette période
que Danton avait nommée « la Terreur ». Les maîtres du
pouvoir inscrivent sur leur drapeau la formule du salut
public; ils se donnent à eux-mêmes l'excuse du salut privé.
Ils suspendent la justice et les lois pour venger, pour sauver
la République; ils oublient leur conscience pour se venger,
pour se sauver eux-mêmes. Sous l'exaltation d'un fanatisme
sincère, la plupart cachent d'ignobles calculs et d'odieuses
fureurs, et, toujours en avant, la mort dans la bouche
comme le moyen suprême, la mort devant les yeux comme
la nécessité fatale, ils iront jusqu'aux dernières limites du
patriotisme et du crime! « On ne va jamais plus loin, disait
« Robespierre, que lorsqu'on ne sait pas où l'on va. »

(1) *Moniteur universel*, n° 226, séance du 12 août 1793.

VI

La Terreur commence et pousse Frochot jusqu'au pied de
la guillotine. On voit par la correspondance saisie dans la
réaction thermidorienne chez Noël Rouhier et chez Caillard
que les mois d'août, de septembre et d'octobre 1793 furent
employés à discuter les moyens de consommer sa perte.
« Voilà, écrivait Noël Rouhier à Caillard, comment il faut
« perdre l'homme. Sachez *qu'il s'agit de probabilités*. Je me
« charge d'aller au comité de surveillance. J'emmenerai
« avec moi de bons Jacobins qui feront valoir tout ce que
« je voudrai. » Mais Caillard commençait à se défier des
dénonciations, que tôt ou tard il fallait discuter. Un pamphlet,
rempli d'injures et de vagues calomnies, tombant à l'improviste de Paris sur Aignay, lui parut une manœuvre plus
sûre et plus redoutable. Noël Rouhier se tut et François

Rouhier écrivit. « Réponds-moi, dit-il à Caillard le 28 août
« 1793, s'il faut insérer la lettre de Mirabeau et la réponse
« de Frochot; si Frochot a emporté beaucoup d'effets prove-
« nant de la succession de Mirabeau, notamment sa biblio-
« thèque. Toi et d'autres du parti, vous vous plaignez que
« le peuple vous appelle canaille : il faut en user envers ceux
« qui vous traitent ainsi comme la canaille traite la ver-
« mine. Il faut les écraser au coin d'un mur. » Le libelle
que Rouhier préparait dans de pareils sentiments et dans un
pareil style ne fut achevé qu'à la fin d'octobre. Mongin,
craignant de frapper un coup inutile, en retarda la publication. Il voulait engager la bataille par des dénonciations
et la gagner par une surprise. En attendant, chacun prit
position. Les deux Rouhier, Caillard, Pannont et Courtois
dressent contre Frochot un véritable réquisitoire, que le
12 novembre ils expédient à Dijon. Mongin, de son côté,
dénonce les amis de Frochot : le maire Genreau, le procureur de la commune Damotte, et tout le comité de surveillance d'Aignay.

L'alarme se répand à Aignay. Sur une indiscrétion de
Pannont, Damotte découvre la vérité. Procureur de la commune, il se hâte de dénoncer Caillard à la municipalité, qui
renvoie sur-le-champ cette dénonciation au procureur général syndic. Mongin apprend que, au moment où Caillard
dénonce Damotte, Damotte dénonce Caillard. Il écrit à la
société populaire d'Aignay une lettre menaçante : « Je ne
« souffrirai pas qu'on perde mon cousin. J'ai assez d'influence
« pour faire destituer et arrêter qui je veux. » Puis il court
à Dijon et demande l'arrestation de Frochot. « J'ai la parole
« d'un honnête homme, dit le procureur général syndic (et
« cet honnête homme était Frochot), que les faits allégués
« sont faux. Ainsi point d'arrestation. » Cependant, il faut

sortir patriotiquement de ce conflit de dénonciations. Le
directoire du département transige. Frochot ne sera pas
arrêté, mais les autorités d'Aignay seront destituées « pour
cause de faiblesse ». Le comité de surveillance tombe aux
mains de Caillard; Renardet devient maire, et Courtois procureur de la commune (18 novembre 1793).

Le triomphe de Mongin ne fut pas de longue durée : en
tout six semaines. A la fin de décembre, la commune tout
entière, indignée des chefs qu'on lui avait imposés, adresse
au citoyen Prost, représentant du peuple en mission, une
protestation énergique contre les destitutions du 18 novembre. Renardet, Courtois et Caillard ripostent par une
cinquième dénonciation. La dénonciation réussit au district,
qui tremble sous Mongin; la protestation au département,
qui soumet l'affaire à Prost. Ce dernier donne à Guyot, juge
de paix à Dijon, la mission délicate de concilier les parties
et de faire justice. Guyot arrive à Aignay, écoute et, par un
arrêté du 5 janvier 1794, rend aux amis de Frochot, si ce
n'est à Frochot lui-même, la direction du comité de surveillance. Caillard perd sa place de directeur de la poste
aux lettres qu'il cumulait avec celle de receveur de l'enregistrement. Renardet quitte la mairie. Ces décisions sont
confirmées par Prost le 11 janvier.

Enhardis par cet important succès, les partisans de Frochot se décident à rentrer dans la société populaire. La
première séance qui suit l'arrêté du commissaire Guyot
tombait le 9 janvier, anniversaire de la prise de Toulon. La
commune achevait un banquet sous les halles : on chantait,
on dansait sur la place publique, lorsque sonne la cloche de
la société populaire. La foule accourt avec le pressentiment
d'un scandale. Genreau, Mignard, Roydot-Mignard s'a-
vancent et demandent à la société de les recevoir. Le bureau

refuse. Degon, le juge de paix, réplique : « Ce n'est pas à
« vous qu'il appartient de faire la loi, c'est au peuple. Faites
« voter. » Caillard reste immobile. Le tumulte grandit. La
foule des spectateurs grossit : Frochot paraît. A sa vue, le
président se couvre et le bureau se lève. « Restez! restez! »
s'écrie-t-on de toutes parts, et comme la porte était encombrée, Courtois ouvre la fenêtre et saute. Caillard, Pannont,
Renardet l'imitent. Un nouveau bureau se forme. Genreau,
Mignard et Roydot-Mignard sont reçus membres de la
société populaire au milieu des rires de l'assemblée.

Évincé le 5 du comité de surveillance, le 9 de la société
populaire, Caillard écrit à Mongin, qui écrit à François
Rouhier pour lui demander conseil. Rouhier répond qu'il
faut.se séparer, se séparer au plus tôt et en appeler aux
Jacobins de Paris, au district, au département, à la Convention nationale. La lettre est du 23 janvier. Mongin, pressé
par les événements, n'avait pas attendu la réponse de Rouhier. Le 19, sur son conseil, Caillard transportait le siége
de la société à Beaunotte, petit village près d'Aignay, et
quatorze membres signaient un libelle intitulé : *Déclaration
authentique des vrais sans-culottes de la société populaire
séante ci-devant à Aignay-Côte-d'Or, et actuellement à
Beaunotte, pour se soustraire aux persécutions des feuillantistes, aristocrates, modérantistes, muscadins et fana-
tiques, adressée aux Jacobins, aux sociétés affiliées et à tous
les vrais amis de la patrie* (1).

Les autres membres de la société, restés à Aignay, répondent à ce libelle par un mémoire. Le directoire du district,
provoqué par les deux partis, nomme commissaire concilia-
teur un de ses membres, Boudot-Lamotte. A l'exemple du

_____

(1) A Dijon, de l'imprimerie de P. Clausse, an II. (Broch.)

11

juge de paix Guyot, Boudot-Lamotte reconnaît aisément d'où viennent l'intrigue et le scandale. Il condamne dans un rapport sévère les scissionnaires de Beaunotte, et, comme l'un d'eux, Bozizio, avait profané la cocarde tricolore en l'attachant à l'oreille de son chien, il fait arrêter l'homme et l'animal. Dans l'enquête ouverte par Boudot-Lamotte et poursuivie devant la commune trois jours entiers (3, 4, 5 février 1794), Mongin est, d'une voix unanime, déclaré le provocateur de tous les troubles : mais Mongin, installé à Châtillon, paraît si redoutable que Boudot-Lamotte tremble d'affronter les éclats de sa colère. Il prie Frochot de l'accompagner et le décide à attaquer Mongin devant la société populaire (1).

La société populaire était alors, à Châtillon comme à Aignay, divisée en deux partis : les terroristes et les modérés. Les modérés étaient les plus forts; mais ils n'osaient se compter. Avec un peu d'audace on pouvait néanmoins réunir contre Mongin une majorité imposante. Frochot le savait. Le 8 février, il demande la parole : « Dénonciations, dit-il, « destitutions, arrestations, vengeances nationales, force « armée, force révolutionnaire, tels sont les cris que font « entendre depuis quatre mois dans la commune d'Aignay

---

(1) *Rapport du citoyen Boudot-Lamotte au directoire du district de Châtillon.* « J'ai reconnu, dit Boudot-Lamotte, que ce n'étaient point, comme « le porte la déclaration authentique (soi-disant fabriquée à Beaunotte), les « Genreau, Frochot, Mignard, Melot et Roydot-Mignard qui étaient les « auteurs de la scission de la société populaire d'Aignay; mais au contraire « que c'était Caillard et ses adhérents. Et en effet, citoyens, quinze membres « avaient-ils la faculté d'emporter avec eux les registres, diplômes, cachets, « papiers, correspondances, et jusqu'à la caisse! Citoyens, je déclare donc, « en face de l'auteur de toutes choses, en conscience et en homme impar- « tial, et autant que mes connaissances morales et politiques peuvent me le « suggérer, que l'esprit public à Aignay est absolument bon et conforme « aux principes actuels. »

« (Côte-d'Or) les amis et les partisans de Pierre-Athanase
« Caillard et de Georges Mongin.

« Aujourd'hui on menace l'un, demain on menace l'autre,
« et quelques jours après c'est la commune entière qui va
« être anéantie.

« Sous le règne de la liberté, on fait revivre les horreurs
« et les angoisses de l'ancien régime. Sous le règne de l'é-
« galité, on veut nous faire trembler au nom d'une influence
« qui n'est pas celle de la loi.

« Il est temps que ce système d'oppression finisse ; il est
« temps que nous sachions qui nous devons servir, de la
« République ou des intrigants qui s'agitent au milieu
« d'elle.

« Citoyens! on vous a dit qu'il existait deux partis dans
« la commune d'Aignay. Cela est faux. Il y existe un parti de
« trois ou quatre intrigants ; il a pour chef invisible Georges
« Mongin, et pour chef visible Pierre-Athanase Caillard,
« cousin de Mongin. »

Après avoir tracé le portrait de Caillard sous les traits
d'un hypocrite et d'un poltron, il s'écrie : « Mongin, je
« t'accuse! Je t'accuse d'avoir jeté la dissension dans la
« commune d'Aignay, d'avoir prêché l'égalité pour laisser
« tout le monde au-dessous de toi, d'avoir condamné les
« honnêtes gens pour les conduire à l'humiliation, si ce n'est
« à la prison ou à la guillotine. Abus de pouvoir, dilapida-
« tions, délations calomnieuses, arrestations arbitraires,
« attentats contre la liberté, que n'a pas fait cet homme?
« A Dijon, il y a deux mois, il donnait un banquet ; il énumé-
« rait avec une joie féroce les noms de ses victimes. Déjà il
« marquait : à Aignay, les Frochot, les Genreau, les Mignard
« à Châtillon, les Basile, les Carteret, et, qui aurait pu croire

« à un tel excès d'ingratitude? Renard lui-même, son ami,
« son bienfaiteur! Georges Mongin, m'entends-tu (1)? »

Au milieu des applaudissements qui accueillent cette
éloquente apostrophe, Mongin sort.

Avant de parler il faut agir. Mongin n'était pas homme à
se livrer. Il commence par saisir dans les bureaux du district
le rapport de Boudot-Lamotte, et, à la place de ce rapport
fidèle et sincère, il envoie, le soir même, à tous les membres
du directoire du département le libelle des scissionnaires de
Beaunotte; puis il dénonce Frochot à la société populaire
de Dijon et fait demander son arrestation au représentant du
peuple, au farouche Bernard. Ceci fait, il reparaît le 13 février devant la société populaire de Châtillon.

A l'accusation précise et vigoureuse de Frochot, Mongin
oppose des plaintes vagues et modérées. Il s'excuse sur plusieurs points, néglige de répondre sur beaucoup d'autres
et proteste de son dévouement à la république.

Frochot tombe dans le piége. Cédant à des insinuations
perfides, croyant ses adversaires accablés et vaincus, inquiet
des bruits sinistres que Mongin fait habilement répandre,
Frochot réplique en deux mots. Il constate que Mongin
abandonne toute accusation contre lui. Il remet au comité
de sûreté générale le soin de vérifier les charges qu'il a
accumulées contre Mongin, et conclut en demandant la
nomination de commissaires assez influents pour concilier et
réunir les fractions divisées de la société populaire d'Aignay. Cette équitable modération succédant tout à coup à la
plus généreuse indignation tourne les esprits contre Fro-

---

(1) Renard était un riche maître de forges dont on avait fait le président
de l'administration du district de Châtillon-sur-Seine. Il avait accepté cette
place pour pouvoir mieux servir les intérêts de son industrie. Mongin avait
écrit une brochure en son honneur.

chot. Tous ceux qui avaient applaudi dans la séance du 8 février, tous ceux qui avaient espéré la chute de Mongin s'étonnent d'une défaillance qui déjoue leurs calculs. Ils s'élèvent contre celui qui n'a pas l'imprudence de se sacrifier pour eux, et exhalent leur dépit en disant « qu'il y a de l'intrigue partout (1) ».

Tandis qu'à Châtillon il combattait avec avantage, Mongin l'emportait à Dijon. Sa dénonciation contre Frochot était vivement soutenue dans la société populaire, et la société populaire de Dijon disposait alors du sort de tous les citoyens. Le directoire du département, privé du rapport de Boudot-Lamotte, égaré par le libelle de Caillard et de Rouhier, proposait au représentant du peuple Bernard de faire arrêter Frochot. Le mandat d'arrêt est conçu dans les termes les plus singuliers. Frochot est qualifié de « membre de l'Assemblée constituante et de la société populaire de Beaunotte ». On l'arrêtait comme membre d'une société dont il n'était pas ! Cet ordre, comme tant d'autres, avait été dicté par la haine et par l'ignorance. Il est du 16 février 1794 (2).

Le lendemain de la réplique de Mongin, le 14 février, Frochot était à Aignay. Une lettre anonyme de Dijon lui apprend les menées de ses adversaires; une autre, le mandat

---

(1) Frochot a justifié sa conduite dans cette circonstance par une circulaire imprimée à Châtillon, adressée à la société populaire de Châtillon, et datée du 4 ventôse an II (22 février 1794).

(2) « Au nom de la République française : Piochefer Bernard, représentant « du peuple délégué par la Convention nationale pour les départements de « la Côte-d'Or et Saône-et-Loire, requiert l'agent national près le district de « Châtillon-sur-Seine, sous sa responsabilité personnelle, de faire arrêter de « suite par la force armée et conduire dans la maison de réclusion de Dijon, « à ses frais, le citoyen Frochot, membre de l'Assemblée constituante et de « la société populaire de Beaunotte, pour y demeurer jusqu'à nouvel « ordre. Dijon, le 28 pluviôse an II de la République une et indivisible. « Signé : BERNARD. »

d'arrêt. Il avait besoin de quelques jours pour composer sa défense. Il prend le parti de se cacher. Un de ses voisins, nommé Olivier, lui offre courageusement l'hospitalité. Tous deux pratiquent un passage dans une cheminée, et quand les gendarmes fouillent la maison, Mme Frochot peut jurer sur la tête de ses enfants que son mari n'y est plus. On dresse procès-verbal. Du 16 au 23, Frochot travaille. Le 23, il se présente à la société populaire. Caillard était absent. Dire l'effroi, la stupéfaction, la colère de ses ennemis est impossible! Malgré les protestations de Courtois, qui quitte la présidence, Frochot prend la parole, réfute tous les mensonges énoncés dans le libelle des scissionnaires de Beaunotte, fait consigner séance tenante ses réponses sur le procès-verbal. Pannont et Courtois écrivent à l'agent national près le district de Châtillon que Frochot est à Aignay.

Le directoire du district demande à la municipalité des explications. La municipalité avoue que Frochot a parlé le 23 à la société populaire d'Aignay; mais elle déclare que depuis ce jour il a disparu. L'agent national somme la municipalité de trouver Frochot mort ou vif, et déclare traître à la patrie quiconque lui donnera un asile. La municipalité fait tambouriner les ordres du district. Frochot les entend et se livre (3 mars 1794).

Quelques minutes après, le bruit d'une carriole retentissait dans Aignay. Au moment où, par un hasard cruel, la carriole passait devant la maison de Mme Frochot, au moment même où, tout en pleurs, entourée de ses enfants, elle échangeait avec son mari les derniers adieux, Courtois et Pannont trinquaient ensemble dans le cabaret voisin, à la santé de Mongin, de Caillard et d'eux-mêmes.

Frochot arriva à Dijon dans la soirée du 3 mars. Il fut immédiatement écroué à la maison de réclusion, c'est-à-dire dans l'ancien château. Le jour même, on avait exécuté, sur la place de la Révolution, un nommé Ferrand. Les patriotes se promettaient pour le surlendemain un nouveau spectacle « au théâtre rouge (1) ». L'émotion était au comble et le moment décisif. Mongin lança le pamphlet de François Rouhier, daté du 28 octobre 1793, imprimé depuis quatre mois et tenu en réserve pour faire tomber au jour dit la tête de Frochot sous le couteau de la guillotine (2).

« Quel est votre but? s'écrie Frochot. A quoi en voulez-« vous? Ah! ni vous ni vos amis n'avez eu la pudeur de le « dissimuler; vous en voulez à ma vie, et, après avoir cal-« culé froidement les moyens de me l'ôter, vous prenez « depuis longtemps vos vœux pour des espérances, et peut-« être en ce moment vos espérances pour la réalité; et en « effet, vous avez dans tout ceci manœuvré avec tant d'a-« dresse qu'il vous était permis de compter sur des succès!

« Eh! qui pourrait ne pas admirer votre discrétion sur « l'existence, votre à-propos pour la distribution de la lettre « infâme à laquelle je viens de répondre!

« Depuis le 7 brumaire elle est dans votre arsenal empoi-« sonné; depuis le 7 brumaire vous la dérobez soigneuse-« ment à la publicité. Le 13 ventôse, c'est-à-dire quatre « mois après, je suis arrêté par suite de vos intrigues; le 15, « la lettre de F. Rouhier devient publique.

« Eh bien! votre propre ruse tourne contre vous-mêmes; « elle dévoile vos caractères, votre intrigue et vos projets.

---

(1) Cette expression se retrouve sous la plume d'un acolyte de Joseph Lebon: « Demain, jour de décade, relâche au théâtre rouge. » (*Cabinet historique*, t. III. *La justice révolutionnaire à Paris et dans les départements*, par Ch. Berriat Saint-Prix.)

(2) *A la Société des Amis de la liberté et de l'égalité, séante à Aignay-Côte-d'Or.* (Brochure de 16 p. in-4°.)

« Je vous demande, moi, si cette lettre du 7 brumaire,
« adressée à la société populaire d'Aignay, a été lue, à cette
« époque, à la société populaire d'Aignay?

« Et si elle ne l'a pas été, je vous demande pourquoi?

« N'importe, gardez de perdre courage; l'instant est déci-
« sif, et plus que jamais vous avez besoin de rassembler
« toutes vos forces. Allons! il faut bien en finir, et j'en
« demeure d'accord. Je demande aussi le terme de cette
« persécution.

« Justice ou oppression absolue.

« La liberté ou la mort.

« Hommes atroces, qui tous ensemble en buvant dans la
« coupe du crime avez juré ma perte, achevez votre ouvrage.
« Après avoir immolé le père à la turpitude de vos passions
« et fait succomber la mère sous le poids de la douleur, je
« m'en repose sur vous du soin de perdre aussi les enfants! »

La réponse de Frochot (1), datée « de la maison de réclusion, à Dijon, le 30 ventôse, l'an II de la République une et
indivisible (20 mars 1794) », transporta Rouhier d'une aveugle
fureur. Le 4 mai, un second pamphlet, ou plutôt un réquisitoire digne de Marat ou de Fouquier-Tinville (2), vouait « l'infâme » à la mort. « Je démontrerai clairement, dit Rouhier,
« que M. Frochot est un lâche coquin, un royaliste forcené,
« qu'il est coupable d'attentats prémédités contre les droits
« sacrés du peuple, que c'est un aristocrate gangrené, un

(1) *Réponse de N.-Th.-B. Frochot* au libelle intitulé : *A la Société des
Amis de la liberté et de l'égalité, séante à Aignay-Côte-d'Or*, daté de
Paris, 7 brumaire, signé Rouhier, jacobin, dit imprimé à Paris, chez Galletty,
et publié seulement le 15 ventôse. (Brochure de 47 p. in-8°.)

(2) *Aux membres composant la Société populaire épurée séante à
Aignay-Côte-d'Or, et à tous les sans-culottes de ce canton.* Paris, le
15 floréal, l'an II de la République française une et indivisible. Signé : Rou-
HIER, jacobin. (Brochure de 28 p. in-4°.)

« traître, un contre-révolutionnaire, un fripon, un impos-
« teur, un intrigant. » A lui s'applique donc cette parole de
Saint-Just : « Que tout ce qui fut criminel périsse : on ne
« fait point la république avec des ménagements, mais avec
« une inflexible rigueur. » Comme Frochot n'avait pas voté,
après la fuite de Varennes, la déchéance du roi, Rouhier
s'écrie : « Quelle infamie! Vous en frémissez d'horreur!
« Braves sans-culottes! Oui, Frochot s'est rangé lui-même
« dans cette classe d'êtres dégradés dont chaque individu
« est un égout infect où fermentent tous les vices! » Un peu
plus loin, il traite Frochot comme un homme mort. « Les
« expressions dont Frochot se sert sont une preuve évidente
« de la corruption qui sort par tous les pores de son infect
« cadavre. » Enfin, prenant Mme Frochot à partie : « Oui,
« Madame, vous avez lâché un très-puant mensonge; vous
« n'avez pas rougi d'appeler économies les coupes pleines
« des sueurs du peuple que votre scélérat, votre brigand
« de mari se plaisait à humer à longs traits. »

Quand on lit un pareil réquisitoire, quand on pense qu'à
ce moment même (mars et avril 1794) la Côte-d'Or tremblait sous la main impitoyable de Bernard de Saintes, que la
guillotine fonctionnait sur la place publique de Dijon, et
qu'il suffisait d'un soupçon ou d'un prétexte pour y tomber
victime d'une obscure vengeance, on se demande comment
Frochot échappa à la mort. L'amour fit ce miracle. Mme Frochot, avec une incomparable énergie, engagea contre les
ennemis de son mari une lutte acharnée. De Châtillon, elle
répondit elle-même aux pamphlets de Rouhier, aux calomnies
de Caillard et de Mongin (1). Escortée de ses deux enfants,

_____

(1) *La citoyenne Frochot à ses concitoyens*. (Imprimé à Châtillon-
sur-Seine. Brochure de 6 p. in-4°, le 20 ventôse, l'an II de la République
française une et indivisible.) Ce petit mémoire commence ainsi : « Depuis le

elle alla de commune en commune soulever la pitié et la justice publiques. A sa voix, Aignay le 9 mars, Meulson le 17, Rochefort le 19, Beaunotte et Beaulieu le 21, Quemigny le 22, Mauvilly le 24, Moitron, Ampilly le 25, Montmoyen, Buncey le 26, Chanceaux le 13 mai, Aignay le 20 juin protestèrent tour à tour contre la détention de Frochot. Sur sa demande, les volontaires du canton d'Aignay envoyèrent de l'armée du Rhin et de l'armée des Alpes des pétitions au représentant du peuple. On gagnait du temps, et le temps était la vie. Enfin, le 9 juillet 1794 (21 messidor), la Convention permit d'élargir provisoirement les détenus qui appartenaient à un village dont la population ne comptait pas mille âmes, qui possédaient une médiocre fortune, et qui n'avaient ni conspiré ni porté les armes contre la République. Mᵐᵉ Frochot requit aussitôt la municipalité d'Aignay d'appliquer à son mari le bénéfice de la loi de messidor. Quelques jours après, la France apprit la chute de Robespierre. Frochot était sauvé.

Du mois de mars au mois d'octobre 1794, pendant les huit mois que dura la détention de Frochot, Caillard et ses amis

« 13 ventôse, mon mari est en état d'arrestation; des méchants le poursui-
« vent depuis dix-huit mois avec un acharnement criminel. Aucun des faits
« posés contre lui ne sont vrais : presque tous sont à ma connaissance. Je
« m'engage, *sous la responsabilité de ma tête*, à les démentir. » Il se
termine par la note suivante : « J'avais quelque envie de vouer au mépris
« ce tissu d'horreur lancé contre mon mari; mais comme les scélérats ne
« se bornent pas à un forfait, les partisans de Rouhier disent : « Voyez
« comme Frochot est coupable! S'il ne l'était pas, il aurait répondu à ce que
« Rouhier dit de lui! » Je dois donc sans plus tarder jeter la justification
« de mon mari dans le public. Tel fut mon premier mouvement; car, sans
« consulter mon mari, je partis pour Châtillon, dans l'intention de faire
« imprimer. Le pamphlet ne m'était parvenu que le 20 ventôse, et j'étais à
« Châtillon le 22. Le fait est si vrai que je montrai mon mémoire à plusieurs
« administrateurs, du nombre desquels sont Boudot-Lamotte et Martin, qui
« se trouvèrent à mon auberge. »

régnèrent à Aignay. Ils avaient accaparé les places, à ce
point que Caillard était président, secrétaire, trésorier, archiviste et concierge de la société populaire. Dédaignant les
soins vulgaires de l'administration municipale, laissant les
chemins sans entretien, les édifices publics sans réparations,
la commune sans instituteur, ils n'exerçaient que les devoirs
de l'administration révolutionnaire, c'est-à-dire qu'ils per-
sécutaient tous ceux qui ne pensaient pas comme eux. A
l'exemple des sans-culottes de Dijon, de Semur, de Beaune,
ils tenaient le conseil municipal au cabaret (1), et quand ils
en sortaient, ils « donnaient la chasse aux aristocrates
femelles ». — « Si l'on tuait la moitié d'Aignay, l'autre n'en
vaudrait que mieux, » disait l'un d'eux. Degon, l'ancien juge
de paix, la femme de François Mignard, l'ancien membre du
district, le père de Frochot moururent sous le coup des menaces. Le 9 thermidor aurait dû rendre à tous les honnêtes
gens l'espérance à défaut du courage; mais la terreur était
si profonde qu'on en avait pris l'habitude. Deux mois s'é-
coulèrent avant qu'Aignay, Dijon, le département tout
entier ne sentissent la main de fer du jacobinisme se dé-

(1) *Pétition de la municipalité d'Aignay*, du 30 ventôse an III (20 mars
1795). « Ce qu'il y a de remarquable, dit la municipalité d'Aignay, c'est que
« la plupart de cette horde, tels que Pannont, Courtois, Renardet, sont pau-
« vres, chargés de famille, vivent sans rien faire et ne sortent pas des caba-
« rets, où ils font nuit et jour la débauche. » — *Pétition adressée le 2 germinal an III (22 mars 1795) à Mailhe, représentant du peuple, par les
habitants d'Aignay* et rédigée par Frochot. « Ils ont abusé des places
« municipales pour tromper les autorités constituées, des places de sur-
« veillance pour vexer les citoyens, de la poste aux lettres pour correspondre
« en toute franchise et plus sûrement avec leurs complices à Châtillon, à
« Dijon, à Paris et ailleurs. Ils ont insulté sans pudeur aux privations du
« peuple dans les temps les plus calamiteux par leurs orgies imitées des
« buveurs de sang de Dijon, de Semur et autres, et, pour ne le céder en
« rien à ceux-ci, ils ont détruit un antique monument des arts, le seul que
« possédât la commune et qui fût digne d'être conservé. »

tendre et lâcher sa proie, avant que la réaction thermidorienne ne vidât les prisons et ne refît les administrations,
avant que les représentants du peuple Dumont, Goupilleau,
Rewbell, Clauzel, Bentabole et Reverchon ne signassent la
mise en liberté du citoyen Frochot (19 vendémiaire an III,
10 octobre 1794).

Le retour de Frochot à Aignay marque l'heure du châtiment. Partout les assemblées générales des communes chas-
sent les terroristes. A Aignay, l'ancien conseil municipal tout
entier est expulsé. Genreau remplace l'ancien maire Renardet, Claude Seroin l'agent national Courtois, Nicolas Roydot
le receveur de l'enregistrement Caillard, Frochot le commandant de la garde nationale Hugues Rouhier. Les sans-
culottes résistent, menacent au nom d'un second Robespierre. A leur tour de trembler. S'ils paraissent sur la
place publique, les jeunes gens les poursuivent comme des
bêtes fauves. S'ils entrent dans les maisons, on se lève, on
sort, on fuit. Le mépris public les environne et les accable.
On saisit leur correspondance. On les désarme. Mongin disparaît. L'un a peur de lui-même et se tue; l'autre devient fou;
quelques-uns demandent grâce. « Citoyens, écrit Pajot, je
« fus placé dans le comité de surveillance par la force,
« installé par la force. Ce fut le commencement de mon
« malheur. Ne connaissant ni lois ni décrets, à peine sachant
« écrire, la majeure partie de mes collègues n'en sachant
« pas plus que moi, jugez comme il était facile de nous
« tromper! Les dénonciations occupaient la majeure partie
« de nos séances, et c'est là qu'on voyait la haine et la ven-
« geance des collègues qui nous dirigeaient. Si l'on avait le
« malheur de discuter des opinions, ce n'était plus que me-
« naces. Toujours tremblant, toujours dans les craintes, voilà
« comment j'ai passé les huit mois que j'ai exercé cette

« malheureuse place. » Tristes aveux, mais fidèle tableau
d'un temps que l'histoire a nommé la Terreur !

VII

Commencement de la Terreur. — Missions de Léonard Bourdon, de Prost,
de Bernard de Saintes. — Organisation du gouvernement révolutionnaire. — Seconde mission de Bernard de Saintes (janvier et mai 1794).
— La Terreur à Dijon. — L'administration et les partis révolutionnaires
dans la Côte-d'Or. — Le 9 thermidor. — Adresse de la Société populaire
de Dijon à la Convention. — Mission de Calès (octobre-novembre 1794).
— Mission de Mailhe (janvier-mai 1795). — Réorganisation des services publics. — Frochot entre dans le directoire du département.

Avant de raconter comment Frochot fut porté par la
réaction thermidorienne dans le directoire du département
de la Côte-d'Or, et avec quelle fermeté il lutta pour rétablir
contre les factieux de tous les partis l'autorité de la loi,
peignons à grands traits la situation profondément troublée
dont il allait recueillir le périlleux héritage.

La Convention mit quinze mois à formuler la théorie de
la Terreur, quinze mois à convertir en système politique
la question de son salut; mais pendant ces quinze mois
(août 1792-décembre 1793), que d'épreuves ! Les périls
croissent et s'aggravent; l'anarchie s'étend et se consolide;
les passions se multiplient et s'exaltent. Il faut à la fois tout
prévoir, tout ordonner, tout faire, donner l'impulsion aux
administrations, l'élan au peuple, l'exemple à tous. Quand
on est faible, on veut paraître puissant. La Convention se
sent menacée; elle se déclare invincible. Au nom du peuple,
elle prend la dictature et la mène par degrés jusqu'au gouvernement de la mort.

Il ne s'agit d'abord que de défendre la révolution. En mars et avril 1793, Léonard Bourdon et Prost fondent sur Dijon. De gré ou de force, ils enrôlent la jeunesse de la Côte-d'Or contre l'Europe coalisée. Pour réussir, la Convention leur a donné plein pouvoir, et pour réussir ils ne ménagent rien. Aux districts ils enjoignent de commencer les visites domiciliaires, de fouiller les anciens châteaux et les manoirs des nobles, d'arrêter sur-le-champ toutes les personnes suspectes; aux municipalités de refuser des passeports et de faire incessamment le recensement des citoyens; à tous les hommes valides de dix-huit à quarante ans de se lever et de partir.

Quelques mois après (août 1793), de nouveaux périls ramènent de nouvelles rigueurs. La Convention ordonne l'arrestation de tous les suspects et la levée en masse du peuple français. Le 17 août, Bernard de Saintes, Bassal, Alquier, Merlin, Rewbell et Reverchon quittent Paris. Ils se partagent les départements de l'Ain, de Saône-et-Loire, du Mont-Terrible, de la Haute-Saône, de la Côte-d'Or. La Côte-d'Or est la proie de Bernard de Saintes. Au commencement de septembre, il est installé à Dijon : il recompose le directoire du département et ne s'éloigne (fin d'octobre) qu'après avoir assuré la domination tyrannique des sociétés populaires (1).

Ces missions ne sont pas la Terreur même : elles en sont le signal. Partout où le représentant du peuple porte sa toute-puissance, partout il annonce la vengeance et la mort. Sa voix gronde de plus en plus menaçante et semble rapprocher le fatal moment où la loi cessera d'exister. Il donne des ordres à l'instant même exécutés. Il essaye, il commande,

---

(1) Arch. de l'Emp. Cartons des représentants en mission. Côte-d'Or, A F. II, 95.

il obtient la soumission universelle. Comme la nature semble
se taire et écouter l'orage qui monte et remplit l'horizon, de
même le peuple immobile et silencieux attend les coups
de la Terreur, qui s'avance et envahit toutes les lois.
C'en est fait. Votée le 12 août 1793, mise officiellement à
l'ordre du jour le 5 septembre, commentée par Saint-Just
le 20 octobre, décrétée sur le rapport de Billaud-Varennes
le 4 décembre, la Terreur écrase la France sous le poids et
sous le nom du gouvernement révolutionnaire. Au nord, au
midi, à l'ouest, à l'est, sur la France entière s'abattent les
exécuteurs du comité de salut public. Bernard de Saintes,
qui goûtait à Montbéliard le repos et les plaisirs d'un dictateur, reçoit l'ordre d'organiser sur-le-champ dans les
départements de la Haute-Saône et de la Côte-d'Or le gouvernement révolutionnaire, c'est-à-dire de constituer
l'administration, la justice et l'armée de la Terreur (1).

« La théorie du gouvernement révolutionnaire, dit Robes-
« pierre le 25 décembre 1793, est aussi neuve que la révo-
« lution qui l'a amenée... Aussi ce mot n'est-il pour l'aris-
« tocratie qu'un sujet de terreur où de calomnie, pour les
« tyrans qu'un scandale, pour bien des gens qu'une énigme.
« La fonction du gouvernement est de diriger les forces
« morales et physiques de la nation vers le but de son insti-
« tution. Le but du gouvernement constitutionnel est de
« conserver la république; celui du gouvernement révolu-
« tionnaire est de la fonder. La révolution est la guerre de
« la liberté contre ses ennemis. La constitution est le régime
« de la liberté victorieuse et paisible. Le gouvernemeut con-
« stitutionnel s'occupe principalement de la liberté civile, et
« le gouvernement révolutionnaire de la liberté publique.

(1) Arch. de l'Emp. Collect. Rondonneau. *Bernard de Saintes à la Convention nationale.* 15 messidor an III. Broch.

« Le gouvernement révolutionnaire doit aux bons citoyens
« toute la protection nationale. Il ne doit aux ennemis du
« peuple que la mort. Ces notions suffisent pour expliquer
« l'origine et la nature des lois que nous appelons révolu-
« tionnaires. Si le gouvernement révolutionnaire doit être
« plus actif dans sa marche et plus libre dans ses mouve-
« ments que le gouvernement ordinaire, en est-il moins
« juste et moins légitime? Non! Il est appuyé sur la plus
« sainte de toutes les lois, le salut du peuple, sur le plus
« irrésistible de tous les titres, la nécessité (1). »

Dès lors, et cette distinction ne saurait être trop hautement relevée, au-dessus du gouvernement et de l'administration des affaires publiques se forma, avec un but déterminé
et un personnel spécial, le gouvernement et l'administration
des intérêts révolutionnaires. A côté de la justice statuant
sur les crimes et les délits ordinaires, se dresse une justice
statuant sur les délits et les crimes politiques. A côté des
armées nationales qui se battent aux frontières sous le drapeau tricolore, se lève sous le drapeau rouge l'armée intérieure de là révolution. Toutes les institutions sont dédoublées
pour organiser légalement la Terreur.

Le décret du 14 frimaire an II (4 décembre 1793) trace
les règles nouvelles de cette nouvelle administration. Ce
décret distingue l'exécution et la surveillance des lois révolutionnaires. L'exécution est confiée aux municipalités et
aux anciens comités de surveillance. La surveillance est
imposée aux agents nationaux et aux districts. C'est ce que
Saint-Just appelait « diviser l'autorité, l'identifier au mou-
« vement révolutionnaire et la multiplier (2) ». Dans l'apparence, les municipalités paraissaient les agents officiels du

(1) *Moniteur universel*, n° 77, an II (1793).
(2) *Moniteur universel*, n° 23, 23 vendémiaire an II (14 octobre 1793).

gouvernement révolutionnaire ; dans le fond, elles n'étaient que les instruments légaux des comités révolutionnaires. Ces comités, nommés à l'origine dans les assemblées primaires pour surveiller les étrangers et les émigrés, devaient être plus tard choisis arbitrairement et sans cesse épurés, pour mieux poursuivre tous ceux qu'on voulait faire passer pour contre-révolutionnaires. Ils s'appuyaient sur les sociétés populaires qui, par des épurations, avaient fini par tomber en leur pouvoir et par offrir l'image mensongère d'un peuple de sans-culottes. A Aignay, à Châtillon, à Dijon, dans les plus petits villages comme dans les plus grandes villes, partout enfin, le gouvernement révolutionnaire avait ses agents qui tenaient la terreur sous eux tandis que d'autres la tenaient sur eux. Les municipalités formaient ainsi la base, et le représentant en mission le faîte de cette hiérarchie terrible où chacun faisait trembler en tremblant.

Si l'administration n'était que l'administration des vengeances révolutionnaires, la justice révolutionnaire n'était plus une justice, mais une exécution. « Il n'y a point de « prospérité à espérer tant que le dernier ennemi de la liberté « respirera, répétait Saint-Just. Vous avez à punir non- « seulement les traîtres, mais même les indifférents (1). » Ici, les représentants en mission imposent aux tribunaux criminels ordinaires l'office de bourreaux : là, ils nomment des commissions qui, de place en place, fusillent ou guillotinent. « Il est inutile, avait dit Robespierre, d'accu- « muler des jurés et des juges puisqu'il n'existe qu'une seule « sorte de délit à ce tribunal, celui de haute trahison, qu'une « seule peine, la mort. » « A quoi bon toutes ces lenteurs? « ajoutait Lecarpentier à Port-Malo. Où vous mènent ces

(1) *Moniteur universel*, n° 23, 23 vendémiaire an II (14 octobre 1793).

« éternels interrogatoires? Qu'avez-vous besoin d'en savoir
« si long? Le nom, la profession, la culbute, et voilà le pro-
« cès terminé (1). »

Tels étaient les ressorts, le caractère, le but de ce gouvernement révolutionnaire que Bernard de Saintes était chargé
d'organiser dans la Côte-d'Or.

Le 3 février 1794, Dijon vit entrer dans ses murs le proconsul de la Terreur. Bernard descendit à l'hôtel de l'ancien
premier président du parlement de Dijon, Micault. Il commença par faire main basse sur les vins, liqueurs, bougies
et provisions de la maison, et, quoique la cave fût très-bien
garnie, il la vida promptement. Il s'adressa alors au citoyen
Bouillet d'Arlod, et lui proposa d'échanger la liberté de sa
mère, détenue au château de Dijon, contre sa collection de
vins fins (2).

Bernard, retrouvant à Dijon les plaisirs de Montbéliard,
consacra les premières semaines de son séjour à traiter ses
amis, Beaupoil, Ligeret, Sauvageot, Marat-Chaussier, Delmasse, et « à jouir du spectacle consolateur d'un sans-
culottisme triomphant ». « Arrivé à Dijon, écrivait-il le 5 fé-
« vrier aux sans-culottes de Montbéliard, j'y vois avec plaisir
« le patriotisme et la raison ressusciter; car la première
« demande que m'ont faite les corps administratifs, qui sont
« de ma création, est d'ordonner la fermeture des églises et
« de chasser les prêtres (3). »

Le premier devoir d'un représentant en mission, et la pre-

---

(1) *Précis du proconsulat exercé par Lecarpentier sous la tyrannie
de Robespierre dans la commune de Port-Malo*, par M. G. Duault. In-8°.

(2) *L'Original*, n° 3, p. 15.

(3) La lettre entière mériterait d'être citée. Nous n'en publions que la fin.
(*L'Original*, n° 8, p. 64 et 65.) « Arrivé à Dijon, j'y vois avec plaisir le
« patriotisme et la raison ressusciter : car la première demande que m'ont
« faite les corps administratifs, qui sont de ma création, est d'ordonner la
« fermeture des églises et de chasser les prêtres. Vous sentez bien que,

mière mesure de toute organisation révolutionnaire, était
l'épuration des corps administratifs; mais d'épuration en
épuration les administrations départementales et municipales
étaient tombées en des mains que Bernard ne pouvait souhaiter moins scrupuleuses et plus résolues.

Il fallait cependant mériter la confiance du comité de salut
public.

Pour se conformer à l'usage, pour donner la représentation d'une libre justice, pour préparer un triomphe aux
patriotes, Bernard se rendit à la société populaire, et fit solennellement discuter au milieu de mars la conduite des fonctionnaires publics résidant à Dijon. Cette discussion fut suivie
d'un arrêté (24 mars 1794), qui proclama le sans-culottisme
de tous les membres du directoire du département, du
conseil général de la commune, des comités de surveillance,
des sections, du tribunal du district. Les notaires, huissiers,
hommes de loi furent généralement déclarés suspects d'in-
civisme, et les professeurs du collége changés pour avoir
perdu la confiance de leurs élèves (1). Ainsi se jouait partout
avec la même gravité la comédie de la souveraineté populaire! Le représentant épurait les sociétés populaires qui, à

« quoique je ne peux prendre un pareil arrêté, je trouverai bien le moyen
« de satisfaire ces braves gens. Mon coup d'essai ici a été de prendre gîte
« dans la maison du Crésus Micault, président du parlement, et j'ai eu assez
« bon nez; car, outre que la cave est meublée de très-bon vin, c'est qu'il
« s'y est trouvé quelques petites armoiries qui m'ont mis dans le cas de faire
« confisquer au profit de la nation ce superbe hôtel, bien plus richement
« meublé que le château de Montbéliard. J'ai donc fait une bonne capture
« qui, j'espère, sera suivie de quelques autres; et, en outre, j'envoie cher-
« cher le maître à Luxeuil pour le faire juger émigré. Si cela est, quatre
« cent mille livres de rente vont tomber dans les coffres de la nation. Salut
« aux braves républicaines, qui par amour de la patrie s'occupent à lui
« faire des défenseurs. Salut enfin à tous les bons sans-culottes de bonne foi,
« qui aiment les hommes pour les hommes. Je vous embrasse tous de bon
« cœur. BERNARD. » Tout tomba en effet : les millions dans les coffres de la
nation, et la tête de Micault sur la place publique de Dijon.

(1) Arch. de l'Emp. Cartons des représentants en mission. A F, 1 1, 95.

leur tour, servaient à épurer les corps administratifs, municipaux et judiciaires : « On travaille, écrit Bernard de Sain-
« tes, à l'épuration des sociétés populaires qui, d'après le
« bon esprit qui les dirige, ne pourront que m'aider à faire
« de la bonne besogne dans l'épuration des autorités consti-
« tuées (1). » Après les journées de prairial, Bernard ne tenait
plus le même langage : « Si j'ai mal choisi les fonctionnaires
« publics, ce n'est pas ma faute. Je ne les connaissais pas.
« Le peuple me les indiquait dans ces sociétés populaires qui
« étaient toutes puissantes (2). »

La société populaire de Dijon dominait en effet le département tout entier. Elle pouvait, comme l'ordonnait le
représentant Priory à la société populaire de Poitiers, « tout
« faire, tout obtenir, tout casser, tout briser, tout renfermer,
« tout juger, tout déporter, tout guillotiner, et tout régé-
« nérer (3). » Après le 9 thermidor, Calès, envoyé par la Convention à Dijon, le déclare nettement : « La société populaire
« de Dijon faisait trembler, dit-il, corps administratifs, ci-
« toyens, districts, voisins; tout était soumis à ses lois, et
« trois ou quatre hommes lui en donnaient à elle-même.
« Cette société et la municipalité ne faisaient qu'un même
« corps; les lois étaient méprisées ou méconnues; on arrê-
« tait, on détenait arbitrairement les citoyens et les voya-
« geurs; on faisait plus : on mettait *hors la loi* par arrêté de
« la municipalité. » Le maire Sauvageot était le véritable
maître de Dijon. Il exerçait la Terreur avec la dernière impudence. Tous les membres du conseil de la commune

(1) Arch. de l'Emp. A F. I I, 95 (25 ventôse an II), 25 février 1794.

(2) Arch. de l'Emp. Col ect. Rondonneau. *Bernard de Saintes à la
Convention nationale.*

(3) Thibaudeau. *Histoire du terrorisme dans le département de la
Vienne.* 1795.

l'imitaient et rivalisaient d'ardeur et d'audace. Quelques-uns
même, en vertu du droit de police, décachetaient les lettres
et s'appropriaient les valeurs qui n'appartenaient pas à leurs
amis. « Sous prétexte de garder les prisons, dit encore Calès,
« la municipalité avait une armée révolutionnaire que j'ai
« cassée il y a deux jours, laquelle coûtait 6,000 livres par
« mois et ne reconnaissait pas le chef de la force armée, et
« servait d'appui aux intrigants. Ces soldats, tous ouvriers,
« ne travaillaient plus; leurs occupations étaient de remplir
« les tribunes du club où eux et leurs femmes appuyaient par
« leurs applaudissements les vues des meneurs et faisaient
« taire par leurs menaces les citoyens qui voulaient les
« combattre. Tandis que les citoyens vivaient dans les pleurs
« et les alarmes, les chefs de cette faction faisaient de fré-
« quents festins (1). » Paul Perrote, membre du comité révolutionnaire de la section du centre et l'un des plus fameux
sans-culottes de la commune, tenait un des cabarets les plus
fréquentés de la ville; mais comme il aspirait au rôle de chef
de parti, les vrais meneurs préféraient se réunir à l'auberge
du Marais, dite auberge de la Montagne, qu'exploitait un
certain Goustard, homme simple et crédule. Nul ne pouvait
être admis dans l'arrière-cuisine ou s'aviser de boire *sur la
pelote* sans la permission des *puissances terrifiantes*. Nul
n'était reçu parmi les convives s'il n'apportait un calice
qui lui servît de verre (2). Bernard lui-même fraternisait
à l'hôtel Micault suivant la mode impie de l'auberge du
Marais (3).

« Jugez, écrit Calès à la Convention nationale, quelle impres-

(1) *Moniteur universel*, nº 49, séance du 17 brumaire an III.
(2) *L'Original*, nº 11, p. 87 et 89.
(3) *L'Original*, nº 3, p. 26.

« sion devaient faire sur l'esprit du peuple dix à douze citoyens
« réputés pour des hercules de patriotisme qu'on voyait tra-
« verser la ville avec un calice chacun sous le bras, et qui
« admettaient dans la salle à manger les habitants des cam-
« pagnes qui avaient quelques demandes à faire, et qui
« étaient frappés par la vue de douze à quinze calices qui
« couvraient la table. Bien des gens se retiraient indignés
« de la chose même, et les plus clairvoyants l'étaient de ses
« effets. Mais tout cela n'était que l'accessoire du grand
« ressort qu'on faisait agir pour parvenir à son but.

« On voulait ici comme ailleurs détruire tel ou tel culte,
« telle ou telle personne, et pour y parvenir on avait changé
« l'esprit de la loi sur les émigrés ; on prétendait qu'elle
« n'avait été dictée qu'en vue de sacrifier tous les aristo-
« crates à qui on n'avait aucun crime à reprocher ; on ne se
« contentait pas de prêcher cette doctrine, on la mettait en
« pratique (1). »

Il est certain que Bernard portait, par principe et par
instinct, une haine profonde aux aristocrates et aux prêtres ;
mais ses sentiments étaient d'accord avec ses intérêts. Dans
tout ce qu'il écrit, dans tout ce qu'il dit, on sent qu'il fait
parade de sa haine et qu'il recherche les éloges du comité
de salut public. « Dans ce temps-là, disait-il un jour, on
« était blâmé d'être juste et loué d'être inexorable (2). »
Le 7 ventôse an II (25 février 1794), Bernard écrivait à la
Convention : « La Convention nationale apprendra sans
« doute avec plaisir que chaque jour voit s'élever l'esprit
« public dans les deux départements qui me sont confiés...
« Ici plus d'églises, plus d'évêques, plus de prêtres ; le

(1) *Moniteur universel*, n° 49, séance du 17 brumaire an III.
(2) Arch. de l'Emp. Collect. Rondonneau. *Bernard de Saintes à la Convention nationale.*

« temple seul de la Raison et les discours patriotiques suf-
« fisent aux Dijonnais. Déjà plusieurs bons habitants des
« campagnes sont venus me dénoncer leurs curés et me
« demander de les en délivrer. Oui, citoyen président,
« bientôt une traque générale, commandée par la raison
« et le besoin de l'union, délivrera la terre de la liberté de
« ces endormeurs dangereux (1). » Cette traque, « commandée par la raison et le besoin de l'union, » était une odieuse
forfanterie. Bernard lui-même nous en a donné les motifs :
« Lorsque je suis arrivé à Dijon, les mesures de rigueur
étaient prises et les maisons de détention remplies (2) ». En
effet, par vengeance, par zèle, par erreur, on avait arrêté
une foule considérable d'individus riches ou pauvres, suspects ou non, et Bernard n'avait pas besoin « d'une traque »
pour se procurer des victimes.

Entassés dans le château et l'ancien séminaire, ignorant
les motifs de leur détention, séparés de leurs parents et de
leurs amis, sans conseils et sans ressources, les malheureux
prisonniers demandaient qu'on leur permît de se défendre
ou de sortir. Bernard commença par rendre la liberté à la
plupart des suspects pauvres et rétablit un certain ordre dans
le service des prisons. Il fit peu d'arrestations nouvelles (3),
on doit l'avouer ; mais qu'avait-il besoin d'augmenter ses
embarras ? Que lui importait la vie de l'un ou de l'autre ? La
nécessité était de choisir dans ce troupeau d'innocents, de
donner au département de la Côte-d'Or le spectacle et
l'exemple de la justice révolutionnaire, au comité de salut

(1) Arch. de l'Emp. Cartons des représentants en mission. A F, I I, 95.

(2) Arch. de l'Emp. Collect. Rondonneau. *Bernard de Saintes à la
Convention nationale*.

(3) Frochot, nous l'avons vu, avait été arrêté sur l'ordre de Bernard par
les intrigues de Mongin et sous la pression de la société populaire.

public la preuve d'une patriotique vigilance. Les proconsuls frappaient au hasard, dédaignant les prétextes; Bernard en chercha ou feignit d'en trouver. Ce n'est pas une excuse, c'est un procédé.

On avait fait venir de Strasbourg cinq gardiens, qui passaient leur temps à des promenades civiques, à des cérémonies républicaines, à des chants patriotiques, c'est-à-dire à des provocations et à l'espionnage. Dès qu'un prisonnier avait prononcé un mot ou laissé échapper une plainte, rapport était fait au juge de paix Guyot, qui faisait enquête et dressait procès-verbal. L'un avait dit « qu'il se f...... de la société populaire »; l'autre, « qu'il ne voulait pas boire dans le verre d'un sans-culotte; » un troisième, « qu'il y avait des gueux dans la Convention; » un quatrième, « qu'il était noble et mourrait noble »; un cinquième avait dessiné l'emblème de la Liberté enchaînée; un sixième, reproché à l'un des détenus d'avoir acheté un bien national; un septième, préféré la compagnie des aristocrates de la prison : actes et paroles, c'est-à-dire crimes « attentatoires à la liberté, à l'égalité, à la sûreté intérieure et extérieure de l'État. » Voilà ce que Bernard de Saintes et Fouquier-Tinville appelèrent la conspiration des prisons de Dijon. Le 2 mars (12 ventôse an II), un premier arrêté de Bernard de Saintes avait expédié à Paris un convoi de treize personnes, qui furent condamnées le 6 mai [17 floréal] (1) et guillotinées le lendemain. Un second arrêté, du 16 mars 1794 (26 ventôse an II), fournit au tribunal révolutionnaire l'occasion d'une

(1) Arch. de l'Emp. (cartons du tribunal révolutionnaire de Paris), W, ¹ b, 360, n° 765. — *Moniteur universel*, 1794, n° 231, p. 940. Ces malheureux furent exécutés « pour avoir formé des complots et pratiqué des manœuvres « dans les maisons d'arrêt de Dijon, tendant à provoquer l'avilissement et « la dissolution de la représentation nationale. » Parmi les condamnés, on remarque cinq perruquiers.

sanglante et nouvelle besogne. Bernard avait accompagné
ces envois d'une lettre à la Convention (1) : « Je ferai faire
« le même voyage à tous ceux qui le mériteront, dit-il. On
« ne saurait trop tôt délivrer la patrie des monstres qui la
« déchirent (2). » Plus tard, accusé, emprisonné, traité à
son tour de monstre et d'assassin, Bernard osa dire : « Je
n'ai pas établi de tribunal révolutionnaire, quoiqu'il fût très
à la mode (3); » mais ne faut-il compter pour rien les deux
fournées expédiées à l'insatiable Fouquier-Tinville? Faut-il
oublier qu'entre le 6 ventôse et le 22 germinal an II, c'est-
à-dire entre le 24 février et le 10 avril 1794, le tribunal
ordinaire et criminel de Dijon fit tomber onze têtes sur la
place de la Révolution (4)?

Calès, dont l'autorité est irréfutable, explique comment
on pourvoyait au service de la guillotine : « Quand ils vou-
« laient perdre un homme ils le menaçaient de l'arrêter;
« l'homme prenait la fuite, et le lendemain on le mettait sur
« la liste des émigrés; puis, pour le forcer à revenir, la
« municipalité le mettait hors la loi. Le comité de sûreté

(1) Cette lettre, écrite le 4 mars 1794 (14 ventôse), fut lue à la Convention
le 8 mars (18 ventôse). *Moniteur universel*, 1794, n° 169.

(2) Bernard aimait cette expression de *monstre*. Il s'en servit en condamnant Louis XVI : « Comme je suis intimement convaincu que le plus grand
« service à rendre au genre humain c'est de délivrer la terre des monstres
« qui la dévorent, je vote la mort du tyran dans le plus bref délai. »

(3) Arch. de l'Emp. *Bernard de Saintes à la Convention nationale.*

(4) Arch. de l'Emp., cartons du tribunal révolutionnaire de Dijon, B, B,
72, 2. — Voici les noms des condamnés à mort, d'après une liste vérifiée
au greffe de la cour impériale de Dijon et communiquée par M. Berriat
Saint-Prix : 1° Briolet, faux assignats, 6 ventôse; — 2° Ferrand, dit Lapierre,
émigré, 12 ventôse; — 3° Masson (Jean), émigré, 14 ventôse; — 4° Taupe-
not, réfractaire, 25 ventôse; — 5° Micault, émigré, 27 ventôse; — 6° Moreau,
émigré, 1er germinal; — 7° Pernet (J.-B.), émigré, 2 germinal; — 8° Pernet
(François), émigré, 3 germinal; — 9° Colmont, émigré, 11 germinal; —
10° Guyard (J-B.), émigré, 21 germinal; — 11° Richard, émigré, 21 germinal.

« générale a dû recevoir deux de ces actes que je lui ai en-
« voyés. Véritablement ils ne se servaient de ces actes que
« pour épouvanter les gens et les forcer à se rendre en pri-
« son, crainte que l'habitant des campagnes, égaré, ne leur
« tirât dessus ; mais aussi ils n'en avaient besoin que pour
« cela, car un homme mis sur la liste des émigrés était un
« homme perdu. Je vous ai déjà écrit qu'on lui faisait refuser
« des certificats dans les sections, puis qu'on forçait ou trom-
« pait le département pour qu'il prît un arrêté défavorable
« et qu'il obligeât le tribunal à faire couper le cou sans
« jugement... On accuse ces gens-là d'appeler la gendar-
« merie, l'exécuteur et le prévenu en même temps, et, avant
« le jugement d'aller assister aux exécutions en cérémonie
« et précédés d'un tambour... Je ne puis vous rapporter en
« détail tout ce qu'on impute à chacun de ces officiers
« publics : un administrateur du département est accusé
« d'avoir décerné un mandat d'arrêt en ces termes : « *Il*
« *sera arrêté, et sa femme s'il en a une.* » Le maire est peint
« comme le tyran de Dijon ; Beaupoil, administrateur du
« département, et Guyot, juge de paix, comme ses ministres,
« Delmasse, commis du département, comme exécuteur du
« plan de la cabale (1). » Dans une autre lettre, Calès avait
dit : « Delmasse, chef du bureau des émigrés à l'admi-
« nistration du département, mettait sur la liste des émigrés
« celui qu'on avait désigné ; puis on l'empêchait d'obtenir
« des certificats de résidence dans sa section. Pour y par-
« venir, on rebutait les témoins, en leur faisant des reproches
« de ce qu'ils servaient des aristocrates ; quand ils obser-
« vaient qu'ils ne témoignaient que pour leur résidence,

---

(1) *Moniteur universel*, nº 59, séance du 27 brumaire an III. Troisième
lettre de Calès à la Convention.

« alors on les récusait; et ce qui est le plus étonnant, c'est
« que tel qui avait été admis à témoigner vingt fois était
« refusé à la vingt et unième. Pour terminer l'opération,
« Delmasse tâchait d'influencer l'administration du départe-
« ment pour qu'elle prît des arrêtés contre les prévenus;
« quand il ne pouvait réussir, il changeait les arrêtés favo-
« rables et présentait à la signature des administrateurs des
« arrêtés contraires. Quand on l'eut surpris, il se présenta
« audacieusement à l'administration, la menaçant de la dé-
« noncer à la société populaire si elle ne rapportait son
« arrêté. Dès que ces horreurs m'ont été prouvées, j'ai fait
« arrêter ce scélérat couvert depuis 1792 du masque du
« patriotisme; je vous envoie le procès-verbal que m'a remis
« l'administration pour que vous décidiez de son sort (1). »

(1) Il est impossible de ne pas être frappé de cet *on*. *On*, c'est le représentant du peuple en mission, c'est le collègue de Calès que Calès a intérêt à
ménager, c'est Bernard de Saintes. L'affaire Micault justifie entièrement
l'accusation de Calès. Nous avons vu dans la lettre que Bernard écrivit aux
sans-culottes de Montbéliard ce passage décisif : « J'envoie chercher le
« maître à Luxeuil pour le faire juger émigré. » Le maître, c'est-à-dire le
maître de l'hôtel occupé par Bernard, le président Micault Suivant la loi,
Micault, demeurant à Luxeuil, aurait dû être traduit devant le tribunal
de la Haute-Saône; mais Bernard avait ses raisons. Micault, qui au moment
de son arrestation n'était pas encore déclaré émigré, est traduit devant le tribunal de Dijon qui, n'ayant pas le droit de prononcer sur ce crime, c'est-
à-dire sur le fait d'émigration, suspend l'application de la peine et renvoie
les pièces au directoire du département. Micault se hâte d'adresser une pétition à Bernard, et demande un sursis pour obtenir un certificat de résidence à Dijon en janvier 1793. Bernard écrit en marge : « L'administration
« du département de la Côte-d'Or rendra compte dans le jour des motifs
« qui l'ont empêché de prononcer sur l'émigration de Micault, et pourquoi
« elle l'a envoyé au tribunal criminel avant de prononcer sur le fait de
« l'émigration, et elle sera responsable de tous retards. » Le directoire
déclare aussitôt que Micault, « n'étant plus dans les délais de justifier de
sa résidence en France sans interruption, est *réputé définitivement
émigré.* » Le tribunal fait une nouvelle démarche près du directoire, qui
répond : « Nous n'avons pas le droit de nous occuper de nouveau de cette
« affaire. » Le 26 au soir, des plaintes s'élèvent dans la société populaire;

Delmasse était un scélérat : Calès l'a dit. Mais Bernard lui-même, Bernard qui laissait tout faire et qui devait tout ordonner, Bernard, qui tranquillement s'installait dans l'hôtel de Micault, buvait son vin et l'envoyait à la mort, qui poursuivait et ressaisissait Colmont acquitté pour le faire rejuger et guillotiner (1); Bernard, qui supposait des conspirations dans les prisons de Dijon pour arracher des louanges au comité de salut public! Comment le qualifier? Comment, à son tour, ne pas le poursuivre devant le tribunal de la postérité? S'il n'avait pas la passion et l'ivresse du sang, comme Lebon et Carrier, ne savait-il pas raisonner

on accuse les autorités de ménager Micault. Bernard reprend la plume : « Le tribunal ne peut se blanchir de n'avoir pas jugé Micault. Rien ne « devait arrêter la marche du tribunal après la décision sur le fait d'émi- « gration. » Le tribunal reçoit cette lettre à midi, se rassemble à trois heures, et avant cinq heures Micault était guillotiné. (Arch. de l'Emp. Cartons des représentants en mission, A F, I I, 95, et du tribunal révolutionnaire de Dijon, B, B, 72, 2. — Collect. Rondonneau. *Réponse à un écrit de Bernard de Saintes*. Paris, an III.) — La mort de Richard, ancien président au parlement de Dijon, n'offre pas un récit moins odieux. Après le 9 thermidor, un mémoire parut sur ce sujet, intitulé : *l'Assassinat juridique de Frédéric-Henri Richard*. Delmasse répondit. L'*Original*, journal de la Côte-d'Or, publia, dans le supplément de son n° 2, une réplique écrasante de la mère de Richard.

(1) Les lois sur les émigrés étaient abominables. Le directoire du département avait porté Colmont, propriétaire-cultivateur, sur la liste des émigrés. Quinze jours étaient donnés pour réclamer. Colmont, qui n'avait pas émigré, dépose sa réclamation entre les mains de l'administration de sa commune. Celle-ci néglige de la faire parvenir au département, qui l'inscrit sur la liste des émigrés. Dès lors les tribunaux n'avaient plus qu'à exécuter la loi et à condamner à mort. Le tribunal de Châlons-sur-Saône ayant reconnu que Colmont n'avait jamais émigré, et que d'ailleurs il avait réclamé dans les délais légaux, acquitte; mais, « considérant que les décisions du département sont décisives sur le fait d'émigration et doivent être exécutées sans aucun recours; considérant que le jugement qui a acquitté Colmont est contraire à la loi et à la justice, puisqu'il a soustrait à la punition un arrêté déclaré coupable d'émigration, » Bernard annule le jugement du tribunal de Châlons-sur-Saône et renvoie Colmont devant le tribunal de Dijon, qui le condamne le 11 germinal an II, et le fait exécuter dans les vingt-quatre heures. (Arch. de l'Emp., B B, 72, 2.)

et calculer ses crimes comme Saint-Just et Robespierre?
S'il n'aimait pas l'odeur et la vue du carnage, n'avait-il pas
l'orgueil et la cruauté du fanatique (1)?

Quel qu'il fût, Bernard réussit à jeter dans les départements de la Haute-Saône et de la Côte-d'Or une si profonde
terreur que le 9 thermidor ne réveilla pas l'esprit public.
Saint-Just et Robespierre n'existaient plus : mais Sauvageot
était maire de Dijon, Beaupoil président du directoire départemental, Guyot juge de paix, Delmasse chef du bureau des
émigrés, Marat-Chaussier, Hucherot, Perrote, les maîtres
des sections. Pendant tout le mois d'août 1794, les Jacobins
affectèrent une confiance insolente; mais quand ils virent
s'avancer de Paris le flot de la réaction, ils résolurent de lui
barrer le passage. Au lieu d'attendre et de rester sur la dé-
fensive, ils se portèrent en avant et attaquèrent. Le 5 septembre 1794 (19 fructidor an II), le représentant Louchet
lisait à la Convention, présidée par Bernard de Saintes, une
adresse de la société populaire de Dijon. Cette adresse
demandait qu'on réorganisât sur-le-champ les comités révolutionnaires des districts, qu'on recommençât les arrestations des personnes suspectes, que les mandats d'arrêt
décernés par les comités révolutionnaires fussent exécu-
toires dans toute la république, enfin qu'on donnât au
gouvernement révolutionnaire une impulsion irrésistible (2).
Emportée en ce moment même dans le courant de la réaction thermidorienne, la Convention repoussa avec indigna-

(1) Ch. Nodier, dans son *Étude sur les députés en mission* (Œuvres
complètes, t. VII, p. 287), a tracé un portrait de Bernard de Saintes. Il le
peint avec une taille de cinq pieds neuf pouces, une maigreur effrayante,
un teint bilieux, des yeux ardents, des cheveux et des sourcils noirs. « Il
« passait, dit-il, pour avoir des mœurs sobres et un républicanisme in-
« flexible. »

(2) *Moniteur universel*, 1794, n° 352, p. 1446, 22 fructidor an II.

tion ces provocations à de nouvelles fureurs, et chargea Calès d'éteindre ce foyer brûlant encore des doctrines qu'elle voulait anéantir.

Calès arrive à Dijon vers le milieu d'octobre 1794. Il montre autant de fermeté que de prudence. Il descend à l'hospice et refuse de loger dans l'hôtel Micault qu'avait occupé Bernard. Pour le recevoir, Dijon se met en fête. Les sections l'accueillent avec les plus vifs applaudissements. Calès se hâte de l'annoncer à la Convention. « Le parti de la « Terreur n'existe pas ici, où s'il y existe, il y est bien peu de « chose ; car sur vingt mille habitants il n'y a pas six indivi- « dus qu'on puisse légitimement soupçonner d'être de ce « parti. Le peuple l'a bien prouvé dans la fête célébrée dé- « cadi 30 vendémiaire. Dans les fêtes précédentes, tout le « monde restait renfermé dans sa maison ; dans celle-ci, les « rues, les avenues étaient remplies d'un peuple immense, « qui bénissait la Convention de lui avoir rendu la liberté et « la tranquillité (1). » Si Calès trouvait dans ces explosions de l'opinion publique l'assurance que la paix ne serait pas trou- blée, il était obligé de convenir « qu'il s'était commis à Dijon « des fautes, des horreurs, des injustices, des crimes ; mais « heureusement c'était l'ouvrage de peu de personnes (2). » Une enquête poursuivie pendant plusieurs jours devant les sections réunies le mit en mesure de découvrir et de punir les coupables [16-19 brumaire an III, 6-9 novembre 1794] (3). Le directoire du département fut entièrement renouvelé (4),

(1) *Moniteur universel,* n° 38. Séance du 5 brumaire an III.

(2) *Moniteur universel,* n° 49. Séance du 17 brumaire an III.

(3) *Moniteur universel,* n° 59. Séance du 27 brumaire an III.

(4) L'arrêté de Calès relatif à la réorganisation du directoire du départe- ment est du 19 brumaire an III (9 novembre 1794). Calès nomma Robert, Presevot, Rameau, Trullard, Jacquinot, Chauvot, Mignard-Melot et Édouard.

Delmasse arrêté, la société populaire dissoute, le maire et la municipalité cassés, et l'armée révolutionnaire composée de 6,000 canonniers épurée et réorganisée (1). Toutes les autorités constituées furent renouvelées, et interdiction fut faite aux municipalités de donner des passe-ports pour Paris aux fonctionnaires publics destitués depuis le 9 thermidor (2). Ces diverses mesures furent accueillies avec une surprise et une faveur croissantes. Un courageux citoyen, Pierre Baillot, devant les sections du Centre et de l'Égalité réunies sous la présidence de Calès, avait déjà proclamé la reconnaissance publique et voué à l'exécration les hommes de débauche et de sang (3). La joie fut universelle quand on eut

(1) *Moniteur universel,* 1794, n°ˢ 38 et 49. Lettres de Calès à la Convention nationale. Séances du 5 et du 9 brumaire an III.

(2) Arch. de l'Emp., A F, I I, 95. Dossier de Calès.

(3) Ce curieux discours résume et confirme toutes nos recherches sur la Terreur. Nous allons en reproduire les principaux passages. Il a été imprimé sous ce titre : *Opinion de Pierre Baillot dans l'assemblée des sections de l'Égalité et du Centre sous la présidence du représentant Jean-Marie Calès, en mission dans le département de la Côte-d'Or, prononcée dans l'église du collège de Dijon le 16 brumaire an III (6 novembre 1794).*

« Dijon était la ville des lettres; elle était connue par la douceur des « mœurs, pour la paisible culture des sciences et des arts. A l'époque de « la régénération française elle semblait tout perdre. Elle se montra calme, « généreuse, digne d'elle, et au premier mouvement du char révolution- « naire, elle s'applaudit de ce que sa trace dans ses murs n'était pas tachée « de sang. Jours premiers de notre liberté glorieuse, quels jours sinistres « vous ont suivis! »

« Insensiblement l'intrigue, à force de noircir de surnoms odieux les « talents utiles, les vertus modestes, parvint à usurper une partie des « places et à influencer, à tourmenter dans les autres les hommes probes « qu'elle y laissait à regret. Forte alors du pouvoir de nuire, elle s'entoura « des passions fangeuses, des passions féroces, et domina tout par la ter- « reur. Alors se multiplièrent les arrestations arbitraires, les vexations envers « les détenus, les orgies avec leurs dépouilles... (*On applaudit*), et le secret « des lettres fut violé avec impudence.

« Mandataire du peuple, d'autres t'ont précédé parmi nous, mais au lieu « de guérir nos maux... (*Ici Calès a voulu interrompre.*) Non! non! tu n'ar- « rêteras pas ma pensée. Honneur, vénération à l'Assemblée nationale, tout

l'espérance de vivre; non-seulement on vécut, mais on parla ;
non-seulement on parla, mais on chanta ; 1792 avait chanté
la *Marseillaise*, 1793 le *Ça ira*, 1794 entonne le *Réveil
du peuple*. Le peuple en effet, le vrai peuple se réveille

« notre sang est à elle. (*Applaudissements unanimes.*) Mais c'est ici l'as-
« semblée de section. Ici la voix du peuple est libre et rien n'étouffera le
« cri de ma conscience. Je le répète donc à haute voix : d'autres, involontai-
« rement peut-être, au lieu de guérir nos maux les aggravèrent. Ils se lais-
« sèrent circonvenir. Ils furent trompés. Ils nous devaient l'exemple des
« mœurs, et... Vérité! Vérité! ton voile m'échappe encore et retombe sur ta
« tête... (*Vifs applaudissements.*) De prétendues épurations, faites sans
« consulter la prudence et contraires au vœu tacite du peuple, achevèrent
« de nous corrompre, de nous démoraliser. Depuis cette époque funeste,
« plus de sauve-garde, plus de loi! Nos assemblées de section, cet asile in-
« violable de la liberté populaire, ce premier refuge du citoyen et où rien
« ne doit l'empêcher d'émettre son vœu, quel qu'il soit, devinrent une
« arène tumultueuse où la vérité resta sans voix, où la réclamation de l'in-
« nocence fut repoussée par l'injure, où la victime fut laissée sans défense
« aux tigres. Hommes de sang, éloignez-vous! vous nous avez souillés!
« (*Applaudissements qui répètent ce cri dans toute l'enceinte.*) Par vous,
« Dijon eut aussi les complots des prisons. Par vous, des charretées de
« victimes furent traînées à Paris, à la barre des assassins... (*Mêmes
« applaudissements.*) Par vous on a supplicié dans nos murs pour des
« délits qui étaient votre ouvrage ; vous refusiez dans la section le certificat
« de résidence, et vous égorgiez sur la place publique parce qu'on ne pou-
« vait le produire! Jadis, du moins, à la rencontre du char qui traînait la
« victime, on détournait les yeux, et le spectacle du supplice affligeait,
« épouvantait une âme honnête; mais vous! vous, hommes en place, nous
« vous avons vu y courir comme à une fête, en riant et précédés d'un
« tambour!
« Mandataires du peuple, la chute de Robespierre sembla un moment les
« déconcerter. On les vit à cette nouvelle effarés, ne sachant plus quelle
« contenance tenir, ni quel sentiment énoncer. Mais bientôt, ranimés par
« quelques correspondances et voyant l'opinion publique vaciller, ils reprirent
« courage, et l'un d'eux, à la tribune du temple, vociféra contre le retour
« aux éternels principes, et appela contre-révolution le dégoût du sang.
« Hommes de sang, éloignez-vous! vous nous avez souillés!!!
« Enfin, voyant l'orage grossir et voulant se couvrir par le nombre, ils
« jetèrent avec démence au milieu des Français leur adresse, ou plutôt le
« brandon de la guerre civile. Mais cette fois, enfin, leur cruelle espérance
« a été trompée, et le moyen même qu'ils avaient pris pour prolonger leur
« tyrannie est précisément ce qui nous en délivre. L'Assemblée nationale, à
« la lecture de l'écrit séditieux, a tourné un regard de douleur sur notre

dans les villes et dans les campagnes; il s'ameute contre les sans-culottes des sociétés populaires et envahit avec une fébrile ardeur les administrations nouvelles. La jeunesse, fatiguée du joug cruel qu'on lui avait imposé, déclare bruyamment qu'elle veut jouir de la vie; les femmes secondent ce mouvement, que précipite la Convention par des mesures d'ordre et des coups de vengeance.

Les Jacobins toutefois n'étaient pas vaincus. Retranchés dans les débris du gouvernement révolutionnaire, ils se défendaient avec vigueur. Dijon était une des espérances du parti. Calès avait saisi les preuves que cette ville recevait de Paris le mot d'ordre qu'elle donnait à Marseille. Sauvageot, Beaupoil, Delmasse avaient encore des amis et des agents. Il fallait briser cette chaîne de passions redoutables. Mailhe reçut l'ordre d'achever l'œuvre de Calès.

Mailhe s'installa à Dijon le 21 janvier 1795. Quelques jours après, une feuille nouvelle, l'*Original*, ouvrait le feu contre les Jacobins (1). Tantôt, avec le succès, si ce n'est avec la verve de Fréron, Legoux, son rédacteur ordinaire, accuse les proconsuls de la Terreur, « d'avoir donné à Dijon « l'exemple de la débauche la plus effrénée, d'avoir passé

« infortunée commune; elle l'a vue opprimée par quelques hommes qui la « traînaient, un bandeau sur les yeux, vers l'abîme; elle a envoyé un de ses « membres pour nous rendre la liberté et la paix! (*On applaudit.*) Salut « et bénédiction au fidèle mandataire, qui le premier dans nos murs nous « a donné l'idée du véritable caractère d'un représentant, qui a refusé de « loger dans l'hôtel des dilapidations » (*les acclamations interrom-* « *pent... on crie bis, bis! La vérité est répétée; les larmes de joie* « *coulent*), qui reste avec simplicité dans l'hospice public, accessible à tout « le monde, ne s'entourant d'aucun parti, écoutant tout avec calme et ne « voulant que la justice. » (*Même émotion, mêmes applaudissements.*) L'orateur conclut en disant que le peuple est las de voir siéger la justice au cabaret et vêtue d'une peau de tigre. Il demande une forte épuration.

(1) Le premier numéro de l'*Original* est du 3 ventôse an III (21 février 1795).

« les jours et les nuits dans des orgies continuelles et forcé
« le peuple à se réjouir de l'effusion du sang humain (1). »
Tantôt il les apostrophe, il les insulte. « Toi, dit-il à Léo-
« nard Bourdon, toi qui, à la séance des corps administratifs,
« chantas les vertus d'une fille publique qui se présenta en
« habit militaire; toi qui, le premier dans nos murs, fis
« répandre le sang du pauvre et de l'innocent; toi qui le
« premier démoralisas la multitude, honoras le crime,
« proscrivis la vertu et encensas la débauche (2)! » Tantôt
il publie, pour les flétrir, la correspondance et les actes de
Bernard (3). Tantôt il déclare que les anciens membres du
conseil général de la commune étaient des voleurs. Il provoque même des arrestations : « On invite instamment la
« gendarmerie nationale, les officiers de police et les accu-
« sateurs publics à honorer de leur bienveillance les véné-
« rables frères de l'ordre inquisitorial des Jacobins de
« France : Marat-Chaussier de Dijon, Georges Mongin de
« Châtillon-sur-Seine, Dubois de Beaune. On ne peut trop
« veiller à la conservation de ces animaux féroces et car-
« nivores (4). »

A ces attaques, les Jacobins répondent par des menaces.
De semaine en semaine ils annoncent la chute « de l'aristocratie renaissante », et n'attendent qu'un signal pour recommencer une plus impitoyable Terreur; mais les jours, les
semaines, les mois ne leur apportent qu'inquiétudes et
déceptions nouvelles. Après le procès de Carrier et la fermeture du club des Jacobins, voici le rappel des Girondins
proscrits, l'arrestation de Billaud-Varennes et de Collot-

(1) L'*Original*, nº 3.
(2) L'*Original*, nº 8, p. 61.
(3) L'*Original*, nº 8, p. 64 et 65; nº 21, p. 128.
(4) L'*Original*, nº 4, p. 33.

d'Herbois, de Barrère et de Vadier! Si la réaction fait encore
un pas, elle semble à jamais victorieuse. Il faut agir. A Dijon
comme à Paris se préparent des mouvements populaires.
A Dijon, Mailhe les pressent et les déjoue. Il désorganise
l'armée révolutionnaire en recomposant les six compagnies
de canonniers. Les terroristes l'entourent et l'insultent. Il les
fait arrêter (1). Le 8 germinal, Sauvageot, l'ancien maire, et
plusieurs membres de l'ancien conseil général de la commune, Hucherot, Forey-Lagoutte, Lucas, sont écroués au
château ou prennent la fuite (2). Il était temps. On apprend
que le 12 (1ᵉʳ mars 1795) la Convention a été violée par les
faubourgs et dégagée par les sections. A cette nouvelle, les
cabarets de Dijon se remplissent d'une foule bruyante. Le
vin coule à flots. Les listes de proscription circulent. On jure
de forcer la prison pour délivrer Sauvageot et consorts.
Mailhe n'hésite plus. Il fait arrêter les principaux maîtres
des cabarets, Paul Perrotte le premier [18 germinal] (3).
Ces mesures, étendues au département tout entier, résolûment soutenues par les nouvelles administrations, approuvées par l'opinion publique, achèvent de ruiner le parti
des Jacobins. Quand éclate la bataille de prairial, Dijon
depuis six semaines était à l'abri d'un coup de main.

La réaction se dessine très-vive à partir des troubles de
germinal (mars 1795). L'*Original* continue de frapper ses
adversaires que le temps rend de plus en plus odieux. Les
sections de Dijon délibèrent et dressent un acte d'accusation
contre Bernard de Saintes (4). La section du Centre, celle-là

(1) L'*Original*, nº 9, p. 69.
(2) L'*Original*, nº 9, p. 74.
(3) L'*Original*, nº 11, p. 87 et suiv.
(4) Bernard fut arrêté le 9 prairial an III (28 mai 1795). — Il répondit
aux accusations dont il était l'objet par une brochure qu'on trouve aux

même qui avait applaudi le discours prononcé par Pierre Baillot devant Calès, proteste contre le retour de la constitution de 1793 (1). La Convention suit l'opinion publique et fait un pas hardi dans la restauration du passé. Elle abroge, le 28 germinal an III (16 avril 1795), la partie de la loi du 14 frimaire an II qui réglait l'organisation administrative : « Les départements et les districts reprendront, dit-elle, les « fonctions qui leur étaient déléguées par les lois antérieures « au 31 mai 1793. Les directoires des départements seront « composés de huit administrateurs; ils nommeront leurs « présidents. La place de procureur général syndic est réta-« blie. Les représentants en mission compléteront ou réor-« ganiseront les directoires des départements. »

C'est en vertu de cette loi que Mailhe prit l'arrêté du 9 floréal an III (28 avril 1795). Il maintint le directoire composé de Présevot, Chauvot, Robert, Trullard, Jacquinot, et le compléta en nommant : «le citoyen Frochot, ex-constituant, « domicilié dans le district de Châtillon-sur-Seine; Arnould, « homme de loi, domicilié dans le district de Beaune; Phi-« lippot, maire de Saulieu, district de Semur. » Le citoyen Viardot fut réintégré dans les fonctions de procureur général syndic «qui lui avaient été confiées par l'assemblée électorale « du département, et dont il fut destitué pour avoir eu le « courage d'approuver la révolte du 31 mai. »

Frochot ne s'attendait pas à un pareil honneur. Il commença par refuser : mais les instances de ses collègues et les injonctions de Mailhe l'obligèrent à retirer sa démission. Un grand esprit repousse quelquefois les positions élevées;

Archives de l'Empire, dans la collection Rondonneau. L'amnistie du 26 octobre 1796 lui rendit la liberté.

(1) L'*Original*, n° 14, p. 114.

mais souvent un grand cœur ose les remplir. Les circonstances étaient si graves que Frochot n'avait pas le droit de se dérober à la responsabilité du bien qu'il pouvait faire et du mal qu'il pouvait empêcher.

VIII

Situation de Dijon et du département de la Côte-d'Or (mai-juillet 1795). — Élections du directoire départemental (17-20 octobre). — Détails sur le nouveau directoire; Frochot, Presevot, Musard, Vaillant. — Lettre de Frochot sur la situation des partis. — Lutte du directoire contre les sections royalistes, contre la municipalité, contre l'autorité militaire. — Frochot donne sa démission (28 novembre 1796). — Il est rappelé par Presevot, après le 18 fructidor, pour recomposer le directoire départemental. — Frochot président de l'assemblée électorale de l'an VI, haut juré de la Côte-d'Or, maître particulier des eaux et forêts dans la maîtrise de Châtillon.

L'anarchie avait succédé à la Terreur.

Dijon, il y a quelques mois encore silencieux et désert, retentissait des bruits confus d'une lutte acharnée. Les partis reformés, les royalistes et les terroristes s'accablant de menaces et d'injures, s'appelant tour à tour assassins, voleurs, pourvoyeurs de guillotine, émigrés, aristos, souteneurs de tripots, s'attaquant publiquement, la nuit et le jour, dans les maisons et dans les rues; la *Marseillaise* et le *Chant du départ*, le *Ça ira* et le *Réveil du peuple* se répondant au milieu des sifflets et des applaudissements; la police sans ressources pour prévenir les délits, sans courage pour les poursuivre, sans volonté pour les punir; les sections dominées par les partisans de Robespierre ou de Condé, toutes en fermentation, toutes invoquant l'une contre l'autre la proscription et la mort; la municipalité divisée comme les sections, annulée par l'intrigue, incapable d'une vue d'ensemble, d'une résolution vigoureuse ; l'administration trompée par de faux rapports, attaquée par les partis extrêmes, vouée sans relâche à la calomnie et à la haine : tel était l'état de Dijon et du département de la Côte-d'Or pendant les mois de mai, juin, juillet et août 1795.

A cette tumultueuse agitation la commission administrative, nommée par Mailhe, opposait l'impartiale fermeté de la loi. Maintenir l'ordre était sa seule politique. Elle avait reçu le dépôt de la paix publique, elle voulait le rendre intact et pur de toute violence. Le 22 août, la constitution de l'an III fut proclamée, puis acceptée par les assemblées primaires et décrétée loi de l'État. Le 17 octobre, l'assemblée électorale du département de la Côte-d'Or se réunit à Dijon pour substituer à la commission déléguée une administration élue. Chabeuf, Robert, Simon de Calvi, Musard, Presevot réunirent les suffrages (1). Sur le refus de Robert, un second scrutin désigna Frochot (28 vendémiaire an IV, 20 octobre 1795). Le nouveau directoire entra en fonctions le 8 novembre. Trois membres seulement étaient présents : Musard, Presevot, Frochot. C'était, à vrai dire, le directoire lui-même.

Quelque temps après, le ministre de l'intérieur ayant demandé des renseignements confidentiels sur les nouveaux administrateurs, Musard, commissaire du gouvernement près l'administration départementale, lui répondit une lettre (2)

(1) Conférez l'*Original*, n° 49, p. 389.

(2)   « Dijon, le 26 pluviôse an IV (15 février 1796) de la « République une et indivisible.

     « Citoyen,

     « C'est toujours avec la plus grande impartialité que je vous donnerai « tous les renseignements que vous jugerez à propos de me demander.

     « L'assemblée électorale de la Côte-d'Or avait nommé pour composer

qui fait le plus grand honneur à Frochot, et qui nous montre
à quel point il était difficile de trouver alors des hommes
capables de bien diriger les services publics. Il faut se rap-

« l'administration départementale les citoyens Chabeuf, Simon Calvi, Mu-
« sard, Frochot et Presevot.

« Le citoyen Chabeuf a été retenu à Paris par le directoire exécutif; le
« citoyen Calvi n'a pas voulu remplir les fonctions qui lui étaient attribuées,
« parce qu'il s'est cru compris dans la loi du 3 brumaire, à cause de l'émi-
« gration du mari de sa belle-sœur.

« Il ne restait que trois membres, et comme ce nombre était de stricte
« rigueur pour pouvoir délibérer, je n'ai pu remplir la place de commissaire
« qu'après la nomination temporaire du citoyen Masson, qui vient de se
« démettre de sa place, à la grande satisfaction de ses collègues et des
« administrés.

« Le citoyen Frochot a été membre de l'Assemblée constituante, puis
« administrateur du département de la Côte-d'Or. N'ayant pas voulu rester
« au directoire, il se retira à Aignay (Côte-d'Or), pour y exercer les fonc-
« tions de juge de paix. Il a été poursuivi pendant la Terreur, puis rappelé
« au directoire du département, et enfin nommé dernièrement adminis-
« trateur. Il est sincèrement attaché à la Constitution. Quoique persécuté
« pendant la Terreur, loin de donner dans la réaction, il a tellement con-
« couru avec ses collègues à en arrêter les effets qu'elle n'a presque été
« connue que de nom dans le département de la Côte-d'Or. Il a des talents
« très-marqués, et l'intérêt général l'emporte toujours sur l'intérêt parti-
« culier. La bonne foi, la candeur, la probité constituent sa manière d'être.
« Il est loyal; il n'est point de fonctions publiques qu'il ne puisse remplir
« d'une manière utile pour son pays. C'est par amitié pour ses collègues
« qu'il est resté à l'administration, parce qu'il tend naturellement au repos
« et à la solitude. Également ennemi des anarchistes et des royalistes, la
« loi lui sert toujours de boussole. Le gouvernement ne doit jamais perdre
« de vue un citoyen de ce mérite.

« Le citoyen Presevot a, depuis 1789, constamment rempli des fonctions
« publiques. Juge au tribunal civil, accusateur public, administrateur du
« département, membre du conseil général de la commune, il a toujours
« été plutôt au-dessus qu'au-dessous des places qu'il a occupées. Il n'est pas
« d'un caractère bien flexible, mais il est tout à ses devoirs. Il aime à être
« encouragé, et son goût le porte principalement à remplir des places qui
« soient sous le rapport du gouvernement. Il a du jugement, des vues
« profondes, il prend aisément un parti dans les moments de crise; il est
« excessivement laborieux, bon observateur. Le directoire pourrait l'em-
« ployer utilement dans une mission, quelque importante qu'elle fût. Il est,
« j'ose le dire, de son intérêt de se l'attacher.

« Depuis la démission du citoyen Masson, le citoyen Viardot, ancien

peler que la constitution de 1791 et la constitution de l'an III confiaient à des électeurs élus eux-mêmes par le peuple le choix des administrateurs du département et limitaient à un très-court délai l'exercice de leurs fonctions, de telle sorte que légalement, et sans tenir compte des épurations

« procureur général syndic du département, l'a remplacé par suite de l'at-
« tachement qu'il a pour nous : mais nous ne pouvons nous promettre de
« le conserver longtemps; c'est une perte pour la chose publique à qui il
« était en état de rendre des services. Nous ne pouvons attribuer sa retraite
« qu'aux pertes considérables qu'il a essuyées pendant une injuste incar-
« cération, qui a duré près de dix-huit mois et dont sa santé même a été
« altérée.

« On vient d'appeler les citoyens Rolle et Laligant. Leur patriotisme
« nous est connu. Nous savons qu'ils ont l'un et l'autre des talents, mais
« ils n'ont pas encore l'habitude des affaires. Nous avons pensé qu'il con-
« venait de multiplier le plus possible le nombre des citoyens propres à
« l'administration.

« Il ne conviendrait pas que je parlasse de moi ni en bien ni en mal.
« Cependant je crois qu'il importe que je vous fasse le tableau politique de
« ma vie depuis 1789.

« J'ai été le premier vice-président du district de Dijon; étant sorti de
« cette place par le sort, je fus nommé membre du directoire du départe-
« ment de la Côte-d'Or. Ayant quitté Dijon en 1792, je fus nommé juge de
« paix du canton de Chargey, au département de la Haute-Saône. Je fus
« ensuite mis en réquisition pour occuper la place de vice-président du
« district de Champlitte. Je quittai cette place pour aller à l'école normale,
« empressé de voir Paris que je ne connaissais pas.

« A mon retour, je fus rappelé au département de la Côte-d'Or. Je fus
« nommé de nouveau membre de l'administration départementale, puis
« président, et enfin commissaire du directoire exécutif.

« Je puis vous assurer, Citoyen ministre, que vous devez avoir confiance
« dans l'administration départementale. Vous y trouverez zèle, civisme,
« amour du bien public, attachement aux principes et dévouement au gou-
« vernement. Rien n'est plus capable de la flatter et de soutenir son cou-
« rage que l'approbation du directoire exécutif.

« Je vous remercie, en particulier, de m'avoir donné l'occasion de satis-
« faire au sentiment le plus délicieux de mon cœur en rendant hommage
« aux vertus de mes collaborateurs.

« Salut et fraternité.

« F. MUSARD. »

Cette lettre se trouve dans les Archives de la Côte-d'Or et aux Archives de l'Empire. M. Garnier, archiviste de la Côte-d'Or, avait bien voulu me l'indiquer. Je saisis cette occasion de lui offrir mes remerciments.

révolutionnaires faites sous la Terreur, l'administration était condamnée à passer sans cesse dans des mains toujours nouvelles. Cette incessante mobilité dans le personnel administratif trouva le plus utile contre-poids dans la considération dont jouissait un Dijonnais, Hubert-Michel-François Vaillant (1). Vaillant avait été nommé secrétaire général du directoire du département le 26 octobre 1790. Dix jours après, Mme Vaillant lui donnait un fils, qui devait être maréchal de France. Vaillant garda le poste de secrétaire général jusqu'à la seconde Restauration, qui le destitua. La faveur populaire ou la justice des gouvernements consacrèrent tour à tour sa modération et son intégrité, et pendant vingt-cinq ans respectèrent en lui l'image vivante de la loi et le représentant naturel de l'administration. Un même sentiment, l'espérance de rétablir l'ordre et la fortune publique, unissait et entraînait Frochot, Presevot, Viardot, Musard, Vaillant. Tous étaient ce qu'on appelait si justement en 1795 des patriotes de 89; tous voulaient la Révolution sans la réaction et sans les excès; tous prétendaient fonder une véritable administration et soutenir un véritable gouvernement contre les violences de tous les partis.

« Au moment où l'acte constitutionnel va paraître, écri-
« vait Frochot au Comité de salut public, en août 1795, au
« moment où les assemblées primaires vont être convo-
« quées, il importe à la Convention nationale de connaître
« l'esprit public.

« On peut diviser les citoyens en plusieurs classes : les
« terroristes, les royalistes et les patriotes de 89.

« Les terroristes sont en petit nombre. Les uns sont en

(1) Hubert-Michel-François Vaillant est le père de M. le maréchal Vaillant, né à Dijon le 6 décembre 1790.

« réclusion, les autres sont traduits devant les tribunaux.
« Beaucoup cachent leur honte dans les départements voi-
« sins. Ceux qu'ils ont séduits ne paraissent plus aussi dan-
« gereux...

« Les royalistes n'ont pas varié dans leurs sentiments; ils
« tiennent à leur opinion par système, par intérêt, par
« habitude, par peur. Ce sont les mêmes regrets pour l'an-
« cien régime, les mêmes passions. Leur moyen d'action
« est la négation des succès de la République. Ils se lamentent
« sur la cherté des subsistances, sur le discrédit des assignats.
« Les prêtres, qui affluent de toutes parts, secondent leurs
« desseins.

« Entre ces deux partis se tiennent les patriotes de 89, les
« amis fidèles de la révolution, les défenseurs de la Répu-
« blique et de la liberté. Ils ont besoin de l'appui d'un
« gouvernement juste et fort; mais avec cet appui ils pour-
« ront tout emporter. Il est évident qu'il est de l'intérêt des
« divers partis de chercher à finir et non à détruire la révolu-
« tion; mais il est évident aussi qu'on ne pourra atteindre ce
« but qu'en mettant la justice de la loi au-dessus d'eux (1). »

Ces paroles étaient à la fois l'exposé de la situation et le
programme du nouveau directoire.

Depuis les journées de prairial et la défaite du parti jacobin
jusqu'à la mise en activité de la constitution de l'an III, c'est-
à-dire pendant tout le temps qu'administra la commission
nommée par Mailhe (mai-octobre 1795), les sections de
Dijon avaient conduit, sans désemparer, la réaction royaliste (2); mais la bataille du 13 vendémiaire et la victoire de

(1) Le texte officiel et définitif de ce rapport se trouve aux Archives de la
Côte-d'Or.

(2) Conférez l'*Original*, n° 48, p. 385, et voyez le discours de Frochot
relatif à la réorganisation du corps des canonniers.

la Convention calmèrent subitement l'effervescence qu'avait
peine à contenir, quelques semaines auparavant, la fermeté
de l'administration départementale. Le péril revint d'un
autre côté. Le moindre échec pour les royalistes était un
succès pour les terroristes. Dès que les uns quittaient la
scène, les autres l'envahissaient aussitôt. La municipalité de
Dijon, dont la majorité appartenait encore « à la queue de
Robespierre », saisit une occasion de frapper l'opinion publique par un coup de crédit et d'autorité.

Une société dramatique s'était formée pour égayer l'hiver
de 1795 et soulager les pauvres. Le directoire la protégeait.
Cette raison seule suffisait pour l'exposer aux attaques de la
municipalité. En effet, la municipalité écrivit au ministre
que la société dramatique de Dijon, composée de trois à
quatre cents personnes (il y en avait soixante), était tout
entière dans le parti contre-révolutionnaire, et elle donnait
cette preuve qu'au lieu de jouer exclusivement des pièces
telles que le *Pacte républicain* ou l'*Offrande à la liberté*,
elle avait représenté *Eugénie* et le *Philosophe sans le savoir*.
Le directoire départemental, consulté à son tour, défendit
vivement la société dramatique; mais le ministre donna gain
de cause au conseil municipal dont il déclara, si ce n'est les
accusations fondées, au moins les soupçons légitimes. Le
directoire offrit sa démission, qui ne fut pas acceptée, et les
deux administrations départementale et municipale attendirent dans l'attitude la plus hostile le moment de renouveler
la lutte [mai 1796] (1).

(1) Le *Nécessaire*, journal de la Côte-d'Or, par Carion, n° 34 (10 mai 1796).
— *Les amateurs de la société dramatique de Dijon à l'administration
municipale de cette commune*. Dijon, le 14 ventôse an IV de la République française. (Broch., 20 p.) — Dans une lettre adressée par l'administration départementale au ministre de la police générale, Frochot dit : « Nous

Déjà se tramait la conspiration de Babeuf. Le directoire voyait naître peu à peu tous les symptômes précurseurs d'une grande crise. Les cabarets, qui jadis avaient servi de repaire aux hommes de la Terreur, se remplissaient des anciens amis de Bernard de Saintes. Dans un club ouvert sous l'influence de Sauvageot, on prêchait « les délices du bonheur commun » sous la constitution de 1793. Tous les vagabonds, les amnistiés de Lyon et du Midi arrivaient à Dijon, sans ressources, comme par un mot d'ordre. La garde nationale et les commissaires de police obéissaient à l'administration municipale, qui refusait d'ouvrir les yeux. La force militaire était commandée par un homme faible et irrésolu, le général Pille, et d'ailleurs, comment opposer l'armée à la garde nationale ? Le directoire cherchait dans la plus vive anxiété le secret de cette menaçante agitation. Tout à coup on apprit la découverte du complot de Babeuf. De Paris, l'ordre arrive de prendre, à Dijon surtout, les mesures les plus sévères. Le directoire n'en connaît qu'une seule utile ou plutôt nécessaire. Il suspend le conseil municipal (26 mai). Aussitôt des rassemblements se forment dans les diverses parties de la ville. Partout on entend les cris : « *A bas les tyrans! Que le peuple se lève! Il est temps de commencer! Vive la constitution de 1793!* » Le directoire, dans des affiches immédiatement apposées, répond : « Vos « magistrats veillent. Ils comprimeront les royalistes avec « autant de courage qu'ils déploieront d'énergie contre les « anarchistes. Ne sont-ils pas nos ennemis communs? Igno- « rons-nous qu'ils tendent au même but? On appelle tyrans « ceux qui font exécuter la loi! Et quelle plus odieuse

« n'entreprendrons pas de vous démontrer que cette contestation, si puérile
« en apparence, était tellement grave qu'à sa décision était lié en grande
« partie le sort de la commune de Dijon. »

« tyrannie que celle des désorganisateurs, sous quelque
« nom qu'ils se présentent? Dijonnais, abandonnez les fac-
« tieux qui tentent de vous égarer, rattachez-vous fortement
« au gouvernement! C'est le seul moyen qui vous reste de
« jouir bientôt du bonheur que vous aura mérité votre cou-
« rage [30 mai 1796] (1). »

Le parti révolutionnaire, battu avant d'avoir combattu,
n'osa pas descendre dans la rue les armes à la main. L'émeute
se réfugia dans des vengeances particulières et dans une
explosion de dénonciations qui éclata à la fois dans les
bureaux des ministères de la guerre, de la police et de l'intérieur. Égaré par cette triple attaque, le gouvernement prit,
le 25 juin, un arrêté qui, condamnant la conduite du directoire, se bornait à exclure Sauvageot du conseil municipal (2). Cette décision était d'autant plus maladroite qu'en
ébranlant le crédit du directoire elle lui laissait l'autorité.
Or, quelle influence pouvait désormais exercer une administration supérieure que le gouvernement avait abandonnée
dans une question d'ordre public, qu'une calomnie pouvait
ébranler sans qu'il la sût, ou qu'une intrigue pouvait compromettre sans qu'il la méritât? Le directoire ne dissimula
pas au gouvernement la gravité de sa faute. Désarmé contre
les attaques du parti révolutionnaire, il ne tarda pas à être
exposé aux outrages d'une soldatesque indisciplinée. Après
les sections, le conseil municipal; après le conseil municipal, l'armée. Tous les pouvoirs, au lieu de s'entr'aider,
s'entre-choquaient tour à tour dans un conflit anarchique.

Les relations du général Pille avec les meneurs du

(1) Le *Nécessaire*, journal de la Côte-d'Or, par Carion, n° 50 (29 mai 1796),
et n° 51 (3 juin 1796).

(2) Le *Nécessaire*, journal du département de la Côte-d'Or, par Carion,
n° 57 (3 juillet 1796).

conseil municipal avaient excité entre les autorités civiles et militaires une défiance qui se changea au mois de juillet en hostilités.

La garde placée aux portes de la commune traduisait les voyageurs et les étrangers devant les autorités militaires au lieu de les conduire devant l'autorité civile. Le directoire déclara, le 20 juillet, qu'un pareil règlement ne pouvait être imposé qu'à une place de guerre. Le général maintint ses ordres. Le directoire chargea l'administration municipale de faire exécuter son arrêté. Quel prétexte pour les adversaires du directoire, et dans les rues, et dans les corps de garde, et dans les cafés, quel sujet de plaisanteries et d'injures !

Frochot remplissait alors, en l'absence de Musard, la place de commissaire du directoire près l'administration départementale. Sur la place d'armes, des officiers qui sortaient du café Bourdon l'abordent et l'insultent (1). Frochot se plaint au directoire, qui demande justice au général Pille. Ce dernier convoque un conseil de guerre. Non-seulement le conseil acquitte les coupables, mais il déclare « que le citoyen Frochot, administrateur du département de la Côte-d'Or, s'est érigé en faux dénonciateur, et qu'en vertu de la loi de 1793 il sera renvoyé devant l'accusateur militaire. » De cet odieux jugement, publié à la parade avec le plus scandaleux éclat, Frochot réclame en vain une copie. Le directoire, indigné, prend un vigoureux arrêté, qui déclare le jugement de Dijon illégal, inique, calomnieux, injurieux pour l'administration et attentatoire à l'ordre public ; puis il demande au gouvernement de retirer la garnison qui, d'accord avec la majorité du conseil municipal, paralyse l'action de l'administration. Le gouvernement discute et

(1) Le *Nécessaire*, par Carion, n° 68 (27 août 1796).

marchande son approbation. Il offre d'échanger le renvoi de
la garnison contre la dissolution de la société dramatique et
la révocation de l'arrêté du 2 thermidor. Un gouvernement
ne transige pas avec ses agents. Il commande et se fait
obéir. L'administration ose le lui rappeler. « S'il importe de
congédier la troupe, ce ne sera pas la fermeture d'une
société dramatique qui vous en fournira les moyens. Si
notre arrêté est contraire aux lois, cassez-le. » Après avoir
longtemps hésité, et sur les pressantes instances de la députation de la Côte-d'Or, le gouvernement cède et remplace le
général Pille par le général Cartaut. Frochot, au nom de
l'administration départementale, fait le discours d'usage :
« Général, lui dit Frochot, c'est une mission de paix que
« vous venez remplir au milieu de nous et avec nous. Sans
« doute il eût mieux convenu à votre courage d'être envoyé
« à la victoire, mais vous trouverez ici des devoirs que le
« vainqueur de Toulon et de Marseille ne saurait dédaigner. »
   Sur ces entrefaites, Mme Frochot tomba malade. Le 28 novembre 1796, Frochot donna sa démission. Les témoignages
d'estime et de regret le poursuivirent dans sa retraite. Après
le coup d'État du 18 fructidor, le directoire cassa les élections royalistes de l'an V. Présevot, resté seul administrateur, appela Frochot à Dijon. Tous deux, en vertu de l'article 188 de la constitution de l'an III, complétèrent le
directoire départemental. L'année suivante (1798), Frochot
fut nommé président de l'assemblée électorale de l'an VI et
haut juré de la Côte-d'Or. Ces distinctions ne réveillèrent pas
en lui le moindre mouvement d'ambition. Il coulait à Aignay
la vie la plus modeste et la plus calme, ne désirant et ne
demandant rien. Un jour, il apprit que le directeur de l'enregistrement et du domaine national l'avait nommé maître
des eaux et forêts dans la maîtrise de Châtillon. « J'ai l'avan-

« tage, lui disait-il, de connaître vos talents et vos principes
« d'ordre et d'amour du bien public : acceptez, je vous en
« prie. » Frochot se résigna (21 août 1798).

Il était à ce moment profondément découragé. Le spectacle de la démoralisation publique et l'état général des
affaires lui faisaient entrevoir l'avenir sous les plus sombres
couleurs. Il suivait des vœux les plus sincères la marche
d'un gouvernement qui défendait la République contre les
anarchistes et les royalistes; mais il n'en aimait pas la faiblesse et les violences. L'espérance de voir triompher les
principes de 1789 ne l'abandonnait pas, mais il la caressait
comme on caresse un rêve; il ne la portait pas avec confiance dans un cœur joyeux et résolu. Ces sentiments percent
dans des réflexions qu'il jetait au hasard sur le papier :

« Les hommes, écrit-il, sont plus faits pour résister au
malheur qu'à la prospérité. »

« L'art de tromper les hommes n'est pas celui de les
rendre heureux. »

« En courant après un bonheur chimérique, ombre légère
qui nous trompe et que nos mains ne peuvent saisir, pourquoi sommes-nous étonnés de ne trouver que des malheurs?
Occupés du seul moment présent, ce moment nous échappe
sans cesse, et notre politique, toujours placée dans des
circonstances imprévues, voit tromper ses espérances et
déconcerter ses projets ! »

« Ce que la République fait pour conserver sa liberté est
précisément ce qui la perd. »

« Je crois voir de tous côtés le funeste présage d'une
servitude prochaine. »

« Nous devons espérer contre toute espérance, et ne pas
abandonner lâchement la manœuvre du vaisseau. »

« La République peut périr : mais la consolation d'un

bon citoyen, en s'ensevelissant sous ses ruines, est d'avoir tout tenté pour la sauver. »

« Il faut aux plus grands désordres opposer une plus grande sagesse, aux plus grands périls opposer un plus grand courage, attendre des miracles, et peut-être en ferons-nous? »

Frochot parlait comme la France. Le premier consul devait leur répondre.

IX

Le 18 brumaire. — Frochot nommé membre du Corps législatif. — Session de l'an VIII. — Loi du 28 pluviôse an VIII et réorganisation de l'administration. — Frochot nommé préfet de la Seine. — Audience du premier consul. — Installation et discours de Frochot.

A quoi tiennent les destinées? Dans le courant de l'année 1799, l'agence forestière de Châtillon est compromise par l'étourderie d'un ignorant greffier. Frochot porte à Paris les aveux du coupable. L'affaire traîne en longueur. Un mois, deux mois se passent. Frochot renoue les relations et ravive les amitiés de 1790 et de 1791. Il rend visite à Sieyès et à Talleyrand ; il dîne avec Cabanis et Maret. Le premier mot qui s'échappe de leur bouche est l'étonnement de se revoir. La première pensée qui se presse sur leurs lèvres est l'horreur de l'anarchie. Le premier vœu qui part de leur cœur est le rétablissement de l'ordre. Chacun se dit que la constitution, violée le 18 fructidor, le 22 floréal, le 30 prairial, n'existe plus, que le gouvernement s'écroule lentement, qu'un coup d'État est nécessaire, que la reconnaissance publique absoudra le dernier attentat de la Révolution. On

14

ne se doutait pas, et Sieyès moins que personne, que le 18 brumaire dût être le profit d'un seul homme.

Le coup a réussi, et les soldats du général Bonaparte ont dispersé la représentation nationale. Bonaparte, Sieyès, Roger-Ducos sont proclamés consuls. Maret est nommé secrétaire des consuls, Talleyrand ministre des affaires étrangères, Cabanis membre de la commission chargée de préparer la constitution. Tous les amis de Frochot dirigent le mouvement. Tous le conjurent de servir un gouvernement qui se place au-dessus des partis pour les réunir, et qui promet du repos, de la gloire, de l'honneur sous le nom de la République. Il accepte. En vertu de la Constitution de l'an VIII, promulguée le 22 frimaire (13 décembre), les consuls nomment les premiers sénateurs qui, après s'être complétés, doivent choisir à leur tour les membres du Tribunat et du Corps législatif. Grâce à la protection de Sieyès, grâce au dévouement de Cabanis, le nom de Frochot sort victorieux de l'urne sénatoriale. « Mon cher ami, vous venez « d'être nommé législateur, écrit Cabanis à Frochot, j'en « fais mon compliment à la chose publique, mais n'en « parlez point. Je n'ai rien pu faire pour Méjean... Adieu, « je vous embrasse tendrement. Ce 3 nivôse (1). »

Quand on songe à la carrière de Frochot, on y trouve un concours heureux de hasards et comme un ensemble providentiel. On s'étonne de cette singulière fortune qui le pousse dans les assemblées au moment où l'organisation administrative doit être renouvelée par les lois, et qui le ramène dans la pratique des affaires aussitôt que les lois sont votées. Quand il ne vote pas, il agit; quand il quitte les services publics, il les crée ou les modifie. De la théorie il passe à la pratique,

---

(1) Pap. Frochot.

de la pratique à la théorie. L'ancien membre de l'Assemblée constituante a administré le département de la Côte-d'Or, et le membre du Corps législatif deviendra préfet de la Seine. A ce moment, Frochot était en pleine maturité d'esprit. Avec la plus grande sincérité il avait observé les événements et tiré parti de ses erreurs. Son goût naturel l'avait toujours porté vers la recherche abstraite des principes, mais ses réflexions le conduisaient maintenant à l'étude attentive des faits. Il repassait en sa mémoire les opinions qu'il avait soutenues, les épreuves qu'il avait subies, les leçons qu'il avait reçues du temps, et il était arrivé à ce point qu'en votant la constitution de 1791 et la loi de pluviôse an VIII il croyait être le même homme.

De la grande œuvre de l'Assemblée constituante, une partie seulement, la division du territoire, devait survivre. Une autre, et la plus importante, l'organisation de l'administration, allait disparaître. L'Assemblée constituante avait pris pour point de départ cette première et naturelle image de la patrie, la première association politique, la commune. Elle avait sanctionné le principe d'une administration locale exerçant immédiatement son action sur un groupe d'hommes et d'intérêts; mais toutes ces administrations locales, tous ces groupes créés par la nature et consacrés par la loi avaient besoin d'être rattachés les uns aux autres pour former l'ordre social. Sans parler de la circonscription judiciaire du canton, l'Assemblée traça les circonscriptions administratives du district et du département. Une soudaine inspiration plutôt qu'un système préconçu avait inauguré ces trois degrés d'administration. La nécessité avait fait proclamer les municipalités, les convenances créer les districts, la politique tracer les départements. Dans cette organisation, les municipalités avaient la force physique et la force morale, c'est-à-dire une influence directe et décisive sur les hommes et sur les choses; le district n'était à bien parler qu'un bureau, qu'un intermédiaire entre les municipalités et l'administration centrale qui, siégeant au chef-lieu du département, avait la force légale, sans avoir toujours le pouvoir de l'exercer. Le département restait donc le vrai cadre, le cadre désormais ineffaçable dans lequel devaient se mouvoir sous tous les régimes tous les services publics. La carte de la France porte encore la date de 1789.

Si la pensée d'étouffer l'esprit de province et de privilége par le sentiment d'une patrie commune avait présidé à la division du territoire, le désir de prendre des garanties contre la royauté, la volonté d'achever la révolution en en confiant la défense à la nation elle-même, cette conviction que les masses ne s'attachent qu'aux droits dont elles jouissent, l'irrésistible désir d'appliquer le nouveau principe de la souveraineté populaire avaient porté l'Assemblée constituante à mettre non-seulement le pouvoir exécutif, mais le pouvoir administratif dans le peuple au lieu de le laisser dans le roi. Aux trois degrés de la hiérarchie, municipalités, districts, départements, l'exécution et le contrôle, distingués et séparés, furent confiés à des corps délibérants issus d'élections populaires. Après avoir formulé ce principe constitutionnel que l'autorité descend du roi et que la soumission des corps administratifs au chef de l'administration est indispensable, « car sans elle, disait Thouret, le gouvernement monarchique dégénérerait en démocratie, » ils avaient pour ainsi dire constitué cette démocratie. Ils avaient du peuple fait remonter l'autorité aux corps administratifs, et rendu ceux qui devaient obéir tout à fait indépendants de celui qui devait ordonner. En fait, ils avaient ruiné le pouvoir exécutif : car on ne peut concevoir un pouvoir exécutif sans organes,

sans agents, et on ne pouvait regarder comme les organes
du pouvoir exécutif et comme les agents du roi les départements, les districts, les municipalités et toutes les autorités
collectives qui s'élevaient dans la constitution comme des
places fortes où le peuple mettait garnison? Mirabeau l'avait
vingt fois répété (1), mais Frochot partageait alors les passions de l'Assemblée constituante.

Placées dans des situations absolument différentes, l'Assemblée constituante et la Convention ne pouvaient avoir,
en fait d'administration, les mêmes principes et la même
conduite. L'Assemblée constituante avait affaibli le pouvoir
exécutif, parce que le pouvoir exécutif était entre les mains
du roi. La Convention devait essayer de le fortifier parce
qu'elle s'en était emparée. Plusieurs mois et de grands événements se passèrent avant que la Convention pût toucher à
l'organisation de l'administration. Du 21 septembre 1792 au
4 décembre 1793, on changea les personnes, mais on respecta les choses. La constitution de 1793 elle-même maintint les cadres administratifs de 1790, et mit en action dans
ces cadres, municipalité, district, département, le régime de
la démocratie la plus pure. Mais l'heure approchait où la
Convention, rompant avec la justice, décrétait la Terreur et
substituait officiellement le règne de l'arbitraire au règne de
la loi. « Votre Comité de salut public, dit Saint-Just, a cal-
« culé les causes des malheurs publics ; il les a trouvées dans
« la faiblesse avec laquelle on exécute vos décrets, dans le
« peu d'économie de l'administration, dans l'instabilité des
« vues de l'État, dans les vicissitudes des passions qui in-
« fluent sur le gouvernement... Vous devez vous garantir
« de l'indépendance des administrations, diviser l'autorité,

---

(1) *Corresp. de La Marck et de Mirabeau*, t. II, p. 417.

« l'identifier au mouvement révolutionnaire et à vous-même,
« et la multiplier (1). » Saint-Just traçait le programme des
réformes que sanctionnait le décret du 14 frimaire an II
(4 décembre 1793).

A partir de ce moment, deux administrations, l'administration publique et l'administration révolutionnaire, s'élevèrent l'une à côté de l'autre. Dans la constitution de 1791,
l'administration départementale, que nous qualifions de publique, pour en embrasser tous les rouages et l'opposer plus
nettement à l'administration révolutionnaire, l'administration publique, dis-je, composée d'un directoire qui agit
(pouvoir exécutif), d'un conseil général qui contrôle (pouvoir
législatif), d'un procureur général syndic qui requiert l'exécution de la loi (ministère public), formait une machine
complète dans un isolement et presque indépendante du
gouvernement : que le gouvernement d'ailleurs s'appelât
Royauté ou Convention! La Convention brise cette machine.
Elle supprime le conseil général ; elle supprime le procureur
général syndic ; elle fait du directoire une simple commission
de cinq membres, chargée par délégation, « et sous la sur-
« veillance des autorités supérieures, de la répartition des
« contributions directes entre les districts, de l'établissement
« des manufactures, des grandes routes, des canaux publics,
« et de la surveillance des domaines nationaux. » En un mot,
elle remet le gouvernement à la tête de l'administration.
Dans une circulaire du 25 décembre 1793, le comité de
salut public justifie ces réformes. Il invoque la nécessité
« d'assurer la prompte exécution des lois et de combattre les
« principes du fédéralisme que les premiers législateurs ont
« infusés dans l'organisation des autorités destinées à les

_____

(1) *Moniteur universel*, n° 23, 23 vendémiaire an II.

« combattre. » Il console les administrations départementales
de la perte de leurs prérogatives et de leur asservissement
aux représentants de la Convention : « Vous êtes, leur dit-il,
« les ouvriers de la prospérité publique ; mais les fonctions
« d'édilité, d'ordre et d'administration toute paternelle et de
« paix auraient été troublées et entravées si la surveillance
« des lois révolutionnaires vous eût été confiée. Ces deux
« attributions se repoussent, s'écartent et sont incompatibles
« par essence. » Elles l'étaient en effet. L'administration
révolutionnaire n'avait d'autre mobile que la peur, d'autre
fin que la mort, et la véritable administration publique doit
aux théories de Saint-Just et aux scrupules de la Convention
l'honneur d'être sortie pure et sans tache des violences de
la Terreur.

La constitution de l'an III rompt ouvertement avec les
maximes et les décrets du Comité de salut public. Elle dis-
perse l'administration révolutionnaire qu'elle-même a créée,
et laisse l'administration publique seule et debout sur des
ruines ; mais dans cette administration publique, certains
rouages, les municipalités, les districts, ont en même temps
servi à l'administration révolutionnaire. La Convention les
condamne. On n'avoue pas que les municipalités ont été
chargées de l'exécution, et les districts de la surveillance
des lois révolutionnaires ! On n'avoue pas que municipalités
et districts subissent la peine de leur complicité ! On cache
les raisons politiques de cette mesure sous des arguments
théoriques. On s'avise de déclarer qu'une administration est
meilleure quand elle n'a que deux degrés, et que ces deux
degrés seront désormais la municipalité de canton et l'administration centrale. Dans le fond, on réactionne contre la
Terreur : on repousse 1793, on retourne à 1789.

La base administrative de la constitution de l'an III, la

municipalité de canton, était un souvenir de l'Assemblée constituante. Proposée par le comité de constitution, elle avait été critiquée par Mirabeau et rejetée par l'Assemblée. « L'établissement des municipalités de canton est une me- « sure plus impolitique qu'on ne pense, disait-il. Ces nou- « velles municipalités ne dispenseront pas d'avoir dans « chaque village des syndics ou des administrateurs. » Les événements justifièrent Mirabeau. Quoiqu'on supposât en principe que la commune n'avait pas besoin d'une vie propre, on fut obligé, en dehors de la municipalité de canton, de constituer une agence municipale ; mais cette agence municipale n'était pas une municipalité.

Qu'on se figure chaque commune dont la population est inférieure à cinq mille âmes nommant un agent municipal et un adjoint, puis tous ces agents se réunissant au chef-lieu et formant une municipalité de canton? Ne voit-on pas que, sous le couvert et en dépit du président nommé par le canton et du commissaire nommé par le directoire exécutif, ces agents municipaux, officiers de police, receveurs et comptables dans leur commune, jugeront leurs propres actes, addition-neront leurs propres comptes, régleront comme supérieurs ce qu'il leur convient d'exécuter comme subalternes, et, après s'être accordé mutuellement protection et indulgence, rentreront dans leurs communes tout-puissants et irrespon-sables? Dans l'ancien régime, les communautés débattaient leurs intérêts avec les syndics. En l'an III, elles n'ont d'autre pouvoir que d'abdiquer entre les mains d'un délégué, sans contrôle et sans garantie. Encore si ces délégués étaient capables ou seulement libres de traiter les affaires publiques? Mais la plupart du temps ils sont ignorants et occupés, et leur ignorance comme leurs travaux livrent toutes les affaires au despotisme du président, du commissaire ou du secrétaire

de la municipalité. On conçoit maintenant comment ces petites administrations, ne trouvant pas un concours d'esprits
assez cultivés ou l'appui d'un bras assez fort pour les conduire, demeuraient immobiles, rivées pour ainsi dire au sol,
opposant au mouvement naturel des choses une invincible
résistance, et si quelqu'une par hasard donnait le spectacle de
l'agitation, on pouvait être certain que cette agitation restait
concentrée sur elle-même, sans issue dans l'opinion publique qui ne dépassait pas les limites du canton, sans issue
dans le directoire départemental, à la surveillance duquel
elle échappait. Ainsi, la municipalité de canton avait le
triple inconvénient d'anéantir dans chaque localité le régime
municipal, de mettre en fonction un grand nombre d'administrateurs incapables, et d'éloigner des administrés le contrôle de l'administration supérieure.

Dans l'organisation de l'administration supérieure, la Convention de l'an III revint également aux idées de l'Assemblée
constituante. Elle remit en vigueur le principe républicain
des autorités collectives, et le porta sous le nom de directoire dans l'administration et dans le gouvernement. Au défaut de responsabilité, qui est le signe commun et distinctif
de ce genre d'administration, ne doit-on pas ajouter une
mobilité incessante et constitutionnelle? Chaque année tous
les corps administratifs et municipaux étaient en partie
renouvelés, et l'administrateur n'avait ni le courage ni le
temps de suivre une réforme ou de faire une économie. Les
bureaux, qui avaient au moins la tradition, l'habitude et la
connaissance des affaires, dirigeaient à leur guise et sans
contrôle les administrations centrales qui, ne puisant aucune
force en elles-mêmes, ne pouvaient exercer aucune influence
autour d'elles. Toutefois, on avait senti que, pour soulever
la masse inerte des bureaux et des directoires, il fallait un

levier dans la main du pouvoir exécutif, et l'on avait cru
trouver ce levier dans des commissaires du gouvernement
chargés d'animer, de surveiller, de contrôler au nom de la
loi les directoires départementaux. Ces commissaires n'étaient
pas encore des préfets, mais ce n'étaient plus des procureurs
syndics. La constitution de l'an III marquait le but que
devait atteindre la loi de pluviôse.

La loi de pluviôse fut par essence une loi d'ordre public.
De même que le premier consul appelait autour de lui les
hommes de toutes les opinions, de même le gouvernement
emprunta à toutes les institutions qu'avait essayées la France
les éléments de la nouvelle administration. A la constitution
de 1791 la loi de pluviôse reprit les anciennes divisions du
territoire. Elle rétablit dans la dignité d'administrations su-
bordonnées, mais distinctes, les municipalités, réduites à
l'état de simples agences. Elle rendit au canton son premier
caractère et son but judiciaire. Les districts, abolis par la
constitution de l'an III, revécurent agrandis sous le nom
d'arrondissements communaux, et le département vit son
rôle et ses limites consacrés par une acclamation unanime.

Dans les anciens cadres de 1789 la loi de pluviôse mit un
nouveau mécanisme. La situation générale des esprits et des
intérêts, le cours et la succession des événements en fixèrent
la nature et l'objet. En 1789 on disait : « Le roi règne et
la nation administre. » En 1800 : « Le gouvernement est
administrateur suprême. » En 1789 on disait : « Administrer
est le fait de plusieurs. » En 1800 : « Administrer est le fait
d'un seul. » La subordination de l'administration au gouvernement, voilà le premier principe ; l'unité dans le pouvoir
administratif, voilà le second principe de la loi de pluviôse.
N'était-ce pas se déjuger que d'adopter successivement des
maximes aussi contradictoires, que d'établir avec le même

enthousiasme les autorités collectives et les élections populaires en 1789, les préfectures et les listes d'éligibles en 1800?

Non, ce n'était pas se déjuger : c'était peut-être se contredire. Se déjuger eût été d'abandonner la cause de la
Révolution; se contredire était, pour faire triompher cette
cause, de varier ses moyens d'action. Il semblait utile,
en 1789, que l'administration fût indépendante d'un gouvernement suspect. Il était· nécessaire, en 1800, que l'administration fût dépendante d'un gouvernement sûr. Dix années
d'épreuves avaient conduit Frochot à cette conviction profonde qu'au point où la révolution avait poussé les intérêts
et les partis l'administration devait être un instrument docile
entre les mains d'un gouvernement national. Il se répétait
que l'administration, étant spécialement chargée de suivre
le mouvement des intérêts dans leurs rapports avec l'exécution des lois, devait approprier ses formes aux mœurs et
aux besoins du temps, et que d'ailleurs, après tant de coups
d'État essayés pour le succès des idées les plus fausses et
des plus folles passions, il y avait un dernier effort à tenter
pour imposer l'ordre au sein de l'anarchie.

Si Frochot approuvait dans la loi de pluviôse la subordination de l'administration au gouvernement, il n'approuvait
pas moins vivement l'unité dans le pouvoir administratif. Il
avait pourtant, avec la majorité de l'Assemblée constituante,
voté l'établissement des assemblées administratives, lorsqu'elles étaient une protestation contre les bureaux des
anciens intendants et une image de la souveraineté populaire. Au lieu de confier à la royauté l'arme redoutable de
l'administration, il avait cru nécessaire d'en remettre le
dépôt à des corps innombrables et incorruptibles ; mais
aussitôt Mirabeau, avec la supériorité de son bon sens,
s'était écrié : « On est tombé dans une faute non moins

« grave relativement au pouvoir administratif : car, voulant
« distinguer de ce pouvoir la partie qui doit délibérer de
« celle qui doit exécuter, on a fait encore de cette espèce
« de pouvoir exécutif un pouvoir trop nombreux et délibé-
« rant, de manière que la désorganisation totale du royaume
« ne pouvait être mieux combinée (1). » Les sinistres prédictions de Mirabeau s'accomplissent. L'administration, si
bien réglée dans son ordonnance théorique, si savante dans
ses combinaisons populaires, regarde impassible et impuissante la royauté disparaître, et le gouvernement tomber aux
mains de la Révolution. Tout change alors. Les assemblées
administratives, placées dans la constitution comme des
gages d'indépendance, comme des garanties contre la réaction, descendent au rang d'une théorie inutile. La Convention gouverne et veut se faire obéir ; elle combat, sous prétexte de fédéralisme, l'indépendance des administrations
centrales ; elle attaque le principe des autorités collectives
comme incompatible avec l'autorité d'un gouvernement.
« Il faut, disait Saint-Just, examiner le système des magis-
« tratures collectives, telles que municipalités administra-
« tives, comités de surveillance, et voir si distribuer les
« fonctions de ces corps à un magistrat unique ne serait pas
« le secret de l'établissement solide de la Révolution (2). »
Ce que Mirabeau avait dit en faveur de la royauté, Saint-
Just le répétait en faveur de la révolution.

Viendra-t-on maintenant, en l'honneur d'un homme ou
d'un temps, revendiquer la conception du délégué responsable ? L'unité dans la partie exécutive du pouvoir administratif, personne ne l'inventa : pas plus Mirabeau que Saint-

(1) *Corresp. de La Marck et de Mirabeau*, t. II, p. 427.
(2) Buchez et Roux. *Histoire parlementaire de la Révolution française*,
t. XXXV, p. 285.

Just, pas plus Sieyès que Bonaparte. La supériorité d'un
délégué unique et responsable sur les autorités collectives et
irresponsables se dégagea tout naturellement et se dégagera
toutes les fois qu'un véritable gouvernement aura la prétention de diriger les affaires publiques. Voyez les intendants
sous l'ancien régime, les représentants du peuple sous la
Convention, les préfets sous le Consulat! Pourquoi donc la
France, en 1789, salua-t-elle avec des cris de joie l'établissement des autorités collectives, et pourquoi salua-t-elle, en
l'an VIII, la chute de ces mêmes autorités avec des cris de
reconnaissance? On peut dire que l'anarchie légale du directoire avait soulevé contre elles une conspiration universelle,
et que cette conspiration crut triompher le jour où le
préfet reçut dans l'administration le rôle que le premier
consul s'arrogea dans le gouvernement; mais il faut insister.
En 1789 comme en l'an VIII, il n'y avait au fond de tous
les esprits qu'une seule question : le salut de la Révolution.
Le débat n'était pas engagé entre le despotisme et la liberté,
mais entre l'ancien régime et la Révolution. Devant cette
question, devant ce débat tout s'efface. La loi de la veille,
on la rejette! L'opinion du jour, on l'abandonne! La France
se transforme pour rester elle-même contre l'ancien régime,
et renouvelle ses armes pour le mieux combattre. Tous les
moyens et toutes les ressources, toutes les formes d'administration et toutes les formes de gouvernement lui conviennent et lui conviendront pourvu qu'elle sauve les idées
et les intérêts qui sont le patrimoine de la Révolution.

Telle était la suite des réflexions et des épreuves qui
avaient assailli et qui dominaient les esprits sérieux et sincères de ce temps. Nul ne pouvait se soustraire à la double
pensée de rétablir l'ordre, et, en rétablissant l'ordre, de
consacrer les conquêtes de la Révolution : et quand Chaptal,

avec cette éloquence rapide que semble inspirer la volonté du premier consul, résumait devant le Corps législatif les motifs de la loi de pluviôse, Frochot, dans sa conscience de patriote, n'hésitait pas à les regarder comme la justification du 18 brumaire.

« Un bon système d'administration, disait Chaptal, est « celui qui présente à la fois force et promptitude pour « l'exécution de la loi, facilité, justice et économie pour « l'administré.

« La force d'un système d'administration est toute dans « la certitude de l'exécution entière de la loi et des actes du « gouvernement; or, cette certitude existe toutes les fois « que l'exécution est remise à un seul homme essentielle- « ment responsable.

« C'est en partant de ces principes incontestables que le « projet de loi propose d'établir un préfet par département, « lequel serait chargé seul de l'exécution et correspondrait « sans intermédiaires avec les ministres.

« Le préfet ne connaît que le ministre, le ministre ne « connaît que le préfet.

« Le préfet ne discute point les actes qu'on lui transmet; « il les applique, il en assure et surveille l'exécution.

« Le préfet, essentiellement occupé de l'exécution, trans- « met les ordres au sous-préfet; celui-ci aux maires des « villes, bourgs et villages, de manière que la chaîne d'exé- « cution descend sans interruption du ministre à l'administré, « et transmet la loi et les ordres du gouvernement jusqu'aux « dernières ramifications de l'ordre social avec la rapidité « du fluide électrique.

« Il est difficile de concevoir un plan qui présente plus « d'unité, plus de rapidité, plus de garantie pour l'exécution; « mais cette rapidité d'action est tellement organisée dans

« le système d'administration proposé qu'en assurant la
« prompte exécution de la loi il ne laisse rien à l'arbitraire
« du préfet; car à côté de lui sont placés des conseils qui
« garantissent l'administré de toute injustice et veillent in-
« cessamment à ses intérêts. L'un répartit l'impôt entre les
« arrondissements, statue sur les demandes en réductions
« faites par les arrondissements, les villes, bourgs et villages,
« détermine dans les limites fixées par la loi le nombre des
« centimes additionnels applicables aux dépenses de dépar-
« tement, discute le compte du préfet sur l'emploi de ces
« centimes, et fait connaître directement au ministre l'état
« et les besoins du département. L'autre prononce sur les
« demandes de particuliers en réduction de contributions,
« sur les réclamations de particuliers qui se plaignent des
« dommages causés par les entrepreneurs, sur les demandes
« des communautés pour être autorisées à plaider. »

La loi de pluviôse avait la prétention de donner en même
temps au gouvernement la direction des affaires publiques et
de rendre aux citoyens la garantie de la justice. Elle aurait
voulu faire croire qu'elle donnait aussi la liberté. Sur ce
point, le gouvernement se faisait ou cherchait à inspirer des
illusions. A côté du préfet s'établissait un conseil général, à
côté du sous-préfet un conseil d'arrondissement, à côté du
maire un conseil municipal : mais ce conseil général, ce
conseil d'arrondissement, ce conseil municipal étaient nommés par le premier consul ou le préfet, sur des listes d'éligibles dressées par la voie de l'élection. Le contrôlé nommait
le contrôleur. L'ordre absorbait la liberté. Frochot le sentait
profondément. Il ne croyait pourtant pas que ce premier
empiétement du pouvoir public sur les libertés locales dût
conduire le gouvernement, ou plutôt le futur empereur, à
attirer vers lui seul l'administration tout entière, à confisquer

le régime municipal, à devenir le Tuteur des communes et le Général en chef des préfets. Il avait confiance dans les espérances, dans les promesses des orateurs du gouvernement. « Lorsque la paix, disait, le 28 pluviôse, le tribun « Delpierre, aura versé son baume sur les plaies de notre « malheureuse patrie, lorsque les humeurs du vaste corps de « l'État auront retrouvé leur équilibre, les passions leur « assiette, les intérêts leur direction, le commerce et les arts « leur essor et leur prospérité ; lorsqu'enfin nous aurons un « esprit national, il sera salutaire pour la République, glo- « rieux pour le gouvernement de *livrer le peuple à lui-même* « *dans l'élection de ses magistrats immédiats.* Jusque-là, « la sagesse prescrit de le sauver de ses propres écarts, et de « le diriger d'une main ferme dans la route de l'ordre, dont « nous avons perdu l'habitude et pour ainsi dire les élé- « ments. » En écoutant ces paroles, Frochot pensait peut-être, comme Solon, que les meilleures lois sont celles que les peuples peuvent supporter ; mais il comptait assurément que la liberté viendrait d'elle-même couronner le nouvel édifice dont il jetait les fondements.

Tandis que le gouvernement consulaire faisait proposer, discuter et voter la loi du 28 pluviôse, on préparait dans les bureaux du ministère de l'intérieur le personnel de l'administration nouvelle. Lucien Bonaparte chargea un ancien membre de l'Assemblée législative, Beugnot, de recueillir et de classer les demandes. Dans ce travail préparatoire, la préfecture de la Côte-d'Or était, sur la recommandation écrite du premier consul, dévolue à Frochot. Beugnot s'attribuait la préfecture de la Seine ; mais Beugnot passait pour un royaliste déguisé, et Frochot pour le modèle des patriotes. Frochot devait cette réputation à Maret et à Cabanis, qui n'avaient pas manqué une occasion de raconter au pre-

mier consul les péripéties de sa vie et de faire valoir ses
relations avec Mirabeau. A ce moment même, le premier
consul travaillait à s'entourer de toutes les gloires de la
Révolution. N'ayant pas d'aïeux, il en cherchait. Mirabeau
était assez grand pour lui en servir. Son buste fut placé dans
la galerie des Tuileries : ses amis devinrent les amis de
Bonaparte, et ce fut à l'ami de Mirabeau que le premier
consul donna la préfecture de la Seine (12 ventôse an VIII,
3 mars 1800).

Le 5 mars 1800, à quatre heures du soir, le premier
consul reçut une vingtaine de préfets. Frochot fut présenté
le premier. « Je sais qui vous êtes, lui dit le premier consul,
« et je devine ce que vous serez : mais, entre tous les motifs
« qui m'ont déterminé à vous confier la préfecture de Paris,
« il en est un que je dois rappeler en ce moment : c'est
« qu'ayant été maltraité par la Révolution, vous n'en êtes
« pas moins resté constamment attaché à vos principes, et
« qu'étant devenu administrateur de votre département après
« avoir été longtemps persécuté, vous n'avez persécuté per-
« sonne. » Puis, s'adressant à tous les préfets, il ajouta d'un
ton d'autorité : « Ne soyez jamais les hommes de la révo-
« lution, mais les hommes du gouvernement... Rappelez-
« vous que vous êtes au-dessus des intrigues, comme le
« gouvernement est au-dessus des factions. L'administration
« doit être le bras du gouvernement. Il faut que la France
« date son bonheur de l'établissement des préfectures (1). »

Quelques jours après, Lucien Bonaparte, ministre de l'intérieur, installait le nouveau préfet de la Seine, et Frochot
lui répondait : « Citoyen ministre, le gouvernement con-

_____

(1) *Journal de Paris* du 20 ventôse an VIII (11 mars 1800).— Thibaudeau,
Le Consulat et l'Empire. t. 1, p. 135. — Pap. Frochot.

« sulaire imprime une telle force à tout ce qui l'entoure,
« qu'une fois appelé par lui, il ne semble pas même permis
« de douter de soi, moins encore d'en désespérer. Aussi,
« citoyen ministre, lorsqu'à peine nous mesurons par la
« pensée la carrière nouvelle qui nous est ouverte, déjà
« nous osons nous montrer impatients de la parcourir.
« Agrandis à nos propres yeux par les espérances que le
« gouvernement a conçues de nous, et comme s'il faisait
« passer en ce moment dans nos âmes son génie et sa puis-
« sance, rien de ce qu'il attend ne nous paraît impossible,
« par cela seul qu'il le demande. Heureuse et salutaire in-
« fluence d'un gouvernement qui n'est fort que de justice et
« de liberté, qui, placé tout à coup hors des haines qui dévo-
« raient la France et s'en disputaient l'empire, a d'un mot
« imposé silence aux tempêtes de la Révolution, et s'est
« placé dès les premiers pas à un intervalle immense des
« jours qui l'avaient précédé !

    « Et quelle plus grande preuve de la confiance qu'inspirent
« à la fois la force et la sagesse de ce gouvernement que ma
« soumission téméraire à me charger seul du poids d'une
« administration immense, partagée jusqu'à ce jour entre
« des hommes également recommandables par leurs talents
« et par leurs services ?

    « Cette soumission, citoyen ministre, je l'ai trouvée dans
« mon respect pour les premiers magistrats de mon pays,
« dans les travaux et les exemples de mes prédécesseurs,
« dans la réputation de ceux qui m'entourent, enfin, dans
« l'espoir que la préfecture de la Seine sera souvent dirigée,
« jamais abandonnée par le ministre sous les auspices duquel
« je la reçois, par ce ministre dont tous s'accordent à dire
« que les hommes les plus distingués doivent ambitionner de
« finir leur carrière comme il a commencé la sienne.

« Diriger l'administration publique avec ce zèle constant
« mais discret, qui agit plutôt qu'il ne se montre, qui dissi-
« mule en quelque sorte l'action pour amener plus sûrement
« le résultat, et qui cependant ne s'arrête qu'après le succès ;

« Accueillir les idées utiles et bienfaisantes, les projets
« d'un véritable intérêt public, porter dans ces asiles desti-
« nés à recueillir les infirmités et l'indigence une surveillance
« respectueuse, à ces lieux qui recèlent quelquefois l'inno-
« cence, souvent le remords et toujours le malheur, une
« attention miséricordieuse ;

« Tenir constamment égale entre l'intérêt du gouverne-
« ment et les facultés des contribuables la balance de la
« probité administrative ;

« Étendre sur ses concitoyens comme sur les membres
« d'une famille chérie cette bienveillance paternelle qui
« procure à tous la jouissance paisible des bienfaits de l'as-
« sociation, cette tendre sollicitude qui va sans cesse décou-
« vrant le bien pour le donner en exemple, le mal pour
« l'arrêter dans sa source, l'infortune pour la soulager ;

« Enfin, par une sage distribution des charges publiques
« entre les diverses parties de la cité, préparer leur équitable
« répartition entre les contribuables, tels sont les principaux
« engagements que contractent aujourd'hui, et chacun sui-
« vant la tâche qui lui est départie, les membres des nou-
« veaux corps administratifs du département de la Seine.

« Au nom des citoyens que le gouvernement a appelés à
« m'aider de leurs lumières et de leur zèle, j'ose le pro-
« mettre, citoyen ministre, ces engagements seront remplis.

« Pour moi, dont le premier devoir, aujourd'hui si facile,
« sera de rassembler sous les drapeaux du premier consul
« ces jeunes Français impatients de le suivre et d'imposer
« avec lui la paix à l'ennemi ; moi, jusqu'à ce jour étranger

15*

« à cette cité, moi, dont le vœu le plus cher est de mériter
« son adoption, qu'il me soit permis d'exprimer particuliè-
« rement la promesse que je fais de n'avoir pas une pen-
« sée, pas un sentiment qui n'ait pour objet son bonheur,
« la renaissance de sa splendeur et la prospérité de son
« commerce.

« Elles ne s'effaceront jamais de notre souvenir, ces paroles
« remarquables du premier consul à cette audience où je lui
« fus présenté avec plusieurs de mes collègues : « *Que la*
« *France*, nous disait-il, *que la France date son bonheur de*
« *l'établissement des préfectures.* » Qu'il sache pourtant que,
« quels que soient nos efforts, la France datera toujours son
« bonheur de plus loin. Elle le datera du jour où, traversant
« les mers devenues hospitalières, un frêle vaisseau déposa
« sur nos bords un héros qui stipulait dans sa pensée la
« paix de son pays et le repos du monde. »

C'était parler en préfet du premier consul.

LIVRE TROISIÈME

FROCHOT PRÉFET DE LA SEINE

(1800-1812)

I

Avant d'embrasser dans un résumé rapide l'œuvre immense à laquelle Frochot eut l'honneur d'attacher son nom, il faut rechercher ce qu'était le préfet de la Seine sous le Consulat et l'Empire, quelles ressources et quels obstacles les lois nouvelles, la nature du gouvernement et le caractère de Napoléon apportèrent ou opposèrent à l'accomplissement de sa tâche. C'est le seul moyen de rendre une équitable justice à l'homme qui, du labeur, du bon sens, de l'honnêteté, fit des qualités supérieures, et qui sut, en douze années, réorganiser et restaurer les services publics du département de la Seine et de la ville de Paris.

Traçant les devoirs et les fonctions des préfets, le ministre de l'intérieur, Lucien Bonaparte, disait, le 24 germinal

an VIII (14 avril 1800) : « Les préfets sont chargés par le
« gouvernement d'administrer sous ses ordres, dans l'éten-
« due de leur département; ils sont les organes de la loi et
« les instruments de son exécution. » Ainsi le préfet était
l'organe de la loi, le chef d'un département, l'agent du gouvernement. A la tête de l'État, la constitution de l'an VIII
avait établi un premier consul. A la tête du département,
la loi de pluviôse avait placé un préfet. A tous les degrés
de la hiérarchie administrative, le dix-huit brumaire avait
constitué un homme pour assurer le maintien de l'ordre et
de la paix publique.

Frochot avait reçu le titre de préfet général. Dans une
circulaire du 8 floréal an VIII (28 avril 1800), le ministre
de l'intérieur relève et critique ce titre : « J'ai remarqué
« dans plusieurs adresses de préfets les mots de préfet géné-
« ral. Il est possible que ceux qui ont pris ce titre aient été
« induits en erreur par l'expédition qui a été délivrée à
« quelques-uns de l'arrêté de leur nomination. Quoi qu'il en
« soit, il est contraire au § Ier du titre II de la loi du 28 plu-
« viôse, qui a établi un préfet seulement par département, et
« la commission délivrée à chacun de vous ne porte que le
« titre de préfet. » Doit-on accepter aveuglément la circulaire
du ministre de l'intérieur, et ce titre de préfet général fut-il
donné par étourderie? On peut croire qu'il répondait soit à
la hiérarchie du préfet (préfet général) et des sous-préfets
(préfets particuliers), ou mieux, à cette idée d'une inspection
supérieure que les membres du conseil d'État remplirent
dans le cours de l'an VIII et de l'an IX. Au lieu d'une inspection temporaire, le préfet général eût probablement exercé
sur un certain nombre de départements une surveillance
perpétuelle. A cette pensée, se rattacheraient la mission de
Lacuée, conseiller d'État, dans les sept départements de la

première division militaire, les conférences administratives
de l'an IX et le discours que Frochot adressa au premier
consul, en lui présentant les six préfets de la première division (1). D'ailleurs, le titre de préfet général disparut, et
le titre de préfet de la Seine, s'il assura quelquefois une
prééminence morale, ne constitua jamais sur les autres
préfets une supériorité hiérarchique.

La substitution d'un conseiller d'État inspecteur d'administration au préfet général paraîtra une conception d'autant
plus naturelle que le conseil d'État venait d'obtenir, sous le
Consulat, et devait conserver sous l'Empire la direction
générale de l'administration. Non-seulement il devait éclairer, mais guider, contrôler, appliquer l'administration. Les
ponts et chaussées, le trésor public, les cultes, l'enregistrement et les domaines, l'instruction publique, la dette publique, la comptabilité des communes, les douanes, la caisse
d'amortissement, les droits réunis, les postes, la police
reçurent tour à tour, de la main du premier consul ou de
l'Empereur, des directeurs généraux membres du conseil
d'État. Du moment que les services les plus importants de
l'administration furent directement et spécialement confiés à
des membres du conseil d'État, il parut naturel que tous
les chefs des grands services administratifs fussent aussi
membres du conseil d'État. Les ministres y eurent entrée et
voix délibérative en l'an X, le préfet de police en l'an XI, et

---

(1) « Rassemblés par vos ordres sous les yeux d'un magistrat respectable,
« ils s'estiment heureux, dit Frochot en l'an IX, d'avoir pu s'éclairer de ses
« lumières et étudier sous lui les vrais documents de l'administration, inspi-
« rés par l'amour du bien public et médités par la sagesse. C'est à ce ma-
« gistrat, Citoyen consul, qu'il appartient de vous parler du succès de votre
« zèle, ou du moins des espérances qu'il en peut concevoir. Pour nous, il
« ne nous appartient que de protester devant vous de notre absolu dévoue-
« ment à un gouvernement qui est à la fois l'orgueil et l'espoir de la
« France. » Pap. Frochot.

le préfet de la Seine en l'an XII. Le conseil d'État devint le grand conseil administratif de l'Empire. Siégeant aux Tuileries, près du cabinet de l'Empereur, qui la présidait quelquefois et la consultait souvent, cette illustre assemblée semblait être l'état-major d'une armée civile. De même qu'en temps de guerre les généraux faisaient manœuvrer les corps d'armée sous les ordres des maréchaux et sous le regard de l'Empereur, de même, en temps de paix, les conseillers d'État, sous les ordres des ministres et sous les yeux de Napoléon, dirigeaient les services publics. Frochot, dans cet état-major, représentait Paris, et comme Paris prenait de jour en jour une place plus importante dans les pensées, dans les projets, dans les rêves de l'Empereur, la situation de Frochot ne cessa de grandir au milieu de ces projets et de ces rêves. Nommé membre du conseil d'État en service ordinaire hors sections, le 28 mai 1804, créé comte le 1er mars 1808, grand-officier de la Légion d'honneur le 3 décembre 1809, le préfet de la Seine était, en 1810, un des grands fonctionnaires de l'Empire.

Il faut s'arrêter sur cette date de 1810. Elle marque dans l'histoire de l'administration française; elle marque surtout dans l'histoire de la préfecture de la Seine. Le 6 janvier, l'Empereur tenait un conseil d'administration. « Le ministre « de l'intérieur, dit-il, apportera au prochain conseil un projet « de règlement perfectionné pour l'abonnement des dépenses « des préfectures et sous-préfectures, travail qui n'a jamais « été fait. Il divisera les préfectures en trois, quatre ou cinq « classes. Il proposera ce qu'il est juste d'accorder à chaque « préfecture, pour que les préfets ne fassent aucun bénéfice « sur les abonnements, sauf à augmenter les traitements « des préfets, si cela est nécessaire. On n'accordera aucune « dépense imprévue. Pour les dépenses des préfectures et

« des sous-préfectures, on considérera la population, la
« richesse ou la pauvreté des départements. Un préfet de la
« Seine et un préfet des Basses-Alpes sont deux individus
« très-différents, quoiqu'ils aient le même titre. *Le préfet de*
« *la Seine est une espèce de ministre*, tandis que celui de
« Digne est une sorte de sous-préfet. On fera une véritable
« carrière de l'administration en classant les préfectures et
« en établissant des degrés qui offriront des chances à l'avan-
« cement et un but à l'ambition (1). » Les instructions de
l'Empereur furent converties en décrets. Le préfet de la
Seine reçut un traitement de cent mille francs, ou, pour
mieux dire, le préfet de Paris devint « une espèce de ministre ».

Premier consul ou empereur, en 1800 ou en 1813,
Bonaparte ou Napoléon ne parla jamais que du préfet de
Paris. Cette distinction invariablement soutenue et poursuivie entre le préfet de la Seine et le préfet de Paris répondait
dans sa pensée à la double administration dont Frochot
était le chef unique. Si l'Empereur devait s'approprier le
budget du préfet de Paris, il abandonna le budget du préfet
de la Seine au ministre de l'intérieur. Jamais la situation
exceptionnelle du préfet de Paris ne troubla la hiérarchie
constituée par les lois dans l'administration du préfet de la
Seine. Le préfet de la Seine continua de traiter les affaires,
suivant leur nature, avec les divers ministres et même
avec les conseillers d'État chargés d'un service spécial. Le
préfet de Paris devait un jour les traiter directement avec
l'Empereur.

Dans le département de la Seine, on trouvait, comme dans

(1) Arch. de l'Emp. *Procès-verbaux du conseil d'administration*,
t. II, p. 26.

les autres départements, un préfet, un secrétaire général, un conseil de préfecture et un conseil général, des sous-préfets et des conseils d'arrondissement. Un des sous-préfets résidait à Sceaux, et l'autre à Saint-Denis.

Le conseil général, composé de vingt-quatre membres nommés par le premier consul, répartissait les contributions directes entre les arrondissements communaux, délibérait sur les demandes en réduction, déterminait, dans les limites fixées par la loi, les centimes additionnels qui devaient constituer l'actif du budget départemental, vérifiait les comptes du préfet et formulait ses vues et ses vœux sur toutes les parties de l'administration.

Il est curieux de voir avec quelle déférence on commença par traiter ce conseil général, et quelle haute idée en avaient le préfet, le ministre et le premier consul. Le 1er thermidor an VIII (20 juillet 1800), le conseil général, s'étant réuni pour la première fois, résolut d'inaugurer ses travaux en rendant une visite solennelle au chef du gouvernement. Il fut reçu aux Tuileries le 5 thermidor (24 juillet), et dressa procès-verbal de cette réception :

« A deux heures, le conseil général avec le préfet s'est transporté « en corps et a été introduit chez le premier consul.

« Le président, parlant au nom du conseil, a exprimé au premier « consul la satisfaction que le conseil général avait éprouvée en voyant « que l'époque de sa réunion avait été signalée par des actes précur- « seurs de la paix, que c'était sous les auspices d'un armistice conclu « entre la France et l'Autriche que s'était ouverte la carrière de ses « travaux ; que la paix générale, effet si désirable de la cessation des « hostilités, en même temps qu'elle serait le prix de son courage et de « celui des armées françaises, était aussi la perspective la plus capable « d'encourager le conseil à poursuivre des travaux dans lesquels il « n'est soutenu que par le désir de concourir avec le gouvernement « au rétablissement de l'ordre, de l'économie et de la fortune publique.

« Le premier consul, en agréant ces vœux, a témoigné le désir que « le conseil général du département eût toute l'étendue de temps et de

« pouvoir nécessaire pour remplir sa destination. Il a observé que le
« conseil général du département *était dans l'ordre de la constitution*
« *un contre-poids naturel à l'autorité du préfet, qu'il devait être l'œil*
« *du gouvernement comme le préfet en était le bras, qu'il devait par*
« *conséquent exercer sa vigilance non-seulement sur tous les actes de*
« *l'administration, mais encore sur tous les abus et les défauts de l'ordre*
« *public, et se rendre l'organe de ses concitoyens dans l'émission et la*
« *publication de tous les vœux, de tous les projets, de toutes les vues qui*
« *peuvent tendre à l'amélioration de la chose publique,* qu'il convenait
« que le conseil général séant à Paris offrît à tous les conseils des
« autres départements une sorte de règle et de type de conduite. De
« là résulteraient dans toute la République cet accord et cette unité de
« mouvement, si difficiles à obtenir d'une institution naissante qui
« ignore nécessairement sa nature et l'étendue de ses rapports ; qu'enfin,
« si le terme assigné à la durée de sa session était insuffisant, il
« adresserait au conseil d'Etat une demande en prolongation (1). »

Ces paroles furent confirmées en maintes occasions par les
déclarations respectueuses de Frochot, et spécialement en
l'an IX par un arrêté et une circulaire de Chaptal, ministre
de l'intérieur. Chaptal déclarait que le conseil général, répar-
tissant l'impôt et fixant les dépenses départementales, est
un corps administratif, mais qu'au moment où il envisage
l'état et les besoins du département, il devient une représentation départementale. Dans la circulaire du 16 ventôse
an IX (7 mars 1801), Chaptal est plus explicite. Il recom-
mande au conseil général de surveiller la conduite administrative des préfets : « L'audition des comptes du préfet,
« disait-il, n'est pas une simple formalité : elle doit établir
« qu'aucune somme n'a été excédée et n'a reçu une destina-
« tion différente. » On ne pouvait dire plus nettement que le
rôle du conseil général était important et sérieux.

Quel spectacle ! Quelles fécondes années que les trois premières années du siècle, que les années du Consulat ! Chacun

(1) Arch. de l'Emp. et de la Préf. de la Seine. *Procès-verbal du conseil
général,* session de l'an VIII.

alors est vraiment sincère dans son désir de rétablir l'ordre.
Chacun voit le bien public dans le jeu régulier de la Constitution; mais tout change avec le temps : la Constitution
s'évanouit, et le despotisme du génie chasse du gouvernement et de l'administration l'esprit de la loi. Il était inévitable que les corps délibérants reçussent le contre-coup de
ce débordement d'autorité. « Les devoirs des conseils géné-
« raux, écrivait l'Empereur le 6 janvier 1808, se bornent à
« faire connaître comment les lois sont exécutées. Ils sont
« autorisés à représenter les abus qui les frappent soit dans
« les détails de l'administration, soit dans la conduite des
« administrateurs, mais ils ne doivent le faire qu'en consi-
« dérant ce qui est ordonné par les lois et par les décrets
« comme *étant le mieux possible*. Lorsqu'ils s'érigent en petits
« législateurs, ils font une chose aussi déplacée qu'une cour
« d'appel qui, au lieu d'appliquer la loi perdrait son temps à la
« discuter et à en proposer une autre (1). » Comment l'autorité du conseil général n'aurait-elle pas été surveillée et réduite? Déjà s'était ouvert dans le budget départemental un déficit contre lequel Frochot et le conseil général n'avaient cessé
de protester, et voici qu'en 1809 le ministre de l'intérieur
présente à l'Empereur un travail sur les dépenses variables
de 1810, sans le concours des conseils généraux! Le 22 décembre 1812, M. de Montalivet ordonne aux préfets « pour
« éviter les retards qu'entraînerait une nouvelle réunion des
« conseils généraux, d'établir incontinent les budgets sans
« le concours de ces conseils. » Au déclin de l'Empire, le
ministre maniait les budgets des départements comme l'Empereur maniait depuis longtemps les budgets des principales
communes. Le conseil général d'un département ne faisait

(1) Bignon, *Hist. de France sous Napoléon*, t. VIII, p. 113.

plus, suivant la belle parole du premier consul, « contre-poids
à l'autorité du préfet. » Préfet et conseil général ne comptaient pour rien dans cette balance des pouvoirs où l'Empereur avait jeté le poids de sa volonté.

La législation suffit pour marquer le rôle et l'attitude du
préfet de la Seine ; mais le préfet de la Seine était en même
temps maire de Paris, et l'histoire seule peut nous révéler
le caractère, les devoirs, les prérogatives du personnage que
l'Empereur n'appelait pas le maire, mais le préfet de Paris.

Paris, chef-lieu du département de la Seine ! Quel contraste et quelle ironie ! Quelle tête pour quel corps, et quelles
révolutions dans cette tête ? La France tout entière tremblait
encore, en l'an VIII, au souvenir du 10 août 1792. La municipalité chassée de l'hôtel de ville, une commission insur-
rectionnelle usurpant le beau nom de commune pour le
flétrir et le déshonorer, la Convention réduite à vaincre ou à
périr, quel spectacle à jamais mémorable ! Le 9 thermidor,
la Convention triomphe, la France triomphe avec elle, et,
comme prix de leur victoire, la municipalité est abolie. La
paix renaît. La Constitution de l'an III rétablit l'autorité
municipale, pour la partager, dans les communes qui ont
plus de cent mille âmes, entre plusieurs administrations
que relie un bureau central. C'est ainsi que la loi du
11 octobre 1795 divise Paris en douze arrondissements et
douze municipalités. Chacune de ces municipalités est composée de sept membres élus. Chacune d'elles conserve chez
elle l'administration de la commune : mais un bureau central réunit la police et les subsistances. Les actes de ces
administrations peuvent être annulés par le Directoire
départemental, qui lui-même est à la discrétion du Directoire exécutif.

Après le 18 brumaire, la Constitution de l'an VIII et la loi

de pluviôse, que devient la commune de Paris ? La division
en douze arrondissements est confirmée. A la place des municipalités élues, un maire et des adjoints sont nommés. A
la place du Bureau central et du Directoire départemental,
deux maires, sous le nom de préfets : l'un pour l'administration proprement dite, l'autre pour la police. Le premier
s'appelle le préfet de la Seine, le second le préfet de
police. Les préfets, les maires, les adjoints sont les délégués
du pouvoir exécutif. Entre ces délégués, la loi ne répartit
pas l'administration : elle la reprend tout entière pour la
conférer aux deux préfets maires, et ne laisser aux douze
maires, successeurs des douze municipalités, que l'état civil
et les bureaux de bienfaisance : en un mot, la commune est
refaite dans son individualité, mais elle est frappée dans sa
capacité. On la traite en personne morale, mais on la déclare personne incapable. A un incapable il faut un guide,
à un mineur il faut un tuteur. A Paris, incapable et mineur,
le gouvernement impose deux tuteurs : les deux préfets
maires ; et comme les tuteurs doivent être éclairés et contrôlés par des hommes dévoués et désintéressés, le gouvernement charge le conseil général du département d'être le
conseil municipal de la ville de Paris.

Le régime municipal de l'an VIII ne mettait pas la ville de
Paris hors du droit commun. Si ce n'est que Paris conserve,
pour l'état civil et les bureaux de bienfaisance, le cadre de
ses douze arrondissements, si ce n'est que les préfets remplissent les fonctions de maire, et le conseil général les
fonctions de conseil municipal, Paris, au point de vue des
principes, ne se distingue nullement des autres communes de
la France. Partout les maires et les conseils municipaux sont
nommés par le gouvernement. Partout les communes sont
mises en tutelle. L'exception de 1867 était la règle de 1800.

Si le régime municipal fut après le 18 brumaire altéré
dans son essence par la nomination directe des municipalités, il était entravé dans son action bien avant le 18 brumaire, par les usurpations successives et la victorieuse audace du gouvernement. L'Assemblée constituante avait
rendu au régime municipal une souveraine liberté ; mais elle
ne se borna pas seulement à proclamer le droit, elle voulut
encore en surveiller l'exercice. Un ministère de l'intérieur,
ou plutôt de l'esprit public, fut institué en 1790 pour diriger
le mouvement des opinions dans le sens de la Révolution, et
la conduite des affaires dans la voie de la constitution.
Comme les fonctions ministérielles ne se composent pas
d'abstractions, et que les hommes ont toujours le désir
d'étendre leur influence, les ministres de l'intérieur, en
prenant peu à peu la direction des opinions, prirent en
même temps la tutelle des communes. Le gouvernement se
réserva le droit d'autoriser les communes à prélever des
centimes additionnels, plus tard à rétablir des octrois. Du
droit d'autoriser au droit de régler lui-même, il n'y avait
qu'un pas. La loi du 28 pluviôse, suivant la maxime que le
gouvernement est administrateur suprême, permit au conseil
municipal de proposer, mais enjoignit au préfet ou au ministre d'arrêter les budgets municipaux. Le budget exécuté
et l'exercice achevé, le conseil municipal régla les comptes,
sauf la révision de l'administration supérieure. Deux ans
après, l'arrêté du 4 thermidor an X (23 juillet 1802) distingua les budgets dont le revenu était au-dessus ou au-dessous
de vingt mille francs. Il maintenait le principe de l'autorisation, mais il l'appliquait diversement. Les budgets au-
dessous de vingt mille francs continuaient à être réglés par
les préfets, mais les budgets au-dessus, et par exemple le
budget de Paris, devaient être déférés par les préfets au

ministre de l'intérieur, et par le ministre de l'intérieur au
gouvernement, qui les fixait définitivement. Cette distinction
entre les budgets de moins ou de plus de vingt mille francs
avait pour but de créer, à côté du budget de l'État, un
budget général communal, dans lequel le budget des grandes
communes formait un chapitre particulier, et pour effet de
mettre le règlement de la fortune publique entre les mains du
gouvernement. Ce que l'arrêté de thermidor préparait, les décrets du 27 novembre 1804 et du 12 août 1806 l'accomplirent.

En ordonnant que les budgets des communes ayant un
revenu excédant vingt mille francs seraient expédiés avant
le 21 janvier 1805 et lui seraient soumis après avoir été déli-
bérés en son conseil d'État, l'Empereur substituait le conseil
d'État au conseil municipal des villes les plus importantes,
et se substituait lui-même au ministre de l'intérieur. Il ne
disait pas uniquement : « L'État, c'est moi. » Il faisait
mieux : il prouvait qu'il était l'administration municipale :
et si l'Empereur prétendait s'assimiler et finissait par absorber les municipalités de Lyon, de Bordeaux, de Lille, de
Nantes, comment n'aurait-il pas jeté ses regards dominateurs
sur Paris, sur Paris qu'il appelait « ma bonne ville de Paris, » et le même jour « la capitale de l'Europe? »

Les discours s'unissent aux faits pour marquer les étapes
de cette nouvelle et pacifique conquête. En l'an VIII, Frochot
dit au premier consul : « Heureuse entre toutes les cités,
« Paris va désormais vous posséder. » L'année suivante, en
l'an IX, après le complot de l'Opéra : « Les autorités
« administratives du département de la Seine et de la com-
« mune de Paris vous expriment par ma voix l'indignation
« profonde qu'elles ont ressentie à la nouvelle de l'attentat
« médité contre votre personne. » Même formule en l'an X.
Le 24 décembre 1801, le premier consul remercie le conseil

général du monument qu'il veut élever dans Paris à la gloire
du vainqueur de Marengo : « Citoyens du conseil général du
« département de la Seine, j'ai vu avec reconnaissance les
« sentiments qui animent les magistrats de la ville de Paris. »
Le 27 thermidor an XI (15 août 1802), le premier consul
revenait de Belgique. Frochot dit encore : « La ville de
« Paris, si longtemps privée de votre présence, voulait
« signaler par d'éclatants témoignages de respect et de joie
·« votre retour dans le département de la Seine. Vous les avez
« refusés. » Mais voici qu'en l'an XII, Frochot et le conseil
général s'avisent d'offrir une épée à Junot, qu'on enlevait au
commandement de la ville de Paris. A cette nouvelle, le
premier consul s'emporte : « Qu'on donne une épée au gé-
« néral Junot, je n'y vois pas d'inconvénient ; qu'on en fasse
« un récit simple, cela me paraît encore très-convenable.
« Hors cela il n'y a que du ridicule... Puisque la chose est
« faite, il faut donner le moins possible d'éclat à cette dé-
« marche. L'épée peut être donnée au nom du conseil muni-
« cipal plutôt qu'au nom de la ville de Paris. La ville de
« Paris n'aurait lieu de donner une épée qu'à quelqu'un qui
« aurait sauvé la ville (1) ! » Ne sent-on pas à ce mouvement, ou plutôt à cet accès de colère, que Paris est déjà la
chose, le bien, la propriété de Napoléon Bonaparte? et en
effet, l'an XIII arrive. Paris n'est plus la capitale de la République. Le premier consul est empereur. L'Empereur invite
le corps municipal à la cérémonie du sacre : « Voulant donner
« à notre bonne ville de Paris un témoignage particulier de
« notre affection, nous avons pour agréable que le corps
« municipal entier assiste à ces cérémonies. » Bien plus, il
provoque, il accepte une fête donnée dans cet hôtel de ville

(1) Arch. de l'Emp. A. F. IV. 2956-265.

16

où il a hâte de venir, comme les rois ses prédécesseurs, recevoir les hommages de ses nouveaux sujets ; et quand Frochot
s'écrie : « Sire, ce peuple, cette assemblée, ces magistrats,
« ces murs, tout vous dit : Paris est retrouvé ; oui, Sire,
« Paris est retrouvé, et non pas seulement tel qu'il fut
« autrefois, aimant jusqu'à son insu, dévoué par tradition,
« fidèle par habitude, mais aimant, dévoué, fidèle par
« reconnaissance ; non pas tour à tour ardent et insouciant,
« présomptueux et servile, mais éclairé par votre gloire sur
« le caractère de la véritable grandeur, mais éprouvé par
« de longues calamités, mûri par sa propre expérience, mo-
« difié par la force de vos institutions, recréé en quelque
« sorte par cette influence supérieure que le génie d'un grand
« homme exerce sur son siècle ! » l'Empereur répond avec
émotion : « Messieurs du corps municipal, je suis venu au
« milieu de vous pour donner à ma bonne ville de Paris
« l'assurance de ma protection spéciale. Dans toutes les
« circonstances, je me ferai un plaisir et un devoir de lui
« donner des preuves particulières de ma bienveillance : car
« je veux que vous sachiez que dans les batailles, dans les
« plus grands périls, sur les mers, au milieu des déserts
« même, j'ai eu toujours en vue l'opinion de cette grande
» capitale de l'Europe, après, toutefois, le suffrage tout puis-
« sant sur mon cœur de la postérité. » Il part, et du quartier
général d'Augsbourg, il offre à sa bonne ville de Paris huit
drapeaux et deux pièces de canon enlevés aux Autrichiens
dans le combat de Wertingen. Ce n'est pas assez. Quand la
grande armée rentre à Paris triomphante, non plus de Wertingen, mais d'Austerlitz, l'Empereur décide que la ville de
Paris, par les mains de son premier magistrat, ornera de
couronnes d'or les aigles des drapeaux français. Au retour
de cette immortelle campagne, Napoléon lui-même répond à

Frochot, qui le harangue et le félicite : « Il connaît tout
« l'attachement que les habitants de sa bonne ville de Paris
« ont pour sa personne, et il a senti qu'il n'était pas en leur
« pouvoir d'ajouter par leurs démonstrations à l'opinion qu'il
« en a conçue. » Aussi revient-il avec un sentiment sincère
de plaisir et d'orgueil dans l'hôtel de ville qu'il a honoré de
sa présence cinq ans auparavant. « Je me fais une fête,
« dit-il en décembre 1809, de venir dîner dans la maison de
« ma bonne ville et de lui donner par là un témoignage
« éclatant de mon amour. Ses habitants doivent m'aimer,
« et je crois à la sincérité de tout ce qu'ils me disent, parce
« que leurs biens, leur intérêt et leur félicité sont dans mon
« cœur. Présent ou éloigné, je pense souvent à ma bonne
« ville pour lui donner tout ce qui lui manque et la mainte-
« nir ainsi digne de moi et de mon grand peuple (1). »

On voit par quel concours d'événements, par quelle succession de lois, par quel enchaînement d'idées l'Empereur
fut conduit à accaparer la direction supérieure des finances
et des affaires de la ville de Paris. A vrai dire, les choses ne
pouvaient se passer autrement. Celui qui était le maître de
la France n'était-il pas le maître de Paris ? Celui qui avait
brisé deux constitutions pouvait-il reculer devant une fiction
municipale ? Celui qui prenait toutes les capitales ne devait-il
pas être jaloux de la sienne ? C'est en février 1806 que
Napoléon introduisit pour la première fois dans ses conseils
d'administration l'examen du budget « de sa bonne ville. »
Un ordre du 11 janvier 1808 fixa l'heure de ces conseils : onze
heures ; le lieu : la salle du Trône ; les membres du conseil,
le ministre d'État et le ministre de l'intérieur (2). Le mi-

(1) *Moniteur universel*, 1809. p. 1347.
(2) Arch. de l'Emp. *Procès-verbaux du conseil d'administration*,
t. II (11 janvier 1808).

16*

nistre d'État, chef du service, était chargé de convoquer
les personnes que l'Empereur avait désignées : ministres,
conseillers d'État, maîtres des requêtes, ingénieurs, chefs
de division ou de bureau. Après s'être livré à toutes les questions ou réflexions que lui inspiraient son infatigable prévoyance et son étonnante perspicacité, l'Empereur dictait
ses résolutions et même ses décrets. Quant aux budgets de
la ville de Paris (car peu à peu on en fit trois : le budget
ordinaire, le budget extraordinaire et le budget du canal de
l'Ourcq), ils étaient présentés avec la situation annuelle des
recettes et des dépenses de chaque exercice, par le conseiller
d'État préfet de la Seine ou par le ministre de l'intérieur.
L'Empereur examinait ces états et projets de budget, puis les
renvoyait approuvés ou modifiés au ministre de l'intérieur,
qui à son tour les renvoyait accompagnés d'un rapport
au conseil d'État. Le conseil d'État, dont le préfet de la
Seine et le préfet de police étaient membres, arrêtait une
rédaction définitive. Cette rédaction était soumise de nouveau à l'Empereur, qui la décrétait ou l'autorisait.

Dans une semblable organisation, quelle place était réservée au conseil général faisant fonction de conseil municipal? On ne sait que répondre. Le hasard des circonstances
ou le caprice du maître altérait ou respectait les prescriptions de la loi. De 1800 à 1806, le conseil général remplit
les fonctions de conseil municipal et délibéra régulièrement
sur le budget municipal ; mais de 1806 à 1815, il fut, dans
le fond des choses, remplacé par le conseil d'État, tandis
que l'Empereur, de son côté, remplaça le ministre. Le seul
fait de la division des budgets portait une atteinte grave aux
fonctions du conseil municipal. Le budget extraordinaire et
le budget du canal de l'Ourcq, présentés par le ministre de
l'intérieur avec le budget des ponts et chaussées, étaient

réglés directement par l'Empereur, sans l'intermédiaire du
conseil municipal. Le budget ordinaire, à la vérité, était
soumis au conseil; mais parfois il était arrêté, au moment
même, où par un respect dérisoire des formes on le lui
présentait. Le conseil donnait-il son avis? On n'en tenait
aucun compte. Des décrets particuliers modifiaient les
budgets dans l'intervalle des sessions. Souvent, on convo-
quait le conseil de façon qu'il n'avait pas le temps de délibérer. Presque toujours, on lui communiquait le budget de
la police si tard qu'il était obligé de l'enregistrer sans examen. Cette situation était pénible. Le conseil municipal la
supporta noblement. Témoin sincère et même courageux
des illusions et des erreurs de l'administration impériale, il
sut dire son avis comme s'il devait être écouté, et ne compromit jamais, par un silence complaisant, les principes
d'une bonne comptabilité et les véritables intérêts de la
ville de Paris.

Quelle que fût la situation ou la conduite du conseil municipal, on peut affirmer que Paris n'eut pas de conseil municipal sous l'Empire, pas même de conseil municipal nommé.
La loi de pluviôse disait : « Le conseil général du départe-
« ment de la Seine fera fonction de conseil municipal. »
Ainsi le préfet faisait fonction de maire. Ainsi le ministre et
l'Empereur firent plus tard fonction de préfet. Tout dans
l'organisation municipale de Paris était une pure fiction. Chacun l'avouait et les preuves en abondent. Le 15 août 1806,
le corps municipal reçut le général Junot, nommé gouverneur
de Paris à la place du prince Murat. Dans le procès-verbal
de cette cérémonie, les membres du conseil général furent
nommés après les maires, et les adjoints après les membres
du conseil général. Un débat s'engagea. Les membres du
conseil général soutinrent « que Paris ne ressemblait pas

aux autres communes, qu'il *n'y avait pas de conseil muni-cipal* à Paris, que les membres du conseil général en rem-plissaient les fonctions, et que comme membres du départe-ment ils ne devaient pas céder le pas aux maires. » Les maires répondaient : « On doit garder le rang de la fonction qu'on remplit. Quand le conseil général fait fonction de conseil municipal, il est conseil municipal. Or, le maire, les adjoints ont toujours le pas sur le conseil municipal, et à Paris, le préfet est maire, les maires sont adjoints, et les adjoints des sous-adjoints. » Dans la session de 1809, le conseil général affirma et développa sa théorie. « Le conseil général est toujours conseil général, lorsqu'il dé-libère sur les affaires de la commune, et encore que ses attributions ne soient plus alors les mêmes, son titre et son caractère primitif ne se perdent ni ne se modifient. Son titre indique ce qu'il doit être : conseil général en tout temps, même quand il remplit d'autres fonctions. Il ne peut pas ne l'être plus dans les cérémonies publiques. Fût-il convoqué au nom de ses fonctions municipales, comme c'est le conseil général qui les exerce, c'est le conseil général que l'on convoque, et c'est le conseil général qui paraît (1). » Un peu plus tard, le 2 juillet 1810, il s'aperçoit que cette théorie est battue en brèche par l'usage de renommer un président et un secrétaire à l'ouverture de toutes les sessions, soit du conseil général, soit du conseil municipal, et il décide que le président et le secrétaire du conseil général seront le président et le secrétaire du conseil municipal : « attendu que le conseil général ne cesse à aucune époque d'être un conseil général de département. » Sous cette futile question

(1) *Procès-verbal des séances du conseil général faisant fonction de conseil municipal.* Session de 1810.

de préséance, se dessine clairement la grave question de la représentation municipale. Le conseil général ne veut pas représenter Paris, et il ne le représente pas. Le premier consul, l'Empereur ne l'a pas nommé conseil municipal, et il ne l'est pas. Il le serait très-volontiers, s'il en avait les honneurs et s'il représentait Paris. Qui donc alors représente Paris, si le corps constitué pour remplacer le conseil municipal ne le représente pas?

Il faut remonter à la loi de pluviôse pour éclaircir cette délicate question. Il faut se souvenir que le préfet de la Seine et le préfet de police étaient maires de Paris, et les maires adjoints du préfet de la Seine, que le conseil général faisait fonction de conseil municipal, et regarder, en dehors de ces autorités administratives, qui pouvait représenter Paris et composer le corps municipal. Du moment que la loi refusait aux habitants de Paris tout moyen ou toute occasion de formuler par l'élection leurs vœux et leurs besoins, les délégués du gouvernement devenaient les interprètes forcés de ces vœux et de ces besoins. Le corps municipal se composa donc, tout naturellement et par la force des choses, des fonctionnaires préposés à l'administration de la ville de Paris : mais quels étaient ces fonctionnaires? Jamais cette difficulté ne fut entièrement résolue. Par un souvenir de l'ancien régime, le général ou le maréchal, gouverneur de Paris, avait le droit de présenter à l'Empereur le corps municipal, sans toutefois en être le chef. Le préfet de la Seine en était le véritable chef, parce qu'il succédait au prévôt des marchands. Mais en dehors de ces souvenirs, quelle confusion ! Les circonstances plutôt qu'un règlement augmentaient ou diminuaient le cortége municipal. L'Empereur lui-même flottait indécis entre les traditions du passé et les convenances du présent. Lorsqu'en 1804 il invita le corps muni-

cipal aux cérémonies du sacre, il adressa une lettre close
au conseil général faisant fonction de conseil municipal, et
le conseil général, « pénétré d'une sensibilité profonde pour
l'acte spécial de bonté dont S. M. l'Empereur honore sa
bonne ville de Paris, se rend l'interprète d'une cité, glorieuse de reconquérir un titre que lui mériteront toujours
son amour et sa fidélité pour Sa Majesté. » Peu de mois
après, l'Empereur oublie « les interprètes »; il ne songe
qu'aux véritables représentants de sa bonne ville; il envoie
les drapeaux et les canons de Wertingen « au préfet de la
Seine et aux maires de Paris ». Et qui donc ira jusqu'au
fond de l'Autriche et dans le palais de Marie-Thérèse porter
à Napoléon victorieux les hommages de la ville de Paris?
« Quatre maires délégués par le préfet et les autres maires. »
Du conseil général faisant fonction de conseil municipal,
pas un mot. La guerre enfin est terminée, et le premier
corps de la grande armée s'avance triomphalement. « Il faut,
« dit l'Empereur, que ce soit la ville de Paris qui reçoive
« l'armée. Il semble qu'on ne peut *la faire représenter vrai-*
« *ment* que par les diverses corporations, qui ayant des attri-
« buts et un cérémonial particuliers dans les circonstances
« où elles paraissent en public, peuvent mettre une grande
« variété dans ces fêtes (1). » Voilà ce qui attire, séduit,
entraîne et décide l'Empereur. Des attributs et un effet de
théâtre, un succès populaire et un cérémonial, voilà le problème de la représentation de la ville de Paris à jamais
résolu !

Un moment il fut question, et très-sérieurement question,
de définir et de régler la composition du corps municipal, de
donner, par un décret impérial, une nouvelle organisation à

_____

(1) *Corresp. de Napoléon* I⟨er⟩, t. XII, p. 68.

l'administration de la ville de Paris. Après les fêtes du couronnement, en 1804, l'Empereur s'était montré d'une bienveillance particulière pour les maires; il avait, à l'Hôtel-de-Ville, marqué publiquement la satisfaction que lui inspiraient leurs services, et pour en donner un éclatant témoignage, il avait élevé à la dignité de sénateur M. Bévière, l'un d'entre eux, doyen du corps municipal. Enhardis par ce succès, les maires demandèrent à l'Empereur entrée et voix délibérative au conseil municipal. L'Empereur refusa; mais un peu plus tard il ordonna à son nouveau conseiller d'État, au préfet de Paris, à Frochot, de préparer un décret qui étendît les attributions des maires, et qui fût en quelque sorte la constitution municipale et impériale de Paris. Ce travail, demeuré inédit, est assurément un des monuments les plus curieux de l'histoire administrative de l'Empire (1).

« Le Titre 1er divise en deux parties l'administration générale de la « ville de Paris, l'administration municipale proprement dite, et la « police. L'administration municipale comprenant spécialement l'action « sur les choses, et la police l'action sur les personnes. Chacune de « ces administrations a son organisation particulière, mais elles ressor-« tissent toutes deux au conseil municipal et à la commission de comp-« tabilité, et se confondent sous le seul nom de corps municipal.

« Le Titre II embrasse la première section de l'administration géné-« rale de la ville de Paris, c'est-à-dire l'administration municipale. Le « préfet de la Seine dirige cette partie de l'administration, sous la sur-« veillance des ministères de l'intérieur et des finances; il est chargé

_____

(1) Pap. Frochot. — Dans un rapport à l'Empereur, resté inachevé, Frochot s'exprime en ces termes : « MM. les maires de Paris avaient demandé « à Sa Majesté qu'il lui plût de leur donner entrée et voix délibérative au « conseil municipal. Cette prérogative aurait eu plusieurs inconvénients. « Sa Majesté l'a refusée; mais en même temps elle a bien voulu con-« descendre d'une autre manière au vœu des maires, en ordonnant qu'il lui « fût proposé des moyens d'augmenter leurs attributions et de rendre leur « influence dans l'administration de la ville de Paris plus positive et plus « directe. En recherchant et en indiquant elle-même ces moyens, Sa Majesté « a jugé que l'administration de Paris..... »

« de toutes les fonctions des maires ordinaires, la police exceptée. Il
« exerce directement lesdites fonctions dans toutes les parties d'admi-
« nistration qui ne sont comprises ni dans les attributions parti-
« culières des mairies d'arrondissement, ni dans celles des administra-
« tions spéciales, et quant à celles qui y sont comprises, il les exerce
« par l'intermédiaire desdites mairies ou administrations à l'égard
« desquelles il a l'autorité des préfets sur les administrations secon-
« daires. Le préfet de la Seine a de plus la surveillance du receveur de
« de la ville, et il est seul ordonnateur des fonds existant dans la
« caisse municipale, sauf l'obligation de mettre chaque mois à la dis-
« position du préfet de police le douzième du montant de ses dépenses
« autorisées.

« La ville de Paris demeure divisée en douze arrondissements. Cha-
« que maire a deux adjoints nommés par l'Empereur ; les maires et
« adjoints sont chargés, dans le ressort de leur mairie, 1° des fonctions
« relatives à l'administration de l'état civil ; 2° des opérations munici-
« pales relatives à la conscription ; 3° de la surveillance des écoles
« primaires ; 4° de l'audition des comptes des fabriques ; 5° de l'in-
« struction des affaires qui leur sont renvoyées par le préfet de la Seine
« pour prendre leur avis ou des renseignements.

« Les maires de Paris sont de droit, pendant la durée de leur magis-
« trature, membres de l'administration des hôpitaux, présidents des
« comités de bienfaisance, et membres du conseil de ville.

« Diverses administrations spéciales sont chargées, sous la sur-
« veillance et l'autorité du préfet, 1° de la répartition des contributions
« directes ; 2° de la perception de l'octroi de bienfaisance, de l'ad-
« ministration des hôpitaux, des secours à domicile, et du Mont-de-
« Piété ; les commissions, agences ou administrations particulières
« actuellement existantes sont provisoirement confirmées dans leurs
« organisations respectives. Un décret particulier, rendu avant le
« 1er janvier 1807, fixera les attributions d'une commission spéciale
« pour l'administration de la grande voirie.

« Le receveur de la ville, nommé par le conseil municipal et confirmé
« par le ministre de l'intérieur, reçoit toutes les recettes communales
« de quelque nature qu'elles soient, à l'exception néanmoins des recet-
« tes provenant des biens et droits appartenant aux hospices et au Mont-
« de-Piété. Il acquitte toutes les dépenses communales autorisées par
« le budget sur la caisse générale de la ville, d'après les mandats tirés
« par le préfet de police ou par le préfet de la Seine. Il rend ses
« comptes au conseil municipal.

« Le conseil de ville se compose du préfet, du secrétaire général de

« la préfecture et des maires de Paris. Le conseil s'assemble de droit
« tous les trois mois pour prendre connaissance de la situation de la
« ville. Le receveur de la ville, le receveur des hôpitaux et le directeur
« du Mont-de-Piété sont présents à la séance. Le conseil, que le préfet
« peut d'ailleurs convoquer toutes les fois qu'il le juge convenable,
« délibère sur toutes les propositions qui devront être portées au con-
« seil municipal. Ces résolutions n'enchaînent pas le préfet, qui est
« tenu toutefois de remettre au conseil municipal copie de la délibéra-
« tion du conseil de ville.

« Le Titre III comprend l'organisation de la police et des institu-
« tions spéciales qui en dépendent.

« Le Titre IV traite des institutions communes aux deux parties de
« l'administration générale de la ville de Paris, c'est-à-dire du conseil
« municipal et de la commission de comptabitité.

« Le conseil municipal est composé de trente membres nommés par
« l'Empereur. Les attributions de ce conseil sont les mêmes que celles
« réglées pour tous les conseils municipaux de l'Empire par la loi du
« 28 pluviôse an VIII et lois postérieures. En conséquence, ledit conseil
« délibère principalement sur le budget annuel de l'administration
« générale de la ville, sur les acquisitions ou les aliénations à faire
« pour le compte de ladite administration, sur les constructions ou
« réparations des édifices qui en dépendent, et généralement sur toutes
« propositions ou projets tendant à augmenter les revenus et conserver
« les droits ; il règle les dépenses de la ville ; il délibère sur les comptes
« administratifs qui lui sont présentés par les préfets du département
« et de police, chacun pour les dépenses qu'il a ordonnées dans son
« administration. Il prononce le renvoi à la commission de comptabi-
« lité des comptes matériels qui lui sont rendus par le receveur de la
« ville ou par les divers autres comptables de l'administration, et dé-
« libère sur leurs comptes après avoir entendu le rapport de cette com-
« mission.

« Une commission spéciale et permanente est chargée de l'examen et
« de la vérification des comptes tenus et rendus par les divers comp-
« tables de l'administration générale de la ville de Paris, savoir : 1° par
« le receveur de la ville ; 2° par le caissier des hôpitaux ; 3° par le
« directeur du Mont-de-Piété ; 4° par les administrateurs de l'octroi.
« Cette commission est composée d'un commissaire général nommé par
« l'Empereur, et de trois agents de comptabilité nommés par le con-
« seil municipal. Les comptes vérifiés sont renvoyés au conseil muni-
« cipal avec un rapport écrit et motivé. Le conseil les examine et les

« transmet approuvés ou non au ministre de l'intérieur. Les agents de
« la comptabilité sont payés sur le budget de la ville.

   « Le Titre V fixe la composition du corps municipal. Le corps muni-
« cipal de la ville de Paris se compose du préfet de la Seine et du
« préfet de police, des secrétaires généraux des deux préfectures, des
« maires de Paris et de leurs adjoints, du conseil municipal, du conseil
« des hôpitaux, des commissaires répartiteurs des contributions di-
« rectes, du directeur du Mont-de-Piété, du receveur et de l'architecte
« de la ville. Le conseil de ville, autorisé, suivant les cas, par le gou-
« verneur de Paris ou le ministre de l'intérieur, convoque le corps
« municipal pour figurer dans les cérémonies ou les réceptions de
« l'Empereur, et pour délibérer sur les fêtes données, les monuments
« élevés, les hommages rendus au nom de la ville de Paris. Le préfet de
« la Seine préside ces délibérations du corps municipal, qui sont sou-
« mises au ministre de l'intérieur. Dans les cérémonies publiques, où
« le gouverneur de la ville se réunit au corps municipal, le gouverneur
« a la préséance. Lorsque le corps municipal est admis à l'audience
« de l'Empereur, il est présenté par le gouverneur, et le préfet de la
« Seine porte la parole (1). »

   Dans ce projet d'organisation municipale, on peut, ce me
semble, reconnaître et dégager la part de l'Empereur. A
l'Empereur revient la pensée de maintenir la division de l'administration générale de la ville de Paris entre le préfet de la
Seine et le préfet de police, en étendant l'action de l'un
et en réduisant l'action de l'autre. Ne dira-t-il pas, en 1810,
« que le préfet de Paris est une espèce de ministre, et le
« préfet de police un commissaire général de police ? » A
l'Empereur revient la pensée du conseil de ville, de ce
conseil ou plutôt de ces conférences administratives où les
maires présidés par le préfet étudient le budget qui sera
soumis au conseil municipal. N'est-ce pas une réponse à la
prétention élevée par les maires de siéger dans le conseil
municipal ? Et l'Empereur lui-même ne confirmera-t-il pas

----

(1) Pap. Frochot. — Ce projet de décret se trouve dans les papiers Frochot en double exemplaire. Les deux exemplaires ne sont pas entièrement
semblables.

le projet de 1806 par les paroles de 1810 : « Il faut aujour-
« d'hui qu'un préfet de Paris *ayant un conseil de maires et*
« *un conseil municipal*, administre sans exception tout ce
« qui est recette et dépense, et en général tout ce qui est
« matière d'administration ? » Qui sait si, en parlant de sa
bonne ville de Paris, le successeur de Louis XIV ne se plaisait pas à retrouver dans le préfet entouré de ses maires le
prévôt des marchands entouré de ses échevins, et dans le
conseil de ville de l'Empire une sorte d'image du bureau de
ville de la royauté ? A l'Empereur revient encore la pensée
de grouper et d'unir dans l'institution générale d'un corps
municipal les divers services qui se partageaient et se disputaient l'administration de la ville de Paris, et lorsque le pouvoir était tout et l'élection rien, n'était-il pas naturel de
composer ce corps municipal de tous les fonctionnaires préposés à l'administration municipale ? On était en 1806, ne
l'oublions pas ; en 1806, au lendemain d'Austerlitz et de la
paix de Presbourg, au moment où le souvenir des anciennes
corporations envahit et domine l'esprit du nouvel empereur,
au moment où Napoléon rêve, médite, conçoit l'établissement de l'Université impériale. Enfermer la liberté d'enseignement et la liberté municipale dans les deux grands
édifices de l'Université impériale et du Corps municipal,
n'est-ce pas le double effort du même esprit qui jette toute
l'administration dans le moule de l'unité ?

Pourquoi donc Paris ne reçut-il pas sa constitution impériale ? Pourquoi donc le décret inspiré par l'Empereur, rédigé
par Frochot, ne fut-il pas promulgué ? D'abord Paris était déjà
et allait devenir de plus en plus la chose, l'affaire, l'administration directe de l'Empereur ; ensuite le projet de Frochot, si gouvernemental qu'il fût, organisait une administration indépendante dans son initiative, dans son action et

dans son contrôle : dans son initiative par le préfet et le conseil de ville, dans son action par le préfet et le conseil municipal, dans son contrôle par le conseil municipal et la commission de comptabilité. Qu'était-il besoin d'un conseil de ville pour proposer, d'un conseil municipal pour voter, d'une commission de comptabilité pour contrôler, lorsque l'Empereur, dans la plénitude de son autorité souveraine, délibérait, décrétait et contrôlait? Plus tard, en 1813, après la grande épreuve de 1812, après la retraite de Russie, après la destitution de Frochot et la conspiration Malet, l'Empereur parut se repentir d'avoir trop compté sur lui-même. Cette ombre qu'on appelait le conseil général, faisant fonction de conseil municipal, reprit un corps. On l'avait méconnue dans la prospérité. On lui rendit justice dans l'infortune. L'Empereur chargea une commission municipale de lui proposer les moyens d'améliorer les revenus de la ville, et une autre de liquider les exercices passés. La liberté municipale, dont le nom avait été oublié, reparut un instant dans les bouches de 1814. Il était trop tard. Le tumulte de l'invasion allait en étouffer l'écho.

A mesure que l'autorité et l'action du conseil général et municipal de Paris tombaient en décadence, l'autorité et l'action du préfet de la Seine devaient s'affermir et s'étendre ; mais on a vu dans le projet de réorganisation de l'administration municipale que Frochot ne se souciait nullement d'échapper à un contrôle salutaire. « La fraude aime la « nuit, répétait-il souvent, et la probité le grand jour. » Au lieu de profiter de la prépondérance qu'il tirait du système d'administration impériale, il cherchait à se la faire pardonner. Jamais les droits et les prérogatives d'un conseil ne trouvèrent un défenseur plus convaincu. Jamais un conseil ne donna à un préfet des marques plus flatteuses d'estime et de reconnaissance. Si la paix régnait entre le préfet et le conseil municipal, si l'amour du bien public unissait dans une touchante intimité le favori et la victime de l'Empereur, la guerre, une guerre sourde et incessante régnait entre l'hôtel de ville et la préfecture de police, retardant, suspendant ou arrêtant la marche des services publics.

L'administration d'une ville telle que Paris avait toujours semblé une tâche qui dépassait les forces d'un homme. Sous l'ancien régime, Paris avait pour l'administrer un prévôt des marchands, et pour la garder un lieutenant de police. Au sortir d'une révolution qui laissait tant de ruines dans les rues et tant de trouble dans les esprits, il parut nécessaire de suivre cet exemple et de confier la sécurité de Paris à un préfet de police, et sa prospérité à un préfet d'administration. Malheureusement, la loi ne sut pas, dès le début, distinguer ce qui appartient à la police et ce qui appartient à l'administration. Elle crut se tirer d'embarras en faisant deux préfets et deux maires égaux dans la hiérarchie et dans les attributions : elle ne fit que mettre des armes aux mains de deux rivaux.

La loi du 28 pluviôse et l'arrêté du 12 messidor an VIII (1er juillet 1800) avaient attribué au préfet de police la police judiciaire, la police générale, la police municipale. Le préfet de la Seine n'avait assurément rien à démêler avec les émigrés et les déserteurs, les passeports et les ports d'armes, la mendicité et le vagabondage, les maisons publiques et les attroupements, la librairie et la presse, les incendies et les inondations, les taxes et les approvisionnements, le commerce et les patentes, la police et la salubrité de la ville, la défense des biens et des personnes ; mais l'art. 34 de l'arrêté du 12 messidor an VIII (1er juillet 1800) donnait au préfet de police le droit d'indiquer au préfet du département

et même « de requérir les réparations et l'entretien des
« prisons et maisons de détention, des corps de garde, de la
« Bourse et des églises, des halles et marchés, des voiries et
« égoûts, des fontaines, pompes à feu, murs, barrières, ports,
« quais, abreuvoirs; » et ne sent-on pas à quelles contestations, à quels débats pouvait conduire ce droit de réquisition?

Les deux préfets se partageaient des services entiers, et
partout où la loi les mettait en présence éclatait un conflit.
Les prisons furent le théâtre d'une lutte de dix années,
que nous tâcherons d'esquisser sous ses véritables couleurs :
mais de suite ne faut-il pas rappeler que le préfet de la Seine
était chargé du matériel des prisons, tandis que le préfet de
police était chargé du personnel? Toujours présent par les
yeux intéressés et jaloux de ses concierges et de ses gardiens, le préfet de police surveillait moins le service que la
conduite de son collègue. Dans les discussions légales, il
n'était pas moins ardent que dans la pratique des affaires.
L'arrêté du 12 messidor lui avait donné la petite voirie. Il se
pourvut au conseil d'État pour obtenir la grande. Combattu
naturellement par le préfet de la Seine, et même par le
conseil général, il perdit sa cause dans le décret du 27 octobre 1808. Quand il s'agit d'établir des droits sur les halles
et marchés, il réclama et obtint très à tort le privilége d'en
percevoir le montant. A tout propos, Dubois saisissait dans
les obscurités d'une situation qui n'était pas bien définie
l'occasion d'imposer son autorité. Son attitude vis-à-vis du
conseil municipal n'était pas moins hautaine que vis-à-vis
de son collègue. S'il n'assistait presque jamais au conseil des
hôpitaux pour ne pas avoir la honte d'être présidé par Frochot, il se refusait à paraître dans le conseil municipal sous
prétexte que l'arrêté de messidor ne le lui permettait pas. Il
fallut, pour vaincre sa résistance, que Chaptal dressât la

procédure des relations du préfet de police et du conseil
municipal, et déclarât que le préfet pourrait être mandé par
un arrêté motivé du conseil. Enfermé dans le fond de sa
préfecture, menaçant et redoutable, protégé par le ministre
de la police, qui était jaloux du ministre de l'intérieur comme
il l'était lui-même du préfet de la Seine, le préfet de police
entrait rarement dans les voies de la conciliation, que ses
bureaux d'ailleurs travaillaient à fermer.

Un jour, le 1er février 1810, l'Empereur dit tout à coup :

« On ne comprend rien à l'administration de Paris. On y voit deux
« préfets, et deux préfets tellement rivaux qu'ils se disputent le pas.
« Il n'y a qu'une ville et il ne doit y avoir qu'une administration. La
« première question à examiner est celle de savoir d'où vient cette
« organisation ; il est probable qu'elle est une suite des circonstances
« de la Révolution. Le gouvernement, n'ayant pas dans sa main la
« commune de Paris, a voulu avoir un bureau central et une préfecture
« de police. Cette origine, si elle est reconnue, est vicieuse ; car les
« circonstances actuelles n'ont aucun rapport avec celles pour lesquelles
« elle a été créée. Il faut aujourd'hui qu'un préfet de Paris, ayant un
« conseil de maires et un conseil municipal, administre sans excep-
« tion tout ce qui est recette et dépense, et en général tout ce qui est
« matière d'administration. Il faut qu'un commissaire général de police
« soit chargé de toutes les fonctions de police sans exception, mais
« sans aucun mélange d'administration (1). »

Ces paroles frappent comme un arrêt. En disant : « Il n'y
« a qu'une ville et il ne doit y avoir qu'une administration, »
l'Empereur délègue cette administration à celui qu'il appelle
« le préfet de Paris. » L'autre fonctionnaire n'est pas un
préfet, puisqu'il n'est jamais appelé à l'honneur de discuter
le budget de la ville de Paris ; c'est un commissaire général
de police. Il s'occupe de la police, et non de l'administration. Frochot avait depuis longtemps défini et posé les

---

(1) Arch. de l'Emp. *Procès-verbal du conseil d'administration*,
t. II, p. 28.

principes. Il avait plusieurs fois soutenu que l'administration et la police ont des buts très-divers : que l'une est la surveillance des choses, l'autre la surveillance des personnes : que le principal pour celle-ci est l'accessoire pour celle-là, et que confondre leurs attributions, c'est porter le désordre dans des institutions qui sont créées pour faire régner l'ordre. On hésitait encore à cette époque entre des raisons qui semblaient des prétentions. On ne comprenait pas que l'administration seule est intéressée à bien ordonner les finances, et qu'elle seule doit être chargée de les ordonner ; que la police ne doit toucher à aucune partie de l'administration proprement dite, sous peine de la mal gérer ; car on ne fait bien que ce qu'on doit faire, et la police doit moins chercher des économies qu'assurer la paix publique. L'expérience est venue au secours de la vérité. Le temps a accumulé les conflits entre les deux préfectures, et fixé par ces conflits mêmes les limites qui les séparent. En rendant à la préfecture de la Seine certaines attributions qui ne lui avaient pas été immédiatement dévolues, le décret du 10 octobre 1859 n'a pas été seulement l'expression de la pensée de l'Empereur et un souvenir de 1810, mais un acte de haute justice et de bonne administration.

Ainsi fut consommé par la force et consacré par le temps, ce coup d'État municipal, qui attribua au gouvernement l'administration de la ville de Paris, qui confondit dans les mêmes mains, comme il réunit dans le même local, les intérêts et la représentation du département de la Seine et de la capitale de la France, révolution administrative et révolution politique, que l'Empereur caractérisait d'un mot profond, en appelant le maire de Paris « *le préfet de Paris.* »

II

Organisation des bureaux de la préfecture de la Seine.

Après avoir considéré le préfet de la Seine dans ses rapports avec l'Empereur, le conseil d'État, le conseil général du département de la Seine, le conseil municipal de la ville de Paris et le préfet de police, suivons-le dans la préfecture dont il vient d'organiser les bureaux.

Le préfet du département de la Seine était maire de Paris. Rien n'était plus naturel que de séparer immédiatement l'administration du préfet dans le département de la Seine, et l'administration du maire dans la commune de Paris. Le cours des événements et des années devait seul ouvrir ce point de vue. Dès l'abord, une division pratique prévalut sur la division légale. Au lieu de diviser le travail par budgets, Frochot le divisa par matières. Il répara l'édifice en attendant qu'il eût formé des ouvriers pour le reconstruire.

Un secrétariat et quatre divisions composèrent les bureaux de la préfecture.

Le secrétariat dirigea le service général des bureaux, la comptabilité et la statistique.

L'administration générale occupa cinq bureaux : 1° l'état civil et politique ; 2° le régime départemental et municipal ; 3° l'instruction publique, cultes et commerce ; 4° les institutions militaires ; 5° les hospices, secours publics et prisons.

La division des travaux publics n'eut que deux bureaux : le bureau d'architecture civile et le bureau des ponts et chaussées.

La division des contributions en compta quatre : 1° l'administration générale des contributions directes ; 2° le recouvrement des contributions directes de Paris ; 3° le contentieux ; 4° l'administration générale des contributions indirectes.

La division du domaine national comprit : 1° le bureau de l'immobilier ; 2° le bureau du mobilier ; 3° le bureau des comptes et pensions ; 4° le bureau des archives domaniales.

Chacun de ces bureaux était chargé du travail relatif à certains services et de la direction des fonds affectés à ces services. Ainsi le bureau de l'instruction publique réglait les fonds que le gouvernement affectait aux constructions et aux grosses réparations des écoles centrales, le département au traitement des professeurs et au loyer des écoles centrales, la commune de Paris au traitement des instituteurs primaires. On considérait l'objet de la dépense et non l'origine de la recette.

Le temps amena quelques changements dans cette organisation. En 1812, la préfecture avait conservé les cinq grands cadres : le secrétariat général, l'administration générale, les travaux publics, les contributions et les domaines nationaux ; mais, dans ces cadres, les bureaux avaient été modifiés. L'administration communale, l'octroi, qui formait en 1802 le quatrième bureau des contributions et qui fut réuni aux halles et marchés, la grande voirie, devinrent trois nouveaux bureaux dans la division de l'administration générale ; dans la division des travaux publics, le canal de l'Ourcq eut un bureau spécial ; enfin une cinquième et nouvelle division, qu'on pourrait à bon droit regarder comme une division morale, réunit l'instruction publique, les hospices, les secours à domicile et les prisons.

Quand on compare la situation des services administratifs

du département de la Seine en 1802 et en 1812, on devine les raisons qui déterminèrent Frochot à modifier successivement l'organisation de ses bureaux. L'administration de la ville de Paris s'était nettement détachée de l'administration de la préfecture de la Seine, et avait entraîné dans son domaine l'octroi et les halles. La grande voirie avait été organisée. Le canal de l'Ourcq avançait. Comme les services publics varient incessamment d'importance et d'objet, les bureaux suivent inévitablement les variations qu'imposent le changement des lois et le mouvement des affaires. Aujourd'hui, par exemple, la division du domaine national, qui sous l'Empire constituait une division tout entière, ne compose plus qu'un bureau de l'administration préfectorale. La vente des biens nationaux, la liquidation des corporations et établissements supprimés par la Révolution, le règlement des affaires des émigrés sont des questions à jamais éteintes. De même, la division des contributions est absorbée dans la section de l'administration préfectorale, parce que le mécanisme administratif s'est tellement perfectionné que les affaires triplées donnent trois fois moins de peine et de besogne. D'un autre côté, l'administration de la ville de Paris a pris des proportions immenses, et le maire de Paris est plus occupé que le préfet de la Seine. La population, en 1800, ne s'élevait qu'à six cent cinquante mille âmes, et le budget des dépenses à onze millions. Aujourd'hui Paris compte seize cent mille habitants, et son budget est de deux cent dix-huit millions. Pour suffire à une pareille tâche, on a créé ou sanctionné les directions spéciales de la voirie, des travaux publics, des travaux d'architecture, de l'octroi, de l'assistance publique, du Mont-de-Piété. On a spécialisé le travail pour le mieux dominer. Autres temps : autres affaires : autres bureaux.

Distinguer, perfectionner, créer, organiser les services était assurément chose difficile et méritoire ; mais trouver, instruire, former et guider les agents de ces mêmes services, quelle mission et quelle responsabilité ! Il est impossible de se rendre un compte fidèle du désordre qui régnait dans l'administration du département de la Seine. Les bureaux étaient remplis d'employés incapables ou tarés qui appartenaient à tous les régimes et à toutes les professions. L'audace avec laquelle ils avaient pris possession de leurs appointements était leur principal mérite, et si d'ailleurs on eût voulu les changer, comment s'en procurer de meilleurs ? Frochot eut le courage de faire leur éducation. Plus tard on lui reprocha, et c'est le seul reproche qu'on lui ait justement adressé, d'avoir été trop paternel pour ses inférieurs, et même d'en avoir admis quelques-uns dans son intimité : mais cette indulgence, cette familiarité, cette bonté ne trouvaient-elles pas leur excuse dans les nécessités et les mœurs du temps ? Le préfet de la Seine, en l'an VIII, était-il un grand personnage, trônant à l'Hôtel-de-Ville avec des carrosses et des domestiques en livrée ? N'était-il pas un simple fonctionnaire demeurant place Vendôme, modestement, sans train, sans luxe, avec trois domestiques et une voiture de remise ? Les habitudes de l'égalité étaient encore toutes-puissantes, et sous le Consulat on était bien plus près de la Révolution que de l'Empire. Comment d'ailleurs condamner un homme qui travaillait jour et nuit à former des auxiliaires capables de seconder ses généreux desseins ? Que Frochot n'ait pas toujours été pour ses employés un préfet, mais plutôt un maître, un collaborateur, un ami, où est le mal ? Son rôle était d'ordonner et non d'expédier, et souvent il expédiait lui-même : mais ne fallait-il pas que la besogne se fît, et quelle besogne ? Sur les dossiers, sur les mémoires, dans ses lettres, il laisse échapper le secret de ses peines : « *Il faudra donc que je fasse tout moi-même.* » — « *Si vous ne m'aidez pas, je ne pourrai suffire.* » — « *Il y a quelques progrès, courage !* » On conçoit alors qu'il s'attachât davantage à des employés devenus ses élèves, qu'il tînt à ceux qu'il croyait avoir formés et qu'il finît par leur découvrir un peu du mérite qu'il avait lui-même.

Si la bonté touche quelquefois à la faiblesse, elle inspire aussi des résolutions qui honorent l'homme public et servent l'administration. En août 1811, Frochot conçut le projet d'établir une caisse de retraites en faveur des employés de la préfecture. Il soumit sa proposition au conseil général, qui lui répondit dans les termes suivants :

« Considérant, dit-il dans la séance du 30 août 1811, que M. le pré-
« fet, dans sa sollicitude paternelle pour ses employés, a commencé un
« fonds de pensions en y consacrant trente-neuf mille francs d'éco-
« nomies par lui faites sur son abonnement des frais d'administration;
« que si cette conduite de M. le préfet ne donne nulle surprise au
« conseil général, accoutumé dès longtemps à honorer dans ce magis-
« trat le désintéressement qui le distingue, ni ne peut plus ajouter au
« profond sentiment d'estime qui lui est si pleinement dû à tant
« d'autres titres, il convient pourtant que le conseil général lui en
« témoigne sa sensibilité de la seule manière qui soit digne de tous
« deux, c'est-à-dire en secondant de tout son pouvoir M. le préfet
« dans une vue de bienfaisance suggérée par la bonté de son cœur
« et la sagesse de son administration : arrête que le projet d'établisse-
« ment d'un fonds de pensions de retraites pour les employés de la
« préfecture du département, tel qu'il est annexé au présent arrêté, est
« approuvé dans toutes ses parties (1). »

Ce projet fut confirmé par un décret impérial du 1ᵉʳ février 1813.

(1) Arch. de la préfecture de la Seine. *Procès-verbal du conseil municipal,* 30 août 1811.

III

Dans son département le préfet est le chef de l'administration. A ce titre, il jouit d'une action légale sur les contributions directes, et d'un droit de police sur les impôts indirects. En temps ordinaire, l'action du préfet ne laisse pas que d'être importante. Si l'on envisage les circonstances particulières au milieu desquelles Frochot l'exerça, on reconnaîtra qu'elle fut nécessairement prépondérante. Il est impossible de comparer les administrations modernes, révisées et perfectionnées par soixante ans de réformes, avec l'administration naissante du Consulat. A ce moment, les préfets jouissaient d'une initiative et d'une autorité qu'ils portaient avec ardeur sur tous les services publics. Le conseil général de la Seine, en l'an IX, disait : « Tout est à faire ou à défaire, à approuver ou à désapprouver; » mais, pour tout défaire et refaire, l'administration devait être dans les hommes autant que dans les lois.

Nul service public ne réclamait des soins plus empressés et plus habiles que le service des contributions directes. De l'an V à l'an VIII, soixante mille plaintes avaient protesté contre l'agence et la commission des contributions. L'ignorance de la matière imposable, la mobilité des fortunes, l'insouciance des commissaires répartiteurs, l'indépendance des percepteurs avaient créé une situation telle que Fro-

chot disait au conseil général : « La guerre est déclarée
« entre le gouvernement et les contribuables. » Comment
ramener la paix, si l'on ignore les causes de la guerre et les
prétentions des parties? Frochot fit immédiatement vérifier
tous les comptes des percepteurs, dresser le tableau des
recouvrements opérés depuis 1791 jusqu'à l'an VII, et
constater un déficit qu'on évalua à cinquante-neuf millions.
La gravité d'une pareille situation n'avait pas échappé au
Directoire lui-même. Plusieurs lois de l'an VII et de l'an VIII
tentèrent d'y porter remède. Frochot se hâta de les appliquer, les complétant dans les parties les plus obscures par
de nombreux arrêtés, et les imposant par sa vigueur à
un personnel étonné. Rien ne lui échappa, et partout, dans
l'assiette et dans la répartition, dans le recouvrement et dans
le contentieux, il sut mêler à l'autorité du préfet l'influence
du savant.

On sait que les lois de l'an VII et de l'an VIII ont refusé
à tout administrateur (ministre, préfet, sous-préfet ou
maire) le pouvoir de disposer de la fortune privée. C'est
le Corps législatif qui fixe la quotité des impôts de répartition tant en principal qu'en centimes additionnels, et indique dans des états joints à la loi le contingent de chaque
département. Le conseil général répartit le contingent départemental entre chaque arrondissement, chaque conseil d'arrondissement entre chaque commune, et dans chaque
commune une commission spéciale prise en majorité dans
le conseil municipal fixe la contribution de chaque habitant.
Tous les préfets président à cette série d'opérations, qui
embrassent l'impôt foncier, l'impôt personnel et mobilier et
l'impôt des portes et fenêtres; mais le préfet de la Seine,
lorsqu'il avait conduit à bonne fin la répartition générale de
l'impôt dans son département, ne pouvait oublier qu'il était

maire de Paris, et qu'à ce titre il avait des devoirs particuliers à remplir.

Tandis que chaque commune répartissait sur elle-même les impôts par les soins des autorités municipales et de cinq répartiteurs propriétaires, Paris, sous le faux prétexte que Paris avait un seul rôle et que la confection de ce rôle demandait des connaissances spéciales, avait été livré à une commission des contributions. La politique seule avait provoqué cette exception. En l'an II, cette commission avait été prise dans le sein de la municipalité de Paris. En l'an III (23 frimaire an III), elle en fut détachée, composée de fonctionnaires non salariés et pourvue de pouvoirs très-étendus. La loi du 3 frimaire an VIII (24 novembre 1799), l'avait respectée. Frochot l'attaqua. Il démontra au gouvernement et au conseil général que cette commission, en rédigeant les matrices des rôles, agissait au hasard, sans le secours des maires et sous l'influence exclusive de la nouvelle direction des contributions : que, si l'on persistait à déroger au principe qui remet le choix des répartiteurs à la volonté des contribuables, au moins cette dérogation devait-elle tourner à leur profit : que, pour atteindre ce but, il était urgent d'imposer à cette commission jusqu'à présent indépendante, une surveillance ferme et vigilante, et qu'enfin, les maires faisant toujours partie des commissions de répartition, aucune exception ne pouvait être invoquée contre le préfet de la Seine, maire central de Paris. Ces considérations parurent victorieuses. La commission des contributions forma, à partir du 5 messidor an VIII (24 juin 1800), un service relevant directement du préfet de la Seine ; elle continua à fixer sur les matrices des rôles la taxe des contribuables. La Direction prit à Paris l'assiette de l'impôt et la commission garda la répartition.

C'est pour fixer l'assiette de l'impôt, c'est-à-dire pour
déterminer la situation incessamment mobile de la matière
imposable, que la loi de frimaire an VII, supprimant les
agences des contributions, avait créé la Direction des contributions. Un arrêté de Frochot prescrivit, en 1801, de recommencer la matrice des rôles. Vingt-six contrôleurs pour le
département de la Seine, dont vingt-quatre à Paris, sous la
surveillance de deux inspecteurs et les ordres d'un directeur, achevèrent rapidement cette vaste opération. Comme
la Direction des contributions avait pour mission de rédiger
la matrice des rôles en contrôlant d'une part les réclamations
des contribuables, de l'autre les comptes des percepteurs,
elle se trouvait naturellement en relations constantes avec le
préfet, qui était le président de la répartition, le surveillant
des percepteurs et le juge des contribuables. Frochot fit
alors briller la rare expérience que ses études et l'administration du département de la Côte-d'Or lui avaient donnée
en matière de finances. Inspirant sans cesse à la Direction
des contributions des recherches ingénieuses et des réponses
précises, il en tirait des conclusions que le conseil général
était heureux d'adopter.

Le conseil général, de son côté, ne manquait jamais de
constater solennellement les succès du préfet de la Seine.
Il suivait avec intérêt et relevait avec plaisir les travaux
qu'accumulait Frochot pour évaluer justement la matière
imposable. En 1811, par exemple, il le complimentait sur
l'impulsion qu'il avait donnée aux travaux du cadastre. Les
anciens plans de Verniquet étaient redressés, et un bel
album offrait déjà la représentation raisonnée des deux tiers
de Paris et de la plus grande partie des arrondissements de
Sceaux et de Saint-Denis. Il est certain qu'aucun département n'avait à la fin de l'Empire poussé plus loin et plus

sûrement les travaux qui devaient introduire la justice dans
l'impôt foncier.

La loi accorde au préfet une action plus forte dans le
recouvrement que dans l'assiette et la répartition des impôts
directs. Frochot en profita pour remanier cette partie du
service et pour soumettre tous les agents de perception et de
recette à un contrôle régulier et à des règlements nouveaux.
Dès l'an IX, le premier consul avait appelé l'attention du
ministre des finances sur la nécessité de liquider la situation
des percepteurs de Paris (1). Des contrôleurs reçurent l'ordre
de vérifier tous les mois les caisses des percepteurs, et le
directeur des contributions de transmettre au préfet ces
états de situation. Les frais de perception et de poursuites
étaient si élevés que les cotes étaient parfois doublées. Pour
couvrir leur mauvaise gestion, les percepteurs se montraient
impitoyables. Frochot écrivit à ce sujet plusieurs fois, en
l'an IX et en l'an X, au receveur général et aux percepteurs : « Il convient assurément de satisfaire aux besoins de
« l'État : mais les mesures que vous prenez doivent, dans les
« circonstances actuelles, se concilier avec la justice et
« l'humanité. » Pendant ce temps, le conseil général se plaignait amèrement de l'oppression sous laquelle gémissaient
les contribuables. Le 25 fructidor an X (12 septembre 1802),
Frochot signa un arrêté réparateur qui fut loué sans réserve
par le ministre des finances. Cet arrêté fixait le délai dans
lequel les contributions directes devaient être payées, qui
en était responsable, quelles poursuites on pouvait exercer,
quels agents devaient poursuivre. Il était accompagné d'une
instruction lumineuse sur les réclamations en matière de
contributions. Le conseil général se hâta de déclarer, en

(1) *Corresp. de Napoléon 1er*, t. VII, p. 308.

l'an XI (1803), qu'il reconnaissait dans le travail du préfet
« les vues sages qui le dirigent et son infatigable activité à
« rechercher et à faire disparaître les abus qui, en tour-
« mentant les contribuables, accusent ou l'inertie ou l'insou-
« ciance de l'administration, » et il arrêta que « son procès-
« verbal contiendrait l'expression de la satisfaction qu'il
« éprouve de voir l'administrateur en chef constamment
« occupé des intérêts les plus chers des citoyens de ce
« département. » Un peu plus tard, Frochot étendit aux
arrondissements de Sceaux et de Saint-Denis les mesures
qu'il avait prises dans Paris. Non-seulement il soumit les
perceptions rurales à une surveillance active et régulière,
mais encore il en remania plusieurs fois les circonscriptions
et les réorganisa en 1811. Le ministre des finances et le
conseil général approuvèrent toutes ces mesures.

Le désordre dans lequel était plongé le service des contributions se traduisait par des plaintes innombrables. Le contentieux, qui appartenait jadis à la commission des contributions, était devenu le domaine du conseil de préfecture.
Frochot remplit avec ardeur les devoirs que lui traçait l'arrêté
du 24 floréal an VIII (14 mai 1800), en accueillant, apaisant,
éteignant les réclamations qui entravaient depuis dix ans la
marche des affaires. Sous sa présidence, ou sous sa direction, le conseil de préfecture fonctionna sans désemparer et
apprit aux contribuables surtaxés à ne pas désespérer de la
justice. En tenant la balance entre l'intérêt public et l'intérêt
privé, Frochot rendait peu à peu à l'administration cette
confiance qui doit être le fondement de son autorité. Et
comment l'administration n'aurait-elle pas mérité cette confiance? Comment l'estime, la reconnaissance, la popularité
n'auraient-elles pas accueilli « l'infatigable dévouement »
du préfet de la Seine? Ne suffit-il pas de comparer les récla-

mations qu'en matière de contributions directes les habitants de la ville de Paris présentèrent pendant les années IX, X, XI, XII et XIII [1800 à 1805], pour comprendre cet éloge du conseil général : « Le préfet a l'amour de l'ordre » (1)?

Frochot ne bornait pas son ambition à organiser le service des contributions, à protéger les contribuables du département de la Seine contre l'arbitraire des répartiteurs et les vexations des percepteurs. Il voulait ramener l'équité dans la loi, et soustraire le département de la Seine à la surcharge dont l'avait injustement accablé l'Assemblée constituante.

Lorsqu'en 1790 et 1791 l'Assemblée constituante remplaça tous les anciens impôts par la contribution foncière et la contribution mobilière, on ignorait absolument la proportion dans laquelle chaque département devait être imposé. On se décida à répartir lesdites contributions au prorata des anciennes impositions, c'est-à-dire que chaque département reçut une portion de contributions proportionnée à celle que payaient, dans l'ancienne division territoriale, les villes, bourgs et paroisses qui composaient alors le département. Tandis que la contribution foncière du royaume était portée à deux cent quarante millions, le contingent du département

(1) Voici le tableau des réclamations en matière de contributions directes. On voit par cet état la diminution progressive des réclamations présentées par les contribuables de la ville de Paris.

Années.	Foncière.	Portes et Fenêtres.	Personnelle.	Patentes.	Total.
IX	7,550	1,388	20,095	14,273	43,306
X	5.601	1,333	14,256	12,109	33,299
XI	3,385	1,130	12,250	6,624	23,389
XII	2,489	1,122	1,699	4,398	9,708
XIII	931	460	1,345	3,340	6,076
	19,956	5,433	49,645	40,744	115,778

Annuaire ou Almanach de Paris et du département de la Seine pour 1807, par Allard, p. 448.

de la Seine s'élevait à douze millions cinq cent soixante et
onze mille francs, c'est-à-dire au vingtième de l'imposition
générale. La surcharge était énorme. On avait fixé le montant des nouveaux impôts directs dans chaque département
sur le montant des anciens impôts directs augmentés des
anciens impôts indirects. Paris, étant la ville la plus peuplée,
devait être naturellement la plus productive en impôts indirects, et la plus compromise dans le nouveau système de
répartition. Ajoutez enfin que le département de la Seine
était taillé dans un pays d'élection et que le système de la
répartition faite au prorata des anciennes impositions consa-
crait les inégalités qui existaient avant 1789 dans le taux des
contributions, aux dépens des pays d'élection et au profit des pays d'État. On s'aperçut bientôt de la fausse voie
dans laquelle on s'était engagé. On essaya d'en sortir en
dégrévant les départements surchargés. Il était trop tard.
Les dégrèvements, poursuivis avec constance de 1797 à
1805, ne purent jamais rétablir l'équilibre entre les charges
des divers départements.

Lorsque Frochot prit en main la direction du département
de la Seine, on s'accordait à déclarer que le département
était surchargé, mais on se disputait pour déterminer le
montant de la surcharge. Frochot fit sur ce point de longs
calculs qu'il soumit au conseil général de l'an VIII. Le conseil ne voulut pas se séparer « sans consigner sur ses regis-
« tres l'expression de l'estime que les talents du préfet de la
« Seine venaient de lui inspirer. » En l'an XI, Frochot établit de nouveau que la matière imposable du département
ne devait pas être évaluée au delà de quarante-deux millions
neuf cent mille francs : enfin, après quatre années de recherches et d'efforts, le préfet, le conseil général, le directeur
des contributions et la commission de répartition tombèrent

d'accord sur le chiffre de 42,227,145 francs. La contribution foncière, fixée en 1791 à 12,571,000 francs; en
l'an IX (1801) à 10,200,000 francs; en l'an X (1802) et
l'an XI (1803), à 10,296,000 francs, redescendit en l'an XIII
(1803) à 9,535,000 francs. Elle se maintint à ce chiffre jusqu'à la fin de l'Empire. Les observations et les vœux du conseil général, motivés en 1807 avec beaucoup de précision et
de clarté, restèrent sans réponse. On attendait le cadastre.

L'histoire de la contribution personnelle, mobilière et
somptuaire suivit à peu près la même marche que l'histoire
de la contribution foncière. Dans une situation semblable,
Frochot tint la même conduite.

« Comme les revenus de l'État, dit Montesquieu, sont
« une portion que chaque citoyen donne de son bien pour
« avoir la sûreté de l'autre, ou pour en jouir agréablement, »
il avait semblé juste de faire contribuer aux charges publiques non-seulement la richesse territoriale, mais la richesse
acquise par le travail et l'industrie. L'Assemblée constituante
créa la contribution mobilière et la fixa au cinquième de la
contribution foncière; mais elle la porta à un taux plus élevé
dans les départements qu'on supposait plus riches, et notamment aux deux tiers de la contribution foncière dans le
département de la Seine. Le Directoire perfectionna l'œuvre
de la Constituante en matière d'impôts. La loi du 3 nivôse
an VII (23 décembre 1798) distingua plusieurs espèces de
contributions : la contribution personnelle, attachée au titre
de citoyen, fixée et basée sur la valeur de trois journées de
travail; la contribution mobilière, représentant le capital
mobilier proportionnellement aux facultés de chacun, et
basée sur la valeur locative de l'habitation personnelle; enfin
la taxe somptuaire, destinée à atteindre le luxe et basée sur
le nombre de chevaux, de voitures et de domestiques.

La commission du conseil des Anciens avait porté à quarante millions le taux de la contribution personnelle et mobilière de l'an VIII, et à cinq millions quarante-trois mille francs le contingent de la Seine dans ces contributions. En chargeant le département de la Seine du huitième de cet impôt, c'était dire que le département contenait le huitième de la population et des richesses de la France. En l'an IX, ces contributions furent réduites d'un quart, de quarante à trente millions : le contingent de la Seine de 5,043,000 francs à 4,404,694 francs; mais la proportion entre le département de la Seine et les autres départements ne changea pas. Le Corps législatif avait oublié qu'il surchargeait le département de la Seine, en prenant pour base des contributions non-seulement le prix de la journée de travail, le chiffre de la population et des richesses mobilières, mais le montant du rôle des patentes. Or, le rôle des patentes représentait dans la commune de Paris moins la véritable assiette d'un impôt que la recherche approximative d'une matière à contribution. Un déficit immédiat et considérable fut aussitôt constaté entre la somme exigée et la somme recouvrée. En l'an IX (1801), le déficit s'éleva à 1,772,329 francs. En l'an X (1802), à 1,357,029 francs; et notons que le contingent de la Seine était en l'an IX de 4,404,094 francs, et en l'an X de 4,416,691 francs.

Une pareille situation était intolérable. Les uns accusaient avec raison la quotité de l'impôt d'être excessive : les autres, avec non moins de raison, reprochaient à la répartition d'être inexacte. Frochot reconnut que le mal était partout. Le département était surchargé, mais l'administration des contributions n'était pas en mesure de suivre l'inévitable mouvement des fortunes, des familles et des situations, et de faire à temps, chaque année, une répartition nouvelle et ré-

gulière. De là des procès sans nombre, et finalement des non-
valeurs. Frochot exposa avec tant de force le désordre qui
régnait dans cette partie de l'administration que le conseil
général émit, en l'an XI, le vœu d'une réforme générale.
Regnaud de Saint-Jean-d'Angely reproduisit devant le Corps
législatif les motifs que Frochot avait fait valoir dans le
conseil général. Il proposa de laisser le conseil général
déterminer le mode de remplacer les contributions criti-
quées. « Digne de cette preuve de confiance par son zèle et
« ses lumières, il y répondra, disait-il, par la sagesse de son
« travail. » Un arrêté du quatrième jour complémentaire de
l'an XI (21 septembre 1803) supprima la contribution mobilière de la ville de Paris, et la remplaça par un prélèvement sur les droits d'octroi. Un autre arrêté du 13 vendémiaire an XII (6 octobre 1803), plus tard confirmé par la
loi du 5 ventôse an XII (25 février 1804), et modifié par un
décret impérial du 14 brumaire an XIII (5 novembre 1804),
cumula la contribution personnelle et la contribution somptuaire en une cotisation directe graduée sur le taux des
loyers et montant à la somme de 831,007 francs. L'expérience faite à Paris sembla décisive. Remplacer la contribution mobilière en la prélevant en masse sur l'octroi était
une mesure trop favorable aux intérêts du Trésor pour
que le gouvernement ne poussât pas dans cette voie Lyon,
Marseille, Bordeaux, Nantes et toutes les grandes villes
dont les octrois promettaient des recettes sûres et faciles.
Si la nouvelle mesure garantissait les intérêts de l'État,
les intérêts du département de la Seine n'en étaient pas
moins lésés. Parce que le Trésor encaissait régulièrement les
quatre ou cinq millions, montant des contributions personnelle, somptuaire et mobilière, le département n'en demeurait pas moins surchargé. On avait assuré le recouvrement :
on ne s'était pas inquiété de la quotité de l'impôt.

Aussi le conseil général ne cessa-t-il de réclamer et de protester. « Considérant, dit-il en 1807, que la somme de « quatre millions cent soixante-dix-sept mille quatre cents « francs à laquelle le département est imposé pour les con- « tributions personnelle, somptuaire et mobilière est exces- « sive, soit par rapport aux véritables facultés du départe- « ment, soit par comparaison avec le contingent de la plupart « des autres départements; que si le département est la « résidence de grands fonctionnaires et de capitalistes, la « classe la plus nombreuse peut à peine subvenir à ses « besoins, et qu'il y a plus de cent vingt mille indigents; « que, toute proportion gardée, le département ne devrait pas « entrer dans la balance générale pour plus du quinzième; « que la différence à son détriment est du double au simple, « qu'une surcharge qui, avec les accessoires, dépasse deux « millions est au-dessus de toutes facultés; qu'il y a tou- « jours un déficit annuel de près d'un million contre lequel « toutes les poursuites viennent échouer; qu'on est parvenu « à combler ce déficit dans les deux dernières années, en « admettant pour la ville de Paris un mode de remplace- « ment, et en rejetant sur cet arrondissement une partie « du déficit des deux arrondissements extérieurs, mais que « ce remplacement, portant principalement sur une addition « à l'octroi, devient nuisible au commerce, » le conseil général supplie le gouvernement et le Corps législatif d'ac- corder un dégrèvement (1). Ces plaintes ne furent pas écoutées. Le taux et l'organisation de la contribution per- sonnelle et mobilière restèrent les mêmes depuis 1806 et 1807 jusqu'à la fin de l'Empire. Quant à la taxe somp- tuaire, elle avait été abolie par l'article 69 de la loi du 24 avril 1806.

(1) Arch. de l'Emp. et de la Préf. de la Seine. *Procès-verbaux du conseil général* (1807).

Peut-être faudrait-il ajouter quelques détails sur la contribution des portes et fenêtres, rappeler qu'impôt direct en vertu de la loi du 24 novembre 1798, elle est devenue impôt de répartition par la loi du 3 mai 1802, et que la part du département de la Seine variait entre un million et douze cent mille francs? Peut-être faudrait-il observer que la contribution des patentes fut pendant longtemps à Paris et de la part de Frochot l'objet d'études incessantes; qu'en 1805, elle réunissait, suivant les expressions du conseil général, « l'inégalité de la répartition, l'inexactitude de la perception et la difficulté des recouvrements; » qu'elle donnait lieu tous les ans à un déficit, et que son produit annuel et effectif était environ deux millions quatre cent mille francs? Mais on peut maintenant, et c'est le point essentiel, on peut mesurer l'influence que Frochot exerça sur la réorganisation du service des contributions directes dans le département de la Seine. Cette influence fut plus considérable que ne semblent au premier abord l'autoriser et la matière des impôts et la situation légale du préfet. L'administration de l'an VIII livrait à l'anarchie une véritable bataille. Quoiqu'elle offrît déjà l'aspect d'une grande armée, manœuvrant sous l'impulsion d'une volonté supérieure, ministres et préfets, généraux et soldats déployaient dans la lutte quotidienne des affaires, dans la prise de possession et l'organisation des services publics, une vigueur, un zèle, un dévouement qui méritent les éloges de la postérité.

IV

BUDGET DÉPARTEMENTAL. — Sa formation. — Sa composition.
— Histoire de son équilibre.

La formation, la composition, les vicissitudes du budget départemental fixeront notre attention.

L'Assemblée constituante avait envisagé le département comme une division, non pas comme une association administrative. Elle avait chargé les Directoires d'ordonner les dépenses et de percevoir les contributions publiques dans chaque département. Ce mandat ne s'étendait pas jusqu'à la confection d'un budget. La Convention centralisa toutes les recettes. Jusqu'au 1er vendémiaire an VI (22 septembre 1797), le Trésor public solda directement toutes les dépenses du département de la Seine et de la commune de Paris. Ce fut le Directoire qui eut l'honneur de chercher et de retrouver les éléments divers de l'administration publique. Il reconnut les dépenses qui étaient générales et devaient être payées par l'Etat, les dépenses qui étaient locales et devaient être payées par un certain groupe d'habitants. On ne répétait pas en 1798 ce qu'on disait en 1789 : « L'Etat est un, et les départements ne sont que les sections du même tout. » On reconnut que ces sections, dans lesquelles on avait placé des agents, organisé des services, créé des conseils, avaient des intérêts distincts et des droits particuliers. En définissant ces intérêts et ces droits, on finit par faire du département une personne civile.

Une personne civile peut être rentière ou propriétaire. Le département, en l'an VIII, était un simple rentier, et il est

resté plutôt rentier que propriétaire. La pensée d'ordre
public qui distingue les intérêts spéciaux à une circonscription départementale place son budget plus près du budget
de l'Etat que du budget des communes. Des prélèvements
semblables aux contributions publiques forment les recettes.
Des services qui touchent à la société tout entière forment
les dépenses. On ne s'étonnera donc pas que l'actif du budget départemental de la Seine consistât uniquement en centimes additionnels ajoutés au principal des contributions
directes. Cette vue est demeurée juste même après le décret
du 9 avril 1811, qui, pour soulager le budget de l'Etat, con-
céda gratuitement aux départements les bâtiments nationaux occupés par les services de l'administration, des tribunaux et de l'instruction publique ; car si la propriété
immobilière des départements était fondée, cette propriété
n'apportait aucun revenu, et les revenus du budget départemental continuaient d'être les centimes additionnels ajoutés
au principal des contributions directes.

La loi du 28 pluviôse an VIII (17 février 1800) remettait
au conseil général le soin de fixer le nombre des centimes
additionnels destinés à solder les dépenses de département.
Avant de les fixer, il était nécessaire de préciser le montant
des rôles de chacune des contributions productives de centimes additionnels, puis d'établir le rapport de ces centimes
avec le principal des contributions. Frochot s'y appliqua. Il
examina et compara les bordereaux fournis pendant les
exercices de l'an V, VI et VII par les douze percepteurs de
Paris, les deux receveurs particuliers des arrondissements de
Sceaux et de Saint-Denis, et le receveur général de la
Seine. Il les trouva contradictoires, les fit recommencer sur
de nouveaux modèles et collationner sur les registres des
percepteurs. Ce vaste travail aboutit au chiffre de 14,115,825

francs, pour le principal des contributions foncière, personnelle, mobilière et somptuaire, et au chiffre de 1,213,900
francs pour le montant des centimes additionnels. A cette
étude, qui frappa vivement l'attention du ministre des
finances, s'arrêta l'action du préfet de la Seine puisque la
fixation des centimes additionnels était exclusivement dévolue au conseil général et au Corps législatif; mais les centimes votés, le préfet revint en surveiller le recouvrement et
les appliquer aux dépenses autorisées par le gouvernement.

La loi du 11 frimaire an VII (1er décembre 1798) avait
fixé les dépenses départementales et laissé tous les centimes
additionnels destinés à les acquitter entre les mains du receveur général du département. Ce dernier devait en disposer
sur les mandats de l'administration départementale, et plus
tard, lorsque l'administration départementale fut le préfet,
sur les mandats du préfet (1). En 1801, le gouvernement,
partant de ce principe qu'il était administrateur suprême et
qu'une partie des dépenses dites départementales était un
des rouages de l'administration supérieure, classa les dépenses suivant leur nature, et fit plusieurs parts dans les
centimes additionnels. Le Trésor centralisa les centimes
destinés à acquitter les dépenses fixes, c'est-à-dire à solder
les traitements des administrateurs, des juges, des professeurs, etc. Ces dépenses furent ordonnancées par les ministres de l'intérieur et de la justice. Une autre quotité de

(1) Voici le budget départemental de l'an IX :

Dépenses de la préfecture................		450,500 fr.
Instruction publique, arts et commerce.....		173,460
Dépenses judiciaires....................		195,199
Dépenses de l'arrondissement de Paris......		322,257
—	— de Sceaux....	21,402
—	— de Saint-Denis.	22,266
Total..................		1,185,084 fr.

centimes demeura entre les mains des receveurs généraux, pour acquitter sur les mandats du préfet les dépenses variables, c'est-à-dire les dépenses qui étaient examinées, contrôlées et proposées par le conseil général. Enfin une autre quotité de centimes fut pareillement affectée aux dépenses variables ; mais leur produit fut versé au Trésor à titre de fonds commun, pour venir au secours des départements dont les dépenses excéderaient la quotité de centimes destinée à ces dépenses. L'arrêté du 25 vendémiaire an X (17 octobre 1801) n'était pas seulement un ordre de comptabilité pour le préfet et le receveur général : c'était un règlement d'attributions entre le conseil général et le gouvernement.

En favorisant la création d'un budget départemental, le gouvernement cherchait à dégager le budget de l'Etat, et nullement à abandonner la direction des budgets départementaux. Au fond, l'arrêté du 25 vendémiaire an X consacre cette doctrine que le budget départemental est une annexe du budget de l'Etat. « Le conseil général, disait la loi de pluviôse « an VIII, déterminera dans les limites fixées par la loi le « nombre des centimes additionnels dont l'imposition sera « demandée pour les dépenses de département. » Il entendra le compte annuel que le préfet rendra de l'emploi des centimes additionnels affectés à ces dépenses ; mais la loi de pluviôse ne disait pas que le conseil général réglerait les dépenses. En l'an X, le gouvernement consulaire fait une distinction entre les dépenses fixes et les dépenses variables. Les unes ne seront pas, les autres seront examinées par le conseil général : mais, sur les unes et sur les autres, le gouvernement conserve une autorité souveraine. Le préfet présente, le conseil général propose, le gouvernement arrête le budget départemental.

Il semble donc, au premier abord, que rien ne pouvait

déranger l'équilibre d'un tel budget. Les dépenses fixes sont fixes, et les dépenses variables ne sont pas si variables qu'elles puissent dépasser subitement le maximum imposable des centimes additionnels (1). Il suffit pourtant de jeter un coup d'œil sur le budget de l'an X pour voir que le gouvernement mettait à la charge du département des services dont il ignorait absolument le poids et qui, d'un moment à l'autre, pouvaient déjouer tous les calculs et ouvrir un déficit imprévu : je veux parler des prisons et des enfants trouvés.

(1) Ci-dessous le budget de l'an X :

1° Dépenses départementales fixes, assignées sur le ministre de l'intérieur :
Traitement de l'administration départementale.. 57,000 fr.⎫
     —   des professeurs des écoles centrales. 114,100 ⎬ 171,100 fr.
                                       ⎭

2° Dépenses départementales fixes, assignées sur le ministre de la justice :
Traitements de l'administration judiciaire................ 313,450

3° Dépenses départementales variables, assignées sur le ministre des finances, et soldées en l'an IX par le ministère de la justice et de l'intérieur :
Frais de procédures.................................... 399,700
Dépenses des prisons.................................. 826,200
     —   des enfants trouvés........................... 100,000

4° Dépenses départementales variables, assignées sur le ministre des finances, et faisant déjà partie en l'an IX du budget départemental :

Intérieur de la préfecture...............	221,500 fr.	89 c.
Taxations et remises du receveur général..	36,657	»
Instruction publique (matériel)..........	67,160	»
Arts et commerce.....................	11,000	»
Secours aux noyés....................	5,950	»
Travaux publics......................	13,608	»
Tribunaux...........................	58,247	37
Justices de paix de Paris...............	97,840	34
Maisons d'arrêt et prisons (entretien)......	20,500	»
Arrondissement de Saint-Denis...........	26,232	03
— de Sceaux........	22,835	67
Dépenses imprévues...................	42,702	45
	625,225	»

625,225

               Total.......................... 2,435,675 fr.

Les dépenses des prisons étaient autrefois soldées par le Trésor public, et la loi du 11 frimaire an VII n'avait mis à la charge des départements que les dépenses matérielles, c'est-à-dire l'entretien des bâtiments destinés à servir de prisons. Lorsqu'au 1er vendémiaire an XI (22 septembre 1803), les dépenses des prisons qu'on peut qualifier de personnelles (frais de garde, nourriture, infirmerie) entrèrent dans le budget départemental, le préfet et le conseil général ne savaient quelle somme fixer. On marchait au hasard. Frochot avouait en l'an XIII, et il en donnait des exemples, que tout dans cette matière était expérience et déception. Sans parler de l'incertitude des dépenses, était-il juste que le département de la Seine supportât seul le poids d'une pareille charge, et ne devait-on pas considérer les prisons de Paris comme les prisons de l'Etat? Frochot plaida cette thèse devant le conseil général et devant le gouvernement avec une persévérante ardeur. « Les prisons de Paris, disait-il en « l'an XIII, ne sont pas les prisons du département, mais « les prisons de plusieurs départements. L'institution de l'hos- « pice des enfants trouvés n'est pas un hospice du départe- « ment, mais de toute la République. Les centimes « additionnels du département de la Seine ne peuvent s'éle- « ver, ni les dépenses proprement et exactement départe- « mentales baisser, parce que les dépenses des prisons « entretenues à Paris pour le service de la République sont « plus considérables. Donc la différence entre le montant « des dépenses départementales parmi lesquelles elles sont « comprises et le montant des centimes additionnels portés « au maximum doit être couverte, soit par un fonds pris sur « les autres départements, soit par un fonds spécial accordé « par le gouvernement sur ceux destinés à l'acquittement « des dépenses publiques. »

Frochot confondait dans le même raisonnement les prisons et les enfants trouvés, et il avait raison. Les dépenses
relatives aux enfants abandonnés, acquittées depuis l'an II
par le gouvernement, avaient été inscrites en l'an X au budget départemental. Quel était, à cette époque, dans le département de la Seine, le montant de cette nouvelle charge?
On l'estimait en totalité à 3 ou 400,000 francs, et on portait en l'an X à 100,000 francs, en l'an XI à 200,000 francs,
la somme nécessaire pour combler l'insuffisance des fonds
fournis par la caisse des hôpitaux. Les illusions s'évanouirent
promptement, et comme le régime de l'administration directe
avait été substitué dans le service des hôpitaux au régime des
entreprises, Frochot s'aperçut que l'accroissement extraordinaire des dépenses tenait à l'accroissement des frais qu'entraînait un plus grand nombre d'enfants abandonnés, recueillis et conservés. Que faire? Pouvait-on laisser les
services en souffrance? Et sur quel fonds les acquitter? La
caisse des hôpitaux avança des sommes considérables et solda
les dépenses faites au delà du montant des crédits ouverts
dans le budget départemental. La situation s'aggravait. Frochot protesta. « Il eût été désirable, disait-il en 1810, que
« les crédits fussent mis de niveau avec les services adminis-
« tratifs ; car on ne remédie à rien en évitant de statuer sur
« les moyens d'assurer des fonds en proportion avec les dé-
« penses. Il faut ou déclarer les dépenses exagérées, et dans
« ce cas déterminer sur quels points doivent porter les ré-
« ductions, ou reconnaître qu'elles sont régulièrement éta-
« blies, et alors nul doute qu'il ne faille mettre l'administra-
« tion à même de les acquitter. » Cette même année, le
conseil général renouvela ses plaintes, et il y ajouta d'ins-
tantes prières. Après avoir déclaré que tous les centimes
ordinaires et extraordinaires étaient votés, que le déficit

s'élevait à 1,278,133 fr.; après avoir rappelé que l'art. 15 du titre VII de la loi du 15 janvier 1810 attribuait au gouvernement la répartition entre tous les départements des centimes destinés à l'acquit des dépenses variables, le conseil général supplia respectueusement l'Empereur d'accorder, sur les fonds communs versés au Trésor public, la somme nécessaire pour solder l'arriéré du département. L'Empereur, par un décret du 11 juin 1810, réduisit à 500,000 fr. la somme due par le département de la Seine pour la dépense des enfants trouvés et rejeta sur la commune de Paris le supplément de la dépense. Cette décision, sans réparer le mal, permit de l'alléger. Le budget départemental de 1812, décrété le 21 septembre 1812, devait se balancer en recette et en dépense sur la somme de 3,520,224 fr. (1).

(1) Voici le détail du budget départemental de 1812.

1º Dépenses fixes, assignées sur le ministère de l'intérieur :

Traitements administratifs.................	98,000 fr.	
Dépenses fixes assignées sur le ministère de la justice :		
Traitements judiciaiaires	826,833	976,574 fr.
Dépenses assignées sur le ministère des finances :		
Remise du receveur général et des receveurs d'arrondissement.......................	51,741	

2º Dépenses variables :

Préfecture. Frais d'administration, abonnement.	272,275	
Sous-préfectures...........................	27,200	
Enfants abandonnés.......................	400,000	
Prisons..................................	1,088,360	1,995,154
Casernement de la gendarmerie.............	27,000	
Ordre judiciaire...........................	101,730	
Dépenses imprévues.......................	78,589	

3º Dépenses variables :

Déficit, arriéré départemental, qui s'élevait à 1,012,262 fr...........................	120,000	
Dépenses du culte........................	159,000	548,496
Travaux publics et dépôts de mendicité......	237,000	
Dépenses diverses........................	32,496	

Total........ .... 3,520,224 fr.

Lorsque M. de Chabrol présenta au conseil général, dans la session de mai 1813, un rapport sur la situation du budget départemental et sur l'administration de Frochot, il annonça que les exercices antérieurs à 1806 étaient entièrement soldés, que les exercices de 1806 à 1811 ne présentaient qu'un déficit facile à couvrir par des allocations sur les budgets de 1813 et de 1814, et que les recettes de 1812 pourraient balancer les dépenses. Plus tard, revenant sur cette situation dans la séance du 25 octobre 1814, il ajoutait que de tels résultats étaient satisfaisants. Malheureusement, le désordre qui régnait en 1813 dans les finances générales de l'Etat, en épuisant toutes les ressources, en dissipant tous les fonds, détourna les centimes départementaux de leur destination naturelle. Certaines dépenses projetées pour les années 1812 et 1813 ne furent pas exécutées, et le payement de l'arriéré départemental notamment fut suspendu. Les deux exercices de 1812 et de 1813, au lieu de se balancer en recette et dépense, demeurèrent ouverts, attendant vainement qu'on leur appliquât les fonds qui leur avaient été destinés. La Restauration survint et supprima le système de la spécialité appliqué par l'Empire aux dépenses départementales. On annula tous les crédits non employés, toutes les ordonnances de payement déjà délivrées, et le ministre de l'intérieur avertit le préfet que le Trésor acquitterait directement l'arriéré des dépenses départementales antérieures à 1814. Le Trésor se trouvait, en effet, détenteur de tous les fonds qui auraient dû être attribués à l'acquit des dépenses départementales; il était naturel qu'il fût débiteur direct du montant de toutes ces dépenses.

La dette exigible et certaine de l'arriéré départemental

s'élevait au 1ᵉʳ avril 1814, pour les exercices antérieurs
à 1810, à . . . .   940,383 fr. 10 c.

Pour les exercices 1811, 1812,
1813, à.   962,011   95

                Total. 1,902,395   05

Mais le département devait recouvrer :

Pour les exercices antérieurs à 1810.   363,338   47

Pour les exercices 1811, 1812, 1813,
à. 2,150,091   45

Recettes diverses.   35,705   16

                Total. 2,549,135   08

Le Trésor, après avoir soldé la dette exigible et certaine,
devait donc avoir sur les fonds particuliers du département
un boni de. . . . .   646,740 fr. 05 c.

Ce boni était, à la vérité, l'excédant de certaines dépenses
projetées et non faites en 1812 et en 1813. Mais, sans tenir
compte de ce boni, on voit que le budget départemental, dont
l'équilibre avait été dérangé depuis 1802 jusqu'à 1810 par
l'accroissement et l'amélioration du service des prisons et
du service des enfants trouvés, commençait à solder son déficit en 1812 et devait, après avoir réglé son compte avec
l'Etat, retrouver aisément son assiette.

Après avoir analysé en recette et en dépense les éléments
du budget départemental et après avoir esquissé les péripéties de son histoire, il ne sera pas inutile de suivre Frochot
dans l'organisation des services qui font partie de ce budget.
Aucun intérêt ne s'attache toutefois aux dépenses fixes, c'est-
à-dire aux traitements du personnel administratif, judiciaire et ecclésiastique, et même aux dépenses variables qui
s'appliquent à l'entretien des établissements publics consa-

crés dans le département de la Seine à l'administration, à la justice, à la force militaire, ou au culte. Les chapitres du budget qui comprennent ces matières se composent uniquement de dépenses; mais quelques autres chapitres, se distinguant par la spécialité, l'importance et l'étendue de leur objet, constituent de véritables services. Tels sont les prisons, l'instruction publique et les enfants trouvés.

V

BUDGET DÉPARTEMENTAL (suite du). — Prisons.

Avant le dix-huit brumaire, les prisons de Paris étaient administrées par la commission des hospices, sous la surveillance du Bureau central. Les dépenses pendant l'an VII s'étaient élevées à 677,466 fr. 57 c. La régie de l'enregistrement soldait les dépenses. La commission ne recevait et ne payait rien. Elle surveillait et visait les mémoires qui étaient acquittés directement par les receveurs de la régie. Lorsque le gouvernement consulaire régla les attributions du préfet de police et du préfet de la Seine, il donna au préfet de police la nomination des concierges, gardiens et guichetiers, avec la police des prisons de Paris, et laissa la commission administrative des hospices diriger le service économique sous la surveillance du préfet de la Seine : mais, en l'an X, l'administration de l'assistance publique ayant été complétement réorganisée, la commission administrative disparut, et le service des hôpitaux fut séparé du service des prisons. Un arrêté du ministre de l'intérieur (2 thermidor an X-21 juillet 1802) confia l'administration éco-

nomique des prisons au préfet de la Seine, et en réserva la
police au préfet de police. C'était déclarer la guerre entre
les deux préfets.

Frochot n'avait pas attendu que le gouvernement précisât
ses devoirs et aggravât sa responsabilité pour essayer d'appliquer dans le département de la Seine les lois relatives à
l'établissement des prisons et au classement des détenus.
L'ancien membre de l'Assemblée constituante se souvenait
qu'il avait détruit les juridictions seigneuriales et ecclésias-
tiques, renversé l'appareil des anciens supplices, déchiré le
code des anciennes lois pénales, et sur ces débris établi une
organisation judiciaire uniforme et une législation criminelle
unique. Il se souvenait encore qu'après avoir institué la
juridiction, les délits et les pénalités de la police municipale, de la police correctionnelle et de la police de sûreté,
après avoir aboli les peines corporelles et limité les cas
de peine capitale, il avait déclaré que la société nouvelle,
la société française de 1789, ne devait plus demander protection à la mort et aux mutilations, mais à la perte de la
liberté. De la prison, qui n'était dans l'ancienne jurisprudence (et sauf quelques exceptions très-rares) qu'un lieu
de passage pour les prévenus et les accusés, l'Assemblée
constituante avait fait un lieu de peine pour les condamnés
et distingué nettement l'emprisonnement qui précède de
l'emprisonnement qui suit le jugement. Ces grandes réformes
dont Frochot revendiquait l'honneur avaient été sanctionnées
par la Convention nationale, qui toucha, mais légèrement, au
système pénal et pénitentiaire de 1791. Le Code de 1795
désigna seulement les tribunaux qui devaient connaître ou
prononcer les délits et les peines, les établissements qui
devaient les punir ou les appliquer.

C'est un beau jour que le jour où sont proclamées les lois

dont l'idéal est la justice; mais le jour où les bienfaits de la loi entrent dans la pratique de la vie est encore plus beau. Malheureusement, concevoir n'est pas faire, ordonner n'est pas exécuter, et la réforme de l'organisation judiciaire et de la législation criminelle devait, longtemps encore, précéder et attendre la réforme des prisons.

En suivant l'esprit et même le texte précis des lois criminelles et de police, on comptait en l'an VII onze espèces de détenus : 1° les prévenus arrêtés en vertu d'un mandat de dépôt; 2° les prévenus détenus en vertu d'un mandat d'arrêt, par suite de renvoi devant le jury d'accusation; 3° les accusés détenus en vertu d'ordonnance de prise de corps; 4° les débiteurs frappés de la contrainte par corps; 5° les condamnés à la prison municipale; 6° les mendiants et les vagabonds; 7° les condamnés à la prison correctionnelle; 8° les condamnés à la détention; 9° les condamnés à la peine; 10° les hommes condamnés aux fers; 11° les femmes condamnées à la réclusion. Ajoutez enfin deux autres espèces de détenus, spéciales au département de la Seine, ou plutôt à la ville de Paris : 12° les individus arrêtés par simple mesure de police; 13° les filles publiques.

Pour rester fidèle à la lettre de la loi, une maison particulière aurait dû recevoir chaque espèce de détenus. A Paris, cela était impossible. Tout faisait défaut : les ressources et l'emplacement. Fallait-il néanmoins renoncer aux réformes les plus nécessaires? Fallait-il renoncer à appliquer, dans le département de la Seine, les lois relatives à l'établissement des prisons et au classement des détenus? Fallait-il, sous le Consulat, laisser les prisons dans l'état de dégradation et d'immoralité où elles étaient plongées sous l'ancien régime? Frochot repoussait une telle pensée avec une généreuse indignation. « Il faut, répétait-il sans cesse, organiser

19

l'ordre avant d'imprimer le mouvement. La loi commande, obéissons. »

La ville de Paris, dans ses cahiers, demandait en 1789 aux États généraux : « que les prisons, où gémit trop souvent « l'innocent à côté du coupable, cessent d'être, contre l'in- « tention de la loi, un séjour d'horreur et d'infection ; que « les malheureux qui y sont détenus jouissent au moins d'un « air salubre, d'une nourriture saine et suffisante ; que les « infirmeries de ces prisons soient aérées et tellement dispo- « sées qu'on y puisse faire le service des malades, et que « jamais ils ne réclament en vain les consolations de la reli- « gion, si nécessaires à leur état. » Parlant des prisons de Paris à la même époque, Frochot disait : « La proximité du « premier juge, le plus ou le moins d'encombrement, des « raisons, des circonstances décidaient seuls du choix de la « maison assignée pour lieu de détention. De là, ce mélange « si funeste du crime avec la faiblesse, de la débauche avec « la paresse, du scélérat consommé avec le coupable d'un « moment. Une oisiveté complète régnait dans ces maisons, « où aucun travail n'était régulièrement établi ; en un mot « toute prison était un foyer de corruption et d'infamie ; » et il ajoutait en l'an X : « Les choses sont à peu près aujour- « d'hui ce qu'elles étaient avant la Révolution. La confusion « des moralités, la confusion des sexes, la confusion des « âges entretiennent tous les vices. »

Le 13 brumaire et le 10 nivôse an XI (4 novembre et 31 décembre 1802), Frochot adressa au ministre de l'inté- rieur sur cette douloureuse situation deux mémoires excel- lents. Il déclarait que toute espérance d'obéir strictement aux ordres de la loi était vaine ; que le nombre des lieux de détention ne pouvait, à Paris, correspondre aux diverses classes de détenus. Il proposait de distribuer à nouveau tous

les détenus dans les prisons actuelles, de telle sorte que les
détenus dont la situation était analogue fussent réunis dans
un même local, et que, dans la même enceinte, ils fussent
séparés comme dans des maisons distinctes. « Nos lois nou-
« velles, disait-il, en n'admettant que la condamnation tem-
« poraire, assurent à tout détenu l'espoir de rentrer dans la
« société. Il est évident que sous une telle législation les
« détenus doivent être considérés plutôt comme des malades
« à guérir que comme des êtres à séquestrer. — Le point
« essentiel est de faire prendre aux détenus dans les maisons
« de détention l'habitude du travail; or, pour obtenir ce
« résultat, les détenus doivent d'abord être classés suivant
« la nature des travaux auxquels il sont propres; et les
« femmes, par exemple, quand il n'y aurait pas d'autres mo-
« tifs de classement, devraient être séparées des hommes
« par la raison que la plupart des occupations qui convien-
« nent à ceux-ci ne sauraient convenir à celles-là. — En
« toutes choses, il faut ordre et accord. Pour établir utile-
« ment des ateliers dans les prisons, il faut donc avant tout
« classer les prisonniers. Tout demande une division pré-
« cise et absolue des différentes espèces de détenus. Tout
« demande que, séparés dans le lieu de leur détention
« comme ils le sont par la loi, les détenus du même genre
« soient soumis dans un même lieu à des règlements uni-
« formes. » Ces justes réflexions trouvaient leur essor dans
un vaste plan qu'avaient conçu l'esprit pratique et la féconde
imagination de Frochot.

Le dépôt de la préfecture de police, en 1802, était un
ancien bâtiment à trois étages, insalubre et trop étroit pour
le nombre des individus arrêtés par simple mesure de
police. Frochot ne proposa ni de le supprimer ni de l'agrandir. Il demanda seulement qu'on le dégageât en le réservant

aux détenus de la police municipale, et qu'on affectât une partie de la Conciergerie aux détenus de la police judiciaire. Ce vœu ne fut pas exaucé, et le dépôt de la préfecture de police continua de loger pêle-mêle les filles publiques, les voleurs, les prévenus de délits, les imprudents qu'un moment d'oubli rend coupables, le bon citoyen qu'une erreur, qu'une fausse dénonciation compromet.

La police s'était habituée à réunir dans le dépôt de mendicité de Saint-Denis des détenus de toute espèce et de tout sexe. L'expérience ayant prouvé que cette maison n'était pas propre à servir de prison, Frochot conseillait de rendre le dépôt de Saint-Denis à sa première destination et d'en faire uniquement la *maison de répression du vagabondage et de la mendicité.* Nous le verrons sur ce point engager avec la préfecture de police une lutte aussi longue qu'obstinée.

La prison de Sainte-Pélagie était composée d'un bâtiment carré divisé en trois cours formant trois préaux, exactement séparés par des murs. Des escaliers particuliers desservaient les ailes de ce bâtiment. Avec de simples cloisons, Frochot forma dans cette maison trois divisions entièrement distinctes qu'il consacra aux détenus par autorité paternelle, aux débiteurs et aux prévenus de délits politiques. Avant l'an VIII, cette maison contenait huit espèces de détenus.

Frochot ne fut pas aussi heureux dans ses projets sur les Madelonnettes. La situation de cette prison au centre de Paris et l'ensemble de ses dispositions intérieures semblaient la destiner à un dépôt judiciaire ou à une maison d'arrêt pour les hommes. Le voisinage du Temple, qui n'avait pas d'infirmerie et qui pouvait profiter de l'infirmerie des Madelonnettes, favorisait ces combinaisons. Pendant tout l'Em-

pire, cette prison n'en demeura pas moins une maison
d'arrêt, de détention et de correction pour les femmes pré-
venues, condamnées correctionnellement ou arrêtées par
autorité paternelle.

Dans le plan de Frochot, la Grande-Force et la Petite-
Force eussent été pour les femmes ce que Sainte-Pélagie et
les Madelonnettes devaient être pour les hommes. On y eût
établi un dépôt judiciaire, une maison d'arrêt, une prison
municipale, une maison de correction. On eût évité ainsi de
faire vivre à côté les uns des autres les hommes dans la
Grande-Force, les femmes dans la Petite-Force, et on eût
assaini la Petite-Force, où les filles publiques étaient en-
tassées dans des dortoirs, dans des infirmeries, dans des
ateliers étroits et malsains. La Grande-Force continua de
recevoir les hommes prévenus de toute espèce de délits,
jusqu'au moment où ils étaient mis en accusation. Elle fut
seulement divisée en quatre départements où l'on tenta de
classer les prévenus, suivant la nature des délits.

Frochot reconnaissait que la Conciergerie, employée
de tout temps à enfermer les accusés des deux sexes mis
en jugement, devait conserver sa destination ; mais il désirait y établir une succursale du dépôt de la préfecture de
police. Comme le projet venait du préfet de la Seine, le
préfet de police le fit avorter.

Après avoir créé ou consacré les dépôts de police et les
maisons d'arrêt, après avoir distribué les prévenus dans ces
différents établissements, Frochot réglait aisément le sort des
condamnés. Saint-Lazare était et continua d'être la prison
des femmes, Bicêtre la prison des hommes. « On ne peut le
« dissimuler, disait-il, il est impossible à Paris d'exécuter la
« loi qui prescrit le classement et le régime des condamnés.
« Le défaut d'édifices a forcé l'administration à réunir dans

« un même lieu les condamnés de toute espèce, et, par une
« suite nécessaire de cette réunion de détenus, il a fallu
« n'admettre qu'un seul régime, soit pour le travail, soit
« pour les produits du travail, malgré les points de vue
« divers sous lesquels la loi envisage le travail des diverses
« espèces de condamnés. On ne peut que se louer de cette
« mesure imposée par les circonstances. A Saint-Lazare et
« à Bicêtre, l'ordre règne et la loi y est remplie dans son
« point essentiel : le travail. »

La prison de Saint-Lazare était une maison de réclusion
pour les femmes. Elle faisait alors, au milieu des prisons de
Paris, une honorable exception. Des administrateurs habiles
et zélés y avaient introduit et régularisé le travail. Créée
en vertu de la loi du 25 frimaire an III (15 décembre 1794),
elle possédait en l'an VIII cinq ateliers : un de filature de
laine, deux de filature de coton et deux de couture. En cinq
années, de 1797 à 1802, cette maison avait changé en ouvrières actives et intelligentes des femmes dangereuses et
paresseuses. De quinze mille francs ses produits s'étaient
élevés à cent mille. Elle contenait environ sept cents déte-
nues.

Il n'en était pas de même à Bicêtre. Le nom seul de
Bicêtre inspirait aux criminels un sentiment d'horreur.
« N'est-ce pas, disait Frochot, flétrir le bienfait et avilir
« l'infortune que de réunir dans la même enceinte ceux
« que la société punit et ceux que la société soulage ? » Et
il demandait qu'on transformât Bicêtre prison et Bicêtre
hospice en une seule maison de détention pour les hommes.
L'hospice passait à Saint-Denis et le dépôt de mendicité de
Saint-Denis venait à Bicêtre : « Rien de plus facile, disait-il,
« que de réserver au dépôt de mendicité de vastes emplace-
« ments pour les ateliers, et, dans le voisinage des condam-

« nés et des repris de mendicité, on trouvera le moyen de
« régler les occupations sur les détentions, en appliquant aux
« métiers qui veulent une longue instruction et de l'habitude
« les détenus à long terme, et en réservant les travaux pré-
« paratoires ou les métiers qui s'apprennent en peu de jours
« aux renfermés à courte détention. » Dans ce plan, Bicêtre et Saint-Lazare auraient peut-être offert un trop vaste
local pour les seuls condamnés du département de la Seine ;
mais Frochot éludait heureusement cette difficulté en affectant ces deux prisons à tous les départements de la première
division. Faut-il répéter que ces vues excellentes ne furent
pas adoptées ? Bicêtre prison et Bicêtre hospice restèrent
l'une à côté de l'autre. Le dépôt de mendicité ne quitta pas
Saint-Denis, et les départements voisins ne furent pas conviés
à supprimer leurs maisons de force et de correction au profit
du département de la Seine.

Des prisons de Saint-Cloud, de Sceaux, de Saint-Denis,
Frochot n'avait pas encore eu le loisir de s'occuper.

Les projets de Frochot avaient un avantage et un inconvénient. Il fallait les adopter dans leur ensemble avec confiance et les exécuter dans toutes leurs parties avec vigueur.
Rien, dès lors, n'était plus aisé que d'en suspendre ou d'en
arrêter le succès.

Les critiques du préfet de police, l'indécision du ministre
de l'intérieur, le défaut de ressources privèrent Frochot de
l'honneur qu'il avait rêvé de réorganiser le service des prisons comme il avait réorganisé le service de l'assistance
publique. Un instant, en 1807, l'Empereur pensa changer
la destination de plusieurs prisons de Paris, mais ces projets
n'eurent aucune suite (1). Au lieu d'assigner à chacune des

(1) *Corresp. de Napoléon Ier*, 12 octobre 1807, t. XVI, p. 93.

prisons civiles du département de la Seine un caractère spécial, au lieu de créer des dépôts de police, des maisons d'arrêt et de détention, de 1802 à 1810, l'administration, dans le classement des détenus, maintint un désordre « qui, « selon les expressions de Frochot, était une violation de la « loi, un obstacle à l'exercice de l'autorité, et surtout de « l'action administrative. » On sépara les détenus suivant les sexes, mais non suivant leur âge et suivant la nature des délits, et quand Frochot s'avisa de signaler au gouvernement une inaction qu'il regardait comme coupable, on lui répondit en annonçant la prochaine publication du Code pénal. Enfin, le Code pénal parut, et le Gouvernement résolut de mettre d'accord le régime des prisons et la nouvelle législation criminelle. Un décret du 22 septembre 1810 consacra à leur restauration un fonds de onze millions. Au mois d'octobre, le ministre de l'intérieur ouvrit une enquête sur leur situation matérielle et morale. Frochot, consulté par le ministre, rappela qu'en 1802 il avait pris l'initiative d'un nouveau classement des maisons de détention à Paris, et qu'une expérience de huit années avait confirmé toutes les vues qu'il avait jadis exposées. Si distingué qu'il fût, ce rapport, comme le rapport de 1802, demeura enfoui dans les cartons du ministère de l'intérieur. Avant que les plans ne fussent dressés, les résolutions prises, les onze millions répartis, la France était engagée dans une nouvelle et dernière guerre qui absorbait les fonds destinés aux dépenses communales et départementales.

Si Frochot ne parvint pas à dissiper la confusion qui régnait dans les éléments de la population et dans la classification des prisons de Paris, il sut du moins remettre un certain ordre dans le régime économique et adoucir le sort des détenus.

Jusqu'en 1802, le service intérieur des prisons de Paris avait été exécuté par des fournisseurs, sous le contrôle direct de la commission administrative : mais cette organisation ne pouvait survivre à l'établissement des ateliers de travail. Puisqu'on exécutait la loi, puisqu'on établissait des ateliers dans les prisons, il fallait, ou que l'administration dirigeât elle-même les travaux, ou qu'elle appelât des négociants pour les diriger, ou qu'elle adoptât le système des entreprises. Frochot jugea, que pour le moment et autant que possible le mieux était de soustraire l'administration aux responsabilités qui l'accablaient, et de réduire son rôle à une active surveillance. Il confia donc le service économique des prisons à un seul entrepreneur. Cet entrepreneur s'engageait à fournir, dans les maisons de Sainte-Pélagie, de la Grande et de la Petite-Force, des Madelonnettes, de Saint-Lazare, de la Conciergerie et de Bicêtre, la nourriture, le coucher, les vêtements, le linge, la pharmacie, l'ameublement, le chauffage, l'éclairage, à réparer dans une certaine mesure les bâtiments, à créer et à entretenir des ateliers. Le dépôt de mendicité de Saint-Denis avait un entrepreneur particulier, et le dépôt de la préfecture de police une administration spéciale. Par deux traités, l'un du 1er messidor an X (20 juin 1802), l'autre du 28 juin 1808, M. Levacher-Duplessis conserva cette entreprise jusqu'au 1er juillet 1814, époque à laquelle la préfecture de la Seine reprit le service des prisons.

Tout le système du cahier des charges reposait sur l'établissement d'ateliers de travail. L'Assemblée constituante les avait considérés comme une correction pénale et comme une nécessité financière. Les troubles de la Révolution n'avaient pas permis d'en régulariser l'institution. L'arrêté du 23 nivôse an IX (13 janvier 1801) prescrivit à l'admi-

nistration d'offrir à tous les détenus les distractions rému-
nérées d'un travail régulier. Les filles publiques et les condamnés, soit correctionnels, soit criminels, devaient seuls
subir la peine du travail ; mais on espérait que beaucoup de
détenus, en attendant jugement, demanderaient comme une
faveur de partager cette peine. L'entrepreneur du service
économique s'entendit avec des fabricants et passa des
marchés qui furent révisés et autorisés par le préfet de la
Seine. C'est ainsi qu'à Bicêtre et dans le dépôt de mendicité
de Saint-Denis on polit des glaces, qu'à Bicêtre on fabriqua
des boutons de cuivre, qu'à Saint-Lazare et à la Petite-
Force on pratiqua la couture et la broderie. Plus tard, à
Saint-Lazare, aux Madelonnettes et dans le dépôt de Saint-
Denis, on établit des filatures de coton. Le prix de la main-
d'œuvre et les conditions faites aux détenus variaient suivant
les prisons et suivant la nature du travail. Une part du salaire
leur était remise immédiatement par l'entrepreneur en présence du concierge ou du contrôleur des travaux, et servait
à améliorer leur nourriture et leur coucher. Une autre part
était réservée pour le moment de la sortie et versée au Mont-
de-Piété par l'entrepreneur. Tous les mois le préfet recevait
l'état de cette comptabilité.

L'omnipotence des concierges qui régnaient sur les ateliers empêcha l'entrepreneur de tirer de ces ateliers un
profit considérable. En 1806, les affaires tournèrent mal, et
M. Levacher-Duplessis adressa une plainte au préfet de la
Seine. Dans cette plainte, on voit que sur deux mille sept
cent douze détenus, quatorze cents, dont neuf cent cinquante femmes, travaillaient. Six ans auparavant, quand
Frochot avait été nommé préfet, à peine en comptait-on
cinq cents. La situation favorisée du détenu travailleur avait
attiré dans les ateliers les ouvriers paresseux en même temps

que les ouvriers actifs, et si l'entrepreneur ne trouvait pas toujours son compte à payer sur le même taux les bons et les mauvais ouvriers, l'administration, qui n'avait pas à s'inquiéter de la qualité de chacun d'eux, mais de leur grand nombre, se réjouissait.

Le régime alimentaire des prisons avait été réglé par des arrêtés qui servaient de base au cahier des charges. Une circulaire de vendémiaire an IX (octobre 1800) semblait indiquer que le gouvernement ne regardait pas la nourriture des détenus comme une charge de l'Etat; mais un arrêté du 23 nivôse de la même année (13 janvier 1801) trancha toutes les incertitudes en accordant indistinctement à tous les détenus une ration de pain et de soupe. Plus tard, le 28 ventôse (19 mars 1801), le ministre de l'intérieur informa le préfet que la soupe serait faite avec des légumes. Comme ces arrêtés reconnaissaient l'insuffisance du régime alimentaire et imputaient le surplus de la nourriture des détenus sur le produit de leur travail, le cahier des charges de l'entrepreneur distinguait sept catégories de détenus : les détenus obligés au travail et refusant de travailler, les non obligés au travail et non travaillants, les obligés ou non obligés au travail et travaillant, les infirmes, les malades, les femmes et les enfants.

Suivant la circulaire du 5 fructidor an VI (22 août 1798), une botte de paille ou une paillasse attendait le détenu, quel qu'il fût. En 1802, un vrai lit, et sur ce lit un matelas, et sur ce matelas des draps, étaient offerts aux détenus non obligés au travail, et même aux détenus obligés au travail, moyennant une retenue de quinze centimes par franc sur la somme à lui payée à la fin de chaque mois. Si les matelas étaient de simples paillasses, si les couvertures étaient légères et sales, si les draps étaient grossiers et souvent humides, du moins chaque détenu couchait seul et dans un lit. N'était-ce pas un grand progrès, et qui pouvait espérer toutes les réformes en même temps ?

La législation n'exigeait pas que les détenus malades fussent traités dans l'intérieur des prisons. La loi du 4 vendémiaire an VI (25 septembre 1797) les envoyait à l'hospice ; mais on s'aperçut que les officiers de santé délivraient trop aisément des certificats de maladie. Le ministre de l'intérieur prescrivit, en 1807, l'établissement d'une infirmerie dans chaque prison. Frochot n'avait pas attendu ces instructions pour agir. Presque toutes les prisons de Paris possédaient à cette époque une infirmerie que dirigeaient un médecin et un chirurgien.

Dans l'organisation générale des prisons de Paris n'étaient pas compris le dépôt de mendicité de Saint-Denis, et plus tard le dépôt de Villers-Cotterets. Ces dépôts, par leur législation comme par leur histoire, forment des établissements spéciaux et méritent de nous arrêter quelques instants. Sur ce nouveau terrain, le préfet de la Seine et le préfet de police se rencontrèrent et recommencèrent la lutte ; mais, comme les dépôts de mendicité tenaient plutôt de l'hospice que de la prison, le préfet de la Seine finit par l'emporter.

L'intendant de la généralité de Paris avait, en 1769, acheté au nom du roi une maison à Saint-Denis pour y enfermer les vagabonds et gens sans aveu. Un régisseur et un concierge dirigeaient cet établissement sous la surveillance de l'intendant. La révolution de 1789 ouvrit les portes de ce dépôt, qui continua à abriter des vieillards et des infirmes sans famille et sans asile. En l'an III, le dépôt fut déclaré maison de répression et replacé sous le régime paternel. En frimaire an VII (décembre 1798), le ministre de l'intérieur chargea un entrepreneur d'entretenir et de nourrir les

détenus, moyennant onze sous par personne valide et treize
sous par personne malade. En l'an IX, la commission des
hospices de Paris sollicita la translation à Saint-Denis des
femmes condamnées par la police correctionnelle et déte-
nues à la Petite-Force. Cette mesure ne fut pas heureuse.
Le dépôt de Saint-Denis n'était pas un dépôt de sûreté.
Plusieurs évasions firent tomber le dépôt sous la main du
préfet de police, qui substitua aux femmes condamnées correctionnellement des femmes publiques, puis des prévenus
en attendant enquête. Bref, le nombre des détenus, qui
jusqu'en 1801 avait été de deux cents, fut porté à sept cents
en 1802 et à mille cinquante en 1803.

Cette accumulation subite de détenus dans un local étroit
et incommode jeta l'entrepreneur et le préfet de la Seine
dans le plus grand embarras. En même temps, une maladie
contagieuse se déclara. Frochot prit des mesures vigoureuses; le marché de l'an VII fut résilié. Un nouvel entrepreneur se chargea d'agrandir les ateliers, d'occuper les
femmes à la filature du coton, les hommes au poli des glaces,
et se contenta de recevoir, par tête et par journée, une
somme fixe de quarante centimes. Frochot, de son côté, fit
réparer les cuisines et les dortoirs, plaça cette maison sous
la surveillance spéciale du sous-préfet de Saint-Denis et
obtint du ministre de l'intérieur un arrêté qui fixait à sept
cents le nombre des détenus. Malgré cet arrêté, le nombre
des détenus, en 1804, était revenu à mille. Une épidémie
de scorbut éclatait de nouveau, et le préfet de police en
accusait le mauvais service de l'entrepreneur. Le préfet de
la Seine répondait que le service pouvait être mauvais,
mais que l'encombrement était la seule cause du mal.
Comme le débat s'envenimait, le ministre de l'intérieur se
rendit à Saint-Denis, donna raison à Frochot, fit évacuer

une partie des détenus sur les hôpitaux de Paris et ordonna qu'on exécutât son arrêté. Cette décision n'était pas de nature à éteindre la querelle. Dubois continua à critiquer l'entrepreneur, Frochot à accuser l'encombrement, les deux préfets à se disputer fort aigrement.

Le bruit de ces discussions, le souvenir des épidémies de 1803 et de 1804, la nécessité de créer un autre dépôt de mendicité ou d'affecter le dépôt de Saint-Denis à un service spécial, contribuèrent à ramener la pensée de l'Empereur vers le problème de l'extinction de la mendicité. Le génie organisateur de Napoléon n'avait pas besoin de ces incidents pour chercher à fermer cette plaie béante, pour y appliquer les remèdes qu'avaient formulés Louis XIV et l'Assemblée constituante, la Royauté et la Révolution. Le 1er septembre 1807, l'Empereur adressait à Cretet, ministre de l'intérieur, la note suivante : « La mendicité « est un objet de première importance. L'Empereur a « demandé différents rapports qu'on n'a pas faits ; mais on a « dû présenter ce travail. Les choses devraient être établies « de manière qu'on pût dire : Tout mendiant sera arrêté. « Mais l'arrêter pour le mettre en prison serait barbare ou « absurde. Il ne faut l'arrêter que pour lui apprendre à « gagner sa vie par son travail. Il faut donc une ou plu- « sieurs maisons ou ateliers de charité par département ; » puis, ajoutait-il, « la dépense doit être répartie entre tous les départements, qui l'acquitteront au moyen de centimes additionnels (1). » Le 14 novembre 1807, l'Empereur revient sur ce sujet. « J'attache également une grande im- « portance et une grande idée de gloire à détruire la men- « dicité. Les fonds ne manquent pas ; mais il me semble que

(1) *Corresp. de Napoléon Ier*, t. XVI, p. 1.

« tout cela marche lentement, et cependant les années se
« passent. Il ne faut point passer sur cette terre sans y laisser
« des traces qui recommandent notre mémoire à la postérité.
« Je vais faire une absence d'un mois; faites en sorte qu'au
« 15 décembre vous soyez prêt sur toutes les questions, que
« vous les ayez examinées en détail, afin que je puisse par un
« décret général porter le dernier coup à la mendicité. Il
« faut qu'avant le 15 .décembre vous ayez trouvé, sur le
« quart de réserve et sur les fonds des communes, les fonds
« nécessaires à l'entretien de soixante ou cent maisons pour
« l'extirpation de la mendicité (1).» Le 15 décembre passa, et,
le 2 mai 1808, l'Empereur ordonna au ministre de l'intérieur de présenter le travail sur les dépôts de mendicité tel
qu'il serait. Le travail n'était pas très-avancé; mais l'Empereur ne voulut pas différer davantage. Le 5 juillet, il déclara que la mendicité serait interdite dans toute l'étendue
de l'empire, que les mendiants de chaque département
seraient arrêtés et conduits dans le dépôt de mendicité de
leur département, qu'enfin les dépôts de mendicité seraient
établis aux frais du Trésor public, des départements et des
villes. Un décret du 22 décembre 1808 plaça le dépôt de
mendicité de la Seine dans le domaine national de Villers-
Cotterets (Aisne), qu'un arrêté du 17 mai 1804 avait déjà
destiné à cet objet. Aussitôt le ministre de l'intérieur écrivit
à Frochot pour lui demander avis. Frochot répondit à cette
invitation par un long mémoire que Cretet transforma en
règlement.

L'adoption de ce règlement fut un succès pour le préfet
de la Seine. Partout, et notamment dans les précautions
prises contre l'action du préfet de police et dans l'établisse-

_____

(1) *Corresp. de Napoléon Ier*, t. XVI, p. 164.

ment d'un conseil de surveillance, se révèle la victorieuse influence de Frochot. Le conseil de surveillance jouait dans l'administration spéciale de Villers-Cotterets le rôle que Frochot aurait voulu donner à un conseil général des prisons dans l'administration générale des prisons. Il délibérait en forme d'avis et ne prenait pas d'arrêté. Il contrôlait l'administration, sans en gêner l'action. Le directeur était seul administrateur sous les ordres du préfet. « Sous le rapport « de son administration, disait le ministre de l'intérieur, de « sa police intérieure, de la sûreté, de la salubrité, des « préposés et des ateliers qui y seront organisés, le dépôt de « mendicité de Villers-Cotterets sera considéré comme suc- « cursale des hôpitaux généraux du département de la Seine « et comme tel placé immédiatement sous la surveillance du « préfet de ce département. » En définitive, l'administration intérieure du dépôt de Villers-Cotterets était confiée à un directeur, avec défense de rendre compte, sauf certains cas, au préfet de police. Ce directeur administrait sous l'inspection d'un conseil de surveillance et l'autorité du préfet de la Seine.

Le dépôt de Saint-Denis, maison d'arrêt et de répression, demeurait affecté aux mendiants vagabonds. Les mendiants traduits à l'établissement de Saint-Denis et reconnus non vagabonds devaient être expédiés à Villers-Cotterets. Le préfet de police avait seul le droit et le seul droit de faire transférer dans cet établissement les mendiants arrêtés dans l'étendue du département de la Seine. « Son autorité, disait « le ministre de l'intérieur, quant aux emplois à donner et « aux diverses parties du service intérieur, est formellement « restreinte à la faculté de se faire rendre compte par les « agents même de l'établissement de l'existence et du décès « des mendiants. » D'un autre côté, l'Empereur soumettait,

en 1809, le préfet de police à un nouveau genre de contrôle :
« Les auditeurs près le préfet de police seront chargés de
« l'interrogatoire des individus qui sont dans les dépôts de
« Paris et de Villers-Cotterets. Ils feront l'inspection de ces
« maisons toutes les semaines, de manière que j'aie dans
« leur surveillance une garantie que, sous le prétexte de
« vagabondage, aucun individu n'est vexé. Ils exerceront la
« même surveillance à Bicêtre et à Charenton, afin que,
« sous le prétexte de folie, il ne soit exercé aucun acte
« arbitraire (1). »

, Le dépôt de Villers-Cotterets, ouvert dans les premiers
mois de 1809, devint bientôt l'objet des soins jaloux de
Frochot. Il s'y rendit plusieurs fois, et un peu plus tard y
conduisit le ministre de l'intérieur. L'organisation d'un aussi
vaste établissement exigeait des fonds considérables qu'on
ne put fournir à propos. En 1812, on discutait encore les
plans qui devaient permettre d'exécuter le décret de 1808
et de réunir à Villers-Cotterets mille mendiants. Dès le début,
la direction trahit la confiance que le ministre de l'intérieur
et le préfet lui avaient accordée. Le directeur fut changé ;
mais on perdit du temps. Un article du règlement, vivement
critiqué par Frochot et maintenu par Cretet, réservait les
deux tiers du prix de la journée à l'établissement et l'autre
tiers aux mendiants travailleurs. Les mendiants touchaient
ce tiers à leur sortie et rien pendant leur séjour. Le découragement, les murmures accueillirent cette funeste innova-
tion. A force de patience et d'énergie, tous les obstacles
furent tournés ou franchis; mais à la fin de l'Empire on
pouvait dire avec l'inspecteur des prisons : « Tout est commencé : rien n'est achevé. »

(1) *Corresp. de Napoléon I*er*, t. XVIII, p. 288.

L'histoire des dépôts de mendicité remet en plein jour le
vice capital de l'organisation des prisons de Paris sous l'Empire : je veux parler de l'antagonisme du préfet de la Seine
et du préfet de police. Tandis que le préfet de la Seine avait
un bureau d'administration et nommait les inspecteurs, contrôleurs, médecins, chirurgiens, aumôniers, architectes,
le préfet de police nommait les concierges, geôliers et gardiens. Les concierges étaient en vérité les maîtres de la
prison. Ils réunissaient en leurs mains la police de sûreté
et la police administrative; ils avaient l'autorité pour faire
exécuter les règlements, des traitements assez forts en raison même de leur responsabilité, le moyen de se faire donner
des profits sur les fournitures de tout genre, et une audace
qui croissait avec le mépris attaché à leur situation, à leur
titre et à leurs mœurs. L'inspecteur nommé par le préfet de
la Seine pour contrôler l'entrepreneur était impuissant à
contrôler les concierges. Les détenus avaient plus d'intérêt à
cacher les abus qu'à les dévoiler, à profiter des prêts illicites
et des secrets désordres qu'à les révéler. L'entrepreneur
lui-même s'entendait malheureusement avec les concierges,
dont il avait toujours besoin, et si par hasard il hésitait à
subir leurs ordres, il était dénoncé au préfet de police, qui
dénonçait le préfet de la Seine. Le moindre incident faisait
éclater un orage. En l'an XII (1804), le bruit d'une simple
querelle entre deux concierges et l'entrepreneur monta
jusqu'à l'Empereur. Les concierges se plaignirent au préfet
de police. Le préfet de police se plaignit au ministre de la
police. Le ministre se plaignit à l'Empereur. Frochot répondit, et l'orage passa. La rivalité des deux préfets ne
passa pas. Nommé préfet de police en 1810, Pasquier essaya
de ramener la paix que le préfet de la Seine souhaitait
ardemment de conclure. Il démontra à son collègue que

l'inspecteur des prisons et l'entrepreneur du régime économique ne remplissaient pas toujours leurs devoirs; mais
il reconnut aussi très-loyalement que les concierges des prisons avaient pris des habitudes d'espionnage et de corruption
qui appelaient une répression sévère. La fortune rompit cet
heureux accord, et une année n'était pas écoulée que Frochot tombait en disgrâce.

Chacun sait que la Restauration reprit avec zèle le projet
de réorganiser les prisons. Chacun sait que sous le ministère
de M. le duc Decazes une *Société royale pour l'amélioration
des prisons* fut fondée aux applaudissements de la France ;
mais on ne sait guère que l'organisation de 1819 avait été
conçue par Frochot en 1802. Frochot voulait appliquer à
l'administration des prisons plusieurs des combinaisons qu'il
avait heureusement introduites dans l'administration des
hôpitaux. Il eût voulu, par exemple, créer un conseil général des prisons qui remplît les mêmes fonctions de surveillance et de contrôle que le conseil général des hôpitaux.
L'usage d'attendre les ordres de l'Empereur, l'insouciance
des ministres de l'intérieur, l'attitude de la préfecture de
police déjouèrent ces desseins. Quoique le préfet de police
fût de droit membre du conseil des hôpitaux, il négligeait
d'assister aux séances de ce conseil, pour ne pas être présidé par le préfet de la Seine; à plus forte raison se serait-il
refusé à suivre son collègue dans une voie où il prétendait
marcher son égal et où il essayait de devenir son supérieur.
L'Empire s'écroula au milieu de ce conflit de pouvoirs, mais
l'avenir réservait au préfet de police une éclatante victoire.
On s'aperçut que l'intérêt du service courant s'unissait au
succès des réformes générales pour concentrer l'administration des prisons de Paris dans les mêmes mains, et comme
il était impossible de donner au préfet de la Seine la police

de sûreté, on attribua au préfet de police la direction du régime moral et économique. Depuis l'ordonnance de 1819, le préfet de police réunit tous les services des prisons, auxquels le préfet de la Seine est absolument étranger.

VI

Budget départemental. — Service de l'instruction secondaire dans le département de la Seine. — Écoles centrales (1795-1802). — Lycées (1802-1808). — Université impériale (1808-1815).

Pour peu qu'on examine avec attention le service de l'instruction publique, on voit se dessiner les quatre divisions de l'instruction primaire, de l'instruction secondaire, des écoles spéciales et des sociétés savantes. Le cadre des budgets dans lequel nous déroulons tour à tour l'administration de la préfecture de la Seine et de la ville de Paris nous oblige à briser ce groupe naturel d'intérêts et d'études et à placer l'instruction primaire dans le budget municipal, l'instruction secondaire dans le budget départemental. Il ne faut pas croire toutefois que cette classification des matières de l'un ou de l'autre budget ait été constante et incontestée. L'État, le département, la ville de Paris prirent tour à tour leur part dans la restauration de l'instruction secondaire, et sous le régime des écoles centrales (1795-1802), sous le régime des lycées (1802-1808), sous le régime de l'Université impériale (1808-1815), les devoirs du préfet de la Seine, maire de Paris, n'ont pas moins varié que la situation du budget départemental et du budget municipal.

Avant la Révolution, l'Université de Paris se divisait en quatre compagnies, la théologie, le droit, la médecine et les

arts. Chacune avait des revenus et des règlements différents.
La faculté des arts, qui répond aujourd'hui à notre faculté
des lettres, comptait dix colléges : Montaigu, Louis-le-Grand,
la Marche, Navarre, Lemoine, Lisieux, d'Harcourt, des
Grassins, du Plessis, Mazarin. L'organisation de l'ancienne
instruction publique opposait au courant libéral du xviiie siècle une opiniâtre résistance. Des maîtres, en quelque sorte
héréditaires, se transmettaient des traditions que l'habitude
faisait regarder comme la vérité absolue. Les réformes les
plus légitimes étaient tour à tour écartées, quoique l'opinion
publique les reconnût nécessaires. Chacun disait que la
science avait amassé des trésors et qu'il était temps de les
livrer au public, qu'on ne devait plus sacrifier au grec et au
latin l'étude de la géographie, de l'histoire, de la langue
française, des langues vivantes, des arts et des sciences,
que l'instruction publique, présentée avec plus d'étendue et
d'attrait, devait former des hommes pour la vie et la société, et non des avocats et des clercs pour le barreau et
l'Église. Après 1789, ces souhaits eussent été très-facile-
ment exaucés, si l'on avait gardé quelque mesure dans la
critique, si au lieu de vouloir tout créer on se fût borné
à perfectionner, si, trouvant une leçon dans l'expérience
du passé, on n'eût proposé que les changements indiqués
par le progrès des lumières et les variations des mœurs;
mais à peine l'Assemblée constituante avait-elle consacré
dans un vote solennel la plupart des réformes essayées
depuis Rollin que l'Assemblée législative déchira le rapport
de Talleyrand. La Convention voulut sortir de l'anarchie.
Elle fit un coup d'autorité et créa les écoles centrales (25 octobre 1795).

Il ne suffit pas toujours de vouloir pour pouvoir, et d'oser
pour réussir. Nées d'une réaction contre les colléges de l'an-

cien régime, les écoles centrales prirent pour base les réformes désirées, pour objet les études négligées, pour fin l'éducation universelle de l'esprit humain. D'un extrême on court à l'autre. Jadis les études étaient trop uniformes et trop longues : huit ans avec deux classes par jour, chacune de deux heures et demie ; maintenant elles sont trop variées et trop courtes : quatre ou cinq ans d'études avec un cours d'une heure. Jadis on creusait trop profondément une seule matière ; maintenant on effleure trop rapidement mille sujets divers. Jadis on tenait en lisière tous les esprits, quels qu'ils fussent, pour les conduire par la même voie au même but ; maintenant sans guide et sans appui on les lance dans le champ sans limite des connaissances humaines. Le système des écoles centrales supposait chez les professeurs un zèle qu'il est inutile d'exciter, dans les parents un tact qu'il est inutile de diriger, dans les élèves une ardeur qu'il est inutile d'entretenir. Il supposait que les hommes aiment naturellement à s'instruire, qu'ils peuvent apprendre avant d'avoir appris à comprendre, et pour tout dire que les enfants sont des hommes faits. La Convention avait confondu les âges et oublié que les formes de l'éducation doivent varier avec les forces de l'esprit.

Les écoles centrales eurent tout d'abord peu de succès. Elles ne pouvaient pas triompher à la fois de leurs propres vices et de l'anarchie révolutionnaire. La loi du 3 brumaire an IV (25 octobre 1795) avait fondé cinq écoles à Paris. Le gouvernement commença par en ouvrir trois : l'école de la rue Saint-Antoine, l'école de l'ancien collége des Quatre-Nations, l'école du Panthéon. La loi de 1795, en ne révoquant pas le décret du 19 décembre 1793, qui sanctionnait la liberté d'enseignement, avait reconnu tacitement que les écoles libres n'étaient pas absorbées par les écoles de l'État.

Plus de deux cents pensionnats avaient trouvé une sorte de programme dans les traditions des anciens colléges, et dans ces programmes une faveur croissante. Ils firent aux écoles centrales une rude concurrence. Perfectionner le régime des écoles centrales, surveiller le régime des écoles libres, telle était la double tâche que l'organisation, ou plutôt la désorganisation de l'instruction publique imposait à Frochot.

Prévenu des désordres dont les pensionnats étaient le théâtre, Frochot fit fermer tous ceux qui n'existaient pas avant 1789 ou qui n'avaient pas été autorisés depuis. Une foule d'hommes, plus de deux mille, avaient pris comme dernière ressource le métier d'instituteur et abusaient impunément de la confiance et de la crédulité des parents. Ils exposaient tous les jours la santé et les mœurs de leurs élèves, en les logeant dans des taudis infects ou en leur offrant les plus pernicieux exemples. Avant la Révolution, l'inspection des écoles particulières était exercée par certains membres de l'Université et le grand chantre de la cathédrale. Depuis, l'administration avait perdu toute prévoyance et n'exerçait plus aucune police. Frochot essaya de ressaisir les éléments d'un service régulier en recomposant le personnel enseignant. Comme tous ou presque tous les anciens maîtres avaient disparu, il institua un jury d'examen, un bureau de répétiteurs chargé de réformer et de classer provisoirement le personnel de l'enseignement à tous les degrés.

Ces mesures justifiées par d'excellents rapports lui méritèrent des lettres de Fourcroy pleines de sympathie et de reconnaissance. Lorsqu'il publia le règlement sur les écoles particulières du département de la Seine, Fourcroy répondit : « Les dispositions de ce règlement me paraissent très-

« propres à assurer les progrès de l'instruction, et je ne doute
« pas que l'objet que vous vous êtes proposé ne soit parfai-
« tement rempli. » Un peu plus tard : « J'ai vu, disait-il
« encore, avec une vraie satisfaction tout ce que vous avez
« fait pour la réforme des abus qui régnaient dans les mai-
« sons d'éducation ; j'applaudis à la sagesse des mesures que
« vous avez prises pour arriver à mieux faire ; vous n'avez
« qu'à faire de même. » Dès cette époque, le gouvernement,
pressé par l'opinion publique, songeait à reconstituer les anciens colléges ; mais les réformes si heureusement accomplies
par Frochot, l'état florissant des écoles de Juilly, de la
Flèche, de Sorèze, des pensionnats de Paris, d'Évreux, de
Fontainebleau, de Metz, l'état embarrassé des finances publiques retardèrent cette mesure. On consacra même les
écoles libres par un nouveau classement. Le gouvernement
délivra, en l'an XI, à quarante pensionnats le titre d'écoles
secondaires. Ce titre n'entraînait aucune faveur ; il servait
seulement à signaler les établissements les plus dignes de la
confiance publique.

Tandis qu'il réorganisait les pensionnats, Frochot relevait les écoles centrales qui tombaient en décadence. Il ne
partageait pas contre elles toutes les préventions de ses
contemporains ; il pensait, comme le restaurateur de Sainte-
Barbe, M. de Lanneau, que ces écoles étaient capables de
durer, si chacun se mettait à l'œuvre de bonne foi et de
bonne grâce. Il répétait ce que Daunou avait dit en l'an VII :
« Il est difficile de créer, comment se résoudre à défaire ?
« Serait-il pardonnable de ne pas sentir, après dix ans de
« révolution, combien c'est une chose précieuse qu'une
« chose qui existe ? Peut-on être tenté de renverser ce qui
« n'a besoin que de modifications légères, pour élever en-
« suite avec de pénibles et peut-être d'infructueux efforts

« un édifice nouveau dont il sera plus facile de tracer le plan
« que de trouver la matière ? »

Écoutant les plaintes des pères de famille, les plaintes des
professeurs, les plaintes des élèves, méditant sans cesse
l'histoire de l'instruction publique depuis 1789 et les ensei-
gnements que cette histoire avait laissés, lisant et relisant
le *Traité des études* de Rollin et les travaux de l'Assemblée
constituante, il entreprit, par une série de mesures habiles
et vigoureuses, toutes approuvées et louées par Fourcroy et
Chaptal, d'établir des espèces de colléges dans le cadre des
écoles centrales. Il commença par régulariser et fortifier
l'étude des langues, créa des chaires de langues anciennes
et une chaire de mathématiques, réunit le cours de logique
et le cours de rhétorique, supprima la chaire de constitution politique où l'on dissertait sur les droits de l'homme et
lui substitua une chaire d'économie politique où l'on étudiait la science de la richesse; en un mot il distribua dans
un espace de six années un programme d'études qui résumait les programmes de l'ancienne Université, transformés
par les mœurs et les besoins du temps. D'autre part, il
s'était aperçu que les professeurs des écoles centrales ne
considéraient pas leurs fonctions comme le but de leur vie;
qu'ils ne prenaient aucun intérêt à leurs élèves, par cette
excellente raison qu'ils ne les connaissaient pas. Transformer les cours en classes (on sent toute la différence des mots),
c'était rétablir entre le professeur et les élèves cette intimité qui enseigne à l'homme de cœur la responsabilité de sa
mission et lui donne l'ambition d'y réussir. Pour achever
cette œuvre, pour exciter le zèle des professeurs et l'émulation des élèves, pour renouer entre les diverses écoles ces
liens heureux que la Révolution avait brisés, il ressuscita
cette vieille institution du prix d'honneur qui est devenue

l'institution du concours général. Peut-être les hommes illustres de notre temps, les lauréats vivants des concours de l'an X et de l'an XI, les Cousin, les Naudet, les Patin, se rappellent-ils encore avec quelle émotion sincère Frochot présidait à ces solennités dont il se regardait comme le second fondateur, quel accent d'honnêteté, de bon sens et de simplicité respiraient ses discours, où se trahissait tour à tour le lecteur assidu de Rollin, le député à l'Assemblée constituante, le préfet du premier consul. Dans l'immense labeur qui accablait sa vie, les jours de distribution de prix étaient des jours de repos et de joie, et nul jour ne lui parut plus beau que le jour ou il couronna de ses propres mains l'émule des Vatout, des Cauchy et des Scribe, ce fils qu'il devait voir mourir dans la force de l'âge et dans la maturité du talent.

En centralisant l'administration intérieure des écoles centrales, en améliorant la situation pécuniaire, en relevant la situation morale des professeurs, en transformant les cours en classes, en traçant un programme d'études où les sciences et les lettres se mêlaient sans s'absorber, en ressuscitant le concours général et surtout en rattachant les pensionnats aux écoles centrales, Frochot semblait avoir organisé à Paris l'instruction publique et donné le modèle d'une œuvre définitive. Il n'avait pourtant fait qu'une expérience inutile.

Déjà, le 1er germinal an VIII (22 mars 1800), Lucien Bonaparte, dans un rapport précis et vigoureux qui devance le décret de 1808 et semble ravir à Napoléon l'initiative de l'Université impériale, avait marqué la voie nouvelle où le gouvernement consulaire avait résolu de s'engager. « Chez un « grand peuple dont les institutions sont fixes, disait-il, l'é- « ducation nationale doit être en harmonie avec les institu- « tions. Les principes n'en peuvent être abandonnés au

« hasard. Il ne doit point dépendre des hommes de les déter-
« miner ou de les confondre ; ici la chose subsiste avant l'in-
« dividu. Elle n'en reçoit ni sa direction ni sa forme : c'est
« à elle au contraire de la façonner. » Après avoir montré
comment le Prytanée français avait remplacé tous les établissements publics qui composaient l'ancienne Université, et
sous le nom de colléges dirigeaient dans Paris l'instruction
de la jeunesse, il s'écriait que le Prytanée ne doit pas être
uniquement consacré à acquitter les dettes de l'État envers
les enfants des militaires morts sur le champ de bataille ou des
fonctionnaires publics morts dans l'exercice de leurs fonctions, et il proposait de diviser le Prytanée en quatre
colléges, de les placer à Paris, à Fontainebleau, à Versailles,
à Saint-Germain ; d'affecter à chacun d'eux cent places payées
par le gouvernement, de les autoriser tous à recevoir des
élèves pensionnaires : « Par là, citoyens consuls, la réorga-
« nisation des colléges s'annonce à la France ; les récom-
« penses de la nation sont fixées sur ceux qui auraient
« toujours dû en être l'objet, et les particuliers ont le moyen
« de faire élever leurs enfants dans des écoles permanentes. »
Ces conclusions, sanctionnées par l'arrêté du 1er germinal
an VIII (22 mars 1800), servirent de point de départ à une
violente réaction. Les conseils généraux demandèrent d'une
seule voix le rétablissement des anciens colléges. Le premier
consul vit avec plaisir une occasion d'enrégimenter la jeunesse dans les colléges de l'État, et Chaptal s'écria : « Il en
« est temps encore ! Remontons vers le passé et tâchons de
« puiser dans ce qui a été le principe de notre conduite pour
« le présent. »

La loi du 11 floréal an X (1er mai 1802) répondit à ces
vues. « L'instruction, dit l'art. 1er, sera donnée : 1° dans des
« écoles primaires établies par les communes ; 2° dans les

« écoles secondaires établies par les communes, ou tenues
« par des maîtres particuliers; 3° dans les lycées et les
« écoles spéciales entretenus aux frais du Trésor public. »
Le programme des lycées, restreint aux langues anciennes,
à la rhétorique, à la logique, à la morale, aux éléments des
sciences mathématiques et physiques, était offert à des
élèves entretenus aux frais du gouvernement, aux élèves des
écoles secondaires admis à la suite d'un concours, à des
pensionnaires libres et à des externes libres. On espérait
que la confiance publique peuplerait et soutiendrait les nouvelles écoles du gouvernement.

Le premier lycée fut fondé dans le Prytanée, le 1ᵉʳ vendémiaire an XI (22 septembre 1802). Cent boursiers y furent
admis, dont quarante avaient été choisis parmi les élèves des
écoles secondaires et des écoles centrales du département.
Cette mesure semblait entraîner la suppression des écoles
centrales. Frochot démontra qu'un lycée ne pouvait suffire à
Paris, et que, pour ménager la transition entre le régime de
la loi de 1795 et le régime de la loi de 1802, il convenait
de maintenir les écoles centrales à côté des lycées jusqu'à
ce que le gouvernement eût organisé l'instruction publique
définitivement et sur un nouveau plan. Frochot gagna une
année, pendant laquelle trois lycées, Henri IV, Charlemagne
et Bonaparte, furent ouverts. Le lycée Impérial et le lycée
Henri IV devaient recevoir des pensionnaires, boursiers ou
non, et des externes : les lycées Charlemagne et Bonaparte,
des externes seulement. Dès lors, les dépenses relatives à
l'instruction publique disparurent du budget départemental
et entrèrent, pour le personnel, dans le budget de l'État;
pour le matériel, dans le budget de la ville de Paris. Un
bureau d'administration présidé par le préfet de la Seine fut
chargé de la surveillance morale et du contrôle financier
des lycées.

Les nouveaux lycées ne réussirent pas aussi promptement qu'on s'y attendait. Les parents trouvaient dans les maisons d'éducation particulière, telles que Frochot les avait pour ainsi dire refaites, des garanties et des convenances qui emportaient leur choix. Les riches et les nobles repoussaient les lycées par esprit de parti; les bourgeois et les commerçants par esprit d'économie. Le prix des pensionnats était moins élevé et le programme moins sévère. « En général, avouait « naïvement Fourcroy dans un rapport de l'an XIII, le tam- « bour, l'exercice et la discipline militaire empêchent les pa- « rents, dans le plus grand nombre des villes, de mettre les « enfants au lycée. On profite astucieusement de cette me- « sure, dans laquelle j'ai reconnu néanmoins la plus heureuse « influence sur la bonne conduite et sur la discipline des « élèves, pour persuader aux pères de famille que l'Empe- « reur ne veut faire que des soldats. » Les soupçons du public ne pouvaient se dissiper lorsqu'on voyait Fourcroy inspecter les lycées avec un sous-inspecteur aux revues et un adjudant-major. D'ailleurs, les lycées n'offraient pas, au point de vue de l'enseignement ou des mœurs, une supériorité décisive sur les pensionnats particuliers. « On n'a « presque rien fait, disait Champagny, alors ministre de l'in- « térieur, ni dans les règlements, ni dans la direction don- « née; on n'a presque rien fait pour la surveillance, ni « surtout pour le choix des chefs. » Ces aveux frappèrent et même irritèrent Napoléon. Humilié de voir les écoles privées l'emporter sur les lycées de l'État, il conçut le projet de monopoliser l'instruction au profit d'un corps enseignant. Ne pouvant faire réussir les lycées, il songea à les transformer.

« On doit se rappeler, disait l'Empereur le 16 février 1805, qu'à « l'époque de l'organisation des lycées on avait mis en principe qu'il « fallait cent cinquante élèves pour couvrir les dépenses d'un lycée, et « s'il en est où il ne se trouve que quatre-vingts ou cent élèves, il est « fort naturel que les moyens de cet établissement soient insuffisants;

« mais cette insuffisance ne résulte pas du prix de la pension, sa cause
« réside uniquement *dans le petit nombre des élèves*..... On n'a jamais
« considéré les trois ou' quatre millions que doivent coûter les lycées
« dans les premières années comme une dépense constante. On a au
« contraire pensé que le moment viendrait où cette dépense serait
« nulle ; elle le sera lorsque les lycées seront parvenus à un nombre
« suffisant d'élèves. Alors Sa Majesté ne nommera plus d'élèves natio-
« naux pour soutenir des lycées ; mais quand il y aura lieu de faire des
« grâces particulières, soit pour encourager les écoles secondaires,
« soit pour récompenser les services publics et de bonnes actions.
« Avant d'arriver à ce but, on prendra un moyen intermédiaire qui
« consistera à établir des demi-bourses..... »

« Peut-être le temps arrivera-t-il bientôt de s'occuper de la question
« de savoir s'il faut un corps enseignant..... »

« L'enseignement se compose, dans l'état actuel, de proviseurs, de
« censeurs, de professeurs. Il y aurait un corps enseignant si tous les
« proviseurs, censeurs et professeurs de l'empire avaient un ou plusieurs
« chefs, comme les Jésuites avaient un général, des provinciaux, etc.,
« si l'on ne pouvait être proviseur ou censeur qu'après avoir été pro-
« fesseur, si l'on ne pouvait être professeur dans les hautes classes
« qu'après avoir professé dans les basses, s'il y avait dans la carrière
« de l'enseignement un ordre progressif qui entretînt l'émulation et
« qui montrât dans les différentes époques de la vie un aliment et un
« but à l'espérance..... Ce corps aurait un esprit : l'Empereur pour-
« rait en protéger les membres les plus distingués et les élever par ses
« faveurs plus haut dans l'opinion que ne l'étaient les prêtres lorsqu'on
« considérait en eux le sacerdoce comme une sorte de noblesse. Tout le
« monde sentait l'importance des Jésuites ; on ne tarderait pas à sentir
« l'importance de la corporation de l'enseignement..... De toutes les
« questions politiques, celle-ci est peut-être de premier ordre. Il n'y
« aura pas d'état politique fixe, s'il n'y a pas un corps enseignant
« avec des principes fixes. Tant qu'on n'apprendra pas dès l'enfance s'il
« faut être républicain ou monarchique, catholique ou religieux, etc.,
« l'État ne formera pas une nation ; il reposera sur des bases incer-
« taines et vagues ; il sera constamment exposé aux désordres et aux
« changements (1). »

Un projet de décret formula ces méditations. Le Corps
législatif, consulté, déclara le 10 mai 1806 qu'un corps

(1) *Corresp. de Napoléon Ier*, t. X, p. 44 et suiv.

enseignant sous le nom d'Université impériale serait exclusivement chargé de l'instruction publique. Le 4 juillet, le
décret qui devait appliquer et développer la loi fut discuté et
adopté par le conseil d'État. On n'attendait plus que la sanction de l'Empereur, qui ne la donna pas. « Les intérêts de
« l'enseignement, dit Cretet, ministre de l'intérieur, le
« 24 août 1807, devant le Corps législatif, sont une des
« pensées habituelles de l'Empereur. Un plan d'Université
« impériale a donné lieu à de nombreuses et profondes dis-
« cussions au conseil d'État. La guerre a retardé pour la
« France le moment de jouir de cet inestimable bienfait.
« L'Empereur veut encore le perfectionner. » L'Empereur
ne voulait pas le perfectionner, mais l'assurer. En cette
occasion, Napoléon montrait cette vigilance incessante, cette
prévoyance inquiète, cet admirable mélange d'audace et de
raison qui le tenaient toujours en éveil sur les moyens d'exécuter ses conceptions les plus hardies. La question de principe avait été de suite tranchée, mais la question d'argent
l'avait retenu et le retint longtemps. Pendant deux années,
l'Empereur réfléchit. Il réfléchissait encore lorsque, le
28 janvier 1808, il dictait la résolution suivante : « L'inten-
« tion de Sa Majesté est de ne pas dépenser en 1809 plus de
« 1,500,000 fr. pour les pensions des lycées et d'arriver
« successivement à ce que ces établissements ne coûtent
« rien à l'État. Cette vue n'est point nouvelle : on l'a fait
« connaître dès le moment de la création des lycées. Elle
« tient essentiellement à la durée de ces établissements.....
« On pourrait par exemple, pour couvrir les dépenses, sta-
« tuer que les pensions réduites à ce qui est strictement
« nécessaire seront payées par les villes, qui pour la plupart
« sont trop riches. On ferait établir pour chaque ville un
« certain nombre de bourses qui seraient uniquement affec-

« tées aux habitants de ces villes et auxquelles Sa Majesté
« nommerait. Quant aux villes qui dans leurs dépenses
« actuelles ne pourraient rien fournir pour cet objet, on
« pourvoirait à leur laisser des moyens disponibles en les
« dispensant d'une portion suffisante de la dépense qu'elles
« font pour la guerre..... Il arriverait ainsi que les lycées
« subsisteraient par des moyens étrangers aux dépenses géné-
« rales de l'État, et ne se trouveraient point compris dans
« les dépenses à la charge du Trésor public, et seraient
« véritablement fondés (1). » Dans un autre conseil d'administration, le 13 janvier 1810, il disait : « On doit tendre
« à ce que l'Université impériale ne coûte rien au Trésor
« et à ce qu'elle parvienne à marcher seule, sans le concours
« de l'administration publique (2). » Enfin, le 17 mars 1808,
un décret constitua l'Université. Tous les biens meubles et
immeubles appartenant au Prytanée français, aux univer-
sités, académies et collèges, une rente perpétuelle de
400,000 fr., la rétribution universitaire, c'est-à-dire un
prélèvement dans toutes les écoles du vingtième de la rétribution exigée de chaque élève, la taxe instituée dès le
temps des écoles centrales sous le nom de frais d'études,
les droits d'examen et de diplôme, une contribution municipale cachée sous le nom de bourses, formèrent la dotation
de la nouvelle Université.

Le décret de 1808 changea le régime de l'instruction
publique à Paris et la situation du préfet de la Seine. Sous
la loi du 11 floréal an X, le budget départemental, au
compte duquel avaient été jadis portées les dépenses des
écoles centrales, ne prenait plus aucune part aux dépenses

---

(1) Arch. de l'Emp. *Procès-verbaux du conseil d'administration*, t. Ier, p. 218.

(2) *Id.*, t. II, p. 22.

de l'instruction secondaire. L'État soutenait les lycées en payant des bourses; la ville de Paris fournissait et entretenait les bâtiments. Le préfet de la Seine, non plus comme préfet ou comme maire, mais comme délégué du gouvernement, présidait le bureau d'administration des quatre lycées et la distribution des prix du concours général. Les décrets de 1808 et de 1811 enlevèrent au préfet l'administration directe pour ne lui laisser que la surveillance de l'instruction secondaire. L'Université impériale forma un corps enseignant sous un chef unique et indépendant de l'administration. « Nos préfets, disait l'Empereur dans le décret du 15 no- « vembre 1811, ne pourront donc rien ordonner, rien chan- « ger à l'ordre administratif des lycées ou collèges, ni rien « prescrire, mais ils seront tenus d'adresser à notre ministre « de l'intérieur les informations qu'ils auront recueillies, et « ils les accompagneront de leurs observations et en instrui- « ront le grand maître. » Les droits comme les devoirs des préfets furent réduits aux droits et aux devoirs d'un simple inspecteur général.

D'un autre côté, la ville de Paris, comme toutes les autres villes, fut obligée de payer tribut à la nouvelle Université. Le budget de l'instruction publique de la ville de Paris, qui montait en 1808 à la somme de 63,498 fr., somme qu'absorbait presque entièrement le service de l'instruction primaire, s'éleva en 1809 à 401,906 fr. et en 1810 à 273,037 fr. On avait coté à deux cent mille francs le chiffre des bourses que la ville devait payer au lycée Impérial et au lycée Napoléon. Devant une simple demande de subvention, le conseil municipal garda le silence, mais il réclama lorsqu'il se vit obligé d'entretenir des établissements dont l'Université avait l'usufruit. « Les lycées, disait-il en 1811, étant à la disposi- « tion de l'Université, qui en jouit à titre gratuit et qui per-

« çoit tous les droits et revenus résultant de l'instruction
« publique, la ville de Paris doit être déchargée de toutes
« les dépenses relatives à l'entretien des bâtiments des
« lycées. » Bientôt le décret du 15 novembre 1811 institua
quatre nouveaux lycées et ordonna de mettre le lycée Bonaparte et le lycée Charlemagne en état de recevoir des élèves
pensionnaires dans le cours de 1812. Dans la session de
janvier 1812, le conseil municipal protesta de nouveau
contre la dépense de 550,000 francs que les réparations de
ces deux lycées imposaient immédiatement à la ville, et
supplia le gouvernement de prendre à son compte la construction des nouveaux lycées, construction qui devait coûter plusieurs millions. L'Empereur ne fut pas insensible à
ces doléances : il attribua un fonds de 3,180,000 francs à
ces différents travaux. Un décret du 14 mars 1813 annula en
partie le décret de 1811, que les événements de 1814 et
de 1815 achevèrent de ruiner.

Tandis que Frochot apportait à la restauration de l'instruction publique l'appui d'un dévouement sans bornes, il
secondait par tous les moyens et sous toutes les formes le
mouvement qui portait la société à chercher dans le développement des connaissances humaines la sécurité et la
prospérité de l'avenir. Non-seulement il remplissait les devoirs de maire avec une heureuse sollicitude, en installant les
écoles primaires, de préfet, en concourant à l'organisation
de l'instruction secondaire, de délégué du gouvernement, en
dirigeant certaines écoles spéciales, telles que la Faculté de
droit (1804-1808), l'École gratuite de dessin, l'École de la
Maternité, mais encore il exerçait une action personnelle
sur les sociétés savantes qui dans Paris reprenaient une
vie nouvelle. La Société de médecine, plus tard l'Académie
de médecine, le Lycée des arts, la Société d'encouragement

pour l'industrie nationale, la Société d'agriculture fleurirent
à l'ombre de son nom. La Société d'encouragement se constitua sous sa présidence, et la Société philanthropique
sous ses auspices (1). La Société libre d'agriculture du
département de la Seine, qui devait être un jour la Société
centrale d'agriculture de France, tenait alors ses séances
dans l'hôtel même de la préfecture. Société départementale
et bientôt impériale, elle recevait sur les fonds départementaux les sommes nécessaires pour imprimer ses mémoires
et pour entretenir une ferme modèle. Avec quel agrément
ne pourrait-on pas redire l'histoire de ces sociétés savantes
et suivre la trace qu'y laissa le premier préfet de la Seine?
Avec quelle aisance et quelle ardeur Frochot ne remplit-il
pas ce rôle de protecteur des lettres et des sciences? Les
rares qualités qu'il avait déployées dans l'administration de
l'instruction publique trouvaient dans cette nouvelle carrière
un libre essor (2). Frochot fit un grand nombre de discours.
On aime à faire ce qu'on fait bien. Sa parole coulait dans
les régions les plus sereines de la pensée. Elle était pure et
grave, ferme et juste. Elle puisait à la source féconde de
Rollin : « Si l'instruction n'avait pour but que de former
« l'homme aux belles-lettres et aux sciences, si elle se bor-
« nait à le rendre habile, éloquent, propre aux affaires, et
« si, en cultivant l'esprit, elle négligeait de régler le cœur,
« elle ne répondrait pas à tout ce qu'on a droit d'en attendre,
« et ne nous conduirait pas à l'une des principales fins
« pour lesquelles nous sommes nés. »

(1) *Mémoires et Souvenirs de de Candolle*. Genève, Cherbuliez, 1862,
p. 122 et 133.

(2) M. Jules Quicherat, dans son excellente *Histoire de Sainte-Barbe*,
t. III, p. 1-122, a rendu pleine justice à Frochot. De piquantes anecdotes,
que l'espace ne nous permet pas de reproduire, animent ce récit aussi
agréable que fidèle.

VII

Le salut des enfants trouvés était considéré sous l'ancien régime comme une charge attachée à la justice. Le roi était soumis, comme les seigneurs hauts justiciers, à cette loi de miséricorde. Lorsque toutes les justices seigneuriales et royales furent confondues dans la justice de l'État, l'État parut hériter des charges de la justice comme il avait hérité des honneurs et des droits. Une loi de 1790 déclara que l'État pourvoirait à la nourriture et à l'entretien des enfants abandonnés, et les dépenses de ce service demeurèrent, depuis l'an II (1794) jusqu'au 25 vendémiaire an X (17 octobre 1801), au nombre des dépenses générales. En l'an X, le gouvernement consulaire, qui travaillait à distinguer et à séparer les intérêts propres à l'État, aux départements ou aux communes, classa le service des enfants abandonnés dans le budget départemental. Partout ailleurs qu'à Paris cette mesure pouvait se justifier aisément; mais l'hospice de Paris recevait et les enfants abandonnés du département de la Seine et les enfants abandonnés des départements voisins. On a vu comment le service, s'étendant au delà de toute prévision, ouvrit dans le budget départemental un déficit considérable, comment ce déficit, couvert chaque année par la caisse générale des hôpitaux, finit par tomber à la charge de la ville de Paris, et comment, en 1811, l'Empereur essaya de le combler en affectant un fonds de quatre millions au service des enfants abandonnés.

La cause de ce déficit n'était pas l'accroissement dans le

nombre des enfants abandonnés, mais dans le nombre des enfants conservés. Le nombre des enfants abandonnés varia peu sous l'Empire ; il resta fixé entre quatre ou cinq mille, presque toujours autour de quatre mille cinq cents. Le nombre des enfants conservés ne cessa au contraire de s'élever. De 1793 à 1805, l'hospice avait reçu 47,061 enfants et l'administration en avait conservé 4,478, c'est-à-dire un enfant sur dix; de 1798 à 1810, l'hospice reçut 49,081 enfants et l'administration en avait conservé 8,899, c'est-à-dire un enfant sur cinq; de 1810 à 1814, la différence entre le nombre des enfants conservés et le nombre des enfants reçus s'accrut encore (1). Comme cet accroissement dans la population des enfants abandonnés et conservés datait des réformes introduites par Frochot, on devait naturellement conclure qu'un pareil succès était la suite de ces réformes. La seule objection était le prix du succès. A cette objection, Frochot répondait victorieusement que la dépense d'un enfant était en moyenne de 140 francs 63 centimes en 1803, de 132 francs 79 centimes en 1809, de 130 francs en 1812. Il ajoutait que cette diminution progressive dans la moyenne de la dépense ne venait pas d'économies impraticables, mais de la répartition des frais généraux sur une plus grande quantité d'enfants.

Par quelles mesures cette importante administration avait-elle pris une face nouvelle ? Il faut distinguer le service inté-

(1) Années.	Enfants reçus.	Enfants conservés.
XIV et 1806.	5,529	6,079
1807.	4,234	6,872
1808.	4,296	7,417
1809.	4,552	7,776
1810.	4,500	9,316
1811.	5,150	9,783
1812.	5,394	11,144
1813.	4,999	11,243

rieur de l'hospice, qui avait été amélioré par la vigilance de Frochot et le dévouement des sœurs de Saint-Vincent-de-Paul, et le service extérieur, qui était de beaucoup le plus important, et qui avait été entièrement réorganisé.

Jadis placé à côté de l'église Notre-Dame et de l'Hôtel-Dieu, le nouvel hospice des enfants trouvés avait été transporté dans la maison de l'Oratoire, près de l'ancienne abbaye de Port-Royal. Tous les enfants au-dessous de deux ans étaient reçus sans examen. Ils étaient déposés dans une salle qu'on appelait la Crèche, suivant qu'ils étaient ou n'étaient pas sevrés. Des nourrices entretenues dans l'hospice ou des gardes nommées berceuses, allaitaient les enfants jusqu'au moment où d'autres nourrices les emportaient à la campagne. Des meneurs patentés par l'administration amenaient continuellement à Paris et ramenaient aussitôt chez elles les nourrices avec leurs nourrissons. Les variations du papier-monnaie, le taux des salaires, l'inexactitude des payements avaient pendant longtemps éloigné les nourrices. Frochot sut rétablir entre l'hospice et la campagne le courant d'affaires que la Révolution avait interrompu. Il révisa et perfectionna les anciens règlements concernant les meneurs. Il paya le voyage des nourrices, leur accorda des primes de conservation suivant l'âge des enfants, et fit si bien qu'elles revinrent en foule prendre des nourrissons qu'elles eurent désormais intérêt à soigner. Les enfants restaient jusqu'à l'âge de douze ans chez leurs nourrices. Si elles ne pouvaient les garder et que personne ne voulût les recueillir, l'hospice des orphelins, entretenu aux frais de la ville de Paris, leur ouvrait un asile. A douze ans, les enfants cessaient d'être à la charge de l'administration, qui les plaçait jusqu'à leur majorité chez des marchands, des fabricants ou des cultivateurs.

Tel était l'état des choses, lorsque, dans la séance du

conseil d'administration tenue le 6 janvier 1810, l'Empereur donna ordre au ministre de l'intérieur de présenter un projet de réforme pour le service des enfants trouvés.

« Ce règlement, dit-il, doit déterminer ce qui concerne la réception « des enfants, leur éducation jusqu'à l'âge de sept ans, depuis sept « ans jusqu'à douze ans, depuis douze jusqu'à vingt. La dénomination « d'Enfants de la Patrie est juste. Mais la patrie, en adoptant les en- « fants adoptifs, doit les placer dans les derniers rangs de la société « et les attacher à son service, de manière à retrouver aussi les dé- « penses qu'elle aura faites pour eux. En supposant qu'il y ait en « France 60,000 enfants, et en divisant le nombre par 12, on trouve « qu'il y a chaque année 5,000 enfants de douze à quatorze ans. Rien « n'empêche de les employer au service militaire. On pourrait en « composer des régiments particuliers ou en former des dépôts à la « suite des corps. Il arriverait de cette mesure, qui est de toute équité, « qu'elle empêcherait peut-être beaucoup de mères de mettre leurs « fils aux enfants trouvés. »

Devançant le ministre de l'intérieur, le 25 août 1810, Frochot présenta à l'Empereur un rapport sur le service des enfants abandonnés et des orphelins. Il résumait en ces termes le passé, le présent et l'avenir :

« A cette heure, les enfants abandonnés et orphelins coûtent « 1,483,159 francs 64 centimes. Il faut s'attendre à ce que ce chiffre « croisse peut-être du double, parce que les moyens de conservation « se perfectionnant sans cesse, un plus grand nombre d'enfants appor- « tés aura été conservé. Autrefois la mortalité des enfants du premier « âge, qui est l'âge le plus périlleux, était de 5 sur 6 ; depuis l'an XIII, « elle n'est pas de plus de 1 sur 2 1/2, et cela seul suffit pour faire « prévoir que des quatre mille enfants qu'on apporte annuellement à « l'hospice on pourra en conserver environ deux mille, et comme, « jusqu'à l'âge de douze ans, ces enfants sont une occasion de dépense « pour l'administration, il arrivera nécessairement qu'elle aura la « charge de 24,000 enfants, qui, ne fussent-ils comptés l'un dans « l'autre qu'à raison de 100 francs, lui coûteront 2,400,000 francs... « Une telle perspective conduit naturellement à examiner s'il ne serait « pas possible de diminuer dès à présent la dépense du service des « enfants trouvés dans le département de la Seine. Je n'hésite pas à « dire qu'on n'arrivera pas à une réduction notable par des réformes

---

« dans les détails où les prix du service? Les mois de nourrice sont
« réglés aux taux les plus bas; il en est de même des prix de pension
« ainsi que des frais de vêture, et ce sont là les principaux articles de
« la dépense. Les frais des mois de nourrice ont été augmentés, il est
« vrai, du montant d'une prime de conservation : mais c'est à cette
« prime que sont dus les soins plus attentifs donnés aux enfants, et
« la diminution de la mortalité pendant l'allaitement. Je saisis donc
« l'occasion que m'offre la bonté de Votre Majesté pour réitérer auprès
« d'elle les représentations que je n'ai cessé de faire depuis l'an XI et
« pour la supplier de secourir cette institution par des ressources
« étrangères au département de la Seine. L'institution des enfants
« trouvés fondée à Paris n'est pas un établissement uniquement affecté
« à cette ville, ni même au seul département de la Seine. Il reçoit des
« enfants de presque tous les départements de l'Empire, et, sous ce
« rapport, devrait être défrayé ou secouru par l'État. J'en avais risqué
« la proposition dans le budget départemental de 1809. Elle a été écartée
« par une mesure générale, en vertu de laquelle, dans le cas d'insuf-
« fisance des centimes départementaux, les dépenses des enfants trou-
« vés devront être désormais acquittées sur l'octroi des villes. Dans le
« cas où les choses resteront ce qu'elles sont, j'ai l'honneur de sup-
« plier Votre Majesté d'ordonner qu'une partie de cette dépense soit
« mise à la charge ou d'un fonds qui serait commun à tous les dépar-
« tements de l'empire, ou à celle du Trésor public.

« Maintenant, s'il était une mesure qui dût rendre les expositions
« d'enfants légitimes et les demandes d'admission d'enfants parmi les
« orphelins moins nombreuses, les frais de l'administration presque
« nuls, et l'éducation des enfants abandonnés meilleure; si cette me-
« sure existait, ne serait-il pas fâcheux que des considérations d'un
« autre ordre en prévinssent l'adoption? Avant la Révolution, le gou-
« vernement accordait au fermier qui se chargeait de l'éducation d'un
« enfant trouvé le privilège de le faire tirer à la milice à la place de
« son fils, et quoique les contingents qui étaient exigés par ce mode
« fussent tellement faibles qu'il y avait peu de chances pour en être
« atteint, un grand nombre de cultivateurs se décidaient à prendre
« des enfants trouvés, pour éviter de payer la cotisation avec laquelle
« ils pouvaient racheter leurs enfants. De là, deux avantages : écono-
« mie dans la dépense et conservation d'un plus grand nombre d'en-
« fants. Je me hasarde donc à proposer à Votre Majesté de déclarer
« dans un décret impérial : 1° que les enfants trouvés et les orphelins
« nourris et élevés aux frais ou par les soins de l'administration pu-
« blique sont essentiellement destinés au service militaire, et doivent

« ce service de plein droit à l'âge de vingt ans, à moins d'infirmités
« graves; 2° qu'il pourra être accordé à des pères de famille la facilité
« de faire remplacer par ces enfants leurs fils appelés par la con-
« scription, à la charge pour chacun de ceux qui voudraient jouir de
« cette faculté : d'élever gratuitement jusqu'à majorité accomplie deux
« enfants trouvés ou orphelins, l'un mâle et l'autre du sexe féminin,
« et à la charge aussi que le remplacement ne pourrait avoir lieu que
« si l'enfant élevé par le père de famille était âgé de 18 ans au moins,
« et par sa bonne constitution propre au service militaire; 3° que,
« dans le cas où le remplacement n'aurait pas lieu, soit parce que le
« fils naturel et légitime du père de famille serait mort avant l'âge de
« la conscription, soit parce qu'il n'aurait pas été appelé, l'enfant
« trouvé serait enrôlé pour son propre compte et de plein droit, aus-
« sitôt qu'il aura atteint sa vingtième année.

« Je ne sais si je me trompe, Sire, mais il me semble que, s'il en était
« ainsi, la plupart des enfants trouvés et des orphelins seraient élevés
« sans qu'il en coûtât à l'administration d'autres frais que les menus
« frais de leur déplacement. Il est probable que les pères de famille
« aisés consentiront avec joie, moyennant quelques frais de nourriture,
« à s'assurer d'un côté les services des enfants qui leur seront confiés,
« et de l'autre qu'ils comprendront l'immense avantage de conserver
« leurs fils. Il est certain que ces pères de famille auront intérêt à
« bien élever physiquement et moralement les enfants qu'ils auront
« recueillis. Il est évident que l'administration, disposant irrévocable-
« ment de l'enfant mis entre les mains de la bienfaisance publique,
« déjouera l'espèce de spéculation que font des parents pauvres en se
« déchargeant dans le bas âge du soin de leurs enfants et en se réser-
« vant les moyens de les reprendre quand ces enfants sont élevés. »

Le décret du 19 janvier 1811 confirma la plupart des
mesures prises par Frochot pour l'entretien des enfants
abandonnés pendant le premier âge. Il enjoignait de mettre
les enfants en nourrice jusqu'à six ans, et après six ans en
pension chez des cultivateurs et des artisans. Les hospices
désignés pour recevoir les enfants abandonnés fournissaient
des layettes et soldaient toutes les dépenses intérieures relatives à la nourriture et à l'éducation. L'Empereur accordait
une somme de quatre millions pour contribuer au payement
des mois de nourrice et à la pension des enfants trouvés et

abandonnés. Si cette somme de quatre millions ne suffisait
pas, les hospices devaient combler le déficit sur leurs revenus, ou recevoir des allocations sur les fonds des communes.
Le décret plaçait les enfants trouvés et abandonnés sous
la tutelle des commissions administratives des hospices :
« Lesdits enfants élevés à la charge de l'État, sont entière-
« ment à sa disposition, et quand le ministre de la marine
« en dispose, la tutelle des commissions administratives
« cesse. » — « Les enfants ayant accompli l'âge de douze
« ans, desquels l'État n'aura pas autrement disposé, seront
« autant que faire se pourra mis en apprentissage, les
« garçons chez des laboureurs ou des artisans, les filles
« chez des ménagères, des couturières ou autres ouvrières. »
Ainsi, l'Empereur constatait le droit de l'État sur les enfants
trouvés et abandonnés; mais il se refusait, contre l'avis de
Frochot, à profiter de l'occasion pour adoucir, par la plus
juste exception, les lois sévères de la conscription. Ce décret
annonçait encore des règlements d'administration publique
que les événements politiques ne permirent pas d'adopter.
L'allocation de quatre millions resta lettre morte, et les lois
de finances des 25 mai 1817, 15 mai 1818 et 17 juillet 1819
replacèrent les dépenses des enfants trouvés et abandonnés
dans le budget des départements.

Ici s'arrêtent l'histoire et l'examen du budget départemental. Ici commencent l'histoire et l'examen du budget
municipal. Le département de la Seine ne fixera plus nos
regards : la ville de Paris seule les retiendra. Frochot, préfet
de la Seine, disparaît devant Frochot, maire de Paris.

VIII

BUDGET MUNICIPAL. — Histoire des finances de la ville (1800-1815)

Avant 1789, la ville de Paris et la plupart des grandes villes payaient leurs dépenses au moyen d'octrois, de fermages, de péages, de propriétés communales, de droits féodaux, de rentes sur l'État ou sur particuliers. Les dépenses de l'ancien bureau de la ville et de la prévôté consistaient en arrérages de rentes montant à 1,900,000 francs, en traitements montant à 650,000 francs, en travaux d'entretien ou de réparation montant à la même somme de 650,000 francs : total 3,200,000 francs. Ni l'assiette des contributions, ni l'enseignement primaire, ni les hôpitaux, ni les secours à domicile, ni le bureau des nourrices, ni la garde de Paris, ni les travaux des carrières, ni le service des pompiers, ni l'éclairage, ni le nettoyage des rues, ni le service presque entier de la police n'étaient à la charge de la ville. Les dépenses n'existaient pas, ou elles étaient soldées par l'État et par des administrations indépendantes. Si l'on réunit les dépenses administratives du bureau de la ville, 1,300,000 francs, et les dépenses des hôpitaux, dont les revenus s'élevaient à 9,000,000, aux dépenses communales acquittées par l'État (boues, lanternes et pompiers, gardes de Paris, carrières, travaux de charité), 4,484,000 francs, on refait un budget de 14,784,000 francs, c'est-à-dire un budget supérieur à tous les budgets de l'an VIII, IX, X et XI.

La Révolution bouleversa toutes les institutions de l'ancien régime. Les propriétés des villes furent déclarées do-

maines nationaux : leurs dettes liquidées comme dettes
nationales : les dépenses soldées au hasard sur les fonds de
l'État. Dès le commencement de la Révolution, on avait
reconnu que les dépenses locales de la commune de Paris
étaient en même temps les dépenses générales de la République, et que le surplus de ces dépenses locales devait être
acquitté par le Trésor national. Bientôt l'opinion publique
sentit la nécessité de distinguer les dépenses générales communes à tous les citoyens et les dépenses locales propres à
un certain groupe de citoyens. On soutint que les charges
et les contributions devaient être égales entre tous les départements, et que le département de la Seine et la commune
de Paris devaient acquitter seuls les dépenses qui leur
étaient propres. A compter du 1er nivôse an V (21 décembre 1796), toutes les dépenses locales furent donc mises
d'une manière uniforme à la charge des départements, mais
pour acquitter ces dépenses la loi n'accorda que trois sous
additionnels aux contributions directes, et le dixième du
produit des patentes. A Paris du moins, ce crédit était
dérisoire. Comment aligner une recette de 3,300,000 francs
avec 15 ou 16 millions de dépenses?

Pour créer véritablement le budget de la ville de Paris,
il fallait donner à ce dernier budget les ressources nécessaires pour équilibrer ses dépenses. On présenta divers
moyens. Le premier était d'élever au niveau des dépenses
locales les sous additionnels. Tout compte fait, on demandait ainsi aux propriétaires les trois quarts de leur revenu.
Le second était de réorganiser la loterie, dont on estimait les
produits à huit ou dix millions, et d'y joindre certains droits
sur les halles et marchés, bacs et passages, actes de l'état
civil. Le troisième était de rétablir l'octroi.

« Le Conseil des Cinq-Cents, considérant que depuis longtemps la
« commune de Paris ne fournit à ses dépenses locales que par les
« avances successives que lui fait le Trésor national,

« Que la loi du 9 germinal an X, art. 6, ordonne impérieusement
« qu'en cas d'insuffisance de centimes et de sous additionnels de la
« contribution personnelle, mobilière et somptuaire pour les dépenses
« municipales et communales, il y soit pourvu par des contributions
« indirectes et locales,

« Que la détresse des hospices civils de la commune de Paris,
« l'interruption de la distribution des secours à domicile n'admettent
« plus aucun délai,

« Prend la résolution suivante :

« Il sera perçu par la commune de Paris un octroi municipal et de
« bienfaisance..... »

La loi du 27 vendémiaire an VII (18 octobre 1798) eut donc
pour objet spécial d'assurer à Paris le service de l'assistance
publique, qu'on avait restitué en l'an V aux administrateurs
de la commune de Paris. Le nom d'octroi de bienfaisance
vint adoucir et expliquer le caractère du nouvel impôt.

Le budget de la ville de Paris commençait à se former.
En l'an VII, les recettes comprenaient des centimes communaux, les revenus patrimoniaux des hospices, le loyer de
certaines propriétés communales, le dixième du droit des
patentes, l'octroi. Ces différents revenus ne suffisaient pourtant pas à acquitter la totalité des dépenses. Un déficit imprévu dans les recettes de l'octroi, plusieurs procès avec la
régie des domaines, le payement des dettes arriérées sur
les exercices de l'an V et de l'an VI firent dans le budget de
l'an VII une brèche de 531,722 francs. Comme les recettes
n'avaient jamais été ni aussi fortes ni aussi régulières que
les payements, le désordre régnait depuis longtemps dans
les comptes de la ville. Les entrepreneurs de travaux publics,
les fournisseurs des hospices, les employés des administrations harcelaient les administrateurs, qui sortaient d'embar-

ras en tirant des lettres de change sur les receveurs des contributions. Déficit et désordre résumaient en deux mots la
situation, lorsque le coup d'État du 18 brumaire et la loi de
pluviôse an VIII donnèrent à Frochot les fonctions, sans
lui donner le titre de maire de Paris.

I. — BUDGET DE L'ORDINAIRE

A peine ai-je besoin de rappeler qu'en l'an IX seulement,
et pour la première fois, la ville de Paris eut un budget véritable, que ce budget ou plutôt cet état de recettes et de
dépenses fut dressé par le préfet de la Seine maire, délibéré
et proposé par le conseil général faisant fonction de conseil
municipal, soumis au ministre de l'intérieur. Dès l'an VIII,
en votant le budget de l'an IX, le conseil municipal avait
examiné très-sérieusement les moyens d'améliorer les revenus de la ville de Paris, et décidé qu'avant de les augmenter il fallait les conserver tout entiers. C'était le début d'une
série de protestations contre les empiétements du gouvernement. Les recettes, en effet, auraient balancé les dépenses
de l'an IX, si le ministre de l'intérieur n'eût pas fait des prélèvements inattendus sur les produits de l'octroi. Il est vrai
qu'une plus-value d'un million semblait devoir être le prix
de la substitution de la régie intéressée à la régie simple, et
grâce à cette mesure, on espérait équilibrer le budget de
l'an X. En outre, une réduction de 800,000 francs, accordée
par le gouvernement sur les dépenses de la police, devait
combler le déficit de l'an IX; mais ces espérances ne justifiaient pas l'arrêté des consuls qui ordonnait au gouvernement de retenir le vingtième de l'octroi, et la conduite du
ministre de l'intérieur qui continua de prélever sur les
mêmes produits de l'octroi, pour solder certaines dépenses
de son ministère, une somme de 60,000 francs par mois.

Cette retenue et cette réserve enlevaient à la ville de Paris
une somme de 1,350,000 francs.

Le conseil municipal ne se découragea pas. Après s'être
plaint au gouvernement du gouvernement lui-même, après
avoir taxé d'injustes les prélèvements opérés par le ministre
de l'intérieur sur les produits de l'octroi, il attaqua directement la régie des domaines qui troublait la commune
dans la jouissance de ses biens restitués. Il protesta contre
l'éclairage et le balayage des rues, contre l'entretien des
pompes à incendie et autres charges que le gouvernement
laissait peser sur la ville et que la ville avait rachetées avant
la Révolution par des taxes assises sur les propriétés fon-
cières. Il démontra que les dépenses de la préfecture de
police comprenaient le matériel et le personnel, que le matériel était une dépense locale, susceptible d'être mise au
compte de la ville, mais que le personnel était une dépense
générale digne d'être mise au compte de l'État. Le gouvernement résista sur la question des prélèvements d'octroi et
céda en l'an IX et pour l'an X seulement, sur la question
des dépenses de police.

Ces discussions, ces protestations, ces luttes aboutirent
à l'arrêté du 4 thermidor an X (23 juillet 1802). Cet arrêté
réglait trois points différents. Le premier était la forme dans
laquelle devait être proposé, délibéré et arrêté le budget
municipal. Désormais les deux préfets, chacun séparément
et pour les matières de leur administration, devaient adresser
un projet de budget au ministre de l'intérieur; le ministre
renvoyait ensuite ce projet au conseil municipal, pour être
soumis article par article à ses délibérations. Ces projets de
budgets étaient ensuite présentés au ministre, qui les arrêtait
et les transformait en budgets définitifs. De la confection des
budgets passant à la situation des finances, le gouvernement

ouvrait une enquête sur les moyens d'augmenter les revenus de la ville de Paris. De la situation des finances il entrait dans l'examen de la comptabilité, qu'il réorganisait en instituant un receveur municipal indépendant et responsable.

Cet arrêté semblait donner à l'administration une vie nouvelle. Frochot n'hésita pas à l'affirmer devant le conseil municipal. « La commune de Paris, dit-il, doit surtout se « féliciter de l'arrêté du 4 thermidor an X, qui lui assure « enfin un meilleur ordre dans ses finances, parce que tous « ses revenus seront à elle ; parce que s'il lui convient de les « augmenter, leur augmentation tournera à son profit ; parce « que toutes ces dépenses seront consenties par ses repré- « sentants les plus directs ; parce que surtout la compta- « bilité, tant en recette qu'en dépense, sera plus facile pour « l'administrateur, plus facile à vérifier pour le conseil. On « peut donc considérer que, par l'arrêté du 4 thermidor, « un nouvel ordre de choses commence puisqu'à dater de « l'an XI, chaque commune rentre dans le droit de gérer « ses affaires, sous la seule inspection du gouvernement, « sans que cette surveillance soit comme jusqu'à ce jour, « accompagnée d'aucune distraction et prélèvement sur les « revenus. »

On ne pouvait pousser les illusions plus loin et subir une déception plus prompte. La haute et impartiale surveillance du gouvernement se traduisit bientôt par l'action la plus impérieuse et la plus continue, et au moment même où le préfet de la Seine proclamait l'indépendance financière de la commune, le gouvernement détachait du budget ordinaire le compte spécial du canal de l'Ourcq, qui allait former le noyau du second budget de la ville de Paris.

Si l'arrêté du 4 thermidor an X n'eut aucune influence sur l'indépendance financière de la commune, il servit du moins à éclairer le gouvernement sur la situation de ses finances.

L'article 36 de l'arrêté du 4 thermidor enjoignait au préfet de la Seine et au préfet de police de présenter au ministre de l'intérieur un état raisonné des recettes et un travail sur les moyens d'améliorer les revenus de la commune de Paris. Les préfets constatèrent d'abord que les revenus de cette commune, perçus en l'an X et à percevoir en l'an XI, comprenaient :

1° Cinq centimes additionnels..........   652,818 fr.

2° Le dixième des patentes...........   342,851

3° Le prix net de l'octroi assuré par traité. 9,100,000

4° Le loyer de la voirie de Montfauçon...   64,100

5° Les concessions d'eau.............   760

Ajoutons les revenus patrimoniaux des hôpitaux, des hospices et des indigents, c'est-à-dire :

1° Rentes, droits des hôpitaux et hospices. 1,729,422

2° Biens, rentes et droits des pauvres....   572,544

                                          12,462,495

Renouvelant les vœux émis par le conseil municipal dans la session de l'an VIII, les préfets sollicitaient l'établissement des droits de voirie, d'expédition des actes de l'état civil, de pesage, mesurage et jaugeage, d'une taxe de navigation, la location des halles, des marchés, des places de fiacre, des chantiers de l'île Louviers, enfin la révision du tarif de l'octroi. Ils estimaient environ à 3,890,000 francs, le montant des revenus à créer et portaient le total des recettes présumées à 17,439,822 francs 71 centimes. A cette somme de 17,439,822 francs 71 centimes, ils opposaient en dépense une somme de 21,141,355 francs 59 centimes, et faisant la balance, trouvaient leur budget en déficit de quatre millions. En présence de ce déficit, les préfets se posaient deux questions : Avaient-ils estimé les recettes trop haut ? Non, se répondaient-ils ; car les recettes de l'octroi devaient s'élever, et l'on ignorait absolument le montant des droits dont on réclamait l'établissement. Avaient-ils porté les dépenses à leur dernière limite ? Non ; car il s'agissait de Paris, de Paris couvert de ruines et rempli de misères, du Paris de 1803. Ajourner des travaux qui devaient augmenter immédiatement les revenus de la ville de Paris, était-ce habile ? Exécuter ces travaux sans savoir comment on les payerait, était-ce prudent ?

« Il n'est qu'un seul moyen de sortir d'embarras, disaient-ils, c'est « d'établir sur des bases solides le crédit de la ville de Paris et d'obtenir, à l'aide de ce crédit, des avances de travaux et de fournitures « dont le payement ne s'achèvera que dans les quatre ou six premiers « mois de l'année suivante, sans qu'il en résulte la moindre inquiétude pour les entrepreneurs ou fournisseurs, ni aucun renchérissement sensible pour l'administration. Que la ville de Paris ait des « revenus certains, qu'il soit connu que leur montant est exclusivement « affecté aux dépenses purement municipales, sans aucune distraction, « alors le crédit communal ne tardera pas à s'établir, et par de sages « combinaisons, il sera facile de pourvoir à tous les besoins sans « accroître les recettes, mais seulement en se bornant à régler le « payement des dépenses. »

Les préfets terminaient leur rapport en comparant Paris, avant 1789, payant environ à l'État cinquante millions, et défrayé par l'État d'une partie de ces dépenses, et Paris, en 1802, payant environ à l'État plus de soixante millions, et privé par l'État d'une partie de son revenu.

L'exécution de l'arrêté du 4 thermidor et les travaux considérables que cet arrêté exigeait retardèrent la préparation du budget de l'an XI. Le premier consul exprima

très-vivement son mécontentement (1). Frochot offrit ses
excuses au conseil général. Le conseil général répondit à
ces excuses par des éloges. Il ne critiqua pas la conduite des
préfets, mais leur rapport. Ce qu'ordonnait le gouvernement,
ce qu'avaient exécuté les préfets, c'était d'élever les revenus
au niveau des dépenses indispensables. Ne pouvant pas diminuer les dépenses, ils avaient cherché à augmenter les recettes; mais en tarissant la plus considérable des recettes
proposées, en s'opposant à un nouveau tarif des droits d'octroi, le conseil municipal renversa d'un seul coup le plan
des préfets. Au premier abord, cette résolution pouvait
paraître singulière; car le produit des droits d'entrées,
avant 1789, montait à 35,000,000, et en l'an X, le produit
de l'octroi n'atteignait que 12,500,000 francs. Que ses calculs
fussent exacts ou ne le fussent pas, le conseil préférait trouver ailleurs l'équilibre du budget municipal. Dans les précédentes délibérations, il avait demandé et il demandait
encore que le gouvernement payât et les dépenses personnelles de la police : « la police à Paris étant plus nationale
que municipale », et les dépenses de nettoyage, balayage,
éclairage, « la ville les ayant rachetées avant la Révolution »; que le gouvernement s'abstînt de prélever des fonds
sur les droits d'octroi : car, « il est étrange, disait-il avec
« beaucoup de raison, il est contraire au droit municipal en
« général et aux lois qui ont créé l'octroi en particulier que
« le ministre de l'intérieur s'immisce dans l'administration
« des finances locales et s'empare d'une partie d'un impôt
« exclusivement consacré aux besoins et aux dépenses d'une
« ville. » Ces principes conduisirent le conseil municipal à
réduire de trois millions le budget proposé par le préfet de la

(1) *Corresp. de Napoléon Ier*, t. VIII, p. 686

Seine : et pourtant les recettes de ce budget furent encore de deux millions inférieures aux dépenses que le conseil avait jugé indispensables. La session de l'an XII provoqua les mêmes réflexions et les mêmes conclusions.

Dans la séance du 14 vendémiaire an XII (7 octobre 1803), le conseil général fit la déclaration suivante :

« Considérant que, d'après les intentions du premier consul, le « conseil n'a que quatre jours pour examiner des dépenses qui em- « brassent une administration immense et qui s'élèvent à plus de dix- « huit millions, que ce court espace de temps est évidemment insuffi- « sant pour méditer une délibération approfondie, et que l'adminis- « tration serait cependant entravée, si les dépenses qu'elle exige ne « recevaient pas l'autorisation préliminaire prescrite par la loi ;

« Considérant que depuis quatre ans le conseil fait vainement tous « ses efforts pour parvenir à accroître les produits, diminuer les charges « et fixer les règles de l'administration ;

« Considérant que pour établir un bon système d'administration des « finances municipales, il importe à la commune de trouver dans « l'établissement de règles certaines l'assurance qu'elle ne pourra être « privée désormais, ni des revenus mis en valeur pour son compte, ni « de ceux qui ne doivent être créés qu'à son profit ; que ses charges « ne pourront être accrues sans délibération du conseil ou *contre les* « *principes du droit municipal*, et enfin que les diverses autorités qui « interviennent soit dans la direction, soit dans l'administration de « ses finances seront circonscrites dans des attributions positives qu'il « ne leur sera plus permis de dépasser,

« Arrête :

« Les dépenses de la commune de Paris, pour l'an XII, sont fixées « à la somme de 18,557,002 francs (1). »

A la séance du 28 nivôse (19 janvier 1804), un membre rappela que, dans la séance du 14 vendémiaire, le conseil s'était engagé à poser les principes qui doivent régler l'ad- ministration des finances de la commune de Paris, à déter- miner les revenus et les dépenses qui sont véritablement à

(1) Arch. du conseil municipal. *Procès-verbaux du conseil municipal,* t. V, p. 43, v°.

son crédit ou à sa charge. Après avoir examiné la situation des recettes et des dépenses de la ville pendant les années VIII, IX, X, XI et XII (1800-1804), le conseil municipal renouvela ses précédentes déclarations et soutint que le budget municipal avait besoin d'être dégagé, fixé, arrêté par des lois sévères que le gouvernement lui-même ne violerait pas.

Voici l'année 1805, voici le moment où l'Empire ouvre une nouvelle phase dans l'histoire de l'administration française. Arrêtons-nous et jetons un coup d'œil sur les réformes que la paix publique, le rétablissement de l'ordre et l'activité de Frochot avaient permis d'introduire dans l'organisation financière de la commune de Paris.

On se rappelle que la loi de pluviôse an VIII avait imposé l'obligation aux maires de dresser et de soumettre annuellement à la délibération des conseils municipaux l'état des revenus et des dépenses présumés des communes avant de l'expédier aux préfets chargés de l'arrêter. A Paris, le ministre remplaçait le préfet. L'arrêté du 4 thermidor avait régularisé le mode de rédaction, de présentation et d'approbation des budgets municipaux, et organisé à Paris le service des recettes municipales. L'administration était créée. Dans les finances, c'est-à-dire dans la nature des recettes et des dépenses, de 1800 à 1805, peu ou point de changement. Les centimes additionnels, le dixième des patentes, l'octroi, la voirie de Montfaucon, les concessions d'eau, les revenus patrimoniaux des hospices et des indigents, formaient toujours le budget des recettes ; l'octroi seul, et de la manière la plus imprévue, en avait considérablement élevé le montant. Il est vrai que les dépenses avaient suivi et même dépassé le mouvement de l'octroi, mais le conseil général s'était appliqué à en contenir le flot envahissant dans la mesure des

22·

recettes. En balançant les recettes et les dépenses de tous les exercices depuis l'an VIII jusqu'à l'an XIII inclusivement, on arrivait en 1806 à un déficit d'environ 1,300,000 francs. Dans ces 1,300,000 francs était comprise la créance que les anciennes compagnies, chargées sous le Directoire du service général des hôpitaux, réclamaient pour la plus-value du mobilier à la fin de l'entreprise. Déduisons cette créance, qui n'était pas la dette personnelle de l'administration préfectorale, et cette déduction faite, le déficit des dépenses communales de tous les exercices réunis (1800-1806) n'atteindra plus que la somme de 694,885 francs. Ce déficit même n'existait pas sur les revenus des exercices antérieurs à l'an XII : car le ministre de l'intérieur avait retenu sur les produits de l'octroi plus de six millions et mis à la charge de la ville les frais de la fête du 18 brumaire. On peut donc affirmer que, sans la créance des entrepreneurs du service des hospices et sans les prélèvements du gouvernement, la ville de Paris, après une gestion de six années, aurait disposé d'un excédant de cinq millions. Si l'on tient compte du désordre et des dettes qu'avait légués au préfet de la Seine le Directoire départemental, si l'on tient compte des embarras d'une administration naissante et des empiétements du gouvernement, on conviendra que Frochot et le conseil municipal pouvaient, en 1806, revendiquer avec honneur la responsabilité des finances de la ville de Paris.

De 1800 à 1806 s'était écoulée la période des budgets municipaux : de 1806 à 1814 s'écoulera la période des budgets impériaux. Du ministre, du préfet, du conseil municipal, la direction, la responsabilité, le contrôle passent à l'Empereur, au conseil d'État, à la Cour des comptes. Le vainqueur d'Austerlitz devient son premier ministre, et l'Empereur, assisté du ministre de l'intérieur et du préfet de la Seine, dicte le budget de la ville de Paris. Établi par le préfet, renvoyé pour la forme et irrégulièrement au conseil municipal, révisé par l'Empereur, rapporté par le ministre de l'intérieur, rédigé par le conseil d'Etat, le budget de la ville de Paris, et j'entends parler ici du budget ordinaire, est décrété par l'Empereur. Plusieurs mesures signalent le passage de l'administration préfectorale à l'administration impériale. L'Empereur réunit d'abord tous les exercices passés en un seul exercice (1800-1806), mesure excellente qui permet d'établir une balance générale et de liquider plus promptement l'arriéré de la ville de Paris. D'autre part, cette comptabilité, comme celle de toutes les villes dont l'Empereur s'était réservé le budget, est renvoyée à la Cour des comptes, qui exerce désormais le contrôle confié avant 1805 au ministre de l'intérieur.

Cet ensemble de réglements nouveaux réduisait nécessairement dans son rôle et anéantissait pour ainsi dire dans son importance l'action du conseil municipal : mais, si petite, si modeste qu'elle fût, le conseil municipal remplit sa tâche avec indépendance, énergie et dévouement. Il fit éclater d'abord les sentiments les plus honorables de conciliation, lorsqu'après le décret du 6 frimaire an XIII (25 novembre 1804), plusieurs de ces membres se rendirent au conseil d'État pour entretenir du budget impérial les membres de la section de l'intérieur. « Les dépenses de Paris comme les « dépenses des grandes villes sont aujourd'hui fixées par le « gouvernement, disait le rapporteur de la commission mu- « nicipale dans la séance du 20 nivôse an XII (10 jan- « vier 1805). Cet état de choses a fait désirer aux membres « de votre commission de s'entendre avec la section de l'in- « térieur du conseil d'État, chargée du rapport que prépare « l'arrêté du gouvernement. Les communications ont eu lieu.

« Une grande confiance, des discussions approfondies, une
« volonté commune de rechercher le mieux, en ont été la
« base, et l'intérêt en a été augmenté par les égards qui y
« ont reçu les membres de votre commission. »

En provoquant au sein du conseil d'État des conférences
qui devaient consacrer la transformation du budget municipal en budget impérial, les membres du conseil municipal
semblaient rendre compte de leur gestion, et remettre à
leurs successeurs le fardeau de l'avenir. Sous les formes les
plus respectueuses, le conseil garda toute la liberté de ses
opinions. Il se laissa dépouiller, il n'abdiqua jamais. Que
dis-je? Il osa, et nous le verrons jusqu'à la fin de l'Empire
engager et soutenir contre l'Empereur lui-même un débat
sur la composition et l'équilibre du budget, si toutefois on
peut appeler débat l'expression solennellement renouvelée
d'opinions différentes.

Exercice 1806. — Un incident ne tarda pas à éclairer la
situation d'une vive lumière.

Le 13 février 1806, l'Empereur, pour la première fois
en conseil d'administration, se fit rendre compte de l'état
des finances de la ville de Paris. Le ministre de l'intérieur lut un rapport sur les exercices des années VIII, IX, X,
XI, XII, XIII. Frochot présenta à l'appui de ce rapport les
états de recettes et de dépenses. Les états servirent de texte
à l'Empereur pour donner des instructions précises sur la
forme des comptes qui désormais devaient lui être soumis.
Les états, refaits depuis la séance du 13, furent examinés
dans la séance du 27. Frochot plaça alors sous les yeux de
l'Empereur l'état de la caisse municipale au 1er janvier 1806,
un rapport sur les produits de l'octroi depuis l'an VII jusqu'à
l'an XII, et le projet de budget de 1806. Au moment où
l'Empereur remettait le projet de budget au ministre de

l'intérieur, Frochot fit observer que le conseil municipal était en ce moment réuni, et demanda que le budget ne fût définitivement arrêté qu'après la délibération du conseil. « Je n'accède point à cette demande, répondit l'Empereur. « Je ne reconnais le droit de délibération du conseil muni- « cipal sur le projet de dépense d'une année que lorsque, « soigneux des intérêts auxquels il doit veiller, il s'est mis « dans le cas d'émettre son opinion avant que l'année ne « soit commencée ; autrement, il n'est pas fondé à réclamer « l'exercice d'un droit qui est impuissant (1). » Frochot s'in- clina ; mais il eût pu répondre que le conseil municipal ne se réunit pas lorsque le gouvernement ne le convoque pas, et c'est précisément ce qui devait arriver en 1808.

Quinze jours après, sans qu'il eût été examiné par le con- seil municipal, le budget de 1806 fut arrêté en recettes à la somme de 18,278,458 francs 32 centimes, et en dépense à à la somme de 18,284,152 francs 35 centimes, par le décret impérial du 15 mars 1806.

Exercice 1807. — Peu de mois s'étaient écoulés, et le premier budget impérial se trouvait en déficit. Le ministre de l'intérieur s'en inquiéta, et Frochot lui répondit, le 16 oc- tobre 1806 :

« Si Votre Excellence jugeait à propos de remonter aux causes de ce « déficit, elle les trouverait toutes dans la simple inspection du tableau « comparatif des recettes présumées, telles qu'elles sont établies au « budget avec les recettes réelles. Elle verrait que l'octroi, porté pour « une valeur de 19,000,000, ne s'élèvera pas en produit brut à plus « de 18,374,000 francs ; que, d'un autre côté, les revenus considérables « créés par le même budget, tant pour le poids public que pour droits « de voirie et droits de locations et de vente dans les halles et marchés, « n'ont pu être mis en perception. Il est inutile de rechercher d'autres

(1) Arch. de l'Emp. *Procès-verbaux des conseils d'administration,* t. 1er, p. 145.

« causes à un déficit qui se reproduira nécessairement jusqu'à ce qu'il
« ait été pris une décision à cet égard. »

En même temps Frochot se hâtait de démontrer que non-
seulement on avait forcé les recettes, mais qu'encore on
avait augmenté les dépenses en chargeant injustement le
budget municipal de la réparation extraordinaire du pavé,
d'avances pour l'approvisionnement de Paris, et surtout en
lui enlevant un second vingtième sur les produits de l'octroi.
Ce que le Préfet de la Seine disait confidentiellement, le
conseil municipal devait le répéter solennellement.

Frochot, qui mettait un soin jaloux à ménager la situation
difficile du conseil municipal et qui savait trouver en lui un
auxiliaire fidèle, n'oublia pas les observations de l'Empereur,
et fit convoquer le conseil avant que l'année 1807 ne fût
commencée. De son côté, le conseil, qui avait à cœur de se
venger du silence que l'Empereur lui avait imposé, s'exprima
à l'occasion du budget de 1807 avec une singulière liberté :

« En principe, dit-il le 30 octobre 1806, l'on doit établir sa dépense
« sur son revenu, et cela est surtout vrai lorsque les charges, taxes,
« contributions locales, formant le seul et unique moyen de revenu, ont
« été portés à leur maximum. En effet, il ne peut être question d'élever
« les centimes communaux contre le montant desquels le commerce
« n'a cessé de protester, d'élever le droit d'octroi (car les facultés des
« citoyens ne s'élèvent pas avec les besoins de l'État), ni d'augmenter
« d'autres revenus. Puisqu'il est impossible d'élever les revenus de la
« commune pour 1807, il faut d'abord en fixer le montant vrai, y
« réduire les dépenses à la même somme. Voter des dépenses au delà
« des recettes sur la seule espérance que les recettes croîtront, ou qu'on
« créera de nouveaux revenus, c'est une imprudence, c'est faire un
« vœu inutile et porter le désordre dans l'administration. Il est de fait
« que, depuis plusieurs années, diverses dépenses ont été ainsi votées.
« Les unes n'ont pas eu lieu à défaut de fonds, et les autres ont été
« faites sans qu'on en eût, mais parce qu'on espérait en obtenir.
« De là des désordres. Le conseil a donc conclu que non-seulement il
« y avait lieu de réduire le montant des dépenses au montant des
« revenus, mais qu'en fixant ces revenus, il ne fallait compter comme

« tels que les revenus réellement établis et actuellement en perception.
« Le gouvernement sera d'ailleurs supplié d'ordonner la mise en
« valeur des revenus de création nouvelle, proposés dès les années
« précédentes et dont le produit présumé a été tiré pour comptant
« dans le décret impérial rendu sur le budget de 1806 (1). »

L'Empereur était absent lorsque le conseil municipal vota
cette déclaration de principe et ces sages remontrances. Il
avait quitté Paris, dans le courant du mois de septembre 1806,
pour répondre au défi de la Prusse. Opposant aux efforts
d'une quatrième coalition la promptitude de la marche et la
vigueur de ses coups, il gagnait la bataille d'Iéna et triomphait dans Berlin. La campagne de Pologne, les batailles
d'Eylau et de Friedland, la paix de Tilsitt, prolongèrent son
absence jusqu'en juillet 1807 et le règlement du budget de
1807 jusqu'au mois d'août. A peine rentré dans la capitale,
il reprit ses conseils d'administration et consacra les premiers
aux affaires de la ville de Paris.

L'état et la comptabilité des grands travaux exécutés dans
Paris remplirent la séance du 6 août, le canal de l'Ourcq la
séance du 13, le budget de 1807 la séance du 20 et du 24.
Le budget municipal de 1807 portait le revenu net et probable pour la ville de Paris à 18 millions, la dépense à
18,000,879 francs.

Exercice 1808. — L'Empereur ne s'était pas emparé de
l'administration des finances de la ville de Paris pour se
tenir dans la voie que la loi traçait au conseil municipal.
Depuis dix-huit mois, il faisait, suivant son expression, « le
métier de premier ministre, » et il n'avait pas encore trouvé
le moyen de faire mieux ou autrement. Il avait espéré trouver en 1806, sur les économies du budget ordinaire des

(1) Arch. du conseil municipal. *Procès-verbaux du conseil municipal,*
t. VI, p. 34. Résumé de la délibération du 30 octobre.

ressources pour les travaux extraordinaires, et il avait reconnu que ces espérances étaient vaines. Dans la session ouverte pour discuter le budget de 1807, le conseil municipal s'était très-nettement refusé à délibérer sur des projets de dépenses extraordinaires que la ville était incapable de payer. L'Empereur ne blâma pas une réserve que justifiait d'ailleurs le plus simple bon sens et qui laissait peser sur lui la responsabilité de l'avenir. Il n'avait jamais abandonné le projet longtemps mûri par le conseil et par le préfet d'augmenter les revenus de la ville en établissant des droits nouveaux, et même il se figura au retour de Tilsitt qu'il avait ordonné ce qu'il avait pensé. Pour faire tomber son erreur, Frochot dut lui prouver que l'administration ne pouvait améliorer les revenus de la ville sans faire des dépenses, qu'elle ne pouvait faire ces dépenses sans avoir des fonds, et avoir des fonds sans qu'il en accordât.

« En portant, lui dit Frochot, le budget ordinaire de 1808 « sur un équilibre de dix-huit millions, en défalquant de la « recette effective de dix-huit millions le montant du budget « ordinaire, environ quinze millions, on trouve une somme « de trois millions, laquelle est à peine suffisante pour solder « la retenue du dixième de l'octroi montant seule à 1,300,000 « francs, la dette arriérée à 1,900,000 francs, les grosses « réparations des édifices communaux, les fêtes publiques, « sans compter toutes les dépenses imprévues, obligatoires « ou extraordinaires. Il est donc de toute nécessité, pour « sortir d'embarras, que, par une voie extraordinaire, des « ressources nouvelles soient mises à la disposition de la « ville de Paris. »

L'Empereur approuva ces conclusions et autorisa la caisse d'amortissement à prêter huit millions à la caisse municipale. Cette mesure ne pouvait manquer d'exercer une grande influence sur la composition du budget ordinaire.

Le budget des dépenses de la ville de Paris avait été, jusqu'en 1807, divisé en trois chapitres : I. Dépenses ordinaires,
c'est-à-dire dépenses de la préfecture de la Seine ; II. Dépenses des hospices ; III. Dépenses de la préfecture de
police. Ainsi on ne qualifiait dépenses ordinaires que les dépenses de la préfecture de la Seine. Ce qui était en 1807 un
chapitre devint un titre en 1808. Les dépenses classées dans
les précédents budgets hors des dépenses ordinaires furent
rangées sous le titre de : *Dépenses ordinaires*. Ce titre comprit les dépenses ordinaires d'administration, les dépenses des
hôpitaux, les dépenses de la préfecture de police, le remplacement de la contribution mobilière et les primes pour l'approvisionnement de Paris. Il était opposé au second titre :
Dépenses extraordinaires, et tous deux étaient réunis sous
la nouvelle dénomination de Budget de l'ordinaire. Au premier abord, on peut s'étonner de ces remaniements : car le
budget de 1808 ne semblait différer des budgets précédents
que par le classement des articles, le montant et l'objet de
ces articles restant d'ailleurs les mêmes ; mais un décret du
4 septembre 1807 avait détaché du budget ordinaire, les
dépenses relatives aux établissements hydrauliques et constitué un second budget, le budget spécial de l'administration
du canal de l'Ourcq et des eaux de Paris. D'autre part, en
statuant dans un titre particulier sur les travaux extraordinaires qui devaient être acquittés hors budget par la voie
d'un emprunt, le décret du 10 novembre 1807 venait de
créer un troisième budget que devaient alimenter l'emprunt
de huit millions, les opérations de la caisse de Poissy et la
vente des maisons des hospices.

On sent, dès lors, le but et la portée des changements
introduits dans le classement des chapitres du budget ordinaire. Il s'agissait de constituer à côté l'un de l'autre, dans
un cadre plus naturel et sous un aspect plus saisissant, le

budget ordinaire et les budgets extraordinaires de la ville de Paris.

Exercice 1809. — Jusqu'à la fin de l'Empire, l'histoire du budget ordinaire suit un cours assez monotone. Elle se résume dans un débat entre les illusions du gouvernement et la sagacité du conseil municipal. L'Empereur ne cesse d'évaluer trop haut les recettes, et sur ces recettes exagérées il règle les dépenses. Le conseil municipal ne cesse de regretter qu'on se croie forcé de dépenser au delà de son revenu. Ce n'est pas que l'Empereur fût homme à supporter le désordre. Le 25 octobre 1808, en renvoyant au conseil municipal le budget de 1809 réglé sur un équilibre de 19 millions(1), Frochot lui écrivait : «Je dois faire savoir au con-
« seil que Sa Majesté Impériale et Royale a pris connaissance
« du budget de Paris pour 1809 et qu'elle a manifesté à cet
« égard les intentions suivantes : quant à l'assiette des re-
« venus, Sa Majesté ne veut pas qu'ils augmentent pour
« 1809 par aucune création de droits nouveaux autres que
« ceux qui proviendront de la réformation du tarif de grande
« voirie décrété tout récemment par Sa Majesté. Quant aux
« dépenses, Sa Majesté ne veut pas que celles qui seront
« projetées excèdent plus de 500,000 francs, le montant des
« revenus présumés, de manière que le déficit possible pour
« 1809 ne soit pas au delà de cette somme. »

Le conseil obéit à l'Empereur, mais les événements ne lui obéirent pas.

Après la campagne de Wagram, le 25 janvier 1809, Frochot, rendant compte de la situation financière de la ville de Paris, fut obligé d'avouer que le budget de 1809 était en déficit, et qu'il était urgent d'accroître immédiate-

(1) Arch. de l'Emp. *Procès-verbaux du conseil d'administration*, t. Ier, p. 236.

ment les revenus de la ville. Comme la construction des
halles, marchés et entrepôts ne pouvait être achevée avant
plusieurs années, il proposa d'établir des droits d'octroi sur
la banlieue de Paris (1). Ces conclusions furent adoptées par
le conseil municipal et contresignées par l'Empereur dans le
décret du 5 février 1809.

Exercice 1810. — En établissant des droits d'octroi sur
la banlieue de Paris, l'Empereur espérait enfin saisir cet
équilibre qui semblait fuir devant lui. Aussi le 8 février 1810,
régla-t-il avec confiance le budget de 1810 : les recettes
étaient évaluées à 20 millions et les dépenses à 19,646,295 fr.
On espérait un excédant de recettes de 353,805 francs. On
eut un déficit de 1,300,000 francs. L'Empereur ne put maî-
triser son étonnement. Frochot lui répondit que le débit
extraordinaire d'une boisson fabriquée et vendue dans Paris
sous le nom de vin avait fait baisser les recettes de l'octroi.
Il fallait ajouter qu'en comptant dans les recettes présumées
des recettes fictives, telles que le produit de la banlieue, qui
n'avait pas été établie, et la plupart des droits de halles et
marchés qui n'étaient pas encore perçus, on s'était condamné à une inévitable déception. C'est sur ce point en effet
que portaient les justes critiques du conseil municipal.
L'Empereur, on ne saurait assez le dire, croyait assurées les
recettes qu'il ordonnait, et sur ces recettes fictives basait
les dépenses. Frochot travaillait à combattre les faux calculs
de l'Empereur : mais sous la pression de cette volonté
souveraine il finissait par céder. Le conseil municipal, qui
ne subissait pas directement cet irrésistible ascendant et
qui puisait dans le succès de ses prédictions des arguments
toujours nouveaux, répétait de session en session, avec l'iné-

(1) Arch. de l'Emp. *Procès-verbaux du conseil d'administration.*
t. II, p. 27.

branlable fermeté d'un banquier : « On doit établir sa dé-
« pense sur son revenu. Voter des dépenses au delà des
« recettes, sur la seule espérance que les recettes croîtront
« ou qu'on créera de nouveaux revenus, c'est une impru-
« dence, c'est faire un vœu inutile ou porter le désordre
« dans l'administration. »

Exercice 1811. — En 1811, la situation s'aggrave.
Frochot présente au conseil municipal le projet de budget
de 1811 avec un déficit de 1,289,319 francs. Le conseil
réplique au préfet dans les termes suivants :

« Considérant que, malgré les réductions et ajournements proposés
« par la commission, il n'en résulterait pas moins entre les recettes présu-
« mées et les dépenses énoncées au budget un déficit de 1,289,319 francs
« pour 1811, que les articles les plus considérables de ces dépenses,
« étant basés sur des lois et des décrets de Sa Majesté, et les autres de
« telle nature qu'il n'a pu appartenir au conseil de proposer de plus
« fortes réductions sans s'exposer à entraver l'administration ;

« Considérant, après un mûr examen, qu'il ne paraît pas possible, vu
« les charges qui pèsent déjà sur tous les objets de consommation, de
« proposer de nouveaux droits ni aucune augmentation sur ceux déjà
« créés ou proposés dans le budget ;

« Considérant qu'il serait contre tous les principes, et même contre
« le devoir d'une bonne et sage administration, d'autoriser des
« dépenses sans être assuré des moyens d'en effectuer le payement :
« Arrête que les observations qui lui ont été soumises par la commis-
« sion, sont adoptées et seront transcrites dans la colonne du budget
« à ce destinée, comme avis du conseil.

« Et, attendu que le conseil ne voit aucun moyen d'y pourvoir, il
« s'en remet à la bonté paternelle de Sa Majesté pour combler le
« déficit qui existe dans les finances de la ville de Paris (1). »

Le 19 janvier, Frochot soumit le projet de budget à l'Empereur qui le renvoya au ministère de l'intérieur. Le ministre
rétablit l'équilibre, et, le 10 février 1811, l'Empereur
fixa définitivement le budget en recette, à la somme de

(1) Arch. du conseil municipal. *Procès-verbaux du conseil municipal*,
t. VIII, p. 24, v°.

21,042,509 francs 67 centimes, et en dépense à la somme de 21,026,311 francs.

Exercice 1812. — Il ne suffisait pas de mettre sur le papier un budget en équilibre ou de tracer fièrement un excédant probable de recettes. Il eût fallu que l'exercice écoulé, les prévisions se trouvassent d'accord avec la réalité. Malheureusement, les budgets décrétés, par une cause ou par une autre, aujourd'hui par un déficit dans les recettes, demain par un excédant dans les dépenses, avaient jusqu'à présent déjoué les calculs et les espérances de l'Empereur. Une expérience aussi prolongée donnait vingt leçons de prudence : mais l'Empereur était arrivé à cette période de sa vie où il n'entendait plus que la voix de son imagination. Il approuva le projet de budget pour 1812 avec un déficit qui s'élevait à près de cinq millions. Sans hésiter, le conseil municipal lui opposa une série d'observations, dont un résumé rapide n'altérera ni la justesse ni la vivacité :

« Le budget de la ville de Paris pour 1812 porte les revenus de la « ville à 21,383,112 francs : toutes les dépenses à 26,169,946 francs. « Déficit, 4,786,834 francs.

« Un déficit s'est déjà produit pour 1810 et 1811 dans des propor- « tions moins élevées quoique toujours inquiétantes.

« Le déficit de 1810 est de 1,612,000 francs.

« On évalue celui de 1811 à 1,100,000 francs.

« La plaie devient trop grave pour qu'on puisse tarder à la sonder. « Le conseil a dû prendre ce soin.

« Et, d'abord, il s'est assuré que toutes les évaluations de produits « ont été portées à leur valeur.

« L'excès de la dépense sur le revenu étant alors constant, il n'y a « que deux moyens d'établir le niveau, élever le revenu ou diminuer « la dépense.

« Le premier de ces moyens est impraticable :

« Il est un terme que l'impôt ne saurait dépasser dans l'intérêt de « l'impôt lui-même. Le conseil en trouve une preuve assez fâcheuse « dans l'octroi, qui, augmenté l'année dernière de manière à produire

« dans la proportion d'une plus-value de 1,500,000 francs, sera fort
« loin de donner cette année un pareil excédant.

« Les dépenses devront donc être diminuées. Quelles dépenses ?

« Il ne faut pas faire de petites économies; il faut attaquer hardi-
« ment les grands services.

« Touchera-t-on aux travaux publics? Non, on ne le peut plus.

« En dehors des travaux publics, on ne trouve plus que les hospices,
« le service militaire, la préfecture de police, les lycées.

« C'est sur ces dépenses qu'on peut décharger le budget de la ville.
« Sur les hospices, et en faisant de l'excellente administration qui les
« surveille l'éloge qu'il aime à répéter encore, le conseil observe que
« toute la dépense ne doit pas être municipale.

« Le seul hospice des enfants abandonnés consomme en 1812
« 1,180,000 francs, et la dépense depuis l'an XII est allée toujours
« croissant. Le conseil est loin d'en faire reproche à l'administration :
« car la dépense ne croît que parce que l'institution s'améliore. Avant
« l'an XII, on ne conservait qu'un enfant sur onze. L'administration
« actuelle en conserve un sur cinq. La mortalité a donc diminué de
« moitié. Cette moitié et plus, il faut la nourrir et l'élever. L'État et
« l'humanité y gagnent, mais la ville de Paris y perd. Cet hospice est
« véritablement l'hospice de la France entière. Les enfants y sont
« apportés de tous les départements. Donc, le trésor public doit par-
« tager une partie des dépenses.

« De même pour la garde militaire. Instituée d'abord pour le main-
« tien de l'ordre dans la ville, elle fut admise à l'honneur de se battre
« à côté de la troupe de ligne. Sa Majesté reconnut que la dépense
« de la garde était disproportionnée avec les finances de la ville. Elle a
« accordé une sorte d'abonnement de 900,000 francs à 1,000,000. —
« Le conseil demande le maintien de l'abonnement, mais trouve la
« charge très-lourde.

« Le conseil renouvelle sa demande de dégrever le budget de la ville
« de Paris des dépenses de la préfecture de police. Une dépense de
« 3,000,000 de francs pour la police de la seule ville de Paris est exa-
« gérée. Le conseil croit que la ville de Paris doit entrer pour une
« quotité et non pour le tout. Sa Majesté l'avait pensé, puisqu'en l'an X
« elle avait accordé 500,000 francs; mais cette demande, toujours re-
« produite, n'a pas été accueillie.

« En contribuant aux dépenses des lycées, la ville de Paris payait sa
« dette. Elle ne voulait pas s'apercevoir de la surcharge. Elle ne se dis-
« simulait pourtant pas que l'Université jouissait des propriétés de la
« ville. Mieux eût valu que l'Université fût propriétaire et subit les

« charges. C'est dans ces circonstances que les charges ont singulière-
« ment grandi. Une somme de 550,000 francs est demandée pour les
« lycées Bonaparte et Charlemagne qui sont bâtis. Nos autres lycées
« vont s'élever, et la ville de Paris par les décrets impériaux est dési-
« gnée comme devant faire cette dépense, qui sera de plusieurs millions.

« Le conseil n'a plus à réfléchir. Des dépenses proposées, il voterait
« les unes, et les autres sont réglées par des décrets impériaux.

« Il ne revient plus sur des considérations qui, les autres années,
« lui avaient fait penser que la justice exigeait que plusieurs d'entre
« ces dépenses fussent partagées entre le trésor public et la ville.

« Il l'avait demandé.

« La sagesse du souverain a prononcé contre l'opinion du conseil.
« Le conseil s'est donc trompé.

« Mais ce sur quoi il ne peut se tromper, c'est l'impuissance reconnue
« de la ville.

« Il n'a plus qu'une ressource : c'est la munificence du souverain.

« Le déficit, s'il ne s'arrêtait, finirait par devenir un gouffre. La
« bonté de Sa Majesté daignera le fermer.

« Le conseil a cette consolation que nul désordre, nulle dilapidation
« n'ont amené cet engorgement. Le zèle, le dévouement ont tout fait.

« Tous les magistrats ont accepté avec courage les charges qui nais-
« saient à la suite des grands desseins développés sur la première
« ville de l'Empire (1). »

On ne sait quelle impression ces observations firent sur
l'Empereur et s'il en tint compte. Cependant il ordonna
que le budget de 1812 fût étudié à fond et présenté en
équilibre. Le conseil d'État, par les soins de Regnaud de
Saint-Jean-d'Angely, crut plaire à l'Empereur en établissant
le budget avec un excédant en recette de 563,644 francs.
L'Empereur avait demandé seulement l'équilibre, et il
décréta l'équilibre. Le décret du 5 mai 1812 fixa le
budget de 1812 en recette et en dépense à la somme de
22,510,435 francs.

Exercice 1813. — L'année 1812 n'était pas achevée que
Frochot était destitué. Le nouveau préfet, M. de Chabrol se

(1) Arch. du conseil municipal. *Procès-verbaux du conseil municipal,*
t. VIII, p. 47 et suiv.

trouva fort embarrassé pour soutenir le budget préparé par son prédécesseur. L'Empereur l'excusa et se chargea de régler tout lui-même. Dans la séance du 18 janvier 1813, le conseil municipal prévenu par M. de Chabrol des intentions de l'Empereur, « obéissant aux mouvements de son zèle et pour économiser les moments, » examina le budget sans nommer une commission, et consigna dans ses procès-verbaux les conclusions suivantes :

« Le conseil, en présence d'un déficit de plus de six millions, arrête
« que plus sensiblement affecté chaque année du déficit toujours
« croissant, qu'il ne trouve aucun moyen de combler autre que ceux
« qu'il a proposés dans un mémoire annexé au budget de l'année
« dernière, invite M. le préfet à rappeler l'attention du gouvernement
« sur les observations et demandes contenues dans ce mémoire (1). »

L'Empereur se trouva donc en présence des observations formulées par le conseil municipal et aggravées par les critiques intéressées de Chabrol. Chabrol recueillait les périls d'une situation qu'il avait peine à comprendre et intérêt à éclaircir, d'une comptabilité dont les circonstances et le génie de l'Empereur avaient organisé peu à peu le mécanisme, et qui depuis quelque temps déjà était vivement attaquée par le ministre du Trésor. Il était naturel qu'il désirât une enquête. Une partie des ministres faisait les mêmes vœux. L'Empereur lui-même les partagea. Dégageant le ministre de l'intérieur d'une mission qui avait pour objet de critiquer son administration et celle de ses prédécesseurs, il chargea le duc de Gaëte, alors ministre des finances, d'examiner la situation de la ville de Paris, et de présenter un projet de règlement pour le service de 1813.

Le ministre commença par distinguer la période des

(1) Arch. du conseil municipal. *Procès-verbaux du conseil municipal,* t. VIII, p. 105.

budgets municipaux avant 1806, et la période des budgets impériaux après 1806. La première période était entièrement liquidée. Quant à la seconde période, elle offrait un déficit de 7,385,300 francs. Il appuyait ce déficit sur l'état suivant :

Les revenus réels de tous les exercices, depuis l'an VIII jusqu'à 1813, montaient à........ 219,380,990 fr. 02 c.

Les revenus probables à........ 220,928,842   39
_____

Déficit.....................   1,547,852   37

Mais les liquidations à faire au 1ᵉʳ janvier 1813 s'élevaient :

Pour les exercices 1806 à 1810...   2,055,106 fr. 39 c.

Pour 1811...................   804,253   39

Pour 1812...................   4,525,940   46
_____

7,385,300   24

« Il est probable, disait-il, qu'une partie plus ou moins « forte du déficit ci-dessus disparaîtra par une liquidation « de toutes les dépenses arriérées, dont quelques-unes « remontent à des époques très-éloignées. On proposerait de « confier cette liquidation à une commission composée de « trois membres du conseil municipal, choisis par le ministre « de l'intérieur et présidée par le préfet du département. »

Le duc de Gaëte proposait encore de renouveler, pour la liquidation des budgets impériaux, la mesure prise par l'Empereur pour la liquidation des budgets municipaux, c'est-à-dire de réunir en un seul exercice tous les exercices depuis 1806. « Si la liquidation se termine par un déficit, l'Empe- « reur, disait-il, couvrira ce déficit par une ressource extra- « ordinaire. L'ordre sera rétabli, à partir de 1813, dans le « budget de la ville de Paris, et l'on pourra appliquer à la « comptabilité de la ville de Paris les règles qui président à

« la comptabilité du Trésor. » L'Empereur accepta toutes les
conclusions de ce rapport. Le 4 mars 1813, il dicta en
conseil d'administration une longue instruction (1), que résuma le décret du 11 avril. Le titre Ier de ce décret fixa les
droits dus à l'entrepôt des cotons; le titre II, les droits d'entrepôt à la halle aux vins; le titre III, le tarif des droits à
percevoir par le bureau central du poids public; le titre IV
ordonna la liquidation des exercices 1812 et antérieurs sur
le plan proposé par le ministre des finances; le titre V régla le
budget de 1813 en recette à la somme de 20,890,105 francs,
et la dépense à pareille somme, avec un fonds de réserve de
751,515 francs.

A peine le décret fut-il rendu que le ministre de l'intérieur choisit dans le sein du conseil municipal une commission pour liquider les dépenses communales de la ville de
Paris. Cette commission, composée de MM. Davillier, de
Lamoignon et Montamant, auxquels furent adjoints MM. Da-
ligre, Bellart et Gauthier, présenta son rapport le 13 décembre 1813. Après avoir constaté que l'arriéré de tous les
exercices antérieurs à 1812 ne s'élevait qu'à la faible somme
de 488,826 francs, la commission résuma ses observations
dans ces paroles remarquables :

« Tels sont, disait-elle, tels sont les résultats de l'opération impor-
« tante de la liquidation générale de toutes les dépenses de la ville de
« Paris, sur une gestion de quatorze années, à partir de l'an VIII
« jusqu'à l'année 1812, gestion qu'on ne saurait assez louer à présent
« qu'on sait où elle est arrivée, en songeant au point d'où elle est
« partie et aux difficultés sans nombre qu'elle a traversées.

« Tout à créer, même les principes perdus comme tout le reste dans
« le grand naufrage qui avait englouti nos règles, nos mœurs et nos
« lois, même la vertu publique dans les agents, laquelle n'existe jamais

(1) Arch. de l'Emp. *Procès-verbaux du conseil d'administration*,
. III, p. 149.

« que quand un chef encore plus dévoué qu'eux à l'intérêt commun
« et juste appréciateur de leurs travaux leur en donne l'exemple :

« Une multitude de services à monter, dignes de la grandeur du
« gouvernement qui les instituait et de l'importance d'une ville, la
« première de l'Empire :

« Des ressources à trouver pour subvenir à des besoins que ne
« soupçonnait pas l'ancienne administration municipale :

« Tous les vieux établissements à entretenir, tant de nouveaux à
« fonder, réclamés soit par l'utilité, soit par l'embellissement de Paris,
« pour sa splendeur ou par son assainissement :

« Tant de grandes choses à faire : des quais, des places publiques,
« des marchés, l'alignement des rues, des greniers d'abondance, des
« abattoirs, un canal suffisant tout seul pour illustrer un règne, des
« quartiers entiers, des fontaines multipliées, tant d'autres monuments
« chargés d'aller révéler aux siècles qui suivront les miracles du temps
« présent :

« Les temples à restaurer, le culte à doter, la charité publique à
« rendre plus féconde, des fêtes à donner aux étrangers, devenus tri-
« butaires de la noble curiosité qui les portait à venir visiter la pre-
« mière ville de l'Europe :

« Au milieu de tant de soins divers, l'ordre à conserver, l'économie
« à concilier avec la magnificence au milieu de dépenses si considé-
« rables, et surtout un constant équilibre à observer, soit entre les
« besoins rivaux qui se disputaient l'aliment commun, en telle sorte
« que tout pût marcher à la fois, soit entre de si nombreuses dépenses
« et les ressources, de manière que rien ne languit, que rien ne fût
« négligé, mais aussi que rien n'excédât les finances de la ville :

« Voilà ce qui était à faire.

« Voilà ce qui a été fait, puisqu'après tant de dépenses la caisse
« municipale offre encore un boni sur tous ces exercices !

« Voilà ce qui fera *l'honneur éternel de la sage, pure et paternelle*
« *administration qui a présidé à ces exercices et qui a si bien justifié la*
« *confiance du souverain !*

« Il a été bien agréable à la commission de n'avoir trouvé, dans
« l'examen de tant d'actes qu'elle a dû vérifier, que de nouvelles occa-
« sions d'ajouter à son estime pour cette administration, et ce témoi-
« gnage nouveau que son devoir lui commande de porter est, après
« l'approbation qu'elle ambitionne d'obtenir de Votre Excellence pour
« son propre zèle, la plus douce récompense de ses travaux.»

Ces éloges, donnés solennellement au préfet disgracié,
volèrent de bouche en bouche.

Le 31 août 1814, M. de Chabrol renouvela devant le conseil municipal l'hommage de sa haute estime pour l'administration de son prédécesseur, et un peu plus tard, sur le vœu des maires et du conseil municipal, il sollicita lui-même du roi Louis XVIII une pension qui arracha le plus honnête des grands fonctionnaires de l'Empire aux embarras d'une pénible médiocrité.

II. — BUDGET DU CANAL DE L'OURCQ ET DES EAUX DE PARIS

A côté du budget ordinaire de la ville de Paris, contenant les dépenses de l'administration municipale, des hospices et de la préfecture de police, s'était établi, nous l'avons vu, un second budget, le budget du canal de l'Ourcq, bientôt grossi du budget des eaux de Paris.

Sous l'ancien régime, les travaux hydrauliques de Paris étaient exécutés tantôt par le Trésor royal, tantôt par la ville seule, tantôt par le Trésor et la ville réunis. Quoique les eaux de Paris fussent divisées en *eaux du roi* et en *eaux de la ville*, des actes souverains de Henri IV, de Louis XIII, de Louis XIV les avaient toutes déclarées inaliénables. Ces déclarations n'avaient pas empêché qu'un grand nombre de concessions particulières n'eussent été faites ou usurpées, et qu'en 1759 une compagnie dirigée par les frères Périer n'obtint pour quinze années le privilége de distribuer l'eau dans Paris. Cette compagnie fit de mauvaises affaires, et l'État réunit cette entreprise aux anciennes eaux du roi. De 1790 à 1800, plusieurs projets furent mis en avant; ils n'eurent d'autre effet que d'appeler sur cette grave question l'attention du gouvernement consulaire.

On discutait encore un projet présenté en 1799 par les sieurs Solages et Bossu, projet tendant à conduire à Paris la rivière d'Ourcq, lorsque fut votée la loi du 29 floréal an X

(19 mai 1802) : « Il sera ouvert un canal de dérivation de la
« rivière d'Ourcq, qui amènera cette rivière dans un
« bassin près de la Villette. » Un arrêté du 25 thermidor
(13 août 1802) statua qu'un droit additionnel de 1 franc
25 centimes par hectolitre de vin serait perçu par l'octroi de
Paris, et que ce droit serait uniquement affecté aux dépenses du canal. D'autre part, le préfet du département
de la Seine fut chargé de l'administration générale de ces
travaux et les ingénieurs des ponts et chaussées de leur
exécution.

On voit que, dès son origine, la nouvelle entreprise eut
un caractère spécial. Les recettes, c'est-à-dire le droit additionnel à l'octroi, furent constituées sans l'avis préalable du
conseil municipal, qui, dans le budget de l'an XIII, cessa
d'en délibérer, « attendu que les dépenses pour le canal ont
« un fonds déterminé en sous additionnels à l'octroi et que la
« somme en est déduite du revenu présumé de l'octroi. »
Quant aux dépenses, elles furent presque toujours ordonnées
par le gouvernement, avant ou même contre les avis du
conseil municipal ou du directeur général des ponts et
chaussées. A tous les points de vue, le canal de l'Ourcq offrit
l'aspect d'une administration particulière, et cette administration forma bientôt le second budget de la ville de Paris.

Tandis que le gouvernement tentait d'augmenter par une
entreprise spéciale et extraordinaire le volume des eaux de
Paris, il songeait à concéder toutes les eaux de la commune
à une compagnie, pour vingt années, moyennant une rede-
vance au profit du Trésor public. Le conseil d'État repoussa
ce projet « parce qu'il disposait en faveur du domaine public
« d'une propriété essentiellement municipale, parce que
« l'intérêt d'une compagnie qui vendrait l'eau serait de
« restreindre le plus possible les fontaines, afin de diminuer

« ses frais d'administration, tandis que l'intérêt public de-
« mande la plus grande multiplication possible des distribu-
« tions d'eau. » Battu au point de vue de la concession, le
gouvernement n'en persista qu'avec plus d'ardeur dans le
dessein de réunir sous la direction du préfet de la Seine toutes
les anciennes eaux de la commune de Paris, qu'elles fussent
élevées par les pompes Notre-Dame et de la Samaritaine,
amenées par les aqueducs d'Arcueil, de Menilmontant et de
Belleville, ou fournies par les deux machines à vapeur de
Chaillot et du Gros-Caillou.

Ainsi parurent successivement les décrets du 6 prairial
an XI (26 mai 1803) et du 4 septembre 1807.

Le 20 août 1807, l'Empereur, en présence de Crétet, ministre de l'intérieur, Regnaud de Saint-Jean d'Angely, Frochot, Montalivet, Béranger, s'entretenait, en conseil d'administration, des travaux publics commencés dans Paris.

« A cette occasion, Sa Majesté remarque que ces travaux ne sont
« pas poussés avec assez d'activité, qu'on ne saurait trop multiplier
« les ouvriers dans cette saison, qu'il faut se hâter d'arriver à des
« résultats, et que les travaux de Paris doivent surtout être terminés
« avant le retour de la crue des eaux. Sa Majesté a remarqué aussi que
« les fontaines ne fournissent pas l'eau en assez grande abondance, que
« quelques-unes même sont taries. Elle blâme cette parcimonie. Ce
« qui fait qu'au lieu d'avoir des fontaines coulant sans cesse, on dis-
« tribue l'eau au robinet. Elle veut que partout les fontaines coulent
« jour et nuit, et s'il y a quelques obstacles à certaines époques, que
« du moins dans cette saison on dépense toute l'eau qu'il est possible
« de faire arriver aux fontaines. M. le préfet observe qu'au moment
« actuel, les fontaines de Paris distribuent par jour 18,000 muids
« d'eau. Sa Majesté demande si c'est là le maximum de ce qu'elles
« peuvent distribuer. M. le préfet répond qu'on peut porter la distri-
« bution jusqu'à 24,000 muids, et que cette augmentation coûtera
« 200 francs par jour. Sa Majesté le charge de donner des ordres pour
« que cette distribution de 24,000 muids d'eau commence immédia-
« tement. Sa Majesté invite le ministre de l'intérieur à présenter un
« travail sur la désignation des fontaines qu'il est possible d'ajouter à

« celles dont le public jouit aujourd'hui à Paris. Le travail devra être
« lié avec le système de l'irrigation des eaux de l'Ourcq. Le ministre
« observe que ce système n'est pas encore déterminé. Il établit l'ur-
« gence d'en arrêter le plan afin de se trouver en mesure au moment
« où les eaux arriveront à leur destination. Autrement, on en serait
« embarrassé.

« Ces considérations, auxquelles MM. Regnaud et Frochot ajoutent
« des développements, donnent lieu de remarquer les inconvénients
« qui résultent de la division de la direction des eaux de Paris
« entre deux ingénieurs, celui de la ville de Paris et celui des ponts
« et chaussées. Le conseil est unanime sur la nécessité de centraliser
« ces travaux dans la même administration, d'en confier la suite à
« une seule personne, enfin d'en charger exclusivement le directeur
« général des ponts et chaussées.

« Sa Majesté approuve l'opinion du conseil et charge le ministre de
« l'intérieur de lui présenter lundi un projet de décret (1). »

Tel fut, pour ainsi dire, l'acte de naissance du décret du
4 septembre 1807. Ce décret vint modifier et confirmer le
décret du 6 prairial an XI, et ordonner la réunion de toutes
les eaux anciennes et nouvelles en une seule administration
ayant le caractère municipal, régie aux frais de la ville de
Paris par le préfet de la Seine, sous la surveillance du directeur des ponts et chaussées.

« ARTICLE 1er. — Les eaux des pompes à feu de Chaillot et du
« Gros-Caillou, celles des pompes hydrauliques de Notre-Dame, de la
« Samaritaine, des Prés-Saint-Gervais, Rungis et Arcueil, et celles
« du canal de l'Ourcq, seront réunies en une seule administration.

« ART. 2. — Cette administration sera exercée par le préfet de la
« Seine sous la surveillance du conseiller d'État, directeur des ponts
« et chaussées, et l'autorité du ministre de l'intérieur.

« ART. 3. — Tous les travaux dépendant de cette administration
« seront projetés, proposés, autorisés et exécutés dans les formes usi-
« tées pour les travaux des ponts et chaussées. La comptabilité des
« travaux sera aussi exécutée dans les mêmes formes.

« ART. 4. — A cet effet, il sera établi, sous le titre de *Directeur des*
« *ponts et chaussées,* un ingénieur en chef qui aura la direction géné-

(1) Arch. de l'Emp. *Procès-verbaux du conseil d'administration.*
t. 1er, p. 175 et 176.

« rale, tant des travaux du canal de l'Ourcq que ceux relatifs, soit à
« la distribution des eaux de ce canal, soit à celle des eaux des
« pompes à feu et autres mentionnées en l'art. 1er du présent décret.

« ART. 5. — L'ingénieur directeur aura sous ses ordres immédiats
« deux ingénieurs en chef et des ingénieurs ordinaires qui seront
« chargés, savoir :

« L'un des ingénieurs en chef de tous les travaux du canal de
« l'Ourcq depuis la prise d'eau jusqu'au bassin de la Villette :

« L'autre, de tous les travaux relatifs à la distribution, tant des
« eaux de ce canal que de toutes les autres dans l'intérieur de Paris.

« Un ingénieur ordinaire sera chargé de la conduite et du travail
« des pompes à vapeur depuis la prise d'eau dans la Seine jusqu'à la
« sortie des bassins.

« ART. 6. — Toutes les dépenses relatives à l'administration des
« eaux de Paris seront à la charge de la ville. Ces dépenses seront
« proposées pour chaque année dans un *Budget particulier* qui sera
« joint au budget général de la commune.

« ART. 7. — Avant le 1er décembre prochain, l'ingénieur directeur
« présentera un projet général de distribution dans l'intérieur de
« Paris, tant des eaux à provenir du canal que de toutes autres déjà
« existantes.

« ART. 8. — Ce projet indiquera généralement les points de placement
« des fontaines, conduits et reprises à établir dans les divers quar-
« tiers de Paris, et spécialement le devis des établissements de ce
« genre à former dans les quartiers de Saint-Denis et des halles, et
« qui devront s'y commencer dès l'année prochaine. »

Le décret du 4 septembre 1807 constituait le budget du
canal de l'Ourcq et des eaux de Paris. A partir de 1808, le
canal de l'Ourcq ne figure même plus comme mémoire dans
le budget général et ordinaire de Paris. Le chapitre des dépenses relatives au service : *Pompes et autres établissements
hydrauliques*, disparaît également du budget général et devient une section du second budget de la ville ; mais, comme
l'administration proprement dite des eaux de Paris n'avait
pas de recettes proportionnées à ses dépenses, l'Empereur
réserva, sur les revenus ordinaires de la ville, la somme
nécessaire pour assurer tout le service des eaux. La ville

de Paris contribuait ainsi par l'octroi au canal de l'Ourcq,
par ses fonds au service des eaux, et pourtant le conseil
municipal n'avait aucun droit d'intervenir dans le règlement
de ce second budget. L'Empereur, en effet, le considérait
comme un premier budget extraordinaire qu'il alimentait
avec quelques ressources municipales, mais qu'il devait
entretenir avec des fonds spéciaux. Voilà pourquoi le décret
du 21 mars 1808, en ordonnant la vente des canaux,
assigna dix millions aux embellissements de Paris, et plus
tard, sur ces dix millions, trois furent affectés au canal de
l'Ourcq, aux eaux de Paris et à la navigation de la Seine.

En définitive, le budget de 1809 se présentait avec ces
trois divisions :

Titre Ier.— Recette : taxe additionnelle à l'octroi. Dépense :
Canal de l'Ourcq.

Titre II. — Recette : produit des pompes à feu. Dépense :
Eaux de Paris.

Titre III. — Recette : Fonds accordés sur la caisse d'amortissement et fonds à prendre sur la ville de Paris. Dépense :
Distribution des eaux.

Ainsi, quoique l'Empereur le gratifia de secours extraordinaires, le budget du canal de l'Ourcq et des eaux de
Paris était, suivant les termes du décret du 4 septembre, à
la charge de la ville de Paris. C'était bien le second budget
de la ville de Paris.

Le 18 janvier 1810, Frochot soumit à l'Empereur l'état
des travaux du canal de l'Ourcq et un projet général de distribution des eaux dans Paris. L'Empereur présenta quelques observations sur ce sujet et pria Frochot de les résumer dans un rapport dont il entendit la lecture le 25. Dans
ce rapport, Frochot établissait que la dépense totale du canal
de l'Ourcq et de la distribution des eaux dans Paris devait

s'élever à 38 millions ; qu'au 31 décembre 1809, 11,406,017 francs étaient dépensés, et qu'il était urgent de s'assurer une dernière somme de 26,593,983 francs. Il concluait en demandant que l'Empereur fit passer les travaux du canal de l'Ourcq avant les travaux de distribution dans Paris; qu'il continuât à avancer des fonds sans intérêt jusqu'au moment où, tous les travaux étant achevés, on pourrait appliquer la totalité des droits additionnels d'octroi au remboursement du capital et des intérêts du capital emprunté. L'Empereur répondit à ce rapport dans le conseil du 20 février 1810. Après avoir réglé l'ordre des travaux et les budgets de 1810, en ajoutant au droit additionnel d'octroi un prêt de 1,700,000 francs sur la vente des canaux, l'Empereur fit entrer dans le budget du canal de l'Ourcq une somme de 23,200,000 francs, de la manière suivante :

« ART. 6. — La somme de 23,200,000 francs jugée nécessaire pour « compléter, avec celle de 14,800,000 francs qui aura été dépensée le « 1er janvier 1811, celle totale de 38,000,000, montant des évalua- « tions, sera fournie au moyen : 1° de sept ans, à partir du 1er jan- « vier 1811, du produit des centimes additionnels à l'octroi, sauf « complément sur les années suivantes, s'il y a lieu, 9,900,000 francs; « 2° d'un prêt de dix millions sans intérêts, fait par la caisse de la « vente des canaux à la ville de Paris, à compte duquel la ville aura « déjà reçu et dépensé au 1er janvier 1811, 3,700,000 francs, de sorte « qu'elle n'aura plus à recevoir que 6,300,000 francs; 3° d'un em- « prunt de sept millions avec intérêt à 5 p. 100, que fera la ville de « Paris, et qui sera remboursable en sept années, à raison de un « million par an, à partir du 1er janvier 1818, sur le produit de l'ad- « dition à l'octroi, fonds spécial des travaux de l'Ourcq : ci, 7,000,000. « Total 23,200,000 francs.

« ART. 7. — Les sept millions qu'empruntera la ville de Paris, après « que la loi qui doit l'y autoriser aura été rendue, seront spéciale- « ment affectés au remboursement des indemnités de maisons et de « terrains; les actions de cet emprunt seront d'abord affectées aux « particuliers à indemniser. »

Le décret du 12 mars 1810 ne devait pas être exécuté

dans toutes ses dispositions. Des trois recettes assurées par
le décret, une seule, l'octroi, fournit régulièrement son
contingent annuel. La seconde, le prêt sans intérêt sur la
caisse des canaux, donna bien en 1810, 1,770,000 francs, en
1811, 1,000,000 francs, mais en 1812, 505,000 francs et en
1813, 150,000 francs. La troisième recette, l'emprunt de sept
millions, ne fut jamais réalisée. Autorisé dans le décret du
20 février 1810, appuyé le 5 mars par le conseil général, consacré par le Corps législatif le 12 du même mois, cet emprunt,
destiné à indemniser les propriétaires expropriés par le canal
de l'Ourcq, fut suspendu jusqu'en 1814. Dans une lettre du
10 avril 1812, Frochot explique à M. de Montalivet, ministre
de l'intérieur, que, pour ne pas laisser des capitaux oisifs
dans la caisse municipale, il n'a pas encore usé du droit
d'emprunter ; mais que le conseil municipal ayant émis
l'avis d'ouvrir l'emprunt dès à présent pour la totalité, il lui
demande d'approuver cette résolution. Le 25, Montalivet
répondit en approuvant l'arrêté. L'emprunt fut ouvert, mais
sans succès. Qui donc en 1812 pouvait être tenté de placer
son argent à 5 p. 100 sur la ville de Paris ? On eut recours
à la caisse du Mont-de-Piété. Cette caisse avança une somme
de 200,000 francs avec laquelle on solda les indemnités dont
le payement était exigible.

Le déficit dans les avances promises sur la vente des canaux et l'insuccès de l'emprunt de sept millions devaient
faire brèche dans le budget du canal de l'Ourcq et de la
distribution des eaux dans Paris. Au 1er avril 1814, on
dressa un compte général des dépenses de ce budget. Le
déficit, qui s'éleva environ à deux millions, fut confondu
avec le déficit du budget de l'extraordinaire et soldé par le
ministère de l'intérieur. Quant aux dépenses relatives au
canal de l'Ourcq, elles furent désormais classées dans le

budget extraordinaire de la ville de Paris, tandis que le service des eaux reprit sa place dans le budget ordinaire. Le budget spécial du canal de l'Ourcq et des eaux de Paris disparut avec l'Empire.

III. — BUDGET DE L'EXTRAORDINAIRE

On se tromperait étrangement si l'on croyait que le troisième budget de la ville de Paris, le budget de l'extraordinaire, sortit tout à coup de la tête de Napoléon, et qu'il répondit à un plan général d'assainissement et d'embellissement. Ce budget se forma peu à peu de la réunion de divers comptes appliqués à des travaux spéciaux et dirigés par plusieurs administrateurs. Un de ces comptes, le compte de l'emprunt de huit millions, donna lieu à la création de la *caisse de l'extraordinaire ;* mais quant au budget, ce fut vers 1812 seulement que Mollien, ministre du Trésor, examinant, comparant et classant tous ces comptes et tous ces travaux, signala leur analogie et les embrassa dans le titre général de : *Budget de l'extraordinaire.*

A peine le dix-huit brumaire eut-il rendu l'espérance de la paix publique, que le gouvernement et la population jetèrent à la fois sur Paris des regards désolés. Comment relever tant de ruines? Comment réparer tant de malheurs? Comment établir ces halles, ces marchés, ces entrepôts qui devaient augmenter les revenus et favoriser l'approvisionnement de la ville? Comment éclairer et paver, nettoyer et assainir, orner et agrandir ce Paris, hier encore le théâtre de la Révolution, aujourd'hui la capitale pacifiée de la République française? Une cruelle nécessité rendit longtemps ces vœux impuissants. Le préfet et le conseil municipal passèrent toutes les années du Consulat au milieu des regrets et des espérances, dans la perpétuelle inquiétude d'aligner les recettes et les dépenses du budget ordinaire.

En 1802, les consuls mettent à la disposition du ministre de l'intérieur une somme de 200,000 francs par mois. La politique inspirait cette mesure et conseillait d'employer pendant l'hiver des ouvriers malheureux et turbulents ; mais pour que le gouvernement ait le loisir de s'occuper, pour que l'Empereur ait le temps de s'emparer des projets conçus par le préfet et le conseil municipal, il faut atteindre l'année 1806 : il faut que le général Bonaparte soit devenu l'empereur Napoléon. Encore, en cette année 1806, l'Empereur n'a-t-il aucun plan arrêté, aucun fonds disponible ! Lorsqu'il dicte le budget de la ville de Paris pour l'exercice 1806, il n'a pas encore signé le décret du 20 mars, qui créera un fonds commun de travaux publics en prélevant 25 pour 100 sur le produit des bois communaux ; il en est encore réduit à chercher des ressources dans les économies impossibles du budget ordinaire.

Les ordres de 1806 ne furent pas exécutés. La ville de Paris, qui devait payer en 1806, pour le quai d'Austerlitz, le quai Desaix et le pavé extraordinaire, une somme de 1,050,000 francs, paya 209,500 francs ; le ministère de la police, qui avait été chargé des dépenses du quai du Louvre, du quai Bonaparte et du Champ-de-Mars, montant à 1,200,000 francs, paya 200,000 francs. La caisse d'amortissement fut obligée d'avancer les fonds nécessaires pour continuer les travaux. Le 6 août 1807, l'Empereur régla cette situation. La ville de Paris reçut l'ordre de rembourser, avant le 15 septembre, les avances faites par la caisse d'amortissement et de verser à la caisse des ponts et chaussées le restant de la somme de 1,050,000 francs mise à sa charge. Le million dû par le ministère de la police fut remplacé par une somme égale prélevée sur les fonds provenant de la vente des bois communaux et déposés à la caisse

24

d'amortissement. C'est alors qu'irrité des obstacles qui s'opposaient sans cesse et tout-à-coup à l'inexécution de ses
ordres, l'Empereur résolut d'avancer à la ville de Paris les
ressources nécessaires pour accomplir les grands desseins
que méditaient à l'envi le conseil municipal, le préfet et
l'Empereur. Je dis surtout le préfet et l'Empereur : car Frochot, dans une lettre adressée au conseil municipal le
19 février 1808, paraît s'attribuer une part décisive dans le
décret du 10 novembre 1807 :

> « Messieurs,
>
> « Dans les premiers jours de novembre dernier, et lorsque vous
> « alliez être convoqués en conseil municipal à l'effet de délibérer sur
> « le budget de Paris pour 1808, je reçus de la part de S. M. l'Empe-
> « reur et Roi l'ordre de lui présenter ce budget à Fontainebleau le
> « 10 de ce même mois. Du 5 novembre, jour où j'eus connaissance
> « de cet ordre par une lettre de S. Exc. M. le ministre de l'intérieur,
> « au 10, jour où je devais me rendre aux ordres de l'Empereur, il n'y
> « avait pas assez de temps à s'écouler pour qu'il vous fût possible de
> « délibérer sur le budget que j'avais à vous proposer. Je me rendis
> « donc à Fontainebleau avec mon simple projet et j'eus l'honneur de
> « le présenter à Sa Majesté qui, après l'avoir examiné, y statua sur-le-
> « champ en conseil d'administration par le décret ci-joint. D'après
> « cela, Messieurs, je n'aurais pas cru pouvoir vous réunir pour déli-
> « bérer sur des affaires relatives à ce budget, si je n'en avais reçu
> « l'ordre. Il m'a été transmis le 15 de ce mois par S. Exc. le ministre
> « de l'intérieur, et je me suis empressé de l'exécuter en vous convo-
> « quant aujourd'hui. Le mémoire que je joins à cette lettre vous fera
> « connaître le véritable objet de la délibération que vous êtes invités à
> « prendre. »

Le décret du 10 novembre 1807 autorisait la ville de
Paris à emprunter à la caisse d'amortissement une somme
de huit millions, applicable aux travaux des marchés et ou-
vertures de nouvelles rues. Cette somme était remboursable
en seize années, à raison de 500,000 fr., à partir de 1809.
L'emprunt était garanti généralement sur tous les revenus

de la ville de Paris, et spécialement sur les revenus nouveaux qu'il était destiné à créer (1). Quoique tous ses actes
eussent un caractère exécutoire et que ses décrets fussent
absolument souverains, l'Empereur n'avait pas voulu que
l'emprunt ordonné par le décret du 10 novembre fût affranchi des formes particulières aux emprunts des communes,
c'est-à-dire de la sanction du pouvoir législatif, précédée
d'une délibération du conseil municipal. Le conseil municipal, convoqué le 19 février 1808, approuva le 24, à l'unanimité, un emprunt qu'il sollicitait depuis bien des années.
Une loi sanctionna le vote du conseil, et l'emprunt fut
immédiatement ouvert. Quoique modifié dans le détail par
les budgets de 1809 et de 1810, cet emprunt conserva toujours son caractère d'opération municipale, son but d'utilité
publique, son ordonnateur le préfet de la Seine.

Quelques jours après avoir signé le décret du 10 novembre, l'Empereur écrivait à Crétet, ministre de l'intérieur :

« Monsieur Crétet, vous aurez reçu le décret par lequel j'ai autorisé
« la caisse d'amortissement à prêter huit millions à la ville de Paris.
« Je suppose que vous vous occupez de prendre des mesures pour que
« les travaux soient rapidement terminés et augmentent les revenus
« de la ville. Dans ces travaux, il y en a qui ne rendront pas grand
« chose et qui ne sont que d'embellissement; mais il y en a d'autres,
« tels que les galeries à établir sur les marchés, et les tueries qui
« seront d'un grand produit, mais pour cela, il faut agir... Poussez
« tout cela vivement... Le système d'avancer de l'argent à la ville de
« Paris pour augmenter ses branches de revenus a aussi le but de
« concourir à son embellissement. Mon intention est de l'étendre à
« d'autres départements... J'ai fait consister la gloire de mon règne
« à changer la face du territoire de mon empire. L'exécution de ces
« grands travaux est aussi nécessaire à l'intérêt de mes peuples qu'à
« ma propre satisfaction (2). »

(1) Arch. de l'Emp. *Procès-verbaux du conseil d'administration*,
t. Ier, p. 199-205.
(2) *Corresp. de Napoléon Ier*, t. XVI, p. 191 (14 novembre 1807).

Une fois engagé dans cette voie, l'Empereur y marcha
rapidement. Il n'y marcha pas à la légère. Le 4 février
1808, il dit en examinant le budget des ponts et chaussées,
qui faisait partie du service extraordinaire du ministère de
l'intérieur :

« Il faut classer tous les travaux qui se font à Paris et qui sont du
« ressort ou des ponts et chaussées ou de la commune, dont les cré-
« dits sont ouverts, ou sur les fonds généraux, ou sur ceux de la
« commune, ou sur des fonds isolés et d'occasion. Tous ces travaux
« tels que le pont d'Iéna, la colonne de la Grande-Armée, le monu-
« ment Desaix, la nouvelle machine de Marly doivent être distingués
« en divers chapitres. Il faut aussi présenter au conseil, pour chacun
« des travaux qui sont entrepris, un état particulier dans lequel on
« établira, en différentes colonnes, les diverses sortes de crédit (1). »

A ce moment, en effet, l'Empereur préparait le décret du
21 mars 1808, qui devait être le corollaire du décret du
10 novembre 1807.

L'année 1808 est une date mémorable dans l'histoire des
grands travaux de Paris. Non-seulement l'Empereur confie
au préfet de la Seine l'administration des travaux soldés par
l'emprunt de huit millions, mais encore il assigne sur les
fonds provenant de la vente des bois communaux et déposés
à la caisse d'amortissement une autre somme de dix millions
dont l'emploi est réservé au ministre de l'intérieur. Non-
seulement il ordonne à Paris et autour de Paris les travaux
les plus importants, mais encore il les classe, il les partage
en trois services, sous les ordres de trois chefs : le directeur
des ponts et chaussées, le ministre de l'intérieur et le préfet
de la Seine.

Le service du directeur des ponts et chaussées s'exerçait
hors Paris et dans Paris. Dans Paris, les travaux des ponts

---

(1) Arch. de l'Emp. *Procès-verbaux du conseil d'administration*,
t. Ier, p. 221.

et des quais, la gare de l'Arsenal, le quai de l'Archevêché, le pont de la Cité, le quai de Montebello, les abords du pont Saint-Michel, le quai des Invalides, le quai de Billy et le pont d'Iéna, enfin les rues de Paris qui étaient considérées comme la suite des grandes routes, dont l'entretien était à la charge du budget des ponts et chaussées depuis le 1er germinal an VI (21 mars 1798). Citons hors Paris les ponts de Choisy, de Sèvres, de Saint-Cloud, de Bezons, de Saint-Maur. Tous ces travaux étaient directement acquittés par le Trésor. Depuis le décret du 4 septembre 1807, le directeur des ponts et chaussées avait reçu dans ses attributions la conduite des eaux dans Paris. Ce service était soldé de différentes manières, et notamment par des prêts sur la vente des canaux et des avances faites par la caisse de la ville de Paris.

Le ministre de l'intérieur administrait et dirigeait sur fonds spéciaux les travaux de la place Vendôme, de l'église Saint-Denis, du Panthéon, de la machine de Marly, du Jardin des Plantes, des Greniers d'abondance, de l'Arc-de-Triomphe, des fontaines monumentales, de la Bourse, de la place de la Bastille, de l'obélisque du Pont-Neuf. La caisse d'amortissement faisait le fonds de ces dépenses, et ce fonds se composait du prélèvement de 25 pour 100 sur les coupes des bois communaux, et du produit des amendes imposées à l'occasion de la sortie des grains.

La caisse d'amortissement fournissait encore, mais sur d'autres fonds, l'emprunt de huit millions qui demeurait le partage du préfet de la Seine. Le décret du 10 novembre avait réparti cet emprunt entre les constructions d'abri dans les grandes halles de la place Maubert et du cimetière Saint-Jean, constructions de bains publics et de tueries hors Paris, achèvement du marché des Jacobins et de l'enclos du Temple, établissement du nouveau marché de la volaille aux Grands-Augustins, translation des marchés Saint-Denis et Saint-Martin, coupole de la halle aux blés, prolongement de la rue de Tournon, formation de la place Saint-Sulpice, acquisitions pour l'ouverture de la rue d'Ulm, et déblayement du pont Saint-Michel.

Ainsi le but de ces trois administrations était le même, embellir et assainir Paris ; mais la date, le personnel et les moyens d'action étaient différents.

Depuis 1808 jusqu'en 1814, les travaux de Paris restèrent aux mains du ministre de l'intérieur, du préfet de la Seine et du directeur des ponts et chaussées ; mais il était évident que le ministre de l'intérieur devait empiéter tous les jours davantage sur l'administration des halles et marchés confiée au préfet de la Seine, sur l'administration des ponts et des quais confiée au directeur des ponts et chaussées. Non-seulement la situation dominante et envahissante du ministre de l'intérieur se trahit par les décrets de 1811, mais elle se révèle et s'affirme par la nomination, en 1812, d'un directeur des travaux de Paris. Ce directeur devait être le lieutenant du ministre, comme le ministre lui-même était le lieutenant de l'Empereur.

Quoiqu'il eût divisé les travaux de Paris en trois services, dirigés par trois chefs et soldés sur des fonds spéciaux, l'Empereur n'en tenait pas moins réuni dans sa main puissante tous les éléments du budget de l'extraordinaire. L'unité de ce budget reposait dans la volonté de l'ordonnateur suprême, et l'Empereur, jusqu'à la dernière heure, resta le maître absolu du budget de l'extraordinaire.

Les grands travaux de Paris furent rapidement poussés pendant les années 1809, 1810, 1811, mais pas assez rapidement pour calmer les impatiences de l'Empereur. Les ressources s'épuisaient. L'Empereur, le ministre, le préfet en cherchèrent de nouvelles. Le 10 janvier 1811, le ministre de l'intérieur annonça que les fonds destinés à la construction des abattoirs étaient tout à fait insuffisants. Il examina l'intérêt qu'une compagnie trouverait à se charger de cette entreprise, les objections présentées par les bouchers et différentes combinaisons, au moyen desquelles la ville de Paris, moyennant un droit supplémentaire d'abattage, pourrait se substituer à une compagnie. A ce propos, le ministre rappela que le 8 vendémiaire an XI (30 septembre 1802), un arrêté des consuls avait créé une caisse pour le commerce de la boucherie et assujetti les bouchers à fournir un cautionnement, que cette caisse ne remplissait pas les avantages de l'ancienne caisse de Poissy dont il avait proposé depuis quelque temps le rétablissement. Sur l'ordre de l'Empereur, Montalivet et Regnaud de Saint-Jean-d'Angely lui expliquèrent tour à tour comment cette caisse devait faciliter et assurer le commerce des bestiaux destinés à l'approvisionnement de la capitale, en payant, marché tenant, aux propriétaires herbagers et forains le prix des bestiaux par eux vendus aux bouchers de Paris. Si la caisse n'avait eu d'autre objet que de toucher l'intérêt des sommes avancées aux bouchers, elle n'eût pas donné grand bénéfice; mais, en recevant le droit de prélever pour le compte de la ville de Paris, trois et demi pour cent sur le prix de tous les bestiaux vendus dans les marchés, elle ouvrait une nouvelle source de revenus qui pouvait avec avantage être appliquée à la construction des abattoirs. L'Empereur saisit immédiatement la portée de ces réflexions, et ordonna que le projet du ministre de l'intérieur fût renvoyé au conseil d'État. Le conseil d'État se hâta de délibérer, et le 26 janvier 1811 l'Empereur tint un nouveau conseil d'administration. La rédaction du projet donna lieu à quelques observations. Ce projet portait que le produit net de la taxe était assigné à la construction des abattoirs. L'Empereur demanda qu'on substituât à ces mots : « *construction des abattoirs,*» cette phrase plus vague : « *travaux de la ville.* » « Un décret « particulier dira après, que ce produit sera employé « pendant tant de temps comme fonds spécial pour les « abattoirs. » De son côté, Frochot demanda qu'on dissimulât l'intervention accordée au Mont-de-Piété dans les opérations de la caisse. L'Empereur approuva cette observation, et fit mettre dans tous les articles du projet où il était question du Mont-de-Piété, les expressions : « *caisse de la commune.* » Le décret du 6 février 1811 conféra au préfet de la Seine l'administration de la caisse de Poissy, dont les revenus vinrent grossir les ressources du budget de l'extraordinaire.

Ce dernier point fit quelques difficultés ; mais les deux décrets du 24 février 1811, étaient formels : « L'accroisse-« ment de 1,500,000 francs de revenu qui résulte pour la « ville de Paris du rétablissement de la caisse de Poissy sera « d'abord employé à terminer les abattoirs. Après l'achève-« ment des travaux, les produits de la caisse de Poissy aug-« menteront dans la caisse de la ville les fonds destinés à « d'autre travaux, » et dans le second décret, « les abattoirs « seront continués exclusivement sur les revenus de la caisse « de Poissy ; » seulement, la caisse de Poissy n'étant pas capable de fournir sur-le-champ les ressources nécessaires, la caisse de l'extraordinaire lui avança les fonds qui devaient être immédiatement employés aux travaux des abattoirs.

Tandis que Frochot et Montalivet rétablissaient la caisse de Poissy, l'Empereur trouvait de son côté les moyens de grossir les ressources du budget de l'extraordinaire. Le 21 mars 1808, il avait écrit à Crétet, ministre de l'intérieur :

« Je désire connaître l'emploi des fonds destinés à des travaux à
« Paris; je voudrais dépenser de l'argent de manière à ce que j'en
« retire l'intérêt ; vous concevez bien quel est *mon principe* qui est de
« vendre au fur et à mesure les canaux et autres objets que j'aurais pu
« améliorer pour construire et acquérir de nouveaux revenus... Parmi
« les travaux à faire à Paris, je désirerais faire construire un pont
« devant l'hôtel des Invalides, puisqu'il ne nuirait pas à la navigation.
« Un pont qui, comme celui des Arts, coûterait de 6 à 700,000 fr.,
« rendrait bien son argent, et lorsqu'il sera terminé, j'en vendrais
« les actions pour faire d'autres constructions. En général, à mesure
« que je ferai quelque chose produisant revenu, je le vendrai pour
« employer les capitaux à d'autres objets (1). »

Voilà ce que Napoléon lui-même appelait « son principe. »
Ce qu'il pensait en 1808, il le pensait en 1811. La vente des
halles et marchés de Paris fut la contre-partie de la vente
des canaux. L'Empereur raisonnait ainsi : « J'ai autorisé
en 1807 la caisse d'amortissement à prêter huit millions à la
ville de Paris. Ces huit millions ont été employés à la création d'établissements susceptibles de donner des revenus.
Ces objets ont donc une valeur vénale. Pourquoi n'en pas
tirer parti le plus promptement possible? Pourquoi ne pas
vendre les halles et marchés ? et à quelles conditions doit-on
les vendre?

« L'acquéreur, disait-il, verserait d'abord le montant de ce que le
« marché a coûté. Moyennant cette avance, moyennant l'engagement
« d'entretenir le marché en bon état, et celui de ne percevoir pour
« prix des locations que ce qui serait réglé d'avance par un tarif
« annexé au contrat, l'acquéreur aurait la possession du marché pen-
« dant un certain nombre d'années, calculé de manière que les reve-
« nus puissent le rembourser tant du capital avancé par lui que des
« intérêts et des frais d'entretien. Dès que la durée de la possession
« de l'acquéreur serait expirée, la ville rentrerait dans la propriété du
« marché (2). »

Tandis que l'Empereur dictait ces conditions à un acqué-

(1) *Corresp. de Napoléon Ier*, t. XVI, p. 506.
(2) *Procès-verbaux du conseil d'administration*, t. II, p. 255.

reur inconnu, Frochot lui rendait compte de la situation financière des hospices. Etonné du faible produit et des nombreuses charges de leurs maisons urbaines, Napoléon recommanda qu'on accélérât les ventes autorisées par les lois et les décrets, afin que les fonds des pauvres pussent être placés plus avantageusement. Il demanda même comment l'argent provenant de ces ventes était placé. Frochot lui répondit que jusqu'à présent il avait été versé dans la caisse du Mont-de-Piété de Paris, et employé tantôt en prêt, tantôt en achat de rentes sur l'État. Tout à coup l'Empereur entrevit le moyen de combiner l'opération de la vente des marchés de la ville avec la vente des maisons des hospices. L'opération était très-simple. La ville vendait aux hospices ses marchés; les hospices vendaient leurs maisons au public, et le prix des maisons vendues au public devenait le prix d'acquisition des marchés. La ville se trouvait alors en mesure de rembourser l'emprunt de huit millions à la caisse d'amortissement avec le prix des halles et marchés.

« Par cette opération, reprenait l'Empereur, la ville de Paris sera « exempte de payer le remboursement de son emprunt. Le rembour- « sement s'opérera à fur et à mesure des payements des hospices, « et le résultat sera que Paris aura couvert ses halles, aura acquis de « grands objets d'utilité publique, aura fait une dépense de plusieurs « millions d'embellissements, et en outre enrichi ses hôpitaux par « une cession avantageuse, sans que tous ces profits aient rien coûté « à la caisse de la ville. La commune de Paris remboursera son em- « prunt en sept ans, ses hôpitaux devront achever de payer beaucoup « plus tôt. Ce sont des fonds dont la ville de Paris jouira moyen- « nant l'intérêt qu'elle paye au domaine extraordinaire, et cet argent « pourra être avancé aux travaux des abattoirs pour les faire aller « plus vite..... Après avoir établi le système d'après lequel les « les hospices pourront, moyennant la cession qui leur sera faite des « marchés, couvrir, par la vente d'une partie des maisons, l'emprunt « de huit millions contracté par la ville de Paris, Sa Majesté examine « s'il ne conviendrait pas de compléter cette opération en donnant « une destination également utile pour les hospices au reste du fonds « de leurs maisons que l'acquisition des marchés de Paris n'emploiera

« pas. Sa Majesté pense que la nouvelle halle aux vins pourrait être
« construite aux frais des hôpitaux et à leur profit. Elle arrête cette
« idée, et comprend cette seconde opération dans le travail dont elle
« vient de charger le ministre de l'intérieur.

« Le préfet de la Seine expose que le seul obstacle qui puisse retar-
« der la vente des maisons des hospices existe dans les inscriptions
« hypothécaires dont elles sont grevées. Sa Majesté ne voit pas de
« difficulté à ce que les biens soient vendus libres comme domaines na-
« tionaux, soit en reportant l'hypothèque sur les biens ruraux des
« hospices, soit en rendant la ville de Paris responsable de la dette.
« Sa Majesté autorise le ministre de l'intérieur de proposer un projet
« de décret dans ce sens (1). »

Le décret du 24 février régla les travaux des halles et
marchés sur l'emprunt de huit millions, et les travaux des
abattoirs sur les bénéfices de la caisse de Poissy. L'Empereur,
évaluant à 18 millions la valeur capitale des maisons des hospices, prescrivit d'en vendre pour neuf millions cette année
même, et ordonna que la somme fût versée successivement
à la caisse municipale, se réservant de statuer incessamment sur l'emploi des neuf autres millions. Enfin le décret
du 27 février 1811 trancha la question des hypothèques
inscrites sur les maisons des hospices.

On comprend maintenant comment l'emprunt de huit
millions fut le point de départ de la caisse de Poissy et de la
vente des maisons des hospices, et comment ces trois opérations, liées les unes aux autres par leur objet, la construction des halles, marchés, entrepôts et abattoirs, formèrent
en quelque sorte le fonds principal du budget de l'extraordinaire. Le décret du 6 mars 1812, qui réglait le budget du
service extraordinaire du ministère de l'intérieur pour l'exercice 1812, nous montre en effet la caisse de l'extraordinaire
faisant, au moyen de ces trois fonds : l'emprunt, la caisse de
Poissy et les versements des hospices, le service des travaux

(1) *Procès-verbaux du conseil d'administration*, t. II, p. 270 et 271.

pour l'achèvement desquels l'emprunt de huit millions s'était trouvé insuffisant.

Indépendamment des fonds que la ville de Paris employait à tous ces grands travaux et qu'elle tirait de ses revenus, des produits de son octroi, des produits de la caisse de Poissy, de la caisse d'amortissement, l'Empereur affecta à la même destination un fonds spécial de trois millions, tant sur son domaine extraordinaire que sur diverses recettes provenant des coupes de bois communaux, enfin un million sur le dixième du revenu foncier des communes. Ces fonds spéciaux devaient figurer par ordre dans les recettes et les dépenses du Trésor. Tel était l'article 43 du décret du 24 février 1811, et le 1ᵉʳ article du chapitre II de ce décret : *Travaux de Paris sur fonds spéciaux.* Au reste, cette nouvelle source de revenus fut à peine ouverte : l'Empereur la ferma précipitamment.

S'il était facile de saisir le caractère commun de ces opérations, il n'était pas toujours aisé d'en présenter clairement le détail. La première fois que M. de Chabrol analysa la situation de cette partie du budget de l'extraordinaire, l'Empereur s'emporta. C'était le 28 janvier 1813.

« Ce compte n'est pas dans la forme ordinaire. Au défaut du préfet
« de Paris, qui ne peut encore connaître les détails de son administra-
« tion, le ministre de l'intérieur apportera au prochain conseil le
« compte de la vente des maisons des hospices. J'avais ordonné de
« faire une vente qui devait se monter à neuf millions. Qui est-ce qui
« a été vendu jusqu'au 31 décembre 1812? Combien est-il rentré?
« Que restait-il à vendre pour arriver à la somme fixée? Qui est-ce
« qui est dépensé? Que reste-t-il à dépenser? Que vendra-t-on en 1813?
« Et quelle destination sera donnée au produit de cette vente? Peut-on,
« sur le produit de ces ventes, prendre le million demandé pour le
« canal de l'Ourcq, sauf le remboursement des hospices, ou, ce qui
« est plus conforme à ce qui a été fait précédemment, peut-on le faire
« emprunter des hospices par la caisse des canaux? Qu'on me rende
« compte de tous ces fonds! Je voudrais vendre aux hospices le gre-
« nier d'abondance. Ils fourniraient les fonds pour l'achèvement, et je

« n'aurais plus à m'en occuper ni à dépenser de l'argent. Je serais
« remboursé de ce que j'ai dépensé. Je voudrais vendre de cette ma-
« nière les abattoirs, la halle aux vins, et tout ce qui peut produire
« un revenu. L'Arc de Triomphe, l'Obélisque, et tout ce qui est monu-
« ment, n'est pas dans le cas d'être vendu. Qu'on me dise ce que rap-
« portera la halle aux vins, en 1813, et si le droit à payer par pièce de
« vin a été fixé. Je demande également qu'on me rende compte de
« l'emploi de l'emprunt sur la caisse de l'extraordinaire, afin que tout
« ce système de vente et d'emprunt, de travaux exécutés et à exécuter
« sur leurs produits me soit représenté en détail (1). »

Cinq semaines après, le ministre de l'intérieur ayant lu un rapport sur la situation de la caisse de l'extraordinaire de la ville de Paris, l'Empereur s'écrie :

« Il faut cesser d'emprunter au Domaine extraordinaire. Il en coûte
« à la ville et au Domaine qui a besoin de ces fonds. Pour 1813, il
« faut ordonner la vente de 6,500,000 fr. de maisons des hospices, et
« leur donner en place 325,000 fr. de revenu, hypothéqués sur la
« halle aux vins, etc. (2). »

Les années 1811 et 1812 s'écoulèrent au milieu de la plus grande activité, et, lorsque les événements de 1814 arrêtèrent tout à coup les comptes et les travaux, le budget de l'extraordinaire et le budget du canal de l'Ourcq offrirent un déficit total de plus de onze millions :

Budget du canal de l'Ourcq :
    Acquisitions de terrains.......... 557,000 fr.
    Solde des travaux.............. 1,655,000
Budget de l'extraordinaire :
    Acquisitions de terrains.......... 3,402,000
    Solde des travaux.............. 1,504,000
En ajoutant le
    Solde de l'emprunt de 8 millions... 4,676,000

On atteignait, sans les dépenses courantes,
    une somme de................ 11,794,000

(1) *Procès-verbaux du conseil d'administration*, t. III, p. 241.
(2) *Procès-verbaux du conseil d'administration*, t. III, p. 251.

Le nouveau préfet, M. de Chabrol, dirigea cette liquidation avec un zèle et une prudence remarquables. De son côté, le conseil municipal n'hésita pas à attribuer au payement des acquisitions de terrains, et pour le remboursement de la cinquième série de l'emprunt de 8 millions, une somme de............................ 4,562,000 fr.

Restait encore à payer.............. 7,232,000

La situation eût été véritablement critique, si le gouvernement de la Restauration n'eût pas adopté les théories anti-municipales de l'Empire. Dans le courant d'octobre 1814, M. de Montesquiou, ministre de l'intérieur, examina la situation des finances de la ville de Paris. Après plusieurs conférences, auxquelles furent appelés le préfet de la Seine et d'importants personnages, on déclara que la ville de Paris ne devait pas être considérée comme une commune ordinaire, qu'elle appartenait à la nation tout entière, « qu'elle « ne s'appartenait pas, et que le gouvernement devait reven- « diquer l'honneur et la charge de diriger ses affaires. » On reconnut que l'Empereur avait, à juste titre, ouvert sur les fonds généraux du Trésor et inscrit dans le budget du ministère de l'intérieur des crédits pour embellir et enrichir la ville de Paris. Donc, la dette arriérée du budget de l'extraordinaire et du canal de l'Ourcq faisait nécessairement partie intégrante de la dette générale arriérée du ministère de l'intérieur, et devait être comprise dans la liquidation de cette dette ordonnée par la loi du 30 septembre 1814. En 1816, le conseil municipal eut quelques inquiétudes. Le Trésor affectait des prétentions au remboursement des 8 millions prêtés par la caisse d'amortissement; mais M. de Chabrol démontra facilement combien ces inquiétudes étaient peu fondées. Il observa que toute la dette arriérée du budget de l'extraordinaire avait été portée dans l'arriéré du minis-

tère de l'intérieur, qu'elle s'était éteinte par confusion, et
que de plus, cette confusion avait affranchi le Trésor de
30 millions qu'il devait au ministère de l'intérieur, et dont
il avait profité aux dépens des communes. L'avenir justifia
ces réflexions. L'État ne réclama rien à la ville de Paris :
Paris resta la propriété du gouvernement, et la liberté municipale paya les frais du budget de l'extraordinaire.

COMPTABILITÉ

Il ne suffit pas d'avoir esquissé l'histoire et l'organisation
des finances de la ville de Paris, d'avoir montré les trois
budgets naissant tour à tour et se développant l'un à côté de
l'autre, quoique séparés dans le fond comme dans la forme :
d'abord, le budget ordinaire examiné en conseil d'administration, discuté en conseil d'État, décrété par l'Empereur ;
ensuite le budget du canal de l'Ourcq et des eaux de Paris,
arrêté avec le budget général des ponts et chaussées, sur la
présentation du directeur général des ponts et chaussées ;
enfin le budget de l'extraordinaire, c'est-à-dire le budget des
grands travaux de Paris, réglé en même temps que le budget
général des travaux d'art dans la capitale et dans tout l'Empire, sur la présentation du ministre de l'intérieur.

Il ne suffit pas d'avoir montré comment la Restauration
reçut de l'Empire une situation financière, qui, malgré les
obstacles suscités par les embarras d'une administration
naissante, en dépit des cadres où l'avaient plus tard dispersée la volonté de l'Empereur, se réglait finalement en équilibre. Il faut encore pénétrer dans les secrets de la comptabilité, et en saisissant les divers ressorts qui faisaient mouvoir
les finances de la ville de Paris, mesurer l'empreinte qu'y
laissa le génie de l'Empereur.

On n'accorde pas toujours au Directoire le mérite d'avoir

préparé l'organisation financière de l'administration française. La loi du 11 frimaire an VII (1er décembre 1798) est pourtant fondamentale en cette matière. Comme les recettes des communes ne se composaient en général que des centimes additionnels, les percepteurs faisaient fonction de receveurs communaux ; mais, à Paris, le receveur communal était receveur général. Après le 18 brumaire, après la loi de pluviôse, le receveur général continua de percevoir les recettes municipales et les recettes départementales, et à payer sur ces fonds, les mandats du ministre de l'intérieur, du préfet de la Seine et du préfet de police.

La loi du 28 pluviôse an VIII n'avait pas réglé spécialement les rapports du préfet de police et du conseil général faisant fonction de conseil municipal. Ce silence fut la cause d'un grand débat. « Vous n'avez pas le droit, disait le préfet de police en l'an IX, au conseil municipal, vous n'avez pas le droit de critiquer les dépenses de la préfecture de police. Vous n'exercez point sur cette préfecture l'autorité légale d'économie et de conservation des finances municipales que vous exercez sans difficulté sur la préfecture civile ; les articles 40, 41, 42, 43 de l'arrêté des consuls du 12 messidor an VIII l'ont ainsi décidé. » Le conseil municipal répondait que l'indépendance du préfet de police, contraire à la loi aussi bien qu'au droit municipal, portait le désordre dans les finances de la ville. « Déjà, disait le rapporteur du conseil municipal, déjà votre receveur général, au milieu des dispositions de fonds simultanés de deux autorités égales qui, toutes deux, ordonnancent chacune de son côté, ne sait à laquelle donner la préférence, quelle ordonnance payer, et dans quelle proportion, quand il n'y a pas de fonds suffisants, les distribuer entre les diverses ordonnances. » Il était urgent de prendre une résolution décisive.

L'arrêté du 4 thermidor an X introduisit dans la comptabilité les réformes les plus importantes. D'une part, il plaça
le préfet de police sur le même rang que le préfet de la
Seine et soumit à la délibération du conseil municipal l'état
de toutes les recettes et de toutes les dépenses municipales,
sans exception ; de l'autre, il substitua un receveur municipal nommé par le conseil municipal, au receveur général
qui avait rempli jusqu'à présent les fonctions de receveur
municipal. La direction générale de la comptabilité d'administration fut attribuée au préfet de la Seine ; la direction de
la comptabilité financière ou de caisse fut exclusivement
réservée au receveur municipal. Ainsi fut consacrée dans
des termes précis cette règle que toute comptabilité se
divise en deux parties : l'une dirigée par l'administrateur, l'autre par le caissier, sous la surveillance de l'administrateur.

Frochot se hâta de mettre à exécution l'arrêté du 4 thermidor et d'organiser sur les recettes et sur les dépenses un
contrôle sévère. Quelques mots suffiront pour indiquer le
mécanisme de ce contrôle. Chaque jour, la régie de l'octroi
adressait au préfet de la Seine un bordereau des produits de
la veille, et tous les cinq jours un certificat des versements
faits à la caisse du receveur municipal. Les percepteurs
des contributions versaient les centimes communaux à la
caisse du receveur général du département, qui faisait, à
la fin de chaque mois, la division de cette recette. Quant
aux autres recettes d'ailleurs peu considérables, il suffisait
que le préfet en connût le terme et qu'il en surveillât le
recouvrement. Le préfet de la Seine était considéré comme
ordonnateur général des dépenses ; mais, à ses côtés, on
avait créé des ordonnateurs d'exception : ainsi le Trésor
public, à l'égard de la contribution mobilière, dont le pré

25

lèvement était de plein droit fait à son profit, l'administration des hôpitaux autorisée à se faire verser le quinzième
du crédit ouvert pour l'année, la régie des droits réunis
pour le dixième des produits de l'octroi, le préfet de police
dans la mesure des crédits alloués sur le budget municipal. En définitive, le préfet de la Seine n'était réellement
ordonnateur que pour les dépenses restant à payer après ces
divers prélèvements, et jusqu'à concurrence des sommes qui
étaient mises périodiquement à sa disposition par le ministre
de l'intérieur, d'après un état des fonds disponibles, état
expédié au ministre par le receveur municipal.

Comme la surveillance de la comptabilité de caisse ne pouvait se diviser entre plusieurs ordonnateurs, il était très-naturel qu'elle demeurât à l'ordonnateur de droit, plutôt que de
passer à l'un des ordonnateurs d'exception, et par conséquent
elle resta le devoir du préfet de la Seine. Cette surveillance
s'exerçait par une vérification de caisse qui se faisait dans
les premiers jours de chaque mois, et par la rédaction subsé-
quente d'un état de situation. Comme les états du caissier
devaient s'accorder avec les états du préfet, lesquels étaient
dressés administrativement d'après les bordereaux des recettes effectuées et les ordonnances de payement expédiées,
toute erreur était aisément relevée. Le contrôle de cette comptabilité ne s'arrêtait pas au préfet; il était exercé solennellement par le conseil municipal, en vertu de l'article 40 de
l'arrêté du 4 thermidor, et plus tard par la Cour des comptes,
après la loi du 16 septembre 1807.

Les choses demeurèrent en cet état, jusqu'en 1810; mais
la création et le développement des deux autres budgets de
la ville de Paris exercèrent un contre-coup sur la comptabilité du budget ordinaire. Pour simplifier la besogne que
lui donnait tous les mois le réglement des dépenses munici-

pales, pour trancher les prétentions rivales des deux préfets ordonnateurs, pour fixer les obligations du receveur municipal, le ministre de l'intérieur acheva dans l'arrêté du 9 juillet 1810 l'œuvre qu'avait commencée l'arrêté du 4 thermidor. Le receveur municipal continua d'acquitter les mandats du préfet de la Seine et du préfet de police touchant les dépenses municipales de la ville de Paris. Sur la recette de chaque mois, il dut prélever au profit du préfet de police une somme égale au douzième du crédit qui lui était ouvert chaque année. Le surplus des recettes était mis à la disposition du préfet de la Seine, qui devait ordonnancer chaque mois, par préférence et dans l'ordre suivant : 1° le douzième du montant de la contribution mobilière, 2° le montant des obligations souscrites au profit de la caisse d'amortissement (emprunt de huit millions), 3° le treizième du montant du crédit ouvert pour les dépenses des hospices, (le surplus devant rester en réserve pour exécuter la décision du 29 prairial an XI), 4° les sommes nécessaires pour le service de la garde municipale et des compagnies de réserve. Le préfet de la Seine pouvait disposer de l'excédant libre des recettes, après l'ordonnancement des dépenses indiquées ci-dessus. Un bordereau constatant la situation et le mouvement de la caisse municipale était chaque mois expédié au ministre de l'intérieur. Cet arrêté résume l'état de la comptabilité de la ville de Paris à la fin de l'Empire.

Si les lois et les arrêtés qui organisèrent et perfectionnèrent tour à tour le service de la comptabilité, ne soulèvent aucune critique, c'est qu'ils avaient directement pour objet la comptabilité du budget ordinaire ; mais aussitôt qu'on entre dans l'examen des trois budgets et que de chaque budget on passe à la division des exercices, et qu'en dehors des budgets et des exercices on se trouve en présence des comptes spéciaux, on s'étonne qu'une plus grande confusion n'ait pas envahi les services, alors que le système de la spécialité renversait tous les principes du droit municipal. En brisant l'unité d'un compte général de recettes et de dépenses, l'Empereur avait anéanti la personnalité de cet être moral qu'on appelle une commune et confisqué la jouissance avec la direction de ses droits et de ses biens.

Il est certain que la division du budget de la ville de Paris en trois budgets portait le trouble dans les comptes du receveur municipal. Plaçons-nous au point de vue de la recette. Le receveur se trouvait en présence de revenus dont il devait compter régulièrement aux termes du budget et d'autres revenus sur lesquels il faisait des recettes et des dépenses hors du budget. Comment inscrire la somme à divers comptes, ou à quel compte l'inscrire ? Double difficulté. En 1812, 300,000 francs sont accordés pour le service des eaux. Le receveur municipal les inscrit en recette au budget ordinaire et en recette au budget des eaux. Le receveur étant caissier des deux services ne peut avoir fait pour les deux services une recette réelle. Il est obligé, par une écriture d'ordre, de passer fictivement ladite recette au compte de l'un des services. N'est-il pas évident que ces opérations, autorisées d'ailleurs par un arrêté préfectoral, embarrassaient et surchargeaient la comptabilité ? N'est-il pas de règle que toute comptabilité doit être le plus possible dégagée de toute fiction ? Notons que ces virements ne ressemblaient nullement aux virements que l'administration pratique aujourd'hui ; ils se passaient en écritures et non en deniers. Le système de la spécialité, c'est-à-dire de l'affectation spéciale et immuable de certains fonds à certains services était précisément le contraire de la mobilisation des fonds d'un service à un autre.

Ce n'était pas seulement dans le service du comptable que naissaient les difficultés. Il arriva plus d'une fois que le préfet et le ministre ne furent pas d'accord sur l'emploi des fonds les plus importants. En 1812, le préfet comprit les revenus de la caisse de Poissy dans le budget ordinaire, et le ministre de l'intérieur dans le budget extraordinaire. Le 5 mai, l'Empereur signa le premier budget; il signa le 6 mai le second, de telle sorte que l'Empereur disposa deux fois des mêmes sommes. On étudia les décrets du 24 février, du 5 et du 6 mai 1811, et l'on reconnut que l'Empereur avait spécialement affecté toute cette recette à la construction des abattoirs en la plaçant dans le budget extraordinaire. Cependant, comme le produit brut de la caisse de Poissy était un revenu municipal affecté à une dépense municipale, il semblait que le conseil municipal dût en connaître. Il n'en fut rien, parce que la dépense des abattoirs faisait partie du budget extraordinaire et non du budget ordinaire, seul budget soumis au conseil municipal. Cet exemple donne la mesure des erreurs et des embarras qu'accumulaient la division des budgets et la multiplicité des comptes.

Si nous envisageons les dépenses, le même spectacle frappe nos regards. Les raisons qui avaient porté à diviser les budgets avaient conduit l'Empereur à spécialiser les fonds, c'est-à-dire à affecter certains revenus à certains services. Ces revenus dépassaient-ils les besoins? Le surplus demeurait sans emploi jusqu'à ce que l'Empereur et le ministre en eussent ordonné. Ne pouvaient-ils suffire à ces besoins? Le service restait en souffrance. Spécialiser les fonds, c'était spécialiser les caisses, c'est-à-dire déplacer les attributions des ordonnateurs naturels des revenus municipaux, enlever au conseil municipal la connaissance des affaires, détourner de la comptabilité de la ville des sommes considérables qui auraient dû figurer dans les comptes municipaux, et dont l'emploi moralement régulier restait ignoré de l'administration municipale. En effet, les dépenses relatives au canal de l'Ourcq et les dépenses dites de l'extraordinaire n'étaient pas ou n'étaient plus payées à la caisse municipale. La portion de l'octroi de Paris consacrée aux travaux du canal de l'Ourcq avait été confondue avec les fonds généraux de l'État affectés au service des ponts et chaussées de toute la France. Les revenus spécialisés du budget ordinaire de Paris étaient compris dans l'état général des travaux publics dressés par le ministre de l'intérieur. Tous ces travaux étaient soldés soit par la caisse générale du Trésor, soit par une caisse particulière dite la caisse des canaux. Si le gouvernement laissait au préfet le droit d'ordonnancer directement le payement des dépenses du canal de l'Ourcq et des acquisitions de terrains et de bâtiments faites au moyen de l'emprunt de huit millions, il lui retirait, au profit du ministre de l'intérieur, le droit d'ordonnancer et de payer tous les autres travaux qui s'exécutaient dans Paris.

Cette distinction d'attributions dans l'ordonnancement des dépenses blessait les règles de la comptabilité générale, et causait un préjudice grave aux droits des tiers. Lorsque deux ordonnateurs disposent concurremment du même fonds, il est tout simple qu'un des deux ordonnateurs prime l'autre, qu'une partie du service obtienne la priorité, qu'ici tout se paye tandis que là tout reste en arrière. Comme le ministre de l'intérieur avait à sa disposition les fonds destinés à solder les constructions et les acquisitions, il fit passer son service avant le service du préfet de la Seine et paya de préférence les constructions aux acquisitions. Les entrepreneurs de travaux furent presque immédiatement soldés, tandis que les propriétaires expropriés ou vendeurs attendirent plusieurs années le plus léger à-compte. D'autre part, les payeurs du Trésor ou du ministère n'étant point des comptables municipaux renvoyaient directement l'examen de leur gestion à la Cour des comptes, et soit que le préfet, soit que le ministre tirât des ordonnances de payement, l'un pour solder les acquisitions, l'autre pour solder les constructions et autres travaux, le conseil municipal n'avait aucune connaissance de cette partie de la comptabilité. A ces faits, le gouvernement ne bornait pas ses licences. Les mesures les plus graves étaient tout à coup ordonnées, sans que l'administration au nom de laquelle elles étaient provoquées, en fût seulement avertie. L'organisation de la garde nationale, des prêts au commerce de bois, les fêtes du mariage de l'Empereur, la création de régiments offerts par la ville de Paris ouvrirent successivement des comptes spéciaux qui furent inscrits hors du budget municipal sous le titre d'*Avances sur les fonds de la caisse générale*, et constituèrent une véritable infraction aux lois établies.

Non-seulement la comptabilité se divisait en budgets et en comptes spéciaux, mais les comptes spéciaux se subdivisaient eux-mêmes en sections. Dans le budget ordinaire on déduisait des recettes les frais de perception pour avoir le montant net de chaque recette : on doublait ainsi les comptes. Frochot demanda que ces déductions de recettes fussent supprimées dans chaque compte et débitées en masse sous forme de dépenses, de manière à ce que le budget ordinaire n'eût plus qu'une recette et une dépense simples. Il supprimait alors tous les comptes spéciaux, ouverts sous le titre de frais de perception, aux articles de l'octroi, de l'expédition des actes de l'état civil, du poids public, de la grande voirie, de la caisse de Poissy, des droits de vente

et locations dans les halles et marchés, etc. Il conjurait par
cette suppression les difficultés et les incertitudes qu'il éprouvait toute l'année et surtout à la fin des exercices pour
régler ces frais de perception, établir le brut et le net de
chaque recette, et présenter promptement la situation de la
plupart des revenus du budget ordinaire. Ces avantages
étaient assez considérables pour qu'on tentât d'en profiter.
Frochot dressa un budget dans cette forme, et en 1811, il
le fit agréer au conseil d'État; mais à peine l'Empereur
eut-il jeté les yeux sur ce travail qu'il le repoussa avec
humeur, défendant expressément qu'on changeât les cadres
qu'il avait fixés. Lorsque Mollien, dont le crédit était justifié par des talents supérieurs et un caractère des plus
honorables, porta son attention sur la comptabilité de la
ville de Paris, il s'éleva contre cette division et subdivision
de budgets et de comptes spéciaux. Frochot lui répondit le
20 juillet 1812 : « Si Votre Excellence obtient d'une part
« la formation d'un budget unique, d'une autre part l'em-
« ploi dans ce budget des produits bruts au titre des revenus
« et des frais de perceptions au titre des dépenses, elle
« aura rendu un service important à l'administration de la
« ville de Paris. »

La composition d'un budget ou la forme des comptes n'in-
flue pas sur la manière de le rendre. Que le budget soit simple
ou triple, accompagné ou non de comptes spéciaux, il faut
toujours le liquider. Or, il y a deux manières de liquider un
budget : par exercice ou par année. Liquider par année,
c'est clore le budget à une époque déterminée et porter en
recette ou en dépense extraordinaire sur l'année suivante le
déficit ou le boni du budget qu'on liquide. Liquider par
exercice, c'est laisser ouvert le compte d'un budget jusqu'à
ce qu'il soit épuré par des états supplémentaires, sans char-

ger le budget suivant du déficit et du boni du budget qu'on liquide. Plusieurs raisons et entre toutes la volonté formelle de l'Empereur avaient consacré la liquidation du budget par exercice. Sur ce point, Frochot ét l'Empereur étaient d'accord. Ils trouvaient dans cette forme de comptabilité le moyen de comparer d'un seul jet la masse ou le détail des recettes et des dépenses pendant un certain nombre d'années, et d'évaluer avec quelque certitude la valeur de revenus que leur nature rendait très-variables. Une simple balance de caisse ne paraissait pas susceptible d'offrir au même degré des points de comparaison et une règle de conduite. Cette forme de comptabilité offrait de grands inconvénients, en laissant les exercices indéfiniment ouverts et surtout en multipliant les comptes outre mesure; en effet, les budgets précédents et non clos étaient chaque année présentés dans leur situation nouvelle : le budget de 1806, par exemple, en 1807, 1808, 1809, 1810, 1811, toujours avec un équilibre nouveau. La Cour des comptes, créée par la loi du 10 septembre 1807 pour réviser les comptabilités des communes dont l'Empereur arrêtait le budget, demanda que les comptes de la ville de Paris lui fussent expédiés le 1er juillet de l'année suivante : ainsi le budget de 1805, le 1er juillet 1806; mais comme le receveur municipal lui soumettait des exercices non clos et avec des états chaque année nouveaux, elle se permit des observations. Aux observations de la Cour et plus tard aux critiques de Mollien, Frochot ne cessa de faire cette réponse péremptoire : « Prenez les ordres de Sa Majesté. » Depuis 1806 jusqu'en 1812, les comptes de caisse réglés par le receveur municipal suivirent la forme des comptes administratifs dressés par le préfet de la Seine, et les comptes administratifs dressés par le préfet de la Seine la forme du budget arrêté par l'Empereur.

Dès que Frochot eut quitté la préfecture, Mollien, la Cour
des comptes et le nouveau préfet M. de Chabrol, attaquèrent
la comptabilité des budgets par exercice. L'Empereur qui
commençait à sentir le poids des revers et la nécessité
d'écouter les conseils, céda. De même qu'en 1806 il avait
réuni tous les exercices écoulés depuis l'an VIII, pour n'en
faire qu'un seul exercice avec une seule recette et une seule
dépense, il réunit de même en 1813 tous les exercices
non clos depuis 1806, pour en préparer une liquidation générale. En même temps, il ordonna que les comptes de la ville
de Paris fussent désormais dressés suivant la forme adoptée
pour le budget de l'Empire et le compte du ministre du Trésor, de telle sorte que la Cour des comptes pût recevoir un
seul compte par exercice, trente mois après l'ouverture de
chaque budget.

Et ne voit-on pas maintenant quels liens unissent le régime
financier d'une commune à son régime municipal? comment
l'histoire de ses finances est l'histoire même de sa constitution politique? Sous le Consulat, Paris n'est plus une commune et pourtant elle en conserve l'image. Une fiction
couvre la ruine de la liberté municipale. Le préfet de la
Seine en qualité de maire, et le conseil général en qualité de conseil municipal, travaillent à reconstituer son
patrimoine avec le même zèle, la même ardeur que s'ils en
étaient les représentants naturels. L'arrêté de thermidor
an X paraît couronner leurs efforts et dégager la commune
des liens où l'enserre la loi de pluviôse. Le préfet lui-même
partage l'illusion générale ; il annonce imprudemment que
désormais chaque commune rentre dans le droit de gérer
ses affaires sous la seule inspection du gouvernement : mais
à peine le premier Consul est-il Empereur, qu'avec une irrésistible impétuosité il se jette dans l'administration générale

de la France et s'établit en maître dans l'administration de
la ville de Paris. C'en est fait. Il arrête, il détourne le courant libéral qui entraînait la législation vers la reconstitution
financière de la commune et transforme l'administration de
la ville de Paris en une série de services administratifs
dont il reste le chef et l'ordonnateur.

De 1806 à 1810, un grand sentiment, le sentiment de
l'ordre public anime et conduit l'Empereur. On peut dire
qu'il passe ses revues d'administration sous le regard de la
postérité. « Il ne faut point, disait-il, passer sur cette terre
« sans y laisser des traces qui recommandent notre mémoire
« à la postérité (1). » Dans ces vastes projets où Napoléon
entrevoyait la véritable gloire de son règne, il ne fait pas
seulement briller l'ambition du souverain, il trahit, et c'est
un des traits les plus saillants de son caractère, il trahit les
calculs du propriétaire. Si le souverain embellit sa capitale,
le propriétaire examine à quel prix. Si le souverain rêve
d'assainir Paris avec des quais, des fontaines et des halles,
le propriétaire compte le prix de ses rêves. Il améliore pour
vendre, il vend pour améliorer, et le bénéfice de ses spéculations sert de base à de nouvelles entreprises. Oubliant qu'il
a fondé ses finances sur la guerre, il professe « que le temps
n'est pas venu de les fonder sur des emprunts, » et comme
si l'Europe ne payait pas les frais de ses dépenses extraordinaires, il tient que la France ne doit pas dépenser au delà
de son revenu. C'est donc avec son revenu, c'est avec ses
propres capitaux, avec les capitaux de l'État et non pas avec
les capitaux du public qu'il essaye de changer la face du territoire de son empire. L'emprunt de huit millions destiné à
couvrir Paris de halles, de marchés, de bains, d'abattoirs,

(1) *Corresp. de Napoléon I*er, t. XVI, p. 191.

est-ce un emprunt? Et le prêt de dix millions fait sans intérêt par la caisse d'amortissement pour achever les travaux du canal de l'Ourcq, est-ce un prêt? Cet emprunt, ce prêt sont des avances faites par une caisse publique, la caisse d'amortissement, à une autre caisse publique, la caisse de la ville de Paris, sur l'ordre d'un ordonnateur commun, l'Empereur. L'Empereur, en autorisant ces opérations, ressemble à un propriétaire qui consacre une partie de ses capitaux à la restauration de ses maisons, et qui ordonne au compte *Maison* de rembourser dans un certain délai la somme avancée au compte *Capitaux*. Comment ce droit absolu de disposer à son gré de la fortune publique n'aurait-il pas opposé une barrière infranchissable aux justes réclamations du conseil municipal? En vain le conseil demanda-t-il que les recettes municipales fussent exclusivement consacrées aux dépenses municipales, que les recettes et les dépenses fussent maintenues en équilibre ! En vain essaya-t-il de dégager le budget ordinaire des charges qui devaient peser sur le budget de l'État! Disposant des fonds publics sans contrôle, réglant en même temps et au même titre les budgets de l'État et de la ville de Paris, l'Empereur ne cessa pas un seul jour de placer entre les intérêts contradictoires de l'État et de la ville les caprices ou les raisons de sa volonté souveraine.

Parvenu au comble de la puissance humaine, arbitre de l'Europe, maître de la France, Napoléon glisse et tombe dans l'exaltation du succès. La fièvre gagne son génie. L'habitude de la victoire surexcite ses espérances, et tandis qu'il prépare la fatale campagne de 1812, il conduit dans la France elle-même une campagne de travaux et de réformes. A voir l'ardeur qui le saisit et l'emporte, il semble qu'il ait le pressentiment d'un funeste avenir ! Il jette sur Paris des ordres impérieux ; il commande un Paris nouveau ; il serre en sa

main crispée les services « de sa bonne ville de Paris » ; il
livre l'octroi municipal à la régie des droits réunis ; il fait de
la caisse municipale une caisse impériale qui paye des régiments. En voulant fondre tous les pouvoirs en sa personne,
il les confond. En voulant tout prévoir, tout ordonner, tout
faire, il s'épuise, s'embarrasse, se précipite vers sa ruine.

Quel est donc le caractère de l'administration impériale ?
Est-ce la prodigalité, l'abus des emprunts, le sacrifice du
présent à l'avenir ? — Non. C'est la personnalité. L'Empereur absorbe le pouvoir municipal ; il sépare, au profit de
son autorité, ces intérêts qui découlent naturellement dans
tous les lieux et dans tous les pays de l'existence même
d'une ville ; il divise les services, les comptes, les budgets
pour les diriger seul ; il établit la comptabilité sur le système
de la spécialité, parce que la spécialité est pour lui un moyen
de contrôle et une habitude d'esprit. Si Frochot ou Mollien
hasardent des critiques contre les méthodes qui lui servent
à saisir dans l'ensemble et à pénétrer dans le détail l'administration toute entière, il se défend avec énergie, comme si
l'on portait la main sur le secret de sa puissance. Sous le
Consulat, Paris appartient à la France ; sous l'Empire, Paris
appartient à l'Empereur. Sous l'Empire, la personne morale
qu'on appelle la ville de Paris disparaît dans la personne de
Napoléon. L'unité de la commune n'est plus dans les institutions : elle est dans la tête d'un homme. Cet homme peut dire
de Paris ce que Sertorius dit de Rome :

« Rome n'est plus dans Rome, elle est toute où je suis. »

X

Des trois budgets de la ville de Paris le budget ordinaire
est le budget municipal par excellence, le budget de l'administration proprement dite. A peine avons-nous eu le temps
de le reconnaître. A peine aurons-nous le temps de le parcourir. En traçant néanmoins l'histoire des recettes de la
ville de Paris et en l'opposant à l'histoire des dépenses, on
pourra suivre la direction et mesurer la force des courants
qui dans des sens opposés entraînaient les affaires publiques. Les circonstances au milieu desquelles chaque branche
de revenu où chaque service public s'est établi et perfectionné prêtent à cette série d'études un intérêt général que
relèvent à chaque instant les succès et les talents de Frochot.

L'histoire du budget des recettes comprend deux périodes
très-distinctes : la première avant, la seconde après 1800.

Quelles étaient les recettes de la ville de Paris au 18 brumaire, et quelles ressources le Directoire léguait-il au
premier préfet de la Seine? En 1800, le loyer des propriétés communales, les centimes communaux ordinaires, le
dixième du droit de patente, le produit des établissements

hydrauliques et l'octroi composaient tous les revenus de la
ville de Paris.

I. — LOYER DES PROPRIÉTÉS COMMUNALES

Les communes sont des personnes morales formées d'une
réunion d'habitants. Elles ont des droits que la loi politique
règle mais ne crée pas. Le premier de ces droits est de posséder. Les communes étaient donc propriétaires avant 1789.
La Convention confisqua tous leurs biens et se chargea de
payer toutes leurs dettes. Le Directoire réagit contre cette
liquidation révolutionnaire et s'efforça de reconstituer leurs
patrimoines dans la célèbre loi du 11 frimaire an VII (1er décembre 1798). Au coup d'État du 18 brumaire, la ville de
Paris ne jouissait pour ainsi dire d'aucune fortune patrimo-
niale. La voirie de Montfaucon seule rapportait 64,100 francs.
La régie des domaines nationaux détenait les biens communaux et refusait de lâcher sa proie. La lutte s'engagea sur-le-
champ entre le préfet de la Seine armé de la loi de l'an VII
et la régie des domaines secrètement soutenue par le gouvernement. Peu à peu le préfet et le conseil municipal
reprirent possession et tirèrent parti de l'île Louviers, de l'île
des Cygnes, des halles et marchés, des établissements
hydrauliques. Peu à peu l'hôtel de ville, la Bourse, l'entrepôt des liquides, les abattoirs, les casernes, les églises, les
mairies, les cimetières revinrent ou tombèrent dans le
domaine municipal ; mais ce mouvement fut toujours ralenti
et souvent entravé par les sourdes menées de la régie des
domaines. N'avait-elle pas, en l'an IX, arraché au ministre
des finances un arrêté qui déclarait l'hôtel de ville de Paris
domaine national ? En l'an XIII, le conseil d'État n'encoura-
gea-t-il pas le gouvernement impérial à saisir l'administration
directe des biens communaux ? Et plus tard, sous la réserve

il est vrai d'une rente proportionnée au revenu net des biens
saisis, la loi du 20 mars 1813 n'a-t-elle pas adjugé à la caisse
d'amortisssement toutes les propriétés municipales qui ne servaient pas à une jouissance commune ou n'étaient pas affectées
à un service public ? Cette loi n'atteignit pas le patrimoine
de la ville de Paris. Ce patrimoine s'était reformé précisément de ces biens dont le caractère est la jouissance commune ou l'usage public : halles, marchés, promenades, hôtel
de ville, églises, casernes, édifices divers. Il s'était accru
en capital plus qu'en revenu. Le revenu des biens fonds
susceptibles de location s'élevait en 1800, à 64,100 fr., et
en 1812 à 104,527 francs. A Paris, la régie des domaines
ne devait pas tirer de la loi de 1813 les profits que cette loi
semblait lui promettre.

II. — CENTIMES COMMUNAUX ORDINAIRES

Le Directoire avait affecté aux dépenses communales un
certain nombre de centimes additionnels aux trois contributions foncière, personnelle et mobilière. Cette recette avait
été, à l'origine, le principal aliment des dépenses publiques
de la ville de Paris. La nécessité la défendit contre les critiques du préfet de la Seine et du préfet de police; néanmoins, le grand travail auquel Frochot soumit toute la matière
des contributions tend à l'affaiblir. Les centimes communaux apportèrent au budget ordinaire 889,221 francs en 1800
et 598,293 fr. en 1812.

III. — DIXIÈME DES DROITS DE PATENTE

La loi du 1er brumaire an VII avait autorisé les communes
à prélever un dixième du produit net des droits de patente
sous la déduction de deux décimes par franc attribués aux
agents de la direction des contributions directes. Ce droit

n'avait pas été très-productif. La loi du 2 ventôse an XIII
(21 février 1805) accorda aux communes 13 centimes par
franc, tant pour dresser les rôles que pour subvenir aux
dépenses communales. Il est aisé de concevoir que mieux le
rôle est rédigé, moins il y a de décharges et plus est forte
la part de la commune. Les décharges et non-valeurs ayant
toujours absorbé les treize centimes accordés par la loi, la
ville de Paris dans ses comptes n'inscrivit cette recette que
pour mémoire. Le conseil général demanda vainement et à
plusieurs reprises que la ville de Paris reprît ces treize
centimes sur la somme de 2,400,000 francs qui était le
produit annuel et véritable des patentes.

IV. — ÉTABLISSEMENTS HYDRAULIQUES

Le service des eaux ne fournit pas au budget ordinaire des
ressources beaucoup plus fortes que les patentes. C'est en passant seulement qu'il faut noter cette recette. Tant qu'elle fit
partie du budget de l'ordinaire, elle fut réduite à un chiffre
dérisoire. En l'an VIII, le seul concessionnaire d'eau était le
sieur Lanchère maître de poste à Paris, et dans le budget
de l'an IX le produit des établissements hydrauliques entra
pour 385 francs. Nous avons déjà raconté l'histoire du service des eaux. Nous avons vu comment le gouvernement
reconstitua cet important service, et comment le budget des
eaux de Paris et du canal de l'Ourcq forma depuis 1805
le second budget de la ville de Paris. Remarquons seulement qu'en 1800 le service des eaux produisit 385 francs;
en 1805, 4,666 francs; en 1808, 167,370 francs, et
en 1811, 229,232 francs. Cet accroissement de recettes
tenait uniquement à la vigueur que Frochot avait déployée
dans la réorganisation d'un service depuis longtemps abandonné.

26

V. — OCTROI

Rétablis sous le nom de taxes indirectes et locales par la loi du 11 frimaire an VII (1er décembre 1798), les octrois furent organisés par la loi du 27 frimaire an VII (18 décembre 1799). A cette époque, l'octroi n'était qu'un impôt volontaire; mais une autre loi du 5 ventôse an VIII (24 février 1800) en ordonna l'établissement dans toutes les villes où les hospices n'avaient point assez de revenus.

Des trois modes de percevoir l'octroi, la ferme, la régie directe, la régie intéressée, le Directoire avait adopté la régie directe. Cette régie s'organisa à Paris sans la moindre difficulté. Il est vrai que la simplicité même de cette administration fut d'abord la cause de son impuissance et bientôt le principe de sa ruine. La régie de l'an VII était minée par un vice intérieur, son personnel, et menacée par un danger extérieur, la fraude. Nommés par le Directoire lui-même et dès lors pris au hasard, portés par la faveur, admis sans examen, les cinq régisseurs et leurs employés formaient une association d'incapables et de fripons. D'autre part, des conduits souterrains creusés sous les murs d'enceinte donnaient à la fraude un perpétuel débouché. L'assaut général des murs commençait avec la nuit. De tous les cabarets qui garnissaient les boulevards extérieurs, sortaient de véritables bataillons chargés de tonneaux et armés d'échelles. Opposez à cette invasion trente hommes disséminés sur toute l'enceinte de Paris, privés de tout moyen de résistance, attaqués, isolés, impuissants ! Les voitures bourgeoises ne pouvaient être fouillées : les barils dits violons saisis qu'au moment même du délit : les coupables conduits au corps de garde qu'après avoir aggravé leur faute par des actes de violence !

Une prompte réforme était nécessaire. Frochot l'accom-

plit. La régie simple suppose dans l'autorité municipale
une liberté d'action et des moyens de contrôle que le nouveau préfet de la Seine n'avait pas. La ferme lutte avec
plus d'ardeur et triomphe plus sûrement de la fraude : elle
offre de suite un revenu certain : mais ce revenu n'est certain qu'en cas de bénéfice, et s'il y a bénéfice, pourquoi
donc en priver la commune? Restait la régie intéressée :
c'est à ce dernier mode d'administration que Frochot s'arrêta.

Le 16 thermidor an VIII (4 août 1800), Frochot conclut
un traité avec un nommé Dussap et deux autres personnes.
Presque aussitôt Dussap fut attaqué par ses deux cautions
et mis en prison. Les deux corégisseurs touchaient les produits de l'octroi et ne payaient plus. Il fallait résilier le traité
et en passer un autre (c'était difficile, l'affaire étant discré-
ditée) ; accorder aux régisseurs les modifications qu'ils
demandaient (c'était dur : ils demandaient beaucoup), ou
procurer au malheureux Dussap de nouveaux associés. Cette
situation aboutit au traité du 23 vendémiaire an IX (15 octobre 1800). Ce traité était assurément moins favorable que
le traité du 16 thermidor; mais le conseil municipal n'hésita
pas. Il déclara le 3 nivôse an IX (24 décembre 1800) que
« dans les circonstances impérieuses où se trouvait le pré-
« fet, ce magistrat semblait avoir arrêté les conventions les
« moins préjudiciables aux intérêts de la commune. » Le
traité du 16 thermidor assurait un prix de dix millions,
celui du 23 vendémiaire un prix de neuf millions. Les
régisseurs Dallarde et Parthon soldaient par avance et par
douzième les neuf millions qu'ils s'engageaient à payer ;
ils se chargeaient des frais de régie moyennant 7 pour 100
des produits bruts. Frochot leur rendait le droit de choisir
les employés, se réservant seulement le règlement des appointements. Tandis que les régisseurs épuraient le personnel et

constituaient une véritable hiérarchie administrative, une série d'arrêtés jetaient le trouble dans les manœuvres des fraudeurs, et mettaient la force publique à la disposition de la loi.

Les recettes augmentèrent aussitôt de deux millions. Ce brillant succès étonna l'administration supérieure et souleva un orage. Le bénéfice considérable (environ 760,000 francs) que venaient de recueillir les régisseurs devint le point de mire de la spéculation. On exagéra les bénéfices que semblaient promettre les deux années qui restaient à courir, et le gouvernement délibéra sur la résiliation du traité. Une commission extraordinaire fut nommée pour examiner les comptes de la régie et l'emploi des fonds de l'octroi. Quoiqu'elle se fût abstenue de demander aucun renseignement au préfet et qu'elle eût même refusé de l'entendre, cette commission trouva les comptes dans un ordre parfait, et le déclara par l'organe de son rapporteur M. de Barbé-Marbois, ministre du Trésor. Prévenu que la commission ne lui fournissait pas le prétexte désiré, le premier consul n'attendit pas la fin de l'enquête et la rédaction du rapport pour annuler, dans l'arrêté du 18 frimaire an X (9 décembre 1801), le traité du 23 vendémiaire an IX. Personne ne supposait que le conseil municipal, consulté par le ministre, prendrait un arrêté où il critiquerait la décision du premier consul :

« Il eût été à désirer, dit le conseil municipal, que d'après ses inten-
« tions bien connues, on se fût reposé sur lui du soin de revoir dans
« sa première session de l'an X, les conditions du bail : car cette forme
« plus paternelle de procéder eût été en même temps plus régulière,
« puisqu'un bail de cette nature ne devait être changé que par la même
« autorité qui l'avait approuvé, *que suivant tous les principes un acte*
« *de gouvernement ne doit pas être substitué à un acte d'administration*
« *et surtout d'administration municipale*, que cette intervention peut
« devenir aujourd'hui aussi contraire au crédit de la commune qu'à
« l'ordre établi par la gradation légale des autorités, qu'en effet il

« résulterait d'une résiliation définitive du bail de l'octroi une charge
« considérable par l'indemnité qui se trouverait due aux régisseurs
« renvoyés, et une autre surcharge encore par les droits exagérés
« réclamés par la novation. »

Après ces remontrances dans lesquelles il épuisait tout
son droit, le conseil se soumit, et Frochot s'occupa de
conclure un nouveau traité. Flattés de l'amélioration que
dans le cours d'une seule année ils avaient portée dans toutes
les parties de l'administration, éblouis par les perspectives
que semblait ouvrir une paix brillante, les anciens régisseurs
Dallarde et Parthon commencèrent par renoncer à l'indemnité qui leur était due ; puis ayant découvert l'intrigue au
moyen de laquelle d'avides spéculateurs avaient ruiné leur
crédit près du gouvernement, et sachant qu'on les avait peints
au premier consul comme de mauvais patriotes, ils souscri-
virent à toutes les conditions qui leur furent imposées, et
signèrent, le 7 pluviôse an X (27 janvier 1802), un troisième traité. Le prix du bail restait fixé à 9,500,000 francs :
mais en réalité, les régisseurs n'entraient dans les bénéfices
qu'au delà de dix millions.

Le bail, signé pour six ans, ne devait pas durer une seule
année. Les mêmes personnes qui avaient eu le pouvoir de
faire casser le traité du 23 vendémiaire, saisirent avec empressement la première occasion pour faire subir le même
sort au traité du 7 pluviôse. Elles ne se doutaient pas qu'en
excitant les répugnances du premier consul contre le système de la régie intéressée, elles travaillaient simplement à
faire établir le système de la régie directe.

Le 10 frimaire an XI (1er novembre 1802), Chaptal écrivit
à Frochot que le premier consul venait de lui donner ordre
de convoquer le conseil municipal et de le consulter sur la
faillite de Dallarde l'un des régisseurs, et sur le nouveau

traité que cette faillite rendait nécessaire. Il y avait dans la résolution du premier consul et du ministre une double erreur. D'abord, Dallarde n'était pas en faillite. Il avait compromis gravement sa fortune personnelle ; mais un banquier de ses amis offrait sa caution. Ensuite, Dallarde fût-il en faillite, le bail de l'octroi ne devait être résilié qu'au cas où les intérêts de la commune de Paris seraient compromis. Or, Dallarde n'était pas seul intéressé. Les payements se faisaient régulièrement par avance et par douzième, de mois en mois. Les traitants avaient fourni un cautionnement de 1,500,000 francs, et les fonds provenant de la perception de l'octroi, versés dans une caisse particulière, étaient à l'abri des créanciers. Le conseil municipal répliqua au premier consul et au ministre de l'intérieur :

« Considérant, dit-il, qu'il ne faut pas agiter sans cesse les différentes parties du service par des variations de volontés sans causes et par des résiliations non motivées des traités qu'elle a conclus ; considérant que d'ailleurs le traité a été si bien combiné par le préfet, que les intérêts de la commune sont sauvegardés ; considérant la probité bien connue de Dallarde et sa solidarité avec Parthon, décide que le bail de l'octroi doit continuer. »

Le 16 nivôse an XI (6 janvier 1803), le premier consul répondit à son tour au conseil municipal en posant au conseil d'État les trois questions suivantes : « Dallarde est-il en faillite ? » Le conseil d'État répondit : *Oui.* « Cette faillite est-elle un motif pour résilier le traité ? » *Non.* « Le traité doit-il être résilié ? » *Oui.* Il était impossible d'être plus net et plus inconséquent. Un arrêté des consuls parut le lendemain et résilia le traité du 7 pluviôse. Cinq régisseurs, avec un traitement de 10,000 francs, furent installés, et une régie simple fut organisée provisoirement le 1er pluviôse an XI (21 janvier 1805).

Cette décision donna à Frochot de sérieux embarras. Pour la justifier, on attaqua très-vivement les régisseurs intéressés ; on les accusa hautement de prévarication. Le conseiller d'État chargé de la direction des octrois, Crétet, se rendit imprudemment l'organe de ces bruits calomnieux. Frochot lui écrivit vertement et le pria de lui faire passer sur-le-champ les pièces qui servaient de base à ses accusations. Crétet ne répondit pas et pour cause. Encouragé par la ruine de la régie intéressée et la défaite du conseil municipal, se targuant de sa qualité de conseiller d'État chargé des dépenses et recettes des communes, Crétet prétendit accaparer la nouvelle régie et donner des ordres directs aux employés de l'octroi. Frochot se défendit et l'emporta. Après de longues négociations et de vives disputes entre Crétet, Français de Nantes, Frochot et Chaptal, la régie simple fut provisoirement constituée par la suppression de l'agence établie près de l'ancienne régie intéressée, par la nomination d'un sixième régisseur et d'un secrétaire de la régie (vendémiaire an XII), par la concession gratuite des murs d'enceinte à la ville de Paris, par l'établissement depuis longtemps préparé d'une caisse de retraite pour les employés de l'octroi (floréal an XI).

La régie simple devait être exercée jusqu'en 1808. Elle fut à diverses reprises critiquée par le conseil municipal, qui avait été froissé des décisions impérieuses du premier consul ; mais la prudence qu'inspiraient au début les charges d'une administration naissante, devenait de jour en jour moins nécessaire ; les raisons qui avaient fait adopter le système de la régie intéressée s'affaiblissaient de jour en jour ; l'ordre commençait à régner dans les services, et le préfet de la Seine pouvait concevoir l'espérance d'en tirer un meilleur parti en les administrant directement.

Dans une séance du conseil d'administration tenue le 27 février 1806, après avoir tracé l'histoire et fait sentir les avantages de la régie intéressée, Frochot disait :

« Entre deux modes pour lesquels les opinions se balancent, il semble « qu'il est préférable de s'en tenir à ce qui est, c'est-à-dire à la régie « simple, par la raison qu'elle existe, et qu'en la conservant on évitera « des secousses de réorganisation toujours préjudiciables aux produits « de la perception et à l'ordre de la comptabilité ; mais en conservant « ce mode, il ne paraît pas indispensable d'en conserver l'organisation « telle qu'elle est aujourd'hui. On attendra, pour s'expliquer à cet « égard, les ordres de Sa Majesté (1). »

Au commencement de 1808, Frochot remit à l'Empereur le travail qu'il avait annoncé, et ce travail servit de base au décret de Bayonne (16 juin 1808). Le nombre des régisseurs était réduit à trois, leur traitement fixé à 10,000 francs, le secrétaire de la régie conservé, une remise faite aux employés sur les produits excédant la somme de dix-huit millions bruts. A l'égard des régisseurs, on avait adopté le système de la régie simple : à l'égard des employés, le système de la régie intéressée. Le personnel de l'octroi comprenait le service d'inspection et le service de perception. Dans le service d'inspection, on employa tour à tour les contrôleurs ambulants et les contrôleurs sédentaires. Dans le service de la perception, on tint compte de l'importance de la recette et de l'étendue du travail. Ces réformes étaient importantes et l'administration de l'octroi semblait définitivement constituée.

Quatre années s'étaient à peine écoulées et l'Empereur enlevait à la ville de Paris l'administration de la plus municipale de ces recettes. On a cru que cette mesure était une suite naturelle de la fièvre de domination qui troubla son esprit dans la fatale année de 1812. On oubliait que premier

(1) Arch. de l'Emp. *Procès-verbaux du conseil d'administration*, t. Ier, p. 142.

consul il avait combattu la régie intéressée, à laquelle il avait
fini par substituer la régie simple. On oubliait qu'il avait réuni
les octrois dans une direction spéciale confiée à un conseiller
d'État. On ignorait enfin que le 24 février 1805, la date est
importante, Napoléon écrivit au ministre des finances :

« Je ne veux pas méconnaître que le directeur général des octrois
« n'ait fait beaucoup de choses; mais en administration, mon principe
« est qu'il n'y a aucun éloge à donner tant qu'il reste beaucoup à
« faire. J'approuve que l'on attende encore plusieurs années avant de
« songer à réunir les octrois en une régie générale des droits
« réunis (1). »

Napoléon attendit sept années une occasion favorable.
Le 8 février 1812, il supprima les trois régisseurs, livra
l'administration de l'octroi à un auditeur au conseil d'État
et la perception à la régie des droits réunis. Il appuyait
son décret sur cette considération que « l'incorporation des
« octrois à la régie des droits réunis produisait un système
« uniforme de perception et de comptabilité, système dont
« le résultat serait favorable à l'amélioration des revenus
« communaux, à la liberté du commerce intérieur et à
« l'avancement des employés dans la perception des octrois. »
Que de mauvaises raisons, pour cacher l'idée systématique
du despotisme de l'État !

Quand même l'Empereur eût pu justifier par des considérations générales et de beaux raisonnements cette confiscation
de l'administration municipale, il aurait dû trouver dans son
esprit d'irrésistibles arguments pour créer une exception en
faveur de Paris. Le taux des recettes qui montaient à vingt
millions, l'importance de la perception qui exigeait le concours de sept à huit cents personnes, la législation qui avait
soumis Paris à une loi spéciale, tout semblait attirer et mé-

(1) *Corresp. de Napoléon I*er, t. X, p. 211.

riter le respect du droit municipal. Comme le gouvernement ne pouvait prétexter l'espérance de diminuer les frais de perception ou de procurer un soulagement aux contribuables, il allégua simplement, qu'étant possesseur de droits à l'entrée de Paris, il devait percevoir tous ceux qui y étaient établis. On répondit plus tard, quand on put répondre, que le produit annuel des droits perçus pour le compte du Trésor ne montant qu'à sept ou huit millions et le produit de l'octroi étant en moyenne de vingt, il était plus naturel et plus juste que l'administration chargée de la perception de tous ces droits fût une administration municipale. Ne devait-on pas ajouter que les prélèvements faits par le gouvernement sur l'octroi de Paris pour payer le pain des troupes (15 décembre 1802), la contribution mobilière (21 septembre 1803), la formation des compagnies de réserve (14 mai 1805), la dotation des Invalides (25 mars 1811), ne pouvaient lui servir d'argument pour s'emparer d'une administration qui lui était absolument étrangère? La Restauration comprit la faute de l'Empire et se hâta de la réparer. Considérant que la recette de l'année 1813 avait été inférieure de deux millions à celle de 1812, que les premiers mois de 1814 présentaient une diminution très-sensible, le conseil municipal supplia Louis XVIII, le 23 juillet 1814, de rendre à la ville de Paris l'administration de l'octroi que l'État exerçait au mépris de tous les principes. Louis XVIII fit droit à cette supplique en rendant l'ordonnance du 27 décembre 1814.

Le mode d'administration est assurément une cause très-efficace de ruine ou de prospérité; mais la législation et le tarif ne pèsent pas d'un poids moins lourd sur le service de l'octroi.

Les lois du 27 vendémiaire an VII (18 octobre 1798) et du 19 frimaire an VIII (19 décembre 1799) avaient constitué

l'octroi sans chercher à en assurer l'exercice. On sortait de
la Révolution, et l'on craignait d'attenter à la liberté des
citoyens. On se fiait naïvement à la bonne foi du public, et
l'on se refusait tout moyen d'action. Des mesures sévères,
soutenues par l'emploi de la force, combattirent d'abord et
avec succès l'escalade des murs, les conduits souterrains et
toutes les fraudes qu'avaient suscitées l'appât du gain et
l'assurance de l'impunité ; mais comment prévenir ces
fraudes, comment les constater, comment les réprimer,
lorsqu'il était interdit de fouiller les voitures et de visiter les
personnes ! Un instant Frochot crut pouvoir éluder la loi ;
mais il se vit bientôt forcé d'en demander le rappel. Plusieurs
arrêtés, substitués à l'art. 3 de la loi du 27 vendémiaire,
fermèrent la porte aux plus graves abus et permirent enfin
d'exercer un contrôle aussi nécessaire que légitime. Tel est
peut-être le motif pour lequel le règlement général du
17 mai 1809 promit à Paris un règlement spécial qui ne
parut pas.

Le tarif n'exerce pas sur le développement des recettes
une moindre influence que la législation. Dans le service de
l'octroi nulle partie n'est à la fois plus importante et plus
délicate. La justice et l'intérêt se disputent à chaque article
une solution toujours douteuse. Le vin, par exemple, était
un des revenus les plus considérables de l'octroi. Le tarif de
l'an VII en fixait le droit d'entrée à 13 francs 50 centimes
par hectolitre. Le décret du 11 février 1811 le porte à
14 francs. Le tarif laissait la vendange entrer en franchise et
le vin se fabriquer dans Paris. Grand abus. On taxe la vendange : mais en la taxant, on excepte le raisin de vigne, et
cette exception ravit à la commune près de 600,000 francs.
Le tarif de l'an VII taxait, sans aucune distinction, les eaux-
de-vie et esprits à 25 francs l'hectolitre. Naturellement, on

n'introduit dans Paris que des eaux-de-vie doubles, avec lesquelles on fabrique dans Paris de l'eau-de-vie potable. Frochot, par décret du 9 juin 1808, fait rétablir le tarif gradué,
qui était en usage avant 1789, et voici que ce tarif gradué
n'amène plus dans Paris que des eaux-de-vie simples! Nouvel embarras. « Ce qui constitue le prix de l'eau-de-vie, dit
« alors Frochot, c'est la quantité plus ou moins grande
« d'alcool qui est mêlée à l'eau, » et il ordonne l'emploi de
l'aréomètre Lavigne. En l'an XI, sur l'avis du conseil d'État,
on taxe la bière fabriquée dans Paris, et par inadvertance,
l'orge à l'entrée de Paris. Révolution chez les brasseurs et
les amidonniers. Frochot demande et obtient qu'on supprime
la taxe établie sur l'orge et le houblon, et que la bière fabriquée dans et hors Paris soit assujettie à un droit uniforme.
Tandis qu'il surveille les effets de l'octroi sur le commerce
des liquides, il ouvre une enquête sur les profits des cabarets
qui garnissent les boulevards extérieurs et remplissent les
communes voisines. Il constate dans les cabarets une consommation annuelle de 149,230 hectolitres de vin et de
1,937 hectolitres d'eau-de-vie, et comme la ferme générale
jouissait avant 1789 d'un droit de banlieue, il demande
qu'un droit semblable soit établi et fixé à la moitié de celui
qui est perçu à l'entrée de Paris. Le conseil général approuve et l'Empereur sanctionne (5-7 février 1810).

Dans les autres parties du tarif, continuelles études et
sérieuses réformes. Faut-il mettre en regard le tarif de
l'an VII et le décret du 10 février 1811? En 1811, tous les
droits sur la viande s'élèvent : le bœuf monte, par tête, de
18 à 24 francs, la vache de 9 à 12 francs, le veau et le porc
de 3 francs 60 à 4 francs 50 centimes, le mouton de 60 centimes à 1 franc. On a besoin d'argent, et les intérêts de la
ville l'emportent sur l'intérêt des consommateurs. Au moins,

l'intérêt ne préside pas à la révision de cette portion du tarif de l'an VII, qui concerne les bois de construction ou de chauffage. Ici Frochot agit avec désintéressement et prévoyance. Il veut supprimer les distinctions établies par le tarif entre les diverses espèces de bois, de moellons, de pierres de taille. Il tente, en 1810, de soumettre chacune de ces matières à une taxe uniforme. On entrevoit le but. Frochot veut armer l'administration d'un contrôle plus facile, et il espère, en simplifiant le tarif, assurer la prompte exécution des lois.

Tant d'efforts et de travaux reçurent leur récompense : les produits de l'octroi doublèrent pendant le Consulat et l'Empire (1). En écartant toute discussion sur les avantages ou les inconvénients de cet impôt et en se plaçant uniquement au point de vue administratif, on reconnaîtra qu'un semblable résultat était un grand succès, et que ce grand succès permit de constituer les services de la ville de Paris. C'est à l'octroi, ne l'oublions pas, que la ville de Paris dut le temps et le moyen d'organiser son administration et d'échapper à la dépendance de l'État qui l'avait absorbé. C'est à l'ombre de son octroi que naquirent et se développèrent les autres branches de son revenu. Toutes les autorités, qui portaient alors la responsabilité de la fortune de la ville de Paris, regardaient l'octroi comme la base du nouvel édifice municipal : mais toutes n'entendaient pas lui témoigner le même respect. Le conseil municipal, en approuvant le

(1) 6,634,055 fr. en l'an VII, — 8,802,803 fr. en l'an VIII, — 11,560,529 fr. en l'an IX, — 10,291,657 fr. en l'an X, — 10,862,604 fr. en l'an XI, — 17,963,553 fr. en l'an XII, — 21,102,434 fr. en l'an XIII, — 3,934,105 fr. pendant les Cent-Jours de l'an XIV, — 19,829,354 fr. en 1806, — 18,858,610 fr. en 1807, — 20,885,428 fr. en 1808, — 20,071,160 fr. en 1809, — 20,561,649 fr. en 1810, — 21,149,478 fr. en 1811, — 20,550,700 fr. en 1812, — 19,140,384 fr. en 1813, — 17,974,045 fr. en 1814.

sacrifice demandé aux Parisiens, s'en déclarait jaloux. Il voulait que ce sacrifice ne fût pas trop lourd, et surtout qu'il tournât à l'avantage exclusif de la ville. Il résistait aux sollicitations du gouvernement qui cherchait sans cesse à s'introduire dans les profits d'un impôt si commode. Étonné de l'importance d'une pareille ressource, le gouvernement avait jeté sur les octrois des regards de convoitise et bientôt une main avide. Coup sur coup, l'octroi, d'abord de bienfaisance et destiné à supporter les dépenses des hospices, devint municipal et fut appliqué aux dépenses de la ville, puis chargé et surchargé de redevances au profit de l'État, jusqu'au jour où l'État lui-même en saisit audacieusement l'administration. Au milieu de ce conflit d'intérêts, et tandis que le conseil municipal luttait courageusement avec le gouvernement, Frochot gardait une sorte de de neutralité. Il était peut-être un peu moins touché que le conseil du souci d'imposer les habitants de Paris, un peu plus préoccupé de la nécessité d'organiser un service qui alimentait tous les autres services; mais il était de cœur et il fut de parole, quand il s'agit de protester contre les empiétements du pouvoir central et de défendre l'impôt municipal contre des doctrines et des actes qui en altéraient le véritable caractère.

Avec l'octroi finit le budget des recettes de la ville de Paris, tel qu'il était sous le Directoire. Recueillir ce précieux héritage, le conserver, l'entretenir, l'améliorer par les efforts incessants d'un zèle respectueux, ne devait pas être la seule tâche de l'administration du Consulat et de l'Empire. Ce fut l'honneur du gouvernement, du préfet de la Seine, du conseil municipal, de travailler à reconstituer la fortune de la ville de Paris, soit en créant des sources nouvelles de

revenus, soit en ravivant celles que la Révolution avait
taries.

VI. — ENTREPÔTS

La question des entrepôts se lie directement à la question
de l'octroi. Rapprochons ces deux recettes dont il eut mieux
valu confondre l'histoire, si leur origine et leur date ne nous
avaient engagé à les séparer.

La loi du 27 vendémiaire an VII (18 octobre 1798) venait
de rétablir l'octroi. Le Directoire, 29 nivôse (18 janvier 1799),
arrêta que les marchandises ne traverseraient Paris que
pendant le jour et en deux heures. Cet arrêté fit transporter
à Bercy, la Villette et Charenton, les entrepôts ouverts dans
Paris. L'avantage d'acquitter l'octroi suivant le cours des
ventes, de ne payer ce droit que pour des marchandises
vraiment vendues ou transportées, et surtout de n'être
assujetti à aucune formalité fournit à ces entrepôts hors
barrière une clientèle considérable. Au premier abord, l'intérêt de la ville ne semblait pas engagé dans l'existence de
ces entrepôts, puisque l'approvisionnement de la commune
et la perception de l'octroi paraissaient assurés dans toutes
les conjonctures ; mais ces entrepôts étaient des ateliers de
fraude. Là venaient aboutir les conduits souterrains qu'une
active surveillance ne parvenait pas à découvrir ; là se réunissaient tous les fraudeurs : fraudeurs à pied, en voiture, à
cheval, par escalade. Fermer les entrepôts particuliers était
une mesure rigoureuse : pourquoi ne pas essayer de les
ruiner par la concurrence ?

« Paris, disait Frochot en l'an X, est destiné par sa position au
« centre des pays vignobles à faire le commerce d'entrepôt. Il le fai-
« sait avant la Révolution. La misère du Directoire et les événements
« politiques l'ont réduit au commerce de sa simple consommation. Il

« est évident qu'en accordant à un propriétaire ou à un commerçant
« la faculté de recevoir et d'emmagasiner dans un lieu sujet à l'octroi,
« mais sans acquitter les droits d'octroi, des marchandises auxquelles
« il réserve une destination extérieure, on servirait à la fois les besoins
« du commerce et les intérêts de la ville. Pour raviver cette source de
« prospérité, en même temps que pour porter un coup indirect à la
« fraude, il faut créer au sein même de Paris un entrepôt; il faut
« en confier l'administration aux régisseurs de l'octroi, limiter le
« nombre des barrières, où il sera permis de faire entrer les marchan-
« dises destinées au dépôt, n'admettre aucune déclaration, si ce n'est
« des marchands patentés. »

Frochot soumit ces vues au conseil municipal qui les
couvrit d'une chaleureuse approbation. Malheureusement la
situation financière de la commune ne permettait aucune
avance. Frochot voulut tourner la difficulté. Il obtint du
ministre de l'intérieur plusieurs décisions, et notamment une
du 18 germinal an XI (8 avril 1803), qui tendaient à compléter la loi du 27 vendémiaire. Désormais les vins et autres
boissons, expédiés par eau et déclarés au bureau de la Râpée,
purent être soumissionnés par les marchands, et ne payer
les droits qu'au fur et à mesure des enlèvements. C'était
créer une espèce d'entrepôt. Bientôt l'encombrement des
ports et des quais, les inondations, l'intempérie des sai-
sons firent sentir la nécessité de trouver un abri clos et
couvert. En 1807, Darcet fit à Frochot des propositions
qui paraissaient avantageuses. Le ministre de l'intérieur
Champagny les repoussa. L'éveil était donné, et en adressant, le 17 mars 1808, au préfet de la Seine la note suivante,
l'Empereur s'empara de la question.

« Sa Majesté désire avoir dans le conseil de samedi prochain, des
« réponses sur les questions suivantes :
« Pourquoi n'établit-on pas à Paris un entrepôt à la halle aux vins?
« — Cette halle peut contenir 20,000 barriques. Dans l'état actuel des
« choses, où elle n'est qu'un magasin et point un entrepôt, elle est
« bien loin de contenir cette quantité.

« Dans quelle proportion est la quantité de 20,000 barriques qui
« peuvent être placées dans cet entrepôt avec les besoins réels du
« commerce de la ville de Paris?

« Quelle est la quantité de vins actuellement entreposée hors de
« Paris, depuis la Rapée jusques et y compris Bercy, et quel est le
« maximum des quantités de vins que le commerce de Paris a entre-
« posées en même temps à une époque quelconque dans les magasins
« ou abris particuliers hors de Paris?

« Le ministre de l'intérieur propose l'établissement d'un entrepôt
« de vins à l'Arsenal. L'administration de l'octroi a-t-elle, dans l'in-
« térêt des finances de la ville de Paris, quelques objections à faire à
« cet établissement (1)? »

Le 19, l'Empereur ordonna au ministre de l'intérieur
de réunir chez lui le préfet de la Seine, le directeur général des droits réunis et six des principaux marchands de
Paris, pour délibérer sur l'établissement d'un entrepôt à l'embouchure du canal de l'Ourcq. Cet entrepôt devait servir en
même temps de magasin de réserve, offrir au commerce des
halles couvertes et une grande quantité de caves (2). La conférence tenue chez le ministre de l'intérieur critiqua l'emplacement choisi par l'Empereur. Le quai Saint-Bernard
réunit tous les suffrages. L'Empereur céda sur ce point dans
le conseil du 26 et signa le décret du 30 mars. Ce décret
résumait la plupart des propositions faites par Frochot au
conseil municipal, six ans auparavant, le 12 pluviôse an X
(1er février 1802).

« ART. PREMIER. — Il sera formé dans notre bonne ville de Paris un
« marché et un entrepôt franc pour les vins et eaux-de-vie dans les
« terrains situés sur le quai Saint-Bernard, entre les rues de Seine et
« des Fossés-Saint-Bernard.

« ART. 2. — Les vins et eaux-de-vie conduits à l'entrepôt conserve-
« ront la faculté d'être réexportés hors de la ville sans acquitter
« l'octroi.

(1) *Corresp. de Napoléon Ier*, t. XVI, p. 497,
(2) Arch. de l'Emp. *Procès-verbaux du conseil d'administration*,
t. Ier, p. 228.

« Art. 4. — Les vins destinés à l'approvisionnement de Paris n'ac-
« quitteront les droits d'octroi qu'au moment de la sortie de l'en-
« trepôt (1).

« Art. 5. — L'entrepôt sera disposé pour placer, tant à couvert qu'à
« découvert, 150,000 pièces de vin.

« Art. 7. — Le tarif des droits à percevoir pour la location des
« abris et pour le séjour des vins sur l'emplacement découvert de
« l'entrepôt sera réglé d'après les évaluations des dépenses indiquées
« à l'article précédent, et de manière à procurer un revenu de un pour
« cent sur le capital employé à ces dépenses.

« Art. 8. — Une compagnie d'actionnaires pourra être admise à
« traiter et à se charger des dépenses susdites, sous la jouissance du
« produit des droits qui auront été réglés par nous.

« Art. 10. — L'entrepôt et les abris qu'il contiendra seront sous la
« clef de la régie de l'octroi municipal. Un règlement déterminera les
« heures auxquelles les marchands et les acheteurs seront admis au
« marché de l'entrepôt.

« Art. 11. — Un règlement particulier déterminera également les
« formes et les règles à établir pour l'entrée des vins et eaux-de-vie à
« l'entrepôt, leur sortie, leur surveillance et leur conservation.

« Art. 12. — Ces règlements, rédigés par le conseiller d'État préfet
« du département de la Seine, seront soumis, avec l'avis du conseiller
« d'État directeur général des droits réunis, à l'approbation de notre
« ministre des finances.

. A peine eut-il signé ce décret, qu'assailli de plaintes et
accablé de sollicitations, l'Empereur permit qu'on ouvrit une
nouvelle enquête sur le futur emplacement de l'entrepôt.
Frochot se hâta d'exécuter la partie du décret qui tendait à
régler le commerce des vins et eaux-de-vie. L'ancienne
halle aux vins placée justement sur le quai Saint-Bernard,
reçut provisoirement les vins expédiés par la voie de terre.
Les vins expédiés par la Seine continuèrent à séjourner sur
le quai Saint-Bernard. Quant aux eaux-de-vie, elles conti-

---

(1) En ce point seulement Frochot n'approuvait pas le décret. Frochot, les
régisseurs de l'octroi et le conseil municipal voulaient que les droits fussent
payés à l'entrée.

nuèrent à être déposées au delà des barrières de l'octroi dans des entrepôts particuliers, où les fraudeurs venaient les chercher. Frochot usa d'autorité. Il fit signer à l'Empereur le décret du 3 février 1810, confirmant le décret de 1808, qui ordonna la suppression de tous les entrepôts situés à trois myriamètres de la capitale. En même temps, il offrit au commerce des eaux-de-vie l'hospitalité dans la halle aux vins. Presque aussitôt la halle aux vins fut encombrée, et l'on ouvrit un entrepôt supplémentaire sur des terrains contigus à cette halle.

Toutes ces mesures groupaient peu à peu les vins et les eaux-de-vie sur le quai Saint-Bernard, mais ne tiraient pas l'administration de l'embarras où la jetaient ses propres incertitudes. On voulait un entrepôt; on ne savait où le placer, ni qui le payerait. Le décret de 1808 semblait appeler de ses vœux le secours d'une compagnie; mais une compagnie ne peut faire ses calculs que sur des plans arrêtés. En effet, les marchands de bois soutenus par le préfet de police, travaillaient à éloigner l'entrepôt du port Saint-Bernard où ils avaient leurs chantiers. M. de Nicolay s'efforçait de l'attirer dans son parc de Bercy. Les uns prônaient la gare de l'Arsenal, les autres des terrains appartenant aux hospices. Il était tout naturel que l'Empereur revînt à son premier plan, qui plaçait l'entrepôt à l'embouchure du canal de l'Ourcq.

« Sa Majesté désire, dit le procès-verbal du conseil du 8 février 1810, « qu'on examine si l'on ne pourrait pas placer la halle aux vins sur « le bord de la gare que formera le canal de l'Ourcq. Pour rendre « cette gare uniforme, il faudra acheter beaucoup de maisons. Il res-« tera des terrains vagues, sur lesquels on pourrait établir des bâti-« ments assez étendus pour la halle aux vins. On tracerait le long de « ces bâtiments un canal qui ne gèlerait pas et qui n'exigerait pas d'é-« cluse. Le canal de l'Ourcq serait utile pour les communications de

« la halle avec une partie de la ville. Il offrirait aussi un courant d'eau
« considérable, avec une différence de niveau qui permettrait de
« diriger un prolongement de canal vers la Râpée (1). »

Frochot, la chambre de commerce, la commission des
ingénieurs, la commission des marchands de vin demandèrent le maintien du décret. Voisinage de la rivière, pente
douce, facilité de débarquement, étendue de 40 arpents,
c'est-à-dire contenance pour 150,000 pièces de vin, tels
étaient les avantages que les terrains du quai Saint-Bernard
offraient au commerce qui demandait des magasins, au
public qui demandait un marché. L'Empereur attendait,
hésitait, et contre ses habitudes, ne savait que décider.
Encore une année s'écoula. Le 5 janvier 1811, dans un
conseil d'administration où siégeaient Champagny, Mollien
Molé, Regnaud et Frochot, l'Empereur reprit cette question. Frochot le premier plaida la cause du quartier Saint-
Bernard et l'exécution du décret de 1808. L'Empereur
répondit vivement que Bercy offrait un emplacement plus
convenable et moins cher. Il finit même par enjoindre au ministre de l'intérieur de nommer une commission d'ingénieurs
pour dresser le plan de l'entrepôt (2). A la séance suivante
(12 janvier), le ministre apporta le plan de l'entrepôt sur les
terrains de Bercy. L'Empereur approuva ce plan et exprima
le désir que l'ouverture d'un petit canal permît de conduire
les bateaux dans l'intérieur de l'entrepôt, jusqu'à la porte
des magasins (3). M. de Nicolay triomphait.

Quelques jours après, le 8 février, un écuyer se présente à la halle
aux vins; il annonce l'Empereur. Le chef des magasins court à la
porte d'entrée. L'Empereur, à cheval, arrive au galop :
« C'est ici l'entrepôt des eaux-de-vie? dit-il. — Oui, Sire. – Combien

(1) *Procès-verbaux du conseil d'administration*, t. II, p. 30.
(2) *Procès-verbaux du conseil d'administration*, t. II, p. 236.
(3) *Procès-verbaux du conseil d'administration*, t. II, p. 244.

« l'entrepôt contient-il de pièces? — 3,500. — Pas davantage? — Non,
« Sire. — Combien paye-t-on? — 25 centimes par hectolitre par
« mois. — Combien de temps les pièces séjournent-elles à l'entrepôt?
« — Il n'y a aucun temps limité; le droit d'octroi se paye en sortant,
« et celui d'entrepôt en entrant et d'avance. — Combien peut-on
« évaluer ce produit? — Sire, environ 4,000 francs par mois. — Est-ce
« le produit net, frais prévelés? — Non, Sire; les frais des employés
« de l'octroi sont à la charge des hospices d'après l'arrêté de M. le
« préfet. — Mais on paye plus cher ici qu'à Bercy, où l'on ne perçoit
« que 8 centimes par pièce? — Sire, vous parlez des vins : les eaux-
« de-vie sont à un autre taux. Il y a en outre des frais de commission
« qu'on ne paye pas ici. — Il y a des caves ici? — Oui, Sire. — Com-
« bien contiennent-elles? — 3 à 4,000 pièces de vin. — Par qui sont-
« elles occupées? — Par des marchands de vin. — Combien de temps
« ces pièces y restent-elles? — Le temps n'est pas limité. »

Après quelques autres questions, l'Empereur dit tout à coup :
« Voyons, où sont les caves? » Le directeur de l'octroi l'y conduisit.
L'Empereur entra à cheval dans l'une des salles et demanda ce qu'elle
contenait. « Des eaux-de-vie », lui répondit-on. Quelques marchands du port arrivèrent. La femme Sandrin prit la parole en balbu-
tiant : « Sire, nous supplions Votre Majesté de maintenir son décret;
« car si, comme on l'assure, l'entrepôt est établi à Bercy, nous serons
« tous ruinés. » D'autres marchands s'approchèrent et firent la même
demande. Alors l'Empereur dit : « Je ne demanderais pas mieux; mais
« votre commission, depuis deux ans, n'a rien fait pour me faciliter
« les moyens d'exécuter le décret dont vous me parlez. M. Crétet qui
« était pour vous, n'en a rien obtenu. Le terrain est trop cher pour
« que j'en fasse seul les frais. On demande 6 millions pour cela,
« tandis que le terrain à Bercy ne me coûterait rien. » Plusieurs des
marchands observèrent à l'Empereur qu'on pourrait faire une forte
économie en laissant les maisons qui existent le long du quai, que
si le terrain seul devait être acheté, la dépense ne serait pas si forte
et qu'alors le commerce en supporterait volontiers une partie. —
« Votre commission n'a pas rempli vos vues, reprit l'Empereur, et
« je suis même honteux que mon décret soit resté sans exécution. »

Les marchands affirmèrent que pourtant ils avaient signé des pétitions à ce sujet. Le directeur reprit aussitôt que le commerce désirait
acheter le terrain et l'offrir à l'Empereur. « Non, dit l'Empereur; que
« le commerce s'arrange pour payer moitié, je ferai l'avance de
« l'autre moitié. »

Survint un des membres de la commission, le sieur Lebas. « Vous

« faisiez partie de la commission, dit l'Empereur : pourquoi n'avez-
« vous pas exprimé les vues du commerce? » Le sieur Lebas répondit
que le commerce avait demandé un terrain pour pouvoir y construire
à ses frais les établissements nécessaires aux vins et eaux-de-vie; que
M. le préfet avait dit à la commission qu'il n'attendait que les ordres
de l'Empereur pour exécuter le décret de 1808; qu'il avait même au
mont-de-piété, les fonds nécessaires pour mettre l'établissement en
activité. L'Empereur répliqua qu'il n'entendait pas laisser la commission, c'est-à-dire les plus riches marchands de vins faire l'entrepôt,
que les gros marchands ne devaient pas écraser les petits, et que chacun devait contribuer à cette grande œuvre suivant ses facultés. Quant
à l'emplacement, il ajouta : « Je pensais avoir le terrain pour rien à
« Bercy : aussi, quand j'offre de payer la moitié de celui-ci, il me
« semble que je fais ce que je peux. La commission a desservi le com-
« merce. Je vais charger le préfet de rassembler chez lui 150 des
« principaux marchands pour terminer cette affaire. Sous deux mois,
« la première pierre sera posée à Bercy ou ici. » Quelques marchands,
enhardis par une conversation qui durait depuis trois quarts d'heure,
se récrièrent. « Si le commerce est transporté à Bercy, reprit la femme
« Sandrin, nous serons tous ruinés. » Quelques-uns ajoutèrent qu'à
Bercy les inondations étaient très-fréquentes. « Quant aux inondations,
« il y a des moyens de les éviter, reprit l'Empereur. D'ailleurs, je
« ne me déciderai qu'après l'assemblée chez le préfet. Il m'est indiffé-
« rent que l'entrepôt soit ici ou à Bercy, je le répète; mais je veux
« que mon décret soit exécuté. » Sur un signe, la foule ouvrit un passage à l'Empereur, qui reprit au galop le chemin des Tuileries (1).

Cette visite ouvrit les yeux de l'Empereur. Dès le lendemain (9 février 1811), il réunit Champagny, Regnaud,
Molé, Frochot, et comme en définitive il fallait bien que
quelqu'un eût tort et que ce ne pouvait être lui, il se plaignit vivement que dans les derniers conseils on eût traité
comme indécise une question résolue depuis trois ans par le
décret du 30 mars 1808.

« D'après le décret de 1808, c'est sur le quai Saint-Bernard que la
« halle aux vins doit être établie, et Sa Majesté a entendu elle-même

(1) Arch. de la Préf. de la Seine. Entrepôt des vins. Carton. 2245, et
Pap. Frochot. *Rapport sur ce qui s'est passé à la halle aux vins le
8 février 1811.*

« sur les lieux tous les intéressés réclamer l'exécution de cette dispo-
« sition, offrir même de payer les droits qui seraient nécessaires pour
« couvrir l'excédant de la dépense.

« Sa Majesté, après avoir entendu la lecture du décret du 30 mars
« et le compte qui lui est rendu par le ministre de l'intérieur et le
« préfet, de l'historique de cette affaire et des causes qui depuis trois
« ans ont retardé l'exécution du décret, prononce qu'elle s'en tient à
« l'exécution de son décret tel qu'il a été rendu le 30 mars 1808.

« On examine ensuite si la construction de la halle aux vins au
« quai Saint-Bernard sera faite aux frais et au profit des hospices de
« Paris, comme il avait été projeté pour celle de Bercy. Des évaluations
« approximatives sont faites sur les dépenses et sur les produits qui
« doivent les rembourser. La dépense est évaluée à dix millions, le
« produit à huit cent mille francs. Ce placement est considéré comme
« très-avantageux, et Sa Majesté maintient la décision qui emploie à
« cette destination une partie des fonds à provenir des maisons des
« hospices. En conséquence, le préfet est chargé de présenter le projet
« de décret qui doit substituer les hôpitaux à la compagnie dont parle
« le décret du 30 mars 1808 (1). »

Huit jours après, l'Empereur changeait d'opinion. Dans le
projet de décret relatif à la construction de la halle aux vins,
le ministre de l'intérieur avait mis cette construction à la
charge et au profit des hospices : mais on reconnut presque
aussitôt que l'entrepôt était une spéculation étrangère à l'administration de l'assistance publique et une partie intégrante
de l'administration municipale. Aussi, dans le conseil du
16 février 1811, l'Empereur décida qu'en définitive les travaux de la halle aux vins seraient exécutés aux frais et au
profit de la ville de Paris. Quant au surcroît de dépense
qu'entraînait la préférence donnée au quai Saint-Bernard,
l'Empereur proposait de le combler, soit en doublant les
patentes des marchands de vin pendant dix ans et en affectant cet accroissement d'impôt à la halle aux vins, soit en
établissant pendant dix ans une taxe extraordinaire qu'on

(1) *Procès-verbaux du conseil d'administration*, t. II, p. 278.

appellerait taxe de la halle aux vins, et qui serait proportionnelle à la quantité de pièces de vin que chaque marchand aurait fait entrer pendant les quatre dernières années (1).

La question était tranchée. Les marchands de vin ne s'en réunirent pas moins à la préfecture, et renouvelèrent une déclaration solennelle en faveur du décret de 1808. Le conseil municipal et la chambre de commerce les imitèrent. Le plan de l'architecte Gautier fut approuvé le 11 juillet 1811, et la première pierre posée le 15 août par le ministre de l'intérieur.

La disgrâce de 1812 surprit Frochot au moment même où il préparait les mesures qui devaient achever son œuvre. Il eut néanmoins la satisfaction de voir le décret du 11 avril 1813 fixer les droits d'entrepôt au taux même qu'il venait de proposer. Un peu plus tard, Chabrol et Montalivet soumirent à l'Empereur un projet de règlement touchant l'entrée et la sortie des boissons, la police et le service de l'entrepôt. L'Empereur le critiqua. « Reprenez, dit-il, reprenez pure- « ment et simplement les projets de Frochot. Il savait à « fond cette matière, et nous étions d'accord. » En signant le décret du 5 décembre 1813 et le règlement du 2 janvier 1814, l'Empereur rendait à son ancien préfet un sincère hommage.

Avec moins de succès et non moins d'ardeur, Frochot provoqua l'établissement d'un entrepôt pour les sels. Le décret du 11 juin 1806 fut accueilli avec la dernière faveur par les douanes, le commerce et la ville de Paris. Le nouvel entrepôt promettait aux douanes un siége d'administration, au commerce un centre d'affaires, à la ville de Paris des droits de magasinage. L'accord des intérêts et l'unanimité des

---

(1) *Procès-verbaux du conseil d'administration*, t. II, p. 185.

vœux n'en échouèrent pas moins devant une simple question de local. Les détenteurs de sel continuèrent à user
d'entrepôts fictifs disséminés dans tous les quartiers de Paris,
et la Restauration seule exécuta, en 1821, les décrets de
l'Empire.

L'entrepôt des cotons eut une plus heureuse fortune.
D'accord avec la chambre de commerce, Frochot avait sollicité l'établissement à Paris d'un entrepôt des cotons de
Naples et du Levant, sur le modèle de l'entrepôt créé à Lyon
par la loi du 30 avril 1806. L'Empereur signa le décret du
21 mars 1812, qui fut bientôt suivi d'une délibération du
conseil municipal, autorisant l'acquisition des bâtiments
nécessaires; mais les négociants, ayant examiné les conditions mises à l'entrée des cotons dans l'entrepôt, s'aperçurent que ces conditions avaient été calquées sur le règlement établi pour l'entrepôt des sels, et les trouvant trop
onéreuses, réclamèrent. Frochot appuya les réclamations
de la chambre de commerce que le gouvernement accueillit
avec bienveillance. Cet obstacle franchi, une commission
du conseil municipal, une commission de la chambre de
commerce et le directeur des douanes préparèrent un règlement intérieur, que Frochot n'eut pas le temps et que Chabrol eut l'honneur de faire convertir en décret (20 janvier 1813). Le mémoire présenté par Frochot le 5 décembre
1812, servit de base et de commentaire au décret du
11 avril 1813, qui acheva de constituer cet important
service.

VII. — ABATTOIRS

Le projet de rejeter les tueries hors de Paris n'a
jamais cessé d'être soutenu par l'opinion publique et poursuivi par le gouvernement. Le parlement rendit à cet effet

une longue suite d'arrêts et la royauté fit de nombreux règlements. Malgré ces règlements et ces arrêts, les tueries de bestiaux et les fonderies de suifs infectaient et menaçaient Paris en 1789. Paris entier s'élevait contre l'odeur du sang et des fumiers répandus sur la voie publique, contre le passage incessant des bestiaux dans les rues, contre le danger des incendies. Restait à découvrir le moyen d'assurer la sécurité et la salubrité publiques. Plusieurs compagnies se formèrent et proposèrent la construction de tueries communes. Le corps des bouchers résista, et le gouvernement, craignant de fournir aux bouchers un prétexte à la hausse de la viande, n'osa rien décider.

La question fut reprise en 1800 dans les mêmes termes où l'ancien régime l'avait posée en 1789. Les réclamations avaient éclaté de nouveau, et fait éclore mille projets. Au lieu de suivre les sages conseils de l'Académie des sciences et de relire le remarquable mémoire dans lequel d'Arcet, Tillet, Daubenton, Lavoisier, Bailly et Laplace déclaraient que les tueries ne pouvaient en aucune façon justifier le renchérissement de la viande (1), le préfet de police parut entrer dans l'opinion des bouchers et plaida qu'en confiant à une seule compagnie le commerce d'une denrée de première nécessité on s'exposait à en faire hausser le prix. Au fond, le préfet de police ne s'opposait pas à la construction de tueries communes, mais à l'exploitation de ces tueries par une compagnie privilégiée. On s'en aperçut un peu plus tard, lorsque le gouvernement, cherchant les moyens de donner à la ville de Paris de nouveaux revenus, remit sérieusement le problème à l'étude. On calcula que 75,000 bœufs étaient abattus tous les ans à Paris, qu'en établissant un droit de trois francs

1) *OEuvres de Lavoisier*, Paris, 1865, in-4°, t. III, p. 579.

par bœuf, on percevrait la somme de 225,000 francs, et
qu'en exigeant des fondeurs de suifs et des marchands de
cuirs verts 35,000 francs, on aurait un revenu de 260,000
francs. Les premiers devis des abattoirs n'en portèrent la
dépense qu'à 700,000 francs. Cependant le budget de la ville
de Paris, exécutant le décret du 10 novembre 1807, inscrivit
une somme de 900,000 francs. Bientôt, par décret du 29 octobre 1808, cette somme fut portée à 1,700,000 francs;
enfin les devis furent tellement dépassés que le gouvernement effrayé proposa au corps des bouchers de lui abandonner la propriété et le produit des abattoirs, s'il voulait
bien en achever la construction. Le corps des bouchers
refusa. C'est alors que Montalivet et Frochot proposèrent de
rétablir la caisse de Poissy. Le décret du 6 février 1810, en
affectant le produit de cette caisse aux travaux des abattoirs
permit de pousser activement les travaux. En 1815, les cinq
abattoirs du Roule, de Montmartre, de Popincourt, d'Ivry
et de Vaugirard avaient coûté 9,500,000 francs. La Restauration travailla trois ans encore avant de toucher l'intérêt
de tant de peines et d'argent.

VIII. — REMISES SUR LES VENTES DANS LES HALLES ET MARCHÉS

Au moment où l'administration cherchait à reconstituer
la fortune publique de la ville de Paris, elle devait naturellement tourner son attention vers les halles et les marchés.
Avant la Révolution, la ferme générale percevait des droits
très-élevés sur la vente en gros de la plupart des denrées,
tandis que la location des places avait été l'objet de baux
avantageux. Les droits de garantie sur la vente des denrées,
comestibles et autres marchandises furent supprimés à partir du 1er mai 1791, mais sous une autre forme ils ne cessèrent pas d'être perçus. L'ancienne organisation des halles

reposait sur l'institution des facteurs qui épargnaient aux marchands forains la peine de rester à Paris pour vendre leurs denrées, et touchaient le prix de leurs services sur le produit des ventes. Pendant la Révolution, des particuliers s'établirent sans autorisation, les uns fournisseurs d'abris, les autres facteurs, ceux-ci touchant les droits de location, ceux-là des rétributions qui équivalaient aux anciens droits de commission, tous s'appropriant des sommes qui ne leur appartenaient à aucun titre. Dans la session de l'an IX, cette situation fut dénoncée par Frochot au conseil municipal comme attentatoire à la loi de frimaire an VII, puis améliorée par une ordonnance du préfet de police concernant les facteurs et mûrement examinée dans les conférences que tinrent les deux préfets en vertu de l'arrêté du 4 thermidor an X.

Les préfets étant tombés d'accord sur la nécessité de ressaisir la location des places dans les halles et marchés et de rétablir les droits de garantie sur les ventes en gros, le conseil municipal, dans la séance du 11 germinal an XI (1er avril 1803), approuva toutes leurs conclusions.

« Considérant, dit-il, que les deux préfets, dans le procès-verbal de « leurs conférences, ont pensé que le droit devait être pris sur la « chose quant aux ventes en gros et sur la place quant aux ventes « en détail ;
« Considérant que cette perception sur la chose sera prise sur la « rétribution accordée par les marchands forains et autres aux facteurs « qui se chargent de la vente de leurs marchandises ; que relativement « aux facteurs, le prélèvement fait sur eux servira d'indemnité de la « location de la place occupée, dont on doit les considérer comme chargés, d'après la nature et l'étendue de la rétribution qui leur est payée ; « que par là le marchand ne sera soumis à aucun payement nouveau : « (ce qui dès lors ne laisse nulle inquiétude de voir augmenter le prix « des denrées, puisqu'il n'y aura pas même de prétexte à cette aug- « mentation) ;
« Considérant, quant aux ventes en détail, que toute perception sur

« la chose devient impossible, et qu'il n'y a d'autres moyens d'at-
« teindre le détaillant qu'en le soumettant, à titre de location, à payer
« un prix déterminé pour l'usage de la place sur laquelle il stationne ;

« Considérant que la perception de ces droits ne doit pas être uni-
« forme dans toutes les halles et marchés et qu'ils doivent être plus
« ou moins élevés suivant les localités et les objets vendus,

« Arrête que les droits à établir sur les halles et marchés de Paris
« seront perçus selon le tarif annexé au procès-verbal des deux préfets. »

Chaptal, ministre de l'intérieur, transmit cette délibération
au premier consul. Le premier consul qui partageait d'instinct les théories anti-municipales de la régie des domaines,
caressait la fausse idée que les halles et marchés étaient des
propriétés nationales. Il chargea Regnier, grand juge et ministre de la justice de lui faire un nouveau rapport. Regnier
trouva les vues de Frochot excellentes et les revêtit officiellement de son approbation. (27 nivôse an XII, 18 janvier 1802).

« Je terminerai, dit-il, ce rapport par la proposition du préfet de
« la Seine, proposition qui me paraît de l'exécution la plus facile
« et en effet la plus simple. Il ne s'agit pas ici de créer des taxes ; ces
« taxes existent sans profit pour la chose publique. Il s'agit donc tout
« uniment de substituer dans la perception de ces taxes l'administra-
« tion communale, qui y a droit aux termes de la loi du 11 frimaire
« an VII, à des particuliers qui en jouissent sans droit et par un abus
« qu'il est temps de faire cesser. Un arrêté très-bref, conçu dans les
« termes du projet ci-joint, atteindrait parfaitement le but qu'on doit
« se proposer, et si ce projet était adopté, le préfet mettrait sur pied
« dans moins de quinze jours, la régie à instituer, et améliorerait de
« 12 à 1,500,000 francs par an les revenus de la ville de Paris, pourvu
« toutefois qu'on le laissât libre de choisir et de traiter et qu'une
« volonté très-prononcée garantît les moyens d'exécution. La substitu-
« tion proposée d'une régie communale à la gestion actuelle des fac-
« teurs, ajoute le préfet, n'apporterait aucun changement au régime
« habituel des halles et des marchés, et la prudence la plus ordinaire
« suffirait, continue-t-il, pour réaliser cette opération sans la moindre
« secousse, par le ministère des facteurs eux-mêmes ou par celui de
« leurs principaux commis et employés, qui tous deviendraient mem-

« bres ou agents de la régie, et ne feraient ainsi que changer de titre
« sans changer de fonctions (1). »

Regnier ne réussit pas mieux que Chaptal. Le premier
consul garda le silence. Il ne voulait pas être convaincu.
« Une ordonnance, murmurait la régie des domaines, un
« décret ne peut établir un impôt, et la perception d'un
« droit de tant pour cent sur le prix d'une marchandise ou
« d'une denrée est un véritable impôt. Donc il faut une loi. »
Prévenu de l'objection, le conseil municipal l'affronta.

« Considérant que la loi du 11 frimaire an VII n'accorde aux com-
« munes que les droits de location des places dans les halles et mar-
« chés et qu'il n'y est nullement question des droits sur les ventes,
« qu'il ne peut être perçu aucun droit qui ne soit expressément fixé
« par la loi, le conseil demande qu'une loi restitue à la ville de Paris
« tous les droits des halles et marchés. »

Pendant deux ans le conseil municipal attendit (5 nivôse
an XIII — 27 décembre 1804).

Un jour, le 1er mars 1806, l'Empereur ordonna au préfet
de police de présenter un rapport général sur les halles et
marchés. Le rapport daté du 3 mars, fut transmis à l'Empereur, puis au conseil d'État avec les observations du ministre
de l'intérieur. Un grand pas était fait. Ayant reconnu que
le préfet de police avait puisé dans l'héritage des lieutenants
de police le droit de faire des ordonnances, et que ces ordonnances avaient déjà réglé la matière des halles et marchés, l'Empereur ne crut pas devoir se servir d'une loi pour
réviser les actes d'un simple fonctionnaire. Il adopta la
doctrine des préfets. Le décret organique du 21 septembre 1807 régularisa la perception et les institutions du
factage que le préfet de police avait organisées très-habilement, mais à titre provisoire. Il confirma les ordonnances

(1) Bibl. du Louvre. *Recueil de rapports et projets*, B. 1314, 3, n° 1291.

du 9 frimaire an X (30 novembre 1801), sur la vente de la marée, du 22 ventôse an XII (13 mars 1804), sur la vente du gibier et de la volaille, du 28 mars 1806 sur la vente du beurre, du fromage et des œufs, et sur la halle aux farines. Il assimila les droits sur les halles et les marchés aux droits d'octroi et les affecta spécialement au service des hospices.

« Le produit net des produits des halles et des marchés de Paris, « disait le décret de 1807, sera mis à part par le receveur municipal, « comme fonds spécial, lequel sera affecté à la dépense des hospices « de notre bonne ville de Paris »

Cette pensée devait conduire l'Empereur à la grande opération financière de 1811.

Du moment que le produit des halles et marchés fut affecté au service des hospices et non aux dépenses municipales, une compensation devait être accordée à la ville de Paris. Les hospices possédaient une grande quantité de maisons urbaines. La vente en fut ordonnée à diverses reprises et exécutée avec plus ou moins de succès. Le prix des maisons, (plus de huit millions), servit à payer les halles et marchés. On pensait que les hospices toucheraient vingt pour cent de l'argent versé : mais la déception fut grande. On s'aperçut dès 1813 que le revenu des halles et des marchés désignés par le décret du 24 février 1811 ne pourrait suffire pour acquitter la ville envers les hospices.

IX. — LOCATION DES HALLES ET ABRIS DANS LES MARCHÉS

Le droit d'établir des échoppes fixes ou mobiles, de poser des parasols dans les halles et marchés suivit le sort du droit de commission sur les ventes en gros des comestibles. Au moment où disparut la ferme générale, au moment où les facteurs et les factrices s'emparèrent des droits sur les ventes en gros, les marchands détaillants se perpétuèrent dans la possession des places et des parasols. Un ancien locataire continua, par exemple, d'exploiter le marché des Innocents, malgré le décret du 12 septembre 1792 qui avait résilié son bail. On évaluait alors à 1,300 le nombre des échoppes et parasols répandus dans les divers marchés de Paris, et livrés ainsi au premier occupant. La loi du 11 frimaire an VII avait placé au nombre des recettes communales la location des places « dans les halles, marchés, chantiers, rivières et ports », de telle sorte que le droit ancien et la législation nouvelle conviaient à l'envi l'administration municipale de recouvrer cette recette. Aussitôt on essaya de louer les halles et marchés et l'on trouva locataire au prix de 400,000 francs. Le bureau central s'opposa à la conclusion de ce bail, sous prétexte que le prix véritable était cinq millions. En voulant trop, on n'eut rien. Survint le 18 brumaire et le temps coula. Les conférences préfectorales de l'an X réunirent Frochot et Dubois sur la nécessité de faire cesser l'anarchie qui régnait dans les halles et les marchés et qui régna malgré les efforts des préfets et les remontrances du conseil municipal jusqu'au décret de 1805. Le décret du 21 septembre 1805 confia au préfet de police le soin de louer les places dans les halles et les marchés et de toucher le montant des locations conformément aux tarifs arrêtés par le ministre de l'intérieur. A partir de 1808, les locations dans les halles et marchés montèrent de 1,100 à 30,000 francs et atteignirent en 1812 plus de 180,000 francs. Le décret du 30 novembre 1807 et l'emprunt de huit millions, tendirent à développer cette branche de revenus que l'Empereur affecta spécialement au service des hospices.

X. — LOCATIONS D'EMPLACEMENTS SUR LA VOIE PUBLIQUE

Cette recette subit naturellement les mêmes vicissitudes

que la recette précédente. Toutes les questions qui se ratta-
chent à des locations dans les halles et marchés renaissent
à propos des locations sur la voie publique. La régie des
domaines exploitait, en l'an VIII, les emplacements que
la ville de Paris louait avant la Révolution. Ainsi les chaises
des Champs-Élysées rapportaient à la régie 2,700 francs,
les cafés et baraques 2,200 francs. Il ne semble pas que
les propriétaires de fiacres et de cabriolets fussent soumis à
un règlement fiscal. En tout cas, la ville n'en profitait pas.
Le préfet et le conseil municipal réclamèrent et protestèrent
jusqu'en 1805. A cette époque, le droit de la ville fut
reconnu, et la caisse municipale commença par toucher
2,858 francs. Le décret du 9 juin 1808, en fixant la rétribution imposée aux voitures de place, porta cette recette,
en 1809, à 183,222 francs.

XI. — DROITS DE PESAGE, MESURAGE ET JAUGEAGE

Il est plus aisé de décréter l'établissement d'un nouveau
système de poids et mesures que de le faire entrer dans la
pratique de la vie. Il fallut bien des années pour exécuter les
ordres de l'Assemblée constituante et de la Convention nationale, pour habituer la France à l'unité de poids et de mesures,
pour la réduire à l'usage du système métrique. On y parvint
cependant, et l'un des meilleurs moyens fut l'établissement
de bureaux publics, où les citoyens purent librement faire
peser ou mesurer toutes les marchandises suivant le mode fixé
par la loi (27 brumaire an VII — 17 novembre 1798). Un
arrêté de l'administration centrale, daté du 8 pluviôse an VII
(27 janvier 1799), avait, à Paris, concédé le droit de pesage
public pendant quinze années consécutives, à la charge par
les concessionnaires de verser dans la caisse des hospices

28

une somme de 25,000 francs. Frochot confirma cet arrêté, et réunit au pesage le mesurage et le jaugeage.

Un peu plus tard, la loi du 29 floréal an X (19 mai 1802), entrant dans l'esprit de ces décisions locales, vint au profit des communes faire tourner des mesures dont la sûreté du commerce avait été jusqu'à présent le principal objet. Il était naturel que les préfets, examinant, en vertu de l'arrêté du 4 thermidor an X, la situation financière de la ville de Paris, se prononçassent énergiquement pour l'institution communale des bureaux publics de pesage, mesurage et jaugeage. Après avoir discuté et résolu la question du tarif, ils déclarèrent que les halles, marchés, ports et places formant le domaine de la commune, l'exercice du pesage et mesurage devait être réservé à des délégués de l'administration municipale, mais que le produit de ces bureaux étant inconnu, ces délégués devaient être des régisseurs intéressés. Ces considérations et ces calculs passèrent tout entiers dans l'arrêté du 6 prairial an XI (26 mai 1803), qui fut appliqué à Paris jusqu'au décret impérial du 10 juin 1808.

Le décret de 1808, après avoir abaissé les droits de pesage et de mesurage et élevé le droit de jaugeage, substitua le régime d'administration directe à la régie intéressée. Le préfet de police nomma les employés subalternes, et le préfet de la Seine un bureau central chargé de juger les contestations. Un inspecteur général et quatre inspecteurs particuliers surveillèrent et vérifièrent la comptabilité. Le receveur municipal encaissa les recettes.

Le gouvernement et l'administration ne tardèrent pas à revenir des illusions qu'ils avaient trop longtemps nourries. L'expérience leur apprit que la régie directe coûtait fort cher, que les recettes couvraient à peine les dépenses, et que la ville ne pouvait rien espérer de cette nouvelle branche de revenu. Frochot l'avoua dès 1810. Les décrets du 3 août 1810 et du 11 avril 1813 modifièrent les conditions de ce service sans l'améliorer. Aussi le conseil municipal, dans la session de 1815, opina-t-il pour abandonner l'exercice du pesage et mesurage à l'industrie privée, et pour autoriser des personnes probes et assermentées à remplir l'office de peseurs et mesureurs publics, moyennant un tarif réglé par l'administration.

XII. — DROITS D'EXPÉDITION DES ACTES DE L'ÉTAT CIVIL.

La division de Paris en douze arrondissements remonte à la loi du 3 ventôse an III (21 février 1795). Cette loi créa dans chaque arrondissement un officier de l'état civil, un garde des archives, un substitut de l'agent national, un secrétaire commis et un concierge. Comme la nation, c'est-à-dire le gouvernement, prenait à sa charge les traitements de ces employés, il prit à son compte les droits d'expédition des actes de l'état civil. Au mois de brumaire de l'an IV (novembre 1795), le régime municipal fut rétabli à Paris. Les administrations municipales étant seules chargées de la rédaction et de la confection des registres de l'état civil, parurent acquérir par cette charge même le bénéfice des droits d'expédition. Cependant la régie des domaines et de l'enregistrement opposa aux faibles réclamations des municipalités la plus énergique résistance. Tandis que, pour conserver un prétexte à ses prélèvements, elle consentait à payer les employés, soit du dépôt général de la préfecture, soit du palais de justice, elle rejetait insolemment sur le budget communal le traitement des employés qui dans les douze mairies travaillaient à son profit. « Il faut nécessairement, « disaient les préfets dans leurs conférences administratives « de l'an X, que la régie ou la commune réunisse toutes les

« charges et tous les produits du service de l'état civil. » La
commune finit par l'emporter, et une circulaire du ministre
de l'intérieur, en date du 26 mai 1808, prescrivit d'inscrire
ces droits parmi les recettes du budget municipal.

XIII. — GRANDE ET PETITE VOIRIE

On a reconnu de tout temps que la voie publique devait
être soumise à une surveillance active. Avant la Révolution,
le bureau des finances, assisté de quatre commissaires
voyers, remplissait cet office. La Révolution ayant supprimé le bureau des finances et les commissaires voyers,
la municipalité désigna et le Directoire maintint quatre nouveaux commissaires. Ces nouveaux commissaires échouèrent
dans la tâche difficile de défendre les anciennes ordonnances contre les usurpations des particuliers. La loi du 28
pluviôse et l'arrêté du 12 messidor an VIII crurent répondre
à tous les vœux, en donnant au préfet de la Seine la grande
voirie et au préfet de police la petite voirie. Cette loi et cet
arrêté soulevèrent un violent débat. Ce n'était pas sur la distinction de la grande et de la petite voirie que les deux préfets engagèrent la lutte, mais sur l'étendue de leur compé-
tence. Ils s'entendaient assez bien pour distinguer la grande
voirie comprenant l'alignement et la surveillance des constructions dans toutes les rues de Paris, et la petite voirie se
bornant à la circulation et à la sûreté de la voie publique;
mais ils ne s'entendaient plus du tout quand il s'agissait de
l'attribution de ces deux services. Le préfet de police attaqua; il se pourvut au conseil d'État contre l'arrêté de messidor an VIII, et soutint énergiquement que la grande et la
petite voirie devaient être réunies dans ses mains. Battu
mais non vaincu, il renouvela ses prétentions dans les longues
discussions qui précédèrent le décret du 27 octobre 1808.

« Le mot police, disait-il dans une note remise au conseil d'État,
« signifie soin de ville, c'est-à-dire économie et administration, et tout
« ce qui touche à la sûreté publique fait essentiellement partie des
« attributions du préfet de police.

« En confiant la grande voirie au préfet civil et la petite au préfet
« de police, on blesse les rapports qui existent entre les deux préfets.
« Les relations que la loi a établies entre eux sont des relations d'*égal*
« *à égal* : le préfet de police ne devrait donc pas infirmer les actes du
« préfet civil, et *vice versá*.

« Cependant, par le fait, il pourrait les infirmer dans plusieurs
« cas, et notamment en matière de grandes saillies; car si elles gènent
« la circulation ou compromettent la voie publique, le préfet de police,
« chargé de veiller à ce qu'elle soit commode et sûre, sera obligé par
« la nature de ses fonctions d'en ordonner la suppression.

« Dans les départements, il n'y a aucun inconvénient à ce que la
« grande et la petite voirie soient divisées, parce que les préfets admi-
« nistrant tout à la fois le civil et la police, la réunion des deux par-
« ties s'opère définitivement dans leurs mains; mais à Paris, il faut
« les réunir dans la même main pour faire cesser les difficultés qui
« s'élèveraient entre deux autorités indépendantes l'une de l'autre,
« si la division proposée par le projet de loi était adoptée (1). »

Le préfet de police avait tort et raison. Il avait raison : car
le décret de 1808, en maintenant l'arrêté de messidor, c'est-
à-dire en laissant la grande voirie au préfet de la Seine et la
petite voirie au préfet de police, devait ouvrir la porte à une
foule de méprises et de conflits; mais il avait tort de revendiquer pour lui-même et pour lui seul ces deux services. Le
préfet de la Seine eût fait valoir avec plus de force les
mêmes arguments. En attribuant la grande et la petite voirie
au préfet de la Seine, le décret du 10 octobre 1859 a très-
utilement modifié l'arrêté de messidor et le décret de 1808.

Frochot n'attendit pas la fin de ce débat pour agir. Si la
police des bâtiments, c'est-à-dire la petite voirie, n'était plus
exercée en l'an VIII, la voirie d'alignement, la grande voirie
n'était pas tombée tout à fait en désuétude. On avait toujours

(1) Bibl. du Louvre. Rapports présentés au conseil d'État. B. 1314, 3.

délivré des permissions de construire : mais les municipalités n'avaient touché aucun droit, ni exercé aucun contrôle. Par un arrêté du 24 nivôse an IX (14 janvier 1801), Frochot, soutenu par les délibérations du conseil municipal, réorganisa le service de la grande voirie, rétablit la perception des droits et rendit force de loi aux ordonnances non abrogées.

L'ancienne jurisprudence des bâtiments exigeait cependant une prompte révision. Le tarif de 1781 tendait surtout à distinguer les droits des commissaires voyers et les droits du bureau des finances, et cette distinction, après la loi du 28 pluviôse, n'avait plus aucune raison d'être. Lorsqu'en l'an X les préfets examinèrent les moyens d'augmenter les revenus de la ville de Paris, ils rédigèrent un projet de tarif qui ne fut pas immédiatement agréé. Six années s'écoulèrent, et la ville continua de percevoir en moyenne par an 12 à 14,000 francs, grande et petite voiries réunies. Au commencement de 1808, Regnaud de Saint-Jean-d'Angély fut autorisé par l'Empereur à présenter au conseil d'État un projet de décret qu'il avait rédigé avec Frochot, et que l'Empereur signa le 27 octobre. La grande voirie était maintenue dans les attributions du préfet de la Seine, la petite voirie dans celles du préfet de police : un nouveau tarif substitué aux anciens règlements. Le receveur municipal centralisait les recettes produites par les droits de grande et de petite voirie touchés les uns à la préfecture de la Seine, les autres à la préfecture de police.

La question du tarif n'était pas la seule qui méritât d'être réglée. Frochot ne se dissimulait pas que les décisions de l'administration et les arrêtés du conseil de préfecture n'étaient fondées que sur une jurisprudence surannée et nécessairement arbitraire. Les lois du 29 floréal an X

(19 mai 1802), du 9 ventôse an XII (28 février 1805), du
16 septembre 1807, du 16 décembre 1811, avaient jeté
peu à peu sur la manière de construire, de réparer, d'entretenir les routes, quais, rues, places, des lumières nouvelles;
mais ces lois portaient sur des points spéciaux, et se réduisaient à des règles très-générales. En matière de voirie, la
législation n'offrait pas un corps méthodique de lois, la
jurisprudence un ensemble fixe de décisions. Tout propriétaire pouvait trouver dans sa mauvaise foi et dans son habileté les moyens de se soustraire aux règlements et de
braver l'autorité. Frochot conçut, en 1803, le projet de rédiger le code de la grande voirie; mais il n'essaya de mettre
ce projet à exécution qu'après le décret de 1808. Rédigé,
imprimé en 1811, ce code fut discuté en 1812 par une
commission de quatorze membres, présidée par Frochot. La
discussion touchait à sa fin, lorsque Chabrol en prit la direction. Le nouveau préfet partagea d'abord la haute estime
que la rédaction de ce code avait inspirée aux bureaux de
la préfecture et aux membres de la commission; il ordonna
même en 1813 de continuer le travail, mais Frochot avait
emporté son plan, ses notes, sa vieille expérience et son
infatigable ardeur. Il semble que Chabrol renonça promptement à une entreprise dont il eût fallu laisser tout l'honneur
à son prédécesseur.

Au milieu des obstacles que les prétentions du préfet de
police et les hésitations du gouvernement avaient tour à tour
opposés à l'organisation du service et à la révision de la
législation, Frochot avait tiré un excellent parti des pouvoirs que lui conférait l'arrêté de messidor. Assurément, il
n'osa pas et il ne pouvait pas créer un plan qui embrassât
dans son ensemble les transformations d'un Paris renouvelé. Il n'osa pas et il ne pouvait pas refaire le grand tra-

vail que venait d'achever la commission des artistes, et
l'imposer au ministre de l'intérieur, au premier consul et à
l'Empereur : mais il sut, dans le domaine propre de la grande
voirie, provoquer et exécuter les plus heureuses réformes.
Et comment ne pas parler de la police sévère des constructions nouvelles (24 nivôse an IX), des décrets, des règlements, des arrêtés sur les constructions dans Paris et autour
de Paris (11 janvier 1808), sur l'établissement des fosses
d'aisances (10 mars 1809), sur le numérotage des maisons
(1805), sur la réinscription des rues (23 mai 1806)? Maintenant que la capitale de la France est une ville saine et
sûre, maintenant que nous allons et venons sur des trottoirs
unis et propres, dans des rues numérotées et classées, sans
crainte d'être salis par les eaux des gouttières, sans crainte
de tomber sur des pavés pointus ou dans des trous fangeux,
nous nous gardons bien de songer au Paris du Consulat.
Soyons heureux sans être ingrats : jouissons et n'oublions
pas qu'il y a soixante ans, Frochot fit des efforts, remporta
des succès, et conquit une renommée que Chabrol et ses
successeurs eurent la fortune de recueillir et de mériter à
leur tour.

XIV. — TAXE DES INHUMATIONS

En inscrivant dans le chapitre des recettes municipales
la taxe des inhumations et les concessions de terrains dans
les cimetières, on entre par le côté moral et par le côté
matériel dans la grande question des sépultures. Nul plus
que Frochot ne travailla et ne contribua à l'éclaircir. Des
fonctions de maire s'élevant au rôle de législateur, il sut
devancer par ses projets et préparer par ses arrêtés les
décrets de 1804, 1806 et 1811. Conciliant heureusement
les intérêts de la ville et les droits de la morale publique, il

régla tout le service des pompes funèbres aux applaudissements du conseil municipal et du gouvernement tout entier.

En fixant la forme et le délai dans lesquels on devait constater les décès, l'arrêté du 21 vendémiaire an IX (13 octobre 1800) ouvrit la série des mesures réparatrices.

Le décès constaté avait toujours été déclaré à la mairie.
Pendant la Révolution, les municipalités du canton de Paris
faisaient le service des inhumations, moyennant une taxe
qu'un arrêté de l'administration centrale avait, le 28 thermidor an IV (15 août 1798), fixée à vingt francs pour les morts
qui avaient plus, et à dix francs pour ceux qui avaient moins
de sept ans. Cette taxe était doublée dans le cas où le défunt
n'était pas porté directement au cimetière. Sur le produit de
cette taxe, l'administration soldait le salaire des inspecteurs
et porteurs, les frais d'enterrement, la fourniture des draps
et des cercueils banaux. L'excédant de la recette demeurait
dans une caisse spéciale à la disposition des municipalités.
Frochot conserva cette taxe qui représentait et représente
encore aujourd'hui le transport des corps et la sépulture.

La taxe payée, l'administration municipale ou plus tard
le maire donnait l'ordre d'inhumer; mais à qui cet ordre
était-il donné? Sous le Directoire, à des inspecteurs de la
mairie : après l'arrêté de ventôse an IX, à un ordonnateur
particulier constitué par arrondissement : bientôt après, aux
agents d'un ordonnateur général. Dès l'an IX, Frochot avait
remis par traité à un seul entrepreneur le soin d'exécuter
les réformes qu'il venait d'accomplir. Quoique l'art. 24 du
décret de prairial an XII (12 juin 1804) eût confirmé ce
traité, l'art. 22 du même décret avait reconnu aux fabriques
le droit de faire toutes les fournitures d'enterrement. Le
conflit, qui s'éleva dans cette occasion entre les fabriques et
l'entrepreneur général, fut analysé dans un excellent rapport

que Frochot adressa au ministre des cultes, et qui concluait au maintien du traité passé avec l'entrepreneur général. Le décret du 18 mai 1806 et le décret du 18 août 1811 donnèrent une deuxième et une troisième fois gain de cause à Frochot. Les droits des fabriques furent réservés et assurés; mais le service des pompes funèbres et le service du transport des corps restèrent confiés à un entrepreneur général.

En organisant l'entreprise des pompes funèbres, Frochot fournit aux Parisiens l'occasion de faire éclater les sentiments dont la Révolution avait pour ainsi dire paralysé l'expression. Sous le Directoire, riches et pauvres étaient conduits à leur dernière demeure, sans pompe et presque sans prières, par les soins de l'autorité municipale, et moyennant la simple taxe d'inhumation. S'il était nécessaire d'interdire l'odieux usage des cercueils banaux et d'assurer gratuitement aux indigents un linceul, une bière, une place dans la fosse commune, était-il naturel de refuser à jamais au riche la consolation d'honorer, suivant ses ressources, le parent ou l'ami qu'il avait perdu? Frochot rendit aux héritiers la liberté de leurs regrets et la responsabilité de leur douleur. Il répétait que la conscience commande un égal respect pour les morts, et qu'un bon gouvernement l'assure par ses propres exemples. Aussi, voyez la sollicitude avec laquelle il protège le convoi du riche et le convoi du pauvre! Hier encore on portait les morts sur des brancards, et ces brancards stationnaient à la porte des cabarets; les convois étaient coupés par les voitures, arrêtés, souvent même outragés par une foule bruyante, et voici qu'un char traîné par deux chevaux s'avance à pas lents, précédé des porteurs et suivi de l'ordonnateur, des parents, des amis! Désormais la police fait respecter la marche du convoi. Les voitures s'arrêtent. Les têtes s'inclinent. Le silence conduit au respect.

Peut-être serait-il utile de ne pas transporter immédiatement les corps au cimetière et convenable de les déposer
quelques instants dans un temple destiné à cet usage ? L'éloi-
gnement projeté des cimetières le conseille : la piété l'ordonne : Frochot arrête :

« Il sera érigé dans Paris six temples funéraires pour servir de dépôts
« avant le transport aux enclos de sépulture. »

La réaction religieuse se dessine. Les temples funéraires
se transforment en églises. Les cérémonies des cultes constitués l'emportent sur les cérémonies d'une religion naturelle.
Le concordat est signé, et le décret de prairial an XII ajoute :

« Il est défendu d'établir aucun dépositoire dans l'enceinte des
« villes. Les cérémonies précédemment usitées pour les convois suivant
« les différents cultes seront rétablies. »

Dès lors la présentation des corps à l'église devient de jour
en jour plus fréquente, et le décret de 1811 finit par déclarer
qu'elle est de droit commun.

XV. — CONCESSIONS DE TERRAINS DANS LES CIMETIÈRES

Le convoi a quitté l'église et arrive au cimetière.

A la suite d'une enquête ouverte en 1763, un arrêt du
Parlement avait ordonné, le 21 mai 1765, de fermer tous
les cimetières ouverts dans Paris, et d'en créer huit, clos
de murs, aux portes de Paris. L'entretien et l'établissement
de ces nouveaux cimetières étaient mis à la charge des différentes paroisses qui devaient y contribuer dans la proportion
de leurs ressources. Cet arrêt de règlement fut confirmé par
la déclaration royale du 10 mars 1776 ; mais la Révolution
suspendit l'exécution de mesures inspirées par la plus pressante nécessité. En l'an VIII, les cimetières de Paris offraient
le spectacle du plus révoltant abandon. Cédant à un mouvement d'indignation, et d'ailleurs soutenu par le conseil muni-

cipal qui, dès sa première session, avait laissé échapper les plaintes les plus vives, Frochot prit hardiment l'arrêté du 21 ventôse an IX (12 mars 1801) :

« Il sera établi, disait-il, hors de la ville de Paris, trois enclos de « sépulture publique : le premier au nord, le second à l'est, le troi- « sième au sud.

« Les enclos auront chacun au moins quinze hectares d'étendue, et « seront distants d'un mille des murs d'enceinte de la ville de Paris.

« Le ministre de l'intérieur sera prié d'obtenir pour la commune de « Paris l'autorisation d'acheter le terrain nécessaire pour les trois « enclos de sépulture. »

Cette sommation eut un plein succès. Le conseil municipal, dans sa session de l'an X, s'associa aux généreuses démarches du préfet; le gouvernement prépara la loi du 17 floréal an XI (7 mai 1803), qui autorisa l'acquisition des jardins du Père-Lachaise, et le cimetière de l'Est fut ouvert aux morts le 1ᵉʳ prairial an XII (21 mai 1804).

Sous l'ancien régime, le cimetière était une dépendance de la paroisse. La Révolution en fit une propriété de la commune. Ordre fut donné aux communes, par le décret du 23 prairial an XII (12 juin 1804), « d'acheter des terrains « hors des villes, de les enclore de murs, de les planter et « de les consacrer à l'inhumation des morts, » en un mot de suivre dans toute la France l'exemple que Frochot venait de donner à Paris. En même temps, le gouvernement reconnaissait à la commune propriétaire des cimetières le droit de concéder des terrains pour sépultures particulières, sous certaines conditions de fondation et de donation. S'appuyant sur ces prescriptions pour fermer les trois cimetières encore ouverts dans l'intérieur de Paris, Frochot déclara le 15 ventôse an XIII (6 mars 1805), que :

« Provisoirement, et jusqu'à ce que la portion et l'étendue des divers « cimetières de Paris fussent déterminées définitivement, il ne serait

« fait de concessions perpétuelles pour fondation de sépultures que
« dans l'enclos de Montlouis, formant aujourd'hui le cimetière de l'Est.

Cet arrêté, qui devait rester en vigueur jusqu'en 1821,
époque à laquelle le droit de concession fut étendu aux cimetières de Montmartre et de Mont-Parnasse, cet arrêté, dis-je,
avait été dès l'abord approuvé et même loué sans réserve par
le conseil municipal.

« Votre commission, s'écriait le rapporteur Quatremère de Quincy,
« a cru qu'il convenait de payer un tribut d'éloges très-mérités au
« zèle de l'administrateur, dont les vues aussi utiles qu'étendues sont
« parvenues à embrasser dans l'objet soumis à votre délibération les
« soins de la salubrité, ceux du trésor municipal et les intérêts de la
« morale publique. Peut-être le projet qui vous est proposé a-t-il un
« droit de plus à votre approbation! Pourquoi, en effet, vous dissi-
« muleriez-vous, Messieurs, que le préfet, en vous l'offrant, réalise vos
« propres vœux ? »

Ce projet fixait le prix des concessions non perpétuelles à
cinquante francs, et des concessions perpétuelles dans l'intérieur de l'enclos à cent francs le mètre carré ; il cédait gratuitement les terrains situés le long des murs d'enceinte,
à la condition que le cessionnaire construirait, sur le plan
adopté par l'administration, une des arcades dont la série
devait former une vaste galerie autour du cimetière.

« De telle sorte, ajoutait le rapporteur, que le cimetière de l'Est
« sera bâti aux frais des particuliers, et que la commune acquerra
« gratuitement un grand édifice, un magnifique établissement et un
« revenu. »

Dans une autre partie de son rapport, Quatremère de
Quincy disait encore :

« Rien de plus facile que de former des vœux : mais dans une vaste
« société, et au milieu de tous les embarras nés des démolitions suc-
« cessives d'une révolution, il n'est pas facile à l'administrateur de
« marcher aussi rapidement qu'il le voudrait. L'essentiel est qu'il
« marche toujours, et toujours dans la même direction : c'est ce qu'a
« fait le préfet. »

En louant le passé, Quatremère de Quincy aurait pu engager l'avenir. Frochot ne s'arrêta pas à la création du cimetière de l'Est, qui demeura pourtant une de ses plus belles
œuvres. Il suivit avec persévérance le plan qui devait bannir
de Paris les cimetières intérieurs, et rejeter sur ses flancs les
nouveaux champs de repos. En 1812, l'Empereur ayant pris
en main la direction des grands travaux de Paris, revint sur
cette question des cimetières, et chargea Fontaine, son architecte, de lui soumettre un projet d'ensemble. Sur le projet
de Fontaine, le ministre de l'intérieur fit un contre-projet
(11 février 1813); mais tous ces travaux restèrent enfouis dans
les cartons. L'Empire s'écroula, et en 1819, Paris enterrait
encore ses morts dans le cimetière nouveau du Père-Lachaise,
dans les cimetières anciens de Montmartre, de Vaugirard
et de Sainte-Catherine. Plus tard ces deux derniers cimetières furent supprimés à leur tour et remplacés par le
cimetière de Mont-Parnasse.

Cette rapide histoire des recettes du budget ordinaire
laisse à peine une faible idée de l'activité et de l'intelligence
que Frochot déploya dans les difficiles conjonctures où la
Révolution avait précipité l'administration. On a vu toutefois
comment et dans quel état Frochot avait pris cet ensemble
de recettes, dans quelle mesure et dans quelle direction
il l'étendit, avec quel zèle et quel succès il le consolida.
Autour de l'octroi qui fit subitement la fortune de la ville,
Frochot avait fait jaillir de nouvelles sources de revenus :
mais ces sources de revenus devaient longtemps encore couler
faibles et troubles, tandis que le grand fleuve de l'octroi
allait de suite porter l'abondance et la vie dans tous les services de la ville de Paris. Si le progrès des recettes ne suivit
pas toujours le cours des calculs et des espérances, si tant

d'efforts ne reçurent pas sur-le-champ une profitable récompense, on ne peut pas dire que Frochot rencontra dans l'accomplissement de son œuvre des ingrats et des indifférents. Justice, justice prompte et éclatante lui fut rendue, et l'écho de la reconnaissance publique retentit encore dans l'histoire de la ville de Paris.

X

BUDGET DE LA VILLE DE PARIS. — DÉPENSES. — I. Service municipal des mairies. — II. Service de l'instruction primaire. — III. Service religieux. — Organisation et frais du culte. — IV. Service militaire. — Garde municipale. — Garde nationale. — Pompiers. — V. Service de l'assistance publique.

En abordant le budget des dépenses de la ville de Paris, il ne faut pas oublier que ce budget se divisait en deux sections : la première embrassait les services confiés au préfet de la Seine; la seconde les services confiés au préfet de police. Le budget du préfet de la Seine fixera seul notre attention, comme il fixait seul l'attention et le contrôle du conseil municipal. Le budget du préfet de police n'était présenté au conseil que par mesure d'ordre et pour provoquer un vote sur l'ensemble des dépenses municipales.

I. — SERVICE MUNICIPAL. — MAIRIES

La ville de Paris a été de tout temps divisée en plusieurs quartiers, dont les édits royaux avaient fixé le nombre et les limites. La Révolution la divisa en soixante arrondissements ou districts, et bientôt après, les soixante districts firent place à quarante-huit sections. La loi du 3 ventôse an III (21 février 1795), qui détermina le mode de constater l'état civil dans la commune de Paris, prescrivit de composer un arrondissement avec quatre sections et de former dans Paris douze arrondissements. Un peu plus tard, la constitution de l'an III ayant fixé à douze le nombre des administrations municipales de Paris, les douze arrondissements d'état civil devinrent les douze arrondissements municipaux. Les quarante-huit sections furent maintenues et prirent le nom de divisions. D'autre part, la garde nationale et la police de sûreté s'étant organisées dans des cadres différents, Paris se trouvait, en l'an VIII, livré à une complication de divisions et de subdivisions administratives qui entretenaient le désordre.

Pénétré de la nécessité d'assurer l'exécution des lois, de simplifier et de fortifier les rapports de l'administration centrale avec les administrations secondaires, du préfet avec les maires, des maires avec les citoyens, des magistrats de sûreté avec les juges de paix, des juges de paix avec les justiciables, en un mot d'établir dans un même cadre les services de l'administration, de la justice et de la police, Frochot proposa hardiment de rectifier le plan de Paris. Il divisait la ville en six arrondissements avec six maires et six magistrats de sûreté : chaque arrondissement en trois justices de paix : chaque justice de paix en trois commissariats de police. Le 19 fructidor an IX (6 septembre 1801), le conseil d'État rejeta cette proposition qui lui parut trop radicale, et la ville de Paris conserva, pendant le Consulat et l'Empire, les divisions que la Révolution et le Directoire avaient tracées.

On sait que la loi du 28 pluviôse an VIII substitua l'action d'un magistrat unique à l'action d'une administration collective. Le maire et deux adjoints remplacèrent les directoires, et dans les douze arrondissements les nouveaux fonction-

naires municipaux reçurent à peu près la même mission que
leurs devanciers. Ils tinrent les registres de l'état civil, préparèrent toutes les opérations de conscription, réquisition
et enrôlements, surveillèrent les établissements de bienfaisance et les écoles primaires, et firent exécuter les arrêtés du
préfet, maire central de Paris. Lorsqu'en l'an XI Frochot
eut transféré l'administration préfectorale et municipale de
l'hôtel de la place Vendôme dans l'antique hôtel de ville, il
devança le décret du 15 mars 1806, en cherchant les moyens
d'installer les douze mairies dans des maisons municipales.
Si l'état des finances communales le contraignit à différer
un projet que réclamaient les exigences d'un nouveau service, du moins il exerça sur ces administrations disper-
sées un contrôle sévère, s'appliquant d'ailleurs à élever
par des marques d'estime la fonction de maire et d'adjoint à
la dignité de magistrat de la cité. Le gouvernement seconda
ces vues et encouragea ces prétentions. Le maire central de
Paris et les douze maires d'arrondissement reçurent du premier consul et de l'Empereur les témoignages de la plus
chaleureuse bienveillance, et tandis que Frochot et ses collègues s'efforçaient de mériter la reconnaissance des Parisiens, en portant un zèle scrupuleux dans le détail quotidien
des affaires municipales, le gouvernement s'efforçait d'exciter cette reconnaissance par des distinctions qui s'adres-
saient aux représentants de la ville de Paris.

II. — SERVICE DE L'INSTRUCTION PRIMAIRE

Paris possède aujourd'hui des ouvroirs, des salles d'asile,
des établissements d'instruction primaire, des colléges municipaux, des écoles pour les études professionnelles ; mais
combien n'a-t-il pas fallu d'années et d'efforts pour rendre à
Paris l'instruction véritablement publique ? L'Empire n'a

pas connu les salles d'asile. Au milieu des devoirs que lui imposait la réorganisation de tous les services, pouvait-il s'arrêter un moment pour veiller à l'éducation de la première enfance? Une semblable institution fait la gloire des jours heureux et paisibles, où la société reposée perfectionne ses œuvres; mais l'Empire a connu l'instruction primaire. Comme tous les gouvernements, qui, de 1789 à 1832, ont eu l'honneur de présider aux destinées de la France, l'Empire a cherché la solution de ce grand problème. La Révolution avait dispersé brutalement les modestes et pieuses écoles que l'Église avait fondées à l'ombre des presbytères, et la Convention, poursuivant avec une ardeur fébrile le rêve chimérique de l'éducation républicaine, n'avait fait que détruire et n'avait rien pu fonder. Il était urgent, il était nécessaire d'arracher à l'ignorance et au vagabondage les premières générations du siècle, et la loi du 11 floréal an X (1er mai 1802) doit être honorée à l'égal d'une loi d'ordre et de salut public.

Les écoles primaires figuraient depuis quelque temps au budget de la commune, mais la pénurie des fonds publics avait suscité des obstacles que la négligence et les préventions des parents avaient grossis. Douze instituteurs et douze institutrices, à chacun et à chacune douze cents francs : voilà le personnel et le premier budget de l'instruction primaire à Paris. Soyons indulgents! Était-il nécessaire de multiplier les écoles et les instituteurs quand les écoles restaient vides et les instituteurs inoccupés? Pour relever les écoles de filles d'un discrédit injuste, Frochot organisa dans chacune d'elles des ateliers de couture et de lingerie, mesure excellente et nouvelle qui fut alors couronnée d'un éclatant succès. A la faveur de l'ouvroir (car Frochot avait deviné et pour ainsi dire inventé l'ouvroir), l'instruction

primaire s'étendit. Dans la session de 1806, un membre du
conseil municipal faisait observer que les écoles gratuites
ne suffisaient plus à l'instruction de tous les enfants indigents, et que dans le deuxième arrondissement, des particuliers avaient trouvé honneur et profit à ouvrir de nouvelles
écoles. Frochot triomphait. Il avait toujours compté sur le
temps pour modifier l'opinion publique, qui considérait le
calcul, l'écriture et la lecture comme des instruments inutiles dans une vie laborieuse. Avec non moins de sagacité,
il avait toujours soutenu que le succès de l'instruction primaire dépendait de la situation matérielle et morale des
instituteurs.

> « Il serait convenable, disait Frochot en l'an XI, d'établir dans les
> « campagnes de petites écoles où l'instruction serait bornée à la lecture,
> « à l'écriture, aux éléments du calcul; d'assujettir les cultivateurs à
> « une rétribution très-modique, et de donner aux enfants des indigents
> « l'enseignement gratuit. Je suis convaincu que le bien-être des insti-
> « tuteurs est le meilleur moyen de répandre l'instruction primaire. »

En attendant que les lois et les mœurs eussent fécondé ces
pressentiments d'un avenir bien éloigné, Frochot porta ses
espérances et ses efforts vers les cinquante écoles de charité
que contenait la ville de Paris. Dirigées tantôt par des frères
de la Doctrine chrétienne et des sœurs de Charité, tantôt par
des instituteurs et des institutrices laïques, soutenues par
les subventions de l'administration, entretenues et surveillées
par la charité privée, par les bureaux de bienfaisance, par
le clergé de Paris, ces écoles furent à vrai dire le fond de
l'instruction primaire sous l'Empire. A leur propos, Frochot
disait un jour devant l'Empereur : « Je prends le bien où je
le trouve. » — « Et l'on trouve toujours, lui répondit-il, quand
on veut chercher. »

III. — SERVICE RELIGIEUX. — ORGANISATION DES PAROISSES — FRAIS DU CULTE

La religion catholique subit la peine de son alliance politique avec la royauté. La Révolution la traita en suspecte, en émigrée, en ennemie de la République. Le jour où les Français commencèrent à se recueillir, ils cherchèrent un autel, une foi, un Dieu. Le catholicisme et le philosophisme se disputèrent les esprits. Le sentiment religieux rentra dans les cœurs. Les beaux esprits improvisèrent des religions nouvelles; mais la foule, la foule immense et profonde des campagnes redemanda ses curés, ses cloches et ses églises. Bonaparte les lui rendit. Le Directoire avait proclamé la liberté des cultes; le premier consul décréta la protection des cultes. Les lois de 1795 disaient : L'État reconnaît tous les cultes mais ne les distingue pas. Le concordat de 1802 dit : « La religion catholique est la religion de la majorité des Français. » En 1795, le gouvernement ne salarie aucun culte; il reste étranger à leur organisation. En 1802, la République salarie tous les cultes, et intervient dans leur organisation. En 1795, défense est faite : en 1802, ordre est donné aux municipalités de fournir les édifices nécessaires à l'exercice des cultes et au logement de leurs ministres. Quel contraste ! Désormais l'Église et l'État s'entendent ; l'Église et l'État s'unissent : mais l'État entre dans l'Église, et le gouvernement dans l'administration des cultes.

« Le libre exercice du culte catholique, écrivait Chaptal aux préfets, « est établi par la loi du 18 de ce mois (germinal an XI).

« Ce bienfait du gouvernement était sollicité par la presque totalité « des Français : il aura la plus heureuse influence sur l'esprit public « et la tranquillité intérieure, si par le concours de l'autorité civile, « les ministres du culte sont entourés de cette considération qui inspire « la confiance et commande le respect. Le gouvernement appelle à ce

« sujet les efforts de votre zèle pour le succès de ses vues. Votre pré-
« voyance doit embrasser divers objets. »

Le premier devoir du préfet de la Seine et le premier soin
de Frochot avaient été de livrer à l'archevêque de Paris une
maison épiscopale et l'église cathédrale. La loi du 18 germinal an XI (8 avril 1803) vint bientôt inscrire au budget départemental les sommes que les conseils généraux devaient
appliquer à l'acquisition, la location ou l'entretien des maisons épiscopales, des églises cathédrales et de tous les objets
nécessaires au service du culte dans ces églises. Les sommes
furent imputées sur les centimes additionnels affectés chaque
année aux dépenses variables.

S'il était difficile de réunir les éléments financiers du
diocèse, il l'était plus encore d'organiser le régime administratif des paroisses. Frochot, maire de Paris, trouva dans
cette partie de sa tâche un rôle plus important et des devoirs
plus délicats que Frochot préfet de la Seine. Déjà le Directoire avait fixé à douze le nombre des édifices religieux.
Chaque arrondissement possédait, en l'an VIII, un temple
où les catholiques, les protestants, les juifs, les néophilan-
tropes, pratiquaient les cérémonies de leur culte. L'archevêque de Paris, auquel la loi avait remis le soin de tracer
les circonscriptions des paroisses, maintint dans un décret
confirmé par un arrêté des consuls, le 17 floréal an X, la
division en douze cures, division qui répondait aux douze
justices de paix. Les douze temples furent rendus au culte
catholique. On y joignit vingt-sept succursales.

Si la restauration des cultes greva le budget du département
de dépenses que l'on peut qualifier d'épiscopales, elle fit
inscrire au budget de la commune les dépenses que l'on peut
qualifier de paroissiales; mais de ces dépenses paroissiales,
les unes frappaient toujours les communes, les autres par

occasion. Ainsi, quelle que fût la situation financière des fabriques, les communes et partant la ville de Paris étaient obligées de fournir les édifices religieux et le logement des ministres du culte.

En l'an XIII (1804), on comptait à Paris vingt-six églises non aliénées, et quatorze églises aliénées et louées comme succursales. Un avis du conseil d'État du 2 pluviôse an XIII (23 janvier 1805) ayant décidé que les églises et presbytères devaient être considérés comme des propriétés communales, un décret du 20 juin 1810 autorisa la ville de Paris à acquérir les édifices, ou à louer, si elle ne pouvait les acquérir, tous les édifices nécessaires à l'exercice du culte. Comme les presbytères, sauf cinq, avaient été vendus pendant la Révolution, la ville de Paris se pourvut de logements ou paya des indemnités aux curés et desservants. A ces charges directement et spécialement imposées à la commune, venaient et vinrent se joindre un supplément de traitement pour les vicaires, l'entretien des églises, et même les frais du culte lorsque le budget de la fabrique était épuisé.

La réorganisation du culte catholique avait en effet pour base la reconstitution des fabriques. Tel fut l'objet de l'arrêté du 7 thermidor an XI (26 juillet 1803) et des décrets du 23 prairial an XII (12 juin 1804), du 30 mai 1806 et du 30 décembre 1809. A partir de 1809, les fabriques eurent un budget dans lequel figurèrent en recettes le produit de leurs biens, la location des chaises, les oblations, les quêtes, divers droits parmi lesquels il faut noter les droits d'inhumation; et en dépenses, les frais indispensables au service du culte, le traitement des vicaires, des prédicateurs, des officiers et des serviteurs de l'église, l'entretien des églises, presbytères et cimetières. Le budget des fabriques servit aux paroisses de budget intérieur et ordinaire : le budget municipal, de budget extérieur et supplémentaire.

« Si l'État, disait Portalis, assigne des fonds particuliers aux dé-
« penses du culte, l'État ne pourvoit point à tout, et les libéralités des
« fidèles ne sauraient suppléer à tout ce qui manque. Alors la com-
« mune doit venir au secours de la société religieuse qu'elle porte dans
« son sein. Il importe donc que les administrateurs de la commune
« aient l'œil sur la conduite des administrateurs de la fabrique, puis-
« qu'un emploi mal entendu des fonds spéciaux des fabriques tourne-
« rait au détriment des communes. »

C'était expliquer très-nettement à quel titre les maires
des arrondissements de Paris siégeaient dans les conseils de
fabrique, et pourquoi les fabriques étaient soumises au contrôle supérieur de l'archevêque de Paris et du préfet de la
Seine.

Quant aux dépenses relatives au culte protestant, elles
furent assignées, jusqu'en 1806, sur les centimes additionnels et comprises dans le budget départemental. Un décret
impérial du 5 mai 1806 les mit toutes à la charge des communes, et la ville de Paris dut fournir aux trois pasteurs,
à partir de 1807, un supplément de traitement et une
indemnité de logement, trois temples et certains frais de
culte.

Voici les cadres et les conditions dans lesquels s'organisa
le régime administratif de la société religieuse. On aperçoit
la part nécessaire et considérable que le préfet de la Seine
et le maire de Paris prirent successivement à l'organisation
du service des cultes. Au point de vue moral comme au
point de vue financier, cette grande œuvre exigea beaucoup
de prudence et d'habileté ; elle s'accomplit, en définitive,
avec une heureuse rapidité. Chacun s'y prêta : clergé,
administration, gouvernement, cherchèrent à aplanir toutes
les difficultés que des esprits entiers ou chagrins auraient
aisément rendues insolubles. Le préfet de la Seine suivit
les ordres du gouvernement : le maire de Paris, le vœu des
Parisiens : Frochot, la voix de sa conscience.

IV. — SERVICE MILITAIRE. — GARDE NATIONALE. — GARDE MUNICIPALE.
COMPAGNIES DE RÉSERVE. — POMPIERS

Ce n'est pas la garde nationale qui fit brèche dans le budget des dépenses de la ville de Paris. Depuis le 13 juillet 1789, jour célèbre où elle s'était spontanément formée sous le nom de milice bourgeoise, la garde nationale avait subi de nombreuses vicissitudes. Elle était debout en l'an IX : mais soit maladresse, soit crainte, soit défiance, le gouvernement consulaire lui porta, dans le règlement du 28 floréal (18 mai), un coup mortel. Ce règlement permettait à tous les citoyens de se faire remplacer, et il organisait même un corps de remplaçants. Les citoyens occupés se firent exempter du service ; les citoyens non exemptés furent assujettis à un impôt très-onéreux, et la garde nationale ne fut plus composée que de mercenaires indifférents et d'indigents mécontents. Une pareille troupe était absolument incapable de garder Paris et ses barrières, de prêter main forte à la police et à l'octroi.

Ces considérations portèrent le gouvernement à créer, le 12 vendémiaire an XI (4 octobre 1802), une garde municipale. Bientôt, le 22 septembre 1803, le premier consul changeait le rôle et les attributions de la nouvelle garde.

« La garde nationale de Paris ne fait plus de service. Deux régiments « ont été créés pour y suppléer : mais ces régiments qui, présents sous « les drapeaux, ne présentent pas plus de 4,800 hommes, ne peuvent « avoir par jour plus de 600 hommes de garde. Il faudrait les décharger « du service des barrières.

« Il y a dix-huit barrières où l'on ne tiendrait aucune troupe, si ce « n'était le service de l'octroi. Il paraîtrait convenable que l'octroi eût, « comme les douanes, ses troupes.

« On proposerait donc de créer vingt brigades pour le service des « octrois de Paris (1). »

(1) *Corresp. de Napoléon Ier*, t. VIII, p. 549.

En 1805, la garde municipale se composait de 2,154 fantassins et 180 cavaliers. Fantassins et cavaliers devaient s'équiper, s'habiller, s'entretenir. La ville de Paris fournissait une solde, les casernes, les corps-de-garde, les ustensiles de casernement, le chauffage et l'éclairage. L'administration des régiments était dévolue à un conseil présidé par le préfet de la Seine; enfin trois maires de Paris remplissaient auprès des deux régiments d'infanterie et de l'escadron de cavalerie les fonctions des inspecteurs aux revues.

Le conseil municipal ne vit jamais cette garde avec faveur. Lorsque le décret du 18 mai 1806 remit à un inspecteur aux revues l'emploi des fonds votés pour son entretien, il s'aperçut que cette garde était simplement un corps de réserve inscrit au budget de la ville de Paris. Aussi, dans le budget de 1807, il déclara nettement que ne faisant plus le service des barrières, elle était inutile, oisive, et par cette oisiveté même indisciplinée; enfin, il demanda, au nom des finances de la ville et de l'ordre public, que la sûreté de la capitale fût confiée à la garnison de Paris. La dépense, qui s'élevait au début à 700,000 francs, atteignit 1,500,000 francs. Le préfet de la Seine ne cessa de réclamer contre l'inutilité et l'exagération d'un pareil fardeau. Ces réclamations firent réduire les charges de la ville à 900,000 francs. L'Empereur ne poussa pas les concessions plus loin. Il maintint la garde, trouvant très-commode de faire payer par un budget municipal des régiments, qu'au besoin il pouvait incorporer dans l'armée, et qu'il finit par expédier hors des frontières.

En organisant la garde municipale, le gouvernement avait-il supprimé la garde nationale? L'article 48 de l'arrêté du 12 vendémiaire an XI (4 octobre 1802) disait :

« Du jour où la garde municipale de Paris sera en activité, les

« citoyens ne seront plus tenus de faire un service régulier et jour-
« nalier. Ils ne pourront plus être requis à cet effet qu'en exécution
« d'un arrêté des consuls. »

D'autre part, un sénatus-consulte du 2 vendémiaire an XIV
(24 septembre 1805) avait donné au gouvernement le droit
d'organiser les gardes nationales et de nommer les officiers.
Ce sénatus-consulte fut suivi des décrets du 8 vendémiaire
an XIV (30 septembre 1805) et du 12 novembre 1806.
Comme de fait la garde nationale était dissoute, et qu'en
droit le conseil d'État n'osait dire qu'elle l'eût été, un
nouveau décret, le décret du 29 avril 1809, apprit aux
Parisiens qu'elle existait toujours et qu'on ne s'en servait
plus.

La crise de 1812 ne pouvait manquer d'avoir une grande
influence sur le service militaire de la ville de Paris. La
garde nationale fut réorganisée et divisée en trois bans :
la garde municipale expédiée en Espagne et remplacée par
un corps de gendarmerie, dont le préfet de police prit le commandement. Ce corps, sous des noms divers : gendarmerie
impériale en 1813, garde royale en 1814, gendarmerie impériale pendant les Cent-Jours, garde royale en 1815, se
transforma sans disparaître. Dans ces transformations, il se
distingua toujours de la garde municipale. Soldé par l'État,
il eut pour administrateur et pour chef le préfet de police ou
un officier général, tandis que la garde municipale, soldée
par la ville de Paris, avait eu pour administrateur et pour
chef le préfet de la Seine.

Malgré toutes ces charges, la ville de Paris dut supporter
encore la dépense de deux compagnies de réserve. Le
décret du 24 floréal an XIII (14 mai 1803) l'avait assignée
sur un fonds composé du vingtième des revenus de toutes
les communes de France, et au besoin, d'un des quatre

centimes additionnels départementaux. L'entretien de ces compagnies était à la fois dépense communale et dépense départementale.

La garde municipale avait trouvé debout la compagnie des pompiers. Créé en 1762, formé d'une seule compagnie et placé sous la direction du lieutenant de police, le corps des pompiers se recruta parmi d'honorables commerçants et fut d'abord une association libre de citoyens dévoués. Pendant la Révolution, le conseil général de la commune lui imposa une administration provisoire (23 mars 1793), et la Convention nationale, une organisation définitive (9 ventôse an III). Cependant, les bases de l'ancienne association n'avaient point été changées. Le 17 messidor an IX (6 juillet 1801), un arrêté du gouvernement tenta de réglementer ce service, d'enrégimenter et de caserner les pompiers. Frochot combattit très-vivement cet arrêté, que diverses raisons et notamment le défaut de fonds suspendirent pendant longtemps. En 1806, il proposa un contre-projet que le conseil municipal approuva, et qui laissait aux pompiers la liberté de se réunir sur un ordre exprès. L'opposition du préfet de la Seine et du conseil municipal trouva sa contre-partie dans les plaintes très-motivées des préfets de police Dubois et Pasquier. Avec beaucoup de raison, le préfet de police se plaignait que le service des incendies lui fût dévolu et que l'administration des pompiers dépendît du préfet de la Seine. L'un commandait le corps organisé et administré par l'autre. Pasquier notamment soutint la discussion avec ardeur. Il démontra que les bureaux de la préfecture de la Seine avaient admis dans ce corps, pour les soustraire à la conscription, un certain nombre de jeunes gens riches et indolents, et par cette négligence coupable ruiné l'esprit de dévouement qui jusqu'alors avait suppléé à l'esprit de discipline. Cet argument fit une vive impression sur le ministre de l'intérieur, qui promit d'en référer à l'Empereur. Le décret de 1810 restitua au préfet de police un service qui n'aurait pas dû cesser de lui appartenir.

Le gouvernement militaire de l'Empire avait posé sa lourde empreinte sur le budget de la ville de Paris. La suppression de la garde nationale, l'organisation d'une garde municipale et la formation des compagnies de réserve, le casernement des pompiers, les prélèvements ordonnés sur l'octroi pour payer le pain des troupes et entretenir les invalides, les avances de la caisse municipale pour équiper et monter des régiments, marquent le caractère du régime impérial. De la situation du budget municipal, si l'on passe à la situation du préfet de la Seine, on voit que ce préfet perdit peu à peu tout le terrain que gagna le préfet de police. A la fin de l'Empire et sous la Restauration, le préfet de police avait enlevé au préfet de la Seine le premier rôle dans le service militaire de la ville de Paris. Rien de plus juste. Le préfet de la Seine est un préfet d'administration, et le préfet de police un préfet d'action. L'ordre public et la paix administrative ont toujours reposé à Paris, et reposeront toujours sur la reconnaissance et le respect de cette distinction fondamentale.

V. — SERVICE DE L'ASSISTANCE PUBLIQUE. — HÔPITAUX ET HOSPICES. SECOURS A DOMICILE

Il était impossible que le premier préfet de la Seine ne portât pas des regards indignés sur le spectacle qu'étalaient les établissements hospitaliers de la ville de Paris. Partout la ruine, partout la honte, partout la misère. Qu'était devenu ce riche patrimoine formé par une piété séculaire et consacré au soulagement des pauvres et des malades? Qu'était devenu le grand bureau des pauvres et les administrations gratuites de l'ancien régime? Fortune, administration, tout était tombé dans les mains d'une commission qui se débattait, impuissante et désespérée, contre d'insurmontables obstacles! Le désordre qui régnait dans les finances se traduisait dans l'aspect des bâtiments. La Révolution n'avait pas épargné les asiles de la pauvreté. Les murs écroulés, les toits enfoncés, les chapelles abattues signalaient son passage. Ces édifices désolés, ces hôpitaux, que l'anarchie avait livrés à l'avide domination des entrepreneurs, étaient le réceptacle d'une foule de jour en jour plus nombreuse. Les uns entraient sous prétexte de maladie et restaient sous prétexte de pauvreté ; les autres couraient d'hôpital en hôpital, et cette course éternelle s'appelait un pèlerinage. Les sexes étaient confondus comme les maladies! Plusieurs malades dans le même lit! Toutes les maladies dans les mêmes salles ! Et quel encombrement, quelle licence, quels désordres dans les hospices! Comment la corruption des mœurs n'aurait-elle pas triomphé d'une discipline illusoire, et transformé en lieux de scandale des maisons de bienfaisance ?

Aucun détail de cet affligeant tableau n'échappa à la pénétrante sagacité de Frochot : ni la partie financière de l'administration, c'est-à-dire la régie des biens ; ni la partie économique, c'est-à-dire l'entretien, la nourriture, le traitement des malades et des indigents ; ni la partie morale, c'est-à-dire la réforme des abus et l'organisation du travail. A peine installé, le préfet de la Seine soumit à Lucien Bonaparte, ministre de l'intérieur, un arrêté que le premier consul se hâta de signer. Partager les devoirs et les travaux, séparer la pensée de l'action, unir la réflexion qui commande à l'activité qui exécute, enchaîner dans un but commun de haute surveillance un concours de dévouements éclairés, et de ce concours tirer une force morale qui serve d'appui à l'administration supérieure, tels furent les principes que résuma le célèbre arrêté du 17 janvier 1801. Dès lors et au-dessus des établissements hospitaliers de la ville de Paris, se constitua une hiérarchie de volontés et de pouvoirs. A la tête de chaque établissement et sous le titre d'agent de surveillance se plaça un chef qui en reçut la police et l'administration. Tous ces agents furent réunis sous les ordres d'une commission administrative chargée d'exécuter les arrêtés du conseil général des hospices. Un conseil général des hospices, image du grand bureau des pauvres, prit la surveillance générale de toutes les institutions de charité publique et la noble mission d'y ramener l'ordre et la moralité. Frochot eût voulu réserver au préfet de la Seine la direction et le contrôle de ce conseil général, mais le ministre de l'intérieur entendit les partager avec lui. Le préfet de la Seine n'en prit pas moins la présidence perpétuelle du conseil général des hospices, avec voix prépondérante dans les délibérations et droit de contrôle sur les arrêtés.

Dès la première séance, où siégeaient Dubois, Fieffé, Larochefoucauld-Liancourt, Mathieu de Montmorency, Mourgues, Camus, Parmentier, Delessert, Bigot de Préameneu, d'Aguesseau, Thouret et Duquesnoy, Frochot peignit sous les couleurs les plus vives la triste situation des établissements hospitaliers de la ville de Paris. Il conjura les membres du conseil de vérifier eux-mêmes l'exactitude de son rapport et de lutter avec lui de dévouement et de zèle.

« Depuis longtemps j'avais su reconnaître, disait-il, l'impuissance « d'un seul homme pour remplir une tâche si belle et si difficile : et « c'est de cette conviction qu'est né chez moi le désir de voir rétablie « pour les hôpitaux de la ville de Paris cette association communale, « ce bureau fraternel dont il y a plus de six mois j'ai donné la pre-

« mière idée. Qu'il me soit permis de m'applaudir devant vous et à
« cause de vous de l'avoir conçue, cette idée, puisqu'elle a mérité d'être
« accueillie par un ministre aussi sage qu'éclairé, et d'être confirmée
« par un gouvernement dont toutes les pensées et tous les actes tendent
« au rétablissement de l'ordre et de la moralité publics. C'est à vous,
« citoyens, de réaliser les heureux effets que j'ai promis de votre insti-
« tution. Placé à votre tête dans cette carrière en quelque sorte reli-
« gieuse et sacrée, je soutiendrai vos projets de tous mes efforts; j'en
« hâterai l'exécution par ma vigilance; enfin, je mettrai ma gloire à
« vous imiter et mon bonheur à vous seconder. Fier de m'associer à
« vos nobles travaux, comme vous, je n'ambitionnerai d'autre récom-
« pense que la certitude d'avoir fait tout le bien qu'on pouvait faire,
« et d'avoir rempli les devoirs que la sagesse du gouvernement et
« l'amour de l'humanité commandent. »

Ces vœux furent exaucés : les arrêtés du 14 nivôse an X et
du 6 fructidor an XI confirmèrent l'arrêté du 17 janvier 1801.
Presque tous les membres du conseil acceptèrent la direction
d'un hôpital ou d'un hospice. Les Camus, les Thouret, les
Parmentier, les Delessert, les Duquesnoy, les Pastoret, les
d'Aubigny, entrèrent résolûment dans une carrière qu'ils
allaient brillamment parcourir.

L'argent, dit-on, est le nerf de la guerre; il est aussi le nerf
de l'administration. Frochot sentit qu'aucune réforme n'était
possible, si elle n'était appuyée sur un budget de recettes
régulières. Or, les biens des hospices, assimilés par la Convention aux biens nationaux, avaient été condamnés à l'aliéna-
tion par la loi du 3 messidor an II. Pour réparer cette faute,
une autre loi du 6 vendémiaire an V prescrivit à l'État de
restituer aux hospices des biens nationaux d'un revenu égal,
et en attendant de payer ce revenu. L'exécution de cette
loi, la dispersion des titres de propriété, la résistance de
débiteurs peu scrupuleux imposaient à la commission des
hospices une tâche qui était au-dessus de ses forces. Accablée sous le poids de difficultés toujours renaissantes,
elle ne rendit plus ses comptes, et à partir de l'an VI,

acquitta les dépenses au jour le jour sur simple facture et sans suivre l'ordre d'un budget général. Tandis que l'actif diminuait, le passif augmentait et, en l'an VIII, les mois de nourrice, les appointements des employés, les fournitures des entrepreneurs, constituaient une dette très-importante. Frochot se jeta dans l'étude de cette liquidation et en sortit après un travail de deux années, avec l'assurance que les créances pourraient à peu près balancer les dettes. Pour formuler ces conclusions, Frochot avait été obligé de séparer l'administration des hospices de Paris et l'administration municipale, confondues depuis plusieurs années sous le titre d'administration de la commune de Paris.

« J'ai cru devoir, disait-il en l'an IX au conseil municipal, faire « cette division, par cette raison toute simple que les hospices ont des « revenus qui leur sont propres et qui ne sont qu'à eux, et que le « désordre de la comptabilité de ces deux parties de l'administration « tenait principalement à la confusion des revenus. »

Cette sage mesure entraîna la création d'une caisse et d'une comptabilité spéciale, la confection d'un budget, le classement des archives, en un mot elle assit définitivement les bases sur lesquelles devait reposer la fortune des établissements hospitaliers de Paris.

Quels étaient donc les revenus des hospices sous le Consulat et l'Empire? Que restait-il de leurs biens et de leurs droits? Par quels moyens chercha-t-on à couvrir les pertes subies pendant la Révolution? A la première question, Frochot répondait, en l'an X, devant le conseil municipal : « Les hospices civils de Paris jouissaient, avant la Révolution, d'un revenu de 8,466,412 francs ; le patrimoine a été réduit à un revenu de 1,785,418 francs.»

Ce patrimoine se composait en grande partie de maisons situées à Paris. En 1800, on en comptait sept cent trente et

une. Beaucoup tombaient en ruine. On les vendit malgré
l'opposition formelle du conseil des hospices. De nouvelles
aliénations furent autorisées par les lois ou décrets du 4 février 1804, du 18 mai 1806, du 24 mars 1809 et du 24 février 1811. Le prix des maisons vendues en 1811 était destiné à payer les halles et marchés que la ville cédait aux
hospices. Au commencement de 1814, l'administration des
hospices possédait encore quatre cents maisons rapportant
346,189 francs, et le produit des halles et marchés qui ne s'é-
levait qu'à 300,000 francs. Ajoutez le produit des biens
ruraux, 300,000 francs; des bois 14,000 francs; des
rentes sur l'État et les particuliers 692,000 francs; total :
15 à 1,600,000 francs. Ce n'était donc pas en capital que
les hospices devaient refaire leur fortune.

Le budget des recettes hospitalières était alimenté par trois
sources d'une importance très-diverse : d'abord le patrimoine dont nous venons de mesurer l'étendue : ensuite les
revenus variables, tels que : journées de malades, pensions,
amendes, saisies, enfin les crédits supplémentaires assignés
sur des établissements publics, l'octroi, les spectacles, le
mont-de-piété.

De l'octroi, rien à dire, si ce n'est qu'à défaut de l'octroi,
le service de l'assistance publique eût été suspendu; rien, si
ce n'est que le conseil général poursuivit en vain l'exécution des lois qui donnaient aux hospices et aux secours à
domicile un droit de préférence sur ses revenus; rien, si
ce n'est que le gouvernement accorda sur cette recette
de bienfaisance une somme d'environ cinq millions, somme
évidemment trop faible, et qui, d'ailleurs, fut très-irrégu-
lièrement payée.

Le droit sur les spectacles, d'abord affermé au prix de

30

400,000 francs, fut mis depuis 1806, en régie intéressée, et produisit annuellement 450 à 500,000 francs.

Restait le mont-de-piété. On sait son but. La maladie, un malheur, une crise économique ou politique, jettent l'ouvrier dans la misère. Tendra-t-il la main? S'il vend ses meubles et ses vêtements, le prix de la vente sera nul; s'il emprunte, le taux du prêt sera énorme. Dans cette cruelle situation, que faire? Sans perdre l'espérance de recouvrer l'objet donné en gage, sans être blessé dans son amour-propre, sans être volé par des usuriers, il recevra du mont-de-piété un secours prompt à des conditions justes.

Le mont-de-piété, depuis 1775, rendait ces importants services aux pauvres de Paris. Au milieu de la tourmente révolutionnaire, il succomba. Le régime des assignats livra les indigents à l'avidité des prêteurs sur gages. De tous côtés s'élevèrent une multitude de bureaux de prêt, ou plutôt des cavernes de prêts, comme les qualifia Regnaud de Saint-Jean-d'Angély. Là, des voleurs patentés par des condamnations, exploitaient la misère et s'enrichissaient aux dépens de ceux qui n'avaient rien. En l'an V, les plaintes furent si vives, que l'administration centrale du département de la Seine prit le parti de relever le mont-de-piété : mais comment? Le trésor public et la caisse des hospices n'avaient ni capitaux ni crédit. On se décida à faire un emprunt par actions; la moitié des bénéfices fut réservée aux actionnaires; l'autre moitié aux hospices. La commission des hospices et un certain nombre d'actionnaires se partagèrent l'administration.

Frochot découvrit et dénonça sur-le-champ les vices de cette nouvelle organisation. Il s'indigna de voir les bénéfices du mont-de-piété puisés aux sources douteuses de la spéculation, et finalement partagés entre les hospices et des particuliers. Il oubliait trop aisément les conditions implacables

que la détresse du temps avait imposées à l'administration
du Directoire. L'argent était rare en l'an V : il ne valait pas
moins de 18 p. 100, et sans un appel à l'intérêt privé, il
eût été impossible d'engager la lutte contre les maisons de
prêt. Le 18 brumaire changea la situation : le Consulat
rétablit l'ordre et rendit à l'administration la voix et l'action.
La première fois que le conseil municipal aborda la question
du mont-de-piété, il ne formula pas un vœu : il dressa un
réquisitoire.

« Un abus existe dans le département. La morale publique l'a atta-
« qué. Les négociants en ont sollicité la suppression, les pauvres l'ont
« dénoncé, l'autorité a essayé de le frapper. Il a étouffé la voix de
« la morale, du commerce et de l'indigence. Il a bravé l'autorité, il
« méprise l'opinion.....

« Tant d'audace vous annonce assez quel est cet ennemi public.
« Il n'est autre que les maisons de prêt, c'est-à-dire les maisons d'u-
« sure. »

Et après s'être demandé comment le mont-de-piété n'ob-
tenait pas la préférence sur les usuriers ses concurrents, le
rapporteur s'écria :

« Il n'y a donc qu'un moyen de rendre au mont-de-piété son an-
« cienne activité, cette activité si utile sous tant de rapports, c'est de
« fermer les maisons de prêt; mais la liberté du commerce permet-elle
« d'obliger les prêteurs sur gage à fermer leurs maisons? Comme on
« abuse des considérations les plus importantes! N'est-ce pas se jouer
« de la raison humaine que de prétendre que l'on portera atteinte à
« la liberté du commerce, si on n'autorise pas les usuriers à exercer
« leurs rapines? Ayons le courage de le dire. Les prêteurs sur gage,
« quand dans leurs antres ils détroussent les infortunés que le besoin
« y conduit, usent de la liberté du commerce, comme les brigands
« qui égorgent un voyageur au fond d'un bois usent de la liberté du
« mouvement. »

C'est avec cette force, cette ardeur et cette passion, que
l'administration municipale de Paris poursuivit la suppression des maisons de prêt. Elle était soutenue par l'opinion

publique et l'emporta sans efforts. Le gouvernement toutefois ne se pressa pas : il attendit prudemment que le crédit
public fût restauré, la confiance revenue, l'intérêt de l'argent diminué. En l'an XII seulement, le 16 pluviôse (6 février 1804), le Corps législatif proclama « qu'aucune maison
de prêt sur nantissement ne pourrait être établie qu'au profit
des pauvres et avec l'autorisation du gouvernement. »
Bientôt, les décrets du 24 messidor de la même année
(13 juillet 1804) et du 8 thermidor an XIII (27 juillet 1805)
rendirent au mont-de-piété son ancien caractère de bienfaisance publique. Le décret de l'Empereur s'inspira des
lettres-patentes de Louis XVI. Les hospices furent chargés
d'avancer les fonds nécessaires au remboursement des
sommes prêtées par les anciens actionnaires et même les
sommes nécessaires aux opérations du mont-de-piété; en
compensation, ils devaient toucher les bénéfices. Un directeur, assisté d'un conseil présidé par le préfet de la Seine,
prit en main l'administration.

Les hospices de Paris ne s'enrichirent pas avec les bénéfices du mont-de-piété. Tantôt par d'habiles mouvements de
fonds Frochot essaya de relever le montant des recettes,
tantôt par de petites réformes, de diminuer les dépenses.
De 1804 à 1812, les bénéfices restèrent en moyenne de 150
à 200,000 francs.

En définitive, Frochot avait rétabli le budget des recettes
hospitalières sur une base solide, mais non sur son ancienne
base. Les biens patrimoniaux ne composaient plus le principal de la fortune des hospices. Des crédits ouverts par des
lois leur garantissaient seulement une existence honorable.
Sous l'ancien régime, les hospices avaient peut-être plus
d'indépendance; sous le nouveau, ils n'eurent pas moins de
sécurité. Si l'on considère uniquement l'institution même

des hospices, il faut avouer que la Révolution lui avait fait
subir des pertes irréparables. Si l'on envisage les intérêts de
la misère publique, il faut encore avouer que l'État les soutint et les protégea vaillamment. Qu'on lise les mémoires
de Tenon, de Bailly et de Larochefoucauld, et qu'on les
compare aux premiers rapports du conseil général des hospices, on reconnaîtra qu'entre 1789 et 1815, ou pour mieux
dire entre 1800 et 1815, le service de l'assistance publique
fut pour ainsi dire restauré, et dans l'élan d'une sincère
reconnaissance on rendra à l'administration française du
Consulat et de l'Empire, à Frochot, à Camus, à Thouret, à
Parmentier, à Pastoret, à Delessert, la justice et l'honneur
qui leur sont dus.

Pour résoudre le problème de l'assistance publique, Frochot n'hésita pas à rompre avec les anciennes classifications.
Il se fit un idéal et l'enferma dans un cadre philosophique.
Au lieu de distinguer les établissements hospitaliers en hôpitaux et en hospices, en refuges pour les malades et en asiles
pour les indigents, il considéra l'homme depuis sa naissance
jusqu'à sa mort, et chercha dans l'enfance, dans l'âge mûr
et dans la vieillesse, les plus justes occasions et les meilleurs
moyens de le secourir et de l'assister.

Et d'abord, comment ne pas défendre, contre la misère
et le crime, le moment pour ainsi dire sacré de la naissance ?
Pourquoi laisser à l'Hôtel-Dieu les femmes indigentes accoucher pêle-mêle, comme des animaux ? Pourquoi les séparer
de leurs enfants et favoriser un abandon que repoussent à
la fois le cœur et la raison ? Un homme aussi sage qu'éclairé,
Hombrond, avait entraîné la Convention sur les traces de
saint Vincent de Paul. La Maternité fut créée, et l'ancienne maison de Port-Royal cessa d'être une prison, pour
devenir un hospice d'accouchement. Tout change. Voyez

les femmes pauvres ou coupables se présenter une à une. Les portes retombent pour toujours sur le secret qu'elles cachent dans leur sein ! En attendant le jour de la délivrance, elles travaillent pour ne pas rentrer en même temps dans le monde et dans le dénûment. Elles accouchent, et l'agent de surveillance recueille l'arrêt qui tranche le sort de leur enfant. Si elles l'emportent, tout est dit. Si elles consentent à le nourrir, elles peuvent, en qualité de nourrices sédentaires, passer à l'hospice de l'allaitement. Si elles l'abandonnent, la malheureuse créature ne périra pas. On traverse les jardins, les jardins mêmes de Port-Royal, et l'hospice de l'allaitement offre aux enfants trouvés et abandonnés les premiers secours de la vie. Est-il besoin de rappeler comment les enfants étaient reçus, envoyés à la campagne, surveillés et protégés jusqu'à leur majorité, comment la Société de Charité maternelle, fondée en 1788, dispersée pendant la Révolution, fut restaurée en 1810 et 1811, et avec quel dévouement elle combattit l'abandon des enfants nouveau-nés par la distribution des secours à domicile ? Est-il besoin de rappeler que l'hospice de l'accouchement était une des charges du budget des hospices et par contre du budget municipal, tandis que les enfants trouvés faisaient partie du budget départemental et du budget de l'État ?

Ce n'est pas assez. Chaptal et Frochot veulent entourer ce premier âge de nouvelles et précieuses garanties. Depuis longtemps, on se plaignait dans les campagnes de l'ignorance des sages-femmes et de l'absence de médecins. Le gouvernement, pour répondre à ces plaintes, avait essayé des cours et distribué des livres élémentaires. Vains efforts ! Il fallait trouver un lieu où un grand nombre de sages-femmes pussent à peu de frais recevoir les leçons de la pratique et de la théorie. Chaptal fonde à la Maternité l'école d'accouchement que Frochot organise (30 juin 1802).

Le bureau des nourrices existait avant la Révolution. Placé à l'origine dans les attributions du lieutenant de police, il tomba, en 1802, dans les mains du conseil général des hospices. En 1802, 1804, 1805, le conseil prit des arrêtés, convertis, en 1809, en règlement général. Que de services rendus par ce bureau, d'abord aux nourrices qui trouvent un asile en arrivant à Paris et des places presque immédiatement et sans frais, aux mères pauvres qui n'ont pas le temps de chercher et le moyen de payer cher, aux mères riches qui jouissent des avantages de la concurrence et n'ont d'autre souci que l'embarras du choix?

L'enfant est né et pourvu d'une nourrice. Faut-il le vacciner? La grande découverte du docteur Jenner attire tous les regards; on cherche, on étudie avec une admirable ardeur. Lucien Bonaparte, Chaptal, Frochot, s'unissent pour soumettre la nouvelle méthode à une suite de victorieuses épreuves. La vérité éclate : l'Institut la proclame, et Frochot fait de l'hôpital du Saint-Esprit l'hôpital central de la vaccination gratuite.

L'administration qui s'honore de porter secours aux enfants trouvés n'abandonnera pas les pauvres orphelins. On les avait toujours recueillis : on ne les avait pas séparés. Frochot les sépare. Un règlement sévère garantit la validité et l'urgence des admissions. La Révolution avait introduit dans l'hospice divers ateliers; Frochot pense et le conseil général des hospices pense avec lui qu'il vaut mieux livrer ces enfants aux épreuves de la vie ordinaire. Autant qu'on le peut, on les place en pension à la campagne, en apprentissage dans les villes, en service dans les manufactures. L'administration traite avec les patrons; des inspecteurs

surveillent ; un membre du conseil général des hospices sert
de tuteur et de protecteur. Heureux ceux qui travaillent et
vivent au dehors! car, dans l'hospice même, Frochot ne
réussit guère à tenir, à discipliner, à instruire les enfants
au-dessous de douze ans. L'Empereur un jour s'élève avec
autant de vigueur que de raison contre la situation des
« enfants de la patrie. »

La maladie et la mort ne respectent pas l'enfance, et dans
ce Paris, où la charité publique avait accumulé depuis des
siècles tant d'institutions, personne n'avait fondé un hôpital
pour les enfants malades ! Croirait-on que dans l'Europe entière, aucune ville ne possédait alors un pareil établissement?
Frochot ne supporte pas que les enfants soient désormais
entassés avec tous les autres malades. Au mois de juin 1802,
il installe, rue de Sèvres, un hôpital d'enfants. La médecine
qui voit le présent, la morale qui prévoit l'avenir, ne récla-
meront plus la séparation des sexes et des âges si souvent
rêvée et pour toujours accomplie.

Ainsi tout semble prévu. L'enfance a perdu le droit de
gémir et de se plaindre. Par cette heureuse succession d'institutions charitables, s'aidant l'une l'autre, se suivant, se
combinant entre elles, et toutes dominées par la pensée
d'une pitié prévoyante : l'hospice d'accouchement, les en-
fants-trouvés, la direction des nourrices, la vaccine, les
orphelins, le bureau de placement, les enfants malades,
l'administration du Consulat et de l'Empire semblait avoir
paré tous les coups de la maladie et de la misère. Frochot
regrettait cependant de laisser inachevée cette première
partie de sa tâche, et il eût arrêté plus longtemps ses regards
sur les souffrances et les périls de l'enfance, s'il n'avait senti
le flot de la vie l'emporter dans la contemplation de l'âge
mûr et de la vieillesse.

La scène change, et les devoirs de l'administrateur changent avec elle. L'homme et la femme sont vigoureux et forts : ils travaillent, ils doivent se suffire. La faiblesse de l'enfance, les infirmités de la vieillesse ne les accablent pas. La maladie seule peut les atteindre. Pour eux, point d'hospices, mais des hôpitaux. L'Hôtel-Dieu, la Pitié, la Charité, Saint-Antoine, Necker, Cochin, Beaujon, recevront tous les genres de maladies; Saint-Louis est réservé aux maladies de la peau; un hôpital et une maison de santé se partagent les maladies syphilitiques. Il eût été très-désirable que des maisons spéciales fussent consacrées au traitement de la folie et de l'imbécillité, mais les efforts de Frochot, mais les arrêtés du conseil général échouent devant l'indolence du gouvernement. On laisse les fous à la Salpêtrière et à Bicêtre; on se borne à classer les divers genres de folie, et on prépare une guérison, qui jadis était un hasard et qui sera maintenant une récompense. Charenton, il est vrai, demeure l'hospice de la folie; les Quinze-Vingts, des aveugles ; les Sourds-Muets, des sourds-muets; mais ces hospices, qui trouvent leur place dans le système général de l'assistance publique, sont entretenus par l'État et non par la ville de Paris. Frochot aperçoit une lacune et la comble. Il faut une maison de santé dans laquelle, pour un prix modéré, les étrangers ou les personnes qui ne peuvent se faire traiter à domicile, et qui répugnent à entrer dans un hôpital, trouvent à la fois tous les secours de l'art et tous les moyens de guérison. Un arrêté du 6 janvier 1802 installe cette maison dans le faubourg Saint-Martin.

Enfin la vieillesse arrive et frappe des indigents infirmes : la Salpêtrière s'ouvre devant les femmes et Bicêtre devant les hommes. Elle se joint à des maux incurables, et les incurables, hommes et femmes, viennent mourir dans des refuges hospitaliers. Elle nous poursuit, elle nous presse, et avant de tomber sous ses coups impitoyables, on cherche, on découvre un asile qu'on tient à honneur de payer. L'hospice des Petites-Maisons devient, en 1801, l'hospice des Ménages. L'institution de Sainte-Périne ouvre sa porte aux plus honorables infortunes.

En suivant ainsi le cours de la vie, Frochot retrouvait aisément les occasions où l'enfant, l'homme mûr et le vieillard méritent l'assistance publique, mais il fallait se préparer à les saisir. Distinguer les établissements hospitaliers en hôpitaux et en hospices, séparer les sexes, les âges, les maladies, c'était un pas. Créer un bureau central, qui admît les vrais et non les faux malades, et qui n'admît les vrais qu'en proportion des places vacantes, voilà le second. Limiter le séjour des malades suivant la maladie et chasser les convalescents qui cachaient sous des plaintes leur fainéantise, voilà le troisième. Ces trois réformes accomplies avec promptitude et poursuivies avec vigilance, le préfet et le conseil général s'aperçurent avec un orgueilleux étonnement qu'ils avaient créé l'ordre.

L'ordre, en effet, commençait à régner dans les établissements hospitaliers de la ville de Paris. Hôpitaux et hospices sont assainis, réparés, rebâtis. L'Hôtel-Dieu, dont on avait demandé la destruction, semble échapper aux justes accusations de Bailly et de Tenon. Un nouveau portique inspire aux malades autant de confiance que l'ancienne entrée leur inspirait d'effroi. On cherche en vain les salles infectes qui portaient la maladie dans leurs murs écroulés. Sous les salles reconstruites ne fonctionnent plus la boucherie, la pharmacie, la boulangerie, des fabriques de cuirs et de chandelles. Salles de bains et salles d'opérations, vestiaire et lingerie, tous les éléments du service sanitaire sont réunis pour la première fois. A quoi sert d'insister? L'histoire de l'Hôtel-Dieu n'est-elle pas l'histoire de tous les hôpitaux, de tous les hospices de Paris? Ce qu'il faut dire de l'un, s'entend des autres, et si le nom des membres du conseil général des hospices resta spécialement attaché à l'amélioration matérielle de tel ou tel établissement, le nom de Frochot revient à la mémoire et s'y grave quand il faut constater les réformes générales du service économique.

La situation financière des hospices avait contraint la commission administrative de l'an VII à adopter le système des fournitures et à laisser aux entrepreneurs le droit de choisir le personnel de ces établissements. Seul contre les entrepreneurs et leurs employés, l'agent de surveillance demeurait spectateur impuissant de l'inexécution journalière du cahier des charges. Comme l'État ne tenait pas ses engagements et ne payait pas régulièrement les entrepreneurs, les entrepreneurs, de leur côté, mettaient une grande négligence dans la livraison de leurs fournitures. On ne peut pas être sévère quand on est inexact. Installé au commencement de 1801, le conseil respecta le marché qui courait jusqu'au 22 mars 1802, en se réservant néanmoins le service de la Salpêtrière et de la Charité. L'expérience fut décisive. Dès la première année, le conseil constata sur la dépense ordinaire de ces deux hospices une économie d'un cinquième. Appréciant à leur juste valeur les avantages moraux que l'administration directe et paternelle devait apporter dans la condition des indigents et des malades, il rompit avec le système des entreprises, et par cette mesure replaça tous les employés sous son autorité. On ne se plaignit plus de l'insensibilité, de l'avidité, de la brutalité des infirmiers et des infirmières. La religion était entrée dans les hospices avant les sœurs de Charité ; elle les attendait pour lui servir d'interprètes.

« L'administrateur, disait Frochot, combat la maladie par les soins d'un bon régime, tandis que le médecin la combat avec les trésors de son art. » L'hygiène, en effet, a toujours servi d'appui à la médecine. En fournissant aux malades des bâtiments aérés et sains, du linge propre et sec, une nourriture convenable et variée, en réglant le service sanitaire, en perfectionnant le service médical, Frochot et le conseil général préparèrent des succès que l'art et la science devaient recueillir. Suivez deux fois par jour le médecin ou le chirurgien : il parcourt chaque salle, s'arrête à chaque lit, et dicte à deux élèves internes les prescriptions de la journée. Les internes exécutent ses ordonnances et surveillent la marche de la maladie. Quelle école que l'école des hôpitaux, et quel enseignement lui est comparable ! Ce n'est pas seulement dans les phénomènes des maladies les plus redoutables que l'interne apprend à lutter contre la mort; c'est au pied de cette chaire, où pour la première fois sont montés Corvisart et Dessault. Heureux ceux que les honneurs rendus par le premier consul à la mémoire de Bichat animent d'une généreuse ambition ! Heureux ceux qui remportent dans un concours une récompense méritée, et que le monde revoit couronnés par la main des maîtres ! Une noble émulation emporte et confond l'administration et les médecins des hospices, le ministre de l'intérieur et le préfet de la Seine ! L'École d'accouchement et l'École de pharmacie sont fondées. Une pharmacie centrale s'élève. Les hôpitaux et les hospices, les prisons de Paris, les bureaux de bienfaisance, les communes rurales, viennent chercher tour à tour dans cette pharmacie modèle des médicaments dont la préparation sûre et peu coûteuse sont un titre d'honneur pour l'illustre Parmentier !

Et tandis que l'administration soigne et guérit les malades, ne doit-elle pas songer aux indigents, des hôpitaux passer

aux hospices, du traitement physique au traitement moral?
et quel meilleur traitement que le travail? Le travail! et
toujours le travail! Frochot n'a d'autre pensée. Dans les
hospices comme dans les prisons, il organise des ateliers
qui détournent l'indigent des tentations et des vices de l'oisiveté. Mais combien ces ateliers diffèrent des ateliers ordinaires! et, puisqu'une bonne administration n'a d'autre objet
que d'entretenir le travail dans les conditions salutaires de la
vie commune, de secourir la famille atteinte dans la personne
d'un de ses membres, d'alimenter et d'honorer le foyer do-
mestique, de rendre la concurrence de l'hôpital moins pénible et moins fréquente, pourquoi ne pas faire des secours
à domicile la base du service de l'assistance publique? Si les
hôpitaux et les hospices ouvrent des asiles nécessaires à ceux
qui sont privés de parents, d'amis et de tout moyen d'existence, les secours à domicile n'ont-ils pas cet avantage de
respecter les liens de famille, et d'aider à l'accomplissement
des devoirs que dictent les mouvements du cœur et que
prescrivent les lois de la nature. Aussi Frochot se plaisait-il
à redire avec quelle abondance ces secours étaient distribués sous l'ancien régime, et quelles secrètes misères ils
parvenaient à soulager. Il semblait, par cette comparaison
même, chercher à se piquer d'honneur, comme s'il avait
besoin de ces réflexions pour se surpasser.

Le clergé présidait à la distribution des aumônes avant
1789. Des associations s'étaient formées pour soigner les
malades, ouvrir des écoles, adoucir la condition des prisonniers. Plusieurs corps de métiers veillaient sur les ouvriers
infirmes, sur les veuves et les enfants des indigents. La Société de Charité maternelle et la Société philantropique rivalisaient de zèle et de bienfaits. La Révolution brisa ce fais-
ceau de pieux efforts et dispersa les agents volontaires de la

charité privée. Le Directoire tenta de réorganiser cet important service, et confia à des administrateurs élus la distribution des secours à domicile. Ces administrateurs élus étaient les membres des quarante-huit bureaux de bienfaisance établis à Paris en vertu de la loi du 7 frimaire an V. Il était évident que ces quarante-huit bureaux (chacun composé de cinq membres), dispersés dans douze arrondissements, devaient fonctionner au hasard et dans une complète liberté. Frochot tâcha de les faire entrer dans le système municipal et plus intimement dans le service de l'assistance publique. Des comités d'arrondissement, présidés par les maires, fixèrent les sommes que les bureaux de bienfaisance jugeaient nécessaires, et pour lesquels le conseil des hospices ouvrait un crédit sur la caisse des hôpitaux. Une agence même fut créée pour servir de lien entre le conseil des hospices et les bureaux de bienfaisance. Toutes ces mesures ne changeaient pas l'origine, les habitudes et l'esprit à demi révolutionnaire de ces bureaux. Frochot résolut alors de les supprimer et de les remplacer par un très-grand nombre de commissaires visiteurs, qui relevaient directement des comités d'arrondissement agrandis et transformés; mais ce projet souleva, de divers côtés, une assez vive opposition. Le moment ne parut pas favorable, et Frochot n'osa pas insister.

Constater le caractère ou les degrés de l'indigence, découvrir les causes qui la produisent, reconnaître la quantité et la nature des secours à accorder, c'était le devoir et ce fut la tâche quotidienne des bureaux de bienfaisance, des comités d'arrondissement, du conseil général des hospices. Frochot ne pouvait descendre à tous ces détails; il saisit au contraire la surveillance des vingt-deux maisons de secours, où l'on distribuait des soupes et des médicaments : le contrôle des cinquante écoles de charité, où des milliers d'enfants recevaient les soins, que prodiguent aujourd'hui les salles d'asile et les écoles de la Doctrine chrétienne : la direction d'une filature de la place Royale, qui offrait aux femmes dénuées de toutes ressources un moyen de vivre en travaillant. Par des subventions à des associations de bienfaisance, notamment à la Société de Charité maternelle et à la Société philantropique, par la distribution des secours extraordinaires accordés par l'Empereur, en 1806, 1811 et 1812, Frochot prit encore une part active au développement d'un service qu'il avait à cœur et à honneur d'étendre et d'assurer.

Le courant des affaires, qui forçait le préfet de la Seine à consolider par d'innombrables décisions les institutions que le temps et l'expérience avaient fondées, ne l'étourdissait pas au point qu'il perdît le sentiment de ses actes, et qu'il oubliât leur valeur théorique. De ses réflexions et de ses principes, il a laissé dans cent rapports des traces accusées et des témoignages sincères ; mais les rapports sentent toujours leur auteur, et rien n'égale, en véritable lumière, les notes qu'un administrateur jette sur le papier, au hasard des circonstances, pour lui-même et pour ses employés.

« Dans une foule de notes, dit-il un jour, que j'ai faites sur les
« dossiers de son bureau, M. Duplay trouvera mes idées principales
« sur le sujet de l'assistance publique, idées dont je me suis d'ailleurs
« entretenu si souvent avec lui. Je les rassemble ici sommairement
« comme charpente du travail à faire.

« Toute institution doit avoir été formée dans un but certain et
« positivement déterminé.

« A défaut de la connaissance de ce but, ceux qui dirigent ne savent
« où ils vont, et c'est bien là à peu près ce qui arrive aux administra-
« teurs des secours publics.

« Qu'on leur demande dans quelles vues ils administrent, ils n'au-
« ront que ceci à répondre : dans la vue de soulager ceux qui souffrent.

« Demandez-leur quel résultat ils comptent avoir obtenu de vingt,

« ou trente, ou cent années d'administration? Ils n'auront toujours
« que ceci à répondre : qu'ils ont soulagé un très-grand nombre de
« malheureux.

« En un mot, ils se considèrent comme les intendants d'une per-
« sonne très-riche, au nom de laquelle ils font des charités.

« Cette vue est fausse, absolument fausse.

« Il se peut bien qu'elle ait été celle des principaux fondateurs d'hô-
« pitaux, hospices, maisons de secours et autres établissements de
« charité, gens dévots la plupart, et excités à ces sortes de fondations
« par les prêtres, qui ne manquaient pas, dans ces temps-là, de s'en
« rendre les administrateurs : mais un gouvernement ne peut pas, ne
« doit pas raisonner comme des particuliers.

« Pour un gouvernement, soulager ne saurait être un but, c'est
« seulement un moyen. Pour lui le but doit être de n'avoir plus besoin
« de soulager, et il ne peut ni ne doit en avoir d'autre.

« Un gouvernement ne peut se déterminer à aucun acte que par
« des considérations d'intérêt général. Ce n'est point par sentiment,
« mais par calcul qu'il lui convient d'être bienfaisant. Ce n'est point
« en vue de tel ou tel homme qu'il donne ce secours, mais en vue de
« la société, qui serait accusable si l'un de ses membres périssait faute
« d'avoir été secouru, ou qui serait exposée à subir toutes les consé-
« quences de la situation malheureuse de cet homme si elle n'essayait
« pas de l'y soustraire.

« Arriver à un point de prospérité sociale, tel qu'il n'y ait pas de
« secours à donner, est vraisemblablement une chose impossible.
« Qu'importe? c'est là le but que le gouvernement doit se proposer.

« Depuis qu'il existe des hôpitaux, des hospices, des distributions
« de secours, quelle somme de bien général ces institutions ont-elles
« produites? Aucune. Tous ces établissements n'ont pas retiré de la
« misère une seule famille et n'ont pas empêché d'y tomber une seule
« de celles qui s'y précipitaient.

« Aussi est-il vrai que le nombre des nécessiteux de toute espèce va
« toujours en augmentant, et qu'à continuer d'administrer comme on
« le fait, il faudra bientôt songer à augmenter le nombre des établis-
« sements de bienfaisance actuels, qui chaque jour deviennent ou du
« moins paraissent de plus en plus insuffisants.

« D'où provient ce triste état de choses? Il provient évidemment de
« ce que l'administration des secours publics ne s'est occupée que de
« soulager la misère existante, sans songer à la prévenir ou à la faire
« cesser, tandis que ceci devrait au contraire être son affaire prin-
« cipale.

« A Paris, les causes les plus générales de la misère sont : l'igno-
« rance, les mauvaises mœurs, les accidents de toute nature qui en-
« traînent l'interruption et souvent, par suite, la cessation absolue du
« travail, enfin l'imprévoyance de l'avenir si commune dans la classe
« ouvrière.

« Les moyens de prévenir les effets de ces diverses causes, ou plu-
« tôt de détruire ces causes seraient : 1° quant à l'ignorance et aux
« mauvaises mœurs, l'établissement d'écoles et quelques secours pour
« frais d'apprentissage ; 2° quant aux accidents qui entraînent l'inter-
« ruption ou même la cessation du travail, des établissements de di-
« verses natures, suivant des cas très-variés.

« Un ouvrier tombe malade aujourd'hui. On l'envoie à l'hôpital.
« Pendant le temps qu'il y passe, la femme met en gage au Mont-de-
« piété les instruments du métier, pour avoir de quoi se nourrir elle
« et ses enfants. A la sortie de l'hôpital, l'ouvrier ne retrouvant plus
« ses outils et n'ayant pas de quoi les dégager, demeure oisif, engage
« d'autres effets, et la famille entière ne tarde pas à tomber dans la
« misère. Il y a de cela mille exemples. On éviterait ce malheur par le
« traitement à domicile : car la viande fournie pour faire du bouillon
« au malade procurerait une bonne partie de la nourriture de la femme
« et des enfants, et quelques secours la compléteraient. La dépense
« serait plus forte qu'à l'hôpital, cela se peut, mais l'épargne serait
« dans le salut de la famille qui, une fois tombée dans la misère,
« deviendrait une bien autre charge.

« Tout à coup, un certain genre de fabrication est suspendu. Plus
« de commandes. Alors, ceux qu'on appelle à Paris les *chamberlans*
« occupés à cette fabrication, ne pouvant plus placer les objets fabri-
« qués, cessent leur travail, mettent leurs effets en gage même leurs
« outils, et pour peu que cela dure, ils sont ruinés. Le remède, pour
« ce cas, serait l'établissement de la maison de prêt sur dépôt d'objets
« fabriqués dont j'ai souvent parlé. Au moyen de cette maison, il n'y
« aurait pas interruption de travail, et toutes les conséquences de cette
« interruption seraient évitées. Or, il n'en coûterait, pour obtenir cet
« immense résultat, que la différence entre le prix de vente de l'objet
« déposé et le prix payé au fabricant. Cette différence que, par une
« bonne administration, l'on parviendrait à diminuer le plus possible,
« serait peut-être l'argent le plus utilement employé en secours.

« Un accident, des malheurs imprévus, ruinent un ménage d'ou-
« vriers. Que fait-on aujourd'hui pour ce ménage ? On l'inscrit sur la
« liste des pauvres du bureau : moyennant quoi, il obtient par ci par là
« quelques livres de pain, quelques vêtements, etc. On contribue un

31

« peu à l'empêcher ou de mourir de faim ou de mourir de froid, mais
« voilà tout. On ne fait rien, on n'a jamais pensé à rien faire pour le
« remettre à flot. 1,800,000 francs sont dépensés, de cette manière, à
« ce qu'on appelle secours à domicile ! Je défie qu'aucun bien durable
« soit obtenu par la dissémination de cette somme en petits lopins. On
« ne fait rien avec rien. Il faut quelque chose pour faire quelque chose.
« Si au lieu de distribuer ces 1,800,000 francs par petites sommes, on
« en distrayait par exemple 300,000 francs pour être employés en prêt
« ou même quelquefois en pur don, depuis dix louis jusqu'à cinquante,
« ne se donnerait-on pas de grandes chances de refaire l'un de ces
« ménages, qui ne manque que d'un petit capital pour se remonter et
« prospérer ? Je suppose que, malgré les soins qu'elle prendrait pour
« ne prêter ces 300,000 francs qu'à des gens dignes d'intérêt par leurs
« bonnes mœurs et leur amour du travail, l'administration perdît les
« deux tiers de ses placements, et certes c'est beaucoup, ne serait-ce
« pas un avantage immense que d'en avoir bien placé le tiers, d'avoir
« sauvé de la misère le nombre de ménages qui auraient été utile-
« ment secourus avec une somme de 100,000 francs distribuée en prêt
« depuis deux ou trois cents francs jusqu'à douze cents francs, et en
« obtenant chaque année un semblable résultat, ne pourrait-on pas
« espérer, au bout de dix ans, quelque diminution dans le nombre des
« indigents qui, au contraire, va toujours en augmentant ? En général,
« les administrateurs n'ont pas une opinion assez juste de la valeur de
« dix, quinze, vingt louis dans de certaines conditions. Les mariages
« faits par la ville de Paris servent d'exemple. Tous les gens qui les
« ont contractés étaient pauvres : la dot que la ville leur a fournie
« n'était pas considérable, mais enfin c'était un capital, et les 19/20
« de ces mariages ont prospéré.

« Joindre à tout cela des caisses de placement et surtout des caisses
« d'épargne ;

« Tendre à diminuer les hôpitaux par le traitement à domicile, sauf
« les cas très-graves ;

« Tendre à diminuer les hospices par des placements à la campagne,
« moyennant pension, sauf les cas d'impotence absolue.

« Avec tous ces moyens, on ne tarira jamais la source des infor-
« tunes ; mais en ayant constamment devant les yeux que c'est le but
« auquel on doit tendre, et en dirigeant tous les efforts vers ce but, le
« nombre des malheureux dignes d'être secourus diminuera, et l'ad-
« ministration aura fait son devoir. »

Voilà Frochot tout entier : voilà l'administrateur ! voilà

l'homme ! Laissons les mots et voyons l'esprit. Il ne s'agit
pas d'entrer dans le débat qu'avait ouvert le xviiie siècle et
soutenu la Révolution sur l'utilité absolue ou relative des
hôpitaux et des secours à domicile. Il ne s'agit pas de savoir
quelle est la meilleure manière de donner, car toutes les
manières peuvent se justifier ; mais il s'agit de savoir comment il faut donner pour arriver à donner le moins possible.
Frochot, et c'est pour le temps une vue profonde, distingua
l'aumône privée et le secours public. Suivant la condition du
donateur, il attribuait à la donation un caractère et un but
différents. La charité privée peut soulager le mal présent ; la
bienfaisance publique doit prévenir le mal futur.

« Quel est le devoir de l'administrateur, s'écriait-il dès l'an IX,
« devant le conseil général, si ce n'est de diminuer le nombre de ces
« pauvres d'habitude que l'occasion fait naître, dont la paresse est
« entretenue par la facilité d'obtenir, et qu'une suite de complaisances
« change en pensionnaires onéreux, quand un secours bien entendu
« pourrait les transformer en pensionnaires utiles ? »

Sages et justes paroles que la science confirme, que la
morale approuve et dont l'administration s'honore !

XI

BUDGET DE LA VILLE DE PARIS. — DÉPENSES (Suite). — Service des travaux
publics. — Travaux d'utilité publique. — Travaux d'embellissement.

Paris avait été le champ de bataille de la Révolution.
Les décombres, les ruines, les mutilations attestaient, au
18 brumaire, le désordre d'une sanglante anarchie. Un
gouvernement fort et une administration juste, le gouver-

nement de la France et l'administration de Paris devaient
considérer comme un devoir et un honneur de rendre à la
capitale l'aspect décent d'une ville pacifiée. Le Paris de
la royauté, avec sa Bastille et ses prisons, ses églises et
ses cimetières, ses couvents et les clos de ses couvents,
ses hôtels et les jardins de ses hôtels, avait disparu pour
toujours; mais dans le Paris du Directoire, dans ce Paris
bouleversé, sale, ruiné, pillé, déshonoré, dans ce Paris
livré aux hasards de l'enchère et à la honte de l'encan,
personne n'eût osé rêver la renaissance d'une ville nouvelle.
Les vœux des plus audacieux allaient jusqu'à souhaiter que
les rues fussent nettoyées et purifiées, que les places et les
carrefours fussent déblayés et pavés, que le temps et la paix
pussent ramener peu à peu l'ordre et la sécurité.

Le premier consul, le préfet de la Seine et le conseil
municipal envisagèrent tous les trois, avec les sentiments
d'une douleur impuissante, le tableau de cette universelle
désolation : mais tels étaient la gravité et le nombre des
devoirs qui emportaient le gouvernement et l'administration
dans des directions opposées, qu'ils n'osèrent pousser leurs
espérances jusqu'à des plans d'avenir. La prudence et l'économie entraient dans les vues du premier consul. Bonaparte
arrivait au pouvoir avec la volonté très-ferme de n'ordonner que des travaux utiles : « Il faut penser aux hommes,
« disait-il à Frochot, avant de penser aux architectes. »
Parole sage et profonde ! Quel peuple, quelle cité, quel
homme ne préfère le nécessaire au luxe, et l'usage abon-
dant de l'eau, du pain et de la viande, à la vue des palais,
des colonnes et des arcs de triomphe ? Ne valait-il pas mieux
consacrer d'abord aux divers services de l'approvisionnement ces vastes édifices qui portent toujours dans leurs
flancs la grande gloire du nécessaire, et réserver au temps,

qui donne les ressources et les idées, l'honneur d'accomplir peu à peu les rêves d'une magnificence inutile?

C'était à la fin de 1801. Le premier consul venait de signer la paix d'Amiens. La joie était générale et profonde. Les Parisiens, dans la fête solennelle du 18 brumaire, s'étaient livrés à des manifestations enthousiastes, que Frochot avait traduites dans un discours ému. Bonaparte s'était montré sensible à ces hommages. Il en sentait le prix. Il chercha l'occasion d'y répondre. Il manda le préfet de la Seine et l'interrogea sur le régime des eaux de Paris. « Il « ne suffit pas, lui dit Frochot, à peu près en ces termes, « qu'une grande ville soit traversée par les eaux limpides « d'un grand fleuve. Il faut encore que ces eaux puissent « être portées au domicile de tous ses habitants. Il est sin- « gulier qu'aucun souverain n'ait envisagé ce point de vue « d'intérêt public, et n'ait essayé de répandre dans Paris cet « élément indispensable de la santé et de la vie. On ne sait « ce qu'avaient fait les Romains, mais on sait que les moines « de Saint-Laurent et de Saint-Martin recueillirent pour leur « usage les eaux des prés Saint-Gervais et de Belleville. « Au xviie siècle, l'aqueduc d'Arcueil restauré apporta les « eaux de Rungis au nouveau château du Luxembourg, « tandis que la pompe de la Samaritaine envoyait les eaux « de la Seine dans le Louvre et le jardin des Tuileries. On « établit pourtant, à cette époque, la pompe Notre-Dame, « qui fut chargée d'alimenter la plus grande partie des « fontaines publiques. Au xviiie siècle, les pompes à feu de « Chaillot et du Gros-Caillou élevèrent dans de vastes réser- « voirs les eaux de la Seine pour les déverser dans Paris, le « long des boulevards jusqu'à la Bastille. » Le premier consul répliqua vivement « que pour une raison ou pour « une autre Paris n'avait pas, et que Paris devait avoir des

« eaux jaillissantes. C'est un des objets, ajouta-t-il, les
« plus importants de l'administration municipale. » Frochot
fit remarquer au premier consul que l'État et la ville se partageaient le service des eaux ; que les eaux de Belleville, de
Saint-Gervais, la pompe Notre-Dame et une partie des eaux
d'Arcueil étaient propriétés communales et administrées par
le maire de Paris, tandis que l'autre partie des eaux d'Arcueil, la Samaritaine et les pompes à feu étaient entretenues
aux frais de l'État. C'était donc au gouvernement à ouvrir
la voie que le premier consul indiquait à la ville de Paris.
« La question n'est pas là, s'écria vivement Bonaparte. Il
« s'agit de savoir si les établissements hydrauliques de Pa-
« ris suffisent, et ils ne suffisent pas. » Frochot reprit qu'en
effet, depuis cinquante ans, la science, soutenue par l'opinion publique, cherchait les moyens d'amener de nouvelles
eaux à Paris ; qu'aucune ville n'avait une situation plus
favorable ; qu'à peu de distance on trouvait des rivières dont
le cours dominait les quartiers les plus élevés, la Bièvre et
l'Yvette au midi, la Beuvronne, l'Ourcq et la Thérouanne au
nord ; qu'enfin un message du Directoire au Corps législatif
avait récemment provoqué la dérivation du canal de l'Ourcq
et repris le projet arrêté dans les lettres patentes de 1766 (1).
Quelques mois après cet entretien, tout à coup et sans discussion, le Corps législatif, sur la proposition du gouvernement, décida qu'il serait ouvert un canal de dérivation de
la rivière de l'Ourcq, que cette rivière serait amenée à Paris
dans un bassin près de la Villette, qu'un canal de navigation
partirait de la Seine, au-dessous du bastion de l'Arsenal, se
rendrait dans le bassin de la Villette, et en passant par
Saint-Denis et la vallée de Montmorency, aboutirait à la

_____

(1) Pap. Frochot.

rivière d'Oise, près Pontoise. Un arrêté consulaire ne tarda pas à confier la direction de ce grand travail au préfet de la Seine, et l'exécution à Girard, ingénieur en chef des ponts et chaussées.

Dès lors Frochot eut une double tâche : le service ordinaire des eaux dans Paris et le service extraordinaire du canal de l'Ourcq. Le service ordinaire des eaux dans Paris, partagé entre l'ingénieur de la ville et un ingénieur des ponts et chaussées, se traîna dans des dépenses de réparation et dans des embarras de payement. Quand l'Empereur, plus puissant que jamais, revint de la campagne de Prusse, il s'étonna que ses intentions n'eussent pas été devancées et que l'eau ne coulât pas à flots dans toutes les fontaines de Paris.

« Le but auquel je veux arriver, écrivait-il le 10 avril 1806 au mi-« nistre de l'intérieur, est : 1° que les cinquante-six fontaines de Paris « actuelles coulent jour et nuit, depuis le 1er mai prochain ; qu'on cesse « d'y vendre l'eau, et que chacun puisse en prendre autant qu'il en « veut ; 2° que les autres fontaines qui existent à Paris soient le plus « tôt possible mises en état de fournir de l'eau. Il me semble que ce « sera un beau réveil pour Paris, si cela peut s'exécuter aussi facile-« ment que je commence à le concevoir, et avec aussi peu de sacri-« fices (1). »

Le 2 mai, l'Empereur ordonnait l'érection de quinze fontaines nouvelles, « de manière à pourvoir aux services particuliers et aux besoins publics, à rafraîchir l'atmosphère et à laver les rues. » Il ne suffisait pas d'ordonner. Faute d'argent et d'accord, le décret du 2 mai 1806 n'était pas exécuté le 20 avril 1807. L'Empereur renouvela ses plaintes, auxquelles répondirent successivement et victorieusement Crétet, ministre de l'intérieur, Frochot, Regnaud de Saint-Jean-d'Angély et Montalivet. On finit par s'entendre, par

(1) *Corresp. de Napoléon Ier*, t. XII, p. 285, n° 10,069.

déclarer que le service des eaux devait être réuni dans la même main et sous la responsabilité du préfet de la Seine, que d'ailleurs, au point où avaient été poussés les travaux du canal de l'Ourcq, il était urgent d'arrêter le plan général de la distribution des nouvelles et des anciennes eaux dans Paris (1).

Le canal de l'Ourcq avançait rapidement. Depuis que le premier consul lui avait confié l'honneur de cette grande entreprise, le préfet de la Seine avait travaillé sans relâche à le mériter. Le 28 février 1803, Bonaparte, avec la rapidité d'un général en chef, parcourut toute la ligne du canal, et remplit ouvriers, ingénieurs et directeurs, d'un zèle impatient. Le 2 décembre 1808, sous les yeux du ministre de l'intérieur et du préfet de la Seine, de Crétet et de Frochot, le barrage établi à l'entrée du bassin de la Villette fut rompu, et l'eau de la Beuvronne entra dans Paris. Ce fut, pour me servir des expressions mêmes de l'Empereur, ce fut pour Paris un beau réveil. Paris accourut vers ce grand bassin, dans lequel se mirait l'édifice pittoresque de la barrière de Pantin, et qui servait de tête et de foyer à l'aqueduc de ceinture et au canal Saint-Martin. La foule se plaisait à prévoir et à prédire le bel aspect que devait offrir un canal de navigation s'avançant à travers des plantations jusqu'à la place de la Bastille, et par la gare de l'Arsenal jusqu'à la Seine; mais elle apprenait surtout avec une bruyante reconnaissance que sous le sol parisien s'étendait un canal d'alimentation, surnommé l'aqueduc de Ceinture, et que l'eau, par mille embranchements souterrains, allait parvenir au centre de Paris, franchir peut-être la Seine et raviver les fontaines taries jusque sur les hauteurs du faubourg Saint-

(1) *Procès-verbaux du conseil d'administration*, t. 1er, p. 175 et 176.

Germain. Quelques mois changèrent les espérances en vérités. Le 15 août 1809, la fontaine des Innocents redevint
une fontaine, et les nymphes de Jean Goujon purent sourire
en voyant d'abondantes eaux se répandre à leurs pieds.
Enfin le 2 février 1812, l'Empereur, réalisant à son tour un
projet qu'il n'avait jamais abandonné, décrétait que l'eau
serait fournie gratuitement à toutes les fontaines de Paris.

Quelque déplorable que fût le régime des eaux, Paris
n'avait jamais subi les tourments de la soif : il avait plusieurs fois souffert les angoisses de la faim. Que de mouvements populaires, que d'émeutes redoutables, que d'événements politiques, à propos ou sous prétexte de la cherté du
pain ! La Révolution avait fini par regarder l'approvisionnement de Paris comme une mesure de sûreté générale. Deux
décrets, l'un du 16 avril et l'autre du 11 septembre 1793,
avaient décidé que la ville de Paris serait approvisionnée à
ses frais, mais par voie de réquisition, comme les armées
de la République et les places de guerre. Au 18 brumaire,
la ville de Paris se procurait encore les farines nécessaires
à sa consommation, et les revendait aux boulangers, qui
n'avaient pas le droit d'en acheter hors du marché. Le Consulat affaiblit sans détruire ces traditions révolutionnaires.
Une certaine liberté du commerce des grains, combinée
avec des réserves administratives, parut avec raison, sur le
système de l'approvisionnement municipal par voie de réquisition, constituer un notable progrès. Encore fallut-il faire
des réserves, et tout en ordonnant aux boulangers de former un dépôt de farines dans l'église de Sainte-Élisabeth,
le gouvernement, qui s'était substitué à la commune dans la
difficile mission d'alimenter Paris, dut s'occuper de former
le sien. Aussi, lorsque la crise alimentaire de l'an X éclata,
Chaptal, ministre de l'intérieur, posa dans le conseil d'admi-

nistration cette question : « Paris a besoin de deux à trois
« millions de quintaux. Doit-on accorder des primes au
« commerce pour combler le déficit, ou traiter avec une
« maison qui ferait l'opération en régie pour le compte du
« gouvernement (1)? » Le premier consul prit ce dernier
parti. Plusieurs traités successifs furent passés entre le ministre de l'intérieur et un négociant nommé Vanlerberghe.
Vanlerberghe s'engagea à maintenir la réserve de 250,000
quintaux. En 1807, une commission choisie dans le sein du
conseil d'État examina de nouveau cette importante affaire et
proposa à l'Empereur de porter à 300,000 quintaux métri-
ques l'approvisionnement de Paris, de distribuer cet approvisionnement dans des localités voisines, et d'établir des
magasins de réserve sur les bords des trois grands fleuves
de la Loire, du Rhône et de la Garonne :

« L'avantage, répondit l'Empereur, de former des magasins qui puis-
« sent dans l'occasion subvenir aux besoins de toutes les parties du
« territoire est très-réel : mais charger l'administration générale de cet
« objet, c'est lui donner une mission trop difficultueuse, c'est imposer
« au Trésor une charge trop considérable. On peut, au moyen des
« octrois des villes, obliger chacune d'elles à former et à entretenir
« un magasin de sûreté (2). »

C'est à la suite de ces délibérations que l'Empereur partagea les frais de l'approvisionnement de Paris entre le
Trésor et la ville. Le préfet de la Seine inscrivit au budget
municipal une somme de 500,000 francs pour l'entretien du
magasin de réserve, et reçut l'ordre d'élever, sur le boulevard Beaumarchais et le long de la nouvelle gare de l'Arsenal, ces greniers dont l'étendue nous étonne encore aujour-
d'hui. La première pierre fut posée le 26 décembre 1807.

(1) *Procès-verbaux du conseil d'administration*, t. Ier, p. 10.
(2) *Procès-verbaux du conseil d'administration*, t. Ier, p. 192.

Il était naturel que l'Empereur songeât à abriter « ses grains, » et qu'il commençât par élever un monument à la réserve. Le commerce, qu'on traitait alors comme on traite un suspect, pouvait attendre. La halle aux blés avait été brûlée en 1802. En 1811 on la répara. Frochot dirigea ce travail, qui dans le temps fut admiré. Non content de reconstruire la halle aux blés et les greniers de réserve, l'Empereur voulut établir entre Charenton et Saint-Maur, sur les bords de la Marne, un autre magasin capable de contenir la moitié de l'approvisionnement de la ville de Paris, et à côté, une certaine quantité de moulins pour couvrir de leurs produits la dépense du magasin.

Dans le décret du 24 février 1811, il disait encore :

« Notre ministre de l'intérieur nous fera un rapport sur l'idée de « perfectionner le système d'approvisionnement de notre bonne ville « de Paris, par l'établissement de moulins et de magasins qui seraient « construits aux frais et au profit de la ville. »

Tous les gens sensés, Frochot et Fontaine entre autres, combattirent ces projets : mais il fallut que les crises alimentaires de 1811, 1812 et 1813 le missent aux prises avec les plus rudes embarras, pour le détourner d'une spéculation qu'il caressait avec ardeur. Il serait trop long de raconter dans le détail l'histoire de ces trois années de disette. L'Empereur et ses conseillers s'y montrèrent violents et ignorants. Après avoir pris les mesures les plus vexatoires et les plus inutiles, après avoir essayé de combattre la hausse avec la réserve, comme il avait combattu en 1808 la baisse des fonds publics avec l'argent du Trésor, après avoir déclaré que « le prix du blé doit avoir des bornes, et que le jeu à la hausse doit cesser, » après avoir forcé les détenteurs de grains à les apporter sur le marché et à les vendre au prix fixé par l'administration, Napoléon fatigué s'arrêta. Au lieu d'abdiquer simplement entre les mains du commerce, il imagina de déléguer son action à une compagnie privilégiée. Cette compagnie, instituée sur le modèle de la Banque de France, aurait été tenue de fournir à la halle de Paris 1,200 sacs de farine à un prix convenable, et de maintenir le pain au prix de seize sous les quatre livres. Vanlerberghe consulté approuvait et demandait seulement l'autorisation de porter le capital de la nouvelle compagnie à cent millions. Dans le dernier conseil que l'Empereur consacra à l'approvisionnement de Paris, le ministre du commerce lisait un rapport sur ce projet, auquel l'Empereur attachait la plus grande importance (1). Les événements de 1814 et de 1815 mirent un terme à ces dangereuses combinaisons.

Après l'eau et le pain, la viande. En proclamant le commerce illimité de la boucherie, la loi de 1791 avait fait éclater des désordres que le ministre de l'intérieur peignit dès l'an X au premier consul. L'arrêté du 8 vendémiaire an XI (30 septembre 1802) réglementa le commerce et réorganisa le service de la boucherie parisienne. Il était évident que l'administration ne pouvait, en cette occurrence, faire des réserves, et que la boucherie devait répondre seule de l'approvisionnement de la ville de Paris. Si la direction et la surveillance du service alimentaire incombaient au préfet de police, le préfet de la Seine avait la charge de construire et d'entretenir les édifices qui devaient abriter les diverses parties de ce service. Au préfet de la Seine revint donc l'honneur et la responsabilité de construire les abattoirs, les halles et les marchés de Paris, comme il avait déjà eu l'honneur et la responsabilité du service des eaux et des greniers de réserve.

(1) *Procès-verbaux du conseil d'administration*, t. III, p. 243.

Que dire des abattoirs? Ne savons-nous pas comment l'Empereur reprit en 1809 le projet depuis longtemps conçu de rejeter les tueries hors de Paris; comment on entreprit assez imprudemment les cinq abattoirs du Roule, de Vaugirard, de Montmartre, d'Ivry et de Popincourt; comment Frochot et Montalivet rétablirent la caisse de Poissy pour suffire à des dépenses aussi considérables qu'imprévues; comment enfin la Restauration finit par achever ces immenses établissements (1)? Tandis que la halle aux blés et les greniers de réserve s'élèvent pour offrir au commerce et à l'administration un abri honorable et commode, tandis que les abattoirs promettent de cacher dans leurs enceintes monumentales les sanglantes opérations de la boucherie, tandis qu'on jette sur le quai Saint-Bernard les fondements de l'entrepôt des vins, la ville de Paris emprunte huit millions pour restaurer les halles et les marchés de Paris. En 1807, le marché aux fleurs est transféré du quai de la Mégisserie au quai Desaix. En 1809, le marché Saint-Honoré envahit les anciens terrains des Jacobins. En 1810 et 1811, deux marchés, l'un dans les jardins de l'ancienne abbaye de Saint-Martin, l'autre dans l'enclos du Temple, alimentent ces quartiers populeux. Le marché à la volaille et au gibier, qui se tenait en plein vent sur le quai des Grands-Augustins, s'installe dans trois élégantes galeries. Le marché Saint-Germain remplace l'ancienne foire Saint-Germain. La halle aux vieux linges, située rue du Temple, les marchés des Blancs-Manteaux, du cimetière Saint-Jean et de la place Maubert, sont l'objet d'importantes améliorations. La grande halle est décrétée. Tous ces travaux se préparent ou s'exécutent sous les ordres ou sous les inspirations de Frochot.

(1) Conférez ci-dessus, p. 425.

Ainsi, le premier souci de Bonaparte et la continuelle préoccupation de Napoléon fut d'organiser l'approvisionnement de Paris, de l'assurer par des règlements sévères, de l'abriter par de grands travaux : « Avant de faire des dé-« penses inutiles, il faut en faire d'utiles, » écrivait-il en 1808 à son frère Jérôme (1). Mais à mesure que les coups d'une fortune toujours croissante portèrent au comble son pouvoir et ses ressources, l'Empereur laissa son imagination monter de degré en degré et atteindre les perspectives d'un nouveau Paris. En 1800, il avouait à Frochot de grands projets que l'état des finances publiques l'obligeait à sacrifier. En 1802, il disait à Fontaine : « Je veux donner à « Paris des ponts et des quais nouveaux, des eaux en abon-« dance, et surtout des édifices d'utilité (2). » Les jours de gloire se succèdent, les batailles se gagnent. Ulm conduit à Vienne, Iéna à Berlin. « Paris manque d'édifices, « s'écrie-t-il un jour, il faut lui en donner. C'est à tort que « l'on a cherché à borner l'étendue de cette grande ville ; « sa population peut sans dommage être doublée. Il y a « telle circonstance où douze rois peuvent s'y trouver en-« semble. Il leur faut donc des palais, des habitations et « tout ce qui en dépend (3) ; » et le 28 juillet 1807, Fontaine consigne dans son journal « que l'Empereur n'a plus contre « l'architecture le préjugé de croire, comme il l'a quelquefois « dit, que cet art est la ruine des souverains (4). » Les grands travaux commencent. Paris reçoit un budget extraordinaire que Napoléon lui-même dicte et surveille. A ces combi-

(1) *Corresp. de Napoléon Ier*, t. XVI, p. 297.
(2) Journal de Fontaine.
(3) Journal de Fontaine.
(4) Journal de Fontaine.

naisons d'architecte il prend goût, à ces calculs de propriétaire il se livre, à ces hallucinations de souverain il s'abandonne. 1811, 1812 se précipitent menaçants. Rien ne l'arrête. La fièvre des batailles et des travaux publics l'emporte,
et quand les étrangers arrivent, Paris est couvert de monuments que la France achèvera.

Montons au sommet des tours de Notre-Dame et considé-
rons le Paris de 1814. D'étendue, c'est le Paris de l'ancien
régime. Les murs de l'octroi ont remplacé l'enceinte de
Louis XIII et attendent les fortifications. La Seine traverse
et divise Paris. Elle encadre les trois îles : l'île Louviers,
que couvrent des chantiers de bois ; l'île Saint-Louis, qui,
pendant tout l'Empire, végétera dans la solitude, et la Cité,
qui étend à nos pieds le spectacle de sa grandeur passée.

Voici la place Dauphine, au milieu de laquelle s'élève une
fontaine en l'honneur de Desaix ; l'ancien hôtel du premier
président, d'abord une municipalité, bientôt la préfecture de
police ; la Sainte-Chapelle, un magasin de papiers ; le Palais,
siége unique de la justice. On y plaide toujours, on n'y vend
plus. Quelle tristesse sur la place Notre-Dame ! Heureusement, Frochot orne l'Hôtel-Dieu d'un portique nouveau.
Heureusement, Notre-Dame se dresse à moitié ruinée au
milieu des ruines des églises et des abbayes, attirant l'attention, imposant le respect. Napoléon en chasse la déesse
Raison, qui l'avait encombrée de tonneaux, et la rend à
Dieu. L'archevêque de Paris reprend son ancien palais, et
la Cité son caractère religieux.

« La Cité, dit Sauval, est comme un grand navire enfoncé
dans la vase et échoué au fil de l'eau, » et en effet, de tous
côtés, en avant, en arrière, se déroule le noble cours de la
Seine, et, avec le cours de la Seine, le spectacle d'une des
plus grandes entreprises du règne de Napoléon. Napoléon

veut que Paris ait des quais et des ponts. Les quais s'élèvent peu à peu. Ils sont trop bas : ils ne garantiront pas la chaussée des inondations; mais ils sont faits et reçoivent sur la rive droite les noms de quai de Billy, quai de la Conférence, quai du Louvre, quai Morland; autour de la Cité, quai de la Cité, quai Desaix, quai Catinat, quai de Montebello; sur la rive gauche, quai de la Tournelle, quai des Invalides, quai d'Orsay. De ponts, de quais, Paris manquait à la fois, et la Seine, en divers endroits, était incessamment sillonnée par des batelets chargés de passagers. Voyez par exemple devant le Jardin des Plantes, le palais des Quatre-Nations et le quai de Chaillot. Déjà, en 1787, une compagnie dirigée par Beaumarchais avait obtenu des lettres patentes qui l'autorisaient à construire entre le quartier du Jardin des Plantes et le quartier de la Bastille un pont de fer et à toucher un droit de péage. Repris en 1802, ce projet est réalisé en 1806. Le pont du Jardin des Plantes s'appelle le pont d'Austerlitz. L'île Saint-Louis et la Cité sont unies par un pont nouveau; mais les mêmes ponts unissent le Paris des deux rives. Le pont Saint-Michel voit tomber, en 1808, ses trente-deux maisons, et le pont au Change réparé débouche sur l'emplacement du Grand-Châtelet démoli, c'est-à-dire sur la nouvelle place Bonaparte, et en face de la rue Saint-Denis. Le Pont-Neuf conserve son importance et sa popularité. Sur le terre-plein qui s'honorait jadis de porter la statue de Henri IV, la Révolution a planté la boutique d'un limonadier. Napoléon voudrait y planter à son tour un obélisque en granit, avec des bas-reliefs, des inscriptions et des statues; mais cette place appartient à Henri IV, et Henri IV saura la reconquérir. Du Pont-Neuf au Pont-Royal, de la Cité aux Tuileries, la Seine offre l'aspect d'un magnifique canal. Il est certain qu'un pont entre le Louvre et les Quatre-Nations coupe et détruit la vue ; mais faut-il sacrifier l'utile à l'agréable, et ce nouveau pont de fer, le pont des Arts, n'offre-t-il pas entre le Louvre et les Quatre-Nations une communication depuis longtemps désirée et pour ainsi dire nécessaire ?

La Seine nous emporte vers le pont des Tuileries et le très-nouveau pont de la Concorde. On ne conçoit pas comment on pouvait, au xviiie siècle, se passer du pont de la Concorde. Louis XVI avait dérobé à Napoléon la pensée de ce grand ouvrage, mais Napoléon, qui avait fait le premier pont de Paris, ne laissa pas à ses successeurs l'honneur de faire le dernier. Le pont d'Iéna servit de pendant au pont d'Austerlitz. L'un entre le quai de Chaillot et le Champ-de-Mars, l'autre entre le Jardin des Plantes et l'Arsenal, celui-ci construit en pierre de taille et aux frais de l'État, celui-là construit en fer et aux frais d'une compagnie, ferma et ouvrit le cours de la Seine aux deux extrémités de la capitale. Napoléon eut pendant longtemps le goût des ponts en fer. Il voulut, et jamais il n'en perdit l'espérance, il voulut en établir un devant les Invalides : « Un pont qui, comme celui « des Arts, disait-il en 1808, coûtera 6 ou 700,000 francs, « rendra bien son argent, et lorsqu'il sera terminé, j'en « vendrai les actions (1) ; » mais quand il ordonna, en 1811, la construction du pont des Invalides, il était plus riche et moins économe, il ne cherchait plus à faire des spéculations et renvoyait cette dépense au budget des ponts et chaussées. Dans le conseil du 27 janvier 1812, il s'écriait :

« Le pont d'Austerlitz, le pont des Arts et le pont de la Cité sont « entretenus au moyen d'un péage. Ils rendent 296,000 francs. Ils « coûtent en frais de perception 50,000 francs : ce qui fait seize pour « cent. Le péage occasionne une grande gêne et présente un esprit de

(1) *Corresp. de Napoléon 1er*, t. XVI, p. 430, no 18,669.

32

« fiscalité peu analogue au caractère français. C'est une véritable impo-
« sition. La ville ne pourrait-elle pas traiter de l'acquisition de ces
« ponts (1)? »

La question resta sans réponse.

Depuis ce pont d'Austerlitz où, par la rive droite, nous
viendrons nous reposer tout à l'heure, prenons le Paris de
la rive gauche et parcourons un instant le Jardin des Plantes,
embelli, agrandi par la Révolution, enrichi des ménageries
royales de Versailles et de Trianon. Napoléon n'aime pas le
Jardin des Plantes. Il le trouve mal placé. L'intérêt de la
science le touche moins que le plaisir du public.

« Qu'est-ce qu'un jardin des plantes? s'écrie-t-il le 12 janvier 1811,
« que doit-il contenir, et comment ses diverses parties doivent-elles
« être disposées entre elles? Qu'y a-t-il de fait? Que reste-t-il à faire?
« Je pense qu'un grand espace parsemé de pavillons remplirait le but
« qu'on doit se proposer, celui d'offrir un lieu de promenade aux
« curieux de la grande ville. Cette question particulière peut d'ailleurs
« être envisagée sous deux points de vue : le logement des bêtes et
« la promenade. Au premier coup d'œil, tout porte à penser que les
« animaux isolés les uns des autres, chacun ayant son bâtiment, sa
« cour et son abreuvoir séparés, seront mieux et plus sainement que
« dans un grand édifice qui les réunirait tous. Quant à la promenade,
« peut-on considérer comme une promenade une vaste galerie de
« caserne qu'on aurait à parcourir? J'insiste sur cette idée, qu'en dis-
« séminant la ménagerie dans trente ou quarante arpents, s'il est pos-
« sible, et plaçant çà et là des bassins, des arbres, des pavillons, des
« bosquets, et renfermant dans cette enceinte toutes les espèces de
« bêtes, bêtes féroces, animaux paisibles et même les oiseaux et les
« poissons, on aurait un ensemble de promenades aussi intéressant
« que varié, et que cela composerait un beau monument. Je ne décide
« pas la question. Je n'en décide aucune (2). »

Napoléon la tranchait pourtant un mois après dans l'art. 49
du décret du 14 février 1811 :

« La ménagerie impériale sera transférée dans le parc de Mousseaux.

(1) *Procès-verbaux du conseil d'administration*, t. III, p. 190.
(2) *Procès-verbaux du conseil d'administration*, t. II, p. 242.

« Les bêtes féroces, les animaux paisibles, les poissons et les oiseaux,
« seront distribués isolément, de la manière la plus convenable à
« chaque espèce. »

Le temps et l'argent firent à la fois échouer un projet que
la Société d'acclimatation devait reprendre, en croyant l'in-
venter, et, cette fois encore, le Jardin des Plantes fut sauvé.

Dans les environs du Jardin des Plantes, peu de changements. On jette sur le quai Saint-Bernard les fondements de
l'Entrepôt des vins ; mais on ne fait que les jeter. Mieux vaut
gagner, par la rue des Fossés-Saint-Victor, la place du Panthéon. « Le Panthéon est le plus beau monument de Paris »,
dira Napoléon. En effet, la grandeur, la forme et l'objet
de ce monument devaient frapper son imagination. Il le
visite en février 1805. Sous le poids du dôme, les piliers
lézardés commençaient à s'affaisser. Rondelet est chargé de
les consolider. Sans attendre l'issue de cette heureuse opération, l'Empereur, par un décret solennel, rend ce monument à ses hautes destinées. Le 12 février 1806, il concilie
les vœux de Louis XV et le décret de l'Assemblée constituante. L'église Sainte-Geneviève sera le Panthéon français.
Dans cette église, on rassemblera et rangera, par ordre de
siècles, tous les mausolées qui ornaient jadis les églises de
Paris et que Lenoir a pieusement rassemblés dans les Vieux-
Augustins. Une église souterraine recevra les tombes des
grands hommes de la France et des grands serviteurs de
l'Empire. Voltaire aura son monument auprès du monument
du général Leclerc, et l'avenir formulera la pensée de l'Empereur dans cette inscription du frontispice : « *Aux grands
hommes, la patrie reconnaissante* (1). »

Ni l'Empereur ni le préfet de la Seine ne songent à

(1) *Corresp. de Napoléon* Ier, t. XII, p. **33**, n° 9,797.

transformer ce quartier que Napoléon appelle « le beau
quartier de Sainte-Geneviève; » mais ils hasardent avec
prudence des améliorations considérables. La rue Clotilde
et la rue de Clovis dégagent Saint-Étienne du Mont, les
bâtiments de Sainte-Geneviève, les abords du Panthéon.
Dans cette campagne verdoyante que forment les anciens
jardins des Visitandines, des Ursulines et des Feuillantines,
la rue d'Ulm s'avance, et par une voie parallèle à la rue du
faubourg Saint-Jacques, unit la place du Panthéon et le Val-
de-Grâce. Que ne fera-t-on pas, si la France, pendant quelques années, jouit des bienfaits de la paix? La place du
Panthéon sera rectifiée. Le palais du grand maître de l'Université remplira l'un des côtés de la place et fera le pendant
de l'École de droit. L'École normale chassera le lycée Napoléon des bâtiments de Sainte-Geneviève. La rue Soufflot
descendra de la place du Panthéon droit sur le Luxembourg,
« et le beau quartier de Sainte-Geneviève, dit Napoléon,
sera fini (1). » Projets de 1811, vains projets !

Le Luxembourg, cependant, profite de la faveur que
l'Empereur accorde aux environs du Panthéon. Au bout de
ses jardins, une grande avenue met en perspective le palais
du Sénat et l'Observatoire, près duquel se confondent les
rues de l'Est et de l'Ouest. A ses côtés et comme une de ses
dépendances, se relève l'Odéon, brûlé en 1807. Devant la
façade du Luxembourg à peine restaurée, la rue de Tournon
prolongée jusqu'à la rue de Seine ouvre une rue qui
aboutit droit au quai. Sur le flanc de la nouvelle rue de
Tournon, un marché remplacera bientôt l'ancienne foire
Saint-Germain. A quelques pas, la place Saint-Sulpice est
alignée et décorée d'une fontaine. Le Consulat et l'Empire

(1) *Procès-verbaux du conseil d'administration.* t. II, p. 243.

ne font rien de plus pour le faubourg Saint-Germain : encore est-ce le faubourg du Sénat conservateur, et n'est-ce pas le vrai, le noble faubourg, le Paris de la noblesse, enfermé entre la Seine, le boulevard des Invalides, la rue de Vaugirard et la future rue Bonaparte? Dans cette vaste enceinte d'hôtels ruinés par la Révolution et de jardins abandonnés, reviennent en silence et côte à côte s'installer les émigrés de l'ancien régime et les administrations de l'Empire ; mais ces jardins et ces hôtels, cette triste et dernière image de l'ancien régime, ne parlent pas à l'imagination de Bonaparte. D'un coup d'aile, l'aigle impériale vole du Panthéon aux Invalides et des Invalides au Panthéon.

Les Invalides avaient eu les premières pensées du vainqueur de Marengo. De quelle indignation ne fut-il pas saisi, lorsqu'aux premiers jours de sa puissance consulaire, on lui peignit, dans son abandon, le glorieux asile de la gloire militaire? Il donne des ordres. Il faut que l'église, encombrée et profanée par des armes et des équipements, devienne « le temple des souvenirs » et reçoive les drapeaux enlevés à l'ennemi pendant la Révolution. Il faut élever les chevaux de Corinthe sur un piédestal au milieu de la grande cour, le lion de Saint-Marc sur une fontaine, et réunir en ce nouveau prytanée les trophées de la valeur française : puis, s'emparant de l'esplanade, Bonaparte l'entoure jusqu'à la rivière de fossés et de murs, l'embellit de quinconces, et place sous ces ombrages, dont il entrevoit la poétique beauté, les tombeaux des guerriers morts au champ d'honneur. « C'est l'Élysée des braves, » s'écrie-t-il, et l'Élysée des braves ne fut que l'esplanade des Invalides (1). A ce projet de cimetière héroïque, l'administration de la guerre fit une sourde

(1) Bausset. *Mémoires du palais*, t. IV, p. 91.

opposition. Les travaux furent suspendus, et, en 1813, la
fontaine du Lion de Saint-Marc témoignait seule des rêves
évanouis du premier consul.

Il semblait que le Champ-de-Mars, par son nom et par
son objet, eût dû exciter et retenir l'attention de Napoléon.
En 1801, il avait fait restaurer l'École militaire et même
préparer un appartement pour le cas où il passerait de
grandes revues et présiderait à de grandes fêtes. On ne sait
comment et pourquoi il n'en profita pas. Il négligea longtemps
cet espace immense, qui s'offrait de lui-même aux manœuvres militaires et aux spectacles guerriers. Sans songer
au Champ-de-Mars, il chercha dans le centre de Paris des
emplacements pour les Archives, le palais des Beaux-Arts,
l'Université : les Archives, car Napoléon, après les avoir
fait transporter à l'hôtel de Soubise, n'entendait pas les y
laisser et voulait leur offrir l'hospitalité dans son Louvre,
ou dans un palais spécial : le palais des Beaux-Arts, car,
depuis 1801, les artistes avaient été chassés du Louvre, et
Napoléon ne savait où loger les salles de cours et les ateliers :
l'Université, à laquelle on finit par assigner après mille
discussions la place du Panthéon. Enfin, lorsqu'en 1811
et 1812, l'Empereur résolut de bâtir sur les hauteurs de
Chaillot le palais du Roi de Rome, et qu'abandonnant
l'ancien Paris, il poussa le nouveau vers le pont d'Iéna, le
Gros-Caillou et le bois de Boulogne, il s'aperçut que le
Champ-de-Mars offrait à ses conceptions un admirable cadre.
Il songea d'abord à le fermer du côté de la Seine, par une
série de bâtiments qui fussent parallèles à l'École militaire ;
puis, cédant aux judicieuses observations de Fontaine, il
décida qu'aux quatre angles s'élèveraient quatre constructions colossales : à droite et à gauche de l'École militaire,
une caserne d'infanterie et une caserne de cavalerie : à

l'autre extrémité, sur le quai, un hôpital militaire, et en face, en un triple et seul monument, les Archives, l'Université et le palais des Arts. Est-il besoin d'ajouter que ces casernes et ces monuments ne sortirent pas de terre, et qu'en 1817, on en combla les fondations?

La transformation du Champ-de-Mars se rattachait à la transformation de la montagne de Chaillot et à la construction du palais du Roi de Rome. Depuis que la ville de Lyon avait offert à l'Empereur les terrains de Perrache pour y faire élever un palais impérial, Fontaine travaillait un plan que Napoléon ne demandait plus. Construire un palais à Lyon ne plaisait ni à l'Empereur ni à son architecte. L'un et l'autre, sans se l'avouer, pensaient à Paris. Le peintre David avait indiqué à Fontaine la rampe de Chaillot : sur cette rampe, l'emplacement qu'occupait, en face du Champ-de-Mars et de l'École militaire, l'ancien couvent des dames de Sainte-Marie. Fontaine était entré avec ardeur dans ce dessein et y avait entraîné secrètement le grand-maréchal du palais, Duroc, le gouverneur de l'École militaire, le duc d'Istries, et le préfet de la Seine, Frochot. Un jour, le 17 juin 1809, Napoléon se fit présenter le plan du palais de Lyon, et comme Daru critiquait les pentes douces placées devant le palais, Fontaine répondit négligemment que ce plan supposait un palais élevé sur le sommet d'une colline, comme celle de Chaillot. Ce mot porta coup, et Fontaine en eut bientôt la preuve. Le 19 janvier 1811, la discussion fut ouverte sur ce projet dans le conseil des bâtiments. Frochot et Regnaud de Saint-Jean-d'Angély louèrent sans réserve les projets de Fontaine. Montalivet, qui n'aimait pas Fontaine, les critiqua avec une égale vivacité. La naissance du Roi de Rome trancha le débat, et le futur palais reçut le nom que l'Empereur avait donné à son héritier. Les travaux de terrassement commencèrent en mai 1811. Deux ans après, Napoléon les visita, et le 9 mars 1813, il dicta la note suivante :

« Il serait temps de discuter le projet pour la construction du palais « du Roi de Rome. Je ne veux pas que l'on m'entraîne dans des dé- « penses trop fortes. Je voudrais un palais moins grand que celui de « Saint-Cloud, et plus grand que celui du Luxembourg. Je voudrais « pouvoir l'habiter quand le seizième million sera dépensé ; alors ce « sera le moyen que je puisse en jouir. Si au lieu de cela on me fait « des chimères, il en sera comme du Louvre, qui n'a jamais été ter- « miné. Il faut commencer par faire les plantations, déterminer l'en- « ceinte et la fermer. Je veux que ce palais soit un peu plus beau que « le palais de l'Élysée ; or, l'Élysée ne coûterait pas huit millions à « construire. C'est cependant l'un des palais de Paris. Le palais du Roi « de Rome sera le second palais après le Louvre, qui est un grand « palais. Ce ne sera pour ainsi dire qu'une maison de campagne pour « Paris, car on préférera toujours passer l'hiver au Louvre et aux « Tuileries.....

« Je ne veux pas une chimère, mais une chose réelle. Je le fais « construire pour moi et non pour la gloire de l'architecte. L'achève- « ment du Louvre suffit pour faire la part de la gloriole. Quand une « fois le projet sera adopté, je le mènerai bon train. L'Élysée ne me « plaît pas, et les Tuileries sont inhabitables. Rien ne pourra me plaire, « si ce n'est extrêmement simple et bâti suivant mes goûts et ma ma- « nière de vivre. Alors ce palais me sera utile. Je veux en quelque « sorte que ce soit un Sans-Souci renforcé. Je veux surtout que ce soit « un palais agréable plutôt qu'un beau palais : deux conditions qui « sont incompatibles. Il est indispensable qu'il soit entre cour et jar- « din, comme les Tuileries ; que de mon appartement je puisse aller « me promener dans le jardin et le parc, comme à Saint-Cloud ; mais « à Saint-Cloud il y a l'inconvénient qu'il n'y a pas de parc pour la « maison. Il faut aussi étudier l'exposition, de manière que mon appar- « tement soit au nord et au midi, afin que, suivant la température, « on puisse changer de logement. Il faut que mon logement d'habita- « tion soit celui d'un riche particulier, comme mon petit appartement « de Fontainebleau. Il faut que mon appartement soit très-près de « celui de l'Impératrice et au même étage. Enfin, il me faut un palais « de convalescent ou d'habitation pour un homme sur le retour de « l'âge. Je veux une petite chapelle, un petit théâtre, comme celui des

« petits appartements aux Tuileries, et il faut avoir soin qu'il n'y ait
« point d'eau auprès du palais (1). »

Mars 1813 ! A cette date, le sort en est jeté. La prison
d'Hudson Lowe remplacera le palais du Roi de Rome, et celui
« qui ne voulait pas d'eau près de son palais » n'aura pour
horizon que l'horizon infini de l'Océan.

Laissons courir notre imagination sur le spectacle de ces
embellissements. Évoquons une dernière fois le Champ-de-
Mars, flanqué à ses quatre angles de quatre blocs de construction, le pont d'Iéna, les pentes de Chaillot travaillées en
jardins, en escaliers, en terrasses, le palais sur le sommet
de la colline, le petit parc dans la plaine entre Chaillot,
Passy et la route de Saint-Germain, le grand parc dans le
bois de Boulogne, la vénerie dans le château de la Muette,
le rendez-vous de chasse dans le pavillon de Bagatelle, un
peu plus loin, l'arc de triomphe de l'Étoile, Mousseaux transformé en jardin des plantes, et tout un quartier autour de
Mousseaux. Quittons ce pays de la fantaisie, quittons ces
hauteurs désertes et boisées, sur lesquelles plana quelque
temps l'imagination du Napoléon de 1811, et entrons droit
au château des Tuileries avec le Bonaparte de 1800.

Le palais des rois était devenu le théâtre de la Révolution. Le premier consul en fit sa demeure. « Je veux, disait-il
« après la paix d'Amiens, honorer le pays que je gouverne.
« Maintenant que nous avons la paix, nous allons nous occu-
« per des arts (2), » et il ordonnait de meubler les Tuileries

(1) Journal manuscrit de Fontaine. — Ce journal est en grande partie
transcrit dans les *Mémoires du palais*, par M. de Bausset. Cependant, j'ai
tenu à l'étudier moi-même, et j'y ai puisé des détails très-précieux. M. Meu-
nier, propriétaire de ce manuscrit, a bien voulu m'en donner communication
avec une bonne grâce qui mérite mes sincères remerciments.

(2) Journal de Fontaine.

avec un luxe royal et de mettre dans la galerie de Diane les grandes batailles de Lebrun.

Quelle saisissante histoire que l'histoire du château des Tuileries, et que de révélations si les murs pouvaient parler ! La salle de bains du premier consul transformée en chapelle, la salle de la Convention en salle de spectacle, les bureaux des comités en salles du conseil d'État ! Dans le palais comme autour du palais, le temps efface les souvenirs de la République. On abat les arbres de la liberté plantés dans la cour. On répare la façade du château meurtrie par le canon et souillée par les inscriptions révolutionnaires du Dix août. On remplace les vieilles murailles qui séparaient le Carrousel de la cour des Tuileries par un trottoir et une belle grille. Un arc de triomphe consacre la gloire de la grande armée. Du côté du Palais-Royal, un mur et quelques bâtiments fermaient la cour qu'envahissait l'hôtel de Brienne. On abat l'hôtel de Brienne, et une aile neuve s'appuyant sur le pavillon de Marsan se dirige vers le Louvre, dont soixante ans encore elle demeurera séparée. Le jardin, au milieu duquel l'Empereur voulut un moment creuser un canal, est sauvé, embelli et agrandi par les soins de Fontaine. Enfin, les Tuileries sont un palais, un vrai palais; mais dans les palais, les souverains eux-mêmes s'ennuient, et Napoléon s'écrie en 1812 : « Les Tuileries sont inhabitables ! c'est une prison (1) ! »

L'esprit d'économie et le défaut de génie artistique empêchèrent Napoléon de réunir le Louvre et les Tuileries. Il le souhaita pourtant : il le voulut même très-sincèrement. Entre ces deux palais s'entassaient, en 1800, non-seulement les hôtels d'Elbeuf et de Longueville, mais un grand nombre de maisons, de baraques et d'échoppes. Tracer au milieu de

---

(1) Journal de Fontaine.

ce quartier une rue qui dégageât la vue et l'accès du
Louvre, et opposer au château des Tuileries une série de
façades semblables et régulières, avait été le seul vœu du
premier consul ; mais poussé par le conseil de ses architectes,
entraîné par un sentiment de légitime ambition, fidèle aux
traditions du passé, l'Empereur se trouva tout à coup porté
dans l'espoir, dans le projet, dans la résolution de confondre
ces deux palais en un seul monument. La tâche était d'autant
plus difficile, que le Louvre et les Tuileries n'avaient pas été
construits en face et en vue l'un de l'autre. Fallait-il laisser
entre les deux palais un vaste espace ou le couper au moyen
d'une aile transversale ? Napoléon préférait une grande cour ;
les architectes un grand bâtiment. On discute pendant tout
l'Empire. Les années s'écoulent, et rien ne se fait. Quand
l'Empereur adopte l'aile transversale, il ignore ce qu'il y
mettra : bibliothèque, jardin d'hiver, opéra, ministères : que
dis-je ? il ne sait même pas ce qu'il fera du Louvre. Il prétend
d'abord y rassembler les objets d'art, les tableaux, les statues,
les livres, les médailles, c'est-à-dire les musées, la bibliothèque et même les archives ; car, dit-il, « on ne doit pas
oublier que le Louvre était le palais des arts (1) » : mais
en 1808, ce palais des arts devient tout à coup le palais du
souverain. L'Empereur commande de splendides appartements, et les destine à des hôtes couronnés. Il sourit à la
pensée que l'aile opposée à la galerie d'Apollon renfermera
l'église impériale de Saint-Napoléon, et il ne songe plus qu'à
faire des Tuileries et du Louvre réunis, un immense palais
d'habitation. Il avait changé : il change encore : il changera
toujours. Il laisse échapper en 1811 ce mot qui cache son
embarras : « Le Louvre est un palais de parade (2). »

(1) *Corresp. de Napoléon Ier*, t. XVIII, p. 20, n° 14,412.
(2) Journal de Fontaine.

L'indécision qui régnait dans l'esprit de l'Empereur sur la destination et l'achèvement du Louvre ralentit et arrêta l'exécution des plans qui devaient en déblayer les abords. Aussi n'essaya-t-on pas d'établir la place d'Iéna devant la colonnade du Louvre et d'ouvrir cette large rue, qui, sur l'emplacement de Saint-Germain-l'Auxerrois démoli, devait se prolonger jusqu'à la rue de la Monnaie. « Remettons cela à un autre temps, dit l'Empereur en 1809, occupons-nous de l'intérieur du Louvre : les architectes ont ruiné Louis XIV (1). » Ce qui ne fut pas tenté autour du Louvre fut exécuté autour des Tuileries. L'Assomption, les Capucins, les Feuillants, fermaient le jardin du côté du boulevard. Ce rempart de propriétés religieuses s'écroula, et la rue de Rivoli dessina le projet excellent et malheureusement retardé d'encadrer le jardin et le palais des Tuileries, le Carrousel et le Louvre, entre la place de la Concorde à l'ouest, la place d'Iéna à l'est, la rue de Rivoli au nord et le quai au midi.

L'ouverture de la rue de Rivoli entraîna l'ouverture de la rue de Castiglione et de la rue de la Paix, de la rue du Mont-Thabor et de la rue Neuve-du-Luxembourg prolongée, le dégagement de la place Vendôme, la création d'un nouveau quartier. Serrée d'un côté par la rue Saint-Honoré, de l'autre par les rues parallèles des Capucines et des Petits-Champs, séparée du jardin des Tuileries par les Capucins, du boulevard par les Capucines, la place Vendôme semblait être avant la Révolution la cour d'honneur d'un palais particulier. Une voie magnifique lui donna l'aspect d'une place publique, et la colonne d'Austerlitz lui conféra la dignité d'une place historique. Par quel pressentiment, par quel secret retour sur lui-même, Bonaparte ordonnait-il, en 1803,

---

(1) Bausset. *Mémoires du palais*, t. IV, p. 197. — *Corresp. de Napoléon 1er*, t. XI, p. 572, n° 9,739.

l'érection d'une colonne en l'honneur de Charlemagne ?
Charlemagne était-il donc son modèle, et le futur empereur
attendait-il qu'Austerlitz lui donnât le droit de s'approprier
ce monument d'une gloire immortelle (1)?

Tout plaisait à Napoléon dans la place de la Concorde, et
son étendue, « Tout ce qui est grand et beau, » disait-il,
et son nom, « Monsieur Champagny, il faut laisser à la place
de la Concorde le nom qu'elle a. La concorde, voilà ce qui
rend la France invincible (2), » disait-il encore. Aussi n'ou-
blia-t-il pas d'en compléter la décoration par de superbes
accessoires et des effets de perspective. Au centre, il voulait
une fontaine monumentale. En 1807, on lui proposa un
groupe des quatre fleuves témoins de ses victoires et couronné
par sa statue. Il répondit ce qu'il devait répondre un jour
pour l'arc du Carrousel : « Ce n'est pas à moi de m'élever
des statues (3). » « Faites faire, écrit-il au ministre de l'inté-
« rieur, le 21 décembre 1808, le projet d'une fontaine qui
« représentera une belle galère de trirème, celle de Démé-
« trius, par exemple, qui aura les mêmes dimensions que
« les trirèmes des anciens (4). » La trirème eut le sort du
groupe des quatre fleuves; elle ne sortit pas du carton des
artistes. Qu'importe? Ce n'est pas d'une fontaine que la place
de la Concorde attend son principal ornement.

La vue courait et se perdait sur les ruines de la Madeleine, sur les mutilations du Palais-Bourbon, sur l'immense
avenue des Champs-Élysées. Le tableau était fait. Pour l'a-
chever, il fallait saisir et arrêter les regards par de grands

---

(1) *Corresp. de Napoléon Ier*, t. VII, p. 280, IX, 13, XII, 68 et 229.
(2) *Corresp. de Napoléon Ier*, t. XIV, p. 177, n° 11,602.
(3) Journal de Fontaine.
(4) *Corresp. de Napoléon Ier*, t. XVIII, p. 140, n° 14,599.

monuments, et former par l'harmonie de cet accord un des plus beaux panoramas du monde. Du côté du jardin et du château des Tuileries, l'effet est assuré. Il n'en est pas de même du côté des Champs-Élysées. Pendant quelque temps, Napoléon est résolu. Il plantera un obélisque à la barrière de l'Étoile. De Madrid, il écrit le 21 décembre 1808 : « Mon « intention est de me servir de l'eau de l'Ourcq pour em- « bellir le jardin des Tuileries par des cours d'eau et des « cascades, et les Champs-Élysées et leurs environs, par « d'immenses pièces d'eau, qui seront aussi grandes que le « jardin des Tuileries, et sur lesquelles il puisse y avoir des « bateaux de toutes les espèces (1). » A son retour, Napoléon écoute et apprécie les observations du ministre de l'inté- rieur, du préfet de la Seine et des architectes. Un obélisque n'offrirait pas aux regards assez de résistance. Un arc de triomphe, au contraire, s'encadrera avec une solide magni- ficence dans les masses de verdure, et les Champs-Élysées respectés ne seront pas convertis en naumachies.

Tournez-vous maintenant vers le pont de la Concorde. Le Palais-Bourbon présente sa hideuse façade. Les fenêtres et les entre-colonnements sont murés. Rien n'annonce que cet édifice soit le siége du Corps législatif. L'Empereur or- donne au Corps législatif de désirer et de demander une façade en commémoration de la campagne d'Austerlitz. Le 25 juin 1806, il accorde cette façade qui sera, dit-il, « cor- respondante et parallèle à celle de la Madeleine, et en har- monie avec elle. » Les plans arrêtés, la façade commencée, il la critique avec amertume. Il eût voulu que le palais du Corps législatif, précédé d'une cour ornée de grandes ave- nues, possédât une salle des séances, « un temple où les députés pussent offrir leurs hommages à l'Éternel, » une

(1) *Corresp. de Napoléon I*er, t. XVIII, p. 140, n° 14,599.

bibliothèque, des bureaux, des appartements. En vain Fontaine, en vain Frochot lui firent observer qu'on avait exécuté ses ordres, et que la façade du Corps législatif répondait aux édifices à colonnes qui décoraient la place de la Concorde et au monument qu'il avait nommé le temple de la Victoire. Napoléon refusa obstinément de se laisser persuader (1).

La pensée toute païenne d'élever un temple à la gloire des armées françaises personnifiée dans la Victoire avait toujours poursuivi Napoléon. Peut-être en subissait-il la secrète influence, lorsqu'il faisait réparer l'église des Invalides, lorsqu'il y déposait les drapeaux enlevés à l'ennemi pendant la Révolution, et lorsqu'il prétendait s'y faire couronner? Si Notre-Dame vit célébrer le mariage et le couronnement de Napoléon, Notre-Dame ne dut cet honneur qu'à la grandeur de son enceinte. On ne peut pas affirmer que Napoléon regretta un choix si légitime; mais on peut remarquer que ce choix ne fut ni spontané, ni volontaire. Avec quelle ardeur n'ordonna-t-il pas d'étudier, et bientôt de construire ce temple qui lui avait fait défaut, ce temple que le triomphe d'Iéna semblait rendre nécessaire? C'était bien un temple qu'il voulait, et un temple antique, un temple qui n'eût aucun rapport avec les églises chrétiennes. Après avoir ouvert un concours et proposé un programme, qui enjoignait « d'utiliser tout ce qui avait été fait pour l'église de la Madeleine, et de ne dépenser qu'une somme de trois millions, » l'Empereur accepta le plan de Vignon, quoiqu'il offrît et parce qu'il offrait le modèle d'un temple grec.

« Après avoir examiné attentivement les différents plans du monu-
« ment dédié à la grande armée, je n'ai pas été un moment en doute.
« Celui de M. Vignon est le seul qui remplisse mes intentions. C'est

(1) Journal de Fontaine.

« un temple que j'avais demandé et non une église..... Par temple,
« j'ai entendu un monument tel qu'il y en avait à Athènes, et tel qu'il
« n'y en a pas à Paris..... Ce monument, dit-il encore, tient en
« quelque chose à la politique. Il est du nombre de ceux qui doivent
« se faire vite (1). »

Et, en effet, était-ce le moment de dissimuler le but de
ses secrètes pensées, était-ce le moment de marchander,
d'économiser quelques centaines de mille francs, lorsqu'il
s'agissait de construire le théâtre des représentations impé-
riales? Quel théâtre! théâtre de granit, de fer et de marbre :
sans meubles, sans rideaux. Sur le frontispice une inscription : *L'Empereur Napoléon aux soldats de la grande
armée* : sur des tables de marbre les noms des officiers qui
avaient assisté aux prodiges d'Ulm, d'Austerlitz et d'Iéna :
sur des tables d'or les noms de ceux qui avaient succombé
dans ces grandes journées : sur d'immenses bas-reliefs des
groupes de généraux : sur des piédestaux les statues des maréchaux. Nulle part l'image de l'Empereur. Quelle séance
que cette séance du 3 mars 1808, où Napoléon, en présence
de Crétet, de Frochot, de Fontaine, de ses conseillers et
architectes, résumait en quelques mots le cérémonial de
son apothéose! Au pied d'une statue colossale de la Victoire, « un sanctuaire, » le mot est de Napoléon, « un sanctuaire avec un trône, » au pied du trône, des gradins en
amphithéâtre pour les grands corps de l'État, sur les côtés,
des tribunes pour les ambassadeurs, les étrangers, les
dames, les orchestres. Puis une pompe orientale, des chants,
des discours, des acclamations en l'honneur de la grande
armée et de l'Empereur à jamais victorieux (2)! Écoutez le

(1) *Corresp. de Napoléon Ier*, t. XV, p. 292, n° 12,694. *Moniteur* du
28 décembre 1806.

(2) Journal de Fontaine. — Pap. Frochot. — *Corresp. de Napoléon Ier*,
t. XIV, p. 14, n° 11,353.

le ministre de l'intérieur dans le mémorable exposé du
24 août 1807 :

« Le vainqueur récompense ceux qui ont vaincu sous lui ; il associe
« à son immortalité les héros qu'il a formés. Son nom, plus durable
« que le monument qui en sera décoré, perpétuera leurs noms et la
« gloire qu'ils ont acquise en combattant sous ses ordres. Une suite de
« trophées décorera l'enceinte du monument. Le marbre, l'or et l'ar-
« gent conserveront dans un livre éternel ces fastes de l'héroïsme. Là
« sera célébrée la mémoire de ceux qui se dévouèrent pour la patrie
« et pour ses saintes lois. Là seront décernées les récompenses méritées
« par la valeur. Là notre belliqueuse jeunesse sera instruite dans le
« sentiment de l'honneur par de si illustres exemples : ce sera *le sanc-*
« *tuaire de la Gloire* (1). »

N'en doutons pas. En étonnant Napoléon lui-même, Ulm,
Austerlitz et Iéna l'avaient livré sans défense aux périls de
l'exaltation. S'il refuse à l'Institut, qui les lui décernait dans
des inscriptions latines, s'il refuse les titres de Germanicus,
d'Auguste et même de César, « c'est qu'on ne voit rien,
« disait-il, dans les souvenirs des empereurs romains que l'on
« puisse envier (2). » On lui eût décerné le titre de « divin, »
qu'il eût peut-être réfléchi. S'il étudie la question d'une ou
de trois entrées dans l'arc de triomphe de l'Étoile, c'est qu'il
s'inquiète de la manière dont on exécutera désormais les
marches triomphales. S'il propose à Cambacérès, toujours
en 1808, de faire construire sur les hauteurs de Montmartre,
et aux frais du Corps législatif et des colléges électoraux,
« un temple de Janus, où se feront les premières publica-
tions de la paix et la distribution des prix décennaux (3), »
c'est qu'il veut, sans rien débourser, frapper l'imagination
de ses peuples et donner une nouvelle pâture à sa dévorante
imagination.

(1) *Corresp. de Napoléon Ier*, t. XV, p. 532, n° 13,063.
(2) Bausset. *Mémoires du palais*, t. IV, p. 193.
(3) *Corresp. de Napoléon Ier*, t. XVIII, p. 79, n° 14,510.

Le temps passe et tout change. Le 4 février 1811, Fontaine écrit dans son journal : « Le temple de la Gloire sur les « fondations de la Madeleine perd beaucoup de son crédit. « L'Empereur regrette de dépenser seize ou dix-huit millions « pour un monument dont le but est idéal. Il demande ce « que l'on en pourrait faire. Il songe à y mettre le tribunal de « cassation, l'hôtel d'un ministre ou le palais des Beaux-Arts. « Je ne vois en tout ceci que des signes effrayants d'irré- « solution et d'inconstance (1). » Pour calmer ces regrets et répondre à ces calculs, Fontaine propose audacieusement à l'Empereur de changer le culte et le nom de la divinité, et de faire du temple païen de la Gloire l'église chrétienne de Notre-Dame des Victoires. Comme les empereurs romains, qui ne croyaient plus aux faux dieux, mais qui hésitaient encore à renverser leurs autels, Napoléon garda le silence, et fit restaurer par Frochot l'église de Notre-Dame des Victoires ; le temple de Janus devint un hospice de convalescence, et un jour que Fontaine lui présentait le dessin d'un monument funéraire sous la forme d'un temple dorique, Napoléon s'écria : « Pourquoi ne vois-je pas dans vos projets « l'image de la croix ? Vous avez tort : tout le monde recon- « naît le signe de la croix (2). » Napoléon avait-il donc, en 1813, rompu avec la Victoire, et songeait-il, pour triompher encore, à la croix lumineuse de Constantin ?

Si Napoléon se laissait emporter dans des conversations, dans des plans, dans des ordres qu'il devait contredire, abandonner ou renier, il n'était pas homme à sacrifier le Paris du commerce au Paris du gouvernement. Le Palais-Royal était toujours le centre de ce Paris marchand qu'on

(1) Journal de Fontaine.
(2) Journal de Fontaine.

pouvait à la rigueur enfermer entre la future rue de la Paix, le boulevard, la rue Saint-Denis et la rue Saint-Honoré. Dans cet espace assez restreint, sur lequel Frochot se plaisait à attirer l'attention de l'Empereur, on aurait très-aisément fait à cette époque des percées très-utiles : mais Napoléon, fermant l'oreille aux respectueuses suggestions du préfet de la Seine, ne songeait qu'à élever des monuments, et nullement à tracer la voirie de la ville. Il est probable que l'ouverture de nouvelles rues lui semblait entraîner une série de spéculations qu'il n'avait pas le temps de diriger lui-même, et il est notoire que les voies nouvelles ouvertes sous son règne, même les rues de la Paix et de Rivoli, avaient été proposées et discutées avant la Révolution.

Ce n'est pas qu'au point de vue des monuments, l'Empereur eût dans l'embellissement de ce Paris marchand, des vues bien arrêtées. Il fut très-longtemps avant de se décider à restaurer le Palais-Royal. Au mois d'août 1807, il déclarait hautement que, privé de ses dépendances et entouré de lieux de débauche, ce palais ne pouvait être la demeure d'un prince de sa maison. Plus tard, en 1810, il rendit un décret qui fit entrer cette vaste propriété dans les domaines de la liste civile, et dès lors il y prit un peu plus d'intérêt. « Il faut, « dit-il, mettre tout cet édifice en boutiques et en tirer le « plus de produit possible (1). » De 1811 à 1813, les projets se succèdent et se croisent. Les uns veulent y laisser la Bourse, les autres y mettre l'Opéra, Cambacérès la Banque de France, Frochot l'état-major de la garde municipale, l'Empereur son fameux jardin d'hiver, c'est-à-dire « une salle immense, de toute la hauteur du palais, avec des bas-côtés et plusieurs rangs de galeries, comme celles d'une

(1) Journal de Fontaine.

bibliothèque. » Fontaine pousse l'Empereur, avec la plus honorable énergie, à terminer l'édifice dans le style et sur le plan où il a été conçu. En élevant une aile de boutiques entre la cour et le jardin, en réparant les grands appartements, il place à côté de l'hôtel des Ambassadeurs extraordinaires « la foire perpétuelle de Paris. »

Pendant que l'Empereur et ses conseillers se livrent à de vaines discussions, la Bourse s'élève sur le terrain des Filles-Saint-Thomas. La Banque de France, d'abord installée dans l'hôtel de la place des Victoires, passe dans l'hôtel de Penthièvre, rue de la Vrillière. Mille projets circulent et excitent la curiosité. L'Empereur, dit-on, ne veut pas laisser la bibliothèque dans la rue de Richelieu, et espère toujours la transporter au Louvre. L'Opéra ne doit pas rester place Louvois : « Il ira n'importe où, dit Napoléon, » mais il lui faut « une salle sans colonnes, favorable à la vue et à l'oreille, « grande loge au milieu pour l'Empereur, petite loge avec un « appartement, à peu près comme celle de Milan (1). » Les grandes halles sont décrétées; elles occuperont tout l'espace qu'elles occupent aujourd'hui entre le marché des Innocents et la halle aux blés. Frochot est chargé de diriger les travaux, et le commerce se félicite de voir ses intérêts entre de pareilles mains.

Ce ne sont pourtant pas ces travaux et ces plans qui appellent les capitaux dans le quartier du Palais-Royal, des Halles, de la Bourse, de la Banque, qui garnissent la rue Vivienne de boutiques, qui créent ou embellissent les passages Feydeau, Delorme, Montesquieu, du Caire et des Panoramas. Un mouvement naturel et irrésistible concentre le commerce dans le quartier où les échanges sont les plus

(1) *Corresp. de Napoléon Ier*, t. XVI, p. 406, no 13,634.

rapides et les plus sûrs. La Révolution avait donné ce mouvement : l'Empire le précipite et l'étend (1). Tout autre est la
situation du Marais, ce second faubourg Saint-Germain, que
Napoléon laisserait dormir dans les regrets et les souvenirs,
s'il ne faisait retentir ses alentours du bruit de ses projets.

C'est qu'en effet le canal de l'Ourcq, dont Napoléon attend
l'arrivée avec une impatience fébrile, débouchera dans le
faubourg Saint-Antoine, traversera la place de la Bastille et
remplira les fossés de l'Arsenal. On ne saurait assez embellir
un quartier qui dormait sous le canon de la Bastille, et
qui se réveillera au bruit des eaux nouvelles. En 1806,
l'Empereur ordonne de bâtir un arc de triomphe sur l'emplacement même de l'ancienne Bastille (2); mais il ne sait
comment le placer? On disserte, on tâtonne, on essaye, et
finalement l'arc de triomphe est transporté à la barrière de
l'Étoile et transformé en une fontaine qui représentera un
éléphant monumental.

« Monsieur Crétet, écrit l'Empereur, le 2 décembre 1808, au mi-
« nistre de l'intérieur, j'ai vu par les journaux que vous avez posé la
« première pierre de la fontaine de la Bastille. Je suppose que l'élé-
« phant sera au milieu d'un vaste bassin rempli d'eau, qu'il sera très-
« beau, et dans de telles dimensions qu'on puisse entrer dans la tour
« qu'il portera. Qu'on voie comme les anciens les plaçaient et de quelle
« manière ils se servaient des éléphants (3). »

Tandis que l'Empereur pressait la construction de son
éléphant, tandis qu'il ordonnait de le fondre en bronze, il
dressait les plans du nouveau boulevard qui de la Seine à la
place de la Bastille devait servir de quai à la gare de l'Arsenal, et des nouvelles promenades qui devaient s'étendre

(1) Arch. de la préfecture de la Seine. Carton 1,059.

(2) *Corresp. de Napoléon Ier*, t. XII, p. 61 et 364, nos 9,841 et 10,217.

(3) *Corresp. de Napoléon Ier*, t. XVIII, p. 140, no 14,599.

jusqu'au pont d'Austerlitz, comme les Champs-Élysées jusqu'au pont d'Iéna (1).

Si l'on aperçoit, en parcourant l'histoire des embellissements de Paris, combien fut petite la part des ministres et du préfet de la Seine, et combien fut grande et décisive la part de l'Empereur, on découvre en même temps que Napoléon ne soumit pas ses pensées, ses efforts et ses travaux à un plan d'ensemble, et qu'au milieu de ses plus belles actions et de ses rêves les plus extraordinaires, il ne perdit jamais l'esprit de calcul et le sentiment de l'argent. Lui qui embrassait d'un coup d'œil tout un champ de bataille et qui s'en rendait maître pour ainsi dire avant de s'en emparer, hésita longtemps avant d'embellir sa capitale, et n'osa jamais tracer dans Paris ces grandes voies stratégiques qu'on proposait déjà en 1808, et qui devaient s'appeler, cinquante ans après, la rue de Rivoli et le boulevard de Sébastopol. Comme le bon sens disputait à l'audace son impétueux et prudent génie, il sut, pendant les dix premières années de sa toute-puissance, mesurer ses projets à ses ressources, et le but aux moyens. En homme qui a fait sa fortune et qui sait ce qu'elle vaut, il avait horreur de la profusion qu'affichent les parvenus et des sacrifices que la vanité impose. Il redoutait les emprunts qui conduisent à d'autres emprunts et jettent fatalement dans la ruine. Il voulait payer comptant : payer ses dépenses avec ses recettes. Ce n'est pas avec de tels principes qu'on improvise des villes.

Peut-être cette passion d'ordre et d'économie n'eût-elle pas empêché Napoléon de concevoir la création d'un Paris nouveau ; mais la vraie gloire lui était apparue sous la forme des travaux d'utilité publique. Quand il parle des travaux

(1) *Corresp. de Napoléon I*, t. XVI, p. 427, n° 13,665.

d'utilité publique, des halles, des marchés, des ponts et des
canaux, il trouve des sentiments et des expressions d'une
véritable grandeur. « J'ai fait consister la gloire de mon
« règne à changer la face du territoire de mon empire.
« L'exécution de ces grands travaux est aussi nécessaire à
« l'intérêt de mes peuples qu'à ma propre satisfaction. Il ne
« faut point passer sur cette terre sans y laisser des traces
« qui recommandent notre mémoire à la postérité (1). »
Parle-t-il au contraire des arcs de triomphe : quelle séche-
resse! quel dédain! « Les arcs de triomphe seraient un
« ouvrage futile et qui n'aurait aucune espèce de résultat,
« et que je n'aurais pas fait faire, si je n'avais pensé que
« c'était un moyen d'encourager l'architecture. Je veux,
« avec les arcs de triomphe nourrir pendant dix ans l'archi-
« tecture de la France à 200,000 francs (2). » Après avoir
commandé le temple de la Gloire, il s'en dégoûte : « Je
« regrette, dit-il à Fontaine, de dépenser seize ou dix-huit
« millions pour un monument dont le but est idéal (3). »
    Après les fêtes du couronnement et du sacre, après
Austerlitz et Iéna, la rapidité de ses victoires et la grandeur
de sa fortune l'avaient un moment plongé dans une sorte
d'enivrement. Ses plans, ses actes, ses paroles, prouvent à
la fois qu'il livrait son infatigable imagination à l'ambition
des pompes triomphales, en attendant qu'il livrât sa personne aux cérémonies de l'adulation publique. Le temps
le rendit à lui-même, c'est-à-dire à ce fonds de simplicité,
de bon sens, à cet esprit d'économie et de prévoyance que
venaient troubler quelquefois des éclairs de génie et d'or-

(1) *Corresp. de Napoléon Ier*, t. XVI, p. 191.
(2) *Corresp. de Napoléon Ier*, t. XII, p. 455.
(3) Journal de Fontaine.

gueil. C'est ainsi que Napoléon encouragea et protégea les
arts, sans les sentir. Le souverain daignait faire des commandes : l'homme n'avait pas l'émotion des grandes œuvres.
Celui qui aime les arts honore les artistes, et il les traitait
comme des gens besoigneux dont il faut « rogner » les prétentions et les mémoires, comme des instruments nécessaires
qu'il convient de faire vivre et même de récompenser. Il avait
pour les arts si peu de goût naturel, qu'il se défiait parfois
de lui-même et daignait écouter les opinions d'autrui. Non-
seulement il ordonnait des concours entre les artistes pour
soumettre leurs plans au public, mais il provoquait les réflexions des chambellans, des officiers de sa maison, des
princes étrangers, qui suivaient naturellement avec un respect scrupuleux les variations de ses moindres impressions.
C'était à table, après son dîner, qu'il se livrait à ses confa-
bulations (le mot est de Talleyrand), et qu'il trouvait des
raisons souvent éloquentes pour critiquer les autres et se
critiquer lui-même.

Napoléon avait cependant sa manière de voir. Il voyait
tout en grand, ou pour mieux dire en grandiose. Son œil ou
son esprit saisissait les masses et cherchait l'effet. Toutes les
règles de l'art le laissaient insensible et dédaigneux. « Jamais,
« s'écrie Fontaine dans son journal, jamais on n'eût fait
« adopter à l'Empereur un ouvrage de convenance et de
« raison. » — « Il importe peu, lui disait Napoléon, qu'un
« grand édifice n'ait pas une régularité complète. Les gens
« de l'art voient seuls ces sortes de difficultés ; ce sont des
« niaiseries qui frappent le petit nombre. Ce qui est vrai est
« toujours beau. Les petits édifices, ceux qui peuvent avoir

---

(1) Journal de Fontaine.
(2) Journal de Fontaine.

« été bâtis en dix ou douze ans au plus, doivent avoir une
« symétrie parfaite, mais les monuments des siècles ont la
« couleur et la forme de leur temps. Je regrette que Ver-
« sailles n'ait pas l'empreinte des époques où il a été bâti,
« et si je fais la façade du côté de Paris, je véux qu'elle soit
« de mon architecture et qu'elle ne s'accorde pas avec le
« reste (1). » A propos de l'arc de triomphe de l'Étoile, il
disait encore : « La beauté ne réside que dans la grandeur (2). » A propos de la cour des Tuileries : « Ce qui est
grand est toujours beau (3). » A propos du Louvre : « La
simplicité est la première condition de la beauté (4). » A
propos du temple de la Gloire : « Tout ce qui est futile n'est
pas simple et noble (5). » A propos des jardins à l'anglaise et
de la manie des cascades, des rivières et des grottes : « Mon
jardin anglais est la forêt de Fontainebleau, et je n'en veux
pas d'autres (6). » On sent l'homme qui a dit : « Du haut de
ces pyramides, quarante siècles vous contemplent, » et qui,
à l'exemple des Pharaons et des rois d'Assyrie, rêvait des
constructions colossales pour défier le temps et étonner la
postérité.

L'instinct du grandiose sans finesse de goût et sans origi-
nalité d'imagination, tel était le caractère du génie artistique de Napoléon. Quoiqu'il se figurât qu'il suffit d'ordonner pour faire naître des œuvres d'art, et qu'il parlât
« de son architecture et de sa sculpture », comme il parlait
de son trésor et de ses armées, le tout-puissant empereur

(1) Journal de Fontaine.
(2) Journal de Fontaine.
(3) Journal de Fontaine.
(4) Journal de Fontaine.
(5) Pap. Frochot.
(6) Journal de Fontaine.

fut réduit à chercher dans le passé la forme de ses volontés
artistiques. Les lois, les mœurs, le langage, la mode, les
lettres, et son propre penchant, et son rôle, et son titre, le
conviaient à l'envi d'évoquer les souvenirs et de profiter des
leçons de l'antiquité. Il s'y livra tout entier. Il crut trouver
dans les modèles que le temps avait respectés une force invisible pour défendre dans la suite des siècles les monuments qu'il créait à leur image ; et en introduisant des eaux
nouvelles par d'immenses canaux et des aqueducs souterrains, en construisant des quais et des ponts, en plantant
fièrement dans le Paris de l'ancien régime la colonne d'Austerlitz, les arcs de triomphe, la Madeleine, le Corps législatif,
la Bourse, les fontaines monumentales, il espérait donner à
sa capitale, la capitale de la France, la capitale de l'Europe,
l'héritage de cette Rome qu'il n'avait jamais vue, qu'il ne
devait jamais voir, et qu'il appelait « la ville du peuple-
roi. »

XII

Portrait de Frochot. - Ce que pensaient de Frochot Napoléon et ses
contemporains. — Ce que doit en penser la postérité.

S'il fallait à ce point du récit commencer le portrait de
Frochot, c'est que le récit lui-même n'aurait pas versé sur
cette noble figure l'éclatante lumière de la vérité. Frochot
fut un grand administrateur. On ne peut pas dire que ce fut
un grand homme. On n'est pas un grand homme sans imagination, sans émotion d'esprit ou de cœur, sans la rencontre
heureuse du génie et des occasions ; mais on peut toujours

être un grànd administrateur, avec de l'application, du jugement et de la probité. Un administrateur n'invente pas, il
améliore; il ne crée pas, il perfectionne. Le passé lui transmet un héritage d'institutions et d'intérêts qu'il doit faire
valoir et remettre à ses successeurs fidèlement conservé et
habilement accru. L'application est donc sa première qualité. Sans application, il ne pourrait étouffer le bruit des passions sans cesse renaissantes, et faire dominer la voix impérieuse de la justice et de la loi. Sans application, il perdrait
son temps et son autorité dans les conflits et les plaintes que
soulève le mouvement de la vie sociale. C'est le propre des
intelligences fortes que d'avoir une grande puissance de
travail et de décision. Par la puissance du travail, Frochot
ressemblait à Colbert; mais il lui ressemblait encore par la
supériorité du bons sens. Quoique le bon sens soit la vraie
lumière de la vie et que l'esprit n'en soit qu'une trompeuse
lueur, le monde en général croit le bon sens très-commun
et l'esprit très-rare. Ce n'est pas de l'esprit qu'il faut pour
maintenir l'ordre et la sécurité, c'est-à-dire pour administrer : c'est un sens droit, un jugement ferme, une raison
sereine. Et maintenant cette application, ce bon sens, ce
travail soutenu avec énergie et dirigé avec intelligence, que
deviendraient-ils s'ils n'étaient excités et contrôlés par les
scrupules d'une conscience délicate? Assurément, la foule,
qui vit d'impressions et juge avec les yeux, applaudit au
spectacle des grandes choses, quand même ces grandes
choses sont poursuivies par des voies honteuses ou accomplies dans des buts inavouables : mais l'histoire, qui vit de
souvenirs et juge avec la mémoire, pénètre le secret des
œuvres humaines, et ne décerne ses couronnes qu'à l'alliance du travail, de l'intelligence et de la probité.

Pour rappeler à quel degré Frochot possédait ces qualités

éminentes, les faits et les hommes parlent à la fois. Il suffirait, ce semble, d'énumérer les témoignages d'estime et de reconnaissance que le conseil municipal dans ses procès-verbaux, et les ministres dans leurs correspondances, lui ont publiquement ou secrètement décernés; mais on pourrait dire que ces témoignages sont les expressions ordinaires de la langue officielle, et qu'on les murmure à l'oreille quand on ne les jette pas à la face des puissants de la terre. Si au contraire on les répète, si on les publie, si on les signe en l'honneur de celui qui est tombé du pouvoir et qui languit dans la disgrâce du maître, ces témoignages commencent le jugement même de la postérité. N'est-ce donc pas la postérité, que cette commission chargée en 1813 de juger l'administration du préfet destitué? Là où paraissaient devoir s'exercer de sévères critiques, s'étalent des louanges sans réserve. On loue l'anarchie vaincue, l'ordre rétabli, les principes retrouvés, l'administration constituée, les services publics créés ou restaurés, et quand le rapporteur arrive à la question des finances de la ville, à l'équilibre des dépenses et des recettes, il s'écrie : « Voilà ce qui fera l'honneur éternel de la sage, pure et paternelle administration qui a présidé à ces exercices, et qui a bien justifié la confiance du souverain (1)! »

Oui, Napoléon avait donné à Frochot sa confiance, et sa confiance entière. Il trouvait en lui cette sécurité qu'il chercha toujours dans ses agents, sans toujours la rencontrer, un désintéressement de vanité qui s'effaçait pour faire honneur au chef de l'État de tous les succès et de tous les progrès, un esprit de conciliation qui offrait le plus frappant contraste avec les allures despotiques des autres préfets de l'Empire.

(1) Conférez ci-dessus, p. 359.

Tandis que Napoléon disait : « Les préfets ne sont que trop
« enclins à un gouvernement tranchant, contraire à mes
« principes et à l'esprit de l'organisation administrative.
« L'autorité des préfets est trop considérable. Il y a à en
« craindre l'abus plus que le relâchement (1), » il relevait
l'autorité, le crédit, la situation du préfet de Paris; il en
faisait une espèce de ministre; il portait son traitement à
cent mille francs, et, le sourire sur les lèvres, répondait à
Frochot qui le remerciait : « Il faut bien que je pense à vous,
« puisque vous ne pensez qu'à moi. »

Napoléon était l'écho de l'opinion publique. Dix années
avaient appris à la ville de Paris le rare mérite de son premier magistrat. Dans toutes les classes de la société, on
citait sa vie modeste et laborieuse; on savait que Frochot
était pauvre et restait pauvre. On savait que la préfecture de
la Seine était comme une école où le maître ne pouvait se
décider à être sévère et prenait sur ses nuits pour corriger
les fautes de ses élèves. Peu répandu dans le monde, quoiqu'il y portât dignement sa belle stature et sa noble simplicité, il n'avait d'autre plaisir que de réunir à sa table, une
fois toutes les semaines, ses amis Regnaud de Saint-Jean-
d'Angély, Treilhard, le duc de Bassano, ou les chefs des
services municipaux, ou les Dijonnais établis à Paris. C'est en
qualité de Dijonnais que Prudhon entra dans son intimité. On
a conté vingt fois l'anecdote du dîner célèbre, où Frochot
donna à Prudhon le sujet du tableau : *La justice poursuivant
le crime.* La bienveillance qu'il accordait à un illustre com-
patriote n'était pas une faveur. Tous les artistes étaient sûrs
de trouver en lui un protecteur; protecteur souvent impuissant, car le préfet de la Seine n'avait alors ni temps, ni

(1) *Corresp. de Napoléon Ier*, t. XII, p. 379.

occasion, ni argent pour encourager les arts, mais protecteur toujours dévoué, car aucune peine ne lui coûtait pour obliger le talent ou secourir le malheur. Pasquier l'a avoué et même écrit : « J'ai peu connu d'hommes doués d'un « cœur plus excellent et dont la réputation d'honnêteté fût « mieux établie. » Aussi, bien des gens prétendaient que ces manières familières, cette inépuisable bonté, ces mœurs simples, ce caractère facile, appartenaient à un autre temps. On disait tout bas que Frochot datait de 1789 et non de 1800, que le serviteur de Napoléon était encore l'ami de Mirabeau, et que sous l'habit du conseiller d'État battait le cœur du patriote. Malet ne s'y trompa pas, et quand il osa mettre sur la liste de son gouvernement le nom du préfet de l'Empereur, il mettait le comble à son coup d'audace en confisquant la popularité de Frochot.

La disgrâce de 1812 ébranla cette popularité sans la renverser. Elle étourdit un instant l'opinion publique, qui revint presque aussitôt par la gratitude et la pitié. Le souvenir des services rendus dirigea certainement ce retour d'opinion ; mais le prestige attaché aux gloires administratives le fixa pour jamais. En France, les révolutions peuvent succéder aux révolutions, les constitutions aux constitutions, les dynasties aux dynasties ; l'administration grandit toujours, se fortifie et s'impose au point de devenir par les lois et par les mœurs, par l'affaissement des libertés publiques et les usurpations du pouvoir central, le fond même de la société française. Si les gloires politiques ont toujours l'honneur d'être l'objet des controverses et des calomnies, les gloires administratives ont presque toujours l'avantage d'être l'objet de l'estime et de la reconnaissance universelles. L'Empire avait profité des services de Frochot ; la Restauration soutint sa vieillesse ; le gouvernement de 1830 honora sa mémoire.

Napoléon lui avait donné sa confiance; Louis XVIII lui
assura une pension; Louis-Philippe lui éleva une statue.
Nouvelle et irrécusable preuve que tous les gouvernements
sont solidaires, quand il s'agit des grands intérêts et des
vraies gloires de la France!

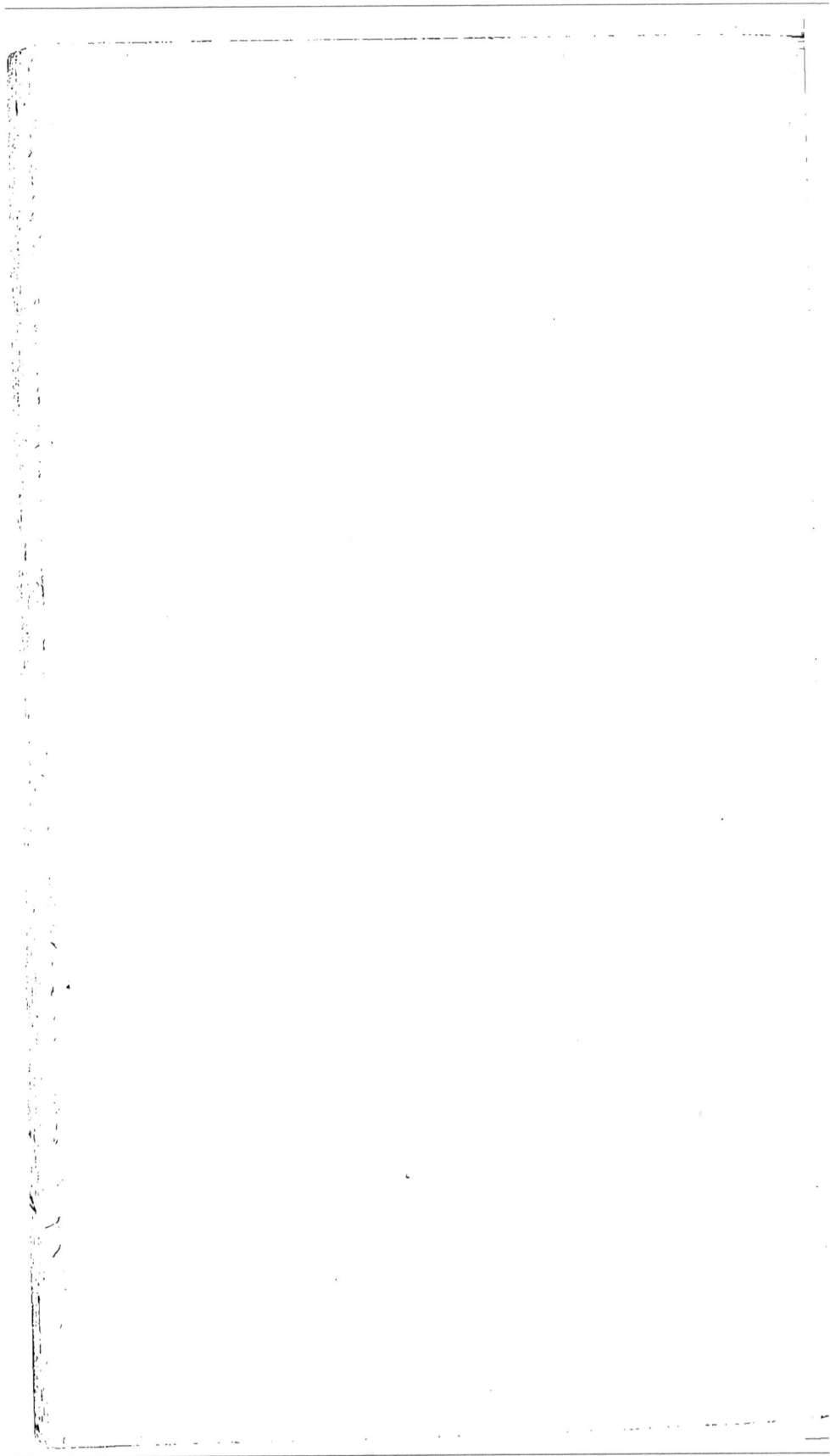

LIVRE QUATRIÈME

FROCHOT CULTIVATEUR

(1812-1828)

I

Conspiration Malet. — Destitution de Frochot (23 décembre 1812)

Quoique l'Empereur eût étouffé, sous le bruit du canon, les dernières protestations de la République, et qu'autour de son trône on vît pressés respectueusement et magnifiquement costumés d'illustres conventionnels et d'anciens républicains, la liberté avait laissé dans l'âme de quelques hommes des rancunes ineffaçables. Parmi ces hommes que le génie de Bonaparte et la gloire de la France n'avaient pas fascinés, se distinguait par la violence, l'audace et la ténacité, un gentilhomme franc-comtois, ancien général de brigade, Malet. Malet n'avait pas vu sans un profond ressentiment la fortune croissante du citoyen Bonaparte, et sans un mépris hautain les avances qu'on avait faites pour l'attirer et l'attacher. Il se laissa tomber en disgrâce et accepta le renom de « républicain incarné. » Une vie solitaire menée au milieu de gens mécontents et déclassés l'entraînèrent

34

peu à peu dans des sentiments de haine et dans des calculs
de vengeance. Il souffrait de voir Napoléon enivrer la France
de victoires inespérées, et il se révoltait contre l'invincible
ascendant que ce grand homme avait pris sur la nation.
Une conspiration lui semblait dangereuse, peut-être même
impossible : un coup de main lui paraissait facile, et même
naturel. On ne pouvait renverser l'Empereur : mais ne
pouvait-on saisir la place de l'Empereur absent? On ne pouvait engager une lutte avec le gouvernement : mais lui,
lui Malet, ne pouvait-il rêver un duel avec « le tyran? » Un
mot devait lui donner le premier succès : « L'Empereur est
mort! » Un autre mot devait couronner l'œuvre : « Vive
la liberté! »

Dès 1807, Malet se compromit par des présages sur la
chute de l'Empire. Il fut arrêté et écroué à la Force. Il y
retrouva Lahorie, chef d'état-major du général Moreau et
son ancien camarade, et Guidal, jadis protégé de Barras et
jacobin par tempérament. Au moment où Napoléon épousa
Marie-Louise, Malet obtint sa translation dans la maison de
santé du docteur Dubuisson. Lahorie et Guidal réclamèrent
en vain la même faveur et restèrent à la Force. Dans sa
nouvelle demeure Malet trouva plusieurs détenus dont les
conversations réveillèrent ses chimériques espérances. Les
événements, il faut l'avouer, venaient de jour en jour solli-
citer sa témérité et caresser son idée fixe par l'attrait irrésistible d'occasions imprévues. La campagne de Russie livrait
le gouvernement, et Paris, et la France, aux angoisses de
l'attente et aux pressentiments d'une catastrophe. Les bulletins de l'armée étaient rares; les nouvelles obscures. Qui
sait si Napoléon n'était pas mort? Napoléon mort, le pouvoir
appartenait au plus audacieux, et n'était-il pas probable que
le Sénat, investi d'une autorité souveraine, confierait à des

hommes, et non à une femme et à un enfant, les destinées
de la patrie en danger? Malet ne pouvait-il donc s'évader,
se présenter la nuit à la porte d'une caserne, y annoncer la
mort de l'Empereur, donner lecture d'un faux sénatus-
consulte abrogeant le gouvernement impérial, entraîner une
cohorte, délivrer Lahorie et Guidal, puis les forces de l'insurrection constituées, les soldats et les chefs trompés et
enlevés, arrêter les principaux fonctionnaires, installer un
gouvernement provisoire à l'Hôtel de Ville, et imposer la
république à la France fatiguée de guerre et de despotisme.
Cette surprise de Paris endormi et ce changement de gouvernement fondé sur une fausse nouvelle, était assurément,
pour un homme en liberté, la plus téméraire des conceptions.
De la part d'un prisonnier, c'était la plus incroyable des
entreprises. Malet n'hésita pas. Il s'ouvrit à l'un de ses com-
pagnons de détention, l'abbé Lafon. Ce dernier se chargea
de la rédaction des sénatus-consultes, ordres, nominations
et pièces nécessaires, lui procura, par un ami trompé, un
asile de quelques heures, et dans cet asile, des armes, des
vêtements, et ce qui était plus difficile à trouver, deux complices innocents, Rateau et Boutreux, jeunes gens fort honnêtes et fort courageux, qui, jusqu'à la mort, jouèrent le
rôle de conspirateurs sans le savoir.

Le 22 octobre, vers minuit, Malet et Lafon franchissent
le mur de la maison de santé et gagnent dans la rue Neuve-
Saint-Gilles le logis d'un prêtre nommé Caamagno. Caamagno, Rateau et Boutreux les attendaient. A peine arrivé,
Malet demande une malle qu'on a dû apporter de la part du
gouvernement. Après avoir constaté que rien n'y manque,
il annonce aux assistants stupéfaits la mort de l'Empereur,
les ordres qu'il a reçus du Sénat, sa nomination au commandement de Paris; il s'habille en général, habille Rateau en

aide de camp, Boutreux en commissaire de police, et les entraîne à la caserne de Popincourt qu'occupait la dixième cohorte de la garde nationale. L'officier qui commandait cette cohorte s'appelait Soulier. Il était sérieusement malade. Malet pénètre dans sa chambre, le réveille en sursaut, se nomme le général Lamotte, général très-connu et en service à Paris, annonce la fatale nouvelle, lit aux troupes les prétendus ordres du Sénat, enjoint à Soulier d'occuper au petit jour l'Hôtel de Ville, et enlève sans résistance les bataillons étonnés.

Malet conduit cette troupe à la prison de la Force, et fait élargir Lahorie et Guidal. Nouvelle scène et même jeu : L'Empereur est mort! Le Sénat a aboli l'Empire. Malet est commandant de Paris; Lahorie ministre de la police; Guidal commandant de la garde du Sénat. Pas une minute n'est à perdre. D'abord Lahorie et Guidal arrêteront ensemble le duc de Rovigo, ministre de la police, puis Guidal seul le ministre de la guerre, Lahorie seul le préfet de police. Malet se charge du général Hulin, commandant de Paris, et Rateau porte à la caserne de la garde de Paris les faux ordres du Sénat, qui doivent tromper le colonel Rabbe et son régiment. Rendez-vous général à l'Hôtel de Ville, où, vers les neuf heures, s'installera le gouvernement provisoire. Il était six heures du matin. Personne ne met en doute la parole de Malet : et chacun, sous l'impulsion d'une fatale erreur et d'une crédulité inconcevable, court se livrer avec plus ou moins de succès à une suite de scènes grotesques ou dramatiques.

Au moment où Lahorie et Guidal envahissent le ministère de la police, le duc de Rovigo, qui avait passé la nuit à expédier des dépêches, reposait encore. Tout à coup, un bruit d'hommes et d'armes se fait entendre. La porte est brisée, sa chambre envahie. Il se jette à bas du lit et se heurte contre Lahorie.

— « Je t'arrête, s'écrie Lahorie ; mais félicite-toi, tu es tombé dans des mains généreuses, et il ne t'arrivera pas de mal.

— Mais que se passe-t-il, répond le ministre éperdu ?

— L'Empereur est mort.

— C'est impossible, hier soir j'ai reçu une lettre écrite de sa main.

— L'Empereur est mort, te dis-je, répète Lahorie d'une voix tonnante. »

Rovigo proteste et se défend.

— « Finissons-en, reprend Lahorie après une courte altercation. Mais où est donc le petit sergent ? Qu'on le fasse monter. »

A ces mots, et croyant que ce petit sergent est chargé de l'exécuter, Rovigo se jette aux pieds de Lahorie, embrasse ses genoux et lui demande grâce.

— « Qui te parle de mourir ? » reprend Lahorie, et il sort. Resté seul avec les soldats et un lieutenant nommé Piquerel, le ministre essaye en vain de leur persuader la vérité. Tout à coup Lahorie rentre bruyamment. Le petit sergent n'était autre que Guidal. Rovigo est enlevé, placé dans un fiacre et conduit par Guidal à la Force, où il arrive, après une tentative d'évasion, dans un état d'exaltation bien naturelle.

Le ministre de la police enfermé, Guidal devait arrêter le ministre de la guerre ; mais il perd du temps, se répand en invectives, et laisse le duc de Feltre s'échapper du ministère, où l'avait surpris le bruit d'un mouvement militaire.

Plus habile et plus prompt, Lahorie s'était emparé du préfet de police. Pasquier était sur le point de se lever : il entend son valet de chambre se débattre et crier : « Sauvez-vous, sauvez-

vous! » Pasquier s'élance en chemise dans son cabinet de
toilette, et gagne un petit escalier qui donnait dans son jardin. Malheureusement, la porte du jardin était fermée. On le
poursuit, on le saisit, on le ramène. Lahorie lui annonce la
mort de l'Empereur, lui ordonne de se taire, le fait habiller
entre deux soldats, monter dans un cabriolet de place et
expédier à la prison de la Force.

Pendant ce temps, Malet s'était transporté avec un détachement à l'état-major de la place Vendôme. Le général
Hulin, comme Pasquier, comme Rovigo, était couché. A la
faveur de son costume de général, Malet pénètre dans sa
chambre et lui annonce sa destitution. Hulin se lève et
demande à voir les ordres du ministre de la guerre. Malet
répond qu'il ne peut les lui montrer en présence de Mme Hulin.
Hulin entre dans son cabinet. Malet l'étend à ses pieds d'un
coup de pistolet tiré dans la figure. Mme Hulin accourt en
criant. Malet sort, les enferme à double tour, traverse la
place Vendôme, et monte chez l'adjudant général Doucet,
auquel il avait envoyé des instructions par le lieutenant de
la cohorte. L'assassinat de Hulin avait probablement ébranlé
Malet, qui se montre moins ferme au moment le plus critique. Il avait ordonné à Doucet de mettre aux arrêts l'adjudant Laborde, dont il craignait l'activité et l'intelligence,
et qui demeurait place Vendôme. Malet les trouve conférant
ensemble. Un second et nouveau hasard amène dans le bureau de Doucet un inspecteur de police. Malet est reconnu :
on le presse de questions, on l'embarrasse, on le décon-
certe. Il veut se défendre : on se jette sur lui. Le conspira-
teur arrêté, la conspiration est vaincue.

Que se passait-il maintenant à l'Hôtel de Ville? Fidèle aux
instructions du faux général Lamotte, Soulier avait conduit,
vers les sept heures du matin, un détachement de cent cin-

quante hommes sur la place de l'Hôtel-de-Ville. S'adressant
au concierge, il avait demandé un employé du bureau militaire nommé Lapierre, qu'il devait arrêter, et le préfet,
auquel il devait remettre un paquet. Ni le préfet ni Lapierre
n'étaient présents. Une demi-heure s'écoula, et, sur les
huit heures, un homme assez gros, en habit vert et très-
crotté, arriva dans une voiture et avec les gens du ministre
de la police. Il dit quelques mots à Soulier, repartit, revint
dix minutes après, parcourut l'Hôtel de Ville, et sans rien
demander s'en alla. C'était Lahorie, qui avait exécuté la consigne de Malet, et qui cherchait le gouvernement provisoire.

L'émotion la plus naturelle et la plus vive s'était emparée
de tous les employés de l'Hôtel de Ville : mais personne ne
doutait que la triste nouvelle apportée par Soulier ne fût
exacte. Un des chefs de division de la préfecture, Villemsens,
écrivit au crayon sur un petit morceau de papier : « On
attend M. le préfet : *Fuit imperator*. » Il fit monter à cheval
un garçon d'écurie nommé Francard, et l'envoya au-devant
de Frochot, qui devait arriver de Nogent-sur-Marne par le
faubourg Saint-Antoine. A cette heure en effet Frochot entrait dans Paris. Il est inutile de peindre son saisissement.
Si l'autorité de Villemsens avait pu laisser quelques doutes
dans son esprit, la vue des troupes et de la foule sur la
place de l'Hôtel-de-Ville les eût dissipés. Villemsens l'attendait dans la cour. Il lui répéta que l'Empereur avait été
tué devant Moscou, que le ministre de la police (c'était
Lahorie) était venu et l'avait demandé; qu'enfin le commandant de la dixième cohorte Soulier avait ordre d'arrêter
Lapierre, qui passait pour un jacobin. Ces nouvelles ne laissaient prise à aucun soupçon. Tandis que Frochot monte
l'escalier de l'Hôtel de Ville, Soulier et deux adjudants s'approchent et le suivent. Ils entrent tous les quatre dans son

cabinet. Soulier semble abattu par la douleur : il s'asseoit. Il demande au préfet s'il a reçu un paquet, et, sur sa réponse négative, il lui communique la lettre qui le prépose à la garde de l'Hôtel de Ville. A peine Frochot l'a-t-il ouverte, qu'on annonce le ministre de la police. Il se jette à sa rencontre et se trouve en présence d'une personne inconnue et décorée.

— « Je ne suis point le ministre, dit l'inconnu, je viens au contraire m'informer si le ministre n'est pas à l'Hôtel de Ville.

— Non, Monsieur, lui répond Frochot, trompé par les promenades de Lahorie, il y est venu, mais je n'y étais pas.

— Mille pardons, reprend l'inconnu, je suis envoyé par Madame de Rovigo, qui est dans une douleur, dans une consternation !

— Hélas! Monsieur, s'écrie Frochot, qui pensait à la mort de l'Empereur, tandis que son interlocuteur pensait à l'enlèvement du ministre, qu'est-ce qui n'y serait pas? »

Plus persuadé que jamais de la nouvelle qui mettait tant de monde en mouvement, Frochot rentre dans son cabinet, reprend la lettre adressée à Soulier et apprend pour la première fois que le gouvernement impérial est aboli, et que le gouvernement provisoire doit s'assembler à l'Hôtel de Ville vers les neuf heures. Cette nouvelle est un trait de lumière. L'Empereur est mort, se dit-il, et de ce malheur on veut tirer une révolution. Ces officiers qui l'entourent, ces soldats qui campent sur la place sont maîtres de la préfecture. Ils ont arrêté Lapierre ; ils vont peut-être l'arrêter à son tour. Si le gouvernement insurrectionnel s'installe à neuf heures, comment le supporter, comment l'empêcher? Le mieux est de s'échapper et de courir prévenir l'archichancelier. Essayant de feindre une sécurité dont Soulier ne pouvait juger la sincérité, il se dirige vers la porte de son cabinet.

— « Enfin, Monsieur le préfet, dit Soulier en le suivant pas à pas, il nous faut un endroit pour mettre la commission, et un autre pour installer l'état-major.

— Il y a de la place, répond Frochot, dans la grande salle pour la commission ; quant à l'état-major, il pourra se placer dans le bas de la salle Saint-Jean. »

En disant cela, Frochot gagnait peu à peu la porte et entrait dans la grande salle. A ce moment, il aperçoit le chef du secrétariat Bouhin.

— « Tenez, Monsieur Bouhin, s'écrie-t-il, veuillez dire à l'économe de dresser ici un bureau, » et se tournant vers Soulier, il ajoute : « Je vais changer de bottes. » Puis il sort, court dans ses appartements, appelle son cocher par une fenêtre, lui enjoint de mettre les chevaux en toute hâte pour se rendre chez Cambacérès. Il n'avait pas achevé de donner ces ordres, que Bouhin arrive essoufflé, lui annonçant que l'adjudant Laborde fait retirer la cohorte et la remplace par d'autres troupes. Tous deux retournent dans la grande salle où Laborde et Soulier étaient aux prises. Dans l'embrasure d'une croisée, Frochot aperçoit un homme attentif et immobile. C'était Saulnier, secrétaire général du ministre de la police.

— « Qu'est-ce donc que tout ceci, s'écrie Frochot? Que se passe-t-il? La nouvelle est-elle vraie?

— Quelle nouvelle? répond tranquillement Saulnier.

— Celle qui est relative à l'Empereur.

— Eh! non, il n'en est rien.

— Ah! je le savais bien, s'écrie Frochot ivre de joie, un si grand homme ne peut pas mourir! »

Et se jetant au cou de Saulnier, qu'il connaissait à peine, il l'embrasse plusieurs fois en pleurant. Aussitôt Frochot ordonne à Soulier de se retirer. Il fait venir sa voiture au

pied de l'escalier de l'Hôtel de Ville, et comme une foule
assez considérable environnait les soldats de la dixième
cohorte, il parle, et d'une voix émue proteste contre les
bruits qui ont été répandus, les alarmes qu'on a fait naître,
et les dangers que ces bruits et ces alarmes auraient pu sus-
citer. Tout cet imbroglio avait duré vingt-cinq minutes.

Quand Frochot entra dans le salon de Cambacérès, neuf
heures sonnaient. De tous les côtés et coup sur coup, l'archichancelier recevait de bonnes nouvelles. On le félicitait sur
son courage et sa présence d'esprit, quoique dans les premiers moments courage et présence d'esprit lui eussent fait
défaut. Le comte Réal avait le premier annoncé à Cambacérès
l'enlèvement du duc de Rovigo. La première pensée du chef
du gouvernement fut de se barricader dans son hôtel et de
se défendre « contre les brigands. » Ses craintes se changèrent en terreur lorsque Saulnier raconta l'assassinat du
général Hulin. Un tremblement nerveux le saisit, et il
supplia Saulnier de se rendre en toute hâte chez le ministre
de la guerre, pour lui demander un piquet de la garde impériale. Sur ces entrefaites, le duc de Feltre, qui, sur le bruit
d'un mouvement révolutionnaire, avait pu faire, avant l'arrivée de Guidal, ce que voulait faire Frochot après l'arrivée
de Soulier, c'est-à-dire quitter son hôtel et venir prendre les
ordres de Cambacérès, le duc de Feltre arriva. On tint
conseil, et, séance tenante, Saulnier et Laborde furent chargés de relever les postes placés par Malet et de délivrer le
préfet et le ministre de la police. On sait comment ils arra-
chèrent Frochot aux périls d'une erreur si naturelle, Pasquier
et Rovigo aux angoisses d'une détention si imprévue. L'exaltation de Rovigo dépassa, s'il était possible, l'ivresse de
Frochot. Le passage d'une douleur profonde à la joie la
plus vive lui ôta quelques instants l'usage de son bon sens.

Il ne pouvait se contenir, et il voulait, dans la prison même, délibérer sur les moyens de réprimer et d'annoncer la conspiration à l'Empereur. Pasquier et Saulnier le ramenèrent au ministère de la police, où Lahorie était revenu s'installer et se faire prendre. Vers les onze heures, le gouvernement impérial cherchait des ennemis pour les accabler. Il n'en trouvait plus. Cambacérès pouvait aller triompher à Saint-Cloud, et offrir à l'impératrice Marie-Louise et au Roi de Rome l'hommage de son dévouement. Le duc de Feltre pouvait envoyer la garde impériale, sous prétexte que les conspirateurs devaient enlever l'héritier de Napoléon. Le danger était passé, on fit du zèle. Cambacérès tint à trois heures un conseil des ministres, nomma une commission militaire pour juger les conspirateurs, et termina gaiement au *Rocher de Cancale* une journée qu'on aurait dû appeler *la journée des Dupes.*

Le lendemain matin, un immense éclat de rire retentissait dans Paris. Cambacérès, Pasquier, Rovigo, Feltre, Réal, Frochot, en un mot les acteurs involontaires de ce drame inattendu, se posaient à eux-mêmes et les uns aux autres ces redoutables questions : « Que s'est-il passé? Qui est coupable? Que dira l'Empereur? » Deux hommes, Cambacérès et le duc de Feltre, ne pouvaient manquer de dominer la situation. Ni l'un ni l'autre n'avait été compromis par les conspirateurs, et tous les deux avaient été en mesure de faire près de l'Impératrice acte officiel de présence et de dévouement. Ils écrivirent à l'Empereur sans se nuire, supposèrent une vaste conspiration, la déclarèrent formée sous les yeux de la police et déjouée par l'autorité militaire, s'attribuèrent le succès d'une répression qui n'était due qu'au hasard, et cherchèrent à peindre la grandeur du péril par la sévérité du châtiment. En effet, avec une promptitude san-

guinaire et sans distinguer les coupables et les dupes, sans
permettre aux accusés de se faire défendre ou de faire valoir
des excuses, sans graduer les fautes et les peines, la commission militaire condamna à la peine de mort quatorze personnes. Deux obtinrent des sursis : douze furent exécutés le
29 octobre dans la plaine de Grenelle. Le duc de Feltre fit
partir un de ses aides de camp pour justifier cette boucherie,
accuser ses collègues, et égarer pendant quelque temps
l'esprit de Napoléon.

Le duc de Feltre détestait Rovigo. L'occasion semblait
bonne de le perdre à jamais. Il n'était pas difficile d'attirer
tous les regards, tous les sourires, toutes les malices sur
l'enlèvement du ministre et du préfet de police; mais Rovigo
et Pasquier étaient hommes à se défendre. La police n'était
pas tout entière dans leurs mains. Paris était soumis à la
police de la préfecture de police, à la police du ministre de
la police, à la police du commandant militaire de la première
division, à la police du grand maréchal du palais, à la police
du commandant de service de la garde impériale, à la police
du commandant général de la gendarmerie. Laquelle de ces
polices avait été négligente et coupable? N'était-ce pas la
police militaire, la police chargée des casernes et des mouvements de troupes, c'est-à-dire la police du commandant
de la division, du général Hulin, du ministre de la guerre?
Assurément. Le duc de Feltre le sentit si bien, qu'il n'osa
pas attaquer vivement Pasquier et Rovigo, et tourna l'effort
de ses intrigues contre l'homme le moins capable de se défendre et le mieux fait pour servir de victime expiatoire,
contre le malheureux Frochot. Frochot, il faut l'avouer,
s'offrit de lui-même, avec une présomptueuse candeur, aux
calomnies et aux médisances. Sans se défier de ses collègues,
sans se douter qu'on pût soupçonner sa fidélité et critiquer

sa conduite, se figurant même qu'il avait habilement échappé à l'arrestation si ridicule de Pasquier et de Rovigo, Frochot avait naïvement et sincèrement raconté sa conduite à l'Hôtel de Ville. Rovigo à Paris l'avait écouté en souriant ; Réal et plusieurs conseillers d'État, à Saint-Cloud, sans mot dire ; mais bientôt les ministres de la police, de l'intérieur, de la guerre, lui demandèrent par écrit la relation de ses aventures. Bientôt un soulèvement de propos malveillants jeta dans cette âme confiante de douloureuses inquiétudes. Frochot s'en plaignit à Montalivet, qui était alors ministre de l'intérieur, et sur sa demande recommença son récit. Lorsqu'il en vint au moment où il donne l'ordre à Bouhin de faire apporter des tables et des chaises dans la grande salle, Montalivet s'écria avec un ton de colère et d'étonnement :

— « Quoi ! vous avez fait cela ! Il faut que je l'entende de votre bouche pour le croire ?

— Mais, Monsieur le ministre, qu'y trouvez-vous à redire ? Si mon intention eût été de procurer à la soi-disant commission du gouvernement un lieu de délibérations, je n'avais qu'à ouvrir, qu'à livrer la salle du conseil municipal, dans laquelle j'avais encore présidé une commission la veille. Ne voyez-vous pas qu'en donnant l'ordre de transporter des tables et des chaises dans la salle que j'étais obligé de traverser, je ne cherchais qu'un moyen d'occuper mes interlocuteurs, je dirai mes gardiens, et de m'échapper ?

— Ce n'était pas ce qu'il fallait faire, répond Montalivet

— On fait ce qu'on peut, et pouvais-je faire autre chose ? reprit Frochot. N'étais-je pas à la discrétion du commandant et de sa troupe ? Avais-je des forces pour me défendre ? Et du fond de mon cabinet, sans action sur la police, sans action sur les soldats, pouvais-je avec mon huissier arrêter un mouvement révolutionnaire ? Si je n'avais d'autre parti que d'échapper au sort réservé au ministre et au préfet de police, et à venir prendre les ordres de l'archichancelier. J'ajoute même que si Malet et les siens eussent réussi pendant encore une heure, il n'eût été bruit que de mon adresse : car recouvrant ma liberté, je recouvrais le moyen de lutter contre l'insurrection. Ce qu'il m'aurait été impossible de tenter en me laissant arrêter ou assommer (1). »

Détournant une argumentation qui ne manquait pas d'adresse et de force, le ministre l'interrompit brusquement.

— « Eh ! Monsieur le préfet, vous parlez de vos intentions : qui peut les connaître ? Les conspirateurs ne vous avaient-ils pas désigné comme l'un de ceux qu'ils conservaient ? »

Sous cette foudroyante apostrophe, Frochot tomba anéanti. « Je l'ignorais, dit-il, je l'ignorais. »

Cambacérès était le chef du gouvernement, le supérieur du ministre de l'intérieur. Frochot lui demanda une audience. Cambacérès la lui accorda dans un billet très-sec. Frochot essaya de lui tirer quelques paroles de consolation ; il put à peine en obtenir quelques paroles de froide convenance. Il

---

(1) Il ne sera peut-être pas inutile de consigner sur ce point important le témoignage de Rovigo : « On fit un grand crime au préfet de la Seine « d'avoir dit à ses gens : « Faites ce que ces Messieurs ordonnent, » et on « persuada à l'Empereur de le déplacer. L'autorité militaire l'attaqua vive- « ment, et il fut disgracié. Cependant, que pouvait faire le préfet contre un « colonel et sa troupe, en supposant même qu'il eût ordonné à ses domes- « tiques le contraire de ce qu'il leur dit? Assurément, le préfet de la Seine « était un homme incapable d'une lâche trahison, et s'il avait été chez lui « au moment où cette troupe s'y présenta, il ne l'eût reçue qu'après de « bonnes informations. Mais qui aurait pu croire que des troupes entières « seraient sorties de leurs quartiers, leurs officiers en tête, sur l'ordre de « leurs généraux, et surtout pour un objet comme celui-là? Le préfet de « la Seine fut généralement plaint. Il lui resta des amis, et l'Empereur « témoigna des regrets que cela lui fût arrivé. Il l'estimait particulièrement, « et je suis sûr que sans l'opiniâtreté du duc de Feltre, le préfet de la Seine « n'eût pas succombé. » *Mémoires du duc de Rovigo*, t. VI, p. 41.

entrevit alors, sans pouvoir y croire, le sort qu'on lui réservait. Il prit la plume et écrivit à l'Empereur dans toute l'effusion de la douleur. L'Empereur lui répondit de sa main; mais cette réponse, par une nouvelle fatalité, fut brûlée à Orska, dans le désordre de la retraite.

Napoléon avait appris ces événements le 6 novembre à Dorogobouge : « Eh bien! Monsieur l'intendant général, dit-il à Daru, où en serions-nous, si nous étions restés à Moscou, comme vous le vouliez? » Il ne put contenir son émotion lorsqu'il vit à quel point on avait peu songé à l'Impératrice, au Roi de Rome, aux institutions de l'Empire. Il s'emporta contre la police qui n'avait rien prévu, contre l'autorité militaire qui avait été trop cruelle, contre tous ceux qui avaient pu croire qu'il était mortel. Quelques jours après, l'armée traversait la Bérézina, et Napoléon en abandonnait les tristes débris pour s'assurer une couronne que la grandeur de ses revers et l'audace de Malet avaient fait chanceler sur sa tête.

Il arriva à Paris le 18 décembre, à onze heures du soir. Le lendemain matin, il manda tous les membres du gouvernement. Il parut devant eux avec l'attitude d'un juge sévère, rejeta sur les éléments l'issue de la campagne perdue, traita les affaires intérieures gravement, et les affaires extérieures légèrement, questionnant pour n'être pas questionné. Après cette réception d'apparat, il donna audience à tous les ministres séparément. L'archichancelier passa le premier. En présence de ce conseiller si sûr et si fin, Napoléon ne pouvait garder le silence sur le désastre de la dernière campagne; mais il revint très-rapidement sur l'échauffourée du 23 octobre. Il remercia Cambacérès du zèle qu'il avait déployé, ne lui reprocha pas la mort inutile de tant de victimes, et s'étendit sur les moyens d'assurer le trône à son

fils, dans le cas où il serait tué (1). Qu'elle lui fût naturelle
ou qu'elle lui eût été suggérée, la pensée d'emprunter à
l'affaire Malet l'occasion d'un grand spectacle en l'honneur
du principe d'hérédité, et par ce spectacle même de détourner l'attention publique des événements de Russie, cette
pensée, dis-je, dominait son esprit. Cambacérès avait bien
des raisons pour le soutenir et le diriger dans cette voie.
Pourvu qu'on ne sacrifiât pas un membre du cabinet qu'il
avait présidé, Rovigo et Pasquier au duc de Feltre, ou le
duc de Feltre à Rovigo, c'est-à-dire qu'on ne lui donnât pas
l'apparence d'un tort, l'ancien conventionnel trouvait fort
utile de ranimer le sentiment émoussé de la fidélité monarchique, en faisant tomber sur l'innocent préfet de la Seine
le coup de la colère impériale. Napoléon et Cambacérès s'en-
tendirent sur la nécessité d'environner cette mesure exclusivement politique d'un appareil extraordinaire. L'Empereur
en dicta les détails. Au lieu de passer simplement devant
lui, comme on le faisait dans les jours de fête, il voulut
d'abord que les grands corps de l'État vinssent dès le lendemain, aux Tuileries, lui adresser des discours solennels.
Cambacérès fut chargé d'indiquer le sens et les principaux
traits des harangues auxquelles l'Empereur devait répondre,
de préparer le conseil d'État au jugement insolite que Napoléon allait provoquer, et de prendre toutes les mesures nécessaires pour empêcher Frochot de parvenir jusqu'à lui.
Napoléon voulait être impitoyable : « Le cœur d'un homme
« d'État doit être dans sa tête, disait-il à Sainte-Hélène ; ma
« main de fer n'était pas au bout de mon bras, elle tenait
« immédiatement à ma tête..... La moralité, la bonté,
« chez moi, se trouvent dans mes nerfs (2). » En cette occa-

---

(1) Thiers. *Hist. du Consulat et de l'Empire*, t. XV, p. 163.
(2) *Mémorial de Sainte-Hélène*, t. II, p. 467 et 468.

sion plus qu'en toute autre, Napoléon se défiait « de ses
nerfs. » Il aimait, il estimait Frochot : il savait bien qu'il
ne pourrait pas résister à ses larmes !

Tout étant réglé avec Cambacérès, l'Empereur reçut les
autres ministres. Le ministre de l'intérieur, Montalivet, ne
soutint le préfet de la Seine que par des expressions d'une
pitié accusatrice. Le duc de Feltre, qui avait besoin de justifier les sanglantes exécutions du 29 octobre et de maintenir
son rôle d'inflexible sévérité, poursuivit Frochot avec une
opiniâtre énergie. Rovigo le défendit. Rovigo sentait bien
que la cause de Frochot était la sienne, et qu'à tout prendre,
ils n'avaient ni l'un ni l'autre montré beaucoup plus de sang-
froid. Sachant que le duc de Feltre avait persuadé à l'Empereur que l'échappée de Malet était une vaste conspiration,
il s'appliqua avec une rare sagacité à démontrer que cette
conspiration n'avait jamais existé que dans la tête de Malet,
que tout le monde avait été sa dupe et personne son complice. Bien étonnés furent les courtisans, lorsqu'après un
entretien de deux heures, ils virent sortir du cabinet de
l'Empereur Rovigo calme et souriant. Rovigo sauvé, Pasquier
et Frochot devaient l'être. Mollien le souhaitait vivement, et
dans l'audience qu'il eut ce même jour, il plaida la cause de
ses collègues « plus surpris que faibles. » « Que voulez-vous,
« lui répondit Napoléon, ce pauvre préfet de Paris, Frochot,
« a été malheureusement la dupe de l'échappée de Malet.
« Je ne lui en veux pas. C'est un magistrat intègre et ca-
« pable ; mais eût-il été vrai que j'étais mort, il avait autre
« chose à faire que de reconnaître l'autorité de Malet. »

Mollien fit valoir avec justesse et convenance les effets de
l'étonnement et de la consternation, qui enlèvent tout moyen
de résistance, comme ils écartent tout soupçon d'assentiment. « Mais je vous répète, répliqua vivement Napoléon,

35

« que je ne lui en veux pas. On vient de me dire qu'il pro-
« voquait lui-même une enquête sur sa conduite, et que le
« conseil d'État demandait à en être chargé. Il est membre
« de ce conseil, il sera jugé par ses pairs (1). » Napoléon
était sincère. La disgrâce de Frochot n'était pas le châtiment
d'une conduite infidèle, mais un acte de gouvernement.

Le dimanche 20 décembre, l'Empereur reçut le Sénat, le
conseil d'État et les grandes administrations. M. de Lacépède
offrit les hommages du Sénat. Il commença par féliciter
Napoléon de son heureux retour et par en féliciter la France :
puis il vint au sujet même de la solennité, à l'exaltation de
la dynastie napoléonienne et du principe monarchique. Il
parla peu de l'expédition de Russie, que Napoléon avait,
disait-il, assurément tentée et faite malgré lui. L'Empereur,
assis sur son trône, répondit qu'il avait fort à cœur la gloire
et la grandeur de la France, mais qu'il pensait avant tout à
garantir son repos et son bonheur intérieurs. La sauver de
l'anarchie avait été et serait le but constant de ses efforts.
Aussi demandait-il au ciel des magistrats courageux autant
au moins que des soldats héroïques. La plus belle mort,
ajoutait-il, serait celle d'un soldat tombant au champ d'honneur, si la mort d'un magistrat périssant en défendant le
souverain, le trône et les lois, n'était plus glorieuse encore.

Le conseil d'État suivit l'exemple du Sénat. Il répéta,
avec quelques variantes, les paroles prescrites pour la circonstance. Après avoir redit de la manière convenue que
des scélérats avaient voulu plonger la France dans l'anarchie,
que le crime avait été promptement suivi d'un juste châtiment, que la France avait, en cette occasion, senti redoubler
son amour pour la dynastie à laquelle elle devait tant de

(1) *Mémoires d'un ministre du Trésor*, t. III, p. 448.

gloire et de bonheur, il fit éclater pour la personne du souverain des sentiments d'admiration et de reconnaissance qui contrastaient singulièrement avec les critiques et les angoisses qu'avait inspirées la politique aventureuse de Napoléon. La réponse de Napoléon est restée célèbre. On l'a prise uniquement pour une attaque à la philosophie et à la liberté, une réponse à la conspiration Malet; elle était aussi l'acte d'accusation dressé par le premier Empereur contre l'ancien membre de l'Assemblée constituante, devenu préfet de la Seine, contre l'ami de Mirabeau, devenu le serviteur de Napoléon.

« Conseillers d'État,

« Toutes les fois que j'entre en France, mon cœur éprouve une bien
« vive satisfaction. Si le peuple montre tant d'amour pour mon fils,
« c'est qu'il est convaincu par sentiment des bienfaits de la monarchie.
« C'est à l'idéologie, à cette ténébreuse métaphysique qui, en recher-
« chant avec subtilité les causes premières, veut, sur ses bases, fonder
« la législation des peuples, au lieu d'approprier les lois à la connais-
« sance du cœur humain et aux leçons de l'histoire, qu'il faut attribuer
« tous les malheurs qu'a éprouvés notre pauvre France. Ces erreurs
« devaient amener le régime des hommes de sang. En effet, qui a pro-
« clamé le principe d'insurrection comme un devoir? Qui a adulé le
« peuple en l'appelant à une souveraineté qu'il était incapable d'exer-
« cer? Qui a détruit la sainteté et le respect des lois, en les faisant
« dépendre, non des principes sacrés de la justice, de la nature des
« choses et de la justice civile, mais seulement de la volonté d'une
« assemblée composée d'hommes étrangers à la connaissance des lois
« civiles, criminelles, administratives, politiques et militaires? Lors-
« qu'on est appelé à régénérer un État, ce sont des principes constam-
« ment opposés qu'il faut suivre. L'histoire peint le cœur humain.
« C'est dans l'histoire qu'il faut chercher les avantages et les incon-
« vénients des différentes législations. Voilà les principes que le conseil
« d'État d'un grand empire ne doit jamais perdre de vue. Il doit y
« joindre un courage à toute épreuve, et à l'exemple des présidents
« Harlay et Molé, être prêt à périr en défendant le souverain, le trône
« et les lois. »

Au moment où l'Empereur prononçait le réquisitoire du

jugement qu'il allait demander au conseil d'État de rédiger, Frochot était absent. Sous les fausses apparences d'un intérêt protecteur, Cambacérès avait conseillé à Frochot d'attendre quelques jours avant de voir l'Empereur. Frochot lui avait immédiatement répondu que le conseil d'État présentant ses hommages au souverain, il était obligé de se joindre à ses collègues. Cambacérès lui répondit par un billet fort poli, où il l'assurait pour la première fois « de son attachement. » Il le prévenait que le corps municipal ne serait reçu que le vendredi, et que le préfet de la Seine ne devait pas se présenter avant ce jour. Frochot se doutait bien que cette exclusion du corps municipal et de son représentant cachait quelque intrigue, et il ne conserva plus aucun doute, lorsque des amis consternés lui racontèrent les discours que venait de prononcer l'Empereur.

C'en est trop. Le lendemain matin lundi, Frochot se présente aux Tuileries. A sa vue, le chambellan de service se trouble. Il le prie de se retirer, il le supplie de ne pas exiger une audience qui lui sera refusée, et qui est le plus sûr moyen de tout perdre. Plusieurs officiers du palais interviennent et joignent leurs instances aux prières du chambellan. A cet accord de supplications, qui paraissent inspirées par le plus sincère intérêt, Frochot ne sait malheureusement pas résister. Il hésite, recule, sort, et rentré chez lui, écrit à l'Empereur la lettre la plus touchante. Il était bien temps de protester, de demander une audience, d'offrir sa démission! Avant que cette lettre fût remise, l'Empereur avait ordonné au conseil d'État de prononcer immédiatement sur la conduite du préfet de la Seine.

Consultées les unes après les autres, les sections du conseil d'État déclarèrent que Frochot n'avait pas été coupable de trahison (on se hâtait de l'affirmer), mais qu'il avait manqué de présence d'esprit. Dans la section de l'intérieur, Regnaud de Saint-Jean-d'Angély excusa Frochot par un mot très-heureux : « M. Frochot, dit-il, fut frappé d'une apoplexie morale. » Pasquier soutint vigoureusement Regnaud de Saint-Jean-d'Angély. « Les fautes de M. Frochot sont graves, dit la section, mais elles ont été celles d'une âme abattue, et non d'un cœur infidèle. » La section des finances fut moins bienveillante. Defermon, qui avait rédigé et prononcé le discours du conseil d'État dans l'audience du 20 décembre, en conduisit les délibérations avec si peu de ménagements, qu'un des membres de cette section, Bérenger, voulut rédiger séparément son opinion. La section de la guerre, sous les inspirations du duc de Feltre, fut encore plus servile et plus violente : toutefois, elle confia à l'Empereur le soin de punir « la pusillanimité du préfet de la Seine. » Dans la soirée du 22, Defermon déposa ces avis entre les mains de l'Empereur, et le mercredi 23 décembre, Napoléon destitua le comte Frochot de ses fonctions de conseiller d'État et de préfet du département de la Seine.

Napoléon avait destitué le préfet de la Seine et le conseiller d'État : il ne priva pas Frochot de son estime et de son amitié. « Je ne lui en veux pas, » disait-il à Mollien : et comment lui en aurait-il voulu, lorsqu'il sacrifiait aux convenances de la politique douze années de services éminents? La violence porte toujours des fruits empoisonnés. C'est en vain que, par des protestations officielles d'amour et de dévouement, les gouvernements essayent de donner le change sur les sentiments publics; c'est en vain qu'ils tentent de retenir par la crainte ces fidélités qui s'offrent avec les succès et qui s'éloignent avec les revers. Quand le cœur des princes se ferme pour accomplir des sévérités qui leur sont personnellement utiles, le cœur des sujets s'ouvre aux défaillances qui leur sont profitables. Chacun suit son intérêt, et l'intérêt, comme un torrent impétueux, emporte dans l'ingratitude les serments les plus sacrés et les dévouements les plus sincères.

II

A peine eut-il entrevu dans le *Moniteur* la nouvelle de sa destitution, que Frochot demanda sa voiture et quitta la préfecture. Il se retira à Nogent, suppliant ses amis et ses employés de respecter sa retraite et de lui ménager quelques semaines de solitude.

Cette décision, qui permettait à la reconnaissance et à la pitié d'agir sans se compromettre, provoqua une explosion de sympathies. Bien des esprits n'auraient pas osé dire dans la conversation ce que les cœurs avouèrent dans la correspondance. On lui conta tous les bruits de la cour et de la ville. L'Empereur aurait dit à Regnaud de Saint-Jean-d'Angély : « J'ai été forcé de faire un exemple. Je le re-« grette. J'aurais voulu retenir d'une main le coup que je « portais de l'autre. » A Chabrol : « Je désire être aussi « content de votre administration que je l'étais de celle de « M. Frochot. » Quand Chabrol reçut pour la première fois les maires et les membres du conseil municipal, il fut frappé de l'attitude morne, du silence glacé de ses futurs collabo-

rateurs : « Je savais bien, aurait dit le nouveau préfet, que
« ma tâche était difficile; mais j'espère, Messieurs, que vous
« ne me la rendrez pas impossible. » Toutes ces nouvelles,
données à Frochot et répétées coup sur coup, auraient dû
relever son courage abattu et adoucir l'amertume de sa
disgrâce. Ce qu'il a fait, ce qu'on pense de lui, ce qu'il
deviendra, le passé, le présent et l'avenir, la fortune et la
renommée, l'amitié et sa propre conscience, rien ne le touche
et ne le sauve de lui-même. Il ne pense qu'à l'Empereur, à
l'Empereur qui n'a pas voulu le recevoir, l'écouter, le comprendre, à l'Empereur qu'il aimait tant, et qui, en le frappant, prétend l'aimer toujours! L'Empereur a parlé, et sa
voix, comme un coup de tonnerre, gronde encore dans son
esprit assourdi.

Tous les hommes ont dans le fond de leur vie la ressource
d'un grand sentiment. Frochot avait un fils, et un fils qu'il
adorait, un fils qui, par de rares qualités, méritait l'orgueil
paternel. Jeune, ardent, ambitieux, le jeune Frochot avait
été envoyé en Espagne, où il avait fait preuve de décision
et d'habileté. Il était auditeur au conseil d'État et sous-préfet
d'Oldenbourg. Dès qu'il put réfléchir, Frochot se demanda
s'il pouvait, s'il devait rester près de Paris, entretenir avec
les amis qui semblaient lui rester des relations peut-être
très-pénibles; en un mot, s'il devait sacrifier sa passion de
solitude à la carrière compromise de son fils. La nécessité,
et, puisqu'il faut le dire, la pauvreté le tira de ses incertitudes. Il reconnut que garder la petite maison de campagne
qu'il avait achetée à Nogent serait folie. Il résolut de la
vendre et de se retirer à Aignay. Regnaud l'apprit.

« On me dit, mon ami, que tu veux partir pour la Bourgogne, et,
« d'abord, je veux que ce ne soit pas sans aller déjeuner avec toi.
« Ensuite, je ne voudrais pas que tu partisses si vite. Si ta maison

« n'est pas vendue, qu'importe que tu mènes ta paisible vie près de
« Paris ou à soixante lieues? Je voudrais que tu laissasses écouler le
« temps d'une année, qui peut suffire pour qu'on puisse redire ton
« nom au maître et lui rappeler tes bons services; et quand ta maison
« serait vendue, tu en aurais une partout où tes amis, moi le premier,
« en ont une, et je m'affligerais bien si tu pars si vite. Adieu, mon
« ami, je t'aime et t'embrasse de tout mon cœur.

« REGNAUD. »

Frochot répondit à Regnaud :

« Mon ami, mon excellent ami, tu veux, avant que je ne la quitte,
« venir déjeuner dans la retraite que je me suis faite! Eh bien! viens-y.
« Je m'éloignerai moins malheureux après t'y avoir fait mes adieux,
« après t'avoir parlé encore une fois de mon fils, qui seul m'occupe
« et doit m'occuper. Quant à moi, n'y pense plus; il n'y faut plus
« penser pour rien. L'intérêt que tu as la générosité de me conserver
« te fait sur cela illusion; mais moi qui, à la fin, ai eu le temps,
« depuis que je suis à terre, de me remettre de l'étourdissement que
« la chute m'a causé, je sens toutes mes contusions. Le maître ne
« voulait que me *faire tomber d'une main*, et *de l'autre main*, suivant
« sa propre expression, me relever plus ou moins; mais il a appelé
« pour cela trop de monde. Quelques hommes cruels s'y sont trouvés;
« il y avait une pente; ils l'ont coupée à pic, et j'ai été fracassé. Mon
« ami, on ne revient pas de là, te dis-je, et après une mutilation
« aussi horrible, il ne reste plus qu'à aller se cacher, se traîner et
« mourir dans les bois. Je compte partir le 22. Puisses-tu réaliser d'ici
« à ce temps l'espérance que tu me donnes! Viens me voir. Cette
« marque d'amitié est digne de ton cœur. Je suis digne de la sentir,
« et j'en conserverai dans ma retraite un délicieux souvenir. »

Regnaud était un vieil ami, qui n'avait jamais failli; mais
ceux-là même qui s'étaient dérobés dans le péril revenaient
les mains tendues et le visage souriant. Montalivet, par
exemple, avait saisi avec empressement l'occasion que lui
offrait la carrière du fils pour accabler le père d'aimables
politesses. Il ne manquait pas une occasion de réparer le
mal qu'il avait laissé faire. Il donnait lui-même à son ancien
préfet des nouvelles du sous-préfet d'Oldenbourg, et chaque

fois il lui renouvelait l'expression de plus en plus chaude de sentiments sincères.

« J'ai eu beaucoup de regrets, Monsieur le comte, dit Montalivet le « 7 juin 1813, de ne pas vous voir avant votre départ, et de ne pas « causer avec vous de la conduite honorable et courageuse de M. votre « fils. Les détails de cette conduite ont été mis sous les yeux de « Sa Majesté, qui, je le sais, a daigné les remarquer.

« Je viens vous prier de me donner de vos nouvelles. J'aurais besoin « de savoir que vous êtes content de votre santé, que les occupations « de la campagne remplissent agréablement vos journées, et que vous « conservez à vos anciens amis, au nombre desquels je vous prie de « me compter toujours, bon souvenir et constante amitié.

« Recevez l'assurance de mon inviolable attachement.

« MONTALIVET. »

A quoi Frochot répliquait avec une naïveté touchante :

« Il faut que Votre Excellence soit douée d'une bonté bien inépui-« sable pour se souvenir encore d'un pauvre paysan, dont un hasard « singulier avait fait une sorte d'homme de cour, et que des circons-« tances non moins extraordinaires ont renvoyé au milieu de ses « rochers sauvages, d'où il n'aurait jamais dû sortir. Quoi! vous « daignez mettre de l'intérêt à savoir comment je me porte, comment « je passe mon temps, si je garde souvenir à mes amis, et vous allez « jusqu'à me dire de vous compter toujours parmi eux. Ah! Monsei-« gneur, ne me dites plus de ces choses-là; elles me font trop sentir « tout ce que j'ai perdu. Elles renversent trop cruellement les illu-« sions que je me suis faites et que j'ai besoin de conserver ici pour y « supporter la vie. Voilà bientôt six mois que je m'étudie à ne plus « considérer la bonne et la mauvaise fortune de mes treize dernières « années que comme des rêves dont je défends le mieux que je peux « mon imagination. Depuis deux mois surtout que je suis rendu à mon « ancienne existence, j'étais parvenu à me tenir dans un certain vague, « au milieu duquel il m'arrivait de douter si j'avais jamais été autre « chose que ce que je suis maintenant. Votre lettre si bonne, si affec-« tueuse, a détruit tout à coup cette espèce d'artifice que j'essayais de « soutenir contre moi-même. Elle m'a coûté les premières larmes que « je répands ici, et pourtant je vous remercie.

« Quant à la santé de mon corps, elle n'est que trop bonne pour un « homme qui n'a rien à faire. C'est à présent que je devrais avoir la

« la goutte, et je me chargerais même bien volontiers de l'avoir pour
« vous et pour moi. En revanche, la tête et les jambes ne valent guère;
« aussi ne fais-je rien de l'une et pas grand'chose des autres. Je vais,
« je viens, j'use le temps, je ne désespère pas d'être aussi heureux que
« tous les paysans qui m'entourent. Voilà le sort auquel j'aspire main-
« tenant.

« Mon fils, protégé par vous, en aura sans doute un meilleur, et sera,
« je l'espère, plus heureux à le conserver. Tout ce que vous avez fait
« pour lui, Monseigneur, équivaut à une adoption. Il est vôtre, tant
« qu'il en sera digne toutefois. Soyez certain que je ne vous demanderai
« jamais rien pour cet enfant qui m'est si cher, et qui devra peut-être
« plus à mes malheurs qu'il n'aurait jamais dû à mes prospérités. Si
« cela était, il y aurait là pour moi une grande source de consolation;
« car, à vrai dire, je commençais à n'être plus bon à grand'chose, et
« il ne me restait plus qu'à désirer d'être utile à mon fils. Que je le
« sois d'une manière ou d'une autre, peu importe. »

Que pourrait-on ajouter à cette lettre si naturelle et si
émue? Quelle sincérité! Quel abandon! Il ne cache rien. Il
livre tous les secrets de son cœur. Il est malheureux,
malheureux d'avoir été méconnu, d'être condamné à l'inaction, de ne plus servir son fils : mais chez lui aucun dépit,
aucune amertume, aucune animosité. Il a été frappé, ou
pour mieux dire assommé. Pendant quelque temps, il est
resté sans connaissance : maintenant il se remet, comme on
se remet après une longue maladie. Il est entré dans la convalescence et marche vers la guérison. Cette guérison, il
l'attend du repos, des occupations champêtres, de l'estime
de ses amis, du bonheur de son fils. Il ne l'attend certes pas
d'une double révolution; et pourtant les événements se précipitent. L'Allemagne est perdue. L'Europe entière marche
contre nous. La France est envahie. Paris tombe au pouvoir
des alliés. Napoléon vaincu, abdique. Louis XVIII est proclamé roi de France (avril 1814).

Autour du nouveau gouvernement se pressent les courtisans, se croisent les intrigues et se disputent les ambitions.

Frochot ne sollicite rien. Il demeure muet, immobile au fond
de son village. Il s'est oublié et compte qu'on l'oublie. Tout à
coup les courriers arrivent et lui apportent de bien singulières
nouvelles. Le conseil municipal s'est réuni, et dans une
audience que lui a gracieusement accordée le ministre de
l'intérieur M. de Montesquiou, il a redemandé son ancien
préfet. Le président du conseil municipal, M. Lebeau, a déclaré que le conseil avait déjà fait cette demande au gouvernement provisoire, et qu'il aurait bien autrement insisté si
M. de Chabrol avait paru désirer la direction des ponts et
chaussées. Plusieurs membres du conseil ont appuyé vivement les paroles du président. L'un d'eux s'est informé dis-
crètement si les souvenirs de l'Assemblée constituante n'a-
vaient pas laissé dans l'esprit du ministre des préventions
contre le préfet de l'Empire. « Comment, s'écrie Montesquiou,
« le plus beau titre que pourrait avoir M. Frochot, serait d'a-
« voir été membre de l'Assemblée constituante, si toutefois
« il ne pouvait se prévaloir de la reconnaissance de la ville
« de Paris, dont le conseil municipal est en ce moment l'or-
« gane. Je serais, pour ma part, très-heureux, ajoute-t-il,
« de rendre M. Frochot à vos vœux; malheureusement, la
« direction générale des ponts et chaussées, qui aurait pu
« convenir à M. de Chabrol, vient d'être donnée à M. Pas-
« quier. Si le conseil veut bien m'indiquer ce que dans le
« moment actuel je puis faire, je suis tout prêt à suivre ses
« indications. Voulez-vous, par exemple, que M. Frochot
« rentre au conseil d'État? Je me charge d'en parler au
« chancelier de France et au Roi. » Le conseiller d'État
honoraire ne touchait pas de traitement. Un membre fit remarquer la situation précaire dans laquelle se trouvait Frochot. « Qu'il vienne, reprit Montesquiou, et nous chercherons
« ensemble ce qui pourra lui convenir. » Aussitôt, les mem-

bres du conseil avaient pris la plume, et tous s'étaient écriés :
« Venez! »

« Il faut que tu viennes à Paris, lui répète son fils. Un homme pour
« lequel un corps entier sollicite, à l'insu même et sans l'aveu de cet
« homme, ne peut paraître aux yeux de personne un solliciteur que
« selon l'événement on accueille ou l'on rebute. On commence à être
« étonné que tu ne sois pas encore arrivé. Tu dois venir pour toi et
« pour tes amis, et quand je dis que tu dois venir, c'est avant quatre
« ou cinq jours. »

Frochot, à contre-cœur, cède à ces instances. Il arrive.
L'entrevue avec Montesquiou est animée par un curieux
incident. Montesquiou feint très-habilement de croire que la
conspiration Malet est une conspiration royaliste, et que
Frochot en a été indirectement la victime. Frochot n'accepte
pas une situation qui laisse son honneur en suspens, et proteste énergiquement contre l'erreur dans laquelle Montesquiou paraît se complaire. Montesquiou sent bien qu'il a
devant lui la probité même, et qu'il se briserait en voulant
la faire dévier. On se contente de nommer Frochot conseiller
d'État honoraire.

Cette haute distinction ne suffit pas à l'ambition des amis
de Frochot. Loin de tenir rancune au conseil municipal
de la démarche qu'il a spontanément faite, M. de Chabrol
trouve juste et habile de s'y associer. Il n'avait nulle envie
de rendre la place à son prédécesseur, et il avait hâte de
s'emparer d'un mouvement de reconnaissance qui l'avait un
instant menacé. Le 10 août 1814, les maires et adjoints de
la ville de Paris se réunissent sous sa présidence. L'un d'eux
propose qu'une pension soit accordée à Frochot sur les fonds
de la ville. Il appuie cette proposition sur les réflexions
suivantes :

« Les services rendus à la ville de Paris par M. le comte Frochot,
« ancien préfet de la Seine, lui ont acquis des droits à la reconnais-

« sance de tous les habitants. La ville ne peut rester indifférente au
« sort d'un magistrat qui lui a consacré ses soins et ses veilles en
« s'oubliant lui-même.

« Nous avons été profondément touchés en apprenant qu'après
« quatorze années d'administration, M le comte Frochot, qui vivait
« avec une modestie presque au-dessous de la place qu'il occupait, la
« quittait sans avoir rien ajouté au peu de fortune qu'il possédait, et
« se trouvait réduit à un état bien honorable sans doute pour l'admi-
« nistration dont il a attesté l'intégrité, mais pénible pour lui et pour
« sa famille. Déjà Sa Majesté a daigné l'honorer devant le peuple, en
« lui accordant le titre de conseiller d'État honoraire ; mais c'est à la
« ville de Paris, c'est à nous, qui sommes ses organes naturels, de
« provoquer en faveur de M. le comte Frochot un acte de justice, qui
« sera pour lui un gage honorable de ses services comme préfet de la
« Seine, et pour nous, pour les habitants de la ville de Paris, un
« témoignage d'affection et de reconnaissance. »

Quand le préfet défère ce vœu au conseil municipal, il est
salué par de vives acclamations.

« Considérant, dit le conseil dans sa délibération du 26 août, que
« l'administration de la ville, telle qu'elle existe aujourd'hui, a été
« créée au milieu des circonstances les plus difficiles, d'obstacles de
« tout genre, qui ont exigé de la part des magistrats auxquels cette
« création fut confiée, autant de courage et de persévérance que de
« talents et de lumières ;

« Que malgré les difficultés presque insurmontables au milieu des-
« quelles M. le comte Frochot a opéré, et qui firent souvent craindre
« que les ressources ne fussent pas au niveau des besoins, il a pour-
« tant gouverné les finances de la ville avec un tel bonheur, que le
« résultat de quatorze ans de son administration, au lieu d'un déficit
« dont on était menacé, offre au contraire un excédant ;

« Que le conseil, témoin journalier de sa conduite et de ses travaux,
« lui doit le témoignage qu'il l'a vu constamment l'homme de la ville
« non moins que celui du gouvernement, combiner les devoirs divers
« que lui imposait cette double qualité, en telle sorte qu'il unit de
« cœur et avec sincérité tous ses efforts à ceux du conseil, pour garantir
« la ville, autant qu'il le put, des charges souvent étrangères dont le
« gouvernement passé cherchait à la grever ;

« Qu'en s'occupant avec tant de sollicitude de l'intérêt de ses admi-
« nistrés, M. le comte Frochot s'occupait si peu des siens, que l'abon-
« nement de ses frais de bureau, depuis 1806, lui ayant procuré des

« économies assez importantes, qui lui appartenaient personnellement,
« il en employa une partie à distribuer des gratifications méritées à
« ses employés à la fin de chaque année, et proposa d'appliquer l'autre
« à la formation d'un fonds de premier établissement des pensions de
« retraite de ces mêmes employés ;

   « Que cette noble conduite explique comment avec un assez grand
« traitement consacré à la représentation de sa place, M. le comte
« Frochot n'a jamais rien ajouté à sa fortune personnelle, qui était et
« qui est restée au-dessous de la médiocrité : mais que cette conduite
« semble tracer aussi à la ville de Paris celle que l'estime et la recon-
« naissance lui prescrivent de tenir envers un administrateur avec
« lequel, en prévenant ses embarras, elle ne fait qu'un échange de
« bienveillance et de désintéressement ;

   « Le conseil général est d'avis qu'il soit fait, sur les fonds de la
« ville de Paris, à M. le comte Frochot, une pension viagère de quinze
« mille francs. »

Le 16 septembre 1814, une ordonnance royale sanctionna
ces manifestations populaires, et accorda au préfet de l'Empereur le témoignage d'estime et de gratitude qu'il méritait
et qu'il n'attendait pas.

Frochot était retourné à Aignay. Réhabilité par l'accord
de l'opinion publique et de la faveur royale, titulaire d'une
pension honorable, c'est-à-dire d'une véritable fortune, il
se flattait de l'espérance d'achever doucement sa carrière
dans les travaux des champs. Il avait retrouvé une force et
une ardeur qu'il croyait à jamais évanouies. L'agriculture
l'attirait. Il cherchait dans son pays, à vingt lieues à la ronde,
une modeste ferme qui lui servît de retraite. Tout à coup, la
nouvelle se répand que Napoléon a quitté l'île d'Elbe, et bientôt cette nouvelle est confirmée par la lettre suivante, écrite
et datée le lundi 20 mars 1815, à deux heures :

   « Mon meilleur ami, le Roi est parti hier soir. L'Empereur arrivera
« dans deux ou trois heures. Le drapeau national flotte sur les Tuile-
« ries. Il n'a pas été brûlé un grain de poudre, et malgré les vœux
« et les efforts du parti royaliste, la guerre civile ne sera pas allumée.
« L'armée entière marche avec Napoléon. M. de Montesquiou, qui a

« voulu hier entraîner les députés dans la Vendée, n'a pas recruté un
« seul membre. Le procès est jugé ; l'impéritie et la stupidité du mi-
« nistère ont perdu les Bourbons pour longtemps. Si le roi eût été
« bâtard, les choses n'eussent peut-être pas tourné ainsi ; mais le roi
« a un frère, des neveux et de prétendus amis. J'ignore ce qui sera
« résolu : mais on parle de toi. Ne consulte pas tes goûts. Songe que
« Napoléon, et par Napoléon j'entends la cause nationale, ne peut être
« sauvé qu'en remettant les affaires à des mains pures. Les tiennes sont
« sans tache. Tu es bon citoyen, meilleur que qui que ce soit, et ton
« pays peut avoir besoin de toi. J'exige de tes amis qu'ils ne fassent
« aucune démarche. Ils n'en feront point : mais si tu es appelé, tu ne
« peux refuser. J'écris chez Treilhard, qui t'embrasse et t'aime. »

                                          « FROCHOT. »

Le soir même, à neuf heures, Napoléon reprend possession
des Tuileries, et, sans perdre une minute, il travaille à refaire
un gouvernement. La nuit et le jour suivant sont employés à
donner des ministères et des places. Cambacérès, Masséna,
les ducs de Vicence, de Gaëte, d'Otrante, de Bassano, Decrès
et Mollien, reçoivent des portefeuilles. Carnot accepte et
saisit le ministère de l'intérieur. Reste la préfecture de la
Seine, et Napoléon consulte un ami véritable, Regnaud de
Saint-Jean-d'Angély.

— « Si Votre Majesté, dit Regnaud, veut être agréable à
la ville, qu'elle lui rende son ancien préfet ; c'est la ville qui
a spontanément sollicité l'autorisation de faire une pension à
M. Frochot. — Peut-être, répondit l'Empereur, prenez-vous
le sentiment du conseil municipal pour le sentiment de la
ville de Paris. Or, vous savez que le conseil municipal n'est
pas de mes amis. — Je ferai remarquer à Votre Majesté que
le membre du conseil municipal qui a fait, en faveur de
M. Frochot, la proposition d'une pension, est M. Davillier,
dont les sentiments pour Votre Majesté ne sont pas suspects.
— C'est bien ! mais Frochot est-il à Paris ? — Je ne sais.
— Vous ne savez ? mais je ne puis attendre. Il faut de suite

un homme à moi à l'Hôtel de Ville. Je donnerai à Frochot
une autre préfecture. — Mais, Sire, une autre préfecture?
— Eh bien! une autre préfecture; croyez-vous que Paris ne
soit pas plus commode que Marseille ou Toulouse? » Le
lendemain 22 mars, Frochot était nommé préfet des Bouches-
du-Rhône.

« Mon excellent père, écrit aussitôt le jeune Frochot, l'Empereur
« t'appelle à de nouvelles fonctions. M. Maret (le duc de Bassano) vou-
« lait que je t'envoyasse un courrier. Je pars moi-même. Napoléon
« n'est ni le prince, ni l'homme qui sache le mieux prendre patience.
« Je me doute bien que tout ceci va te contrarier; mais ne prends
« aucun parti avant de m'avoir entendu. »

Le parti était pris et Frochot refusait. Son fils arrive, le
conjure de venir au moins à Paris. « Il faut, lui dit-il, remercier Regnaud et Maret. » Une fois à Paris, Frochot reconnaît qu'une résistance obstinée est un acte d'égoïsme. Il
ne s'agit pas d'une place à saisir, mais d'un sacrifice à faire,
d'un honneur à recevoir, mais d'un devoir à remplir. Carnot,
devenu ministre de l'intérieur, fait un énergique appel à son
patriotisme. Regnaud de Saint-Jean-d'Angély et le duc de
Bassano lui démontrent aisément que son refus justifierait
la destitution de 1812, et que tout bon citoyen, en cette
heure de danger, doit offrir à la patrie le tribut de son courage et de son dévouement. Frochot se résigne, et, préfet
malgré lui, il part pour Marseille.

Marseille était aux mains du parti légitimiste. Cette ville
ne reconnut le gouvernement impérial qu'au milieu d'avril.
Tandis que Masséna, campé à Toulon, menaçait de bombar-
der la ville si elle n'arborait pas le drapeau tricolore, le
général Grouchy arrivait d'un autre côté et la sommait de
se rendre. Les magistrats royalistes, et en tête le préfet,
M. d'Albertas, s'étaient retirés. Un conseil, composé des
autorités locales et de quelques notables, proposa une sorte

de capitulation, qui fut acceptée. Frochot était nommé depuis un mois, lorsqu'il vint prendre possession du poste difficile qui lui était confié. On fut fort étonné et fort heureux, à Marseille, de trouver dans le nouveau préfet de l'Empereur un homme conciliant, pacifique et résolu. Tandis que le parti militaire voulait s'imposer par la force et la terreur, Frochot, au contraire, cherchait à se faire accepter par la douceur et l'équité. Avant de partir pour Paris, Masséna avait passé en revue la garde nationale, qui ne comptait pas moins de trois mille hommes. On lui avait demandé avec ardeur la dissolution de cette troupe. Frochot s'y était opposé avec énergie et l'emporta. Il se lia très-intimement avec un homme d'honneur, le colonel Borely, et parvint à maintenir la paix publique, en paralysant les agressions maladroites de la police et du parti militaire. Cette conduite prudente et sage ne tarda pas à recevoir sa récompense.

La nouvelle du désastre de Waterloo surprend et soulève le Midi. Le 25 juin, une insurrection éclate. Le général de division Verdier et ses troupes quittent Marseille. Les militaires sont traqués, arrêtés et souvent assassinés. Des actes de fureur et de vengeance déshonorent la ville. Frochot demeure inébranlable. Seul au milieu des groupes les plus furieux, seul au milieu des scènes de pillage et de violence, il porte, dans la funeste journée du 26, ses conseils, ses exhortations et ses ordres. Souvent, sans le connaître, on se prépare à le frapper. Il se nomme, et chacun s'écrie : « Ne lui faites pas de mal, c'est un brave homme! » Le jour de son départ est un jour de triomphe. Le 27, à midi, Frochot monte dans une voiture découverte. Cinquante mille personnes encombrent les places et les rues. La voiture marche au pas et se fraye avec peine un passage. Sur tout son parcours, des acclamations retentissent : « Vive le préfet! Au revoir!

Merci ! » se croisent dans toutes les bouches, tandis que toutes les têtes se découvrent devant l'honnête homme qui avait essayé de conjurer la sanglante explosion des passions politiques (1).

Les journées des 26 et 27 juin 1815 devaient consoler la victime du 22 octobre et du 23 décembre 1812. Il était impossible que le souvenir de cette ovation populaire n'adoucît pas le chagrin d'une trop célèbre disgrâce. Frochot ne tarda pas à l'avouer.

« Tout solitaire que l'on soit, écrivait-il à Siméon en mars 1816,
« l'amour-propre tient toujours compagnie, et s'il ne trouve plus à vivre
« sur ce que l'on fait, il se retourne pour chercher du moins à grapiller
« autour de ce qu'on a fait. Après ma disgrâce, je me complaisais au
« souvenir des quelques succès que j'avais eus dans l'administration
« de la ville de Paris, et, en somme, je trouvais que pour de petites
« prétentions comme les miennes, ma carrière administrative avait
« été assez honorablement remplie. Eh bien! vous l'avouerai-je? le
« souvenir de mes succès à Marseille me flatte bien davantage. Jusque-
« là, je n'avais eu que le mérite d'être utile dans les choses; j'ai eu
« le bonheur d'être utile aux personnes, et eu égard au temps, aux

(1) *Esquisses historiques.* — *Marseille depuis 1789 jusqu'en 1815,*
par un vieux Marseillais, 1844, t. II, p. 331 et 455 : « La Providence qui
veillait sur l'avenir de Marseille inspira pour notre préfecture le choix de
M. Frochot. Administrateur éclairé et probe, essentiellement homme de
bien, il nous a évité tout le mal qui pouvait venir de son administration,
et a souvent paralysé celui que pouvaient nous faire ses terribles collaborateurs. » — Conférez encore : *Histoire populaire de la révolution en
Provence, depuis le Consulat jusqu'en 1834,* par A. Lardier, 1 vol, in-8°,
Marseille, 1860, p. 167. « L'esprit le plus déterminé d'opposition et de malveillance ne pourrait par exemple énoncer le moindre blâme sur l'administration de Frochot, préfet des Bouches-du-Rhône pendant les Cent-Jours.
Ce haut fonctionnaire, placé au milieu des circonstances les plus graves dans
une localité où des passions ardentes et irritées tendaient incessamment à
entraver sa marche, sut, en face de ces obstacles qui semblaient insurmontables, concilier à la fois les devoirs de son poste et les ménagements dus à
ses administrés. » Dans le *Journal général de France* (5 juillet 1815) on
lit : « Le préfet est sorti de la ville en plein jour, emportant avec lui les
regrets universels. » Ces éloges et ces faits m'ont été confirmés par des
témoins oculaires.

« lieux et aux circonstances, je me félicite plus de cela que de quel-
« ques millions épargnés à la ville de Paris. »

Tel fut le sentiment général. Le conseil municipal de la
Seine demanda avec instance l'autorisation de conserver au
préfet des Cent-Jours la pension qu'en 1814 il avait votée
au préfet de l'Empire. Louis XVIII y consentit, et une ordonnance royale vint, au mois de mars 1816, assurer à Frochot
le repos de sa vieillesse, en rendant un nouvel hommage à
son caractère et à ses services.

« Monsieur le comte, lui répondit Siméon, président de la commission
« chargée de réviser les pensions, ce n'est point à moi que vous devez
« la confirmation d'un titre que vous avait déféré la reconnaissance de
« la ville de Paris, à laquelle tout le monde avait applaudi. Je n'ai eu
« que le faible mérite d'en reconnaître la justice et de partager les
« efforts de MM. Perignon et Bellart, pour vous conserver tout ce que
« vous avez mérité. J'aurais désiré que les députés des Bouches-du-
« Rhône, plus constants dans les sentiments que vous avez excités
« dans ce département, eussent voulu en renouveler l'expression. Le
« souvenir de ce que vous avez empêché de mal à Marseille n'en existe
« pas moins, et le témoignage que vous avez reçu du département de
« la Seine reste dans toute sa valeur. Je me félicite d'avoir rencontré
« l'occasion de joindre mon suffrage à l'opinion publique. »

L'opinion publique en effet lui demeura fidèle et le suivit
avec respect dans la retraite qu'il s'était choisie.

III

Retraite à Etuf. — Frochot cultivateur. — Dernières joies de famille. —
Sa mort.

Il est, sur les confins de la Haute-Marne et de la Côte-
d'Or, un vallon délicieux. Les bois en couronnent les hauteurs, et l'Aube qui vient de naître en sillonne le fond par

les plus élégants détours. A moitié chemin des villages d'Aubepierre et de Rouvres, la colline boisée tombe très-près de la rivière. Une magnifique cascade éparpille ses eaux sur des gradins d'une mousse toujours verte. Des sources d'une limpidité admirable jaillissent de toutes parts et répandent la vie et le bruit de la vie autour d'elles. Au pied de cette cascade, au milieu de ces sources, à l'ombre de la forêt, une modeste ferme s'est élevée. On cherchait à la vendre pendant les Cent-Jours. Frochot l'acheta. Il s'y installa en novembre 1815, et y passa les treize dernières années de sa vie.

On voit souvent les personnages les plus éminents se retirer du monde et attendre dans la retraite la fin d'une carrière brisée. Parfois, les résolutions extrêmes cachent un reste d'orgueil et un fonds de vanité : parfois, elles couvrent les plus nobles sentiments de fierté et de résignation. Frochot était si naturel dans sa modestie, si sincère dans son désin-téressement, que le grand parti de la solitude lui parut la chose du monde la plus convenable et la moins pénible. Il n'était pas homme à poser devant les autres ni devant lui-même. Il sentait bien, et il aimait à dire que des coups de fortune l'avaient tour à tour et malgré lui porté et arraché à des honneurs inattendus. Il se demandait s'il n'avait pas été le jouet de quelque lutin; si tous ces tableaux qui se déroulaient dans sa mémoire n'étaient pas des mirages ou des rêves; si les grandes figures de la Révolution et de l'Em-pire qui venaient s'asseoir à la triste lueur de son foyer rus-tique n'étaient pas de simples fantômes. Mirabeau le pas-sionnait encore. Napoléon le dominait toujours. Il ouvrait son secrétaire et regardait le portrait de Mirabeau peint par Sophie. Il portait les regards vers sa cheminée et contem-plait les traits du premier consul dessinés par Prudhon. Il s'entretenait dans le culte de ces illustres mémoires, et faisait du souvenir de ces grands hommes la compagnie de ses soirées. Du temps passé il ne regrettait pourtant rien : rien, car il avait trop lutté, trop souffert : rien, car les révolutions avaient renversé les grands théâtres sur lesquels il avait vu se jouer, et où il avait joué lui-même l'histoire contemporaine. En parcourant ses champs et ses bois, il se persuadait qu'il n'avait jamais été autre chose que ce qu'il était, et, prenant au sérieux ses occupations agricoles, ne signait plus jamais que « Frochot, » ou « Frochot, cultivateur. »

Il en avait le droit. A partir de 1817, il prit en main la direction de la ferme d'Etuf. Deux années de réflexion l'avaient mis en mesure d'entreprendre de notables améliorations. Comme les prés étaient marécageux, il les assainit par de larges fossés. Sur le talus de ces fossés, il fit planter des peupliers à des distances bien calculées. Il soumit les terres de la ferme à un nouvel aménagement, et les divisa en trois sections. A chacune d'elles, il avait appliqué un assolement particulier, en abandonnant la jachère et en introduisant les prairies artificielles. En 1820, la Société d'agriculture de Chaumont-en-Bassigny lui décerna une médaille d'argent pour la culture de la pomme de terre, et cette modeste médaille fut une des joies de sa vieillesse. Appréciant à sa juste valeur le rôle important que le bétail joue dans l'exploitation agricole, il avait introduit à Etuf la race bovine de la Suisse. La silviculture l'intéressait aussi vivement que l'agriculture, et les arbres verts qui décorent encore aujourd'hui la cascade d'Etuf en sont un vivant témoignage (1).

(1) *Mémoires de la Société impériale et centrale d'agriculture de France.* Éloge de N.-T.-B. Frochot, par M. Pommier.

Simple jusqu'à l'excès, il avait revêtu le pantalon et la jaquette de bure. Il ne souffrait pas que sa table fût mieux servie que celle des gens de la ferme. Il leur donnait lui-même l'exemple du travail, et le dimanche, il présidait à leurs jeux avec plaisir. Il portait le plus vif intérêt à tous ceux qu'il prenait à son service, et comme il avait quelques prétentions médicales, il donnait des conseils aux pauvres des environs. Une bonne action avait attaché à sa personne un serviteur aussi sûr que capable. Legrand l'avait suivi à Aignay, à Marseille, à Etuf. Il devint son compagnon de travail, et plus tard l'exécuteur de ses projets. Depuis cinquante-deux ans, Legrand n'a pas quitté la ferme d'Etuf; il vit, et, sous les petits-enfants de Frochot, demeure l'ami de la famille et l'ami de la maison.

C'est ainsi que Frochot passait doucement sa vie, jouissant de cette paix qui devient avec l'âge le besoin et le bien suprêmes. Il eût été vraiment heureux, si les hautes capacités et l'ardente imagination de son fils eussent trouvé un aliment dans une noble ou dans une utile carrière. La politique et la pauvreté semblaient les avoir fermées. L'estime et la reconnaissance en ouvrirent une que personne ne pouvait prévoir. Frochot s'était lié à Paris avec un homme d'une activité et d'une bonté rares. Il en avait fait un maire : Chabrol en fit un membre du conseil général des hospices. Péan de Saint-Gilles devait justifier ces honneurs en restaurant à ses frais les bains de l'hôpital Saint-Antoine, et en secondant les deux préfets de la Seine de toutes les forces de son infatigable dévouement. Quand la disgrâce de 1812 rendit Frochot aux embarras de la vie privée, elle le livra du même coup aux obsessions de la générosité la plus délicate. Une bien autre consolation lui était réservée. Sous ses yeux avait grandi une spirituelle et charmante enfant que le temps

devait orner de toutes les grâces et de tous les mérites. Cette
fille chérie, ce trésor qui lui était plus précieux que toute sa
fortune, Péan de Saint-Gilles l'offrit au fils de son ami. Le
mariage fut célébré, et tout semblait assurer le bonheur des
deux familles. On avait compté sans la mort. La mort, une
mort cruelle et prématurée, vint frapper à trente-neuf ans le
fils de Frochot, et six semaines après, Frochot lui-même
succomba sous le poids de la douleur [29 juillet 1828].

On conserve pieusement à Étuf, dans la chambre du fidèle
Legrand, un dessin représentant le convoi de Frochot. Le
cortége a déjà quitté la ferme; il s'avance sur la route d'Aubepierre taillée dans le flanc du coteau. Un simple char
traîné par des bœufs, un très-petit nombre de serviteurs
et d'habitants de la campagne vont remettre à la ville de
Paris le corps du premier préfet de la Seine. Paris l'attend,
pour lui donner l'hospitalité suprême dans le cimetière de
l'Est que Frochot a créé. Douze ans s'écoulent, et un prince,
de l'esprit le plus libéral et du cœur le plus français, rap-
porte, sous la protection du drapeau tricolore, les cendres
de l'immortel proscrit. N'avons-nous pas vu dans d'émouvants
tableaux les scènes qu'inspirèrent les funérailles de Napoléon? N'avons-nous pas vu Napoléon mort et triomphant,
s'avancer avec l'appareil de la dernière magnificence, et
prendre sa place dans le vrai temple de la Gloire, dans
l'église des Invalides? La Providence, qui les avait séparés
depuis la fatale année de 1812, ménageait à l'Empereur et à
son préfet ce funèbre rendez-vous. Ramenant celui-ci de l'île
de Sainte-Hélène, celui-là d'une ferme de la Haute-Marne,
elle devait les réunir un jour dans ce Paris « qu'ils avaient
tant aimé, » pour les faire dormir l'un à côté de l'autre d'un
sommeil éternel.

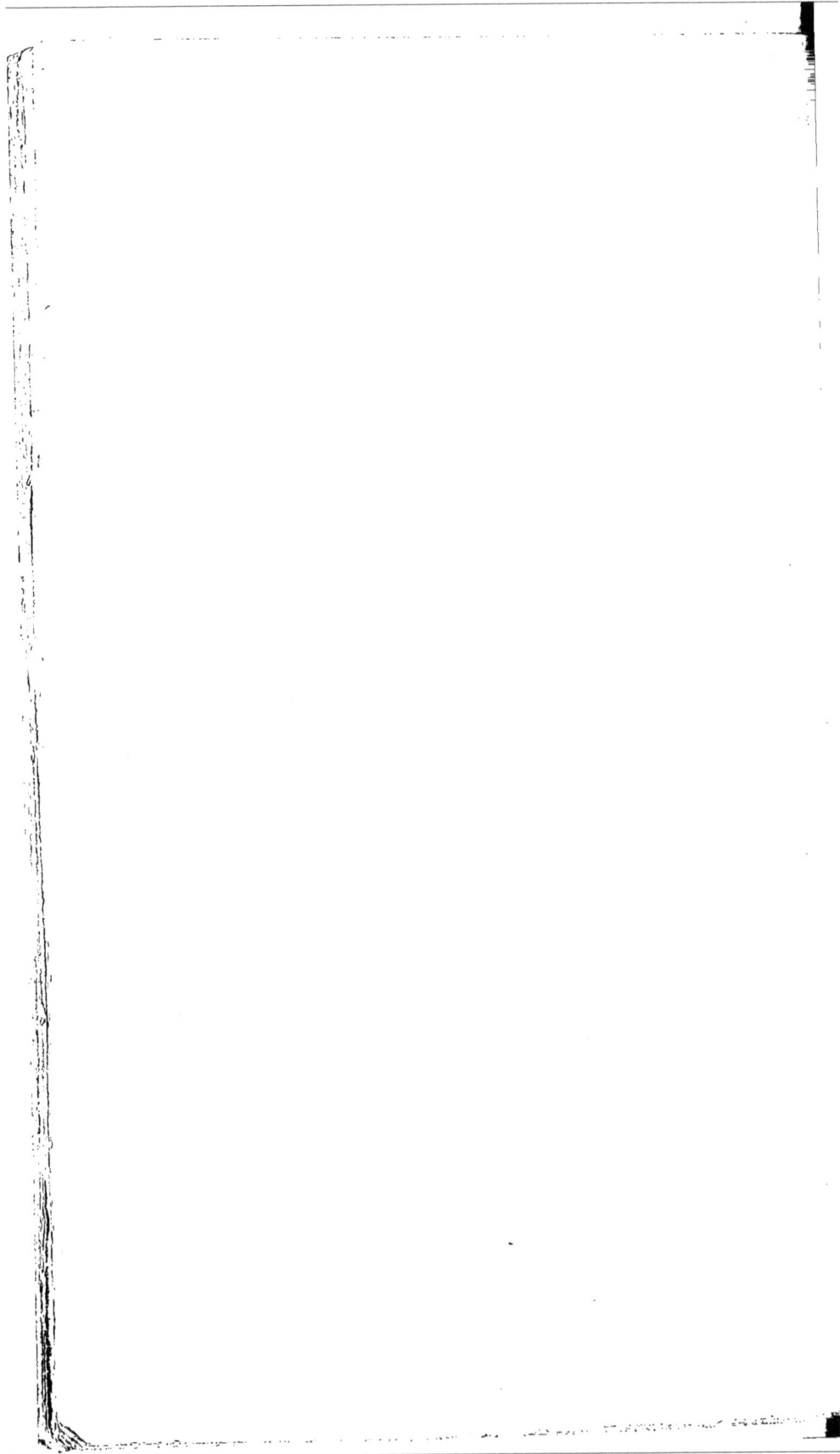

TABLE DES MATIÈRES

LIVRE PREMIER

FROCHOT MEMBRE DE L'ASSEMBLÉE CONSTITUANTE

(1789-1791)

37

LIVRE DEUXIÈME

FROCHOT ADMINISTRATEUR DU DÉPARTEMENT DE LA COTE-D'OR

(1791-1799)

LIVRE TROISIÈME

FROCHOT PRÉFET DE LA SEINE

(1800-1812)

LIVRE QUATRIÈME

FROCHOT CULTIVATEUR

(1812-1828)

Évreux, A. Hérissey, imp. — 667.

www.ingramcontent.com/pod-product-compliance
Lightning Source LLC
Chambersburg PA
CBHW070618270326
41926CB00011B/1727